全訂版 債權總論

債權總論

全訂版

李德煥 著

율곡미디어

全訂版 머리말

이 책의 초판이 출간된 지가 엊그제 같은데 벌써 4년이 다 되어가고 있다. 당시에는 민법 교과서를 처음으로 펴낸다는 마음에 마냥 들떠 서둘러 책을 출간하게 된 것이다. 그런데 막상 책이 나오고 보니 오탈자도 자주 눈에 띄고 내용도 미흡한 곳이 많아 늘 마음이 편치 않았다. 그리하여 가능한 한 빠른 시일 내에 이들을 보완 · 증보하여 개정판을 내어 그동안 불편했던 마음의 짐을 내려놓으려고 다짐하여 왔다. 그러나 예정했던 민법 시리즈로서 채권각론 · 물권법, 그리고 민법총칙을 연이어 집필하느라 이 책을 개정할 시간적 여유가 없었다. 다행히 예정대로 교과서 집필 작업은 무사히 끝나게 되었으며, 게다가 지난 2월 말에 정년을 맞아 퇴임하고 나니 시간적 여유가 생기게 된 것이다. 이에 그동안 지쳐있던 심신을 추슬러 강의를 하면서 짬짬이 보완하여 온 자료를 토대로 본격적인 증보작업에 돌입하게 되었다. 당초에는 미흡한 곳 몇 군데만 손질을 하려고 하였는데 작업 중 그 범위가 넓어져 무려 150여 페이지가 늘어나게 됨으로써 부득이 전정판으로 이름붙이게 된 것이다.

주지하는 바와 같이 우리나라에서는 한일합방이 된 1910년에 비로소 서양법이 도입되어 이른바 일본민법인 의용민법이 적용되었으며, 현행민법이 제정 · 시행된 지는 불과 반세기에 지나지 않는다. 그런데 현행민법은 의사주의를 취한 의용민법과는 달리 형식주의를 취한 관계로 부분적으로나마 법리적인 혼돈을 야기하고 있다. 나아가 주요한 문제들에 관한 학설에서도 일본민법에 입각한 기존의 원로학자들의 견해에 독일민법을 섭렵한 중견 · 신진학자들의 새로운 견해가 뒤섞여 혼란이 거듭되고 있다. 또한 우리의 판례도 일본의 선례를 그대로 따르고 있는 것이 많아 혼란을 가중시키고 있다. 이제는 우리나라에서도 이러한 외국법의 해석상의 혼란에서 벗어나 우리 풍토에 맞는 고유의 법리를 하나씩 정착시켜 나갈 때가 되었다고 생각한다. 이 책에서는 이러한 시대적인 과제를 염두에 두고 그 해결책을 모색하기 위하여 미력하지만 최선의 노력을 기울여 보았다. 이를테면 채권법에서 가장 기본이 되고 있는 채무자의 의무, 즉 채무의 분류가 문헌마다 제각각이어서 많은 지면을 할애하여 최선의 분류방법을 제시해 보았다. 그 중에서도 특히 문제가 되고 있는 보호의무와 안전배려의무에 대한 개념의 정의 및 그 적용문제 등에 많은 시간을 투자하면서 고심을 거듭하였다. 그리고 채무불이행에서의 위자료문제를 다시 보완하고 초판에서 미진하게 다루었던 일부청구 및 부진정연대채무에서의 과실상계문제 등을 보다 심도 있게 탐구해 보았다. 한편 초판에서 다소 소홀히 하였던 판례도 가장 최근의 판례까지 망라하여 반영하였다. 이 책을 증보하면서 다시 한 번 새삼스럽게 느낀 점은 역시 채권총론이 민법에서 가장 난해하다는 것이었다. 초판 머리말에서도 밝혔듯이 이 책은 사례 · 이론 · 판례로 구성하여 독자들이 입체적으로 공부할 수 있도록 배려하였다. 그리고 저자에게 보내 온 익명의 모 법학전문대학원생의 이메일, 즉「민법에 관심이 많아서 공부하다 궁금한 점이 있으면 여러 교과서들을 참조하는데, 교수님의 교과서를 보면서 많은 도움을 받았습니다. 요즘 인기인 단권서들보다 설명이 풍부하면서도, 옛날의 각권 교과서들과는 달리 꼭 필요한 부분들만 실려 있어서 정말 좋았습니다. 교과서에 간간이 들어 있는 사례들도 공부하는 데 많은 도움이 되었습니다. 올해 교수님께서 정년퇴임 하신 걸로 아는데, 교수님의 저서가 앞으로도 쭉 개정되어서 학생들에게 오랫동안 사랑받을 수 있음 좋겠습니다」는 내용은 이 책을 하루라도 빨리, 그리고 더 충실하게 엮도록 하는 데 큰 힘을 보태주었다. 이 학생에게 진심으로 고마운 마음을 전하는바이다.

끝으로 이 책의 출간에 판례 등의 귀중한 자료를 제공해준 한양대학교 대학원 법학과 박사과정을 수료한 이태섭 군, 그리고 교정을 맡아 수고한 동대학원 석사과정의 정성희 군과 사법연수원의 입소를 앞둔 김지민 군에게 고마움을 전한다. 또한 이 책의 출판을 기꺼이 맡아주신 율곡미디어의 박기남 사장님, 표지디자인을 해주신 방조일 주간, 편집을 해주신 신재혁 과장께도 감사의 말씀을 드린다.

2013년 12월
서울숲 연구실에서
이 덕 환

初版 머리말

그동안 미루어 왔던 책을 출간하게 되어 기쁜 마음이다. 이 책은 10여 년 전에 재산법을 한 권으로 엮어 주로 사법시험 1차생의 수험용으로 펴내려고 준비하여 왔으나, 사정이 여의치 않아 그만두고 강의교재용으로 계속 보완하여 온 것이다. 앞당겨 출간하려고 하였으나 그때마다 미흡하다고 생각하여 미루다가 지금에서야 내놓는다.

주지하는 바와 같이 우리나라에서는 1910년 한일합방이 되면서 서양법을 받아들여 적용하여 온바, 그 역사가 일천하고 우리 실정에 맞지 않는 법리가 산재하여 해석상의 어려움이 많다고 아니할 수 없다. 특히 오늘날 재산법 분야에서 중요성을 더해가고 있는 채권법의 통칙을 규정한 채권총론은 민법에서도 그 법리가 가장 복잡 · 난해하여 학설상의 견해도 난립하고 있다. 그리하여 아직도 확신을 가지고 법리를 해석할 수 없는 부분이 있음을 시인하지 않을 수 없다.

이 책은 저자가 다년간 한양대학교 법대고시반을 지도하면서 경험한 것을 반영하여 수험생들이 공부하는 데 도움이 되도록 엮은 것이다. 그러다 보니 연혁이나 외국의 입법례 등을 망라하여 이론 위주로 엮은 전통적인 교과서의 틀을 벗어나, 사례 · 판례 및 이론으로 구성된 책으로 탈바꿈하였다. 최근의 사법시험 문제가 판례 · 사례 위주로 출제되고 있음을 감안하여 주요한 최신 판례를 엄선하여 수록하였으며, 문제 해결에 도움을 주고자 가능한 한 사례를 많이 배정하였다. 더구나 민법의 배점이 150점으로 높아진바, 그에 대비하여 보다 자세히 학설의 대립을 소개하였으며, 또한 심도 있는 이론을 구성하여 사례문제나 단문을 능히 해결할 수 있도록 최선의 노력을 기울였다. 그리고 법학전문대학원제도가 이제 막 도입되어 적합한 교재가 부족한 시점에서 전문대학원생들이 입체적으로 공부하는 데 도움이 되도록 배려하였다. 학부생들의 수험준비 내지 대학원생들의 법학공부를 돕고자 내용을 보다 심도 있고 충실하게 할 목적으로 책을 각권으로 나누어 출간하지만, 미흡한 마음 금할 수 없다.

독자 여러분들의 많은 질책과 편달 바라며, 앞으로 부족한 부분을 보완하여 나갈 작정이다.

이 책이 나오기까지 판례 등을 꼼꼼히 챙겨준 사법연수원의 이미옥 양과 주요 자료의 정리 · 색인 · 교정 등을 도와준 한양대학교 대학원 법학과 박사과정에 있는 봉영준 군과 동 대학원 석사과정에 있는 백석민 군에게 고마운 마음을 전하며, 이 책을 흔쾌히 출간하여 주신 율곡출판사의 박기남 사장님과 기획 및 편집을 맡아 수고하여 주신 박정헌 부장님과 신재혁 과장님에게 진심으로 감사드린다.

2010년 5월

한양대학교 법학전문대학원 연구실에서

이 덕 환

차 례

제1장 序 論

第1節 債權法 一般論

第2節 債權과 債務

제2장 債權의 目的

第1節 總　說

第2節 特定物債權

第3節 種類債權

第4節 金錢債權

第5節 利子債權

第6節 選擇債權

第7節 任意債權

제3장 債權의 效力

第1節 總　說

第1項 債權의 基本的 效力

第2項 不完全債務

第3項 第3者에 의한 債權侵害

第2節 債務不履行과 債權者遲滯

第1項 序　說

第2項 履行遲滯

第3項 履行不能

第4項 不完全履行 내지 積極的 債權侵害

第3項 損害賠償

제4장 責任財産의 保全

第1節 序 說

第2節 債權者代位權

第3節 債權者取消權

제5장 數人의 債權者 및 債務者(多數當事者의 債權關係)

第1節 總 說

第2節 分割債權關係

第3節 不可分債權關係

第4節 連帶債務

第5節 保證債務

제6장 債權讓渡와 債務引受

第1節 債權의 讓渡

第2節 債務의 引受

제7장 債權의 消滅

第1節 總 說

第2節 辨 濟

第3節 代物辨濟

第4節 供 託

第5節 相 計

第6節 更 改

第7節 免 除

第8節 混 同

【참고문헌】

국내문헌

곽윤직, 『채권총론』, 제6판, 박영사, 2007
김기선, 『한국채권법 총론』, 제3전정판, 법문사, 1987
김대정, 『채권총론』, 도서출판 피데스, 2006
김상용, 『채권총론』, 화산미디어, 2009
김석우, 『채권법총론』, 박영사, 1978
김용한, 『채권법총론』, 박영사, 1983
김주수, 『채권총론』, 제3판, 삼영사, 1999
김증한, 『채권총론』, 박영사, 1980
김학동, (김증한 공저), 『채권총론』, 제6판, 박영사, 1998
김현태, 『신채권법총론』, 일조각, 1982
김형배, 『채권총론』, 제2판, 박영사, 1998
오시영, 『채권총론』, 학현사, 2009
윤철홍, 『채권총론』, 법원사, 2006
이은영, 『채권총론』, 박영사, 2009
이태재, 『채권총론』, 진명출판사, 1985
이호정, 『채권법총론』, 한국방송통신대학, 1988
장경학, 『채권총론』, 교육과학사, 1992
정기웅, 『채권총론』, 전정판 법문사, 2000
현승종, 『채권총론』, 일신사, 1982
황적인, 『현대민법론 Ⅲ(채권총론)』, 증보판, 박영사, 1989
김기수, 『민법연습』, 박영사, 1990
김준호, 『채권법』, 법문사, 2012
고상룡, 『민법학특강』, 법문사, 1995
권오승, 『민법의 쟁점』, 법원사, 1993
송덕수, 『민법강의(하)』, 박영사, 2007

양창수, 『민법입문』, 신수판, 박영사, 2000
양창수, 『민법연구 제2권』, 1991, 제3권, 1995,
『민법연구 제4권』, 1997, 제9권, 2009
지원림, 『민법강의』, 법문사, 2012
곽윤직 편집대표, 『민법주해 VIII~XI 채권(1~4)』
김증한 편집대표, 『주석채권총칙(상)(하)』, 한국사법행정학회, 1984
『민법안심의록 상권, 하권』

국외문헌

Brox, Allgemeines Schuldrecht. 18. Aufl., 1990
Larenz, Schuldrecht 11/1. 13. Aufl., 1986
Larenz/Riehm, lehrbuch zum neuen Schuldrecht. 2002
Medicus Dieter, Schuldrecht I ; Allgemeiner Teil 6. Aufl., Beck, 1992
Münchener Kommentar, Schuldrecht ; Allgemeiner Teil 2. Aufl., 1985
Schlechtriem, Schuldrecht Allgemeiner Teil 4. Aufl., 2000
Soergel, Kommentar zum Bürglichen Gesetzbuch, Band 2/1. 11. Aufl., 1986

제1장

序　論

第1節 債權法 一般論

I. 債權法의 意義

채권법은 채권관계를 규율하는 법규의 전체를 의미하며, 채권관계는 2인 또는 그 이상의 다수인이 채권자 또는 채무자로서 서로 일정한 행위를 요구할 수 있는 권리·의무를 갖고 서로 대립하는 법률관계이다. 예를 들어 매도인 A가 매수인 B에게 토지를 매각하기로 하는 계약을 체결한 경우에 A는 B로부터 토지의 대금을 지급받을 권리를 가지며 B는 그 대금을 A에게 지급할 의무를 부담하게 된다. 반면에 B는 A로부터 물건을 인도받을 권리를 가지고 A는 그 물건을 B에게 인도할 의무를 부담하게 되는 것이다. 이와 같이 특정인(채권자)이 특정인(채무자)에게 특정의 행위(급부)를 청구할 수 있는 권리가 채권이고, 그 채권의 이행을 강제하기 위하여 정하여진 법규가 채권법이다.

II. 債權法의 體系와 內容

1. 債權法의 體系

채권법의 중심을 이루고 있는 것은 「민법 제3편 채권」(제373조~제766조)이며, 총칙·계약·사무관리(제734조 이하)·부당이득(제741조 이하)·불법행위(제750조 이하)의 5장·394개조로 되어 있다. 강학상으로는 채권일반의 통칙을 규정하고 있는 제1장 총칙을 채권총론, 채권의 발생원인을 규정하고 있는 제2장 계약 이하를 채권각론이라고 부른다.

2. 債權法의 內容

(1) 債權總論의 內容

채권총론(제373조~제526조)은 채권 자체에 관한 사항을 규정한 것으로 채권의 목적 · 채권의 효력 · 수인의 채권자 및 채무자 · 채권의 양도 · 채무의 인수 · 채권의 소멸 · 지시채권 · 무기명채권의 8개절 154개조로 구성되어 있다. 그 내용을 개략적으로 설명하면 다음과 같다.

1) 債權의 目的 채권의 목적이란 채권자가 채무자에 대하여 청구할 수 있는 일정한 행위, 즉 급부이다. 제1절 채권의 목적에서는 계약 · 사무관리 · 부당이득 · 불법행위 등의 채권발생원인에 공통되는 것을 묶어 특정물채권 · 종류채권 · 금전채권 · 이자채권 · 선택채권 5종만을 통칙적으로 규정하고 있으나, 이는 실제로는 변제의 내용 · 방법에 관한 하나의 표준을 제시한 것이다.

2) 債權의 效力 제2절 채권의 효력에서는 채무자가 채무를 이행하지 않을 경우에 채권자가 채권을 실현할 수 있는 방법으로 채권내용의 강제적 실현과 채무불이행으로 인한 손해배상에 관하여 규정하고 있다. 나아가 채권자의 강제집행의 대상이 되는 채무자의 일반재산을 보전하는 제도로서 채권자대위권과 채권자취소권에 관하여도 규정하고 있다. 그 밖에 채무자가 변제의 제공을 하였는데도 채권자가 이를 수령하지 않는 경우인 채권자지체에 관해서도 규정하고 있으나, 이는 채무자의 변제의 제공 및 공탁과 관련된 제도로서 채권 본래의 효력과는 다르다고 할 것이다.

3) 數人의 債權者 및 債務者 제3절 수인의 채권자 및 채무자에서는 하나의 급부에 채권자 또는 채무자가 여럿인 경우의 법률관계로서 분할채권관계 · 불가분채권관계 · 연대채무 · 보증채무의 대내외관계 및 1인에게 생긴 사유의 효력 등에 관하여 규정하고 있다. 이들 중 연대채무와 보증채무는 채권의 담보로서 중요한 작용을 하고, 또한 담보물권과도 밀접한 관계가 있다.

4) 債權讓渡와 債務引受 제4절 채권양도와 제5절 채무인수에서는 채권 · 채무가 하나의 재화로서 거래의 목적이 될 수 있도록 동일성을 유지하면서 그 채권을 제3자에게 양도하는 경우와 그 채무를 제3자가 인수하는 경우에 관하여 규정하고 있다. 채권양도와 채무인수에 있어서는 물권의 거래에서와 마찬가지로 공시의 원칙과 공신의 원칙이 문제된다.

5) 債權의 消滅 제6절 채권의 소멸에서는 채권의 소멸원인인 변제

(제460조 내지 제465조, 제467조 내지 제486조) · 대물변제(제466조) · 공탁(제487조 내지 제491조) · 상계(제492조 내지 제499조) · 경개(제500조 내지 제505조) · 면제(제506조) · 혼동(제507조) 등에 관하여 규정하고 있다.

6) 指示債權과 無記名債權 제7절과 제8절에서는 증권적 채권인 지시채권과 무기명채권의 양도방법을 중심으로 하여 규정하고 있다. 그러나 이것은 보통의 채권의 양도와는 달라서 상법 · 어음법 · 수표법 등의 특별법에서 특히 중요성을 지니고 있다.

(2) 債權各論의 內容

강학상 채권각론 즉 채권관련 제2장 내지 제5장은 채권의 발생원인인 계약(제527조 이하) · 사무관리(제734조 이하) · 부당이득(제741조 이하) · 불법행위(제750조 이하)에 관하여 규정하고 있다. 이들 중 계약의 경우에는 법률행위에 의하여 채권이 발생하나(약정채권 발생원인), 나머지 경우에는 법률의 규정에 의하여 채권이 발생하는 것이다(법정채권 발생원인).

1) 法律行爲에 의한 債權의 發生 당사자의 의사의 합치를 요소로 하는 법률행위에 의하여 발생하는 채권관계를 계약이라고 한다. 채권편의 「제2장 계약」에서는 계약의 통칙을 정하는 총칙과 14가지의 전형계약에 관하여 규정하고 있다. 계약의 성립, 계약의 효력, 계약의 해제 · 해지의 3관으로 되어 있는 제1절 총칙을 강학상 계약총론이라고도 하고, 제2절 이하 제15절의 14가지 전형계약을 계약각론이라고 부른다.

2) 法律의 規定에 의한 債權의 發生 민법에서 규정하고 있는 채권의 발생원인으로는 타인의 사무를 의무 없이 관리함으로써 발생하는 법정채권관계(제3장 사무관리), 법률상 원인 없이 부당하게 취득한 이득을 반환하기 위한 채권관계(제4장 부당이득), 위법한 행위로 타인의 신체나 재산에 손해를 입힌 경우에 가해자가 피해자에게 금전적 손해배상을 하도록 하는 채권관계(제5장 불법행위) 등이 있다.

Ⅲ. 債權法의 法源과 適用範圍

1. 法 源

(1) 民法 제3편 債權(제373조 내지 제766조)

채권관계를 규율하는 가장 중요한 법률은 민법 제3편 채권이다. 채권법의 이론은 민법 제3편의 채권법에 관한 규정을 기초로 하여 이루어지고 있다.

(2) 特別法

1) 民法의 特別附屬法 민법 채권편의 규정을 보충하고 구체화하는 특별부속법에는 공탁법(1958. 7. 29. 법률 제492호)·신원보증법(1957. 10. 5. 법률 제449호)·신탁법(1951. 12. 30. 법률 제900호)·어음법(1962. 1. 20. 법률 제1001호)·수표법(1962. 1. 20. 법률 제1002호)·약관의 규제에 관한 법률(1986. 12. 31. 법률 제3922호)·주택임대차보호법(1981. 3. 5. 법률 제379호)·상가건물임대차보호법(2001. 12. 29. 법률 제6542호)·실화책임에 관한 법률(2009년 법률(전개) 제9648호)·국가배상법(1967. 3. 3. 법률 제1899호)·부동산 실권리자명의 등기에 관한 법률(1995. 3. 30. 법률 제4944호)·유류오염손해배상보장법(1992. 12. 8. 법률 제4532호)·보증인보호에 관한 특별법(2008. 3. 31. 법률 제8918호)·할부거래에 관한 법률(1991. 12. 31. 법률 제4480호)·소송촉진 등에 관한 특례법(1981. 1. 29. 법률 제3361호)·환경정책기본법(1990. 8. 1. 법률 제4257호)·농지법(1994. 12. 22. 법률 제4817호)·제조물책임법(2000. 1. 12. 법률 제6109호)·대부업 등의 등록 및 금융이용자보호에 관한 법률(2002. 8. 26. 법률 제6707호)·자동차손해배상보장법(1992. 12. 31. 법률 제3774호)·원자력손해배상법(1969. 1. 24. 법률 제2764호)·광업법(1981. 1. 29. 법률 제3357호)·부동산등기특별조치법(1990. 8. 1. 법률 제4244호)·신원보증법(1957. 10. 5. 법률 제449호)·가등기담보 등에 관한 법률(1983. 12. 30. 법률 제3681호)·방문판매 등에 관한 법률(1991. 12. 31. 법률 제4481호)·이자제한법(2007. 3. 29. 법률 제8322호)·채무자 회생 및 파산에 관한 법률(2005. 3. 31. 법률 제7428호) 등이 있다.

2) 商法(1962. 1. 20. 법률 제1000호) 및 그 附屬法 상사채권관계를 규율하고 있는 상법 및 그 부속법에는 은행법(1998년 법률(전개) 제3897호)·상호저축은행법(1972. 8. 2. 법률 제2333호)·새마을금고법(1989. 12. 30. 법률 제4152호)·외국환거래법(1998. 9. 16. 법률 제5550호)·신용협동조합법(1972. 8. 17. 법률 제2338호)·증권거래법(1976. 12. 22. 법률 제2920호)·보험업법(1977. 12. 31. 법률 제3043호)·담보부사채신탁법(1962. 1. 20. 법률 제991호)·여신전문금융법(1997. 8. 28. 법률 제5374호) 등이 있다.

3) 勞動關係法 근로에 관한 채권관계를 규율하는 노동관계법에는 근로기준법(1953. 5. 10. 법률 제286호)·최저임금법(1986. 12. 31. 법률 제3927호)·남녀고용평등과 일·가정양립지원에 관한 법률(2001. 8. 14. 법률 제6508호)·산업재해보상보험법(1963. 11. 5. 법률 제1438호)·고용보험법(1993. 12. 27. 법률 제4644호)·고령자고용촉진법(1991. 12. 31. 법률 제4487호)·임금채권 보장법(1998. 2. 20. 법률 제5513호)·노동조합 및 노동관계조정법(1997. 3. 13. 법률 제5310호) 등이 있다.

4) 經濟法 및 各種의 統制에 관한 特別法 소비자를 보호하는 경제법 및 각종의 통제법에는 독점규제 및 공정거래에 관한 법률(1990. 1. 13. 법률(전개) 제4198호)·물가안정에 관한 법률(1975. 12. 31. 법률 제2798호)·농수산물유통 및 가격안정에 관한 법률(2000. 1. 28. 법률 제6223호)·국토의 이용 및 관리에 관한 법률(2002. 2. 4. 법률 제6655호)·양곡관리법(1963. 8. 7. 법률 제1386호)·농업·농촌기본법(1999. 2. 5. 법률 제5758호)·사료관리법(1981. 3. 24. 법률 제3396호)·농약관리법(1980. 12. 31. 법률 제332호)·비료관리법(1976. 12. 31. 법률 제2985호)·산림기본법(2001. 5. 24. 법률 제6477호)·하도급거래공정화에 관한 법률(1984. 12. 31. 법률 제3779호)·

소비자기본법(2009년 법률(일개) 제9785호) 등이 있다.

(3) 慣習法

관습법도 채권에 관한 것은 채권법의 법원이 될 수 있다. 관습법은 성문법에 대한 보충적 효력을 가지며(제1조), 채권법 분야에서도 관습법이 적지 않다. 예를 들어 부동산임대차에 있어서 보증금 · 권리금, 금융거래에 있어서의 관습법 등이 채권법 분야의 관습법에 해당한다.

2. 適用範圍

민법의 채권법의 규정은 위와 같은 각종 특별법에 의하여 발생하는 채권에 대해서도 일반법으로서 적용되며, 민법의 다른 편의 규정에서 인정하는 물권관계(물권적 청구권) · 친족관계(부양 청구권) · 상속관계(상속회복 청구권) 등으로부터 생기는 청구권에 대해서도 그 성질이 허용되는 한 적용된다. 예를 들어 물권적 청구권에는 이행지체 · 변제에 관한 채권편 규정이, 그리고 부양청구권에는 현실적 이행의 강제(강제 이행)에 관한 채권편의 규정이 적용될 수 있다.

Ⅳ. 債權法의 特質

1. 債權法의 本質

(1) 一般私法

채권법은 일반사법인 민법의 일부에 속한다. 따라서 상법 등의 특별사법은 채권에 관한 것이라도 채권법이 아니다.

(2) 財産法

민법은 크게 재산법과 가족법으로 나뉜다. 채권법은 물권법 · 상속법과 더불어 재산법에 속한다. 채권법은 물권법과 더불어 재산법의 주요 부분을 이루고 있다. 채권법은 재화의 교환, 즉 계약을 중심으로 하는 반면 물권법은 소유권을 중심으로 하는 재산법인 점에서 뚜렷하게 구별된다.

(3) 實體法

채권법은 법률관계(권리 · 의무)를 실현하는 절차를 정하는 절차법이 아니라, 법률관계 자체를 직접 규율하는 실체법이다. 즉 사법상의 권리 · 의무의 내용과 그 발생 · 변경 · 소멸 등의 법률관계의 실질적인 판단기준을 정하는 실체법이다.

2. 債權法의 特質

재산법으로서 채권법과 물권법은 서로 밀접한 관련이 있으나 여러 가지 차이가 인정된다. 채권법은 물권법과 비교하여 다음과 같은 특질이 있다.

(1) 任意法規性

채권은 물권과는 달리 배타성이 없기 때문에 채권법의 규정은 원칙적으로 임의법규로서의 성질을 가진다. 따라서 당사자의 명확한 의사를 알 수 없는 때 이를 보충하는 기능을 한다. 임의법규성이 가장 현저하게 나타나는 것은 사적 자치를 기초로 하는 계약법의 영역이다. 그러나 채권법에도 강행규정이 적지 않다. 법정채권의 발생원인인 사무관리 · 부당이득 · 불법행위 등에 관한 규정은 당사자의 의사와는 관계없이 그 법적 효과가 생기므로 대체로 강행성을 가진다. 또한 재산권으로서의 채권으로 제3자에게 직접 영향을 미치는 채권의 양도 · 채무의 인수 및 증권적 채권에 관한 규정도 대부분이 강행규정이다. 그리고 계약법 중에서 임대차와 소비대차의 경우에는 경제적 약자를 보호하기 위한 강행규정을 두고 있다(제652조 · 제609조 · 제608조).

(2) 國際的 普遍性

물권법이나 가족법은 일반적으로 각 지역의 관습이나 민족적 특색 등에 영향을 강하게 받는다. 그러나 채권법은 거래법으로서 보편적인 합리성에 지배되어 국제거래가 활발하여짐에 따라 국제적 보편성을 가진다. 특히 매매를 중심으로 한 계약 영역에서 이러한 경향이 강하며, 동산의 매매계약 등에서 국제적인 통일법전의 제정이 시도되고 있다. 그러나 부동산의 이용이나 소비대차 등에 있어서는 국가간의 차이가 심하여 보편화가 어렵다고 할 것이다.

(3) 信義誠實原則의 支配

신의성실의 원칙(제2조)은 민법의 모든 분야에 두루 적용되나, 그 중에서도 특히 채권법에서 가장 현저하게 작용한다. 채권은 본래 채권자가 채무자에 대하여 장래의 특정행위를 청구하는 권리이므로 채권자와 채무자 사이의 신뢰관계를 전제로 하여 성립한다. 따라서 물권의 배타적 지배력을 핵심으로 하는 물권법과는 달리 채권법에서는 당사자의 행위에 대하여 고도의 신의성실이 요구된다. 특히 채권의 행사 및 채무의 이행에 관하여 신의칙이 강하게 작용하며, 계약의 해석 · 계약의 해제와 해지 · 사무관리의 적법성 · 손해배상액의 결정 · 부당이득의 부당성의 결정 등에 있어서도 신의칙이 충분히 고려되어야 한다.

(4) 로마법의 영향

물권법은 로마법적 요소와 게르만법적 요소가 뒤섞여져 구성되어 있다. 그러나 채권법은 로마법의 영향을 가장 강하게 받고 있는 법 영역이다. 즉 로마법 가운데 가장 발달한 것이 바로 채권법 분야이다. 우리나라의 채권법은 로마법을 계수한 독일 채권법과 프랑스 채권법을 본받아 제정한 것이므로 간접적으로 로마법의 영향을 많이 받고 있다.

(5) 動的인 모습

물권법은 현재상태의 유지를 규율하는 것이어서 靜的인 반면에 채권법은 현재상태의 변경(급부의 이동)을 규율하는 것이어서 動的인 모습을 나타내고 있다.

第2節 債權과 債務

I. 債 權

1. 債權의 意義

채권이란 특정인이 다른 특정인에 대하여 특정의 행위를 청구할 수 있는 권리이다. 채권은 재산적 이익을 내용으로 하는 권리이므로 재산권에 속하며, 채무자에 대하여 일정한 행위를 청구할 수 있는 권리이므로 청구권이다.

(1) 채권은 채무자의 행위 즉 급부를 그 목적으로 한다. 급부로서의 채무자의 행위는 적극적인 행위인 작위(예: 물건의 인도 등)일 수도 있고, 소극적인 행위인 부작위(예: 건축을 하지 않는 것)일 수도 있다. 아무튼 채권은 채무자의 행위를 그 목적으로 하므로 채무자의 협력이 있어야만 채권이 실현될 수 있다.

(2) 채권은 채무자라는 특정인에 대한 권리이다. 따라서 채권자는 채무자에 대해서만 그의 권리를 행사할 수 있을 뿐, 원칙적으로 제3자에 대하여는 급부를 요구할 수 없다. 이러한 의미에서 채권을 상대권이라고 한다.

(3) 채권은 채무자의 일정한 행위를 요구(청구)할 수 있는 권리이다. 따라서 채권은 청구권을 그 핵심으로 한다. 여기서 「요구(청구)할 수 있다」는 것은 ① 청구하여도 좋다는 것, 즉 청구하는 것이 위법한 것이 아니라는 것과, ② 상대방이 청구에 응하여 급부를 한 경우에 이를 수령 · 보유하는 것이 채권자에 대한 관계에서 부당이득이

되지 않는다는 것을 의미한다.

2. 債權과 物權

채권과 물권 모두 재산권이나, 물권은 물건을 직접 지배하는 권리이고, 채권은 채무자의 행위를 청구하는 권리로서 구체적으로 다음과 같은 차이가 있다.

(1) 平等性 vs 排他性

물권은 물건을 독점적으로 지배할 수 있는 권리이므로 배타성이 인정된다. 그러나 채권은 채무자의 일정한 행위만 청구할 수 있는 권리이므로 상대권인 채권은 배타성이 없다. 따라서 채권은 동일한 내용의 채권이 동시에 둘 이상 병존할 수 있으며(예: A가 X·Y에 동시에 건물매매계약체결의 가능), 함께 존재하는 채권은 모두 평등하며, 성립시기의 선후에 의한 우열의 차이가 없는 채권자 평등의 원칙이 적용된다. 이것은 곧 채권이 제3자에게 대항할 수 없다는 것을 의미한다.

(2) 相對性 vs 絶對性

물권은 모든 사람에 대하여 주장할 수 있는 권리이므로 절대권(대세권)이고, 채권은 특정인에 대해서만 주장할 수 있는 권리이므로 상대권(대인권)이다. 따라서 채권은 원칙적으로 채무자에 의해서만 침해될 수 있으며, 제3자에 의한 침해가 당연히 불법행위로 되는 것은 아니다.

(3) 讓渡性의 인정여부

물권은 물건에 대한 직접적인 지배를 내용으로 하는 권리이므로 물권자의 자유로운 의사에 의하여 얼마든지 양도할 수 있다. 채권은 로마법에서는 채권자와 채무자를 이어주는 것으로 관념되어 채권자나 채무자의 변경으로 인하여 채권의 동일성은 상실되는 것으로 이해되었고, 따라서 채권의 양도성은 제도적으로 인정되지 않았다. 그러나 근대법에 있어서는 「계약은 지켜져야 한다」는 규범의식에 지지되어 채권도 하나의 재산권으로서 유통케 할 필요성이 강하게 요구되었다. 여기서 오늘날에 있어서는 채권도 광범위하게 그 양도성이 인정되고 있으며, 우리 민법도 채권의 성질상 허용되지 않는 경우를 제외하고는, 원칙적으로 채권의 양도성·처분성을 인정하고 있다(제345조·제449조 이하 참조). 다만 특정인 사이에 특별한 신뢰관계라든가, 또는 인격을 기초로 하는 채권에 관하여는 상대적으로 양도성을 제한하고 있다(제449조 제2항·제610조 제2항·제629조 제1항·제657조 제1항).

(4) 債權의 物權化 傾向

채권은 특정의 채권자가 채무자에 대하여 가지는 권리(상대권)이기 때문에 공시할 필요가 없으며, 또한 공시방법도 없다. 그러나 채권도 일정한 공시방법을 갖출 필요성이 있는 경우가 있으며, 공시방법을 갖추게 되면 대항력이 발생하게 된다. 예를 들어 증권적 채권, 부동산임차권에 공시방법을 갖춘 경우, 주택임대차보호법(동법 제3조 3의 3) 또는 상가건물임대차보호법(동법 제3조 · 제6조)상의 대항요건을 갖춘 주택 또는 상가임차권의 경우에는 제3자에 대하여 대항력을 가지게 됨으로써 채권이 물권화되는 경우도 있다.

3. 債權과 請求權

채권은 청구권을 본질적인 요소로 하고 있으므로 일반적으로 채권을 청구권이라고도 한다. 우리나라의 학설은 채권과 청구권이 동일하지 않다는 데 견해가 일치되고 있다. 채권과 청구권은 결코 동일물 내지 동의어는 아닌 것이다. 채권의 내용은 청구권과 그 밖의 여러 권능(급부수령 · 보유력 · 채권자취소권 · 채권자대위권 · 항변권 · 해제권 등)이 붙어 있다. 또한 정지조건부 채권 · 시기부 채권 · 이행기가 도래하지 않은 채권과 같이 채권은 존재하지만 아직 청구권이 발생하지 않는 경우도 있다. 이러한 채권은 조건의 성취 · 시기의 도래 · 이행기의 도래에 의하여 비로소 청구권이 발생한다. 따라서 청구권은 채권의 핵심적 요소이나, 그 전부는 아니다. 한편 청구권은 채권을 기초로 하여서만 발생하는 것도 아니다. 물권(물권적 청구권) · 친족권(부양청구권 · 상속회복청구권 등) 등과 같은 채권 이외의 권리를 기초로 하여서도 발생한다. 그리고 청구권이라는 용어가 사용되고 있더라도 그것이 청구권이 아니라 형성권인 경우도 있다. 예를 들어 지상권설정자의 지상권자에 대한 지상권소멸청구권(제287조), 지상권자의 지상권설정자에 대한 지상물매수청구권(제283조 제2항), 전세권설정자의 전세권자에 대한 전세권소멸청구권(제311조), 임차인의 임대인에 대한 지상물매수청구권(제643조 · 제283조 제2항), 전세권자와 전세권설정자의 부속물매수청구권(제316조) 등은 청구권이 아니라 형성권이다.

4. 債權과 債權關係

민법은 주로 채권에 관하여만 규정하고 있으며, 채권관계라는 용어는 사용하고 있지 않다. 그러나 채권관계에는 의무도 포함되어 있기 때문에 채권만으로는 충분히 해결할 수 없는 법률문제가 발생한다. 따라서 채권관계의 개념을 살펴볼 필요가 있다. 채권관계란 2인 이상의 특정인 사이에 채권 · 채무가 존재하는 법률관계를 말한다. 그러나 이러한 개념규정은 불완전한 것이어서 좀더 자세한 검토가 필요하다.

(1) 債權과의 區別

채권은 특정인이 특정인에게 특정의 급부를 청구할 수 있는 권리로서, 예를 들어 A와 B 사이의 부동산 매매계약에서 매도인 A의 대금채권, 매수인 B의 부동산을 인도 받을 권리이다. 이에 내하여 채권관계란 채권적 법률행위에 있어서 당사자 사이에 발생하는 기본적 채권 · 채무뿐만 아니라 그 밖의 여러 가지 권리(예: 항변권 · 해제권)와 의무(예: 통지의무 · 배려의무)의 실현을 목적으로 하는 법률관계를 총칭한다. 그리고 채권관계는 일반인 사이의 관계가 아니고 채권자와 채무자라는 특정인 사이에 성립하는 법률관계이다. 위의 예에서 부동산에 하자가 있는 때에는 매도인은 하자담보책임을 부담하는데, 이러한 것들이 당사자 사이의 채권관계에 속한다.

(2) 特別拘束關係

채권관계는 특정인 사이, 즉 채권자와 채무자 사이에서만 성립하고 그 효력이 발생하는 법률관계이다. 이러한 법률관계를 법률상의 특별구속관계라고 한다. 채권관계는 채권자와 채무자 사이에서 특정의 행위만을 청구하고, 부담하는 특별구속관계이므로 제3자에 대해서는 구속력이 없다. 그러나 예외적으로 제3자를 위한 계약(제539조)에 있어서의 채권관계는 당사자 이외의 제3자인 수익자에게 그 효력이 미친다.

(3) 有機的 關係로서의 債權關係

채권관계는 당사자가 달성하려는 목적을 향하여 서로 협력하여야 할 긴밀한 관계이고, 그러한 의미에서 채권관계는 하나의 유기적 관계라고 하는 것이 통설이다(곽윤직 17면 · 김용한 15면 · 김상용 22면). 통설은 채권자는 채권만을 가지는 것이 아니라 채권의 실현에 협력하여야 하며, 채무자는 주된 의무인 급부의무뿐만 아니라 설명의무 · 보호의무 등의 부수적 행위의무를 부담하여야 하므로 채권관계는 채권자와 채무자가 서로 협력하여 채권의 목적달성을 위하여 발전해 나아가는 관계에 있다고 한다. 즉 채권관계는 하나의 사회적 목적을 가지는 채권 · 채무의 유기적 결합관계이므로, 그러한 하나의 법률적 지위로서 다루어야 하고, 또한 채권자와 채무자 사이의 형식적인 권리 · 의무의 대립으로 볼 것이 아니라, 신의칙에 의하여 지배되는 하나의 협력체 내지 공동체의 관계라고 한다. 통설의 견해가 타당하다고 할 것이다. 그러나 최근에는 채권관계가 변동가능성이 있다는 점에서는 유기적 관계라고 할 수 있지만, 거기에서 당사자의 협력관계는 강조되지 않아야 한다는 견해도 등장하고 있다(송덕수 12면).

| 참 고 | 채권관계와 호의관계

채권관계는 채권자의 권리와 채무자의 의무로 구성되는 법률관계로서 법적 구속력을 가지고 있다. 그러나 호의관계는 급부자에게 법적 의무가 없이 호의로 약속하였다는 점에서 법적 구속력을 가지지 않는다. 예를 들어 이웃 사람을 출근길에 자동차에 태워주거나, 생일잔치에 초대하는 것 등이 호의관계에 속한다. 채권관계와 호의관계는 당사자의 의사와 거래관행 등을 고려하여 구체적인 사안에 따라 신중하게 판단하여야 한다. 증여·사용대차는 무상이지만 계약에 의하여 이루어지는 채권관계이기 때문에 무상이라고 하여 그것이 항상 호의관계로 되는 것은 아니다. 호의관계만 성립되는 경우에는 이행청구권이나, 채무불이행으로 인한 손해배상책임이 문제되지 않는다. 그러나 호의동승 중에 운전자의 과실로 인하여 동승자가 손해를 입은 경우에는 불법행위에 의한 손해배상청구를 할 수 있다.

[판 례] 호의동승자에 대한 운행자의 책임

운행의 목적, 동승자와 운행자의 인적 관계, 그가 차에 동승한 경위, 특히 동승을 요구한 목적과 적극성 등 여러 사정에 비추어 가해자에게 일반 교통사고와 동일한 책임을 지우는 것이 신의칙이나 형평의 원칙으로 보아 매우 불합리하다고 인정될 때에는 그 배상액을 경감할 수 있으나, 사고차량에 단순히 호의로 동승하였다는 사실만 가지고 바로 이를 배상액 경감사유로 삼을 수 있는 것은 아니다(대판 1994. 11. 25, 94다32917).

5. 債權의 社會的 作用

채권의 본래 사명은 인간의 생활에 필요한 재화의 이동을 매개하는 데 있다고 할 것이다. 인간이 자급자족 생활을 하던 고대에는 재화의 교환이 필요하지 않아 재산적 법률관계는 물권만으로 충분하였다. 그러나 중세의 봉건제도가 붕괴되어 사유재산이 인정되고, 특히 근대에 와서 계약을 자유롭게 체결할 수 있게 되면서부터 재화의 이동이 활발하게 이루어지게 되어 채권이 그 매개수단으로 등장하게 되었다. 따라서 시대적으로 물권은 일찍부터 인정되어 왔으나 채권은 물권보다 훨씬 후에 인정된 것이다. 그런데 자본주의경제의 발전과정에서 물권과 채권의 사회적·경제적 기능이 크게 변하여 물권의 채권화 경향(토지소유권의 지료 내지 차임징수권의 채권으로의 변화), 또는 채권의 물권화 경향(임차권의 등기)을 보이고 있으며, 각종의 채권이 유가증권으로 화체되어 투자의 객체로서 유통되고 있다. 특히 소유권의 지배적 작용의 실현을 위한 단순한 수단에 불과하였던 채권은 금융자본의 독점적 지배현상이 일어나는 금융자본주의의 단계에 이르게 되자 오히려 소유권을 자기의 지배적 작용을 실현하는 수단으로 편승되어 소유권보다 우월한 지위를 차지하게 되었다. 그러나 오늘날에 있어서도 사회 · 경제상태가 불안한 경우에는 채권관계보다 물권관계가 우월하게 될 수도 있다고 할 것이다. 아무튼 현대 사회에 있어서 재화의 교환 · 이동은 그 매개수단인 채권관계에 의하여 이루어지고, 그 지위도 승격되고 있으므로 채권관계는 인간의 생활에 필요한 경제에 있어서 필수적인 중요한 기능을 하고 있다고 할 것이다.

Ⅱ. 債　務

1. 意 義

채무란 채권에 상응하여 채권자에게 일정한 행위(급부)를 부담하는 채무자의 의무를 말한다. 채권관계에서는 채권자와 채무자가 채권의 목적달성을 위하여 서로 협력하여야 하는 관계에 있으므로 채무자는 주된 의무로서 채권의 목적인 채무를 이행해야 할 의무, 즉 급부의무 외에 여러 가지 부수적 행위의무를 부담하게 된다. 급부의무와 부수적 행위의무는 미리 특정되어 있는 것이 아니고 계약당사자 사이의 구체적 상황에 따라 다르게 결정될 수 있다. 예를 들어 운송계약상의 물건의 포장의무는 부수적 행위의무로 볼 수 있으나, 선물용으로 포장센터에 물건포장을 맡기는 경우에는 포장의무가 주된 의무로서 급부의무로 된다고 할 것이다.

2. 給付義務

계약상의 채무자의 주된 의무는 급부의무이다. 급부의무에는 주된 급부의무와 종된 급부의무(부수적 급부의무)가 있다. 예를 들어 의료계약을 체결한 경우에 채무자(의사)가 환자의 질병을 진료하는 것이 주된 급부의무이며, 그 질병의 치료상의 안전을 위한 주의사항 등을 설명하는 것이 종된 급부의무에 해당한다. 주된 급부의무는 계약 당시에 당사자 사이의 합의에 의하여 특정되는 계약의 본질적인 내용을 이루고 있는 것이다. 반면에 종된 급부의무는 주된 급부의무의 이행이익의 실현을 위한 비본질적인 급부의무로서 계약당사자 사이의 특약(예: 임대차계약에서 임차인이 임차목적물을 수선하는 의무를 부담하기로 한 경우)이나 법률의 규정(예: 위임계약에서 수임인의 보고의무(제683조), 사무관리자의 보고의무(제738조 · 제683조), 업무집행조합원의 보고의무(제707조 · 제683조))에 의하여 발생한다.

주된 급부의무는 쌍무계약에 있어서 서로 대가적 견련관계에 서게 되며, 그 불이행에 대해서는 이행의 소구(강제이행)는 물론 손해배상청구권과 계약해제권이 인정된다. 그러나 종된 급부의무의 불이행의 경우에는 이행의 소구나 손해배상은 청구할 수 있지만, 원칙적으로 해제권은 발생하지 않는다. 일반적으로 부수적 급부의무를 위반하더라도 계약의 목적은 달성될 수 있기 때문이다.

| 제1차적 급부의무 · 제2차적 급부의무 |

급부의무는 의무발생의 시점 및 근거에 따라 제1차적 급부의무와 제2차적 급부의무로 나눌 수 있다. 제1차적 급부의무는 채권이 성립할 당시에 발생한 본래의 급부의무(예: 매도인의 재산권이전의무, 매수인의 대금지급의무)로서, 채권관계 자체를 성립시킬 뿐만 아니라 당해 채권관계의 유형(채권관계가 매매관계인지, 또는 증여관계인지 등)을 결정한다. 그리고 제2차적 급부의무는 제1차적 급부의무에 장애가 생긴 경우에 그것에 갈음하거나(예: 이행불능시의 전보배상), 그것에 병존하는 급부의무(예: 이행지체시의 지연배상의무, 계약해제시의 원상회복의무)이다.

제1차적 급부의무의 경우에는 이행기가 도래하면 그 즉시 이행을 청구할 수 있으나, 제2차적 급부의무가 발생하기 위해서는 채무자의 귀책사유 등의 요건을 갖추어야 한다. 제2차적 급부의무는 본래의 급부의무의 장애가 생긴 경우뿐만 아니라 부수적 행위의무의 위반에 의해서도 발생할 수 있다.

3. 附隨的 行爲義務

(1) 意 義

부수적 행위의무란 계약상 채무자의 주된 의무인 급부의무의 완전한 이행을 위하여 요구되는 의무를 말한다. 부수적 행위의무는 급부의무의 이행과정에서 여러 가지 모습으로 발생할 수 있는데, 예를 들어 설명의무 · 협력의무 · 감독의무 · 보호의무 등이 이에 해당한다. 이러한 부수적 행위의무를 학자에 따라서는 기본의무 이외의 용태의무(곽윤직 69면), 기타의 행위의무(송덕수 40면), 독립적 부수의무와 종속적 부수의무를 포함하는 부수의무(김상용 23면, 지원림 893면에서는 이들 모두를 급부의무에 포함시키고 있다), 부수적 의무 및 보호의무(김증한/김학동 23면 이하), 부수적 주의의무(이은영 85면, 김형배 34면) 및 보호의무(김형배 36면), 급부관련적 부수의무와 보호의무를 포함하는 부수의무(최홍섭/주석민법 채권총칙(1) 503면) 등으로 이해하고 있다. 한편 판례(대판 1997. 4. 7, 97마575)는 채무자의 의무를 단순히 주된 급부의무와 부수의무로만 나누고 있는데, 이는 종된 급부의무와 부수적 행위의무를 함께 묶어 부수의무라고 표현하고 있는 것으로 보인다. 그러나 이 의무는 급부의무에 부가하여 수반되는 행위의무이므로 부수적 행위의무라고 함이 타당하다고 할 것이다. 그리고 부수적 행위의무에는 급부의무와 관련은 있지만, 급부의무의 이행에 이바지하지 않는 독자성을 가진 독립적 부수적 행위의무와 급부의무에 종속되어 그 이행에 이바지하는 비독립적 부수적 행위의무가 있다. 예를 들어 의사의 설명의무 · 보호의무 · 안전배려의무는 급부의 이행이익에 이바지하는 것이 아니라 생명 · 신체의 완전성이익을 추구하는 것으로서 급부의무에 독립한 부수적 행위의무라고 할 것이다. 반면에 협력의무 등은 급부의 완전한 이행에 이바지하는, 즉 이행이익을 추구하는 것으로서 급부의무에 종속하는 부수적 행위의무라고 할 것이다.

(2) 認定根據

부수적 행위의무는 계약상의 대가관계에 있는 것도 아니고, 그 인정여부가 당사자의 극단적인 이해상반관계에 놓여 있으므로 이에 관한 근거를 계약당사자 사이의 합의에서 찾을 수 없다고 할 것이다. 따라서 이러한 부수적 행위의무의 법적 근거는 신의칙(제2조 제1항)에 둘 수밖에 없다.

(3) 適用의 程度와 範圍

부수적 행위의무의 적용의 정도와 범위는 채권관계의 종류에 따라 결정된다. 예를 들어 가판대에서 신문을 판매하는 자에게 요구되는 부수적 행위의무는 약국에서 의약품을 판매하는 약사에게 요구되는 그것보다 그 범위가 좁다고 할 것이다. 약사는 약품의 복용방법이나 부작용 등의 주의사항을 자세히 설명하여야 할 의무를 부담하기 때문이다. 그리고 계속적인 채권관계(예: 임대차 · 고용 등)나, 인적 신뢰관계가 중요시되는 채권관계(예: 조합 · 고용 등)에 있어서는 부수적 행위의무의 정도는 매매 등의 단순한 채권관계에서의 그것보다 강하다고 할 것이다.

(4) 給付義務와의 區別

부수적 행위의무는 급부의무와는 별개의 것으로 인정되는 또 하나의 독자적인 의무라는 점에서 급부의무의 일종인 종된 급부의무와 다르다고 할 것이다. 그런데 급부의무와 부수적 행위의무를 어떠한 기준에 의하여 구별할 것인지가 문제된다. 이에 관하여 학설은 소구가능성을 기준으로 하여 이행(급부)의 소나 부작위의 소에 의하여 이행이 강제될 수 있는 의무가 「본래의 급부의무」이고, 당해 의무의 이행이 없는 때에는 단지 불완전이행 또는 법률상의 보호의무 위반을 이유로 한 손해배상청구권만이 주어질 수 있는 경우의 의무가 「기타의 행위의무」라고 한다(송덕수 40면). 그러나 판례는 급부의 가치와는 관계없이 계약을 체결할 당시 상황으로 보아 분명하게 객관적으로 나타난 당사자의 합리적 의사에 의하여 결정하되 계약의 내용 · 목적 · 불이행의 결과 등의 여러 가지 사정을 고려하여 주된 채무와 부수적 채무를 결정하고 있으며, 채무자가 주된 채무를 불이행한 경우에만 계약해제를 인정하고 있다(대판 1997. 4. 7, 97다575). 따라서 판례는 결과적으로 계약의 해제가능성을 기준으로 주된 채무와 부수적 채무를 구별하고 있다고 할 것이다. 생각건대 판례는 주된 급부의무의 위반시에만 계약해제를 인정하고 있으나, 종된 급부의무를 위반한 경우(예: 수임인의 보고의무 위반), 부수적 행위의무 또는 보호의무 위반으로 인하여 계약의 목적을 달성할 수 없는 경우에도 예외적으로 계약해제가 인정될 수 있으므로, 계약해제가능성을 기준으로 하여 일괄적으로 두 의무를 구별할 수는 없다고 할 것이다. 또한 종된 급부의무 중에는 예외적으로 소구할 수 없는 경우도 있을 수 있고, 부수적 행위의무 중에서도 소구할 수 있는 경우(김상용 26면은 부수의무를 소구가능한 독립적 부수의무(예: 설명의무 · 통지의무 등)와 소구불가능한 비독립적 부수의무(예: 주의의무 · 배려의무 등)로 나누고 있다)가 있을 수 있으므로, 이를 단순히 소구가능성을 기준으로 구별하는 것도 문제가 된다고 할 것이다. 따라서 계약당시에 당사자 사이의 특약이나 법률의 규정에 의하여 확정된 채무자의 의무인가를 기준으로 하여, 그러한 채무자의 의무를 급부의무라고 하고, 이와는 관계없이 그 급부의무의 이행과정에서 신의칙상 부담하게 되는 의무를 부수적 행위의무라고 함이 타당하다고 할 것이다.

[판 례]

계약으로부터 발생하는 부수적 채무의 불이행을 원인으로 하여 계약을 해제할 수 있는 것은 그 불이행으로 인하여 채권자가 계약의 목적을 달성할 수 없는 경우 또는 특별한 약정이 있는 경우에 한정된다고 볼 것이다(대법원 1968. 11. 5. 선고 68다1808 판결, 대법원 2005. 11. 25. 선고 2005다53705 판결 등 참조). 또한 계약으로부터 발생하는 의무 가운데 주된 채무와 부수적 채무를 구별함에 있어서는 급부의 독립된 가치와는 관계없이 계약을 체결할 때 표명되었거나 그 당시 상황으로 보아 분명하게 객관적으로 나타난 당사자의 합리적 의사에 의하여 결정하되, 계약의 내용 · 목적 · 불이행의 결과 등의 여러 사정을 고려하여야 할 것이다(대판 2012. 3. 29, 2011다102301).

〈주된 채무로 본 판례〉

상가의 일부 층을 먼저 분양하면서 그 수분양자에게 장차 나머지 상가의 분양에 있어 상가내 기존 업종과 중복되지 않는 업종을 지정하여 기존 수분양자의 영업권을 보호하겠다고 약정한 경우, 그 약정에 기한 영업권 보호채무는 분양계약의 주된 채무이며 그 의무의 불이행을 이유로 점포에 관한 분양계약을 해제할 수 있다(대결 1997. 4. 7, 97마575).

〈부수의무로 본 판례〉

(1) 토지를 매매함에 있어 매도인측이 분묘 2기를 이장하기로 하고 매수인은 대금 중에서 10만원은 매도인측의 분묘 2기의 이장을 확인한 후 바로 이를 지급하기로 약정한

경우, 매도인측의 이장의무나 매수인측의 위 약정한 10만원의 잔금지급의무는 모두 위 매매계약에 따른 부수적인 사항들이라 할 것이고, 매매당사자 일방은 상대방의 위와 같은 부수적인 사항에 대한 의무위반을 이유로 그 계약 전체를 해제할 수 없다(대판 1976. 4. 27, 74다2151).

(2) 매매계약시 향후 작성할 검인계약서상의 매매대금을 실제대금과는 달리 매매대상 부동산의 과세표준액으로 작성하기로 약정하였으나 매수인이 그 약정을 이행하지 않은 경우, 이는 부수의무 불이행으로 보고 그 불이행에 의하여 위 매매계약의 목적을 달성할 수 없게 되는 등의 특별한 사정이 없는 한 그 불이행만을 들어 매도인이 위 매매계약을 해제할 수는 없다(대판 1992. 6. 23, 92다7795).

(3) 전대차계약을 체결한 후 중도금 수수시에 비로소 전차보증금의 반환을 담보하기 위하여 전대인이 그 소유부동산에 근저당권을 설정하여 주기로 약정한 경우, 전대인의 근저당권설정등기의무가 전대차계약에서의 주된 의무라고 보기 어렵고, 따라서 전차인은 전대인이 약정대로 근저당권을 설정하여 주지 않았음을 이유로 전대차계약을 해지할 수 없다(대판 2001. 11. 13, 2001다20394 · 20400).

(5) 違反의 效果

1) 일반적으로 부수적 행위의무는 계약당시에 특정되는 것이 아니라 급부의무의 이행과정의 결과로서 사후에 주어지는 것이고, 그 이행에 요구되는 행위만을 내용으로 할 뿐, 그 자체가 독자적인 목적을 가지고 있지 않다. 따라서 계약당사자는 원칙적으로 각 상대방에 대하여 부수적 행위의무의 이행만을 소구할 수 없다. 그러나 채무자가 이러한 의무를 과실에 의하여 제대로 이행하지 못하여 채권자에게 손해가 발생한 경우에는 불완전이행에 의한 채무불이행으로 되어 채무자는 손해배상책임을 지게 된다. 그리고 부수적 행위의무의 위반으로 계약의 목적을 달성할 수 없는 경우에는 예외적으로 계약을 해제할 수 있다고 할 것이다.

2) 부수적 행위의무의 위반으로 인하여 신체나 재산이라는 보호법익이 침해된 경우에는 불완전이행에 의한 채무불이행책임과 제750조의 불법행위책임이 경합된다. 예를 들어 환자의 자기결정권과 신체적 완전성이 침해되는 의사의 설명의무의 위반의 경우에는 두 책임이 경합되며, 환자는 불법행위책임뿐만 아니라 채무불이행책임에 의해서도 위자료를 청구할 수 있게 된다.

한편 판례는 계약체결의 여부를 결정하는 데 영향을 줄 정도의 중요성이 있는 사항에 관한 것은 신의칙상의 고지의무의 대상이 되며, 이러한 고지의무는 법령의 규정뿐 아니라 널리 계약상, 관습상 또는 조리상의 일반원칙에 의하여도 인정될 수 있다고 하고(대판 2006. 10. 12, 2004다48515), 이러한 고지의무의 위반이 침묵에 의한 사기로 되는 경우에는 제110조에 의한 계약의 취소는 물론 불법행위책임도 물을 수 있다고 한다(대판 2006. 10. 12, 2004다48515; 대판 2007. 6. 1, 2005다5812 · 5836).

▮ 채무자의 의무의 분류 ▮

제2장

債權의 目的

第1節 總　　說

I. 債權의 目的의 意義

채권의 목적의 의의에 관하여 다수설은 「채권자가 채무자에 대하여 청구할 수 있는 일정한 행위(작위·부작위), 즉 채무자의 행위」가 채권의 목적이라고 한다(곽윤직 20면; 장경학 27면; 김주수 45면; 김용한 31면). 이러한 다수설에 대하여 최근에는 (i) 채권의 목적인 급부(이행)는 급부행위와 급부결과의 이중적 요소를 갖고 있으며, 이 두 요소는 각각 다른 역할을 담당하고 있고 그들 사이에 경중을 판단하기는 곤란하다는 견해(이은영 82면), (ii) 채무자의 일정한 행위를 통하여 채권자에게 일정한 결과가 생기는 것을 급부라고 하는 견해(정기웅 23면), (iii) 채권의 목적은 「채무자가 하여야 하는 행위」이며, 그것은 구체적인 경우에 결과행위일 수도 있고 행위 자체일 수도 있다는 견해(송덕수 82면; 동지 김증한/김학동 16면) 등이 주장되고 있다. 생각건대 채권의 목적이란 채무자가 채권자에 대하여 계약상의 의무인 채무를 이행하는 행위, 즉 채무자의 이행행위라고 할 것이다. 우리 민법전에서는 채권의 목적에 관하여 이행·급여·지급·행위·변제 등의 용어를 사용하고 있으나(독일민법에서는 Leistung이라고 한다), 학자들 사이에서는 일반적으로 급부라는 용어로 통용되고 있다. 결국 채권의 목적은 채무의 이행행위이고 이는 곧 급부라고 일컬어진다. 채권의 목적과 채권의 목적물은 구별된다. 채권의 목적은 채무자의 이행행위(급부)이고 채권의 목적물은 그 이행행위(급부)의 객체이기 때문이다. 예를 들어 매매계약에서 채권의 목적은 매도인이 목적물의 소유권을 이전하는 행위 및 매수인이 대금을 지급하는 행위이나(제563조), 채권의 목적물은 매매에서 매매의 대상이 된 물건과 그 대가로서의 금전을 말한다.

Ⅱ. 債權의 目的의 要件

채권이 법률의 규정에 의하여 발생하는 경우에는 채권의 목적은 그 법률에서 정해지고 있으므로 당연히 유효하게 된다. 그러나 채권이 법률행위, 특히 계약에 의하여 발생하는 경우에는 채권에 관하여는 사적 자치를 원칙으로 하므로 채권의 목적인 급부의 종류나 내용에 제한이 없으며, 당사자가 계약에 의하여 자유로이 정할 수 있다. 그렇지만 채권은 원칙적으로 법률행위에 의하여 발생하므로 채권의 목적인 급부도 결국 법률행위의 목적에 관한 일반적인 유효요건을 갖추어야 한다. 법률행위의 목적이란 행위자가 그의 법률행위에 의하여 발생시키려고 하는 법률효과를 말한다(예: 건물매매의 경우 건물의 소유권이전과 대금지급). 그런데 이러한 법률행위의 목적은 채권의 목적, 즉 급부(건물매매의 경우 건물의 소유권 이전행위 · 대금지급행위)에 의하여 실현될 수 있으므로 법률행위가 유효하기 위해서는 그 목적에 관한 일반적인 유효요건을 갖추어야 하는 것과 같이 채권의 목적(급부)도 역시 동일한 요건을 갖추어야만 한다. 채권의 목적이 법률행위의 목적의 일반적인 요건을 갖추지 못한다면 법률행위의 목적도 그 요건을 갖추지 못하기 때문이다. 따라서 채권의 목적인 급부도 적법하고, 사회적 타당성이 있어야 하며, 실현가능하고 확정할 수 있는 것이어야 한다. 다만 민법은 채권의 목적이 금전으로 평가할 수 있는 것이어야 하는가에 관하여는 별도의 명문규정(제373조)을 두고 있다.

1. 適法性

채권의 목적인 급부는 강행법규에 위반하지 않는 적법한 것이어야 한다. 예를 들어 민법이 인정하지 않는 물권을 창설하는 등 강행법규에 위반하는 계약은 무효이다. 급부 자체는 적법하고 사회적 타당성이 있더라도 그러한 급부를 목적으로 하는 채권을 발생시키는 계약이 부적법하여 무효로 될 수도 있다.

2. 社會的 妥當性

급부의 내용이 선량한 풍속 기타 사회질서에 반하지 않아야 하며, 이에 위반하는 것을 목적으로 하는 채권은 사회적 타당성을 잃어 무효로 된다(제103조). 예를 들어 인신매매나, 첩계약을 맺는 경우에는 사회질서에 위반되어 그 채권은 성립하지 않으며, 그러한 계약은 무효로 된다. 적법성과 사회적 타당성은 모두 선량한 풍속 기타 사회질서에 관한 강행법규에 위반하지 아니할 것을 내용으로 한다. 그러나 적법성은 법정의 개별 강행법규에, 그리고 사회적 타당성은 포괄적인 강행법규(제103조)에 위반하지 아니할 것을 의미하는 것으로 해석하고 있다(김상용 33면).

3. 實現可能性

급부가 채권의 성립시를 기준으로 하여 실현할 수 있어야 한다. 실현이 불가능한 급부를 목적으로 하는 채권은 성립하지 않으며, 그러한 채권을 발생시키는 계약은 무효이다. 계약을 무효로 하는 불능은 원시적 불능에 한한다. 따라서 채권성립 이전에 급부가 실현불능이 된 원시적 불능의 경우에는 그 급부를 목적으로 하는 채권은 무효이다(통설). 다만 급부가 원시적 전부불능일 경우에는 계약체결상의 과실책임(제535조)이 문제될 수 있으며, 또한 급부가 원시적 일부불능일 경우에는 매도인의 담보책임이(제580조·제583조 참조) 문제될 수 있다. 그리고 급부가 채권성립 당시에는 실현가능하였으나 그 후에 불능이 된 후발적 불능의 경우에는 채권의 성립에는 지장이 없으며 계약도 유효한 것으로 된다. 이 경우에는 그 실현불능으로 된 원인이 채무자의 과실에 기한 것인지의 여부에 따라 그 효과가 달라진다.

즉 실현불능에 대한 채무자의 귀책사유가 있으면 편무·쌍무계약 모두의 경우에 채무자는 손해배상의무를 부담한다(제390조). 그러나 양 당사자에게 귀책사유가 없거나 채권자에게 귀책사유가 있는 경우에는 편무계약에서는 채권이 소멸하나, 쌍무계약에서는 반대급부에 대한 위험부담이 문제된다(제537조·제538조).

급부의 가능이라는 요건에서 가능·불능의 여부는 사회의 거래관념에 의하여 판단하여야 한다(통설). 그리고 시회통념상 불능이기만 하면 그것이 일반인 모두에게 불능인가(객관적 불능) 또는 채무자에게만 불능인가(주관적 불능)는 불문한다(통설).

4. 確定性

채권의 목적인 급부는 확정될 수 있는 것이어야 한다. 급부의 내용이 채권성립시에 구체적으로 확정되어 있을 필요는 없으며, 이행기까지 확정가능한 표준이 정해져 있으면 된다. 급부가 이행기까지 확정될 수 없는 경우에는 채권은 성립하지 않고, 그 채권을 발생시키는 법률행위도 무효로 된다(대판 1987. 4. 1, 87다카1273). 그 표준은 첫째로 채권이 계약에 의하여 발생한 것이면 당사자의 의사를 해석함으로써 정하여진다. 예를 들어 상당한 대가를 지급하기로 하는 매매계약에서는 통상적인 거래상의 가격이 그 표준이 된다. 둘째로 민법은 종류채권(제375조)·금전채권(제376조)·선택채권(제380조·제381조·제384조)

등에 관하여 보충적으로 급부의 내용을 확정하고 있다. 법률의 규정에 의하여 발생하는 경우에는 급부의 확정표준도 규정되기 때문에(제734조 이하, 제741조 이하), 급부의 확정은 법률행위 특히 계약에 의하여 발생하는 급부에 관하여만 문제된다.

5. 給付의 金錢的 價値

금전으로 산정할 수 없는 급부도 채권의 목적이 될 수 있다(제373조). 예를 들어 수험생의 합격을 기원하는 스님의 불공급부는 금전으로 그 가액을 산정할 수 없지만 채권의 목적으로 될 수 있다. 여기서 금전으로 가액을 산정할 수 없다는 것은 객관적으로 산정할 수 없다는 것인지, 아니면 채권자의 입장에서 주관적으로 산정할 수 없다는 것을 의미하는지가 문제된다. 이에 관하여 학설은 일반적으로 어느 쪽의 의미에서나 금전적 가치를 필요로 하지 않는 것으로 해석하고 있다(곽윤직 22면; 김용한 37면; 장경학 32면; 김주수 45면). 그러나 채권자의 주관적인 입장에서 보면 금전적 가치가 없는 급부는 거의 없다고 할 것이므로 제373조는 무의미한 규정으로 된다. 따라서 본조는 객관적으로 금전으로 가액을 산정할 수 없는 급부도 채권의 목적이 될 수 있다는 것을 의미하는 것으로 해석된다(동지 송덕수 39면).

한편 급부가 금전으로 산정될 수 없더라도 법적으로 보호할 가치가 있는 이익이 있는 경우에만 급부로 될 수 있는지가 문제된다. 이에 관하여 학설은 (i) 긍정설(김주수 41면; 이은영 88면; 김대정 18면)과 (ii) 부정설(송덕수 39면)이 대립한다. (ii)설은 보호가치 있는 이익을 요구하면 재산적 가치를 요구하는 것과 같은 결과를 가져오게 된다는 것을 이유로 보호가치 있는 이익은 채권의 목적의 요건이 아니라고 한다. 생각건대 법적으로 보호할 가치가 있는 이익(보호법익)이란 주로 재산권이나 인격권이 그 객체로 되며, 이러한 이익이 침해되면 불법행위법에 의하여 손해배상을 청구할 수 있다. 그러나 계약상의 채권의 목적을 법적으로 보호가치 있는 이익으로 한정하게 되면 그 밖의 것은 배제되어 계약을 체결할 수 있는 범위가 좁아지게 됨으로써 계약자유의 원칙에 위배된다고 할 것이다. 또한 법적으로 보호가치 있는 이익은 곧 재산적 가치가 있는 것을 의미하므로, 이를 채권의 목적의 요건으로 하면 제373조의 본래의 취지에도 어긋나게 된다. 따라서 보호가치 있는 이익은 채권의 목적의 요건으로 될 수 없다고 할 것이다.

그런데 금전으로 산정할 수 없는 급부도 채권의 목적이 될 수 있다고 하여, 일정한 행위를 할 약속만 있으면 예외 없이 모두 채권이 성립할 수 있는 것은 아니다. 일정한 행위가 채권의 목적이 되려면 최소한 채권관계라는 법률관계가 성립하여야 하며, 따라서 법적 구속 없이 호의로 약속을 한 호의관계의 경우에는 채권 · 채무가 문제될 수 없다.

금전으로 가액을 산정할 수 없는 급부를 목적으로 하는 채권에 있어서도 다른 채권과 마찬가지의 효력이 발생한다. 따라서 보통의 채권과 같이 訴求力이 있을 뿐만 아니라, 강제집행도 할 수 있으며 채무의 불이행이 있으면 손해배상청구를 할 수 있다.

채권은 재산권이므로 금전으로 평가할 수 있는 가치가 있어야 한다. 따라서 금전적 가치가 없는 채권도 재산권이 될 수 있는지가 문제된다. 금전으로 평가할 수 없는 채무의 불이행이 있어도 금전에 의한 손해배상을 하게 되므로 재산적 가치가 없는 급부를 목적으로 하는 채권도 재산권의 일종이라고 할 수 있다.

Ⅲ. 給付의 種類

채권의 목적, 즉 급부는 그 내용이나 모습에 따라 일반적으로 다음과 같이 나누어진다.

1. 作爲給付 · 不作爲給付

급부의 내용이 작위(적극적 행위)인가, 부작위(소극적 행위)인가에 따른 구별이다. 급부는 작위급부가 보통이지만 부작위급부도 채권의 목적이 될 수도 있다. 부작위에는 「單純不作爲」(Unterlassung)와 채권자가 일정한 행위를 하는 것을 방해하지 않는 「忍容」(Duldung, 예: 임대인이 임차물을 수선하는 것을 임차인이 방해하지 않는 것(제615조 등))이 있다. 작위급부로서는 아래의 주는 급부와 하는 급부가 그 예이며, 부작위급부는 밤 10시 이후에는 피아노를 치지 않겠다는 것이나 또는 일정한 장소에 건축을 하지 않겠다는 것 등이다. 양자의 구별실익은 채무불이행시 강제집행의 방법에 있다. 부작위급부에 대해서는 채무자의 비용으로 그 위반의 결과를 제거하고 장래에 대한 적당한 처분을 법원에 청구할 수 있다(제389조). 작위급부에 대해서는 직접강제 · 대체집행 · 간접강제를 할 수 있다.

2. 주는 給付 · 하는 給付

작위급부를 내용에 따라 구별한 것으로 작위가 물건의 인도인 때에 이를 「주는 급부」라 하고 물건의 인도 이외의 작위를 내용으로 하는 것을 「하는 급부」라고 한다.

예를 들어 전자는 매매계약에 의하여 가옥을 인도하여야 하는 것, 후자는 연극을 공연하거나 강연을 하기로 하는 것 등이다. 하는 급부는, 특히 대인적 신뢰관계가 긴밀하며 급부가 계속적인 때에는 인격적 결합관계의 색채를 띠게 된다. 따라서 하는 급부에 있어서는 채권의 재산성이 희박하고, 신의성실의 원칙 · 사성변경의 원칙이 강하게 적용된다. 주는 급부의 경우에는 급부의 결과가 중요하고 급부행위 자체는 중요하지 않다. 그러나 하는 급부의 경우에는 채무자 자신의 급부행위가 중요하다. 양자의 구별실익은 강제이행의 방법에 있다. 「주는 급부」 위반에 대해서는 직접강제가 가능하나 「하는 급부」 위반에 대해서는 직접강제가 불가능하고 대체집행 · 간접강제의 방법이 가능할 뿐이다(제389조).

3. 特定物給付 · 不特定物給付

「주는 급부」에 있어서 인도의 목적물이 특정되어 있느냐의 여부에 의한 구별이다. 예를 들어 특정 주택을 인도하기로 하는 것이 특정물급부이며, 쌀 10가마를 인도하기로 하는 것이 불특정물급부이다. 특정물급부에는 매도인의 급부와 같이 1회의 인도로 목적을 달성할 수 있는 급부와 임대인의 급부와 같이 인도하여 용익을 계속케 하는 급부가 있다. 불특정물급부에는 금전급부와 인도할 물건이 종류에 의하여 정하여지는 종류물급부가 있다(통설. 반대 김상용 35면은 금전채무는 물건채무가 아니고 가치채무라고 하여 불특정물급부에 포함시키는 것을 부적절하다고 한다). 금전은 추상적인 일정량의 가치의 급부라는 점에서 보통의 물건과 현저한 차이가 있다. 양자의 구별은 특정을 요하느냐의 여부 · 이행의 방법 · 이행의 장소 · 위험부담 등에 관하여 실익이 있다(제374조 · 제375조 · 제467조 · 제537조 · 제538조).

4. 可分給付 · 不可分給付

급부의 본질 또는 가치의 손상 없이 급부를 분할적으로 실현할 수 있느냐의 여부에 의한 구별이다. 이 구별은 「하는 급부」에 관하여서도 할 수 있지만, 「주는 급부」에 관하여 행하는 때가 많다. 위의 예에서 쌀 10가마는 분할하여 인도할 수 있기 때문에 가분급부이지만, 주택은 분할하여 인도할 수 없기 때문에 불가분급부이다. 불가분급부에는 급부의 성질상 불가분인 것(예: 소 1마리의 인도), 성질상으로는 가분이나 당사자의 의사표시에 의하여 불가분으로 된 것(예: 10만원을 한 번에 지급하기로 한 경우)이 있다(제409조 참조). 그러나 성질상 불가분인 것이라도 당사자의 합의에 의하여 가분으로 할 수도 있다. 따라서 급부가 가분인지의 여부는 먼저 당사자의 의사표시의 해석에 의하여 결정되고, 특별한 의사표사가 존재하지 않으면 급부의 객관적 성질에 의하여 정하여진다(송덕수 43면; 정기웅 27면). 이 구별은 이행(이행의 제공), 불이행을 이유로 한 해제 등에서 의미가 있으나, 채권자 또는 채무자가 다수인 경우에 특히 그 실익이 있다.

5. 一時的 給付 · 繼續的 給付 · 回歸的 給付

급부를 실현하는 모습에 따른 구별이다. 일시적 급부는 1회의 급부(예: 물건의 인도 · 대금지급)로 끝나는 경우를 말한다. 그러나 수회에 걸쳐서 분할납부하는 경우(예: 매매대금 300만원을 6개월에 나누어 지급하는 경우)라고 할지라도 시간이 단지 급부의 방법만을 결정하고 있는 경우에는 일시적 급부에 해당한다. 계속적 급부는 일정한 기간 반복하거나, 또는 계속해서 행하여지는 급부(건물의 임대 · 노무의 제공)를 말한다. 즉 계속적 급부는 작위 · 부작위가 계속적으로 행하여져야 하는 급부이다. 그 밖에 계속적 공급계약에서의 급부(예: 맥주를 매월 얼마씩 공급하기로 한 경우)도 계속적 급부라고 한다(송덕수 43면). 그리고 회귀적 급부는 이 양자를 결합한 것으로 일정한 시간적 간격을 두고 일정한 행위를 반복하여야 하는 급부이다(예: 매주 또는 매일 1회의 신문배달). 계속적 급부와 회귀적 급부에서는 신의칙이나 사정변경의 원칙이 지배하는 정도가 특히 강하게 된다. 이 구별의 실익은 이행지체 · 이행불능 · 동시이행의 항변권, 그리고 계약의 해제 등에서 나타난다. 채무불이행시에 일시적 급부의 경우에는 소급효가 있는 해제가 적용되는 반면에 계속적 급부 · 회귀적 급부의 경우에는 소급효가 없는 해지가 적용되는 점에 있다.

6. 代替的 給付 · 不代替的 給付

급부의 성질상 채무자만이 할 수 있는가의 여부에 따른 구별이다. 부대체적 급부는 채무자만이 할 수 있는 급부이고, 대체적 급부는 채무자 이외에 제3자에 의해서도 할 수 있는 급부이다. 대체적 급부를 목적으로 하는 채권에 있어서는 제3자에 의한 변제(제469조 제1항) · 대체집행(제389조 제2항 후단) · 채무인수가 가능하나, 부대체적 급부를 목적으로 하는 채권에 있어서는 그것이 불가능하다.

▌참 고▐ 결과채무와 수단채무

계약상의 채무를 결과채무(l' oligation demoyens)와 수단채무(l' obligation resultat)로 구분하는 것은 프랑스 민법에서 유래하고 있다. 이러한 구분은 1928년 René Demogue 교수가 주창하였으며, 이는 학설과 판례에 의하여 수용되어 오늘날 프랑스민법의 중요한 법리로 자리매김하고 있다. 한편 우리나라 판례(대판 1993. 7. 27, 92다15031; 대판 1996. 12. 23, 96다30465 · 30472)도 프랑스민법의 태도를 본받아 내용적으로 확정된 일정한 결과의 달성을 약속하였는가의 여부에 따라 두 채무를 구분하고 있다.

결과채무는 매도인의 인도채무 · 임차인 및 수탁자의 반환채무 · 건축수급인의 건물인도채무 · 물품운송인의 채무 등과 같이 일정한 급부결과의 발생을 내용으로 하는 채무를 말한다. 반면에 수단채무는 급부결과의 발생여부가 문제되는 것이 아니라 채무자가 일정한 결과발생을 위하여 선량한 관리자의 주의의무를 가지고 최선을 다할 것을 내용으로 하는 채무를 말한다. 수임인의 의무, 특히 의사의 진료채무는 수단채무의 대표적인 예이다. 그러나 의사의 채무도 성형수술의 경우와 같이 환자의 요구를 지키기로 하였다면 결과채무가 될 수 있다. 일반적으로 「주는 채무」는 결과채무, 그리고 「하는 채무」에 해당하나, 양자가 반드시 일치하는 것은 아니다(예: 하는 채무를 부담하는 여객운송인의 경우에는 여객을 목적지까지 안전하게 운송하여야 할 결과채무이다). 두 채무의 구별실익은 채무불이행시의 과실의 입증책임의 주체가 달라지게 되는 데 있다. 즉 결과채무에서는 일정한 결과의 불발생이 곧 책임발생원인(채무불이행)이 되므로 채무자는 채무불이행에 과실이 없음을 증명하여도 면책되지 않으며, 면책을 위해서는 불가항력 등의 외적 원인을 입증하여야 한다. 따라서 채권자는 계약체결의 사실과 그 결과가 발생하지 않았다는 사실을 입증하면 족하다. 이에 대하여 수단채무에서는 채무이행에 필요한 주의를 다하지 않았다는 사실, 즉 채무자의 과실이 책임발생원인(채무불이행)이 되므로 채권자가 그 과실에 대한 입증책임을 부담한다. 따라서 채권자는 채무자가 채무이행에 필요한 주의를 다하지 않았다는 사실을 입증하여야 한다.

[판 례]

(1) 의사가 환자에게 부담하는 진료채무는 질병의 치유와 같은 결과를 반드시 달성해야 할 결과채무가 아니라 환자의 치유를 위하여 선량한 관리자의 주의의무를 가지고 현재의 의학수준에 비추어 필요하고 적절한 진료조치를 다해야 할 이른바 수단채무라고 보아야 하므로 진료의 결과를 가지고 바로 진료채무불이행사실을 추정할 수는 없으며 이러한 이치는 진료를 위한 검사행위에 있어서도 마찬가지라고 할 것이다(대판 1988. 12. 13, 85다카1491).

(2) 주식회사가 대표이사를 상대로 주식회사에 대한 임무 해태를 내세워 채무불이행으로 인한 손해배상책임을 물음에 있어서는 대표이사의 직무수행상의 채무는 미회수금 손해 등의 결과가 전혀 발생하지 않도록 하여야 할 결과채무가 아니라, 회사의 이익을 위하여 선량한 관리자로서의 주의의무를 가지고 필요하고 적절한 조치를 다해야 할 채무이므로, 회사에게 대출금 중 미회수금 손해가 발생하였다는 결과만을 가지고 곧바로 채무불이행사실을 추정할 수는 없다(대판 1996. 12. 23, 96다30465 · 30472).

Ⅳ. 債權의 目的에 관한 民法規定

민법은 제3편 제1장 제1절 「채권의 목적」에서 특정물채권 · 종류채권 · 금전채권 · 이자채권 · 선택채권 다섯 가지에 관하여 규정하고 있다. 이들 규정은 계약뿐만 아니라 부당이득 · 불법행위 기타 법률의 규정에 의하여 발생하는 모든 채권의 목적 즉 급부에 공통적으로 적용하기 위하여 둔 것이다. 그리고 선택채권과 유사한 것으로 임의채권이 있으나, 민법은 이에 관하여 규정하고 있지 않다. 그러나 문헌들이 이에 관하여 설명하고 있으므로 본서에서는 임의채권도 설명하기로 한다.

第2節 特定物債權

사례

A는 친구인 B로부터 일주일간 승용차를 무상으로 빌려서 휴가를 가다가 교통법규를 위반한 C의 차량과 충돌하였다(A에게도 운행상의 과실이 인정되었다). 이로 인하여 B의 승용차의 범퍼가 손상되었음에도 불구하고 A는 이를 수리하지 않고 B에게 승용차를 돌려주려고 한다. 이 경우 B는 A에게 수리를 요구할 수 있는가?

[중요논점]

Ⅰ. 특정물채권에서의 현상인도의무

1. 특정물채권인지의 여부 2. 현상인도의무의 내용

Ⅱ. 사용차주의 원물반환의무 및 원상회복의무

Ⅲ. 현상인도의무규정의 적용범위 및 의미

Ⅰ. 意 義

특정물채권이란 특정물의 인도를 목적으로 하는 채권이다(제374조). 특정물채권에는 특정물의 점유를 이전하는 경우뿐만 아니라 점유와 함께 소유권까지 이전하는 경우도 포함된다. 또한 종류채권이나 선택채권의 경우와 같이 채권이 성립할 당시에는 특정되어 있지 않더라도 후에 목적물이 특정되면 그때부터 특정물채권이 된다. 특정물이냐, 불특정물이냐는 당사자의 의사에 의하여 주관적으로 결정된다. 따라서 물건의 성질이라는 객관적 기준에 의하여 구별되는 대체물, 부대체물과는 다르다. 일반적으로 부대체물이 특정물채권의 목적이 되는 것이지만 반드시 그러한 것은 아니다. 목적물이 「이」, 「저」, 또는 기계의 번호 등과 같은 개별적인 표시로 구체적으로 확정된 것이 특정물채권에 해당된다. 수임인이 위임사무를 처리함에 있어 받은 물건으로 위임인에게 인도할 목적물은 그것이 대체물이라도 당사자 사이에 있어서는 특정된 물건과 같은 것으로 보아야 한다(대판 1969. 12. 16, 67다1525). 특정물채권은 ① 법률의 규정(제204조, 부당이득자가 금전 이외의 물건을 보유하고 있는 경우), ② 계약(증여 · 매매 · 교환 · 사용대차 · 임대차 · 임치 등)뿐만 아니라, ③ 유언으로도 성립할 수 있다. 그리고 법정채권의 발생원인으로서 사무관리(제738조) · 부당이득(제747조 제1항)이 있다.

Ⅱ. 債務者의 義務

1. 善良한 管理者의 注意義務

(1) 意 義

특정물채권의 채무자는 그 물건을 인도하기까지 선량한 관리자의 주의로 보존하여야 한다(제374조). 선량한 관리자의 주의란 거래상 일반적으로 평균인에게 요구되는 정도의 주의를 말한다. 일반적 · 객관적 표준에 기한 주의의 정도를 결하는 것을 「抽象的 過失」이라 하고, 이것이 민법상 주의의무의 원칙이다(제324조 · 제343조 · 제681조 · 제956조). 한편 민법은 특정한 경우에 주의의무를 경감하여 행위자의 구체적 · 주관적 주의능력에 따른 주의만을 요구하고 있다. 이 경우에 관하여 민법은 무상수치인은 임치물을 「자기 재산과 동일한 주의」로 보관하여야 하고(제695조), 친권자는 「자기의 재산에 관한 행위와 동일한 주의」로 재산을 관리하여야 하며(제922조), 상속인은 그 「고유재산에 대하는 것과 동일한 주의」로 그 재산을 관리하여야 한다(제1022조)고 규정하고 이러한 경감된 주의를 게을리 하는 것을 「具體的 過失」이라고 한다. 따라서 특정물채무자인 무상수취인의 주의의무에 관한 제695조는 제374조에 대한 예외규정이라고 할 것이다. 제374조는 임의규정이므로, 당사자 사이의 특약에 의하여 그 적용이 배제될 수 있다.

(2) 善管注意義務의 存續期間

선관주의의무의 존속기간에 관하여 제374조는 「물건을 인도하기까지」라고 규정하고 있는데, 이는 채무자가 실제로 인도할 때까지를 의미하느냐, 또는 이행기까지를 의미하느냐가 문제된다. 학설은 전자로 해석하는 데에 일치하고 있다. 그러나 이행기 이후 이행기의 도과가 채무자의 책임 있는 사유에 기인한 때(이행지체)에는 채무자의 책임이 가중되어 채무자는 과실이 없는 경우에도 손해배상책임을 지게 된다(제392조). 반면에 채권자의 수령지체로 인하여 이행기가 도과되는 경우에는 채무자의 주의의무가 경감되는 것으로 된다(제401조). 즉 채권자지체 중에는 채무자는 고의 · 중과실이 없는 한 책임을 지지 않는다. 따라서 이행기 이후 실제로 인도할 때까지의 사이에 채무자가 선관주의의무를 부담하는 것은 이행지체나 수령지체가 되지 않는 경우로서 (i) 이행기에 이행하지 못하는 것이 불가항력에 기한 경우이거나, (ii) 채무자에게 유치권이나 동시이행의 항변권과 같이 이행지체를 정당화하는 사유가 존재하는 경우 등으로 제한된다. 즉 채무자는 쌍방에 귀책사유가 없는 경우에 한하여 이행기 이후 인도 전까지 선관주의의무를 부담한다.

[판 례]

구 주차장법(2010. 3. 22. 법률 제10159호로 개정되기 전의 것) 제19조의3 제2항, 제17조 제3항의 규정에 의하면, 부설주차장의 관리자는 주차장에 주차하는 자동차의 보관에 관하여 선량한 관리자의 주의의무를 태만히 하지 아니하였음을 증명한 경우를 제외하고는 그 자동차의 멸실 또는 훼손으로 인한 손해배상의 책임을 면하지 못하도록 되어 있는데, 이때 부설주차장의 관리자가 주차장이용계약에 의해 주차한 자동차의 보관에 관하여 부담하는 선관주의의무는 특별한 사정이 없는 한 그 주차장이용계약에서 정한 주차장 이용시간에 한한다(대판 2011. 3. 10, 2010다72625).

(3) 保存義務

특정물채권의 채무자는 선관주의를 가지고 목적물을 「보존할 의무」가 있다. 여기서 「보존」이란 자연적 · 인위적인 멸실 · 훼손으로부터 물건을 보호하여 그의 경제적 가치를 유지하는 것을 말한다. 임대차 · 사용대차의 채무자는 목적물을 인도받은 때부터 반환시까지 보존의무를 부담한다. 그 보존방법은 물건의 성질 · 경제적 효용에 따라서 사회통념에 의하여 결정된다. 목적물의 보존비용은 특약이 없는 한 원칙적으로 채무자가 부담한다. 다만 채권자가 목적물을 수령하지 않아 증가된 비용은 채권자가 부담하여야 한다(제403조). 그러나 매매의 경우에는 제587조가 매매의 목적물이 매수인에게 인도될 때까지는 매도인으로 하여금 목적물에서 생기는 과실을 수취할 수 있도록 규정하기 때문에 매수인이 수령지체를 하더라도 모든 보존비용을 매도인이 부담하여야 되는 것으로 본다(대판 1981. 5. 26, 80다211).

(4) 善管注意義務의 違反의 效果

채무자가 선관주의의무를 해태하여 목적물을 멸실 · 훼손한 때에는 채무자는 다른 물건으로 급부할 의무는 없으나, 그로 인하여 생긴 손해를 배상할 책임을 진다(제390조). 채무자는 선관주의의무를 이행하지 못하였을 뿐만 아니라 귀책사유로 채무의 내용에 좇은 이행을 할 수 없게 되었기 때문이다. 반면에 채무자가 선관주의의무를 다하여 목적물을 보존한 경우에는 설사 그 목적물이 멸실 · 훼손되었다 하더라도 채무자는 그로 인한 책임을 지지 않는다. 선관주의의무를 다하였다는 입증책임은 채무자가 부담하며, 이를 입증하지 못하는 한 채무자는 손해배상책임을 면하지 못한다(이설없음. 대판 1982. 8. 24, 82다카254; 대판 2001. 1. 19, 2000다57351).

[판 례]

임대차 종료 후 임차인의 임차목적물 명도의무와 임대인의 연체차임 기타 명도 시까지 발생한 손해배상금 등을 공제하고 남은 임대보증금반환 채무와는 동시이행의 관계에 있는 것이어서 임차인은 이를 지급받을 때까지 동시이행의 항변권에 기하여 목적물을 유치하면서 명도를 거절할 권리가 있는 것이나, 임차인은 임차목적물을 명도할 때까지는 선량한 관리자의 주의로 이를 보존할 의무가 있어, 이러한 주의의무를 위반하여 임대목적물이 멸실 · 훼손된 경우에는 그에 대한 손해를 배상할 채무가 발생하며, 임대목적물이 멸실 · 훼손된 경우 임차인이 그 책임을 면하려면 그 임차 건물의 보존에 관하여 선량한 관리자의 주의의무를 다하였음을 입증하여야 할 것이다(대판 1991. 10. 25, 91다22605).

Ⅲ. 特定物의 引渡義務

1. 現狀引渡義務

민법 제462조는 특정물의 인도가 채권의 목적인 때에는 채무자는 이행기의 현상대로 그 물건을 인도하여야 한다고 규정하고 있다. 그런데 이 규정의 해석을 어떻게 할 것인지가 문제된다. 이에 관하여 학설은 (i) 채무자는 선관주의의무를 다하여 목적물을 보존한 후에 그 목적물을 인도할 때의 현상 그대로 인도하면 채무의 내용에 좇은 것으로 되고, 또한 그것으로 충분하다는 견해(특정물 도그마이론. 곽윤직 27면 · 김상용 39면 · 김증한/김학동 29면), (ii) 채무자가 선관주의의무를 다하여 특정물을 보존하였다고 하더라도 그 변화 또는 변질이 특정물의 법적 동일성을 유지할 수 없을 정도로 큰 경우에는 제462조에 의하여 유효한 변제로서의 인도로 인정되지 아니하므로 채무자도 수령을 거절하고 채무불이행책임을 물을 수 있다는 견해(법적 동일성설: 김주수 53면; 김용한 508면; 김형배 56면; 이은영 100면) (iii) 제462조는 특정물채무자의 현상인도의무를 선관주의의무의 이행여부로부터 완전히 분리하여 목적물 인도의무에 관하여서만 규정한 것으로 보아 선관주의의무를 다하지 못한 경우에도 목적물은 인도하여야 하고, 또 그것으로 충분하다는 견해(송덕수 47면)로 나뉘고 있다. 그런데 (ii)설은 법적 동일성이 무엇인지 불분명하고, 제462조는 의미 없는 규정이 되므로 타당하다고 할 수 없다. 그리고 (ii)설은 제374조의 선관주의의무를 제462조의 현상인도의 전제로 본다는 점에서 적절하지 않다.

생각건대 특정물채권에서의 현상인도의무는 다른 법률의 규정이나 당사자 사이의 특약이 없는 경우에 보충적으로 적용되는 것에 불과하며, 제462조는 임의규정이나 아울러 제462조가 적용되는 경우에도 채무자는 선관주의의무의 여부에 관계없이 목적물은 현상 그대로 인도하는 것으로 충분하다고 할 것이다. 따라서 특정물채무자가 선관주의의무를 다하지 못하여 목적물이 멸실 · 훼손된 경우에는 채무자가 손해배상의무만을 부담하면 되고, 훼손된 목적물을 수선하거나 원상회복하여 인도할 의무는 없다. 우리 민법은 손해배상방법에 관하여 원상회복주의가 아니라 금전배상주의(제394조)를 원칙으로 하고 있기 때문이다.

2. 引渡의 場所

특정물채권에 있어서 목적물의 인도장소는 당사자의 의사표시 또는 채무의 성질에 의하여 정하여진다. 그런데 이들에 의하여 인도장소가 정하여지지 않은 경우에는 특정물의 인도는 채권성립 당시에 그 물건이 있었던 장소에서 하여야 한다(제467조 제1항).

3. 天然果實의 歸屬

목적물에서 생긴 천연과실은 그 원물에서 분리하는 때의 수취권자에게 귀속되므로(제102조 제1항) 특정물채무자는 이행기까지는 목적물로부터 분리된 과실을 수취할 수 있다. 그러나 이행기 이후의 과실은 그것이 그 원물로부터 분리되었든, 분리되지 않았든 목적물(원물)과 함께 채권자에게 인도하여야 한다(통설). 다만 매매에 있어서 매수인이 이행기에 목적물의 대금을 지급하지 않은 경우에는 이행기 이후라도 인도 전에 생긴 과실은 매도인에게 속한다(제587조). 매매의 경우에 예외를 인정한 취지는 매수인은 果實을 받지 않은 대신에 목적물을 인도받을 때까지 매매대금의 이자를 지급할 필요가 없는 것으로 하여 공평을 기하려고 하는 것이다(목적물에서 생긴 과실의 가격과 대금의 이자는 대체로 비슷하다고 보기 때문이다). 따라서 매수인이 대금을 지급한 이후에 분리된 과실은 인도하기 전이라도 매수인에게 귀속한다.

Ⅳ. 特定物債權의 保全

1. 債權者代位權

판례는 특정채권(특정한 급부를 목적으로 하는 채권으로 그 급부에는 특정물 · 권리 · 노무의 제공 등이 포함된다)의 보전을 위하여 채무자의 특정의 권리를 행사할 필요가 있는 경우에도 채권자대위권의 행사를 인정하고 있다(대판 1966. 6. 21, 66다417). 즉 판례는 부동산소유권이 전전양도된 경우(매매, 교환 등), 최후의 양수인은 중간취득자를 대위하여 최초의 양도인에 대하여 중간취득자 앞으로 이전등기를 청구할 수 있고(대판 1969. 10. 28, 69다1351), 환매로 인하여 취득하게 되는 토지를 매수한 자는 매도인의 환매권을 대위행사할 수 있다고 한다(대판 1992. 10. 27, 91다483). 이 경우에 채무자의 無資力을 요건으로 하지 않는 것으로 해석하고 있다. 학설(다수설)도 판례의 태도에 찬성하고 있다.

2. 債權者取消權

채권자취소권은 채무자가 일반채권자의 공동담보를 해하는 법률행위를 한 경우에만 행사할 수 있다. 즉 채무자의 무자력을 요건으로 한다. 원칙적으로 금전채권에 한정되고, 특정물의 급부를 목적으로 하는 채권, 특히 등기청구권 등의 특정채권의 보전을 위해서는 취소권의 행사가 인정되지 않는다(통설). 판례도 채권자취소권은 채권자의 공동담보인 채무자의 책임재산의 감소를 방지하기 위한 것이고, 특정채권의 보전을 목적으로 하는 것이 아니므로 특정물에 대한 소유권이전청구권을 보전하기 위하여는 채권자취소권을 행사할 수 없다고 한다(대판 1995. 2. 19, 94다2534; 대판 1999. 4. 27, 98다56690). 다만 채권자의 채권이 후에 채무불이행 특히 이행불능에 의하여 손해배상청구권으로 변할 가능성이 있는 경우에는 특정물채권자도 일정한 요건하에 취소권을 행사할 수 있다.

[판 례]

채권자취소권(사해행위 취소권)은 채권자의 공동담보인 채무자의 책임재산의 감소를 방지하기 위한 것이므로 특정물에 대한 소유권이전등기청구권의 보전을 위하여는 채권자취소권을 행사할 수 없고 채권자취소의 소에 있어 상대방은 채무자가 아니라 그 수익자나 전득자가 되어야 한다(대판 1988. 2. 23, 87다카1586).

V. 關聯問題

1. 瑕疵擔保責任

계약성립시 원시적 하자가 있더라도 계약성립 이후 선관주의의무를 다하여 보존한 후 인도할 때 현상 그대로 인도하면 채무내용에 좇은 것으로 된다(통설). 다만 계약성립이 매매목적물에 숨은 하자가 있는 경우에는 매도인의 담보책임에 관한 규정(제580조)이 적용된다. 그런데 계약 당시에는 하자가 없었지만 채무자의 보관, 운송 방법에 하자가 생긴 경우에는 불완전이행에 의한 채무불이행책임과 하자담보책임이 경합될 수 있으며, 이때에는 담보책임을 채무불이행책임의 특칙으로 보아 원칙적으로 하자담보책임만 발생하는 것으로 보는 견해가 있다(송덕수 106면). 그러나 이 견해는 제580조에서 하자는 계약 당시에 존재해야 한다는 기존의 통설과 충돌하게 된다.

2. 危險負擔

특정물채권에 있어서 채무자가 선관주의를 게을리 하여 목적물이 멸실 · 훼손된 때에는 손해배상책임을 지게 된다(제390조). 반면에 채무자가 선관주의의무를 다하였음에도 불구하고 목적물이 멸실 · 훼손된 때에는 채무자는 책임을 지지 않으며, 그 손실은 채권자에게 돌아가게 된다(멸실의 경우 인도의무를 면하고, 훼손의 경우 그 상태로 인도하면 충분하다). 이와 같이 목적물의 멸실 · 훼손에 의한 손실은 채권자에게 돌아가게 되므로 결국 급부의 위험(물건의 위험)은 채권자가 부담하게 된다. 그리고 특정물채권이 쌍무계약에 기하여 발생한 때에는 급부의 위험과는 별도로 대가의 위험도 문제된다. 쌍무계약에 있어서 그 특정물이 양 당사자의 귀책사유 없이 인도할 수 없게 된 경우에 우리 민법은 채무자에게 대가(반대급부)의 위험을 부담시키고 있으므로(제537조), 특정물인도채무가 소멸하는 동시에 상대방의 대금채무도 소멸한다.

사례해설

I. 특정물채권에서의 현상인도의무

1. 특정물채권인지의 여부

A가 B로부터 무상으로 승용차를 빌린 것은 사용대차(제609조)에 해당된다. 사용대차의 경우에 차주는 계약 또는 목적물의 성질에 의하여 정하여진 용법으로 이를 사용 · 수익한 후 원래의 목적물을 다시 반환하여야 하므로 특정물채권에 해당된다. 즉 대주는 차주에게 목적물인도의무를 부담하는 한편, 차주의 원물반환의무에 대해서는 특정물채권자의 지위에 선다.

2. 현상인도의무의 내용

특정물채권의 경우 채무자는 목적물 인도시의 현상 그대로 인도하여야 하며, 또한 그것으로 인도의무를 면한다(제462조). 따라서 A가 B에게 차의 범퍼를 수리하지 않고 인도한 것도 정당한 것인지가 문제된다.

II. 사용차주의 원물반환의무 및 원상회복의무

사용차주는 목적물의 사용 · 수익 중 선관의무를 부담하고 제613조에 규정된 바에 따라 약정시기 또는 사용 · 수익 종료 후 즉시 원물을 반환하되, 원상회복의무를 부담하고 부속물수거권을 보유한다(제615조). 따라서 甲은 범퍼를 수리하여 B에게 승용차를 반환하여야 할 것이다.

III. 현상인도의무규정의 적용범위 및 의미

이상에서 살핀 바와 같이 특정물채권에서의 현상인도의무는 다른 법률의 규정이나 당사자간의 특약이 없는 경우에 보충적으로 적용되는 것에 불과하며 따라서 제462조는 임의규정이다. 아울러 제462조가 적용되는 경우에도 채무자가 인도로 인하여 모든 책임을 면하는 것은 아니며 목적물의 멸실 또는 훼손이 채무자의 과실에 의한 경우에는 손해배상책임을 면할 수 없고, 유상계약의 경우에는 무과실인 경우에도 매도인의 담보책임규정이 적용 또는 준용된다. 따라서 특정물채권에서의 현상인도의무의 의미는 급부의 목적물이 멸실 또는 훼손되더라도 다른 동 종류의 대체물로 급부할 의무가 없다는 점과 보관상의 선관의무를 전제로 목적물의 자연적인 가치의 감소위험은 채권자가 부담한다는 의미를 갖는 것으로 보아야 할 것이다. 제587조와 같은 특별규정이 없는 경우에는 자연적인 가치의 증가분도 채권자에게 속함은 물론이다.

第3節 種類債權

사례

매도인 A와 매수인 B는 A의 창고에 보관 중인 같은 모델의 오토바이 15대 중 9대에 대한 매매계약을 체결하였으나 구체적으로 매매목적물을 특정한 바도 없고 특정방법에 대해서도 합의한 바가 없이 이행기와 매매대금만 합의하였다. A는 화물열차를 이용하여 오토바이 9대를 B에게 발송하였으나 도중에 열차전복사고로 오토바이 9대가 심하게 훼손되어 이행의 목적물로 삼을 수 없을 정도가 되었다. 이 경우에 있어서 A와 B 사이의 법률관계는?

[중요논점]

Ⅰ. 급부의 유형

Ⅱ. 목적물의 특정

1. 목적물의 특정방법
2. A의 인도의무

Ⅲ. 후발적 일부불능의 법률관계

1. 철도청이 이행보조자인지의 여부
2. 일부불능과 위험부담

Ⅰ. 意 義

종류채권이란 「일정한 종류에 속하는 물건의 일정량」의 인도를 목적으로 하는 채권으로 불특정물채권이라고도 한다. 예를 들어 사과 10상자의 매매와 같이 물건의 종류와 수량은 지정되어 있지만, 그 종류에 속하는 물건 가운데 어느 것을 인도할 것인지가 특정되어 있지 않은 채권이다. 종류채권은 목적물의 개성이 중요시되지 않으며 일정한 종류에 속하는 물건의 일정한 양이면 어느 것이라도 좋다고 하는 데에 그 특색이 있다. 이 종류채권은 상품매매에서 가장 많이 발생하지만, 보통의 매매·증여·교환·소비대차·소비임치·혼장임치·유증 등을 원인으로 발생한다. 이러한 종류채권의 목적물은 대체물인 것이 보통이다. 그러나 종류채권의 목적물이 될 수 있느냐의 여부는 거래의 일반관념에 의하여 객관적으로 정하여지는 물건의 대체성이 아니라 당사자의 의사에 의하여 주관적으로 정하여지는 특정성에 따라 결정되기 때문에 불특정물과 대체물이 동일한 것은 아니다. 따라서 부대체물(건물·말·자동차)도 그 개성이 아니라 공통성·수량에 중점을 두는 경우에는 종류채권의 목적물(이 두 가마의 쌀, 이 세 병의 포도주)로 할 수 있고, 반대로 대체물(미곡·주류)도 당사자의 합의에 의하여 특정물채권의 목적물로 할 수 있다. 종류 이외에 다시 일정한 제한을 가하여 일정량의 물건의 급부를 약속한 경우에는 이를 제한종류채권 또는 혼합종류채권이라고 한다. 예를 들어, 100마리가 있는 A목장의 젖소 10마리를 매수하기로 한 경우에 있어서 젖소 10마리는 종류채권이지만 그것이 A목장에 있는 100마리로 한정되는 점에서 이를 제한종류채권이라고 한다. 이러한 제한종류채권은 목적물의 인정범위 자체에 중점을 둘 뿐 그 개성을 중요시하지 않는 점에서 목적물의 개성을 중요시하는 특정물채권·선택채권과 구별된다.

[판 례]

(1) 특정창고에 소재한 백미의 일부를 목적으로 한 매매계약에서 그 목적물 백미를 특별하게 지정하거나 다른 물건과 구분하는 등 구체적 사유가 없는 한 이는 제한종류채권이며, 창고주에게 내린 하도지시만으로는 목적물이 특정되었다고 할 수 없다(대판 1956. 3. 31, 4288민상232).

(2) 보유주식 일정량을 담보로 제공하기로 한 담보제공특약은 특정한 주권에 대한 담보약정이 아니라 기명의 주식에 관한 담보약정이고 다만 그 담보약정의 이행으로서 약정한 기명주식을 표징하는 주권을 인도할 의무가 있는 것인데, 주식은 동가성이 있고 상법 등의 규정에 따른 소각, 변환, 병합 등 변화가능성이 있으며 담보약정에 이르게 된 경위 등에 비추어 볼 때, 담보약정 후 주권의 이행제공 전에 갖고 있던 주식에 대한 처분이나 새로운 주식의 취득이 있더라도 약정된 수의 기명주식을 표징하는 주권만 인도하면 되고 인도할 주권의 특정은 쌍방 어느 쪽에서도 할 수 있는 것으로서 담보약정에 기한 채권은 일종의 제한종류채권이다(대판 1994. 8. 26, 93다20191).

Ⅱ. 目的物의 品質

1. 品質의 決定

종류채권에 있어서 같은 종류에 속하는 물건의 품질에 상·중·하의 차등이 있는 경우에 채무자는 어떤 품질의 물건을 급부하여야 하는가? 이에 관하여 민법은 「법률행위의 성질이나 또는 당사자의 의사에 의하여 품질을 정할 수 없는 때에는 채무자는 중등품질의 물건으로 이행하여야 한다」고 규정하고 있다(제375조 제1항). 급부물의 품질을 결정하는 기준인 '법률행위의 성질'과 '당사자의 의사'는 민법상 병렬적으로 규정되어 있으며, 이들 중 어느 것이 우선순위를 갖는 것은 아니다(곽윤직 29면 등은 첫째로는 법률행위의 성질, 둘째로는 당사자의 의사라고 하여 마치 그 순위를 정하는 듯하다). 중등품의 급부를 이행하여야 하는 이유는 채무자가 임의로 중등품 이상의 품질을 급부하면 경우에 따라서는 채권자에게 불리할 수가 있다. 예를 들어, 상등품으로 급부를 이행하면 그 대가가 증대하거나 또는 중등품만큼 잘 팔리지 않는 경우이다. 동일 종류에 속하는 물건의 품질에 상 · 중 · 하의 차등이 있는 경우에 특정에 의하여 급부물건의 품질을 결정하는 기준은 ① 법률행위의 성질, ② 당사자의 의사, ③ 거래상의 일반관념에 따른 중등의 품질에 의한다. 여기서 법률행위의 성질에 의하여 급부목적물이 결정된다는 것은 소비대차(제598조) · 소비임치(제702조)에서 借主와 受置人은 처음에 받았던 물건과 동일한 품질의 것을 반환하여야 하는 것을 말한다. 그리고 당사자의 의사에 의한다는 것은 당사자가 종류채권의 발생 당시 또는 그 후에 목적물의 품질에 대하여 합의한 때에는 그 합의에 따른 품질을 이행하면 되는 것을 말한다. 그러나 계약의 해석에 의하여 당사자의 의사를 확정할 수 없는 경우에는 관습에 의하여 품질이 정하여질 수도 있다(제106조).

2. 品質이 다른 경우

위의 방법에 의하여 정하여진 품질과 다른 품질을 인도한 경우, 품질미달인 경우에는 하자 있는 급부가 되어 제581조가 적용되고, 따라서 채권자는 계약해제와 손해배상청구의 담보책임을 묻거나 수령을 거절하고 하자 없는 다른 물건의 급부(추완청구권)를 요구할 수 있다. 매수인이 담보책임을 묻는 경우에는 급부된 하자 있는 물건에 특정이 일어나지만, 하자 없는 다른 물건을 청구하는 경우에는 특정은 일어나지 않는다. 상등품질의 물건을 급부한 것이 채무불이행이 되는지가 문제된다. 이에 관하여 학설은 (i) 상등품이 채권자에게 불리할 수도 있으므로 상등품의 급부가 채무불이행이 되는지의 여부는 그때그때의 거래의 목적에 의하여 정하여진다는 견해(곽윤직 29면; 장경학 45면; 김형배 60면), (ii) 중등품질이 아니면 안 될 사정이 없는 한 채무불이행이 되지 않는다는 견해(김주수 58면; 김용한 50면; 이은영 107면), (iii) 상등품질의 물건으로 급부하더라도 채무불이행은 되지 않는다는 견해(김상용 42면)로 나뉘고 있다. 생각건대 상등품의 급부가 채권자에게 특히 불리하게 되는 사정이 없는 한 채무불이행으로 볼 수는 없다고 할 것이다. 그러나 예외적으로 채무불이행이 성립하는 경우가 있다고 할 것이다.

Ⅲ. 種類債權의 特定

1. 特定의 意義

특정이란 종류채권에 있어서 채무자가 인도할 물건이 지정된 종류물에 한정되어 그 물건에 대하여 특정물채권과 유사한 법률효과가 생기게 하는 것을 말한다. 즉 종류채권의 목적물은 종류와 수량에 의하여 추상적으로 정하여져 있을 뿐이므로 실제로 채무를 이행하려면 그 종류에 속하는 물건 가운데 일정한 수량이 채권의 목적물로서 구체적으로 확정되어야 하는데, 이를 종류채권의 특정 또는 집중이라고 한다.

2. 特定의 方法

민법은 채무자가 이행에 필요한 행위를 완료하거나, 또는 채권자의 동의를 얻어 이행할 물건을 지정한 때에는 그때로부터 그 물건을 채권의 목적물로 한다(제375조 제2항)고 규정하여 특정의 방법에 관하여 두 개의 표준을 정하고 있다. 그러나 계약자유의 원칙상 당사자 사이의 합의에 의하여 목적물을 지정하거나, 약정에 의하여 당사자의 일방 또는 제3자에게 지정권을 주고 그 지정권자가 지정함으로써 특정이 이루어질 수도 있다.

[판 례]

제한종류채권에 관하여 당사자가 합의하여 급부목적물을 특정하거나 특정방법 또는 지정권자를 정하는 경우에는 그에 따라야 하고, 그러한 약정이 없는 경우에는 민법 제375조 제2항에 따라 채무자가 이행에 필요한 행위를 완료하거나 채권자의 동의를 얻어 이행할 물건을 지정한 때에 그 물건을 채권의 목적물로 하는 것이다(대판 2007. 12. 13, 2005다52214).

(1) 當事者의 合意에 의한 特定

당사자의 합의에 의하여 목적물을 선정한 때에도 특정이 생기는데, 이때에는 합의만으로는 특정이 생기지 않고, 사실상 목적물을 분리하여야 한다.

(2) 約定된 指定權에 의한 特定

특정방법의 하나로서 당사자가 약정에 의하여 당사자의 일방 또는 제3자에게 종류채권의 목적물을 구체적으로 지정할 수 있는 지정권을 부여할 수 있다. 이러한 경우에는 지정권자의 지정권의 행사에 의하여 특정이 생긴다. 지정권은 형성권의 일종으로 그 행사는 특별한 방식을 필요로 하지 않으나 일정한 물건을 같은 종류의 물건으로부터 구체적으로 지정 · 분리하여야 한다.

지정권자가 지정권을 행사하지 않은 경우에 관하여 학설은 (i) 선택채권에 있어서의 선택권의 이전에 관한 제381조(또는 제384조)를 준용하여야 한다는 견해(김기선 69면)와 (ii) 지정권자가 없는 경우와 같이 채무자가 이행에 필요한 행위를 완료한 때 특정이 된다는 견해(다수설. 김용한 52면; 김상용 43면; 송덕수 53면 등)가 대립한다. 판례는 제한종류채권(재고채권)에 있어서 채무자가 이행에 필요한 행위를 하지 않거나, 지정권자로 된 채무자가 이행할 물건을 지정하지 않는 경우에는 제381조를 준용할 것이라고 한다(대판 2003. 3. 28, 2000다24856). 생각건대 종류채권에 있어서는 선택채권의 경우와는 달리 종류물의 개성이 중요시되지 않으며, 지정권의 행사는 단지 목적물을 지정하는 의미를 가질 뿐이다. 따라서 지정권자가 지정권을 행사하지 않은 경우에는 종류채권의 성질상 지정권이 부여되지 않은 때처럼 채무자가 이행에 필요한 행위를 완료하였을 때에 특정이 이루어진다고 해석하여야 할 것이다.

[판 례]

제한종류채권에서 급부목적물의 특정은, 원칙적으로 종류채권의 급부목적물의 특정에 관한 민법 제375조 제2항이 적용되므로, 채무자가 이행에 필요한 행위를 완료하거나 채권자의 동의를 얻어 이행할 물건을 지정한 때에는 그 물건이 채권의 목적물이 되지만, 당사자 사이에 지정권의 부여 및 지정의 방법에 관한 합의가 없고, 채무자가 이행에 필요한 행위를 하지 아니하거나 지정권자로 된 채무자가 이행할 물건을 지정하지 아니하는 경우에는 선택채권의 선택권 이전에 관한 민법 제381조를 준용하여 채권의 기한이 도래한 후 채권자가 상당한 기간을 정하여 지정권이 있는 채무자에게 그 지정을 최고하여도 채무자가 이행할 물건을 지정하지 않으면 지정권이 채권자에게 이전한다(대판 2009. 1. 30, 2006다37465).

(3) 債務者가 履行에 필요한 行爲를 完了한 때

위와 같은 당사자 사이의 계약이 없는 경우에는 채무자가 이행에 필요한 행위를 완료한 때에 특정이 이루어진다. 여기서 「이행에 필요한 행위를 완료한 때」란 채무자가 채무의 내용에 따라서 하여야 할 모든 행위를 다 한 때를 말한다. 즉 채무자가 변제를 제공한 때에 급부의 목적물은 특정되는 것이다. 그러나 목적물이 특정되는 구체적인 시기는 채무의 종류에 따라 다르게 된다. 채무는 급부장소에 의하여 지참채무 · 추심채무 · 송부채무로 나누어지는데, 이들 각 채무에 있어서 채무자의 행위에는 차이가 있다.

1) 持參債務의 경우 지참채무란 채무자가 목적물을 채권자의 주소지 또는 합의된 제3의 장소에서 이행하여야 하는 채무이다. 우리 민법은 급부장소에 관하여 당사자가 특별히 정하지 않는 한 특정물채무 이외의 채무는 지참채무를 원칙으로 한다(제467조 제2항). 따라서 종류채무도 원칙적으로 지참채무이다. 이러한 지참채무에서는 채무자가 채권자의 주소지에서 또는 제3의 장소에서 적시(適時: 급부가 허용되는 시간)에 채무의 내용을 좇아 현실의 제공을 한 때(제460조 본문), 즉 목적물이 채권자의 주소지 또는 합의된 제3의 장소에 도달하여 채권자가 언제라도 수령할 수 있는 상태로 두면 채무의 내용에 좇은 이행이 되고 목적물이 특정된다. 따라서 지참채무인 종류채권에 있어서 채무자가 목적물을 분리하여 운송인에게 맡겨 발송한 후 목적물이 채권자의 주소지에 도달하기 전에 그 물건이 불가항력으로 멸실한 경우에는 아직 특정이 되지 않아 급부위험을 부담하는 채무자는 급부의무를 면하지 못하며, 그 종류에 속하는 다른 물건으로써 급부하여야 한다(동지 朝高判 20.12 (총 3-1(A), 5 5-6)). 그러나 지참채무라고 하더라도 미리 채권자가 수령을 거절한 때에는 추심채무의 경우와 마찬가지로 구두의 제공, 즉 변제준비의 완료를 통지하고 그 수령을 최고함으로써 특정이 이루어진다(제460조 단서).

2) 推尋債務의 경우 추심채무는 채권자가 채무자의 주소지 또는 합의된 제3의 장소에 와서 목적물을 추심하여 변제를 받아야 하는 채무이다. 추심채무에서는 채무의 이행이 채권자의 추심행위를 필요로 하므로 변제의 제공은 구두의 제공, 즉 변제의 준비를 완료하였음을 통지하고 그 수령을 최고하는 것으로 충분하다(제460조 단서). 따라서 채무자가 인도할 목적물을 분리하여 채권자가 추심하러 온다면 언제든지 수령할 수 있는 상태에 두고, 이를 채권자에게 통지하여 수령을 최고한 때 특정이 이루어진다. 여기의 구두의 제공은 채권자지체를 발생시키는 구두의 제공과는 달리 제공된 물건이 미리 분리되어야 한다. 그렇지 않으면 급부의 위험이 어떤 객체에 관하여 이전되는지를 확정할 수 없기 때문이다. 종류채무는 지참채무가 원칙이므로 추심채무가 되기 위해서는 당사자의 합의가 있어야 한다. 채권자의 주소가 불명인 경우에는 통지는 공시송달의 방법(제113조)에 의하여야 한다. 다만 채무자에게 책임 없는 사유로 통지할 수 없는 경우에는 목적물을 분리하는 등 이행의 준비를 완료하면 특정이 이루어진다고 할 것이다.

3) 送付債務의 경우 송부채무의 의의와 특정에 관하여는 학설이 대립한다. 이에 관하여 (i) 통설은 채권자 또는 채무자의 주소 이외의 제3지에 목적물을 송부하여야 할 채무가 송부채무라고 하면서 제3의 장소가 채무의 본래의 이행장소

이면 목적물의 특정은 지참채무의 경우와 같이 현실의 제공시에 특정되고 채무자가 채권자의 요청에 의하여 호의로 제3의 장소로 인도하는 경우에는 목적물을 분리하여 발송한 때 특정된다고 한다(곽윤직 30면; 김용한 54면; 김주수 59면; 장경학 48면; 김상용 45면). 그러나 최근에는 (ii) 송부채무는 채무자가 채권자의 주소지나 영업소 또는 제3의 장소로 발송하면 모든 채무를 면하는 채무이며, 이 채무에서 채무자가 목적물을 분리 · 지정하여 운송기관을 통하여 발송한 때에 특정된다는 견해(이은영 112면; 송덕수 55면; 지원림 914면)가 주장되고 있다. (ii)설에 의하면 통설이 채권자의 주소지로 송부하기로 한 경우를 송부채무에서 제외시킨 것은 옳지 않으며, 통설이 말하는 제3의 장소가 채무의 본래 이행장소인 경우 송부채무가 아닌 지참채무의 일종이고, 채무자가 호의로 제3의 장소로 송부하는 경우도 추심채무에 불과하며, 따라서 송부채무에 있어서 채무자는 목적물을 분리하여 운송기관에 맡겨서 송부하기로 한 장소로 송부하면 이행에 필요한 행위를 다한 것이라고 한다(송덕수 55면). 생각건대 송부채무에 있어서도 급부의 수령장소는 주로 채권자의 주소지가 될 것이므로 통설과 같이 채권자의 주소지를 제외함은 잘못된 것이며, 제3지를 이행의 장소로 하는 경우에는 지참채무의 일종이고 채무자의 호의로 제3지로 송부하는 경우에는 추심채무와 다른 것이 없다고 할 것이다. 따라서 송부채무에 있어서는 목적물을 준비하여 운송기관에 송부함으로써 이행에 필요한 행위를 완료한 것으로 보는 것이 타당하다고 할 것이다. 즉 송부채무에 있어서는 채무자가 목적물을 운송기관에 위탁하여 발송함으로써 특정이 되고, 이로써 채무자는 이행지체책임으로부터 벗어난다고 할 것이다.

(4) 債權者의 同意를 얻어 履行할 物件을 지정한 때

채무자가 채권자의 동의를 얻어 이행할 물건을 지정한 때부터 특정이 된다(제375조 제2항). 여기서의 채권자의 동의는 어떤 물건을 특정한 데에 대한 동의가 아니라, 채무자가 지정하여 특정하여도 좋다는 동의, 즉 채무자에게 지정권을 부여한다는 것에 대한 동의를 의미하는 것이다. 이는 약정에 의한 지정권부여의 한 유형에 해당한다고 할 것이다(통설). 따라서 지정권자인 채무자가 지정권을 행사하여 지정한 때, 즉 특정의 물건을 지정 · 분리한 때에 특정이 이루어진다. 이러한 채무자의 지정권 행사에 의한 특정을 계약당사자 사이의 약정된 지정권 행사에 의한 특정과 동일한 것으로 보는 견해가 있으나(곽윤직 31면; 김형배 61면; 송덕수 53면), 이는 지정권 부여에 관한 당사자 사이의 약정이 없는 경우에 법률의 규정에 의하여 보충적으로 채무자의 동의를 요건으로 채무자에게 지정권을 인정한 것으로 보아야 한다.

그런데 채무자가 지정권을 행사하지 않는 경우에도 위에서와 마찬가지로 선택채권의 선택권 이전에 관한 민법 제381조를 유추적용할 것이 아니라, 채무자가 이행에 필요한 행위를 완료한 때에 특정된다고 할 것이다.

(5) 目的物의 滅失에 의한 特定

종류물의 일부가 멸실되어 이행에 필요한 수량만 남은 경우에는 종류채권은 특정물채권으로 변한다고 할 것이다(동지 송덕수 55면). 종류물이 급부하여야 할 수량에 미달하는 경우에도 마찬가지이다. 이러한 현상은 재고채권에서 발생할 수 있을 것이다.

(6) 강제집행에 의한 특정

강제집행에 의한 특정도 가능하다. 즉 종류채권의 강제집행에 있어서는 집달관이 당해 종류물을 채무자로부터 수취하여 채권자에게 인도하는 방법으로 행하여지며, 집달관이 종류물 중에서 일정한 물건을 수취한 때 특정이 있게 된다(민사집행법 제257조).

Ⅳ. 特定의 效果

1. 特定物債權으로의 轉換

채무자가 이행에 필요한 행위를 완료하거나 채권자의 동의를 얻어 이행할 물건을 지정한 때에는 그때로부터 목적물은 그 물건에 특정된다(제375조 제2항). 그러나 특정에 의하여 특정물채권으로 전환되는지의 여부에 관하여 학설은 (ⅰ) 특정시부터 종류채권은 특정물채권으로 전환된다는 견해(곽윤직 31면; 김용한 51면; 송덕수 55면), (ⅱ) 특정 후에는 일종의 특정물채무이면서 여전히 종류성을 상실하지 않는다는 견해(김형배 65면; 김현태 49~51면), (ⅲ) 특정물채권은 변경되지 않고 단지 특정 후의 법률관계에 특정물채권과 유사한 법률관계가 생길 뿐이라는 견해(이은영 116면)로 나누어진다. 생각건대 제375조 제2항이 모든 행위를 완료한 채무자만을 보호하기 위한 취지에서 둔 규정임에 비추어 볼 때 특정시부터 종류채권은 특정물채권으로 전환되는 것으로 봄이 타당하다. 특정된 이후에도 종류성을 상실하지 않는다거나 단지 특정물채권과 유사한 법률관계가 생길 뿐이라고 한다면 특정 후에도 변경권이 남용되어 법적 안정성과 거래관계의 명확성을 해하게 될 수도 있기 때문이다. 따라서 종류채권은 목적물의 특정과 동시에 그 동일성을 유지하면서 특정물채권으로 전환되며, 채무자는 특정된 물건에 대한 선량한 관리자로서 보존의무를 부담하게 된다(제374조).

한편 채권자가 특정된 종류물의 수령을 지체하는 경우에는 채무자의 보관상의 주의의무는 경감되고(제401조), 당사자 쌍방의 책임 없는 사유로 목적물이 멸실된 때에도 채무자는 반대급부청구권을 상실하지 않는다(제538조 제1항 후단).

2. 危險의 移轉

(1) 給付危險의 移轉

급부위험은 귀책사유 없는 불능의 경우에 채무자가 급부의무를 면할 수 있는가의 문제이다. 종류채권은 특정으로 그 동일성을 유지하면서 특정물채권으로 변한다(통설). 그 결과 특정에 의하여 목적물에 대한 급부위험(물건의 위험)은 채무자로부터 채권자에게 이전한다. 즉 급부의 위험은 특정할 때까지는 채무자가 부담하고 특정시부터 채권자에게 이전한다. 따라서 특정물이 불가항력으로 멸실되면 채무자는 채무를 면하고, 채무자는 동종의 다른 물건을 인도할 의무를 부담하지 않는다. 특정물이 채무자의 책임 있는 사유로 멸실한 경우에도 다른 물건으로 급부할 의무는 없고, 손해배상의무만을 부담하면 된다. 또한 특정된 물건이 훼손된 경우에도 다른 물건을 급부할 필요가 없으며, 훼손된 상태로 급부하면 된다(제462조). 다만 급부위험의 이전은 채무자를 보호하기 위한 제도이므로 채무자 스스로 다른 종류물을 인도하는 것은 무방하다. 그러나 채권자는 물건의 인도를 청구할 수 없게 된다.

(2) 對價危險의 問題

대가위험은 급부가 불가능한 경우 그에 대한 대가를 받지 못하게 되는 불이익을 누가 부담하는가에 관한 문제이다. 종류채권이 매매 기타 쌍무계약으로부터 발생한 경우에는 급부위험 이외에 대가위험도 문제된다. 그런데 대가위험은 급부위험과는 달리 특정에 의하여 영향을 받지 않는다. 종류채권에 있어서 대가위험을 누가 부담하는가는 제537조 · 제538조에 의하여 정하여진다. 따라서 쌍무계약에 있어서는 특정된 후에도 여전히 채무자가 위험을 부담하는 것이 원칙이므로(제537조), 종류물의 특정 후에 급부위험은 채권자에게 이전하지만 채권자의 수령지체가 없는 한 종류물의 특정만으로 대가위험이 채권자에게 이전되지 아니하므로 채무자는 그 대가를 청구할 수 없다. 채권자의 수령지체 중에 당사자 쌍방의 귀책사유 없이 이행불능이 된 때에만 채권자가 위험을 부담하기 때문이다(제538조 제1항 제2문). 따라서 종류채권의 목적물이 특정되었더라도 아직 수령지체의 요건을 갖추지 못하면 대가위험은 특정 전과 마찬가지로 채무자가 부담하게 된다. 한편 지참채무에 있어서 특정과 거의 동시에 채권자가 수령지체에 빠지는 경우가 있다. 이러한 경우에 목적물이 불가항력으로 멸실된 때에는 대체로 수령지체의 상태에서 멸실된 것이므로 채무자는 급부의무를 면하면서 상대방의 이행을 청구할 수 있을 것이다. 통상의 위험부담은 이러한 대가위험을 의미한다.

송부채무의 경우에는 채무자가 발송을 위탁한 뒤부터 운송기관이 목적물을 채권자에게 제공하여 채권자가 수령지체에 빠질 때까지의 급부위험은 채권자에게 이전되지만 대가위험은 여전히 채무자가 부담한다. 예를 들어 A가 B로부터 사과 10박스를 30만원에 매수하기로 하는 계약을 체결하였고 A와의 합의에 따라 B가 선박편으로 사과 10박스를 A의 주소지로 송부하였는데 선박이 폭풍우에 완파되어 사과가 모두 유실된 경우에는 특정은 되었지만 수령지체의 요건을 갖추지 못하였으므로 B는 다른 사과를 급부할 의무를 면하는 대신에 사과의 대금 30만원도 청구할 수 없다.

3. 債務者의 變更權

채무자는 특정된 물건의 과다한 보관비용의 절감 등을 이유로 다른 물건으로 급부하려는 경우가 있을 수 있다. 이 경우 채무자의 다른 물건으로의 급부를 허용할 것인지가 이른바 변경권의 문제이다. 이에 관하여 학설은 (i) 특정이 원칙적으로 채무자를 구속하지 않는다는 견해(김증한/김학동 37면; 이은영 115면; 송덕수 56면)와 (ii) 원칙적으로 구속한다는 견해(곽윤직 31면; 김용한 55면; 김형배 65면; 김상용 46면)가 대립한다. 생각건대 목적물이 특정된 후에는 특정된 물건만을 인도하여야 하며, 당사자 사이의 합의가 없는 한 목적물을 변경할 수 없는 것이 원칙이다. 그러나 종류채권은 목적물의 개성이 중요시되지 않고 특정은 종류채권을 이행하기 위한 수단·방법에 불과하기 때문에 특정 후에 채무자가 동종·동량의 다른 물건을 인도하더라도 그것이 반드시 채권자에게 불이익을 준다고 볼 수 없다. 따라서 종류채권의 특정 후에도 특별히 반대의 의사가 없는 한 그 종류에 속하는 다른 물건을 인도할 수 있는 이른바 「변경권」이 인정된다고 할 것이다. 다만 이는 종류채권의 성질과 신의칙상 인정되는 것이므로 채권자의 반대의사가 있거나 채권자에게 불이익을 주는 경우에는 인정되지 않는다(통설). 또한 채권자가 물건의 선택에 협력하거나 그가 이미 물건을 검사한 경우처럼 채권자가 특정된 물건 자체에 이익을 가지는 때에도 채무자의 변경권은 인정될 수 없다고 할 것이다. 채권자에게도 이러한 변경권이 인정되는지에 관하여는 채무자에게 귀책사유가 있는 경우에 한하여 이를 긍정하는 견해가 있다(김형배 65면).

4. 特定과 所有權 歸屬

종류채권의 목적물이 특정되어도 곧 그 목적물의 소유권이 이전되지 않는다. 민법이 물권변동의 성립요건주의를 택한 당연한 결과이다(제186조·제188조 참조). 즉 목적물의 인도나 등기가 있어야 소유권이 이전된다.

5. 特定된 目的物에 瑕疵가 있는 경우

채무자가 하자 있는 목적물을 제공한 경우에는 채무의 내용에 좇은 이행이라고 할 수 없으므로 종류채권의 특정의 효과가 발생하지 않는다. 따라서 채무자는 이에 대하여 귀책사유가 있다면 채무불이행책임 또는 하자담보책임, 귀책사유가 없다면 하자담보책임을 부담한다. 즉 채권자는 목적물의 하자를 이유로 손해배상청구권·완전물급부청구권을 행사할 수 있다(제581조). 이에 대하여 하자 없는 물건이 존재하는 한 특정 후에도 채무자는 하자 없는 물건으로 인도하여야 한다고 하여 일단 특정의 효과가 발생하는 것으로 보는 견해가 있다(김상용 46면).

사례해설

I. 급부의 유형

사안의 경우 매매의 목적물이 계약 당시에 특정되지 않고 종류와 수량만으로 정해져 있으므로 종류채권에 해당하며, 다만 목적물의 범위가 A의 창고에 보관된 오토바이로 한정되어 있으므로 제한종류채권에 해당한다.

II. 목적물의 특정

1. 목적물의 특정방법

종류채무를 이행하기 위해서는 채권의 목적물을 구체적으로 선정하는 작업이 필요하며, 이를 종류채권의 특정 또는 집중이라 한다. 사안의 경우는 채권자가 채무자에게 목적물을 특정할 수 있는 형성권인 지정권을 준 바도 없고 기타 목적물의 특정에 관한 별도의 합의가 없으므로 채무자가 이행에 필요한 행위를 완료한 때에 특정이 생긴다(제375조 제2항 전단). 특정물채권 이외의 채무는 지참채무를 원칙으로 하므로(제467조 제2항) A는 B의 현주소에서 현실의 제공을 하여야 한다. 따라서 오토바이가 B의 주소지에 도달하여 B가 수령할 수 있는 상태가 되어야 비로소 특정이 생긴다. 사안에서는 도중에 열차가 전복되어 버렸으므로 오토바이 9대에 대해서는 특정을 인정할 수 없다.

2. A의 인도의무

종류채권의 경우 목적물이 특정되기 이전에는 물건의 위험은 채무자가 부담하므로 A는 다시 동종의 오토바이를 인도해야 한다. 다만 사안은 제한종류채권으로서 A의 창고에는 현재 6대의 오토바이만 남아 있으므로 A는 6대에 대해서만 물건인도의무를 부담한다.

III. 후발적 일부불능의 법률관계

1. 철도청이 이행보조자인지 여부

채무자가 타인을 사용하여 이행하는 경우 피용자의 고의나 과실은 채무자의 고의나 과실로 본다(제391조). 사안에서 철도청을 A의 이행보조자로 본다면 A가 3대에 대해서 인도불능이 된 것에 대해 채무불이행책임을 부담할 여지가 생긴다. 최근의 유력설은 협의의 이행보조자가 되기 위한 요건으로서 간섭가능성(법률상 또는 사실상의 선임·지휘·감독관계)을 요구하지 않으나 종래의 통설은 이를 요구한다. 종래의 통설에 따르면 철도청 또는 역무원은 A의 이행보조자가 아니며, 결국 A는 귀책사유 없이 3대를 인도하지 못한 것이 된다.

2. 일부불능과 위험부담

쌍무계약의 당사자 일방의 채무가 당사자 쌍방의 책임 없는 사유로 후발적 불능이 되어 소멸한 경우에 그에 상응하여 상대방의 채무도 소멸하는가의 문제가 위험부담의 문제인데, 우리 민법은 상대방의 채무도 소멸한다고 보아 채무자위험부담주의를 채용하고 있다(제537조). 이러한 법리는 일부불능의 경우에도 적용되어야 한다는 것이 통설이다. 따라서 B가 6대만으로는 계약의 목적을 달성할 수 없는 경우가 아닌 한, A는 3대의 인도의무를 면하고 B도 3대분의 매매대금지급의무를 면하는 것으로 당사자간의 이해의 조정이 이루어진다. B가 이미 9대에 대한 대금을 지급하였으면 3대분의 대금에 대하여 부당이득의 반환청구를 할 수 있다(제741조).

第4節 金錢債權

사 례

A주식회사는 자기 소유의 원양어선에 대하여 B보험회사와 385,000달러로 하는 손해보험계약을 체결하였다. 이후 어로를 하던 중 1985. 3. 14. 좌초되는 사고가 발생하여 1985. 5. 10. 선박을 B에게 委付하고 보험금을 청구하였다. 그러나 전액을 인정할 것인지에 대하여 소송상 시일을 끌다가 385,000달러의 지급을 구하는 청구를 B가 사고통지를 받은 날로부터 10일이 경과된 1985. 3. 26.을 기준으로 한 韓貨 332,982,650원으로 지급을 구하는 청구로 바꾸었다. 이 경우 A의 청구는 타당한가?

[중요논점]

외국통화의 한화로의 환산시기

I. 序 說

1. 槪 念

금전채권은 일정액의 금전의 급부(인도)를 목적으로 하는 채권이다. 그러나 금전채권은 보통 화폐라는 형태로 존재하는 가치의 일정액의 금전의 인도를 목적으로 하는 채권, 이른바 금액채권을 말한다. 금전채권도 일종의 종류채권이나(반대: 김상용 47면은 이를 가치채권이며 동시에 금액채권이라고 한다), 급부되는 금전 자체에는 별로 의의가 없고 그것이 표시하는 일정금액, 즉 화폐가치에 중점을 두는 데 그 특색이 있다. 금전채권의 목적은 일정량의 화폐가치이며, 물건으로서의 개성을 가지지 않으므로 종류채권에서와 같은 목적물의 「특정」이라는 것이 없고 금전 자체가 전부 멸실되는 경우가 없기 때문에 경제적 변혁이 생기지 않는 한 이행불능의 상태가 생기지 않는다.

2. 發生原因

금전채권은 법률행위에 의하여 발생하기도 하고, 법률의 규정에 의하여 발생하기도 한다. 즉 금전채권은 금전을 급부의 목적으로 하는 증여 · 무이자 소비대차 · 무상임치 · 유증 등의 무상계약뿐만 아니라 그 반대급부가 대부분 금전으로 지급되는 매매 · 이자부 소비대차 · 임대차 · 고용 · 도급 · 유상임치 등의 유상계약을 원인으로 하여 발생한다. 또한 불법행위에 의한 손해배상청구권(제750조) · 부당이득의 반환청구(제747조) · 사무관리의 비용상환청구(제739조) 등 법률의 규정에 의하여도 금전채권을 발생시킨다. 뿐만 아니라 채무불이행으로 인한 손해배상채권은 원칙적으로 금전채권이다. 민법상의 손해배상은 금전배상을 원칙으로 하기 때문이다(제394조 · 제763조).

3. 社會的 作用

금전은 재화에 대한 가치측정의 일반기준으로서 그 지급을 목적으로 하는 금전채권은 자본주의 경제의 근간으로 그 위력을 발휘하고 있다. 즉 금전은 가치의 척도로서 재화의 교환을 매개하는 수단으로서의 기능을 한다. 현대 자본주의 경제사회는 금전을 매개로 하는 자본의 축적과 재화의 교환을 그 기초로 하고 있다. 그리고 그것은 매매 등에 의한 금전채권의 발생과 그 이행으로서 지급되는 금전으로 이루어진다. 따라서 금전채권은 자본의 가장 대표적인 존재형태로서 현대의 경제생활에 있어서 매우 중대한 작용을 하고 있다.

이러한 금전채권의 중대한 작용은 금전채권의 확보 · 유통에 관한 법제도(금전채권을 위한 강제집행 · 파산 · 인적 및 물적 담보 · 증권적 채권화 등)를 발달시켰으며, 금전채권에 있어서의 채무자보호를 위한 법제도(이자제한법 · 긴급 통화조치법 등)를 필요로 하게 하였다.

Ⅱ. 金錢債權의 種類

1. 金額債權

금액채권은 일정액의 금전의 인도를 목적으로 하는 채권이다(예: 100만원의 지급을 목적으로 하는 채권). 이것이 고유한 의미에 있어서의 금전채권이다. 금전은 강제통용력을 가지므로 국내의 어떤 종류의 통화로도 약정액을 지급할 수 있으며, 그 결과 위험부담의 문제는 물론, 채무가 이행될 때까지 불가항력에 의한 이행불능의 상태도 생기지 않는다. 또한 가분채권의 전형적인 것으로서 당사자가 다수인 금전채권에 대해서는 원칙적으로 분할채권관계가 성립한다(제408조). 금전채권은 특약이 없는 한 채무자의 선택에 따라 각종의 통화로 변제할 수 있다(제376조 참조). 여기서 통화라 함은 국가가 법률로써 강제통용력을 인정한 금전을 가리킨다. 현재 우리나라의 통화에는 한국은행이 발행한 한국은행권(지폐)과 한국은행이 정부의 승인을 얻어서 발행한 주화의 두 종류가 있다(한국은행법 제47조 · 제48조 · 제53조 참조). 채무자가 유통성 있는 수표나 어음으로 금전채무를 변제한 경우에는 당사자 사이에 특별한 의사표시가 없는 한 채무의 변제를 확보하기 위하여 또는 이행방법으로서, 즉 이른바 「변제를 위하여」 행하여진 것으로 추정하여야 할 것이지 대물변제로 볼 것은 아니라고 한다(통설. 대판 1976. 6. 22, 75다1600; 대판 2003. 5. 30, 2003다13512). 즉 금전 대신 수표나 어음으로 지급하는 때에는 그 어음 또는 수표의 부도를 해제조건으로 하여 그에 의한 현실지급시에 변제의 효과가 발생한다. 그리고 신용카드나, 다른 지불수단에 의하여 지급한 경우에는 그로부터 채권자가 현실로 만족을 얻은 때에 변제의 효과가 발생한다(김상용 49면; 이은영 민법 Ⅱ, 45면).

2. 金種債權

금종채권은 당사자 사이의 특약으로 일정한 종류에 속하는 통화의 일정량의 급부를 목적으로 하는 채권이다(예: 5,000원권으로 100만원을 지급하여야 할 채권). 이러한 금종채권(상대적 금종채권)은 일정한 화폐가치의 급부를 본질로 하므로 채권의 목적인 특정 종류의 통화가 변제기에 강제통용력을 잃으면 다른 강제통용력 있는 화폐로 변제하여야 한다(제376조). 즉 민법

제376조는 금전채권의 본질에 비추어 두게 된 금종채권의 변제에 관한 특칙이다. 따라서 이행불능이 존재하지 않는다. 그러나 제376조는 임의규정이므로 당사자의 특약으로 절대적으로 일정한 종류의 금전으로써 급부할 것을 목적으로 하는 이른바 절대적 금종채권을 유효하게 성립시킬 수 있다. 예를 들어 수집을 목적으로 2000년 발행의 1만원권 10매의 인도를 목적으로 하는 채권이 이에 해당한다. 절대적 금종채권은 단순한 종류채권의 일종으로 특정 종류의 금전이 존재하면 강제통용력이 있는가의 여부와 관계없이 그 금전으로 급부하면 되고, 그 금전이 존재하지 않으면 이행불능으로 된다. 이 절대적 금종채권은 금전을 하나의 종류물로 다루는 것으로서 금전채권이 아니고 단순한 종류채권에 지나지 않으며, 따라서 종류채권에 관한 규정이 적용되어야 한다.

3. 特定金錢債權

특정금전채권은 「특정의 금전」의 급부를 목적으로 하는 채권이다(예: 封金의 임치나 운송 · 진열 목적의 특정화폐의 급부). 이는 특정물의 급부를 목적으로 하는 특정물채권에 지나지 않으며 금전채권으로서의 특질은 전혀 없기 때문에 금전채권에 관한 특칙(제397조)이 적용되지 않는다. 특정금전채권은 채권성립 당시에 이미 금전이 특정되어 있다는 점에서 금전의 종류만 결정되어 있을 뿐 특정은 되어 있지 않은 절대적 금종채권과 다르다고 할 것이다.

4. 外國金錢債權(外貨債權)

외화채권이란 美貨 10만 불($) 또는 日貨 5만 엔을 지불하기로 하는 것과 같이 외국의 금전 내지 통화의 급부를 목적으로 하는 채권을 말한다. 이 외화채권도 외국금액채권 · 외국금종채권(상대적 외국금종채권) · 절대적 외국금종채권 · 특정외국금전채권으로 나누어진다. 이 가운데 절대적 외국금종채권은 종류채권이고 특정외국금전채권은 특정물채권에 해당한다. 민법은 국제간 거래의 편의를 도모하기 위하여 외화채권에 관하여 다음과 같은 특별규정을 두고 있다. 외국의 금액채권의 경우에는 당사자 사이에 특약이 없으면 채무자는 그의 선택에 따라 당해 외국의 각종 통화로 변제할 수 있다(제377조 제1항). 그리고 채권액이 다른 나라의 통화로 지정된 경우에 채무자는 그 나라의 통화로 변제하는 것에 갈음하여 「현실로 지급할 때」에 있어서의 이행지의 환금시가에 의하여 우리나라의 통화로 변제할 수 있다(제378조). 여기에서 지급할 때란 변제기가 아니라 현실적으로 이행을 할 때를 의미한다. 종전의 판례는 변제기(이행기)를 환산시기로 보았으나(대판 1978. 5. 23, 73다1347; 대판 1987. 6. 23, 86다카2107), 그 후 태도를 바꾸어 현재에는 채무자가 현실로 이행할 때를 환산시기로 보고 있다(대판[전합] 1991. 3. 12, 90다2147; 대판 2012. 10. 25, 2009다77754). 통설도 같은 입장을 취하고 있다(곽윤직 34면; 송덕수 59면). 한편 제378조는 채무자만 외화 대신 국내통화로 지급할 것을 청구할 수 있다고 규정하고 있으나 해석상 채권자도 동일하게 청구할 수 있는 것으로 본다(송덕수 59면; 동지 김형배 73면; 이은영 120면). 이 경우에도 채권자의 청구에 응하여 채무자가 현실로 이행하는 때를 기준으로 하지만, 채권자가 채무자에게 우리나라 통화로 환산하는 금액의 지급을 청구하는 소를 제기한 경우에는 채무자가 현실로 이행할 때에 가장 가까운 사실심변론종결일의 환율을 환산시기로 삼고 있다(대판[전합] 1991. 3. 12, 90다2147).

그리고 외국의 금종채권에 있어서도 그 특별한 종류의 통화가 변제기에 강제통용력을 잃은 때에는 그 나라의 강제통용력 있는 다른 통화로 변제하여야 하며(제377조 제2항), 이 경우에도 채무자는 지급할 때의 이행지의 환금시가에 따라 환산한 우리나라의 통화로 변제할 수 있다(제378조).

[판 례]

(1) 채권액이 외국통화로 지정된 금전채권을 채무자가 우리나라 통화로 변제함에 있어서는 민법 제378조가 그 환산시기에 관하여 외화채권에 관한 법 제376조, 제376조 제2항의 변제기라는 표현과는 다르게 지급할 때라고 규정한 취지에서 새겨볼 때 그 환산시기는 이행기가 아니라 현실로 이행하는 때, 즉 현실이행시의 외국환 시세에 의하여 환산하여 우리나라 통화로 변제하여야 한다고 풀이함이 상당하므로 채권자가 위와 같은 외화채권을 대용급부의 권리를 행사하여 우리나라 통화로 환산하여 청구하는 경우에도 법원이 채무자에게 그 이행을 명함에 있어서는 채무자가 현실로 이행할 때에 가장 가까운 사실심변론종결 당시의 외국환시세를 우리나라 통화로 환산하는 기준시로 삼아야 한다(대판[전합] 1991. 3. 12, 90다2147).

(2) 채권액이 외국통화로 정해진 금전채권인 외화채권을 채무자가 우리나라 통화로 변제하는 경우에 그 환산시기는 이행기가 아니라 현실로 이행하는 때, 즉 현실이행 시의 외국환시세에 의하여 환산한 우리나라 통화로 변제하여야 하고, 이와 같은 법리는 외화채권자가 경매절차를 통하여 변제를 받는 경우에도 동일하게 적용되어야 할 것이므로, 집행법원이 경매절차에서 외화채권자에 대하여 배당을 할 때에는 특별한 사정이 없는 한 배당기일 당시의 외국환시세를 우리나라 통화로 환산하는 기준으로 삼아야 한다(대판 2011. 4. 14, 2010다103642).

Ⅲ. 金錢債權의 特則

금전채권에서는 목적물의 특정이란 관념이 없어 이행불능의 상태가 생길 여지가 없으며, 다만 이행지체만이 생긴다. 민법은 금전채무의 불이행으로 인한 손해배상에 관하여 제397조에서 다음과 같은 특칙을 두고 있다.

1. 責任要件의 特則

(1) 일반적으로 채무불이행의 경우에 채권자가 손해배상을 청구하려면 손해의 발생 및 손해액을 입증하여야만 한다. 그러나 금전채무의 이행에 있어서는 채권자는 그 손해를 증명할 필요가 없다(제397조 제2항 전단). 즉 채권자는 손해의 발생과 손해액의 입증이 없이도 손해배상을 청구할 수 있다. 금전채권에 관하여는 손해의 증명이 곤란하고, 그 불이행은 언제나 이자에 상당하는 일정액의 손해가 발생하는 것으로 간주되기 때문이다. 그러나 채권자는 민사소송법상 변론주의의 원칙에 따라 지연이자 상당의 손해가 발생하였다는 사실을 주장하여야 한다.

[판 례]

금전채무 불이행에 관한 특칙을 규정한 민법 제397조는 그 이행지체가 있으면 지연이자 부분만큼의 손해가 있는 것으로 의제하려는 데에 그 취지가 있는 것이므로 지연이자를 청구하는 채권자는 그만큼의 손해가 있었다는 것을 증명할 필요가 없는 것이나, 그렇다고 하더라도 채권자가 금전채무의 불이행을 원인으로 손해배상을 구할 때에 지연이자 상당의 손해가 발생하였다는 취지의 주장은 하여야 하는 것이지 주장조차 하지 아니하여 그 손해를 청구하고 있다고 볼 수 없는 경우까지 지연이자 부분만큼의 손해를 인용해 줄 수는 없는 것이다(대판 2000. 2. 11, 99다49644).

(2) 손해배상청구를 하는 채권자는 채무자의 과실로 불이행이 야기되었음을 주장할 필요가 없고, 금전채권의 채무자는 과실 없음을 항변할 수 없다(제397조 제2항 후단). 즉 무과실책임을 진다. 따라서 채무자는 그에게 책임 없는 사유로 이행을 지체한 경우에도 손해배상책임을 진다. 여기서 채무자가 불가항력에 의하여 이행지체로 된 경우에도 손해배상책임을 지는지가 문제된다. 이에 관하여 학설은 (i) 책임인정설(김용한 60면; 장경학 55면; 김상용 50면)과 (ii) 책임부정설(곽윤직 35면; 김주수 66면; 김증한/김학동 41면; 이은영 124면; 송덕수 60면)이 대립한다. (i)설은 불가항력적 사태가 발생하면 화폐가치가 하락하는 것이 상례이므로 만약 채무자

가 불가항력을 가지고 항변할 수 있다고 하면 채무자는 이중의 이익을 얻게 될 것이라는 것을 이유로 하고 있다(김상용 50면). 반면에 (ii)설은 이 경우에도 채무자의 책임을 인정하는 것은 지나치고, 본래 불가항력의 개념은 무과실책임이 지나치게 무겁게 되는 것을 제한하기 위하여 사용된 것이라고 한다(곽윤직 36면). 생각건대 구민법(제419조)은 「불가항력」을 가지고 항변하지 못한다고 규정하였으나, 현행민법이 불가항력을 「과실」로 바꾼 것에 비추어 볼 때 불가항력의 경우에는 손해배상책임을 지지 않는다는 (ii)설이 보다 합리적인 해석이라고 할 것이다.

제397조 제2항의 규정은 외화채권에도 적용된다. 판례도 선물환계약에 기한 채권을 금전채권이라 하면서 이 규정을 적용하고 있다. 즉 선물환계약이란 장래의 일정기일 또는 기간 내에 일정 금액, 일정한 종류의 외환을 일정한 환율로 교부할 것을 약정하는 계약으로서 그에 기한 채권은 금전채권이므로 당사자들은 민법 제397조 제2항에 의하여 계약불이행에 대하여 과실 없음을 들어 항변할 수 없다고 한다(대판 2003. 4. 8, 2001다38593).

2. 損害賠償의 特則

(1) 原 則

채무자가 금전채무의 이행을 지체하면 그 성질상 당연히 손해가 발생하는 것으로 되며 손해배상에는 변제기부터 현실지급시까지 지연손해만이 문제된다. 금전채무의 불이행에 의한 손해배상액은 당사자 사이의 약정이 없는 한 법정이율(민사채무는 연 5%이고 상사채무는 연 6%이다)에 의하여 정해진다(제397조 제1항 본문). 예를 들어 이자지급 약정이 없는 무이자부 금전채무인 경우에도 그 금전채무에 대하여 이행지체가 성립하면 지연배상금은 법정이율에 의하여 청구할 수 있다(대판 2009. 12. 24, 2009다85342). 따라서 채무자는 실제의 손해의 다소를 묻지 않고 법정이율로 산정한 손해배상액만 지급하면 되고, 채권자는 실제로 발생한 손해가 더 크다는 것을 입증하여도 그 손해의 배상을 청구할 수 없다.

[판 례]

(1) 파산채권자의 배당금 지급청구권에는 다양한 종류의 파산채권 원본과 그에 대한 파산선고 전일까지의 이자 및 지연손해금을 합산한 채권이 모두 반영되어 있어, 원래 채권의 성격이 반드시 그대로 유지된다고 보기는 어렵고, 배당절차는 금전화 및 현재화를 거친 파산채권 원금 및 파산선고 이전까지의 지연손해금에 대하여 배당재원의 범위 내에서 각 채권의 비율에 따라 분배하는 절차로서, 배당률을 정하여 통지함으로써 발생한 구

체적 배당금 지급채무의 이행은 파산재단을 대표한 파산관재인의 의무이지 파산자의 의무는 아니라 할 것이므로, 배당금 지급채무는 파산채무의 원래 속성이나 파산자가 상인인지 여부와는 무관하게 민사채무로 봄이 상당하고, 그 지연으로 인한 지연손해금에 적용될 법정이율도 원래 파산채무의 속성이나 약정이율 혹은 채무명의에서 정한 지연이율에 영향을 받지 아니하고 민사법정이율인 연 5%가 적용되어야 할 것이다(대판 2005. 8. 19, 2003다22042).

(2) 금전채무 불이행에 관한 특칙을 규정한 제397조는 그 이행지체가 있으면 지연이자 부분만큼의 손해가 있는 것으로 의제하려는 데에 그 취지가 있는 것이므로 지연이자를 청구하는 채권자는 그만큼의 손해가 있었다는 것을 증명할 필요가 없는 것이나, 그렇다고 하더라도 채권자가 금전채무의 불이행을 원인으로 손해배상을 구할 때에 지연이자 상당의 손해가 발생하였다는 취지의 주장은 하여야 하는 것이지 주장조차 하지 아니하여 그 손해를 청구하고 있다고 볼 수 없는 경우까지 지연이자 부분만큼의 손해를 인용해 줄 수는 없는 것이다(대판 2000. 2. 11, 99다49644).

(2) 例 外

법정이율보다 높은 약정이율이 있고 그것이 법령의 제한범위 내이면 그 약정이율에 의하여 산정된다(제397조 제1항 단서). 그리고 법정이율보다 낮은 약정이율이 있는 경우에는 법정이율에 의하여 손해배상액을 정한다. 다만 법률에 특별규정이 있거나(제685조 · 제705조 · 제958조 등 참조), 당사자가 실손해배상의 특약을 하고 있는 때, 그리고 배상액의 예정 또는 위약금의 특약을 한 경우(제398조 참조)에는 그에 따른다. 판례도 역시 「금전채무에 관하여 이행지체에 대비한 지연손해금 비율을 따로 약정한 경우에, 이는 일종의 손해배상액의 예정으로서 민법 제398조에 의한 감액의 대상이 된다고 한다(대판 2000. 7. 28, 99다38637). 또한 판례는 법정이율보다 낮은 이자율 또는 지연손해금율의 약정이 있다는 점에 관하여 당사자 사이에 다툼이 없거나 증거에 의하여 인정되는 사정이 존재하는 경우에 법정이율보다도 낮은 비율에 의한 지연손해금을 인정할 수 있다고 한다(대판 1995. 10. 12, 95다26797).

한편 「소송촉진 등에 관한 특례법」에서는 채무자가 낮은 법정이율을 악용하여 고의로 채무를 이행하지 않는 경우 등에 대비하고 소송을 촉진하기 위하여 금전채무의 이행을 명하는 판결을 선고할 경우에 채무불이행으로 인한 손해배상액 산정의 기준이 되는 법정이율은 그 금전채무의 이행을 명하는 소장 또는 이에 준하는 서면이 채무자에게 송달된 다음 날부터는 연 20%의 높은 이율을 적용하고 있다(동법 제3조 제1항 본문. 다만 채무자가 그 이행의무의 존부나 범위에 관하여 항쟁함이 상당하다고 인정되는 때에는 사실심 판결 선고시까지는 상당한 범위 내에서 연 20%의 이율을 적용하지 않을 수 있다(동법 제3조 제2항)). 이러한 법정이자율의 인상에 관한 특례법의 규정은 행정소송에도 그대로 적용되며(대판 1993. 6. 29, 91누2342), 약정이자율이나 지연손해금에 관한 이율의 약정이 있는 경우에도 적용된다(대판 1992. 12. 22, 92다4307). 그런데 금전채권자가 채무자를 상대로 채무의 이행을 청구하는 소를 제기한 후에 채무자가 자신의 채무를 이행함으로써 원래의 금전채무는 소멸하여 그 범위에서는 채권자의 채무이행청구는 기각될 수밖에 없고, 다만 그 채무의 이행지체로 인한 지연손해의 배상만이 남게 된 경우에는 그 지연손해금 산정의 기준이 되는 법정이율에 대하여는 소송촉진 등에 관한 특례법 제3조상의 이율이 적용되지 아니한다(대판 2010. 9. 30, 2010다50922).

채무불이행에 의한 손해배상액은 이처럼 일정한 이율에 의하여 산정되는데, 이를 흔히 지연이자라고 일컫는다. 민법에서는 이를 연체이자라고 부르기도 하지만(제398조 제1항), 그 성질은 이행기 이후에 금전채권이 변제될 때까지의 지연기간 동안의 손해배상이다.

[판 례]

(1) 제소전화해조항에 채무의 변제기와 채무원금만 정하고 변제기 이후의 지연손해금에 관하여 아무런 규정을 두고 있지 아니한 경우에는 원칙으로 돌아가 변제기 이후에는 민법 소정의 연 5푼의 비율에 의한 지연손해금을 지급하여야 할 것이다(대판 1992. 5. 26, 91다28528).

(2) 민법 제397조 제1항은 본문에서 금전채무불이행의 손해배상액을 법정이율에 의할 것을 규정하고 그 단서에서 "그러나 법령의 제한에 위반하지 아니한 약정이율이 있으면 그 이율에 의한다"고 정한다. 이 단서규정은 약정이율이 법정이율 이상인 경우에만 적용되고, 약정이율이 법정이율보다 낮은 경우에는 그 본문으로 돌아가 법정이율에 의하여 지연손해금을 정할 것이다. 우선 금전채무에 관하여 아예 이자약정이 없어서 이자청구를 전혀 할 수 없는 경우에도 채무자의 이행지체로 인한 지연손해금은 법정이율에 의하여 청구할 수 있으므로, 이자를 조금이라도 청구할 수 있었던 경우에는 더욱이나 법정이율에 의한 지연손해금을 청구할 수 있다고 하여야 할 것이다(대판 2009. 12. 24, 2009다85342).

(3) 금전채무의 지연손해금채무는 금전채무의 이행지체로 인한 손해배상채무로서 이행기의 정함이 없는 채무에 해당하므로, 채무자는 확정된 지연손해금채무에 대하여 채권자로부터 이행청구를 받은 때부터 지체책임을 부담하게 된다(대판 2010. 12. 9, 2009다5923).

(3) 실손해의 배상문제

실손해액이 법정이율에 의한 손해액을 초과할 경우에 금전채권자는 그 초과손해의 배상을 청구할 수 있는지가 문제된다. 이에 관하여 학설은 (i) 채권자는 초과손해액을 입증하여 배상을 청구할 수 있다는 견해(김형배 69면 · 김상용 51면 · 이은영 127면; 지원림 929면은 이를 특별손해로 보고 있다)와 (ii)

채권자는 실제의 손해가 더 크다는 것을 입증하여도 초과손해액을 청구할 수 없다는 견해(곽윤직 36면; 김용한 61면; 장경학 56면; 김주수 66면; 김증한/김학동42면. 송덕수 61면은 제397조의 규정의 위치와 내용, 별도의 손해배상을 인정하려고 하는 경우에 민법이 예외적으로 명문의 규정을 두고 있는 점(제685조 · 제705조 · 제958조 등) 등을 고려할 때 이는 부정된다고 한다)로 나누어진다. 한편 판례는 이러한 손해를 특별손해로 보아 제393조 제2항의 요건하에 그 배상을 청구할 수 있다는 입장을 취하고 있다(대판 1991. 10. 11, 91다25369).

생각건대 금전채무의 불이행으로 인한 손해배상액을 법정이율이나 약정이율에 따라 산정하는 것은 통상손해를 그와 같이 산정하겠다는 취지이며, 특별손해를 포함하여 배상하여야 할 모든 손해배상의 범위를 그 이율들에 의하여 확정하겠다는 취지로까지 이해할 수 없다고 할 것이다. 만약 특별손해까지 포함하여 손해배상의 범위를 법정이율이나 약정이율로 확정하겠다는 취지로 이해한다면 금전채무에 관하여도 별도의 손해배상액의 예정이 없더라도 손해배상액의 예정이 있는 것과 마찬가지의 결과로 될 것이다.

손해배상범위에 관한 제393조는 채무불이행으로 인한 손해배상의 범위를 통상손해로 하고, 채무자의 예견가능성이 있는 때에는 손해배상의 범위를 특별손해로까지 확장하는 취지의 규정이다. 만약 금전채무의 불이행으로 인한 초과손해가 특별손해로도 배상범위에 포함될 수 없다고 해석한다면 금전채무에 관하여는 제393조 제2항의 적용을 배제하는 결과로 되는데, 그에 관한 법적 근거가 없다고 할 것이다.

특별손해로도 고려할 수 없다는 주장은 수임인의 금전소비책임에 관한 제685조를 근거로 들고 있으나, 제685조는 위임의 취지에 따라 소비되어야 할 금전을 수임인이 임의로 자기를 위하여 소비한 경우, 이자 이외에 기타 손해까지도 통상손해로 평가하여 배상범위에 포함시키겠다는 취지이며, 이 경우에 기타 손해의 배상에는 수임인의 예견가능성을 불문한다.

금전채무자가 금전채권자에게 특별한 손해가 발생함을 알면서도 고의로 채무를 이행하지 않음에 따라 금전채권자에게 법정이율이나 약정이율에 의하여 산정된 손해액을 초과하는 손해를 발생시켰음에도 그 초과손해에 대한 배상책임을 부정하는 것은 부당하고 사회의 정의관념에도 반하게 된다. 따라서 (i)설이 타당하다고 할 것이다.

[판 례]

매도인이 매수인으로부터 매매대금을 약정된 기일에 지급받지 못한 결과 제3자로부터 부동산을 매수하고 그 잔대금을 지급하지 못하여 그 계약금을 몰수당함으로써 손해를 입었다고 하더라도 이는 특별한 사정으로 인한 손해이므로 매수인이 이를 알았거나 알 수 있었던 경우에만 그 손해를 배상할 책임이 있다(대판 1991. 10. 11, 91다25369).

Ⅳ. 事情變更의 原則과 支給猶豫

1. 事情變更의 原則

경제계의 큰 변혁으로 금전의 가치에 급격한 변동이 생긴 경우, 특히 통화팽창으로 금전가치가 폭락한 경우에 금전채권을 그 명목상의 가액으로 변제케 하면 당사자 사이에 불공평을 초래한다. 이러한 경우에 신의칙의 파생원칙인 사정변경의 원칙을 적용하여 금전채권의 증액평가를 인정할 것인지가 문제된다. 이에 관하여 학설은 (i) 긍정설(김용한 62면; 송덕수 61면; 지원림 930면)과 (ii) 부정설(이은영 122면)로 나누어진다. 그리고 판례는 「매매계약을 맺을 때와 그 잔대금을 지급할 때와의 사이에 장구한 시일이 지나서 그동안 화폐가치의 변동이 극심하였던 탓으로 매수인이 애초에 계약할 당시의 금액표시대로 잔대금을 제공한다면 그동안에 앙등한 매매목적물의 가격에 비하여 그것이 현저하게 균형을 잃은 이행이 되는 경우라 할지라도 민법상 매도인으로 하여금 사정변경의 원리를 내세워 그 매매계약을 해제할 수 있는 권리는 생기지 않는다(대판 1963. 9. 12, 63다452)」고 하여 이 원칙을 인정하지 않고 있다. 생각건대 화폐가치가 크게 하락한 경우에도 약정한 대로 이행하도록 하면 너무나 불공정하게 되므로 사정변경의 원칙을 적용하여 금전채권의 내용을 조정할 수 있도록 하여야 할 것이다.

2. 支給猶豫(Moratorium)

경제공황 등의 비상사태에 처하여 경제계가 매우 어려운 사정에 있는데도 불구하고 금전채무의 불이행은 무과실을 가지고 항변할 수 없다는 금전채무불이행의 특칙(제387조)에 의하여 채무자에게 책임을 묻는 것은 오히려 경제와 사회에 혼란을 초래할 수 있다. 따라서 이러한 경우에는 국가가 금전채무자를 위하여 법령으로 일정한 기간 동안 경제정책적 견지에서 지급유예의 조치를 취하는 수가 있다(예: 우리나라에서의 1953년의 긴급명령 15호 · 16호, 1962년의 긴급통화조치법 15조 · 16조, 1972년의 경제의 안정과 성장에 관한 긴급명령 19호 등). 지급유예령이 있는 경우에는 그 유예기간 내에는 이행지체의 효과만이 정지되고(채무불이행책임을 지지 않는다), 다른 효과에는 영향이 없다.

사례해설

민법 제378조는 채권액이 다른 나라 통화로 지정된 때에는 채무자는 지급할 때에 있어서의 이행지의 환금시가에 의하여 우리나라 통화로 변제할 수 있다고 규정하여 제377조 제2항의 「변제기」라는 표현과 달리 「지급할 때」라는 표현을 쓰고 있다. 환산시기에 관하여 종래의 판례(대판 1968. 11. 26, 68다1293; 대판 1978. 5. 23, 73다1347; 대판 1987. 6. 23, 86다카2107)는 변제하여야 할 때, 즉 이행기(변제기)로 해석하였다. 그러나 대법원은 전원합의체에서 「지급할 때」라고 규정한 점에서 그 환산시기는 이행기가 아니라 채무자가 현실로 이행하는 때이며, 그때의 외국환시세에 의하여 환산한 우리나라 통화로 변제하여야 한다고 하여 종전의 판례를 폐기하였다. 더 나아가 판례는 채권자가 외화채권을 대용급부권을 행사하여 우리나라 통화로 환산하여 청구하는 경우에 법원이 채무자에게 그 이행을 명함에 있어서는 채무자가 현실로 이행할 때에 가장 가까운 사실심변론종결 당시의 외국환시세를 우리나라 통화로 환산하는 기준시기로 잡아야 한다고 한다(대판[전합] 1991. 3. 12, 90다2147). 따라서 위 사례의 경우에 A가 B에게 변제기를 기준으로 환산하여 청구한 것은 이행기(1985. 3. 26.)를 경과하였기 때문에 지연배상을 하는 것은 별론으로 하더라도 타당하지 않다.

第5節 利子債權

이자채권은 이자의 급부(지급)를 목적으로 하는 채권이다. 따라서 이자채권을 이해하려면 우선 이자가 무엇인가를 규명하여야 한다. 그 뒤에 이자의 이자인 복리, 이자의 제한 등에 관하여 살펴보기로 한다.

I. 利 子

1. 意 義

이자의 실질적 의의에 관하여는 학설상 견해가 나누어져 있다. 이자란 유동자본인 원본의 사용대가라고 간단하게 말할 수 있다. 그러나 민법상의 이자라고 함은 일반적으로 「금전 기타의 대체물의 사용대가로서 원본액과 사용기간에 비례하여 지급되는 금전 기타의 대체물」이라고 정의되고 있다. 이를 나누어서 설명하면 다음과 같다. ① 이자는 「원본의 사용대가」로 법정과실의 일종이기 때문에 원본의 소각금 · 월

부상환금 · 주식의 배당금 등은 원본의 사용대가가 아니므로 이자가 아니다. 또한 금전채무불이행의 경우에 지급되는 지연배상(제397조 참조)은 보통 「지연이자」라고 불리나, 그 법적 성질은 손해배상이지 이자가 아니다. ② 이자는 「원본채권의 존재」를 전제로 하는 것이기 때문에 원본채권이 없는 종신정기금(제725조)이나 건설이자(상법 제463조)는 이자가 아니다. ③ 이자는 「유동자본」, 즉 금전 기타 대체물의 사용대가이기 때문에 고정자본, 즉 부대체물인 토지 · 기계 · 건물의 사용대가인 지료 · 차임 등은 이자가 아니다. ④ 이자는 「금전 기타의 대체물」이다. 다만 원본과 이자는 동종의 대체물일 필요는 없다. 동종의 대체물이 아니더라도 양자가 모두 대체물이면 이율에 의하여 이자를 계산할 수 있기 때문이다(예: 원금 10만원에 대한 이자로 쌀 한 되를 받기로 한 경우). ⑤ 이자는 일정한 「이율」에 의하여 산정되는 것이므로 원본사용의 대가이나 이율에 의하지 않은 사례금 등은 이자가 아니다.

2. 利 率

이자는 일정기간을 단위로 원본액에 대한 일정한 이율에 의하여 산정된다. 이율에는 법률에서 규정하는 「법정이율」과 당사자의 법률행위에 의하여 정하여지는 「약정이율」이 있다.

(1) 法定利率

법정이율은 민사에서는 연 5分(제379조), 상사에서는 연 6分(상법 제54조), 그리고 공탁금에 대한 법정이율은 금융통화운영위원회가 정하는 별단예금의 최고이자율에 의한다(공탁법 제5조, 공탁금의 이자에 관한 규칙 제2조 참조). 提訴한 화해조항에 채무의 변제기와 채무원금만을 정하고 변제기 이후의 지연손해금에 관하여는 아무런 규정을 두지 않은 경우에는 민법상의 일반원칙에 따라 변제기 이후에는 민법 소정의 연 5푼의 비율에 의한 지연손해금을 지급하여야 한다(대판 1990. 6. 8, 89다카20481). 다만 민법상의 법정이율이 너무 낮아서 채무자가 금전채무의 이행을 지연하는 사례가 빈번히 발생하므로 이를 방지하기 위한 특별법이 마련되어 있다. 즉 「소송촉진에 관한 특별법」(1981년 법3361호) 제3조는 '금전채무의 전부 또는 일부의 이행을 명하는 판결(심판 포함)을 선고할 경우에, 금전채무불이행으로 인한 손해배상산정의 기준이 되는 법정이율은 그 금전채무의 이행을 구하는 訴狀 또는 이에 준하는 서면이 채무자에게 송달된 날의 다음날부터는 연 100분의 40 이내의 범위에서 은행법에 의한 금융기관이 적용하는 연체금리 등 경제여건을 감안하여 대통령령으로 정하는 이율에 의한다.' 고 규정하고 있는데, 그 이율은 현재 연 2할(동법시행규칙, 대통령령 2003. 5. 29 개정, 제17981호)

이다.

(2) 約定利率

약정이율은 당사자에 의하여 정하면 된다. 당사자는 원칙적으로 자유롭게 이율을 정할 수 있다. 다만 일정한 금전소비대차에 관해서는 이율을 제한하는 특별법이 제정되어 있다. 즉 이자제한법 제2조 제1항의 최고이율에 관한 규정에서는 연 30%, 대부업의 등록과 금융이용자 보호에 관한 법률 제8조와 동법시행령 제5조에서는 연 49%로 이율의 최고한도를 정하고 있다. 약정이율에 의하여 약정이자가 산정되며, 당사자의 약정에 의하여 이율이 정하여지지 않은 경우에는 법정이율에 의한다(제397조 · 상법 제55조). 그런데 계약이 해제된 경우에 있어서 각 당사자가 상대방에 대하여 부담하는 원상회복의무가 이행지체에 빠진 이후의 기간에 대해서는 부당이득반환의무로서의 이자가 아니라 반환채무에 대한 지연손해금이 발생하게 되므로 거기에는 지연손해금률이 적용되어야 하며, 그 지연손해금률에 관하여는 당사자 사이에 별도의 약정이 있으면 그에 따라야 하고, 설사 그것이 법정이율보다 낮다 하더라도 마찬가지이다(대판 2013. 4. 26, 2011다50509).

[판 례]

(1) 법정해제의 경우 당사자 일방이 그 수령한 금전을 반환함에 있어 그 받은 때로부터 법정이자를 부가함을 요하는 것은 민법 제548조 제2항이 규정하는 바로서, 이는 반환의무의 이행지체로 인한 것이 아니라 원상회복의 범위에 속하는 것이며 일종의 부당이득반환의 성질을 가지는 것이다. 따라서 부동산 매매계약이 해제된 경우 매도인의 매매대금 반환의무와 매수인의 소유권이전등기 말소등기절차 이행의무가 동시이행의 관계에 있는지 여부와는 관계없이, 매도인은 반환하여야 할 매매대금에 대하여는 그 받은 날로부터 민법이 정한 법정이율인 5푼의 비율에 의한 법정이자를 부가하여 지급하여야 한다(대판 1996. 4. 12, 95다28892).

(2) 계약해제시 반환할 금전에 가산할 이자에 관하여 당사자 사이에 약정이 있는 경우에는 특별한 사정이 없는 한 이행지체로 인한 지연손해금도 그 약정이율에 의하기로 하였다고 보는 것이 당사자의 의사에 부합한다. 다만 그 약정이율이 법정이율보다 낮은 경우에는 약정이율에 의하지 아니하고 법정이율에 의한 지연손해금을 청구할 수 있다고 봄이 타당하다. 계약해제로 인한 원상회복시 반환할 금전에 받은 날로부터 가산할 이자의 지급의무를 면제하는 약정이 있는 때에도 그 금전반환의무가 이행지체 상태에 빠진 경우에는 법정이율에 의한 지연손해금을 청구할 수 있는 점과 비교해 볼 때 그렇게 보는 것이 논리와 형평의 원리에 맞기 때문이다(대판 2013. 4. 26, 2011다50509).

3. 利子의 發生原因

이자는 당사자 사이의 특약이 있거나 또는 법률의 규정(제29조 · 제411조 · 제425조 제2항 · 제548조 제2항 · 제587조 · 제685조 · 제701조 · 제702조 · 제748조 제3항 · 제958조)이 있는 때에만 발생한다. 당사자 사이의 특약에 의하여 발생하는 이자를 약정이자라고 하고, 법률의 규정에 의하여 발생하는 이자를 법정이자라고 한다. 금전소비대차에서도 당사자 사이에 이자에 관한 약정이 없으면 채무자는 이자를 지급할 의무가 없다. 그러나 상거래에 있어서는 당사자 사이의 특약이 없어도 당연히 연 6푼의 법정이자청구권이 생긴다(상법 제55조). 한편, 법률에 의하여 법정이자로 의제되는 지연배상의 산정은, 그에 관한 약정이자가 있는 경우에는 그에 따라 산정한다(제397조 제1항).

Ⅱ. 利子債權

1. 意 義

이자채권이란 이자의 지급을 목적으로 하는 채권이다. 이자채권은 원본채권을 전제로 하여 성립하므로 원본채권에 대하여 종속성 내지 부종성을 가진다. 이자채권의 목적물인 이자는 금전 기타의 대체물이므로 이자채권은 일종의 종류채권이며, 특히 이자가 금전인 경우에는 금전채권의 일종이다. 다만 이자채권은 확정기준이 이율에 있다는 데에 그 특색이 있다. 이자채권은 소비대차 등의 법률행위나 또는 법률의 규정에 의하여 발생한다.

2. 利子債權의 모습

통설은 이자채권을 원본채권과 별개의 채권으로 기본적 이자채권과 그로부터 생기는 지분적 이자채권으로 나누고 있다. 그러면서 원본에 대하여 일정기에 일정률의 이자를 발생시키는 채권이 기본적 이자채권이고, 기본적 이자채권의 효과로서 생기는 이자를 지급하여야 할 채권이 지분적 이자채권이라고 한다(곽윤직 39면; 김용한 64면; 김상용 62면; 김증한/김학동 46면).

이에 대하여 소수설은 통설의 입장에서 지분적 이자채권에는 장래의(추상적인) 지분적 이자채권과 이에 변제기에 도달한 현재의(구체적인) 지분적 이자채권이 있다는 견해(김형배 79면), 지분적 이자채권만으로 이자채권을 파악하는 것이 합리적이라고 하는 견해(이은영 129면), 우리 민법상 이자채권은 매기(예: 매 월말 또는 매 연말)에 원본에 대한 일정률의 액

(또는 처음부터 확정된 일정액)의 지급을 청구할 수 있는 것이며, 그것은 한 가지뿐이라는 견해(송덕수 64면)로 나뉘고 있다. 생각건대 이자채권을 아직 변제기에 도달하지 않은 추상적으로 일정기마다 일정률의 이자를 취득할 수 있는 기본적 이자채권과 그 구체적인 실현으로 변제기에 도달한 매기마다 일정액의 이자를 청구할 수 있는 지분적 이자채권으로 분류하는 것이 이자채권을 이해하는 데 있어서 보다 명확하고 합리적인 것이므로 통설의 견해가 타당하다고 할 것이다.

(1) 基本的 利子債權

기본적 이자채권은 원본에 대하여 추상적으로 일정기에 일정률의 이자발생을 내용으로 하는 채권으로서 아직 변제기에 달하지 않은 이자채권을 말한다. 기본적 채권은 원본채권에 대한 부종성이 강하며 원본채권과 법률상 운명을 같이한다. 따라서 기본적 이자채권은 원본채권 없이는 발생할 수 없고 원본채권이 소멸하면 함께 소멸한다. 그리고 원본채권이 처분·이전되면 이에 수반하여 기본적 이자채권도 처분·이전된다. 예를 들어 A가 B에게 1,200만원을 빌려주면서 이자를 연 2할로 하였다면 1,200만원에 대한 2할의 이자인 240만원이 기본적 이자채권이다

(2) 支分的 利子債權

지분적 이자채권이란 기본적 이자채권의 효과로서 매기마다 발생하는 일정액의 이자의 지급을 내용으로 하는 지분권으로서의 이자채권을 말한다. 위의 예에서 매월 20만원의 이자를 지급하기로 한 경우에는 매월 20만원의 발생을 내용으로 하는 채권이 지분적 이자채권이다. 변제기에 도달한 지분적 이자채권은 원본채권에 대하여 부종성이 약하고 독립성이 상당히 강하다. 따라서 변제기에 도달한 지분적 이자채권은 원본채권과 독립하여 양도·변제될 수 있다. 또한 이러한 지분적 이자채권은 원본채권이 변제·상계 등으로 소멸하더라도 소멸하지 않는다. 그러나 원본채권이 소멸시효에 의하여 소멸하는 때에는 변제기가 된 이자채권은 그 채권 자체의 시효(제163조 제1호: 3년)가 완성되지 않았을지라도 원본채권의 시효소멸의 영향으로 소멸하게 된다(김형배 80면; 장경학 163면; 송덕수 65면. 반대: 곽윤직 40면; 김주수 73면). 우리 민법상 소멸시효는 그 기산일에 소급하여 효력이 발생하고(제167조), 또한 주된 권리의 소멸시효가 완성된 때에는 종된 권리에 그 효력이 미치기 때문이다(제183조). 판례도 같은 입장을 취하고 있다(대판 2008. 3. 14, 2006다2940). 그리고 원본채권이 양도되어도 변제기에 도달한 지분적 이자채권은 양도의 의사표시가 없는 한 당연히 양도되지는 않는다(대판 1989. 3. 28, 88다카12803). 그러나 아직 변제기에 도달하지 않은 장래의 지분적 이자채권은 원본채권이 변제 등의 원인에 의하여 소멸된 경우에는

기본적 이자채권과 함께 소멸하게 된다.

[판 례]

이자채권은 원본채권에 대하여 종속성을 가지고 있으나 이미 변제기에 도달한 이자채권은 원본채권과 분리하여 양도할 수 있고 원본채권과 별도로 변제할 수 있으며 시효로 인하여 소멸되기도 하는 등 어느 정도 독립성을 갖게 되는 것이므로, 원본채권이 양도된 경우 이미 변제기에 도달한 이자채권은 원본채권의 양도 당시 그 이자채권도 양도한다는 의사표시가 없는 한 당연히 양도되지는 않는다(대판 1989. 3. 28, 88다카12803).

3. 利子債權의 辨濟期

이자채권과 원본채권은 별개의 채권이므로 당사자는 이자채권에 관하여 자유로이 변제기를 약정할 수 있다. 당사자 사이에 특별한 약정이 없는 경우에는 원본채권의 성질, 거래상의 관습 및 민법 제102조 제2항 등을 참작하여 정할 것이다. 변제기가 오로지 채무자의 이익만을 위하여 정하여진 경우에는 채무자는 기한의 이익을 포기할 수 있으므로 이행기 전에 변제할 수 있다. 또한 이자채무에 있어서는 채무자는 중간이자를 지급하는 이상 임의로 변제기 전에 이행할 수 있다. 소비대차에 있어서 이자의 약정이 있는 경우에는 차주가 목적물을 인도 받은 때로부터 약정이자를 지급하여야 하기 때문에 이자의 기산일은 별로 문제가 되지 않는다.

Ⅲ. 複利(重利)

복리란 이자의 이자, 즉 변제기가 도래한 이자를 원본에 산입하여 이를 원본의 일부로 이자를 붙이는 것을 말한다. 우리 민법은 복리를 금지하거나 또는 제한하는 특별규정을 두고 있지 않지만, 이자제한법 기타 법률 또는 사회질서에 반하거나 폭리행위로 되지 않는 한, 복리의 계약은 유효한 것으로 해석하고 있다.

1. 約定複利

당사자 사이의 특약에 의하여 발생하는 복리가 약정복리이다. 약정복리는 복리약정의 시기를 기준으로 하여 다시 이자의 변제기가 도래한 후에 당사자가 그 지연이자를 원본에 산입하는 경우와, 이자의 변제기가 도래하기 전에 복리의 예약을 하는 경우로 나누어진다. 전자는 채무자가 이행지체에 빠진 후에 복리약정을 하는 경우이고, 후자는 채무자가 이행지체에 빠지기 전에 복리약정을 하는 경우이다. 일반적으로 복리약정이라 함은 후자를 의미한다. 후자는 다시 (i) 이자의 지급이 지체되면 이를 원본에 산입하는 경우와, (ii) 이자지급의 지체여부와는 관계없이 매기에 발생하는 이자를 당연히 원본에 산입하는 경우가 있다. 그런데 전자와 후자 (i)의 경우에는 원본에 삽입된 이자와 그 이자에 대한 이자와의 합산액이 본래의 원본에 대하여 제한범위 내에 있어야 모든 범위에서 유효한 것으로 된다(곽윤직 40면).

2. 法定複利

법률의 규정에 의하여 인정되는 복리가 법정복리이다(상법 제76조). 여기서 문제로 되는 것은 이자의 지급이 지체되면 그 지연이자에 다시 이자를 지급하여야 하는가이다. 지연채무의 이행이 지체된 경우에는 그 지연이자에 다시 지연이자를 지급하여야 한다(통설. 곽윤직 41면 · 김상용 63면 등; 대판 1996. 9. 20, 96다25302). 그러나 지체이자에 대한 지연이자는 엄격한 의미에서는 복리라고 할 수 없다는 견해가 있다(송덕수 70면; 김상용 64면. 동지 김용한 67면; 김주수 74면; 김형배 82면. 반대: 곽윤직 41면).

Ⅳ. 利子의 制限

1. 序 說

1997년 외화부족을 초래하여 국제통화기금(IMF)의 지원을 받게 되면서 동시에 그 통제를 받게 되었다. 결국 IMF가 요구한 고금리정책에 걸림돌이 되고 있었던 종래의 이자제한법(1962년 법971호)은 「경제의 개방화 · 자유화가 진전되고 있는 현 상황에서 자금의 수급상황에 따라 금리가 자유로이 정하여질 수 있도록 하여 자원분배의 효율성을 도모하고자 한다」는 것을 이유로 폐지되었다(이자제한법폐지법률 1998. 1. 13 법5507호). 이자제한법의 폐지와 더불어 보험업법 · 상호신용금고법 · 소송촉진 등에 관한 특례법 · 하도급거래공정화에 관한 법률 중의 이자의 규제에 관한 이자제한법과 관련된 규정은 모두 삭제되었다. 그러나 2001년 IMF에 대한 국가채무(195억 달러)를 모두 변제하여 그 통제를 벗어나게 되자 다시 이자제한이 문제되었다. 우선 고리대금업자의 폭리행위가 문제되자 2002년 8월, 대부업의 건전한 발전을 위하여 약정이자를 제한하는 한시적인 규정을 두고 있는 「대부업 등의 등록 및 금융이용자보호에 관한 법률」(이하 대부업법이라고 칭함)을 제정하였으며, 이 법에서는 대부금 3,000만원 이내에서 연 66%의 이자율을 초과할 수 없도록 제한하였다(동법 제8조 및 시행령 제5조 제3항). 그런데 대부업법에 의한 이자제한은 대부업의 등록을 한 대부업자가 대부를 하는 경우에만 적용되는 것이어서 일반인 사이의 대차에 있어서는 여전히 이자가 제한되지 않고 있었다. 그리하여 일반인 사이에서의 고이사부 소비대차의 약정은 민법 제103조 · 제104조에 의하여 규제할 수밖에 없었다. 그러나 이 규정들에 의하여 규제하는 경우에는 약정된 이자 전부가 무효로 되는 문제가 야기될 수밖에 없었다. 따라서 폐지된 이자제한법을 다시 부활시켜야 한다는 주장이 제기되었으며, 법무부에서 그에 관한 입법을 추진하게 되었다. 이러한 상황에서 최근에 대법원은 사회통념상 허용되는 한도를 초과하는 이율의 이자를 약정하여 지급받는 경우에는 차주는 그 이자의 반환을 청구할 수 있다고 판시하였으며(대판[전합] 2007. 2. 15, 2005다50426), 이에 자극을 받아 그동안 정부부처간의 견해차이로 미루어 오던 이자제한법이 새로이 제정되었다(2007. 3. 29. 공포, 6. 30. 시행). 그러나 기존의 대부업법이 적용되는 범위에서는 이자제한법이 적용되지 않기 때문에 이자의 제한은 대부업법과 이자제한법에 의한 것으로 이원화되어 있다. 이하에서 새로이 제정된 이자제한법의 내용을 살펴본다.

[판 례]

(1) 〔**다수의견**〕 선량한 풍속 기타 사회질서에 위반하여 무효인 부분의 이자 약정을 원인으로 차주가 대주에게 임의로 이자를 지급하는 것은 통상 불법의 원인으로 인한 재산급여라고 볼 수 있을 것이나, 불법원인급여에 있어서도 그 불법원인이 수익자에게만 있는 경우이거나 수익자의 불법성이 급여자의 그것보다 현저히 커서 급여자의 반환청구를 허용하지 않는 것이 오히려 공평과 신의칙에 반하게 되는 경우에는 급여자의 반환청구가 허용되므로, 대주가 사회통념상 허용되는 한도를 초과하는 이율의 이자를 약정하여 지급받은 것은 그의 우월한 지위를 이용하여 부당한 이득을 얻고 차주에게는 과도한 반대급부 또는 기타의 부당한 부담을 지우는 것으로서 그 불법의 원인이 수익자인 대주에게만 있거나 또는 적어도 대주의 불법성이 차주의 불법성에 비하여 현저히 크다고 할 것이어서 차주는 그 이자의 반환을 청구할 수 있다.

〔**반대의견**〕 사회통념상 허용될 수 있는 한도를 초과하는 부분의 이자 약정이 일정한 요건 하에 민법 제103조에 위반된 법률행위로서 무효로 평가될 수 있다 하더라도, 사회통념상 허용될 수 있는 한도란 약정 당시의 경제적 사회적 여건의 변화에 따라 유동적일 수밖에 없고 법률적인 평가나 가치판단이 개입되어야만 비로소 그 구체적인 범위를 확정할 수 있어 그 무효의 기준과 범위에 관하여 대주에게 예측가능성이 있다고 보기는 어려우며, 따라서 대주가 차주로부터 적정이율을 초과하는 이자를 지급받았다고 하더라도 대

주가 명확하게 불법성을 인식했다고 평가하기는 어렵다. 적정이율을 초과하는 이자 약정이 민법 제103조에 위반되어 무효라고 보더라도 당사자 사이의 약정에 따라 이자가 지급된 이상 그 불법원인은 대주와 차주 쌍방 모두에게 있다고 볼 수밖에 없고, 일반적으로 차주가 대주보다 경제적으로 열악한 지위에 있다는 점을 감안하더라도 대주가 불법성을 명확하게 인식했다고 평가하기는 어렵다는 점에 비추어 보면, 일률적으로 대주의 불법성이 차주의 그것에 비해 현저히 크다고 단정할 수만은 없으며, 임의로 이자를 지급함으로써 이미 거래가 종료된 상황에서 다시 차주의 반환청구를 허용한다면 법적안정성을 해칠 우려도 있으므로 결국 민법 제746조 본문에 따라 차주의 반환청구는 허용될 수 없다(대판[전합] 2007. 2. 15, 2004다50426).

(2) 이자제한법 제2조 제1항, '이자제한법 제2조 제1항의 최고이자율에 관한 규정'에 의하면 금전대차에 관한 계약상의 최고이자율은 연 30%로 제한되고, 구 이자제한법 제7조는 다른 법률에 따라 인가·허가·등록을 마친 금융업 및 대부업에는 이자제한법을 적용하지 아니한다고 규정하고 있는바, 위 규정의 문언내용, 국민경제생활의 안정과 경제정의의 실현을 목적으로 하는 이자제한법의 입법취지, 미등록 대부업체의 등록을 유도하기 위한 입법경위 등에 비추어 보면, 구 대부업의 등록 및 금융이용자보호에 관한 법률 제3조의 규정에 의한 대부업의 등록을 하지 아니하고 사실상 대부업을 영위하는 자에 대하여는 이자제한법이 적용되어 이러한 대부업자가 대부를 하는 경우의 최고이자율은 연 30%로 제한되고, 금전소비대차계약과 함께 이자의 약정을 하는 경우, 그 이자약정이 대주가 그의 우월한 지위를 이용하여 부당한 이득을 얻고 차주에게는 과도한 반대급부 또는 기타의 부당한 부담을 지우는 것이어서 선량한 풍속 기타 사회질서를 위반한 사항을 내용으로 하는 법률행위로서 무효라고 보기 위해서는, 양쪽 당사자의 경제력의 차이로 그 이율이 당시의 경제적·사회적 여건에 비추어 사회통념상 허용되는 한도를 초과하여 현저하게 고율로 정하여졌다는 사정이 인정되어야 한다(대판 2009. 6. 11, 2009다12399).

2. 利子制限法에 의한 制限

(1) 適用範圍

이자제한법은 금전의 소비대차에 있어서 약정이자에 적용된다(동법 제2조 제1항). 따라서 이자제한법은 대차관계에 기하지 않고서 생긴 금전채권(예: 매매잔대금의 이자)에는 적용되지 않는다. 반면에 금전소비대차인 경우에는 이자가 금전이 아니더라도 적용되며(물건으로 이자를 지급해도 된다), 이자가 확정된 금액으로 약정된 경우에도 적용된다고 할 것이다. 다만, 대차원금이 10만원 미만인 경우에는 적용되지 않는다(동법 제2조 제5항). 이자제한법의 시행 전에 성립한 대차관계에 관한 계약상의 이자율에 관하여도 이 법 시행일 이후부터는 이 법에 따라 이자율을 계산한다(동법 부칙 제2항). 이자제한법은 다른 법률에 의하여 인가 · 허가 · 등록을 마친 금융업 및 대부업에는 적용되지 않는다(동법 제7조). 그 결과 대부업법은 종전과 같이 여전히 그 효력을 가진다.

(2) 制限利率

1) 最高利率 금전대차에 관한 계약상 최고이율은 연 40%를 초과하지 않는 범위 안에서 대통령령으로 정한다(동법 제2조 제1항). 현재 이자제한법 제2조 제1항의 최고 이자율에 관한 규정에 의하면 최고 이자율은 연 30%이다. 이 이율은 약정한 때의 이율을 말한다(동법 제2조 제2항).

2) 看做利子 금전대차와 관련하여 채권자가 받은 것은 예금 · 할인금 · 수수료 · 공제금 · 체당금 그 밖의 명칭에 불구하고 이를 이자로 본다(동법 제4조).

3) 制限利率의 개정과 관련된 문제 제한이율에 관한 법령의 개정에 의하여 제한이율이 변경된 경우, 개정 전에 체결된 금전소비대차에도 신법을 적용하여야 되는지가 문제된다.

(가) 신법에 의하여 제한이율이 인하된 경우 법률불소급의 원칙에 따른다면 인하된 제한이율이 그대로 적용된다. 그러나 제한이율의 인하로 폭리의 한계가 더 엄격해졌다고 할 수 있으므로 개정으로 인하된 이율을 적용하여야 한다. 판례도 같은 입장을 취하고 있다(대판 1984. 4. 10, 82다512).

(나) 신법에 의하여 제한이율이 인상된 경우 법률불소급의 원칙상 또는 경제적 약자인 채무자의 보호차원에서 인상되지 않은 이율만이 유효한 것으로 하여야 한다(반대. 송덕수 68면은 인상된 이율이 적용되어야 한다고 한다). 판례도 개정 전의 제한이율에 의하여 무효였던 이율 역시 당사자의 별도의 합의가 없는 한 인상된 변경이율에 의해 인상된 최고한도까지 자동적으로 회복되지 않는다(대판 1991. 7. 26, 90다15488)고 하여 같은 입장을 취하고 있다.

(3) 制限違反의 效果

1) 制限利率超過部分의 無效 이자가 제한이율에 따라 산정된 금액을 초과하는 경우에는 그 초과된 이자는 무효이다(동법 제2조 제3항). 이것은 과거 이자제한법과 같은 내용이며, 이에 기하여 종래의 판례는 채권자가 청구하더라도 채무자는 이를 거절할 수 있고, 지체된 초과이자를 원본에 산입평가하거나, 초과이자에 대해서 준소비대차계약을 맺을 수 없으며(대판 1957. 3. 23, 4289민상659), 또한 제한초과의 이자채권을 자동채권으로 하여 상계의 의사표시를 하여도 그 효력이 발생하지 않는다고 하였다(대판 1963. 11. 21, 63다429). 나아가 판례는 제한이자초과에 대하여 경개계약을 체결하더라도 그

초과부분에 대하여는 효력이 발생하지 않는다고 하였으며(대판 1998. 10. 13, 98다17046), 다만 제한이자율을 초과하는 부분의 이자채무를 채무자가 승인하고 변제에 갈음하여 채무자 자신의 채권과 상계 합의하는 것은 유효한 것으로 보았다(대판 1962. 4. 26, 4294민상1542).

2) 制限超過利子의 任意支給과 返還請求 폐지된 이자제한법에서는 채무자가 제한이율을 초과하는 부분의 이자를 임의로 지급한 경우에 관한 규정을 두지 않아 그 반환 및 원본에 충당여부를 둘러싸고 학설과 판례상의 견해가 심하게 대립하였다. 이에 관하여 판례는 채무자가 최고이율을 초과하는 이자에 상당하는 금액을 지급한 후 채권자가 원금을 청구하는 것을 충당의 문제로 보아, 채무자의 적극적인 의사에 의하여(또는 승낙이나 묵인에 의하여) 이자에 충당된 경우에는 원본충당을 주장하지 못하지만(대판 1966. 10. 25, 66아1058), 법정충당의 규정에 의하여 충당된 경우에는 최고이율을 초과하는 이자에 충당하지 못하고 원본에 충당한다는 입장을 취하였다(대판 1969. 10. 28, 69다2229). 그러나 새로운 이자제한법은 채무자가 제한초과이자를 임의로 지급한 경우에는 초과 지급된 이자 상당금액은 원본에 충당되고, 원금이 소멸한 때에는 그 반환을 청구할 수 있다고 규정함으로써(동법 제2조 제4항), 이 문제를 입법으로 해결하였다.

3) 經過規定 이자제한법이 시행되기 전에 이미 성립한 금전대차에 대하여도 동법이 시행된 이후부터는 동법의 제한이율을 적용한다(동법 부칙 제2항).

[판 례]

이자제한법 시행 전 체결한 금전소비대차계약상의 복리약정이 같은 법 제한최고이율인 연 30%를 초과하는 경우에 같은 법 시행일인 2007. 6. 30.부터 그 초과부분이 무효가 되므로, 위 복리약정에 따라 계산한 이자가 위 시행일 전에 연 30%를 초과하고 있다면 그때부터 그 초과이자부분이 무효가 된다(대판 2008. 10. 23, 2008다37742).

(4) 先利子의 問題

소비대차에 있어서 차주가 지급하여야 할 이자를 미리 계산하여 이를 약정 원금에서 공제한 잔액만을 교부하는 일이 있다. 예를 들어 100만원을 월리 4分으로 3개월간 대차하면서 그 이자 12만원을 약정 원금 100만원에서 미리 공제하여 실제로 차주에게 88만원만 교부하고, 3개월 후의 변제기에 100만원을 반환케 하는 것과 같다. 이때에 미리 계산하여 약정 원금에서 공제되는 이자를 선이자라고 한다. 이러한 선이자에 관한 특약은 계약자유의 원칙상 유효한 것으로 보았다. 그런데 새로운 이자제한법(제3조)은 선이자에 대해서도 명문의 규정을 두고 있다. 따라서 선이자를 사전에 공제한 경우에는 그 공제액이 채무자가 실제 수령한 금액을 원본으로 하여 제한이율에 따라 계산한 금액을 초과하는 때에는 그 초과부분은 원본에 충당된 것으로 본다(대판 2012. 10. 11, 2012다55198).

[판 례]

(1) 이자제한법의 제한을 초과하는 이자를 선이자로 공제한 경우에 그 제한초과부분은 무효이므로, 채무자는 실지로 교부받은 대여금액에다가 이 금액에 대한 이자제한법 제한범위 내의 이자액을 합산한 금액만을 변제기일에 대여원금으로서 변제할 의무가 있고 이 금액과 약정 대여 원금액과의 차액 부분에 대한 소비대차는 무효라고 볼 수밖에 없다(대판 1989. 1. 17, 87다카2824).

(2) 대부업자가 사전에 공제한 선이자가 구 대부업의 등록 및 금융이용자보호에 관한 법률(2005. 3. 31. 법률 제7428호로 개정되기 전의 것, 이하 '구 대부업법'이라 한다)에서 정하는 제한이자율을 초과하는지는 그 선이자 공제액을 제외하고 채무자가 실제로 받은 금액을 기초로 하여 대부일부터 변제기까지의 기간에 대한 제한이자율에 따른 이자를 기준으로 그 초과 여부를 판단하여야 한다. 나아가 그와 같은 판단의 결과 선이자의 이자율이 제한이자율을 초과하지 아니하는 경우에는, 제한이자율 초과 부분에 대한 이자계약을 무효로 하는 구 대부업법 제8조 제3항이 적용되지 아니하므로 다른 강행법규 위반의 무효 사유가 없는 한 그 선이자 공제는 당사자가 약정한 이자의 지급으로서 유효하고, 선이자 공제 전의 당사자 사이에서 약정된 대부원금이 채무자가 변제기에 갚아야 할 대부원금이 된다[구 대부업 등의 등록 및 금융이용자 보호에 관한 법률(2009. 1. 21. 법률 제9344호로 개정된 것)은 제8조 제5항을 신설하여 "대부업자가 선이자를 사전에 공제하는 경우에는 그 공제액을 제외하고 채무자가 실제로 받은 금액을 원본으로 하여 제1항에 따른 이자율을 산정한다."고 규정하였다. 이는 제한이자율 초과 여부의 판단 방법에 관한 앞서 본 법리를 입법화한 것에 불과하고 변제기에 갚아야 하는 대부원금에 대하여 정한 것이 아니므로, 위와 같은 해석에 영향이 없다](대판 2013. 5. 9, 2012다56245).

(5) 複利의 規制

이자제한법에 의하면 이자에 대하여 다시 이자를 지급하기로 하는 복리약정은 제한이율을 초과하는 부분에 해당하는 금액에 대하여는 무효로 본다(동법 제5조).

3. 貸付業法에 의한 制限

(1) 制限利率

최근에 제정된 「대부업 등의 등록 및 금융이용보호에 관한 법률」에 의하면 대부업자가 개인이나 대통령령으로 정하는 소규모 법인에 대부를 하는 경우 그 이자율은 연

100분의 50의 범위에서 대통령령으로 정하는 율을 초과할 수 없다(대부업법 제8조 제1항). 그리고 현재의 최고이율은 연 100분의 39이며(연 100분의 49에서 2010. 7. 21.부터 연 100분의 44로 변경되었다가 다시 2011. 6. 27.부터 연 100분의 39로 변경되었다), 월 이자율 및 일이자율은 연 100분의 39를 단리로 환산되고(대부업법시행령 제5조 제3항), 대부와 관련하여 대부업자가 받은 사례금 · 할인금 · 수수료 · 공제금 · 연체이자 · 선이자 등은 그 명칭에도 불구하고 모두 이자로 간주된다(대부업법 제8조 제2항 본문). 다만 당해 거래의 체결과 변제에 관한 부대비용으로서 대통령령이 정한 사항은 그렇지 않다(대부업법 제8조 제2항 단서).

(2) 制限違反의 效果

대부업자가 제한을 위반하여 대부계약을 체결한 경우 제한이율을 초과하는 부분에 대한 이자계약은 무효이며(대부업법 제8조 제3항), 채무자가 그 초과부분에 대한 이자를 변제하였을 경우에는 그 초과 지급된 이자 상당금액은 원본에 충당되고, 원본에 충당되고 남은 금액이 있으면 그 반환을 청구할 수 있다(대부업법 제8조 제4항).

(3) 準 用

대부업자에 대한 이자의 규제는 대부업의 등록을 하지 않고 사실상 대부업을 영위하는 자에 대하여도 준용된다(대부업법 제11조; 이자제한법 제2조 제1항 및 대부업법 제8조 제2항부터 제5항까지의 규정이 준용된다).

(4) 有效期間

위와 같은 내용의 이자의 제한규정(동법 제8조, 제11조 제1항)은 2013년 12월 31일까지만 적용된다(대부업법 부칙(2009. 1. 13. 국회의결) 제2조 제1항).

第6節 選擇債權

사 례

A는 B와 매매계약을 체결하고 자신이 소유하고 있는 이조백자와 고려청자 각각 1점 중 B가 선택하는 것을 인도하기로 하고 3천만원을 수령하였으나 C가 4천만원을 제시하자 고려청자를 C에게 매도하였다. 이 경우에 있어서 A · B · C 사이의 법률관계는?

[중요논점]

Ⅰ. B의 A에 대한 채권의 성질

1. 선택채권인지의 여부 2. 선택채권의 특정방법

Ⅱ. B가 이조백자를 선택하는 경우의 법률관계

Ⅰ. 意 義

선택채권이란 수개의 서로 다른 급부가 선택적으로 채권의 목적이 되며, 선택에 의하여 그 중 하나가 급부의 목적으로 확정되는 채권이다. 그 수개의 급부는 각각 다른 개성을 가지고 또한 독립한 가치를 가진 것이어야 한다. 예를 들어 경마용 말 한 필을 사면서 매수인이 A마와 B마 중 한 마리를 선택하기로 하는 계약이다. 선택채권의 목적은 선택에 의하여 특정될 때까지 확정되지 않으며, 따라서 이행할 수 없고 또한 강제집행을 하지도 못한다. 그리고 선택채권은 선택적 급부를 목적으로 하는 하나의 채권이므로 채무자가 이행을 하려면 선택에 의하여 어느 하나의 급부로 특정되어야 한다. 따라서 선택채권에 있어서는 선택권자의 「선택」이 중요한 의미를 가진다. 또한 선택채권은 선택되기 전에는 특정물채권이 아니므로 채무자는 제374조의 보존의무를 부담하지 아니한다.

Ⅱ. 選擇債權과 類似한 債權

1. 條件附 債權

법률행위에 조건을 붙임으로써 선택채권과 비슷한 채권을 발생시킬 수 있다. 예를 들어, ① 여러 개의 채권간의 선택, ② 선택을 조건으로 하는 단순채권, ③ 수개의 급부 중에서 조건성취로 그 중 하나에 특정이 이루어지게 하는 경우 등이 있다. 그러나 이것이 선택채권과 다른 점은 ①은 수개의 채권이며, ②는 조건부 단순채권이며, ③은 선택이 아닌 조건이라는 사실에 의하여 특정이 이루어진다는 점이다.

2. 種類債權

선택채권은 채권의 목적이 특정되어 있지 않다는 점에서 종류채권과 같다. 그러나 선택채권에서 선택될 급부의 수는 확정되어 있고, 또한 각 급부의 개성이 중요시된다. 따라서 다른 급부가 모두 이행불능이 되면 잔존급부에 특정되게 된다. 또한 선택에는 소급효가 인정된다. 반면에 종류채권은 급부의 범위가 개별적으로 예정되어 있지 않으며 개성은 무시된다. 따라서 이행불능에 의한 특정은 이루어지지 않고 특정의 소급효도 없다. 다만 제한종류채권에서 제한범위가 좁은 때에는 선택채권에 접근한다.

Ⅲ. 選擇權의 發生要因

선택채권은 당사자의 법률행위로 발생하는 수가 있고(증여·매매·대차), 또는 법률의 규정에 의하여 발생하는 수도 있다(무권대리인의 책임: 제135조, 점유자의 유익비상환청구권: 제203조 제2항, 보증인의 사전구상에 대한 주채무자의 보호: 제443조 등). 선택채권을 발생시키는 목적은 채권자 또는 채무자의 편의를 위함이거나, 급부를 제3자의 공평하고 합리적인 판단에 맡기고자 하거나, 위험을 분산시키고자 하는 등에 있다(곽윤직 53면).

[판 례]

토지소유자가 1필 또는 수필의 토지 중 일정 면적의 소유권을 상대방에게 양도하기로 하는 계약을 체결한 경우, 상대방이 토지소유자에 대하여 구체적으로 어떠한 내용의 권리를 가지는지는 원칙적으로 당해 계약의 해석문제로 귀착되는 것이지만, 위치와 형상이 중요시되는 토지의 특성 등을 감안하여 볼 때 특별한 사정이 없는 한 위치가 특정된 일정 면적의 토지 소유권을 양도받을 수 있는 권리를 가지는 것으로 보아야 하고, 따라서 위와 같은 계약에서 양도받을 토지 위치가 확정되지 아니하였다면 상대방이 토지소유자에게 가지는 채권은 민법 제380조에서 정한 선택채권에 해당하는 것으로 보아야 한다(대판 2011. 6. 30, 2010다16090).

Ⅳ. 選擇債權의 特定

1. 特定의 意義

선택채권의 목적인 수개의 급부가 하나의 급부로 확정되는 것이 선택채권의 특정이다. 민법은 선택채권의 특정의 방법으로 선택권의 행사와 급부불능의 두 가지를 규정하고 있다. 그러나 계약자유의 원칙상 계약(합의)에 의한 특정도 가능하다.

2. 特定의 方法

(1) 選擇에 의한 特定

1) 選擇權 선택채권의 수개의 급부 가운데서 구체적으로 이행할 급부를 선정하는 의사표시가 선택이고 이 선택을 할 수 있는 법률상의 지위가 선택권이다. 선택권은 선택권자의 일방적인 의사표시에 의하여 채권의 내용이 변경되므로 일종의 형성권이다. 이러한 선택권은 일신전속권이 아니므로 상속·양도할 수 있으며 대리인에 의해서도 행사할 수 있다. 그리고 선택권의 양도는 당사자 사이의 특약이 없는 한 당연히 선택권의 이전을 수반한다.

2) 選擇權者 선택권자는 선택채권의 발생원인인 법률의 규정(제135조 제1항·제203조 제2항·제443조 등), 또는 법률행위에 의하여 정하여진다. 선택권자는 채권자·채무자는 물론이며 제3자라도 될 수 있다. 그런데 선택권자를 정하는 법률규정이나 당사자 사이의 특약이 없는 경우에는 채무자가 선택권자로 된다(제380조).

3) 選擇權의 移轉 선택권은 권리이지 의무가 아니므로 당사자 사이의 특약이 없는 한 선택권자에게 선택권의 행사를 강제할 수는 없다. 그러나 선택권자가 선택권을 행사하지 않으면 선택권이 없는 당사자에게 불이익을 주게 되므로, 민법은 일정한 경우에는 선택권이 당연히 타인에게 이전되는 것으로 정하고 있다.

(가) 當事者의 一方이 選擇權을 가지는 경우 이 경우에는 선택권의 행사기간이 정해져 있는지의 여부에 따라 차이가 있다. 즉 (i) 선택권행사의 기간이 정해져 있는 경우에는 선택권자가 그 기간 내에 행사하지 않으면 상대방은 상당한 기간을 정하여 최고할 수 있고, 그럼에도 불구하고 선택하지 않으면 선택권은 상대방에게 이전한다(제381조 제1항). 선택권을 행사하지 않은 이유는 묻지 않는다. 따라서 선택권자의 귀책사유를 필요로 하지 않는다. 반면에 (ii) 선택권행사의 기간이 정해져 있지 않는 경우에는 채권의 이행기가 도래한 후 상대방이 상당한 기간을 정하여 최고할 수 있고, 선택권자가 그 기간 내에 선택하지 않으면 역시 선택권은 상대방에게 이전한다(제381조 제2항).

(나) 第3者가 選擇權을 가지는 경우 이 경우에는 제3자가 선택할 수 있는지의 여부에 따라 다르다. 즉 (i) 선택권을 가진 제3자가 선택할 수 없는 경우에는 선택권은 상당한 기간을 정하여 최고함이 없이 당연히 채무자에게 이전하며(제384조 제1항), 변제기를 기다릴 필요가 없다. 그리고 (ii) 제3자가 선택할 수 있음에도 불구하고 선

택하지 않는 경우에는 채권자나 채무자는 상당한 기간을 정하여 최고할 수 있고 그 기간 내에 선택하지 않으면 선택권은 채무자에게 이전한다(제384조 제2항).

4) 選擇權의 行使 당사자 일방이 선택권을 가진 경우에는 선택은 상대방에 대한 의사표시에 의하여 행사할 수 있다(제382조 제1항). 한편 제3자가 선택하는 경우에는 선택권은 채권자 및 채무자 모두에 대한 의사표시로 행사하여야 한다(제383조 제1항). 선택의 의사표시는 수령을 필요로 하는 일방적 의사표시이며, 상대방에게 도달한 때 효력이 발생한다(제111조). 상대방이 수인인 경우에는 선택의 효력은 최후에 도달한 의사표시의 도달시에 발생하는 것으로 볼 것이다. 그리고 일단 그 효력이 발생한 때에는 상대방의 동의가 없으면 이를 철회하지 못한다(제382조 제2항). 선택권자가 의사표시를 철회한다면 상대방에게 불이익이 발생할 수 있기 때문이다. 판례는 선택권자가 선택의 의사표시를 한 뒤라도 상대방의 방해행위 등으로 선택의 목적을 달성할 수 없는 경우와 같이 특별한 사정이 있으면 상대방의 동의 없이도 그 의사표시를 철회하고 새로운 선택을 할 수 있다고 한다(대판 1972. 7. 11, 70다877). 제3자가 선택의 의사표시를 한 때에는 채권자 및 채무자 쌍방의 동의가 없으면 철회하지 못한다(제383조 제2항). 선택의 의사표시에는 의사표시에 관한 일반규정이 적용되어 착오나 사기 · 강박에 의한 선택의 의사표시는 취소할 수 있다(제109조 · 제110조 참조). 그리고 선택은 일방적 의사표시이므로 원칙적으로 조건과 기한을 붙일 수 없다.

5) 選擇의 效果

(가) 單純債權으로의 變化 선택에 의하여 채권의 목적은 하나의 급부로 특정되고 선택채권은 그 특정된 급부를 목적으로 하는 단순채권으로 변한다. 즉 선택된 급부가 특정물이면 특정물채권이 되고 종류물이면 종류채권이 되며, 금전이면 금전채권이 된다. 따라서 종류채권이 선택된 때에는 종류채권으로서 다시 특정을 필요로 한다.

(나) 選擇의 遡及效 선택은 채권이 발생한 때에 소급하여 그 효력이 생긴다(제386조). 그러므로 선택권자가 특정물을 선택한 경우에는 채무자는 채권발생시부터 선관주의의무를 부담하는 것으로 된다. 그리고 후발적 불능인 급부를 선택한 경우에는 채권은 처음부터 그에 대하여 성립한 것으로 되어 채무불이행 · 위험부담 등의 법리가 적용된다. 한편 민법은 선택의 소급효는 제3자의 권리를 해하지 못한다고 규정한다(제386조 단서). 그러나 선택채권이 발생한 후 선택이 있기까지의 사이에 선택된 급부의 목적물에 관하여 제3자가 채권을 취득한 경우에는 채권자평등의 원칙에 의하

여 채권자의 채권과 병존할 뿐이므로 선택의 소급효로 제3자의 권리를 해하지 못하며, 또한 제3자가 선택된 물건에 대하여 물권을 취득한 경우에는 제3자가 물권자로서 채권자에 우선하므로 역시 제3자의 권리를 해하지 못한다. 따라서 본조 단서의 규정은 물권변동에 관하여 대항요건을 취하고 있던 구민법(제411조)을 그대로 답습한 것으로서 성립요건주의를 취하는 현행민법에서는 무의미한 것이다.

(다) 선택채권의 소멸시효의 기산점 선택채권은 선택권을 행사할 수 있는 때(현실로 행사한 때가 아니다)부터 소멸시효가 진행한다(대판 1965. 8. 24, 64다1156). 따라서 채무자가 선택권을 가졌으나 행사하지 아니하는 때에는 채권자는 상당한 기간을 정하여 그 선택을 최고할 수 있고, 최고하여도 선택하지 아니할 때에는 채권자가 선택할 수 있으므로(제381조), 이 경우 선택채권의 소멸시효의 기산점은 채무자가 선택권을 행사할 수 있는 때로부터 상당한 기간이 경과한 때로 보아야 한다.

[판 례]

매립사업자가 매립공사 준공등기 후 매립지 중 일부를 즉시 양도하기로 약정하였으나 그 선택권의 소재에 관하여 약정이 없었던 경우, 매립지에 대한 매립사업자 명의의 소유권보존등기가 경료되고 도시계획결정 및 지적고시가 이루어져 그 소유토지의 위치와 면적이 확정된 때로부터 매립사업자의 선택권 행사에 필요한 상당한 기간이 경과한 날로부터 양수인의 소유권이전등기청구권의 소멸시효가 진행된다(대판 2000. 5. 12, 98다23195).

(2) 給付不能에 의한 特定

민법은 제385조에서 급부불능에 의한 특정을 규율하고 있다. 동조 제1항에서는 원시적 불능과 후발적 불능의 경우에 대하여 잔존급부에 특정된다는 원칙을 규정하고 있다. 그리고 동조 제2항에서는 후발적 불능 가운데 선택권이 없는 당사자의 과실에 의하여 불능이 생긴 경우에 대하여 예외를 인정하고 있다.

1) 原始的 不能의 경우 수개의 급부 가운데 채권이 성립할 당시부터 원시적으로 불능한 것이 있는 때에는 채권은 잔존하는 급부에 존재하게 된다(제385조 제1항). 즉 잔존급부에 특정이 이루어진다. 따라서 잔존하는 급부가 하나뿐이면 처음부터 단순채권으로 성립하고, 그것이 두 개 이상이면 선택채권이 성립한다.

2) 後發的 不能의 경우 민법은 후발적 불능의 경우에는 다시 선택권 없는 당사자의 과실로 불능으로 된 때와 그렇지 않은 때를 다르게 규정하고 있다.

(가) 選擇權 없는 當事者의 過失로 인한 경우 선택채권의 존속에 영향을

주지 않는다(제385조 제2항). 즉 잔존하는 급부가 하나뿐이라도 특정은 생기지 않는다. 따라서 선택권자는 불능으로 된 급부를 선택할 수도 있다. (i) 채권자가 선택권자이면 채무자의 과실로 인하여 불능으로 된 급부를 선택하여 채무자에게 책임 있는 이행불능으로 인한 손해배상을 청구할 수 있다. (ii) 채무자가 선택권자이면 채권자의 과실로 불능으로 된 급부를 선택하여 채무자에게 책임 없는 이행불능으로서 채무를 면할 수 있다. 이 경우에 불능으로 된 급부를 선택할 수 있도록 하는 것은 제386조에서 규정한 선택의 소급효이다. 선택의 소급효가 인정되면 불능으로 된 급부를 선택한 경우에 그 선택은 채권이 발생한 때에 소급하므로, 현재는 불능이지만 채권발생시에 가능하였던 급부가 선택될 수 있기 때문이다. 즉 선택의 소급효의 적용으로 후발적 불능으로 된 급부도 불능에 의하여 특정되지 않는 한 아직 이를 선택할 수 있게 된다. 채무자가 잔존급부를 이행한 경우에는 불능이 된 급부에 관하여 손해배상을 청구할 수 있다.

(나) 選擇權 있는 當事者의 過失 또는 當事者 雙方이 無過失인 경우 채권은 잔존하는 급부에 관하여 존재한다(제385조 제1항). 따라서 잔존하는 급부가 하나뿐이면 채권은 그 급부에 특정하는 것이 된다. 선택권 있는 채권자의 과실로 급부가 불능으로 된 경우에는 채무자는 잔존급부의 이행과 함께 그 채권자에 대해서 손해배상을 청구할 수 있고 선택권을 가진 채무자의 과실이면 채권자는 잔존급부만을 청구할 수 있다.

(다) 當事者의 共同過失로 不能으로 된 경우 잔존급부에 관하여 채권은 존재하는 것으로 해석한다(제385조 제1항 참조). 이 경우에는 쌍방에게 과실이 있으므로 어느 일방에게만 책임을 물을 수 없고, 또한 후발적 불능이 발생한 때는 제385조 제1항이 적용되지 않으면 제2항이 적용되어야 하기 때문이다.

(라) 제3자가 選擇權者인 경우 채권자의 과실로 급부가 불능으로 된 경우에 제3자가 불능이 된 급부를 선택하면 채무자는 채무를 면하고 잔존급부를 선택하면 채무자는 그 이행과 함께 채권자에게 손해배상을 청구할 수 있다. 한편 채무자의 과실로 인하여 급부가 불능으로 된 경우에 제3자가 불능으로 된 급부를 선택하면 채무자는 손해배상의무를 부담하고, 잔존급부를 선택하면 채무자는 이를 이행하여야 한다(김용한 80면; 김기선 95면).

3) 非遡及效 급부불능에 의한 특정의 효력은 장래에 향해서만 발생할 뿐 선택권행사에 의한 특정의 경우와는 달리 소급효가 없다(통설. 반대: 송덕수 74면). 소급효를 인정하

는 특별한 규정이 없기 때문이다.

| 선택채권과 종류채권의 차이 |

구 분		선택채권	종류채권
목적물의 개성		중요시됨	중요시되지 않음
선택권		선택권행사	지정권의 행사와 목적물의 분리
목적물의 지정	**특정의 방법**	① 선택권자의 선택권행사에 의하여 특정 ② 급부 중 일부가 불능인 경우에도 특정됨(제380조 · 제385조)	① 채무자가 이행에 필요한 행위를 완료한 때 ② 채권자의 동의를 얻어 지정한 때(제375조 제2항)
목적물의 특정효과	**일반적 효과**	단순채권화	특정물채권화
	변경권과 철회권	① 상대방의 동의 있어야 철회가능(제382조 제2항) ② 제3자가 선택권자이면 채무자 · 채권자 쌍방이 동의하여야 철회 가능(제383조 제2항)	채무자의 변경권 인정
	소급효	① 선택권의 행사에 의한 특정: 있음 ② 급부불능에 의한 특정: 없음	없음(개성이 없고, 목적인 종류에 속하는 물건은 모두 동일한 가치를 가지므로 이행불능에 의한 특정이 생기지 않음)
채무이행의 해태		당연히 강제집행할 수 없음 (선택절차를 밟지 않으면 안 됨)	강제집행 가능

사례해설

I. B의 A에 대한 채권의 성질

1. 선택채권인지의 여부

선택채권이라 함은 채권의 목적이 수개의 급부 중에서 선택적으로 정하여지는 채권이다. 그 수개의 급부는 각각 다른 개성을 가지고 또한 독립한 가치를 가진 것이어야 하는데, 사안의 경우 이조백자와 고려청자는 각기 다른 개성을 가지며, 하나만이 선택될 관계이므로 선택채권에 해당된다.

2. 선택채권의 특정방법

선택채권은 특정을 통하여 단순채권으로 변경되어야만 이행이 가능하며, 특정된 단순채권이 종류채권이면 다시 종류채권으로서의 특정과정을 거쳐야 한다. 선택채권은 선택권자의 선택권행사에 의하거나 급부의 불능(원시적 불능 또는 선택권 없는 자의 과실에 의하지 않은 후발적 불능)에 의하여 특정된다. 사안의 경우 선택권 없는 A의 과실로 고려청자에 대한 이행이 후발적으로 불능으로 되었으므로 아직 채권의 목적이 특정되지 않았으며 B는 자유롭게 선택권을 행사할 수 있다. 선택의 효력은 그 채권이 발생한 때에 소급한다(제386조 본문).

II. B가 이조백자를 선택하는 경우의 법률관계

B가 이조백자를 선택하면 처음부터 이조백자가 매매의 목적물인 것으로 인정되며, A는 B에게 이조백자의 인도의무를 부담하고 이로써 당사자들은 이해의 충돌 없이 각자의 목적을 달성하게 되어 복잡한 법률문제도 발생하지 않는다.

III. B가 고려청자를 선택하는 경우의 법률관계

1. 고려청자의 소유권귀속

선택권행사의 소급효로 인하여 고려청자가 처음부터 매매목적물로 인정되어도 B는 C와 동등한 채권자의 지위를 갖는 것에 불과하며(채권자평등의 원칙), 먼저 고려청자를 인도받은 B가 고려청자의 소유권자가 된다(제188조 제1항).

2. A의 채무불이행책임

A는 B에게 이행불능책임을 부담하며, 그 효과로써 B에게 계약해제권 · 손해배상청구권이 인정된다. B가 계약을 해제하면 A는 3천만원을 받은 날로부터의 이자를 가산하여 대금을 반환하여야 한다(제548조 제2항). 대상청구권을 인정하는 다수의 견해에 의하면 B는 자신이 지급한 매매대금을 반환받는 대신 A가 지급받은 4천만원(단, 초과수익에 대해서 견해대립이 있음—불완전이행부분 참고)의 반환을 청구할 수 있게 된다.

3. 제3자 C의 채권침해

C와 B 사이에는 계약관계가 없으므로 채무불이행은 문제되지 않고, 고려청자의 이중매수행위도 자유경쟁의 소산으로서 위법성이 없으므로 B에 대한 불법행위가 성립되지 않는다. 다만 제3자 C가 A의 배임행위에 적극적으로 조장 · 가담했다는 사정이 있으면 B에게 손해배상책임을 부담한다(제750조).

第7節 任意債權

I. 意　義

임의채권이란 채권의 목적은 하나의 급부에 특정되어 있으나, 채권자 또는 채무자가 다른 급부로써 본래의 급부에 갈음할 수 있는 권리(대용권 · 보충권)를 가지고 있는 채권이다. 이 경우에 본래의 급부에 갈음되는 다른 급부는 확정된 내용의 것이라야 한다. 예를 들어 건물 1동을 매도하기로 약정하면서 건물의 매도가 불가능하게 되면 시세에 의하여 건물 대신 토지를 매도해도 좋다고 하는 경우, 또는 여행에 초대하지만 불참일 때에는 여행경비에 갈음하는 10만원을 지급하겠다는 계약 등이다. 임의채권에 관하여는 민법상 규정이 없다.

Ⅱ. 選擇債權과의 差異

임의채권의 목적이 되는 것은 본래의 급부이고 대용급부는 보충적 지위를 가지나 선택채권의 경우에는 선택 전까지는 수개의 급부가 동등한 지위를 가지고 병존한다. 또한 임의채권에서는 본래의 급부는 언제나 유효하게 존재하여야 하므로 본래의 급부가 원시적 불능인 경우에는 임의채권은 성립하지 않으며 본래의 급부가 채무자의 귀책사유 없는 후발적 불능이 되면 대용급부가 가능하더라도 임의채권은 소멸한다. 다만 본래의 급부가 채무자의 귀책사유로 인하여 이행불능이 된 경우에는 임의채권은 손해배상채권으로 변하여 존속하게 되므로 소멸하지 않는다. 이에 대하여 선택채권에서는 수개의 급부 중 일부가 불능이 되면 특정의 문제가 발생하게 될 뿐이다. 그리고 임의채권에서의 채무자의 대용권은 의사표시만으로는 행사할 수 없고 현실로 대용급부를 제공해야만 유효하다. 그러나 선택채권에서는 선택의 의사표시만으로 특정이 이루어지고, 또한 소급효가 인정된다.

Ⅲ. 發生原因

임의채권은 법률행위에 의하여 발생하는 것이 보통이나 법률의 규정에 의하여 발생하는 경우도 있다. 법률의 규정에 의하여 발생하는 경우로는 전세권자의 경매청구권(제318조)·외화채권(제378조)·주채무자의 면책청구(제443조)·대물반환의 예약(제607조)·명예훼손의 특칙(제764조) 등이 있다.

Ⅳ. 代用權者

대용권을 갖는 자는 채무자(제378조)·주채무자(제443조), 피해자(제764조) 등과 같이 법률의 규정으로 지정될 수 있고, 당사자의 약정으로 지정될 수 있다. 그러나 당사자의 의사가 명백하지 않은 경우에는 채무자가 대용권을 가지는 것으로 해석한다. 본래의 급부와 대용급부는 대체로 동등한 가치를 가지고 있으므로 어느 것을 급부하느냐는 채권자에게 그다지 이해관계가 있는 것이 아니기 때문이다.

대용권이 없는 채권자는 본래의 급부만을 청구할 수 있고, 대용급부를 청구할 수 없다. 다만 외화채권에서는 채무자가 우리나라 통화로 대용급부를 할 수 있는 외에 채권자도 대용급부를 청구할 수 있는 것으로 본다(대판[전합] 1991. 3. 12, 90다2147).

대용권 없는 채무자는 본래의 급부를 이행할 수 있을 뿐, 대용급부의 수령을 강요하거나 또는 이에 기하여 상계의 주장 등을 할 수 없다.

V. 代用權行使의 效果

1. 債務者가 代用權者인 경우

채무자가 대용권자인 경우에는 채권자는 대용권이 없으므로 본래의 급부만을 청구할 수 있을 뿐이다. 채무자의 대용급부의 의사표시만으로 대용급부가 급부의 목적물로 특정되는 것은 아니고, 실제로 대용급부가 행하여져야 하므로 채무자가 대용급부를 현실로 이행하기 전까지는 대용급부가 이행불능이 되었더라도 채무자의 본래의 급부의무는 소멸하지 않는다. 이 점에서 여타의 형성권과 차이가 있다. 그러나 채무자에게 책임 없는 사유로 원래의 급부가 불능으로 되면 채무자는 대용급부가 가능하더라도 채무를 면한다. 한편 대용권을 행사하기 전에 채권자의 귀책사유로 대용급부가 불능이 되면 채무자는 대용급부로서 본래의 급부에 갈음한다는 의사표시에 의하여 본래의 급부를 면할 수 있다. 다만 대용급부가 채무자의 귀책사유 또는 불가항력에 의하여 불능으로 된 때에는 신의칙상 채무자는 대용권을 상실한다고 할 것이다.

그러나 대용권을 행사한(대용급부를 제공한) 후에는 채권자의 수령 전에 본래의 급부가 채무자의 책임 없는 사유로 불능이 되더라도 채무자는 대용급부의무를 면할 수 없다고 할 것이다. 다만 채무자가 대용급부를 제공하여 채권자를 수령지체에 빠뜨린 후에 채무자에게 책임 없는 사유로 대용급부가 불능으로 된 경우에는 채무자는 본래의 급부의무를 면한다고 할 것이다.

2. 債權者가 代用權者인 경우

계약 또는 법률의 규정에 의하여 채권자도 대용권을 가질 수 있다. 채권자가 대용권을 가지는 경우에는 채무자는 채권자가 대용권을 행사하지 않고 있는 동안에 본래의 급부를 제공할 수 있으며, 따라서 급부를 제공하여 채권자를 수령지체에 빠뜨릴 수 있다. 채무자의 책임 없는 사유로 본래의 급부가 불능으로 된 경우에는 채무자는 채무를 면하며, 채권자가 대용권을 이미 행사한 때를 제외하고 대용급부를 제공할 필요가 없다. 대용권은 본래의 급부의무의 소멸로 인하여 소멸하기 때문이다. 그러나 채권자가 대용청구의 의사표시를 한 때에는 본래의 급부는 대용급부로 변한다. 따라서 그 시점 이후부터는 본래의 급부가 채무자의 귀책사유 없이 이행불능이 되더라도 채무자는 대용급부의무를 면할 수 없다. 예를 들어 A가 자기가 소유하는 노트북 컴퓨터를 B에게 증여하기로 약속하면서 형편이 맞지 않으면 그에 갈음하여 200만원을 지급하기로 하였는데 노트북 컴퓨터가 바이러스에 감염되어 전혀 작동이 되지 않는 경우에 채무자 A에게 귀책사유가 있으면 채권자 B는 대용권이 없기 때문에 대용급부를 청구할 수 없으며, 단지 채무불이행으로 인한 손해배상청구권만 갖게 된다. 그리고 A에게 귀책사유가 없다면 B는 아무런 청구권도 행사할 수 없다.

제3장

債權의 效力

第1節 總　　說

第1項 債權의 基本的 效力

채권의 효력은 채권의 내용을 실현하기 위하여 법에 의하여 채권자에게 주어진 권능이나 권한이며, 또한 채권의 존립을 보장하는 법적 보호의 제도적 수단이라고 할 수 있다. 채권의 효력은 대내적 효력 · 대외적 효력 · 책임재산보전의 효력의 세 가지로 나누어진다. 대내적 효력은 청구력 · 실현강제력(소구력 · 집행력) · 급부보유력을 포함하고 있으며, 대외적 효력은 제3자에 의한 불법한 침해에 대한 효력이다. 그리고 책임재산보전의 효력은 채권자대위권 · 채권자취소권을 가리킨다.

I. 債權의 對內的 效力

채권자와 채무자 사이에 인정되는 효력을 채권의 대내적 효력이라고 한다. 채권의 대내적 효력에는 청구력 · 실현강제력 · 급부보유력이 있다.

1. 請求力과 給付保有力

채권은 채권자가 채무자에 대하여 일정한 행위(급부)를 청구할 수 있는 권리이므로 채권에는 당연히 일정한 행위를 청구할 수 있는 효력, 즉 청구력이 있다. 여기서 청구할 수 있다는 의미는 재판외의 청구를 의미한다. 재판상의 청구는 소구력의 문제로 다룸이 바람직하기 때문이다. 채권의 청구력은 계약상의 본래의 급부뿐만 아니라 채무불이행으로 인한 손해배상청구에도 인정된다. 또한 채권에는 채무자의 급부가 있는 경우에 그것을 수령하면 적법하게 보유할 수 있는 효력, 즉 급부보유력이 있다. 급부가 행하여진 후의 효력인 급부보유력은 급부가 있기 전의 청구력에 의하여 발생하기 때문에 양자는 표리의 관계에 있다고 할 수 있다. 이러한 청구력과 급부보유력은 채권의 기본적 효력 내지 최소한도의 효력으로서 채권자가 이러한 효력만 갖추고 있으면 자연채무와 같이 실현강제력을 가지고 있지 않더라도 법률상의 채권이라고 할 수 있다. 자연채무와 책임 없는 채무 등이 그 예에 속한다.

2. 實現强制力

채무자가 채무를 스스로 이행하지 않는 경우에 법률은 원칙적으로 채권에 채무(손해배상채무 포함)의 내용을 강제로 실현시키는 힘을 부여하고 있는데, 그러한 힘을 실현강제력이라고 한다. 이러한 실현강제력에는 소구력과 집행력이 포함되고 있다.

(1) 訴求力

채권의 소구력은 이행판결을 구하는 訴, 즉 이행의 소를 제기할 수 있는 효력이다. 채권의 소구력은 청구력과는 달리 원칙적으로 이행기가 도래한 때 인정된다. 채무자의 책임 있는 사유로 이행지체를 한 경우에는 본래의 급부와 함께 지연배상을 청구할 수 있지만, 일정한 요건하에 이행에 갈음하는 손해배상청구도 할 수 있다. 채권자가 얻은 이행판결은 강제집행의 전제인 집행권원이 된다.

(2) 執行力

채무자가 채무를 이행하지 않은 경우에 채권자가 채무명의를 얻어 채무자의 재산에 강제집행을 할 수 있는 효력이 집행력이다. 여기서 강제집행이라 함은 채권자의 신청에 의하여 국가의 집행기관이 채권자를 위하여 집행권원에 표시된 사법상의 이행청구권을 국가권력에 기하여 강제로 실현하는 법적 절차이다. 강제집행의 방법에는 직접강제 · 대체집행 · 간접강제가 있다.

Ⅱ. 債權의 對外的 效力

재산권으로서 채권을 제3자가 침해하는 경우에 채권자에게 주어질 수 있는 법적 보호(손해배상청구권 · 방해배제청구권)를 의미한다(통설).

Ⅲ. 責任財産保全의 效力

채무자가 채무를 이행하지 않을 경우에 궁극적으로 채권의 만족을 보장하는 것은 채무자의 일반재산이다. 따라서 민법은 채무자의 책임재산을 유지 · 보전하기 위하여 채권자에게 채권자대위권(제404조·제405조)과 채권자취소권(제406조·제407조)을 부여하고 있다.

Ⅳ. 債權者遲滯

채무의 이행에 채권자의 협력의무를 인정하여 채권자가 이 의무를 위반하면 채권자지체 또는 수령지체가 되어 채무자의 책임이 경감된다. 따라서 채무불이행에 의한 채권의 효력이 약해지는 채권자지체는 소극적인 의미에서는 채권의 효력이 될 수 있다.

第2項 不完全債務

채권자는 채무자가 임의로 채무를 이행하지 않는 경우에 원칙적으로 국가의 조력을 받을 수 있다. 즉 소송으로써 그 이행을 청구하고(訴求力), 그 이행판결에 기초하여 강제집행을 하는 것(執行力)이다. 그런데 채권자에게 그러한 효력이 인정되지 않는 예외적인 경우가 있는데, 이를 불완전채무라고 한다. 그러나 불완전채무는 청구력과 급부보유력을 가지므로 채권자는 급부를 청구할 수 있고 채무자가 임의로 이행하면 그것은 유효한 변제로 된다. 이러한 불완전채무에는 일반적으로 채권이 가지고 있는 속성 중에서 소구력과 집행력이 모두 없는 자연채무와, 소구력은 있으나 집행력이 없는 책임 없는 채무가 있다.

Ⅰ. 自然債務

1. 意 義

자연채무란 채무로서 성립하고 있지만 채무자가 임의로 이행하지 않는 경우에 채권자가 그 이행이나 손해배상을 訴求할 수 없는 채무를 말한다. 따라서 자연채무는 소구력을 전제로 하는 집행력을 갖지 못한다. 프랑스민법 제1235조 제2항은 비채변제와 관련하여 자연채무의 관념을 인정하고 있다. 즉 동조는 「임의로 이행한 자연채무에 대하여는 반환의 청구를 인정하지 아니한다」고 규정하고 있다. 우리 민법과 독일민법은 자연채무에 관한 아무런 규정이 없으나, 학설은 대체로(양창수, 반대견해, "자연채무 · 채무와 책임", 월간고시, 1992년 5월호) 자연채무의 관념을 인정하고 있다. 다만 자연채무의 범위에 관해서 다툼이 있다. 이러한 자연채무는 로마법의 엄격한 형식주의적 소권법체계에서 유래한 것으로서, 소권법체계가 실체법 중심으로 전환되어 실체법상의 모든 채권이 원칙적으로 소구가능성이 있는 것으로 구성되어 있는 근대 사법체계에서 자연채무는 예외적인 현상일 뿐이다.

❙ 자연채무의 개념에 관한 견해 ❙

1. 學 說

(1) 협의설 자연채무가 성립하기 위해서는 채무가 법률상의 채무 내지는 법률적으로 의의 있는 채무이어야 한다는 견해이다(곽윤직 61면; 김용한 93면; 김상용 80면; 김증한/김학동 61면). 따라서 자연채무가 성립되기 위해서는 이행한 급부의 반환청구가 배제된다는 것만으로는 부족하고, 그 채무가 대물변제의 예약 · 경개 · 준소비대차의 기초가 되거나 상계의 자동채권으로 삼을 수 있고, 담보가 유효하게 성립할 수 있는 등의 어떤 법률적 의의를 가지는 것이 필요하다고 한다.

(2) 광의설 자연채무의 채무는 법률상의 채무에 한정되지 않으며, 비법률적인 규범인 도의상의 의무나 사회질서위반으로 인한 채무에 있어서도 임의의 급부가 있는 경우에 그 반환청구가 인정되지 않는 것이면 자연채무의 관념이 인정될 수 있다는 견해이다(김기선 44면; 이태재 48면; 황적인 39면). 이 견해에 의하면 ① 소멸시효가 완성된 채무, ② 불법원인급여, ③ 사무관리의 보수청구권, ④ 이자제한법상의 제한이율초과의 이자채무 등도 자연채무에 포함된다.

(3) 절충설 반사회적 행위로 인한 자연채무는 인정하지만(이 점에서는 협의설보다 넓다), 도의적 의무와 불법원인급여에서의 이득반환청구는 배제하는(이 점에서는 광의설보다 좁다) 견해이다(이은영 48면).

2. 私 見 일반적으로 자연채무의 관념이 인정되고 있으므로 그 채무는 적어도 어떠한 법률적 의의가 있는 것이어야만 한다. 따라서 협의설이 타당하다고 할 것이다.

2. 自然債務가 問題되는 具體的인 경우

(1) 約婚에 의한 婚姻締結義務

민법 제803조는「약혼은 강제이행을 청구하지 못한다」고 규정하고 있다. 이에 관하여 학설은 (i) 강제이행을 소제기를 포함하는 넓은 의미로 인식하여 약혼에 의한 혼인체결의무를 자연채무로 보는 견해(곽윤직 62면), (ii) 강제이행을 좁은 의미로 인식하여 강제집행의 의미로 새겨 이것을 자연채무가 아닌 것으로 보는 견해(송덕수 20면)가 대립한다. 생각건대, 약혼에 따른 혼인체결의무를 자연채무라고 할 수는 없다. 약혼에 따른 혼인체결의무는 그 강제이행청구를 제803조가 금지하고 있으므로 일응 자연채무의 일종으로 파악할 여지가 있다. 그러나 이는 혼인체결의무의 1차적 급부 실현의 강제이행이 금지될 뿐이고, 그 급부의 실현 여부를 오로지 채무자의 자유로운 의사에 맡겨두기 위한 것은 아니다. 혼인체결의무 위반에 따른 손해배상청구는 소송을 통하여 얼마든지 실현이 가능하므로 약혼에 따른 혼인체결의무를 자연채무로 보는 것은 무리가 있다. 또한 만약, 약혼에 따른 혼인체결의무를 자연채무로 이해하게 되면, 일신전속적 급부를 내용으로 하는 채무로서 간접강제를 포함하여 강제이행이 적합하지 않은 채무는 모두 자연채무에 해당한다는 결론에 이르게 된다. 가령, 창작자가 어떠한 창작물을 제공하기로 하는 채무 등도 자연채무에 해당한다고 보아야 하는데, 이는 부당하고 자연채무를 논의하는 실익에도 부합하지 않는다.

더구나 영미법에서는 원칙적으로 특정이행(characteristic performance) 청구를 원칙적으로 금지하고, 손해배상청구만을 허용하고 있는데, 영미법상 특정한 급부를 내용으로 하는 채무가 모두 자연채무라고 보는 것은 타당하지 않다. 결국, 약혼에 따른 혼인체결의무는 법률상 완전한 채무이지만, 채무의 속성에 비추어 강제이행이 제한되는 채무로 이해하여야 하며, 따라서 이를 자연채무라고 할 수는 없다.

(2) 消滅時效가 완성된 債務

소멸시효가 완성된 채무는 소멸시효완성의 효과에 관하여 절대적 소멸설을 취하든 상대적 소멸설을 취하든 자연채무의 관념을 인정할 수 없다. 즉 다수설인 절대적 소멸설에 의하면 시효의 완성으로 채무는 당연히 소멸하므로 자연채무를 인정할 수 없고, 상대적 소멸설의 입장에서도 채무자의 원용이 있기 전에는 여전히 유효한 채무이고, 반대로 채무자의 시효완성의 원용이 있으면 채무가 소멸하게 되므로 자연채무의 관념을 인정할 수 없다.

그런데 절대적 소멸설을 취하면서 소멸시효가 완성된 사실을 채무자가 모르고 변제한 경우에 자연채무의 관념을 인정하려는 견해가 있다(현승종 89면). 그 근거로서 소멸시효가 완성된 채권이 그 완성 전에 상계할 수 있었던 것이면 그 채권자는 상계할 수 있다(제495조)는 점과 시효가 완성된 채무를 채무자가 알면서 변제하면 비채변제(제742조·제744조)로서 그 반환을 청구할 수 없다는 점을 들고 있다. 그러나 상계에 관한 제495조는 상계적상에 있는 채권자 사이의 채권관계에 대한 법정책적 규정이며, 비채변제는 어디까지나 채무가 없는 경우의 변제로서 채무는 존재하지만 소구가능성만 지니지 않는 자연채무와는 다르다고 할 것이므로 절대적 소멸설에 의해서도 자연채무의 관념을 인정할 수 없다고 할 것이다.

(3) 不法原因給與

민법 제746조는 불법의 원인으로 인하여 재산을 급여하거나 노무를 제공한 때에는 그 이익의 반환을 청구하지 못한다고 규정하고 있다. 반사회질서행위는 무효이므로(제103조 참조) 그러한 행위에 기하여 부담하였던 채무는 이행할 필요가 없고, 또한 만약 이행하였다면 비채변제로서 채무자는 그 반환을 청구할 수 있다. 그럼에도 불구하고 제746조를 둔 것은 스스로 반사회질서행위를 한 자가 그것을 이유로 행위결과를 복구하려 할 때 법이 그 협력을 거절한다는 것을 입법정책적으로 고려하였을 뿐이므로 이를 자연채무로 인정한 것은 아니다(다수설. 곽윤직 57면; 김용한 96면; 김형배 123면; 김상용 82면 등). 그러나 불법원인급여의 경우에 수익자가 급부자에게 이행의 소구는 할 수 없지만 임의로 이행하면 제746조에 의하여 반환청구를 할 수 없으므로 자연채무라고 하는 견해(현승종 89면; 김용한 42면)도 있다.

구 이자제한법하에서는 제한이율을 넘는 이자채무가 자연채무인가에 대하여 견해가 대립하였다. 그러나 새로운 이자제한법(동법 제2조 제4항)과 대부업 등의 등록 및 금융이용자보호에 관한 법률(동법 제8조 제3항)은 채무자가 제한초과이자를 임의로 지급한 경우에도 반환청구를 할 수 있다고 명문으로 규정함으로써 자연채무인가의 여부에 관한 논란은 그 여지가 없게 되었다.

(4) 事務管理에서의 報酬支給義務

사무관리에 있어서 관리자에게는 비용상환청구권만이 인정될 뿐이고(제739조), 보수청구권은 인정되지 않는다. 그런데 만일 본인이 도의상 관리자에게 보수를 지급하였다면 본인은 비채변제로서 그 반환을 청구하지 못하게 되어 자연채무의 관념이 인정된다는 견해(현승종 91면)와 이와 같은 '도의상의 의무'에 대해서는 자연채무가 성립될 수 없다는 견해(곽윤직 63면; 김용한 97면; 송덕수 21면)가 대립한다. 그러나 그것은 도의상의 의무에도 자연채무가 성립할 수 있는가에 대한 관념상의 문제일 뿐, 자연채무에 관한 논의의 실익은 없다고 할 것이다.

(5) 勝訴의 終局判決 후에 債權者가 訴를 取下한 경우의 債務

채권자가 종국판결에 의하여 승소하였으므로 채무는 존재한다. 그러나 채권자가 본안에 대한 종국판결이 있은 후 소를 취하하면 다시 동일한 소를 제기할 수 없으므로(민소법 제267조 제2항), 승소판결을 받은 채권은 그 자체가 소멸하지는 않으나 소구력이 없는 전형적인 자연채무가 존재하게 된다.

(6) 債權은 存在하는데 債權者의 敗訴判決이 確定된 경우의 債務

채권이 존재한다는 증거는 있으나, 그 증거를 제출하지 않았거나 또는 기타 소송수행에 있어서의 잘못(예: 변론기일에 불출석하여 자백으로 의제되는 때(민소법 제150조 제3항 본문))으로 채권자의 패소판결이 확정되는 경우가 있다. 이러한 경우에는 재심의 소(민소법 제451조)가 허용되지 않는 한 판결의 기판력으로 재소를 제기하지 못한다. 이에 관하여 학설은 (i) 그 판결에 의하여 채권 자체가 완전히 소멸되는 것은 아니고, 또 이에 대하여 임의변제 · 경개 · 담보설정은 할 수 있으므로 자연채무에 해당된다는 견해(다수설. 곽윤직 64면; 김형배 125면; 김상용 81면; 송덕수 21면)와 (ii) 도의상의 의무에 불과할 뿐 자연채무가 아니라는 견해(김용한 98면; 장경학 95면; 김증한/김학동 64면)가 대립한다. 생각건대 자연채무를 인정하는 (i)설이 타당하다고 할 것이다.

(7) 破産節次나 개인회생절차에서 免責된 債務 및 개인회생절차에서 一部免除된 債務

파산자가 파산절차나 개인회생절차에 있어서 면책되거나(채무자 회생 및 파산에 관한 법률 제566조 · 제625조 제2항) 또는 개인회생절차에서 일부 면제된 경우(동법 제251조)에도 면책 및 면제의 효력은 파산자의 보증인이나 물상보증인에 대해서는 미치지 않는다(동법 제567조 · 제625조 제3항). 따라서 보증인은 여전히 채무의 전액에 대하여 보증채무를 부담하며, 물상보증인도 물적 담보의 한도에서 책임이 그대로 존속한다. 이 경우에 채무자의 채무는 자연채무로서 그대로 존속한다. 판례도 이를 자연채무로 보고 있다(대판 2001. 7. 24, 2001다3122).

[판 례]

회사정리법 제241조는 정리계획의 인가가 있는 때에는 계획의 규정 또는 같은 법의 규정에 의하여 인정된 권리를 제외하고 회사는 모든 정리채권과 정리담보권에 관하여 그 책임을 면한다고 규정하고 있는바, 여기서 말하는 면책이라 함은 채무 자체는 존속하지만 회사에 대하여 이행을 강제할 수 없다는 의미라고 봄이 상당하다(대판 2001. 7. 24, 2001다3122).

(8) 不提訴의 合意가 붙은 債務

채권의 당사자는 채권에 관하여 소를 제기하지 않기로 합의를 할 수 있는데(피해자가 민·형사상 일체의 청구를 포기한다는 내용의 각서를 씀으로써 소권을 포기한다), 그러한 합의는 채권을 발생시키는 계약 당시에도 할 수 있고, 이미 발생한 채무에 관하여 사후에도 할 수 있다. 계약 당시에 부제소의 합의를 하는 경우에는 처음부터 자연채무가 발생하고, 사후에 하는 경우에는 통상의 채무가 자연채무로 변경된 것으로 보아야 한다(송덕수 20면). 한편 판례도 부제소의 합의에 위반하여 제기한 소는 권리보호의 이익이 없어서 부적법 각하된다고 하며(대판 1993. 5. 14, 92다21760), 다만 불법행위로 인한 손해배상채무에 관하여 합의하면서 부제소합의를 한 경우에는 그 합의의 효력은 합의 당시에 예견할 수 있는 손해에만 미치며, 합의 당시에 예견할 수 없었던 장래의 후유증의 발생에까지는 미치지 아니한다고 함으로써(대판 1977. 4. 12, 76다2737), 부제소의 합의의 효력을 제한하고 있다.

[판 례]

위약벌에 관한 권리관계에 대하여 당사자의 처분을 금하는 취지의 강행법규가 존재하고 있다고 인정되지 아니하므로, 설사 위약벌에 관한 권리관계에 대하여 부제소특약을 함으로써 그 권리관계가 강행법규 위반으로 무효라는 주장을 하지 못하게 된다는 사정을 들어 그 부제소특약이 당해 강행법규에 위반하여 무효로 되는 것은 아니라 할 것이다(대판 2008. 2. 14, 2006다18969).

3. 自然債務의 效力

자연채무는 소구력과 그것을 기초로 한 집행력을 가지지는 못하나, 청구력과 급부보유력을 가지는 일종의 법률상의 채무이다. 따라서 채무자가 임의로 변제한 경우에는 그 변제는 증여가 아니라 변제이며, 수령자의 부당이득이나 비채변제가 되지 않으므로 부당이득을 이유로 반환을 청구할 수도 없다. 자연채무는 소구할 수 없는 채무이므로 채권자는 이를 자동채권으로 하여 상계할 수는 없으나, 일반적으로 채무자는 자연채무를 자동채권으로 하여 상계할 수는 있다. 다만 자연채무 가운데 「채권이 존재하고 있는데도 채권자의 패소판결이 확정된 채무」만은 상계의 자동채권으로 할 수 없다. 또한 자연채무를 기초로 대물변제의 예약·경개·준소비대차계약을 유효하게 체결할 수 있다.

한편 자연채무를 피담보채권으로 하여 물적·인적 담보를 설정할 수도 있다. 다만 저당권 · 질권 등의 물적 담보가 설정되었더라도 담보권을 실행할 수 없다고 할 것이다(단 담보물의 임의처분이나 귀속정산 등에 의한 만족은 가능하다고 한다(이은영 49면)). 이 경우에 담보권의 실행을 허용한다면 소구력이 없는 자연채무에 소구력을 인정하는 결과가 되기 때문이다. 그러나 인적인 보증채무 역시 자연채무라고 할 것이며, 물적 담보는 실행할 수가 없다. 또한 자연채무에 대하여 보증을 한 경우에는 보증채무의 부종성(제430조)에 비추어 보증채무도 역시 자연채무의 성질을 띠게 된다고 할 것이다(동지 김상용 80면; 이은영 49면).

그리고 자연채무의 채권자가 그 채권을 비록 선의의 제3자에게 양도한 경우에도 자연채무의 성질이 상실되지 않는다. 채권자의 일방적인 채권양도에 의하여 채무자가 불이익을 당하는 것은 타당하지 않기 때문이다. 다만 채무자가 선의의 양수인에 대하여 이의를 보류하지 않은 승낙을 한 경우에는 그 자연채무성을 가지고 양수인에게 대항할 수 없다(제451조).

[판 례] 자연채권을 피보전권리로 하는 채권자대위권

채권자가 채권자대위권의 법리에 의하여 채무자에 대한 채권을 보전하기 위하여 채무자의 제3자에 대한 권리를 대위행사하기 위하여는 채무자에 대한 채권을 보전할 필요가 있어야 할 것이므로 우선 채권자의 채무자에 대한 소유권이전등기청구권을 보전할 필요가 인정되어야 할 것이고 (중략) 그런데 채권자가 채무자를 상대로 소유권이전등기절차 이행의 소를 제기하였으나 패소의 확정판결을 받았고 그에 대한 재심청구도 기각, 확정되었으므로 위 판결의 기판력으로 채권자는 채무자에게 소유권이전등기청구를 할 수 없게 되었으므로 위 소유권이전등기청구권을 보전할 필요가 없게 되었다고 할 것이므로 이를 피보전채권으로 한 채권자대위권의 행사는 부적법하다(대판 1993. 2. 12, 92다25151).

Ⅱ. 債務와 責任

1. 責任의 意義

책임이라는 용어는 여러 가지 의미로 사용되고 있다. 책임은 일반적으로 발생한 손해를 배상하여야 하는 손해배상책임(채무불이행책임 · 불법행위책임 · 사용자책임)을 의미하나, 때로는 채무를 의미하기도 한다(제35조 · 제750조 등). 뿐만 아니라 책임능력(제753조 내지 제755조), 귀책사유 또는 책임 있는 사유 등에 있어서의 책임은 고의 · 과실을 의미한다. 그런데 여기서 문제되는 것은 채무에 대한 개념으로서의 책임이다. 채무는 채무자가 일정한 급부를 하여야 한다는 법적 당위를 본질로 하는 것임에 대하여, 책임(Haftung)은 채무자가 임의로 채무(Schuld)를 이행하지 않는 경우에 채무자의 일반재산이 채권자의 강제집행에 의한 공취(내지 공취력) 내지 강제집행에 복종하는 상태를 말한다. 공취력(Zugrifsmacht)은 채권내용을 강제적으로 실현할 수 있도록 채권자에게 주어진 힘으로서 결국은 소구력과 집행력을 의미하며, 주로 강제집행에 있어서 작용하는 것이다.

2. 債務와 責任의 關係

오늘날에는 책임 중 인적 책임은 사라지고 재산적 책임 중 특별책임은 담보물권 또는 보증으로서 독립한 제도가 되었으며, 일반책임은 모든 채무에 따르게 되어 채무와 일반책임은 완전히 결합되게 되었다. 그리하여 민사상 책임은 모두 일반재산에 의한 재산적 책임이며 모든 채무에 수반되어 있으므로 일반책임은 채권의 효력으로서 채무 속에 완전히 융합되어 있다. 그러나 채무와 채무자의 재산에 대한 집행가능성으로서의 책임은 그 성질이 다르다고 할 것이다. 채무와 책임은 개념상 구별할 수 있으며, 또한 현행제도에 있어서도 양자가 분리되어 있는 경우가 있다. 따라서 채무와는 별도로 책임의 개념을 인정하는 것이 타당하다.

3. 債務와 責任의 分離

책임은 채무에 수반되는 것이 원칙이지만, 다음과 같이 예외적으로 채무와 책임이 분리되는 경우가 있다.

(1) 責任 없는 債務

책임 없는 채무란 채권자가 급부의 이행을 소구할 수는 있으나, 이에 기하여 강제집행을 할 수 없는 채무를 말한다. 이러한 채무는 당사자 사이에 강제집행배제의 특약을 한 경우에 인정된다. 즉 그러한 특약은 단지 강제집행을 하지 않겠다는 것이지 채권 자체를 포기하는 것은 아니므로, 이 경우에 강제력 없는 채권이 된다. 채권자가 특약에 위반하여 강제집행을 하는 경우에는 채무자는 집행에 관한 이의를 신청할 수 있다(민사집행법 제16조)(통설. 이은영 57면과 판례는 청구에 관한 이의의 소(민집법 제44조)를 제기해야 한다고 한다). 또한 그러한 특약이 있는 채권이 제3자에게 양도된 경우에도 채무자는 그 제3자에 대하여 특약의 효력을 주장할 수 있다.

[판 례]

부집행의 합의는 실체상의 청구의 실현에 관련하여 이루어지는 사법상의 채권계약이라고 봄이 상당하고 이것에 위반하는 집행은 실체상 부당한 집행이라고 할 수 있으므로 민사소송법 제505조를 유추적용 내지 준용하여 청구이의의 사유가 된다(대판 1996. 7. 26, 95다19072).

(2) 責任이 限定되는 債務

채무자는 채무불이행이 있으면 채무 전액에 대해서 그의 전재산으로 책임을 지는 것이 원칙이다(무한책임). 그러나 예외적으로 책임이 채무자의 일정한 재산 또는 일정한 금액에 한정되는 경우가 있다. 이를 유한책임이라고 한다. 이러한 책임의 제한은 당사자의 특약에 의해서도 생기는 경우가 있으나, 그러한 경우는 실제로는 드물고 주로, 법률의 규정에 의하여 유한책임을 지게 된다.

1) 物的 有限責任 책임이 채무자의 특정 재산에 한정되어 있어서 채권자는 그 특정된 재산에 대해서만 강제집행을 할 수 있는 경우이다. 이 물적 유한책임에는 예를 들어 상속의 한정승인에 의한 상속인의 책임(제1028조)과 같이 상속채무는 줄어들지 않고 그대로 존속하지만 채무자가 그의 일정범위의 재산을 한도로 책임을 지는 경우와 채무자가 특정물만으로 책임을 지는 경우가 있다.

2) 金額有限責任 채무자는 그의 전재산을 가지고 책임을 부담하므로 집행대상이 되는 재산에는 제한이 없으나, 그 책임액에 제한이 있는 경우이다. 이는 채무자의 전재산으로 책임을 지므로 인적 책임이고, 책임이 일정한 금액의 한도로 제한되어 있으므로 유한책임이다. 예를 들어 (i) 합자회사의 유한책임사원의 책임(상법 제279조), (ii) 자동차손해배상보장법상의 운행자책임(제12조), (iii) 산업재해보상보험법상의 사업자책임(제92조), (iv) 근로기준법상의 사업자책임(제87조), (v) 선박소유자의 일정한 채무에 대한 책임(상법 제747조) 등이 이에 속한다. 통설(곽윤직 68면 등)은 주식회사의 주주의 책임(상법 제331조)과 유한회사의 사원의 책임(상법 제553조)도 금액유한책임에 해당한다고 한다. 이에 대하여 소수설(송덕수 24면)은 주식회사의 주주는 주식의 인수가액을 한도로 하여 회사에 대하여 출자의무를 부담할 뿐이고, 회사의 채권자에 대하여는 회사가 채무를 부담하며, 이 점은 유한회사의 사원의 경우에도 마찬가지라고 하여 이들이 유한책임을 진다는 표현은 옳지 않다고 한다. 소수설의 견해가 타당하다고 할 것이다.

(3) 債務 없는 責任

채무 없는 책임이란 채무가 전혀 존재하지 않고 책임만 존재하는 것이 아니라, 채무의 주체와 책임의 주체가 분리되어 존재하고 있는 경우를 말한다. 즉 채무자 이외의 자가 책임을 지는 경우로서, 예를 들어 물상보증인이나 저당부동산의 제3취득자(제364조)가 이에 해당한다.

第3項 第3者에 의한 債權侵害

사 례

A방송국은 인기절정의 가수인 C가 생방송으로 진행되는 B방송국의 심야토크쇼에 출연하기로 되어 있는 사정을 알면서도 파격적인 출연료를 제시하여 같은 시간대에 역시 생방송으로 진행되는 자사의 경쟁프로그램에 출연하도록 C와 계약을 체결하였고 C는 결국 A방송국의 프로그램에 출연하였다. 이 경우에 있어서 A · B · C 사이의 법률관계는?

[중요논점]

Ⅰ. C의 B에 대한 채무불이행책임

Ⅱ. A의 B에 대한 채권침해

1. C가 자유의사에 따라 A와 계약을 체결한 경우
2. C가 A의 회유나 강압 등에 의해 계약을 체결한 경우

Ⅰ. 序 說

채무자가 채무를 이행하지 않아 채권의 목적의 실현에 방해를 받는 경우에 채무자는 채권자에 대하여 채무불이행책임만 지고 동일한 사유로 불법행위책임을 지지 않는 것이 원칙이다. 그런데 채권의 목적의 실현이 제3자에 의하여 방해되는 경우, 즉 제3자에 의하여 채권이 침해되는 경우에는 두 가지 점에서 문제된다. 첫째는 제3자에 의하여 채권이 침해되는 경우에 채권자는 제3자에 대하여 불법행위를 이유로 손해배상을 청구할 수 있느냐이고, 둘째는 채권자는 제3자에 대하여 침해행위의 금지, 즉 방해배제청구권을 행사할 수 있느냐에 관한 것이다.

Ⅱ. 第3者의 債權侵害에 의한 不法行爲의 成立

1. 問題의 提起

채권은 채권자가 채무자에게 급부를 청구하는 권리이므로 채무자가 귀책사유에 의하여 채무를 이행하지 않은 때에는 채권자는 채무자에게 채무불이행에 의한 손해

배상책임을 물을 수 있다. 그러나 채무자의 채무불이행이 제3자의 침해행위에 의한 경우에는 상대권이라는 채권의 성질상 제3자는 의무자가 아니어서 채권자는 제3자에 대하여 책임을 물을 수 없으며, 따라서 불법행위에 의한 손해배상을 청구하지 못한다고 생각할 수 있다. 한편 채권의 내용의 실현을 제3자에게 요구할 수는 없지만, 그렇다고 하여 채권자는 제3자의 어떠한 침해행위에 대해서도 책임을 물을 수 없다고는 할 수 없다고 할 것이다. 여기서 제3자의 채권침해가 불법행위를 성립케 하느냐가 문제되고 있다.

2. 不法行爲의 成否

종래에는 채권은 특정인에 대해서만 효력을 가지는 상대권이라는 점에서 그것이 제3자에 의하여 침해된 경우에는 불법행위는 성립되지 않는다는 견해도 있었다. 그러나 채권은 재산권으로서의 가치를 가지는 것이므로 제3자에 의한 채권침해의 가능성과 불법행위의 성립을 긍정하는 것이 통설이다. 다만 불법행위의 성립근거에 관해서 견해의 차이가 있을 뿐이다.

(1) 學 說

1) 權利不可侵性說 절대권 · 상대권의 구별을 부인하는 것을 전제로 하여 모든 권리는 통유성으로서 대세적 불가침성을 가진다고 보고, 채권도 법률이 인정하는 권리인 이상 대세적 불가침성을 가지므로 제3자에 의하여 채권이 침해되었을 경우에는 불법행위가 된다고 한다(김기선 171면; 김현태 9면; 현승종 97면).

2) 違法性說 절대권 · 상대권의 구별을 전제로 하여 상대권인 채권에 있어서 권리불가침성은 절대권에 있어서와 같이 논리적 · 필연적 귀결은 아니고 입법정책의 문제에 지나지 않으므로 채권의 성질상 채권침해가 위법성을 띠는 경우에만 예외적으로 불법행위가 된다고 한다(곽윤직 70면; 김용한 111면; 장경학 105면; 이은영 67면; 송덕수 27면). 그러나 이러한 견해는 제3자에 의한 채권침해가 위법성이 인정되는 한도 내에서 불법행위가 성립된다고 하면서도 위법성의 판단을 위한 근거를 제시하지 못하고 있다.

3) 侵害 · 違法同一視說 채권의 객관적 성질상 제3자에 의한 침해가 가능한 때에는 그러한 채권에 대한 권한 없는 침해는 위법한 것이 된다고 판단하여야 할 것이므로 제3자에 의한 채권침해는 적극적으로 긍정하는 것이 타당하다고 한다(김형배 321면).

(2) 判 例

구민법시대의 판례는 채권의 불가침성을 인정하여 채권은 법률이 보호하는 권리인 이상 일반인은 이를 존중하여야 하며 정당한 이유 없이 이를 침해한 때에는 채권자에 대한 불법행위가 성립되어 채권자는 그 제3자에 대하여 이로 인한 손해의 배상을 청구할 수 있고 또 정당한 이유 없는 제3자의 행위로 인하여 채무의 이행이 방해될 우려가 있을 때에는 그 제3자에 대하여 방해행위의 배제를 청구할 수 있다고 하였다(대판 1953. 2. 21, 4285민상129). 그러나 현행민법이 시행된 후의 판례는 제3자에 의한 채권침해가 불법행위를 구성할 수 있음은 시인되지만 제3자의 채권침해가 반드시 언제나 불법행위로 되는 것은 아니고 채권침해의 모습에 따라 구체적으로 검토하여 정하여야 할 문제라고 함으로써(대판 1975. 5. 13, 73다1244; 대판 2001. 5. 8, 99다38699), 불법행위의 성립을 제한적으로 인정하고 있다.

[판 례]

(1) 일반적으로 채권에 대하여 배타적 효력이 부인되고 채권자 상호간 및 채권자와 제3자 사이에 자유경쟁이 허용되는 것이므로 제3자에 의하여 채권이 침해되었다는 사실만으로 바로 불법행위가 되지는 않지만, 거래에 있어서 자유경쟁의 원칙은 법질서가 허용하는 범위 내에서 공정하고 건전한 경쟁을 전제로 하는 것이므로, 제3자가 채권자를 익히 알면서도 법규에 위반하거나 선량한 풍속 기타 사회질서에 위반하는 등 위법한 행위를 함으로써 채권자의 이익을 해하였다면 이것으로서 불법행위가 성립한다고 하지 않을 수 없고, 여기서 채권침해의 위법성을 침해하는 채권의 내용, 침해행위의 태양, 침해자의 고의 내지 행위의 유무 등을 참작하여 구체적·개별적으로 판단하여야 하고 거래자유보장의 필요성, 경제·사회정책적 요인을 포함한 공공의 이익, 당사자 사이의 균형 등을 종합적으로 고려하여야 할 것이다(대판 2006. 8. 25, 2004다26119).

(2) 추심명령에 기한 집행채권자의 추심금 청구에도 불구하고 제3채무자가 집행채무자에 대하여 구 회사정리법(2005. 3. 31. 법률 제7428호 채무자 회생 및 파산에 관한 법률 부칙 제2조로 폐지)에 의한 회사정리절차의 개시가 임박하였음을 인식하면서 그 추심금 청구에 불응하여 추심금을 지급하지 아니하고 있던 중에 집행채무자에 대하여 회사정리절차가 개시되어 집행채권자가 받았던 추심명령이 취소되고 집행채권이 정리계획에 따라 감액되었다고 하더라도, 위와 같은 제3채무자의 추심금 지급거절을 가리켜 위법한 행위에 해당하는 것으로 볼 수 없고, 집행채권자가 받은 추심명령의 취소 또는 정리계획에 따른 집행채권의 감액 등으로 인한 집행채권자의 손해와 상당인과관계가 있는 것으로 볼 수도 없다(대판 2007. 9. 21, 2006다9446).

(3) 檢討 및 私見

권리불가침성설은 현행민법 제750조가 불법행위의 성립요건으로서 권리침해(구민법 제709조에서의 요건)가 아니라 위법성을 요구하고 있는 점, 그리고 절대권 · 상대권을 구별하고 있지 않는 점에서 타당하다고 할 수 없다. 그리고 위법성설은 제3자에 의한 채권침해가 위법성이 인정되는 한도 내에서 불법행위가 성립된다고 하면서도 위법성의 판단을 위한 근거를 제시하지 못하고 있다. 또한 침해 · 위법동일시설은 침해의 가능여부와 위법성여부의 판단을 분리하지 않고 있다는 점에서 문제된다. 생각건대 채권은 채권자와 채무자 사이에서 상대적 효력을 가지고 있지만, 재산권으로서의 가치를 가지기 때문에 예외적으로 제3자에 의하여 침해될 수 있다고 본다. 따라서 채권이 제3자에 의하여 침해될 수 있는 경우에 한하여 불법행위의 성립을 인정하여야 한다. 다만 어떠한 채권침해가 불법행위를 구성하는가의 여부는 채권의 성질에 따라 개별적 · 구체적으로 검토하여야 할 것이다.

3. 債權侵害의 모습

제3자의 채권침해에 의한 불법행위의 성립을 인정하기 위해서는, 우선 채권이 어떤 경우에 제3자에 의하여 침해될 수 있는지를 살펴보아야 한다.

(1) 債權의 歸屬 자체를 侵害한 경우

제3자가 직접 채권을 처분 또는 행사하여 채권자로 하여금 그 채권 자체를 상실케 하는 경우가 이에 해당한다. 예를 들어 (i) 타인의 무기명채권증서를 훼멸하거나, 또는 횡령하여 선의의 제3자에게 취득케 하는 경우, (ii) 채권의 준점유자(제470조), 또는 영수증 소지자(제471조)로서 유효한 변제를 받은 경우, (iii) 채권을 양도한 후 그 대항요건을 갖추기 전에 제2의 양수인에게 대항요건(제450조)을 갖추게 한 경우, (iv) 표현대리인으로서 채권을 처분한 경우 등 제3자가 직접 채권을 처분 또는 행사하여 채권자가 채권 자체를 상실케 한 경우를 말한다. 물론 이 경우에 채권자는 채권을 소멸케 한 제3자와 채권자와의 내부관계에 기하여 그 제3자에 대하여 채무불이행책임을 묻거나 특별한 관계가 없더라도 부당이득을 이유로 구제를 받을 수 있다. 그러나 이러한 구제수단이 있다고 하여 불법행위의 성립이 배제되는 것은 아니다. 다만 제3자의 채권침해가 불법행위로 되려면 채권 자체를 소멸시켜야 한다. 따라서 제3자가 지명채권증서를 훼멸하거나 이를 채무자에게 반환하는 경우에는 채권이 소멸하지 않으므로 불법행위로 되지 않는다. 그리고 이중양도나 이중계약의 경우에도 마찬가지이다.

(2) 債權의 目的인 給付를 侵害한 경우

채권은 급부를 현실적으로 청구하고, 이를 수령하는 행위에 의하여 행사되는데, 제3자가 채권의 전부 또는 일부의 행사를 불가능하게 함으로써 채권이 침해될 수 있다. 이것은 채권의 소멸여부에 따라 다음과 같이 나누어 볼 수 있다.

1) 給付의 侵害로 債權이 消滅하는 경우 예를 들어 특정물의 인도를 목적으로 하는 채권에서 제3자가 목적물을 멸실케 하거나, 또는 채무자의 행위를 목적으로 하는 채권에서 제3자가 위법한 수단으로 채무자를 유괴 또는 감금하는 등 채무자에게 책임 없는 급부불능으로 채권이 소멸되는 경우가 이에 속한다. 이 경우에 채무자가 제3자에 대하여 손해배상청구권을 가지느냐를 불문하고 채권자는 직접 채권을 침해한 제3자에 대하여 불법행위를 이유로 손해배상을 청구할 수 있다. 그리고 이러한 경우에 채권자는 대상청구권을 행사하여 채무자가 제3자에 대하여 가지는 손해배상청구권의 이전을 청구할 수 있다.

2) 給付의 侵害로 債權이 消滅하지 않는 경우 예를 들어 제3자가 채무자 또는 이행보조자와 공모하여 채권의 목적물을 파괴하거나, 또는 제3자가 채무자를 교사 · 방조하여, 혹은 채무자와 공동으로 채권자의 권리행사를 방해한 때에는 채무자는 채무불이행의 책임을 지게 되므로 채권은 손해배상청구권으로 변하여 존속한다. 이 경우에도 통설은 손해배상청구권은 채권의 본래의 내용이 아니고 채권자에게 채무자에 대한 손해배상청구권이 인정된다고 하더라도 채무자의 자력이 불충분하면 별로 의의가 없다는 것을 이유로 불법행위의 성립을 인정하고 있다. 한편 채권자의 두 손해배상청구권이 인정되는 경우에 채무자와 제3자는 채권자에 대하여 부진정연대채무를 부담하는 것으로 본다.

(3) 債務者의 一般財産을 減少시킨 경우

1) 정당한 거래행위에 의하지 않고 채무자의 일반재산을 감소시킨 경우 정당한 거래행위에 의하지 않고 채무자의 일반재산을 감소시키는 행위는 위법성이 인정될 수 있다. 예를 들어 제3자가 채무자와 공모하여 허위의 채권증서를 작성하여 채무자의 재산을 가압류하여 채권자의 집행을 불능케 하거나, 또는 제3자가 채무자와 공모하여 채무자의 유일한 재산을 은닉한 때 불법행위가 성립한다.

2) 제3자의 정당한 법률행위로 채무자의 일반재산을 감소시킨 경우 이 경우에는 위법성이 없으므로 불법행위는 되지 않으며 채권자취소권에 의하여 해결하

여야 한다. 예를 들어 채권자의 채무자의 재산에 대한 강제집행을 염려하여 회사를 설립하고 그 재산을 양도한 경우에는 불법행위가 성립하지 않고 다만 사해행위로 인한 채권자취소권으로 해결하여야 한다. 즉 제3자의 불법한 채무자의 책임재산의 감소행위는 간접손해에 불과하여 채권자에게 손해가 발생하지 않아 제3자에게 불법행위책임을 물을 수 없다(대판 1975. 11. 3, 73다1244).

4. 不法行爲의 成立要件

제3자에 의한 채권침해가 불법행위가 되려면 채권침해가 가능한 것만으로는 부족하며, 그 밖에 불법행위의 일반적인 성립요건(제750조)을 구비하여야 한다. 그 중에서도 특히 고의 · 과실과 위법성이 문제되고 있다.

(1) 故意 · 過失

일반적으로 불법행위가 성립하면 그 주관적 요건으로서 가해자에게 고의나 과실이 있어야 한다(제750조). 그러나 채권은 일반적으로 공시방법이 없기 때문에 제3자가 채권의 존재를 모른다고 하더라도 그 때문에 그에게 과실이 있다고는 할 수 없다. 따라서 제3자가 채권의 존재를 알고 있으면서 채권을 침해한 경우에만 불법행위가 성립한다고 할 수 있다. 결국 제3자의 채권침해에 의한 불법행위는 가해자에게 고의가 있는 경우가 대부분일 것이다. 예를 들어 A가 B의 물건을 보관하고 있다가 그 물건을 C에게 담보로 제공한 경우에, 만약 C가 그 물건이 B의 것임을 알면서 담보로 제공받아 보관 · 은닉하였다면 C의 불법행위가 성립한다.

[판 례]

강제집행면탈 목적을 가진 채무자가 제3자와 명의신탁약정을 맺고 채무자 소유의 부동산에 관하여 제3자 앞으로 소유권이전등기를 경료한 경우에, 제3자가 채권자에 대한 관계에서 직접 불법행위책임을 지기 위하여는 단지 그가 채무자와의 약정으로 당해 명의수탁등기를 마쳤다는 것만으로는 부족하고, 그 명의신탁으로써 채권자의 채권의 실현을 곤란하게 한다는 점을 알면서 채무자의 강제집행면탈행위에 공모 가담하였다는 등의 사정이 입증되어 그 채권침해에 대한 고의 · 과실 및 위법성이 인정되어야 한다(대판 2007. 9. 6, 2005다25021).

(2) 違法性

제3자의 채권침해가 불법행위로 되려면 그 침해행위가 위법한 것이어야 한다(제750조 참조). 그런데 채권에는 배타성이 없으므로 채권의 존재를 알고 있으면서 제3자가 그와 동일한 내용의 채권을 채무자와의 계약을 통하여 취득하더라도 그것이 자유경쟁의 범위 내에 속하는 것이면 위법한 것이라고 할 수 없다. 그러나 제3자의 권리취득행위가 법규에 위반하거나 선량한 풍속 기타 사회질서에 위반하는 경우, 또는 사기 · 강박과 같은 부정한 수단에 의하여 이루어진 경우에는 위법성을 띠게 되어 불법행위가 성립한다. 따라서 제3자의 채권침해에 대한 위법성의 판단은 개별적 · 구체적으로 검토 · 결정되어야 한다. 판례는 부동산이중매매의 경우에 매도인이 이미 매수인에게 부동산을 매도하였음을 제2매수인이 잘 알면서도 소유명의가 매도인에게 남아 있음을 기화로 매도인에게 이중매매를 적극 권유하여 그 소유권이전등기를 넘겨받은 경우에는 그 이중매매는 정의관념에 반하는 반사회적 법률행위로서 위법성을 띠게 되어 무효라고 한다(대판 1970. 10. 23, 70다2038). 또한 판례는 「독립한 경제주체간의 경쟁적 계약관계에 있어서는 단순히 제3자가 채권자와 채무자간의 계약내용을 알면서 채무자와 채권자간에 체결된 계약에 위반되는 내용의 계약을 체결한 것만으로는 제3자의 고의 · 과실 및 위법성을 인정하기에 부족하고, 제3자가 채무자와 적극 공모하였다거나 또는 제3자가 기망 · 협박 등의 사회상규에 반하는 수단을 사용하거나 채권자를 해할 의사를 가지고 채무자와 계약을 체결하였다는 등의 특별한 사정이 있는 경우에 한하여 제3자의 고의 · 과실 및 위법성을 인정하여야 할 것」(대판 2001. 5. 8, 99다38699)이라고 한다.

[판 례]

제3자의 행위가 채권을 침해하는 것으로서 불법행위에 해당한다고 할 수 있으려면, 그 제3자가 채권자를 해한다는 사정을 알면서도 법규를 위반하거나 선량한 풍속 기타 사회질서를 위반하는 등 위법한 행위를 함으로써 채권자의 이익을 침해하였음이 인정되어야 하고, 이때 그 행위가 위법한 것인지 여부는 침해되는 채권의 내용, 침해행위의 태양, 침해자의 고의 내지 해의의 유무 등을 참작하여 구체적 · 개별적으로 판단하되, 거래자유 보장의 필요성, 경제 · 사회정책적 요인을 포함한 공공의 이익, 당사자 사이의 이익균형 등을 종합적으로 고려하여 판단하여야 한다(대판 2012. 9. 13, 2010다77538).

(3) 損害의 發生

불법행위가 성립하기 위해서는 피해자에게 손해가 발생하여야 한다. 그런데 제3자에 의하여 채권이 침해되었으나, 채권자가 여전히 채무자에 대해서 손해배상청구권 · 대상청구권 등을 가지고, 이를 행사하여 그의 손해가 전보될 수 있는 경우에는 채권자에게 손해가 없다고 할 것이다. 따라서 이 경우에도 불법행위가 성립할 수 있는지가 문제된다. 고의에 의한 위법한 침해행위로 타인에게 손해를 준 자는 비록 피해자가 다른 방법으로 손해를 전보받는다 하더라도 그 때문에 자신의 불법행위책임을 면제받는 것은 아니다. 다만 채권자가 다른 권리에 의하여 손해를 전보받은 때에는 그 범위에서 제3자의 손해배상액이 감액될 뿐이다.

(4) 因果關係

불법행위가 성립하기 위해서는 가해행위와 손해의 발생 사이에 인과관계가 있어야 한다. 예를 들어 A가 B에 대하여 금전채무를 부담하고 있는데, C가 A를 협박하여 A가 공포에 기하여 B에게 이행을 하지 않았다면, 이때에는 인과관계가 존재하고 C의 불법행위가 성립한다.

5. 不法行爲 成立의 效果

제3자에 의한 채권침해로 불법행위가 성립되는 경우에는 채권자는 그 제3자에게 손해배상을 청구할 수 있다(제750조). 이는 채권자가 가지게 되는 채무불이행으로 인한 손해배상청구권 · 부당이득반환청구권 등의 다른 권리를 방해하지 않는다. 즉 제3자가 채권의 귀속을 침해한 경우에는 채권자는 그 제3자에 대하여 부당이득반환을 청구할 수 있고, 침해자와 내부적 법률관계가 있는 경우에는 채무불이행으로 인한 손해배상을 청구할 수도 있다. 그리고 급부를 침해하여 채권이 소멸한 경우에는 채권자도 채무자의 침해자에 대한 손해배상청구권을 채권의 목적물에 갈음하여 대상청구를 할 수 있다.

Ⅲ. 債權侵害에 의한 妨害排除請求權

1. 問題의 提起

제3자에 의한 채권침해에 있어서 제3자가 불법행위로 인한 손해배상책임을 지는 경우에는 과실책임의 원리에 의한 사후적 금전배상이 그 구제의 내용이 된다. 그러나 현재 진행되고 있거나 또는 실현될 우려가 있는 제3자의 채권침해를 배제 · 예방할 수 있는 사전적 권리가 채권에 인정되어야 할 것인가 하는 것은 불법행위로 인한 손해배상청구의 경우와는 다른 문제점을 가지고 있다. 방해배제청구권을 물권적 청구권의 한 내용으로 볼 때에 고의 · 과실은 침해행위에 있어서 그 전제가 되지 않기 때문이다. 그리고 채권에는 일반적으로 배타성 · 공시성이 없기 때문에 채권에 있어서 방해배제청구권을 인정하는 경우에는 이론상 · 실제상 곤란한 문제가 발생하게 된다.

2. 妨害排除請求權의 認定與否

채권에 기한 방해배제청구권을 인정할 것인가, 인정한다면 어떤 범위의 채권에 관해 인정할 것인가에 대하여는 학설이 대립한다.

(1) 學 說

1) 認定說 권리의 불가침성이라는 채권의 일반적 성질로부터 방해배제청구권이 생긴다고 보는 견해이다(김주수 91면; 현승종 103면; 황적인 53면). 다만 채권에는 배타성이 없고 공시방법도 갖추어지지 않았기 때문에 침해자의 주관을 따지지 않고 물권에서와 같은 강력한 청구권을 인정한다면 제3자의 이익을 해할 염려가 있기 때문에 채권의 방해배제청구권을 인정하려면 채권침해가 위법성을 지닐 뿐만 아니라 침해자의 고의 · 과실도 필요하다고 한다.

2) 制限的 認定說 이 설은 (i) 채권에 있어서 불가침성은 논리적 · 필연적 귀결이 아니므로 채권의 일반적 성질로서는 방해배제청구권은 인정할 수 없으나, 채권침해가 위법성을 띠고 있는 침해자에게 고의 · 과실이 있는 경우에는 정책적 · 예외적으로 방해배제를 인정한다는 견해(김용한 117면), (ii) 공시방법을 갖춘 채권, 특히 임차권의 경우에 관하여 방해배제청구권을 인정하는 견해(곽윤직 74면; 김상용 93면; 이은영 77면; 김증한/김학동 72면)로 나누어져 있다.

3) 支配權能說 임차권이 대항력을 갖추었거나 점유를 취득한 경우에는 제3자의 침해에 대하여 침해배제청구권을 가지며, 이와 같이 임차권이 방해배제청구의 효력을 가지는 것은 채권의 일반적 효력에 의해서가 아니라, 물건의 처분권자에 의하여 부여된 지배권능을 기초로 하는 것이라는 견해이다(김형배 340면).

(2) 判 例

구 민법시대의 판례에서는 권리불가침성의 입장에서 제3자의 채권침해에 대하여 손해배상 및 방해배제청구를 인정하였으나(대판 1953. 2. 21, 4285민상129), 현행민법하에서는 방해배제청구권을 직접적으로 인정하는 판례는 없다. 다만 판례가 임차권등기가 되어 있는 선박에 관하여 제3자 명의의 원인무효의 가등기 및 본등기가 행하여져 임차권등기가 말소된 경우에 대하여는 임차권자는 그 방해를 배제하기 위한 청구를 할 수 있다(대판 2002. 2. 26, 99다67079)고 함으로써 제한적 인정설 중 (ii)설을 취하고 있는 것으로 보인다.

(3) 私 見

채권의 보호라는 정책적 의미를 강조하여 공시방법이 없는 채권에 관해서도 방해배제의 청구를 인정하면 거래의 안전을 해하는 것이 되어 부당하다. 다만 채권이 대항요건을 갖추어 물권화한 경우에는 물권에 준하여 방해배제청구권을 인정하여야 할 것이다.

3. 不動産賃借權者의 妨害排除請求權

(1) 公示方法을 갖춘 경우

부동산임차권이 대항요건을 갖춘 경우에 한하여 방해제거 및 방해예방청구권이 인정된다(제621조 제1항 · 주택임대차보호법 제3조).

(2) 不動産을 占有하고 있는 경우

부동산임차인이 목적물을 점유하고 있는 경우에는 점유보호청구권(제204조~제206조)에 의하여 제3자의 방해배제와 목적물의 반환도 청구할 수 있다.

(3) 賃借權을 침해한 경우

부동산임차권이 등기 또는 인도 전에 제3자에 의하여 불법하게 침해된 경우에 임차인은 소유자인 임대인이 갖는 물권적 청구권을 대위행사하여 방해배제 및 목적물반환을 청구할 수 있다.

[판 례]

임차권자는 임대차기간이 종료한 후에도 임차보증금을 반환받기까지는 임대인이나 그 승계인에 대하여 임차권등기의 말소를 거부할 수 있다고 할 것이고, 따라서 임차권등기가 원인 없이 말소된 때에는 그 방해를 배제하기 위한 청구를 할 수 있다(대판 2002. 2. 26, 99다67079).

4. 妨害排除請求의 限界

채권자의 방해배제청구로서 방해제거와 방해예방청구는 인정된다고 할 것이다. 그러나 목적물반환청구에 관하여는 (i) 방해배제의 범위를 넘는다는 견해(곽윤직 74면; 김형배 340면; 김상용 94면; 이은영 78면)와, (ii) 채권자가 자기에게 반환하라고 청구할 수는 없지만 채무자에게 반환할 것을 청구할 수 있다는 견해(김용한 119면; 김주수 98면; 장경학 117면)가 대립한다. 그리고 판례는 채권에 기한 방해배제를 인정하더라도 그것은 방해배제 및 방해예방에 한하며,

특정물채권에 있어서 그 목적물을 제3자가 불법점유하고 있는 경우에 채권자가 직접 제3자에 대하여 목적물의 반환을 청구하는 것은 방해배제의 범위를 넘는 것이 되기 때문에 그 반환을 청구할 수 없다고 한다(대판 1981. 6. 23, 80다1362). 생각건대 채권자가 점유를 취득한 경우에는 점유보호청구권(제204조 내지 제206조)을 행사할 수 있기 때문에 목적물반환청구권이 인정된다. 그러나 등기된 부동산임차권이나 등기된 건물의 소유를 목적으로 하는 토지임차권의 경우에 임차인이 점유를 취득하지 못한 때에는 그 임차권이 비록 대항력을 가지고 있지만 그것을 지상권이나 소유권과 완전히 동일시할 수는 없기 때문에 목적물반환청구권은 인정할 수 없다고 할 것이다.

사례해설

I. C의 채무불이행책임

C는 B방송국과 생방송 출연계약(특수한 노무 공급계약)을 맺었음에도 불구하고 A방송국의 프로그램에 출연함으로써 채무를 이행치 못했으므로 급부불능에 따른 책임을 면하기 어렵다. 설사 C의 A방송국 출연이 A방송국의 강압 등에 의하여 이루어졌다 하더라도 C는 법적으로 대응수단을 강구해야 하는 것이므로 그것만으로는 C의 채무불이행이 정당화될 수 없다.

II. A방송국의 B방송국에 대한 책임

1. 채무불이행책임

A방송국과 B방송국간에는 별도의 계약관계가 존재하지 않으므로 채무불이행은 성립하지 않는다. 무리한 출연섭외를 하지 않기로 하는 약정이 체결되어 있었다 하여도 그것은 이른바 紳士協定으로서 그 위반이 계약책임까지 발생시키는 것으로 보기는 어려울 것이다.

2. 불법행위책임(제3자의 채권 침해 여부)

채권은 공시성 · 배타성이 없는 것이 보통이므로 채무자에 의한 채권침해인 채무불이행이 용이하게 성립될 수 있는 것과 달리 제3자에 의한 채권침해는 엄격한 요건 하에서만 인정되며, 그것은 제750조의 제한적 적용이라는 형태로 나타난다. 따라서 제3자가 채권의 존재를 알고 있으면서도 특히 위법하다고 볼 만한 사정 하에서 채권의 실현을 방해한 경우에만 불법행위책임이 인정된다. 사안의 경우는 A방송국이 C의 B방송국에 대한 출연계약사실을 알고 있었으므로 귀책사유로서의 고의는 충족되었다. 그러나 C가 A방송국의 제의에 순순히 응하여 A방송국이 단지 고액의 출연료를 제시하는 것에 그치지 않고 C에게 향후 연예활동상의 불이익을 고지하는 등 강압에 의하여 출연계약을 체결하거나 C의 배임적 이중계약체결을 적극 권유하는 등의 반사회성을 띠는 경우에는 불법행위책임(제750조)을 면할 수 없고 C와 부진정연대채무를 부담한다.

第2節 債務不履行과 債權者遲滯

第1項 序　　說

I. 債務不履行의 意義

채무자가 채무의 내용에 좇은 이행을 하지 않는 것을 넓은 의미에 있어서의 채무불이행이라 한다. 이는 채무자의 귀책사유의 유무와 관계없이 급부가 제대로 이루어지지 않은 상태를 총칭하는 개념으로서, 이를 급부장애(Leistungsstorung)라고 한다. 따라서 급부장애에는 귀책사유에 의한 채무불이행으로서 이행지체 · 이행불능 · 불완전이행 · 이행거절 · 부수적 행위의무의 위반(설명의무, 보호의무, 안전배려의무 등) 외에도 원시적 불능, 채무자의 책임 없는 사유로 인한 급부불능, 채권자지체 등이 모두 포함된다고 할 것이다. 이러한 채무불이행 가운데서 채무자에게 귀책사유가 있는 경우를 좁은 의미에 있어서의 채무불이행이라고 한다. 일반적으로 채무불이행이라고 할 때에는 좁은 의미에 있어서의 채무불이행의 의미로 사용되고 있다. 민법은 채무불이행에 관하여 제387조 이하에서 자세히 규정하고 있다.

II. 債務不履行의 類型

1. 제390조의 해석

민법 제390조는 채무불이행의 유형에 관하여 ① 「채무의 내용에 좇은 이행을 하지 아니한 때」(동조 본문)와 ② 「채무자의 고의와 과실 없이 이행할 수 없게 된 때」(동조 단서)라고 규정하고 있다. 여기서 ①은 여러 가지 유형의 급부장애를 포함하는 일반조항으로, 그리고 ②는 채무자의 귀책사유(고의, 과실)를 손해배상책임의 요건으로 하고 있는 규정으로 해석된다.

2. 債務不履行의 類型

제390조의 해석상 ①의 포괄적인 규정에는 이행지체와 불완전이행 내지 적극적 채권침해의 유형이 포함되고, ②의 규정은 이행불능의 유형으로 보아 이들 세 가지를

채무불이행의 유형으로 인정하는 것이 통설적 견해이다(김기선 145면; 장경학 134면; 김주수 111면; 김형배 152면; 김상용 111면). 그런데 제390조가 채무불이행에 관한 포괄적·일반적 규정이라는 것을 전제로 하는 이러한 채무불이행의 세 가지 유형 외에 (i) 이행지체·이행불능·불완전이행 외에 기타의 것(예: 기본채무 외의 용태의무의 위반·이행거절)을 인정하는 견해(곽윤직 75면; 김증한/김학동 74면; 이은영 206면), (ii) 이행지체·이행불능·불완전급부 기타 행위의무의 위반을 인정하는 견해(송덕수 79면), (iii) 이행지체·이행불능·불완전급부·이행거절·부수의무위반을 인정하는 견해(민법주해(9)/양창수 224면 이하)도 있다. 생각건대 민법 제387조에서 이행지체의 요건과, 그 효과로서 강제이행(제389조)과 손해배상(제390조·제392조·제395조·제397조)에 관하여 규정하고 있으며, 계약해제의 원인으로 이행지체와 이행불능을 들고 있다(제544조~제546조). 이 점에 비추어 볼 때 민법은 이행지체와 이행불능을 채무불이행의 기본적 유형으로 하고 있다. 그러나 위 ①의 포괄적 규정에 채무불이행의 제3의 유형인 불완전이행 내지 적극적 채권침해와 설명의무·보호의무·안전배려의무 등의 부수적 행위의무의 위반도 포함되는 것으로 해석된다.

‖참 고‖ 채무불이행에 있어서의 「채무」의 의미

채무불이행에 있어서 채무에는 기본채무(급부의무)만을 의미하는가, 아니면 부수의무인 「부수적 행위의무」도 포함되는지가 문제된다. 이에 관하여 학설은 (i) 모든 의무를 포함한다는 견해(곽윤직 75면; 송덕수 80면; 지원림 1013면 이하)와 (ii) 「부수적 행위의무」를 부수적 의무와 보호의무로 나누어 채권자의 완전성이익의 보호를 목적으로 하는 후자는 이에 포함되지 않는다는 견해(김증한/김학동 75면)가 대립하고 있다. 그리고 판례는 의료계약상의 부수적 행위의무인 설명의무를 인정하고 있으며(대판 2004. 10. 28, 2002다45185; 대판 2013.4. 26, 2011다29666), 숙박업자(대판 2000. 11. 24, 2000다38718·38725)·사용자(대판 2001. 7. 27, 99다56734)·도급인(대판 1997. 4. 25, 96다53086)·병원(대판 2003. 4. 11, 2002다63275)등에 대하여 안전을 배려하여야 할 보호의무를 인정하고 있다.

생각건대 계약상 채무자의 의무인 채무에는 급부의무(주된 급부와 종된 급부)와 부수적 행위의무(독립적·비독립적 부수적 행위의무)가 모두 포함된다고 할 것이다.

Ⅲ. 債務不履行의 要件

채무불이행의 요건 중에는 모든 채무불이행에 공통하는 요건과 각각의 유형에 특유한 요건이 있다.

1. 共通的인 要件

채무불이행의 공통적인 요건에는 주관적 요건인 채무자의 귀책사유와 객관적 요건인 채무불이행의 위법성이 있다.

(1) 債務者의 歸責事由

1) 序 說 민법은 이행불능에 관하여는 채무자의 귀책사유를 요건으로 하고 있다(제390조 단서·제546조). 그러나 이행지체의 요건으로 고의·과실이 있을 것에 관하여 규정하지 않고 있다. 민법은 과실책임을 원칙으로 하고 있으므로 이행지체와 이행불능을 구별하여야 할 근거가 없고, 금전채무에 관한 특칙에 관한 제397조 제2항의 반대해석상 금전채무 이외의 채무가 이행지체에 있는 때에는 과실 없음을 항변할 수 있으며, 제391조·제392조도 귀책사유를 인정하는 것을 전제로 하고 있으므로 이행지체의 경우에도 채무자의 귀책사유를 필요로 한다는 것이 일치된 견해이다. 다만 과실이 있어도 책임지지 않는다고 하는 내용의 특약은 계약자유의 원칙상 유효하다(면책약관). 그러나 채무자가 자기의 고의에 대하여 책임지지 않는다는 특약은 반사회질서의 법률행위로 무효이다. 채무자에게 고의·과실이 있다고 하기 위해서는 채무자가 책임능력을 가져야 한다(다수설. 김용한 135면; 김주수 12면; 김증한/김학동 88면; 김상용 109면 등). 그러나 책임무능력자에게 법정대리인이 있는 때에는 법정대리인의 고의·과실은 본인의 고의·과실로 간주된다(제391조).

2) 債務者의 故意·過失

(가) 故 意 고의란 행위자가 그 자신의 행위로부터 위법한 결과가 발생할 것을 인식하면서도 의도적으로 그 행위를 하는 것을 말한다. 또한 위법한 결과가 발생할 것을 인식하면서 감히 행위를 하는 때에도 고의가 되며(이설 없음. 대판 1991. 3. 8, 90다6771), 이를 미필적 고의라고 한다. 그러나 일반적인 사정 아래 일정한 결과가 발생할 수 있음을 인식하면서 자기의 능력이나 기술 등으로 결과의 발생을 회피할 수 있다고 믿고 행위를 하였다면 그것은 「인식 있는 과실」이지 고의는 아니다.

그리고 고의가 성립하기 위하여는 결과의 발생이라는 사실의 인식 외에 그것이 위법한 것으로 평가된다는 사실까지도 인식하는 것(위법성의 인식)이 필요한지가 문제된다. 이에 관하여 학설(곽윤직 389면; 김상용 637면)과 판례(대판 2002. 7. 12, 2001다46440)는 일치하여 이를 부정하고 있다.

채무불이행에서의 고의는 채무자가 자신에게 이행의무가 있다는 사실을 알면서도 이를 이행하지 않는 것을 말한다. 채무불이행의 결과발생을 의욕하지 않았더라도 채무불이행의 결과발생을 인식하였다면 고의가 인정된다.

[판 례]

불법행위에 있어서 고의는 일정한 결과가 발생하리라는 것을 알면서 감히 이를 행하는 심리상태로서, 객관적으로 위법이라고 평가되는 일정한 결과의 발생이라는 사실의 인식만 있으면 되고 그 외에 그것이 위법한 것으로 평가된다는 것까지 인식하는 것을 필요로 하는 것은 아니라고 한다(대판 2002. 7. 12, 2001다46440).

(나) 過 失 과실이란 자기의 행위로부터 위법한 결과가 발생할 것을 인식하여야 함에도 불구하고 주의를 게을리 하여 인식하지 못하고 그 행위를 하는 것을 말한다. 과실은 그 전제가 되는 주의의무 위반의 유무를 누구를 기준으로 판단할 것인가에 따라서 평균인에게 요구되는 주의의무를 위반한 경우의 추상적 과실(객관적 과실)과 구체적인 개인에게 요구되는 주의의무를 위반한 경우의 구체적 과실(주관적 과실)로 나누어진다. 민법에 있어서의 과실이란 채무자가 종사하는 직업 및 그가 속하는 사회적 지위 등에 따라서 일반적으로 요구되는 정도의 주의를 게을리 하는 것을 의미하는 추상적 과실이 원칙이다. 민법은 이 경우에 「선량한 관리자의 주의」라고 표현한다(제374조). 반면에 채무자가 어떤 상황에서 자신의 개인적 판단능력에 따른 주의를 게을리 하는 것을 구체적 과실이라고 한다. 이에 관하여 민법은 무상임치에서 수치인은 임치물을 자기재산과 동일한 주의로 보관하여야 하고(제695조), 친권자는 그 子에 대한 법률행위의 대리권 또는 재산관리권을 행사함에는 「자기의 재산에 관한 행위와 동일한 주의」를 하여야 하며(제922조), 상속인은 「그 고유재산을 대하는 것과 동일한 주의」로 상속재산을 관리하여야 한다(제1022조)고 규정하고 있다. 따라서 구체적 과실에 있어서의 주의의무의 정도가 추상적 과실에 있어서의 그것보다 낮다고 할 것이다.

과실은 주의의무 위반의 정도에 따라서 다시 경과실과 중과실로 나누어진다. 경과실은 통상적으로 거래상 요구되는 주의의무를 위반한 경우이고, 중과실은 거래상 요구되는 주의의무를 현저하게 위반한 경우이다. 과실책임을 원칙으로 하는 민법에서의 과실은 일반적으로 경과실을 의미한다. 다만 중과실을 요건으로 하는 특별한 경우(제109조 제1항 단서, 제401조, 제518조 단서, 제735조, 제757조 단서, 제765조 제1항)에는 「중대한 과실」이라고 표현하고 있다. 추상적 과실에는 경과실과 중과실이 있으며, 채무불이행의 요건으로서의 과실은 추상적 경과실이 기준이 된다. 그러나 민법에서 구체적 과실에 관하여는 실제로 중과실이 문제되지 않으며, 따라서 구체적 과실은 언제나 구체적 경과실을 의미한다.

‖ 실화책임에 관한 법률상의 과실 ‖

헌법불합치결정(헌재결 2007. 8. 30, 2004헌가25)을 받은 구 실화책임에 관한 법률(1961년 법 제607호)에서는 "민법 제750조의 규정은 실화의 경우에는 중대한 과실이 있을 때에 한하여 이를 적용한다"고 규정하여 추상적 중과실을 요구하고 있었다. 그런데 위 헌법불합치결정에 의하여 새로이 개정된 실화책임에 관한 법률(2009. 5. 8, 법 제9648호)에서는 민법 제765조의 특례를 정함을 목적으로 하고 있으며, 동법 제3조에서는 실화가 중대한 과실로 인한 것이 아닌 경우 그로 인한 손해의 배상의무자는 법원에 손해배상액의 경감을 청구할 수 있는 것으로 규정하고 있다.

3) 法定代理人 · 履行補助者의 故意 · 過失

(가) 序 說

(a) 意 義 채무불이행책임의 주관적 요건인 채무자의 귀책사유는 채무자의 고의 · 과실은 물론 신의칙상 이와 같은 것으로 보이는 법정대리인과 이행보조자의 고의 · 과실도 포함하는 개념이다. 민법 제391조는 법정대리인과 이행보조자의 고의 · 과실을 채무자의 고의 · 과실로 본다고 규정함으로써 채무불이행책임에서의 귀책사유를 확장하고 있다.

(b) 責任歸屬의 根據 타인을 사용하여 이익을 얻는 채무자는 동시에 위험 · 불이익도 감수하는 것이 공평의 원칙에 부합하며, 채무자에 대하여 보조자의 적절한 행위를 담보하도록 함으로써 채권자를 보호하려는 데 있다.

(나) 適用範圍 민법 제391조가 적용되는 것은 기존의 채권관계의 침해가 있는 경우에 한한다. 즉 채무자는 그의 법정대리인이나 이행보조자의 모든 행위에 대하여 책임을 지는 것이 아니고 채무자의 채무이행과 관련된 고의 · 과실만을 채무자의 고의 · 과실로 보아 그에 대해서만 책임을 지게 되는 것이다. 예를 들어 실내장식자의 이행보조자가 공사 중 과실로 장식물을 파손하거나 또는 불완전한 공사로 인하여 발생하는 손해에 대해서는 채무자가 책임을 지나, 이행보조자가 실내의 물건을 훔친 데 대하여는 책임을 지지 않는다. 다만 이 경우에 이행보조자의 불법행위가 사용자책임의 요건을 충족하면 채무자가 사용자책임을 질 수 있을 뿐이다.

채무자는 이행보조자에 의한 급부의무뿐만 아니라 부수적 행위의무(설명의무 · 보호의무 · 안전배려의무 등)의 이행행위에 대하여도 책임을 진다.

[판 례]

이행보조자의 행위가 채무자에 의하여 그에게 맡겨진 이행업무와 객관적, 외형적으로 관련을 가지는 경우에는 채무자는 그 행위에 대하여 책임을 져야 하고, 채무의 이행에 관련된 행위이면 가사 이행보조자의 행위가 채권자에 대한 불법행위가 된다고 하더라도 채무자가 면책될 수는 없다(대판 2008. 2. 15, 2005다69458).

(다) 履行補助者의 類型

(a) 法定代理人 법정대리인은 대리권이 법률의 규정에 의하여 주어지는 대리인이다. 그러나 민법 제391조의 법정대리인은 그 범위를 넓게 해석하여 친권자 · 후견인 · 법원에 의하여 선임된 부재자의 재산관리인뿐만 아니라 상속재산관리인(제1023조) · 파산관재인(채무자 회생 및 파산에 관한 법률 제312조) · 유언집행자(제1093조 이하) · 가사대리권을 가지는 부부(제827조) 등도 포함하고 있다.

(b) 狹義의 履行補助者 협의의 이행보조자란 채무자가 채무를 이행함에 있어서 채무자의 채무의 이행을 보조하는 자이다. 수급인이 건축공사에 사용하는 목수 · 인부, 의사가 환자를 치료함에 있어서 간호사가 그 대표적인 예이다. 이행보조관계는 사실상의 관계(예: 가족 등)로 충분하며 고용과 같은 채권계약이 있어야 하는 것은 아니다. 그런데 이행보조자이기 위해서는 그 자의 행위에 관하여 채무자가 간섭을 할 수 있는 가능성이 있어야 하는지가 문제된다. 이에 관하여 학설은 (i) 최소한 그 자의 행위에 대하여 채무자가 간섭가능성(선임 · 지휘 · 감독 등)은 있어야 한다는 견해(곽윤직 84면; 김용한 132면; 송덕수 90면)와, (ii) 채무자가 자신의 이행보조자의 고의 · 과실에 책임을 지는 것은 그가 이행보조자의 선임 · 지휘 · 감독상의 주의의무를 다하지 않았기 때문이 아니라, 그가 이행보조자를 사용함으로써 이익을 얻고 있기 때문이라는 것을 근거로 채무자의 간섭가능성이 요구되지 않는다는 견해(김형배 161면; 김상용 106면; 이은영 254면; 권오승 230면)가 대립한다. 한편 판례는 민법 제391조에서의 이행보조자로서의 피용자라 함은 일반적으로 채무자의 의사관여 아래 그 채무의 이행행위에 속하는 활동을 하는 사람이면 족하고, 반드시 채무자의 지시 또는 감독을 받는 관계에 있어야 하는 것은 아니므로 채무자에 대하여 종속적인가 독립적인 지위에 있는가는 문제되지 않는다고 함으로써(대판 2002. 9. 12, 2001다44338; 대판 2008. 2. 15, 2005다69458), (ii)설을 따르고 있다. 생각건대 이행보조자는 채무자가 자신의 채무를 이행하는 데 있어서 필요한 행위를 하는 것으로 충분하고 반드시 채무자의 지휘 · 감독을 받아야만 하는 것은 아니라고 할 것이다. 채무자가 지시 또는 감

독을 할 수 없는 경우에도 채무자가 자신의 의사로 이행보조자를 통하여 채무를 이행한 이상 이행보조자의 행위에 책임을 지는 것이 공평한 것이기 때문이다. 또한 이행보조자는 채무자가 당해 채무이행을 위하여 특별히 사용하는 자이어야 하는지가 문제된다. 즉 우편이나 철도와 같은 설비를 이용하는 경우에 우편집배원이나 철도종업원을 이행보조자로 볼 수 있는지 문제된다. 일부 견해는 설비를 이용하는 채무자는 채권자보다 그 제공되는 서비스에 있어서의 위험을 부담하는 데 더욱 밀접한 관계가 있고, 현대사회에서 사실적으로 보조자를 사용하지 않을 수 없다는 점은 우편이나 철도 이용의 경우도 다른 경우와 크게 다를 바 없기 때문에 이들을 채무자의 이행보조자로 볼 수 있다고 한다(김형배 161면; 이은영 195면). 그러나 이러한 사업은 독점적으로 행하여져서 채무자가 아무런 선택이나 간섭의 가능성을 가지지 않으므로 우편집배원이나 철도종업원은 이행보조자가 아니라고 할 것이다(통설).

(c) **復履行補助者** 이행보조자가 채무의 이행을 위하여 제3자를 복이행보조자로서 사용하는 경우에도 채무자가 이를 승낙하였거나 적어도 묵시적으로 동의한 경우에는 채무자는 복이행보조자의 고의·과실에 관하여 민법 제391조에 의하여 책임을 부담한다(대판 2011. 5. 26, 2011다1330).

(d) **履行代行者** 이행대행자는 채무자의 행위에 협력하는 데 그치지 않고 독립하여 채무의 일부나 전부를 채무자에 갈음하여 이행하는 자를 말한다. 예를 들어 수치인에 갈음하여 임치물을 보관하는 제3수치인, 임차물을 수선하거나 거기에 일정한 시설을 할 의무가 있는 임대인으로부터 도급을 받아 목적물을 수선하거나(대판 2002. 7. 12, 2001다44338 참조), 또는 시설을 설치하는 수급인(대판 1999. 4. 13, 88다51077·51084 참조)이 이행대행자에 해당한다. 이행대행자의 행위에 대하여 채무자가 책임을 지는가에 관하여 통설은 세 가지로 나누어 설명하고 있다. 즉 (i) 민법상 대행자의 사용이 허용되지 않는 경우(제120조·제657조 제2항·제682조·제701조·제1103조 제2항)에는 대행자를 사용하는 것만으로 채무자는 채무불이행책임을 부담하므로 제391조가 적용되지 않으며, (ii) 명문상 적극적으로 대행자의 사용이 허용되는 경우(제122조), 또는 특히 채권자의 승낙을 얻은 경우(제121조·제682조 제2항·제701조·제1103조)에도 채무자는 원칙적으로 대행자의 선임·감독에 관하여 고의·과실이 있는 경우에만 책임을 부담하므로 제391조가 적용되지 않는다. 그러나 (iii) 명문상 또는 채무자와의 특약으로 대행자의 사용이 금지되어 있지 않고, 또한 허용되어 있지도 않아서 급부의 성질상 대행자를 사용하여도 상관없다고 해석되는 경우에는 그 이행대행자는 제391조의 이행보조자와 동일하게 취급된다고 한다(곽윤직 86면; 장경학 140면; 김용한 133면; 김주수 119면; 김상용 108면). 판

례는 '공사도급계약의 경우 당사자 사이에 특약이 있거나 일의 성질상 수급인 자신이 하지 않으면 채무의 본지에 따른 이행이 될 수 없다는 등의 특별한 사정이 없는 한 반드시 수급인 자신이 직접 일을 완성해야 하는 것은 아니고 이행보조자 또는 이행대행자를 사용하더라도 공사도급계약이 정한 대로 공사를 이행하는 한 계약을 불이행하였다고 볼 수 없다고 한다(대판 2002. 4. 12, 2001다82545). 생각건대 (iii)의 경우에만 제391조가 적용되어 대행자의 고의·과실로 된다고 하는 통설의 견해가 타당하다고 할 것이다.

| 참 고 | 이행보조자와 관련된 문제

1. 利用補助者

이용보조자란 사용차주나 임차인과 같이 사용권·수익권을 가지는 자가 목적물을 이용함에 있어서 그 이용을 보조하는 자를 말하며, 임차인의 가족·동거인이 그 예에 속한다. 이행보조자의 확장된 개념으로 이용보조자를 인정하는 것이 통설적인 견해이다. 그리고 판례도 임차인은 임대차의 종료시까지 선량한 관리자의 주의로써 임차목적물을 보관할 의무를 부담하는 것이고 이 의무를 이행함에 있어서 임차인의 피용자에게 과실이 있는 경우에는 임차인에게도 과실이 있다고 함으로써(대판 1966. 9. 20, 66다758), 통설과 같은 입장을 취하고 있다. 이용보조자의 행위는 채무자의 목적물이용권에 협력하는 행위이면서 동시에 목적물보관의무(채무)를 보조하는 행위이다. 후자의 면에서 보면 이용보조자의 행위도 이행보조자의 행위라고 할 수 있다. 그러나 이용보조자는 단순히 채무만을 보조하는 것이 아니라 권리의 행사도 보조하는 점에서 이행보조자와는 다른 특성을 가지고 있다.

2. 轉借人의 賃借人에 대한 지위

(1) 問題點

전차인이 임차인의 이행보조자인가, 이행대행자인가, 이용보조자인가의 여부와 전차인의 과실에 대한 임차인의 책임이 문제된다. 임대차에 있어서 임차인이 임대인의 동의를 얻지 않고 전대한 경우에는 전차인의 목적물을 사용하는 것 자체가 채무불이행이라 할 것이므로 임차인은 전차인의 고의·과실에 관계없이 임대인에 대하여 채무불이행책임을 지게 된다. 그러나 임차인이 임대인의 동의를 얻은 전대차에서 전차인의 고의·과실로 인하여 임대인에게 손해가 생긴 경우에 있어서 임차인의 책임에 관하여는 학설이 대립하고 있다.

(2) 學 說

1) 第391條의 適用肯定說 임차인이 임대인의 동의를 얻어 임차물을 전대한 경우에도 종래의 임대차계약은 그대로 존속하고 임차인은 여전히 보관의무를 부담하고, 전차인이 임차물을 보관하는 것은 동시에 임차인을 위하여 그 보관의무를 이행하는 것이므로,

이때 전차인을 임차인의 이행보조자로 보아 임차인도 전차인의 고의 · 과실에 대하여 책임을 지게 된다는 견해이다(민법주해(9)/양창수 421면; 지원림 1419면; 동지 이은영 256면).

2) 第391條의 適用否定說 임대인의 동의가 있는 경우에는 전차인은 제630조 제1항의 규정에 의하여 독립적으로 직접 임대인에 대하여 채무자로서의 보관의무를 지며, 전차인의 권리는 임차권에 종속되는 것이 아니므로, 전차인은 임차인의 이행보조자가 아니라 이행대행자이며, 따라서 전차인의 과실이 있는 경우에도 임차인은 전차인의 선임 · 감독에 과실이 있는 때에만 책임을 지게 된다는 견해이다(장경학 143면; 김형배 163면; 송덕수 92면).

(3) 私 見

생각건대 무단 전대차의 경우에는 전차인은 임차인의 이행보조자라고 하는 데 거의 견해가 일치한다. 그러나 임대인의 동의를 얻은 전대차의 경우에도 전차인을 임차인의 이행보조자로 이해하게 되면, 전차인의 고의나 과실은 임차인의 그것으로 의제되어(제391조) 비록 임차인에게 고의나 과실 등 귀책사유가 없더라도 임차인은 전차인의 고의나 과실에 의하여 임대인에게 발생한 손해를 배상하여야 할 책임을 지게 된다.

민법 제630조는 전차인의 귀책사유로 임대인에게 발생한 손해를 임대인이 전차인에 대하여 직접 청구할 수 있도록 「전차인은 직접 임대인에 대하여 의무를 부담한다」고 규정하고 있다. 따라서 전차인을 단순히 임차인의 이행보조자라기보다는 직접 임대인에 대한 그 고유한 의무를 부담하는 자로 보아야 할 것이다. 전차인의 존재로 인하여 임차인의 의무가 면책되는 것은 아니고, 제630조가 임대인을 보호하기 위한 특별한 규정이라고 하더라도 전차인의 사용에 동의한 임대인의 의사는 특별한 사정이 없는 한 임차인의 선임 · 감독상의 과실이 없다면 임차인의 책임을 묻지 않겠다는 의사로 해석하는 것이 타당하다.

위임계약에서 수임인이 위임인의 승낙을 얻어 제3자로 하여금 자기에 갈음하여 위임사무를 처리하게 된 경우, 수임인은 선임 · 감독상의 과실이 있는 때에는 위임인에 대하여 책임을 지는데(제682조, 제121조), 이 규정이 여기에 유추적용될 수 있다고 할 것이다.

(라) 效 果

(a) 債務者의 責任 채무자의 법정대리인 · 이행보조자의 고의 · 과실은 채무자의 고의 · 과실로 간주되어 채무자가 그로 인한 채권자의 손해를 배상할 채무불이행책임을 지게 된다(제390조). 그러나 이행보조자가 채무의 이행을 보조하는 기회를 이용하여 범한 불법행위에 대해서는 채무자가 책임을 지지 않는다.

(b) 履行補助者의 責任 이행보조자는 채권관계의 당사자가 아니므로 채권자에 대한 관계에서는 채무불이행책임을 지지 않는다. 다만 이행보조자의 과실행위가 채권자에 대하여 불법행위책임의 요건을 충족할 경우에는 이행보조자 자신도 불법행

위상의 손해배상책임을 질 수 있다(제750조. 대판 2008. 2. 15, 2005다69458). 한편 채무자는 이행보조자의 사용자로서 그가 사무집행에 관하여 입힌 손해에 대하여 사용자책임을 지게 된다(제756조). 이때, 채무자의 사용자책임과 제391조에 의하여 채무자가 지게 되는 채무불이행책임은 서로 경합하는 관계에 있게 된다(청구권 경합설). 이행보조자와 채무자와의 사이에 고용이나 위임 등의 계약관계가 존재하는 경우에는 이행보조자는 채무자에 대하여 채무불이행책임을 지게 된다. 이행보조자는 내부관계에 기하여 또는 일반적인 구상법리에 의하여 채무자에게 손해배상책임을 져야 할 경우도 있다.

(c) 兩責任의 關係 이행보조자에게 제750조의 불법행위책임이 성립하고 채무자의 경우도 제391조의 채무불이행책임이 성립하는 경우에 양자의 책임은 부진정연대채무관계에 놓이게 된다. 판례도 이행보조자가 채권자로 하여금 목적물을 사용·수익하지 못하게 함으로써 채무자가 제391조에 의하여 채무불이행책임을 지고, 그 이행보조자 자신은 불법행위책임을 지는 경우에 양 책임의 관계에 대하여 양자는 동일한 사실관계에 기한 것으로 부진정연대채무의 관계에 있다고 함으로써(대판 1994. 11. 11, 94다22446) 같은 입장을 취하고 있다.

(마) 使用者責任과의 區別 양자는 타인의 행위에 대한 책임이라는 점에서는 공통된다. 그러나 제391조의 책임은 채무불이행책임이고 제756조의 책임은 불법행위책임이라는 점에서 근본적인 차이가 있다. 그 밖에도 다음과 같은 점에서 차이가 있다. (i) 제391조는 타인의 과실에 대한 책임이나 제756조는 피용자의 선임·감독에 대한 사용자 자신의 과실에 대한 책임이고, (ii) 제391조는 채무자와 보조자 사이에 종속관계가 요구되지 않으나, 제756조는 어느 정도의 종속관계가 요구된다. (iii) 제391조는 채무자의 면책가능성이 인정되지 않으나 제756조는 사용자의 면책이 인정된다. (iv) 제391조의 경우에 이행보조자는 채무불이행책임을 지지 않으나, 제756조에서는 피용자도 불법행위책임을 진다. (v) 제391조에서는 이행보조자는 기존의 채권관계를 전제로 하여 채무이행을 보조하므로 새로운 채권이 발생하지 않으나, 제756조에서는 피용자의 불법행위에 의한 새로운 독립한 손해배상채권이 발생한다. (vi) 제391조에 의한 채무자책임에는 소멸시효의 일반원칙(제162조)이 적용되고, 사용자책임에는 제766조의 단기소멸시효가 적용된다.

4) 責任能力 과실책임주의는 책임능력의 존재를 전제로 하므로 채무자가 자신의 행위의 결과를 예견·인식할 수 있는 정신능력(제753조 참조)을 갖추어야 한다는 것이 통설적 견해이다(곽윤직 86면; 김용한 135면; 김주수 121면; 김상용 109면). 이에 대하여 무능력자의 채무부담이 대리

인에 의한 계약체결의 방법으로 허용되는 이상 그의 채무불이행에 따른 책임을 채무자 자신의 책임능력이 결여되었다는 이유로 부정하는 것은 형평에 맞지 않는다고 하여 계약책임에 해당하는 채무불이행책임에서 채무자의 책임능력을 문제 삼는 것은 옳지 않다는 견해가 있다(이은영 247면). 또한 추상적 과실은 책임귀속의 근거를 행위자의 구체적 능력이 아닌 일정한 수준의 객관적 행위에서 구하는 것인데, 손해배상책임의 요건으로 책임능력을 요구한다는 것은 책임귀속의 근거를 채무자의 일정한 의사 내지 주관적 능력에서 구한다는 것을 의미한다. 따라서 추상적 과실에 있어서는 채무자의 책임능력이 전제될 필요가 없으며, 다만 무상임치 등에서와 같이 구체적 과실의 경우에만 책임능력의 존재가 전제될 수 있다는 견해도 있다(김형배 172면). 생각건대 채무불이행책임에 있어서는 채무가 발생한 후의 심신상실 등으로 책임능력이 문제될 수 있으므로 책임능력이 있어야 한다는 통설적 견해가 타당하다. 그리고 법정대리인 · 이행보조자도 책임능력이 필요하다고 할 것이다.

5) 免責約款의 效力 면책특약이란 장래 채무불이행이 있을 경우에 그에 대한 책임을 면제하기로 하는 당사자 사이의 약정을 말한다. 이러한 면책특약은 민법에는 명문의 규정이 없지만 계약자유의 원칙상 유효하게 할 수 있다. 다만 과실이 있더라도 책임지지 않는다는 특약은 원칙적으로 유효하나, 고의가 있더라도 면책한다는 특약은 반사회질서의 행위로 무효라고 한다(통설). 그런데 이행보조자의 고의로 인한 채무자의 책임을 면제하는 약정이 유효한지가 문제된다. 이에 관하여 학설은 (i) 이행보조자의 고의에 대한 면책특약은 신의칙에 반하지 않는 한 유효한 것으로 보는 견해(곽윤직 86면; 김주수 122면)와 (ii) 대부분의 거래행위가 이행보조자에 의하여 이루어지고 있는 현실을 고려한다면, 이행보조자의 고의 또는 중과실에 대한 면책특약도 채무자의 그것과 동등하게 취급하여 무효라는 견해(민법주해(9)/양창수 373면; 이은영 262면; 김상용 110면) (iii) 이행보조자의 고의에 대한 면책특약은 사회질서에 반하여 무효이지만 중과실에 대한 특약은 명문의 규정이 없는 한 유효하다는 견해(송덕수 93면)로 나누어지고 있다.

약관의 규제에 관한 법률은 「사업자 · 이행보조자, 또는 피용자의 고의 또는 중대한 과실로 인한 법률상의 책임을 배제하는 조항은 무효」로 규정하고 있다(동법 제7조 제1호).

생각건대 이행보조자의 사용이 불가피한 오늘날에 있어서는 이행보조자의 고의로 인한 채무자의 면책을 인정하는 것은 제103조에 반하여 무효라고 할 것이다. 이행보조자의 고의는 채무자의 고의로 의제되므로(제391조), 이행보조자의 고의에 의한 책임을 면책케 하는 특약의 효력도 채무자의 경우에 있어서의 효력과 마찬가지로 다루어져야 할 것이다. 그러나 명문의 규정이 없는 한 중과실에 대한 면책특약은 유효한 것으로 본다. 따라서 (iii)설이 타당하다.

6) 立證責任

(가) 債務不履行事實의 立證 채무자의 채무불이행 사실은 채권자가 주장·입증하여야 한다. 채권자는 채무자가 채무를 전혀 이행하지 않았거나 또는 채무자의 행위가 채무의 내용에 부합하지 않음을 입증하여야 한다.

(나) 歸責事由의 立證 채무불이행책임에 있어서 채무의 불이행이 채무자의 귀책사유에 의한 것인지의 여부에 관한 입증책임은 채무자에게 있는 것으로 해석한다(통설. 대판 1964. 4. 28, 63다617; 대판 1984. 11. 27, 80다177 등). 즉 채무자의 귀책사유는 추정되므로 채무불이행이 채무자 자신의 고의·과실이 없이 발생하였음을 입증하지 않는 한 책임을 면하지 못한다는 것이다.

(다) 損害發生 및 因果關係의 立證 채무자의 이행지체로 인한 손해의 발생 및 인과관계는 손해배상을 청구하는 채권자에게 그 입증책임이 있다.

(2) 違法性

위법이란 법규범을 기준으로 하여 사람의 행위를 평가할 때 그 가치가 부정되어 허용되지 않는다는 것을 의미한다. 민법은 위법성이 불법행위의 요건임을 분명히 하고 있지만(제750조), 채무불이행에 관해서는 아무런 규정을 두고 있지 않다. 따라서 채무불이행의 요건으로 위법성이 존재하여야 하는가의 여부가 문제된다. 이에 관하여 학설은 (i) 채무불이행의 객관적 요건으로 위법성을 요한다는 견해(통설. 곽윤직 78면; 김기선 151면; 김주수 123면; 장경학 180면; 김용한 121면; 김상용 99면; 김증한/김학동 91면)와 (ii) 채무자의 고의·과실의 개념 속에 이미 위법성이 포함되어 있으므로 채무불이행책임의 별개의 요건으로 위법성이 필요하지 않는다는 견해(김형배 173면; 이은영 247면)가 대립한다. (i)설은 고의·과실은 채무자 개인에 대한 주관적 판단이고, 위법성은 행위 자체에 대한 객관적 판단이므로 (ii)설에서 주장하는 바와 같이 고의·과실에 위법성이 포함된다고 볼 수는 없다고 한다. 그리하여 일반적으로 채무자의 귀책사유에 의한 채무불이행이 있으면 위법성이 있는 것으로 추정되고, 채무자에게 유치권·동시이행의 항변권과 같이 채무불이행을 정당화하는 사유가 없으면 위법성이 인정된다고 한다. 반면에 (ii)설은 채무의 내용에 좇은 행위가 행해지지 않았다는 사실 자체에 이미 그 행위가 위법한 것(의무위반)이 전제되어 있으므로 위법성의 요건이 별도로 요구되지 않는다고 한다(김형배 174면). 한편 판례는 채무불이행의 요건으로서 위법성은 각각 채무불이행에 있어서 구비하여야 하는 적극적인 요건이 아니고, 동시이행의 항변권 · 유치권 · 기한유예 · 긴급피난 등의 위법성조각사유가 없으면 위법하다고 평가되는 소극적인 요건이라고 한다(대판 2002. 12. 27, 2000다47361). 생각건대 채무불이행의 요건이 충족되는 경우에는 당연히 위법성이 인정되므로 이것은 적극적으로 요구되는 요건이 아니고 동시이행항변권 등의 위법성조각사유가 없을 때에만 별도로 고려되는 소극적인 요건이라고 할 것이다.

2. 個別的인 要件

채무불이행이 성립하기 위해서는 채무불이행의 각 유형에 따라 그 유형에 특유한 요건을 갖추어야 한다.

이행지체가 성립하려면 이행기가 도래하고 이행이 가능한 데도 이행이 없어야 한다. 그리고 이행불능이 되기 위해서 이행이 후발적으로 불능이 되어야 한다. 또한 불완전이행이 되려면 이행행위가 있었을 것과 그것에 하자가 있을 것이 필요하다.

그리고 부수적 행위의무의 위반으로 되려면 그 행위의무의 위반이 있어야 한다.

Ⅳ. 債務不履行의 效果

민법은 채무불이행으로 인하여 야기되는 모든 법률효과를 일괄적으로 규정하지 않고 이행강제 · 계약해제 등 채무불이행과 관련된 다른 제도에 대해서는 손해배상책임과 분리하여 별도로 규정하는 태도를 취하고 있다. 채무불이행이 있으면 강제이행권이 발생한다. 그러나 강제이행은 채권의 일반적인 효력일 뿐 채무불이행의 효과는 아니다. 채무불이행에 채무자의 귀책사유가 인정되어 채무불이행책임이 성립하면 손해배상청구권이 발생한다. 이행지체 · 이행불능 · 불완전이행에 따른 손해배상은 지연배상 · 전보배상 · 확대손해배상 등을 내용으로 한다. 그리고 채무자가 계약의 내용에 따른 이행을 하지 않은 경우에는 일정한 요건을 충족하면 계약의 해제권 · 해지권이 발생한다. 그 밖에 이행불능의 경우에는 대상청구권이 발생한다(통설. 대판 1992. 5. 12, 92다4581; 대판 1994. 12. 9, 94다25025).

第2項 履行遲滯

사례

A는 B에게 결혼예복을 맞춤주문하고 결혼식 당일에 식장에서 예복을 전달받기로 하였다. B는 시간에 늦지 않게 도착하도록 종업원 C에게 당부하고 배달을 시켰는데 C가 과속으로 운전을 하다 사고가 나는 바람에 결혼식이 끝날 때까지도 예복이 도착하지 못하였다. 이 경우에 있어서 A와 B 사이의 법률관계는?

[중요논점]

Ⅰ. B의 A에 대한 채무불이행책임

1. C는 B의 이행보조자
2. 정기행위
3. 이행지체 또는 이행불능으로 인한 채무불이행책임
4. A의 구제수단

Ⅱ. B의 A에 대한 사용자책임

1. 사용자책임
2. 채무불이행책임과의 차이

Ⅰ. 意　義

이행지체라 함은 채무가 이행기에 있고 그 이행이 가능함에도 불구하고 채무자가 그에게 책임 있는 사유로 이행하지 않는 것을 말한다. 이는 이행불능과 더불어 채무자에 의한 소극적 채권침해라는 점에서 적극적 채권침해인 불완전이행과 구별된다.

Ⅱ. 履行遲滯의 要件

1. 債務의 履行이 가능할 것

이행기에 채무의 이행이 가능하여야 하며, 이행이 불가능하면 이행불능으로 된다. 이행지체 후에 이행불능으로 된 경우에 이를 이행지체로 볼 수 있는지가 문제된다. 이행지체 후의 이행불능은 채무자에게 책임 없는 사유에 기인하는 것이더라도 채무자가 책임을 지게 되며(제392조 참조), 또한 이행불능에 의하여 채권자는 이행에 갈음하는 손해배상 · 전보배상 또는 계약해제를 청구할 수 있게 된다. 따라서 이행지체 후의 이행불능은 이를 이행불능으로 다루어야 할 것이다(이설 없음).

2. 履行期가 到來하였을 것

이행지체가 성립되려면 반드시 이행기가 도래하여야 한다. 그러나 이행기가 도래하였다고 하여 당연히 이행지체로 되는 것은 아니다. 민법은 경우에 따라서는 이행기의 도래 외에 다른 요건을 요구하기도 하고, 채무의 기한의 이익을 상실케 하여 기한 도래 전에도 채권자가 이행을 청구할 수 있도록 하고 있다. 각 경우를 구체적으로 나누어 살펴보기로 한다.

(1) 確定期限附 債務

1) 原 則 채무의 이행에 관하여 확정기한이 있는 경우에는 채무자는 그 기한이 도래한 때(실제로는 그 다음날)로부터 지체의 책임을 진다(제387조 제1항 본문). 이 경우에는 채권자가 채무자에 대하여 이행을 최고할 필요가 없다. 예를 들어 1998년 4월 5일에 지급하기로 약속한 채무는 그 기한이 경과하면 지체로 되고, 9월 중에 지급한다고 약속한 채무는 9월 말일까지 이행하면 지체가 되지 않으나 말일을 그대로 경과하면 당연히 지체가 되어 그 다음날로부터 각각 지체책임을 진다.

2) 例 外 기한의 도래만으로 즉시 이행지체가 되지 않는 예외적인 경우가 있다. 즉 (i) 지시채권·무기명채권·면책증권에서는 기한의 도래 후 소지인이 그 증서를 제시하여 이행을 청구한 때로부터 이행지체가 된다(제517조·제524조·제526조). (ii) 추심채무나 그 밖의 채무의 이행에 관하여 먼저 채권자의 협력이 필요한 경우에는 확정기한이 도래한 것만으로 지체가 되지 않으며 채권자가 먼저 필요한 협력 또는 그 제공을 하여 이행을 최고하지 않으면 이행지체가 되지 않는다. (iii) 쌍무계약상의 확정기한부 채무에 있어서 양 채무가 동시이행관계에 있는 경우에는(제536조 참조) 이행기가 도래하여도 이행지체가 되지 않으며, 상대방으로부터 이행의 제공을 받았으면서도 자기의 채무를 이행하지 않은 때에 비로소 지체의 책임이 생긴다. 즉 이행기가 되었다 하더라도 상대방이 이행의 제공을 할 때까지는 지체책임을 지지 않는다(대판 2001. 7. 10, 2001다3764). 이 경우에는 위법성이 없기 때문이다. 그리고 이러한 효과는 채무자가 동시이행항변권을 행사하지 않아도 당연히 인정된다(통설. 대판 1999. 7. 9, 98다13754·13761). 선이행의무를 부담하는 자가 이행지체를 하고 있는 동안 상대방의 의무도 이행기가 도래하면 전체가 동시이행관계로 된다(대판 1998. 2. 10, 96다7793·7809·7816).

동시이행관계에 있더라도 이행지체가 되는 경우가 있다. 판례는 채무의 이행을 확보하기 위하여 어음이나 수표를 교부한 경우, 원인채무 이행의무와 어음 반환의무가 동시이행의 관계에 있다 하더라도 어음이나 수표를 반환하지 않는 것은 원인채무의 지급을 거절할 수 있다는 것을 의미하는 것에 지나지 아니하므로 채권자가 어음의 반환을 제공하지 않더라도 원인채무의 이행기를 도과하면 채무자는 원칙적으로 이행지체의 책임을 진다고 한다(대판 1999. 7. 9, 98다47542).

확정기한부 채무의 경우에는 동시이행의 항변권이 존재하더라도 그와는 상관없이 그 확정기한이 도래한 때부터 소멸시효가 진행한다.

[판 례]

(1) 채무불이행의 확정기한이 있는 경우에는 그 기한이 도래한 다음날부터 이행지체의 책임을 지고 기한의 정함이 없는 경우에는 그 이행의 청구를 받은 다음날부터 이행지체의 책임을 져야 할 것이다(대판 1988. 11. 8, 88다3253).

(2) 확정기한부 채무에 관하여 이행기가 지남으로써 이행지체에 빠진 이상 채권자가 채무의 일부를 수령하였다고 하여 이행지체의 효과가 없어지고 기한의 정함이 없는 채무로 된다고 볼 수 없다(대판 1992. 10. 27, 91다483).

(3) 상품권 발행인이 상품권의 내용에 따른 제품제공의무를 이행하지 않음으로 인하여 그 소지인에게 그 이행에 갈음한 손해배상책임을 지게 되는 경우에도 이중지급의 위험을 방지하기 위하여 공평의 관념과 신의칙상 발행인의 손해배상의무와 소지인의 상품권 반환의무 사이에 동시이행관계가 인정된다 할 것이나, 이는 민법 제536조에 정하는 쌍무계약상의 채권채무관계나 그와 유사한 대가관계가 있어서 그러는 것이 아니므로, 발행인의 손해배상의무에 관하여는 그 이행의 최고를 받은 다음부터 이행지체의 책임을 진다(대판 2007. 9. 20, 2005다63337).

(2) 不確定期限附 債務

채무의 이행에 관하여 불확정기한이 있는 경우에 채무자는 그 기한이 도래하였음을 안 때로부터 지체책임을 진다(제387조 제1항 후문). 예를 들어 A가 사망 후 3년 이내에 지급하기로 하는 채무를 B가 부담하는 경우에는 A가 사망한 후 3년이 경과한 사실을 안 때로부터 지체책임이 생긴다. 불확정기한의 경우에는 기한이 도래함으로써 채무는 이행기에 있는 것이 되지만 채무자가 알지 못하는 사이에 지체의 책임을 묻는 것은 부당하므로 채무자가 그 기한의 도래를 안 때부터 지체의 책임을 지도록 규정한 것이다. 불확정기한부 채무에 있어서도 채권자의 최고가 지체책임을 발생시키는 필수적인 요건은 아니지만 채권자의 최고가 있은 후에는 채무자가 기한의 도래를 알지 못하더라도 최고시부터 지체에 빠진다고 해석한다. 지체의 효과는 채무자가 기한의 도래를 안 날의 다음날 또는 채권자의 최고가 도달한 날의 다음날부터 발생한다(대판 1972. 8. 22, 72다1066 참고). 여기서 기한의 도래는 불확정한 사실이 발생한 때는 물론이고 그 사실의 발생이 불가능한 때에도 인정되어야 한다(통설. 대판 2002. 3. 29, 2001다41766; 대판 2006. 9. 28, 2006다24353).

[판 례]

(1) 중도금 지급기일을 '1층 골조공사 완료시'로 정한 것은 중도금 지급의무의 이행기를 장래 도래할 시기가 확정되지 아니한 때, 즉 불확정기한으로 이행기를 정한 경우에 해당한다고 할 것이므로, 중도금 지급의무의 이행지체의 책임을 지우기 위해서는 1층 골조공사가 완료된 것만으로는 부족하고 채무자인 원고가 그 완료 사실을 알아야 한다고 할 것이다(대판 2005. 10. 7, 2005다38546).

(2) 상가건물의 점포를 분양하면서 분양대금을 완납하고 건물 준공 후 공부정리가 완료되는 즉시 소유권을 이전하기로 약정한 경우, 그 점포에 관한 소유권이전등기에 관하여 확정기한이 아니라 불확정기한을 이행기로 정하는 합의가 이루어진 것으로 보아야 할 것이며, 건설공사의 진척상황 및 사회경제적 상황에 비추어 분양대금이 완납되고 분양자가 건물을 준공한 날로부터 사용승인검사 및 소유권보존등기를 하는 데 소요될 것으로 예상할 수 있는 합리적이고 상당한 기간이 경과한 때 그 이행기가 도래한다고 보아야 한다(대판 2008. 12. 24, 2006다25745).

(3) 일반적으로 건축중인 상가건물의 특정점포를 임차하면서 계약서에 그 점포의 인도시기(입점시기)를 기재하지 아니하고 건물의 준공예정일에 관한 설명만을 듣고서 그 점포에 관한 임대차계약을 체결한 경우, 그 점포의 인도시기에 관하여 당사자의 합리적인 의사는 확정기한을 이행기로 정한 것이라고 보기는 어렵고 불확정기한을 이행기로 정하는 합의가 이루어진 것으로 보아야 할 것이고, 그 불확정기한의 내용은 그 건설공사의 진척상황 및 사회경제적 상황에 비추어 예상할 수 있는 합리적인 공사지연기간이 경과한 때라고 하는, 매우 폭넓고 탄력적인 것으로 보아야 한다(대판 2000. 11. 28, 2000다7936).

(3) 期限이 없는 債務

1) 原 則 채무의 이행에 관하여 기한의 정함이 없는 경우에는 채무자는 이행의 청구, 즉 채권자의 이행의 청구(최고)를 받은 때로부터 지체책임이 있다(제387조 제2항). 집합건물법 제9조에 의하여 준용되는 민법 제667조가 정하는 수급인의 하자보수에 갈음하는 손해배상채무는 이행의 기한이 없는 채무로서 이행청구를 받은 때부터 지체책임이 있다(대판 2009. 2. 26, 2007다83908). 그리고 부당이득반환채무도 기한의 정함이 없는 채무이므로 수익자는 이행청구를 받은 때로부터 지체책임이 있으며(대판 1995. 11. 25, 94다45753 · 45760), 따라

서 타인의 토지를 점유함으로 인한 부당이득반환채무는 이행청구를 받은 때로부터 지체책임이 있다(대판 2008. 2. 1, 2007다8914).

기한의 정함이 없는 채무는 그 채무가 발생함과 동시에 이행기에 있게 되지만, 이행지체가 되려면 채권자의 최고를 필요로 한다(대판 1969. 1. 28, 68다2313). 이때 채무자의 최고는 채무의 동일성을 인식시키는 것이면 충분하고 그 방법에는 제한이 없다. 그리고 최고 후 지체책임의 발생시기에 대하여 판례는 「민법 제387조 제2항의 규정에서 채무이행의 기한이 없는 경우에는 채무자는 이행청구를 받은 때로부터 지체책임이 있다」고 한 취지는 채무자는 이행의 청구(최고)를 받은 날 안으로 이행을 하면 되고, 그 청구를 받은 날을 도과할 때 비로소 지체책임을 진다」고 해석하고 있다(대판 1988. 11. 8, 88다3253). 또한 판례는 그 이유에 관하여 「만일 이행청구를 받은 때에 곧 이행지체의 책임을 지게 된다면 채무자는 청구도 없는데 언제든지 이행의 준비를 갖추고 있을 것을 요구하는 것이 되어서 채무자에게 가혹할 뿐더러 오히려 이행을 청구하는 요건을 무의미하게 만들기 때문」이라고 한다(대판 1972. 8. 22, 72다1066).

[판 례]

(1) 금전채무의 지연손해금채무는 금전채무의 이행지체로 인한 손해배상채무로서 이행기의 정함이 없는 채무에 해당하므로, 채무자는 확정된 지연손해금채무에 대하여 채권자로부터 이행청구를 받은 때로부터 지체책임을 부담하게 된다 할 것이다(대판 2004. 7. 9, 2004다11582).

(2) 채권자가 채무자에게 지급하여야 할 채무의 이행을 최고한 것을 부적법한 이행의 최고라고 할 수는 없다고 할지라도 그 이행을 지체하게 된 전후 사정, 그 이행에 관한 당사자의 태도, 소송의 경과 등 제반 사정에 비추어 보아 채무자가 최고기간 또는 상당한 기간 내에 이행하지 아니한 데에 정당한 사유가 있다고 여겨질 경우에는 신의칙상 그 최고기간 또는 상당한 기간 내에 이행 또는 이행의 제공이 없다는 이유로 해제권을 행사하는 것이 제한될 수 있다(대판 2013. 6. 27, 2013다14880).

2) 例 外 반환시기의 약정이 없는 소비대차에서 貸主는 상당한 기간을 정하여 반환을 최고하여야 한다(제603조 제2항). 만약 대주가 상당한 기간을 정하지 않고 최고한 경우에는 최고한 때로부터 상당한 기간이 경과한 후에 이행지체로 된다(대판 1966. 5. 31, 66다663). 그리고 불법행위에 의한 손해배상채무에서는 최고를 기다리지 않고 불법행위가 있은 때로부터, 즉 손해배상채무의 성립과 동시에 당연히 지체의 효과로서 손해배상책임이 발생한다. 판례도 피해자가 입은 손해를 남김없이 배상케 하자는

원상회복의 이념을 기초로 하여 같은 입장을 취하고 있다(대판 1971. 6. 8, 70다2401). 따라서 원칙적으로 초일을 산입하지 않는 제157조의 기간의 기산점에 관한 규정은 적용될 여지가 없다(대판 1975. 5. 27, 74다1393). 토지의 면적 및 경계가 잘못 등재된 지적공부의 기재를 진실한 것으로 믿고 토지를 매수하였다가 그 토지의 일부에 관한 소유권을 취득할 수 없게 됨으로써 매도인에게 지급한 매매대금 중 위 토지 일부에 해당하는 금액 상당의 손해를 입은 매수인의 국가에 대한 손해배상채권은 그 매매대금을 실제로 지급한 때에 성립하고 그때 이행기가 도래하므로 국가는 그날부터 갚는 날까지의 지연손해금을 지급하여야 한다(대판 2010. 7. 22, 2010다18829). 다만 불법행위책임은 손해가 발생하여야 성립하므로 불법행위에서 위법행위 시점과 손해발생 시점 사이에 시간적 간격이 있는 경우에 불법행위로 인한 손해배상청구권의 지연손해금은 손해발생 시점을 기산일로 하여 발생하게 된다(대판 2011. 7. 2, 2010다76368). 그리고 재산적 손해뿐만 아니라 정신적 손해의 배상, 즉 위자료도 불법행위시부터 지연손해금이 발생하는 것이 원칙이지만, 불법행위시와 변론종결시 사이에 장기간의 세월이 경과됨으로써 위자료를 산정함에 있어 반드시 참작해야 할 변론종결시의 통화 등에 불법행위시와 비교하여 상당한 변동이 생긴 때에는 예외적으로 사실심 변론종결 당일로부터 지연손해금이 발생한다고 보아야 한다(대판 2011. 1. 13, 2009다103950).

[판 례]

(1) 타인의 토지를 점유함으로 인한 부당이득 반환채무는 이행의 기한이 없는 채무로서 이행청구를 받은 때로부터 지체책임이 있다(대판 2008. 2. 1, 2007다8914).

(2) 금전채무의 지연손해금채무는 금전채무의 이행지체로 인한 손해배상채무로서 이행기의 정함이 없는 채무에 해당하므로, 채무자는 확정된 지연손해금채무에 대하여 채권자로부터 이행청구를 받은 때로부터 지체책임을 부담하게 된다 할 것이다(대판 2004. 7. 9, 2004다11582).

(3) 불법행위로 인한 위자료배상채무의 지연손해금이 그 위자료 산정의 기준시인 사실심 변론종결 당일로부터 발생한다고 보아야만 하는 예외적인 경우에는 논리상 변론종결시 이전에는 지연손해금을 붙일 수 없는 결과, 위자료채무가 성립한 불법행위시로부터 지연손해금을 붙이는 원칙적인 경우와는 달리, 불법행위시로부터 변론종결시까지 상당한 장기간 동안 배상이 지연됨에도 그 기간에 대한 지연손해금이 전혀 가산되지 않게 된다는 사정까지 참작하여 변론종결시의 위자료 원금을 산정함에 있어 이를 적절히 증액할 여지가 있을 수 있다(대판 2011. 1. 13, 2009다103950).

(4) 期限의 利益을 喪失한 債務

1) 意 義 기한이 있음으로써 얻게 되는 이익, 즉 기한의 이익은 채무자를 위한 것으로 추정된다(제153조 제1항). 채무자에게 기한의 이익을 주는 것은 기한까지 채무의 이행청구를 유예하여 주더라도 기한이 도래하면 반드시 채무를 이행할 것으로 채무자를 신뢰하기 때문이다. 따라서 채권자와 채무자 사이에 이러한 신뢰관계가 파괴될 경우에는 채무자는 기한의 이익을 주장할 수 없다.

2) 期限利益의 喪失事由 기한의 이익의 상실사유는 다음과 같다. 즉 (i) 채무자가 담보를 손상·감소 또는 멸실하게 한 때(제388조 제1항), (ii) 채무자가 담보제공의 의무를 이행하지 않은 때(제388조 제2항), (iii) 채무자가 파산선고를 받은 때(채무자 회생 및 파산에 관한 법률 제425조)에는 채무자는 기한의 이익을 주장할 수 없다. 또한 (iv) 민법에는 특별규정이 없으나 당사자가 기한이익의 상실에 관하여 특약을 할 수도 있으며(대판 1997. 8. 29, 97다12990), 그 특약에 의하여 기한이익의 상실사유를 임의규정인 제388조와 다르게 정할 수 있다(대판 2001. 10. 12, 99다56192). (i)에서의 담보는 물적 담보(저당권·가등기 담보 등)뿐만 아니라 인적 담보(보증 등)도 포함한다. 또한 손상·감소·멸실하게 하는 행위는 법률행위일 수도 있고 사실행위일 수도 있다(이설 없음). 그런데 채무자에게 고의·과실이 있어야 하는가에 관하여는 (a) 긍정설(민법주해(9)/양창수 137면; 송덕수 86면)과 (b) 부정설(곽윤직 82면; 김용한 128면; 장경학 156면; 김주수 116면; 김형배 180면)이 대립한다. 생각건대 채무자에게 고의·과실 없이 기한의 이익을 상실케 하는 것은 너무 가혹하며, 민법이 과실책임을 원칙으로 하므로 긍정설이 타당하다.

3) 效 果 기한의 이익의 상실사유가 발생하면 채무자는 기한의 이익을 주장하지 못한다(제388조). 이것은 기한이 도래한 것으로 간주되는 것이 아니다. 따라서 채권자는 그의 선택에 따라 이행기 전이라도 이행을 청구할 수 있고, 또는 채무자의 이행을 거절하여 기한까지의 이자를 청구할 수도 있다. 기한이익의 상실로 곧 이행지체가 되지 않고 채권자의 청구, 즉 최고가 있은 때로부터 지체책임을 지게 된다. 다만 정지조건부 기한이익 상실의 특약(일정한 사유가 발생하면 채무자는 기한의 이익을 잃고 채권자의 별도의 의사표시가 없더라도 바로 이행기가 도래하는 것으로 하는 약정)을 한 경우에는 기한이익의 상실사유가 발생함과 동시에 채권자의 최고 없이도 채무자는 이행지체에 빠지게 되나(대판 1988. 9. 20, 87다카2112), 당사자의 의사가 명확하지 않으면 채권자의 의사행위(통지나 청구)를 기다려 비로소 이행기가 도래하는 것으로 하는 형성권적 기한이익 상실의 특약으로 추정된다(대판 2002. 9. 4, 2002다28340). 또한 채무자가 파산선고를 받은 경우에도 채권자의 최고 없이 기한부 채무는 파산선고시에 변제기에 이른 것으로 된다(채무자 회생 및 파산에 관한 법률 제425조).

[판 례]

(1) 기한이익 상실의 특약은 그 내용에 의하여 일정한 사유가 발생하면 채권자의 청구 등을 요함이 없이 당연히 기한의 이익이 상실되어 이행기가 도래하는 것으로 하는 정지조건부 기한이익 상실의 특약과 일정한 사유가 발생한 후 채권자의 통지나 청구 등 채권자의 의사행위를 기다려 비로소 이행기가 도래하는 것으로 하는 형성권적 기한이익 상실의 특약의 두 가지로 대별할 수 있고, 기한이익 상실의 특약이 위의 양자 중 어느 것에 해당하느냐는 당사자의 의사해석의 문제이지만 일반적으로 기한이익 상실의 특약이 채권자를 위하여 둔 것인 점에 비추어 명백히 정지조건부 기한이익 상실의 특약이라고 볼 만한 특별한 사정이 없는 이상 형성권적 기한이익 상실의 특약으로 추정하는 것이 타당하다(대판 2010. 8. 26, 2008다42416).

(2) 이른바 형성권적 기한이익 상실의 특약이 있는 경우에는 그 특약은 채권자의 이익을 위한 것으로서 기한이익의 상실 사유가 발생하였다고 하더라도 채권자가 나머지 전액을 일시에 청구할 것인가 또는 종래대로 할부변제를 청구할 것인가를 자유로이 선택할 수 있으므로, 이와 같은 기한이익 상실의 특약이 있는 할부채무에 있어서는 1회의 불이행이 있더라도 각 할부금에 대해 그 각 변제기의 도래시마다 그 때부터 순차로 소멸시효가 진행하고 채권자가 특히 잔존 채무 전액의 변제를 구하는 취지의 의사를 표시한 경우에 한하여 전액에 대하여 그 때부터 소멸시효가 진행한다(대판 1997. 8. 29, 97다12990).

3. 債務者의 歸責事由에 기할 것

채무자가 고의 또는 과실로 이행을 지체한 경우에 이행지체가 성립한다. 이행지체가 채무자의 귀책사유에 의한 것이어야 한다(제390조 단서 참조). 채무자는 그의 법정대리인과 이행보조자의 고의 · 과실에 대해서도 책임을 진다(제391조). 다만 금전채무의 이행지체의 경우에는 채무자는 자기에게 과실 없음을 항변할 수 없으므로(제397조 제2항 후단), 채무자의 귀책사유를 요하지 아니한다.

4. 履行하지 않는 것이 違法일 것

채무불이행이 위법하여야 한다. 다만 위법성은 채무불이행 사실로부터 추정되므로 정당한 사유 즉 위법성조각사유가 없으면 당연히 인정되는 소극적인 요건이다(대판 2002. 12. 27, 2000다47361). 위법성이 조각되는 사유에는 유치권 · 동시이행의 항변권 또는 변제유예의 항변권 등이 있다. 판례도 쌍무계약에서 쌍방의 채무가 동시이행관계에 있는 경우 일방의 채무의 이행기가 도래하더라도 상대방 채무의 이행제공이 있을 때까지는 그 채무를 이행하지 않아도 이행지체의 책임을 지지 않는다고 한다(대판 2001. 7. 10, 2001다3764).

그러나 채권자의 채권이 가압류 또는 압류되더라도 채무자는 이행기가 도래하면 이행하여야 하고, 채무자가 이행할 수 없는 때에는 이행지체책임을 지게 된다(대판[전합] 1994. 12. 13, 93다951. 이 경우에 채무자는 변제공탁을 함으로써 이행지체책임을 면할 수 있다고 한다).

[판 례]

(1) 채무불이행에 있어서 확정된 채무의 내용에 좇은 이행이 행하여지지 아니하였다면 그 자체가 바로 위법한 것으로 평가되는 것이고, 다만 그 이행하지 아니한 것이 위법성을 조각할 만한 행위에 해당하게 되는 특별한 사정이 있는 때에는 채무불이행이 성립하지 않는 경우가 있을 수 있다(대판 2002. 12. 27, 2000다47361).

(2) 이행보증계약에 기한 보증인의 보증금지급의무에 관하여 지급금지가처분결정이 있었다고 하더라도 그것으로써 보증인에게 그 지급을 거절할 수 있는 사유, 즉 지급거절의 권능이 발생한다고 할 수 없고, 보증금지급의무가 실제로 발생하여 그 이행기가 도래하면 보증인은 보증채권자에게 이를 이행하여야 하며, 이를 이행하지 아니하는 경우에는 지체책임 발생의 다른 요건이 갖추어지는 한 그 이행의 지체로 인한 손해배상 등 법적 책임을 져야 한다. 다만 그는 보증금을 채권자의 수령불능을 이유로 변제공탁함으로써 자신의 보증금지급채무로부터 벗어날 수 있고, 그에 따라 위에서 본 바와 같은 지체책임도 면하게 된다(대판 2010. 2. 25, 2009다22778).

Ⅲ. 履行遲滯의 效果

이행지체의 경우에는 이행은 원칙적으로 가능하므로 채권자는 채무자에 대하여 본래의 급부의무의 이행을 청구할 수 있다. 이 청구에 대하여 채무자가 임의로 이행하지 아니하면 채권자는 소를 제기하여 채무명의를 얻은 후 급부의무의 이행을 강제할 수 있다(제389조). 그러나 강제이행은 이행지체 등의 채무불이행의 효과가 아니라, 일반적인 채권의 효력의 문제이다. 강제이행은 채무가 이행기에 있고 강제실현이 가능하면 채무자에게 귀책사유가 없어도 행하여질 수 있다. 따라서 이행지체의 전형적인 효과는 손해배상청구권과 계약해제권의 발생이다.

1. 損害賠償請求權의 발생

(1) 遲延賠償

채권자는 채무자의 이행의 지체로 입은 손해에 대하여 그 배상(지연배상)을 청구할 수 있다(제390조). 금전채무의 경우에 있어서의 지연이자가 그 전형적인 것이다(제397조 제1항). 지연배상의 경우에는 이행이 가능하고 본래의 채무는 소멸하지 않으므로 채권자는 지연배상과 함께 본래의 급부의 이행을 청구할 수 있다. 따라서 채무자는 본래의 급부와 함께 지연배상도 아울러 제공하여야만 채무의 내용에 좇은 이행의 제공이 된다(제460조).

확정된 지연손해금채무는 이행지체로 인한 채무로서 기한 없는 채무이므로 제387조 제2항에 따라 그 이행청구를 한때부터 다시 그 지연손해금에 대한 지체책임이 발생한다(대판 1998. 6. 26, 97다7868).

(2) 塡補賠償

채무자가 이행을 지체하는 경우에 채권자가 상당한 기간을 정하여 이행을 최고하였음에도 불구하고 그 기간 내에 이행을 하지 않거나, 지체 후의 이행이 채권자에게 이익이 없는 경우에는 채권자는 계약을 해제함이 없이 즉시 그 수령을 거절하고 이행에 갈음한 손해배상, 즉 전보배상을 청구할 수 있다(제395조). 이 경우의 배상에는 지연배상이 포함되어 있으므로 채권자는 전보배상과 별도로 지연배상을 청구할 수 없다.

[판 례]

이행지체에 의한 전보배상 청구에 있어서는 다른 특별한 사정이 없는 한, 채권자는 채무자에게 대하여 상당한 기간을 정하여 그 본래의 의무 이행을 최고하고 그 이행이 없는 경우에 그 본래 의무 이행에 대신하는 전보배상을 청구할 수 있고, 그 전보배상에 있어서의 손해액 산정의 표준시기는 원칙적으로 최고하였던 '상당한 기간'이 경과한 당시의 시가에 의하여야 하는 것이다(대판 1997. 12. 26, 97다24542).

(3) 責任加重

채무자는 지체 후에는 그에게 책임 없는 사유에 의하여 발생한 손해에 대해서도 책임을 진다(제392조 본문). 급부불능에 대하여 직접적인 귀책사유가 없음에도 불구하고 채무자에게 책임을 귀속시키는 것은 그 급부불능이 채무자의 이행지체로 인하여 발생한 것이기 때문이다. 따라서 채무자는 지체 후의 불가항력적 사유를 가지고 채권자에게 대항할 수 없고 지체와 불능 사이에 인과관계가 존재할 필요도 없다. 또한 채무자가 고의 · 중과실에 관해서만 책임을 지도록 되어 있는 경우에도 지체 후에는 경과실에 대해서도 책임을 지게 된다.

이행기에 이행하였더라도 생겼을 손해에 대하여는 그 손해와 지체 사이에 인과관계가 없으므로 면책된다(제392조 단서). 이러한 가정적 상황에 대한 입증책임은 채무자에게 있다(대판 1962. 5. 21, 62다175).

2. 契約解除權의 발생

채무자가 이행을 지체하면 채권자는 상당한 기간을 정하여 최고하고 채무자가 그 기간 내에 이행하지 않으면 계약을 해제할 수 있다(제544조 본문). 다만 채무자가 미리 불이행의 의사표시를 하거나 또는 정기행위인 경우(결혼식 예복의 주문 등)에는 최고 없이 곧 계약을 해제할 수 있다(제544조 단서 · 제545조).

계약의 해제는 손해배상에 영향을 미치지 않는다(제551조). 따라서 해제할 수 있을 뿐만 아니라, 그 밖에 손해가 있으면 그 배상도 청구할 수 있다.

Ⅳ. 履行遲滯의 終了

1. 債權의 消滅

변제나 그 밖의 사유로 채권이 소멸하면 이행지체도 종료한다.

2. 債權者의 遲滯免除

채권자가 지체의 책임을 면제하면 이행지체는 종료한다. 그러나 채권자가 이행지체의 성립 전에 채무자 · 법정대리인 · 이행보조자의 고의에 의한 이행지체를 면제하여도 그 면제는 효력을 발생하지 아니한다. 이행지체의 면제는 채무불이행책임을 면책하는 특약의 효력과 동일하게 이루어져야 할 것이기 때문이다(김상용 119면). 이행지체가 성립한 후에 채권자가 기한을 유예한 경우에는 유예기간 동안에는 지체책임이 발생하지 않는다. 그런데 이행기 도래 후에 이행을 유예하면 이미 발생한 지체책임도 소멸하는지가 문제된다. 이 문제는 이행을 유예한다는 의사표시의 해석으로 판단하여야 한다(곽윤직 105면; 김용한 139면; 김상용 119면). 그러나 기한유예의 의사표시가 불분명한 때에는 책임이 소멸하지 않는 것으로 본다(송덕수 96면; 동지 김증한/김학동 100면).

3. 履行의 提供

채무자가 지연배상과 함께 채무의 내용에 좇은 이행을 제공한 때에는 이행지체는 종료한다. 그러나 채권자가 이미 해제를 하였거나(제544조), 지체 후의 이행이 채권자에게 이익이 없어서 전보배상을 청구한 때(제395조)에는 이행의 제공을 하여 지체를 소멸시킬 수 없다. 지체 후의 급부로 채권의 목적을 달성할 수 있는 것이어야 하기 때문이다.

4. 遲滯 후의 履行不能

지체 후에 이행불능으로 된 경우를 이행불능으로 보게 되면 이행지체는 종료하게 된다. 그러나 이행불능으로 보든, 이행지체로 보든 법적 효과는 동일하다. 이행지체 후에 이행불능으로 된 경우에 채권자는 이행지체를 원인으로 계약을 해제하고 전보배상을 청구할 수 있을 뿐만 아니라, 해제를 하지 않고 제395조에 의하여 전보배상을 청구할 수도 있기 때문이다.

사례해설

I. B의 A에 대한 채무불이행책임

1. C는 B의 이행보조자

이행보조자라 함은 채무자가 채무를 이행하는 데 있어서 채무의 이행을 보조하는 자이다. 이행보조자이기 위해서는 그에 대한 채무자의 간섭가능성이 있어야 하는가에 관하여 견해가 대립하나, 이행보조자는 채무자가 채무의 이행을 하는 데 있어서 필요한 행위만으로 충분하고 반드시 채무자의 지휘·감독을 받아야만 하는 것은 아니다. 따라서 사례에서 C는 B가 채무를 이행하는 데 있어서 필요한 행위로서 주문한 예복을 배달한 것이므로 B의 이행보조자에 해당한다.

2. 정기행위

정기행위란 계약의 성질 또는 당사자의 의사표시에 의하여 급부가 일정한 시각, 또는 일정한 기간 내에 행하여지지 않으면 계약의 목적을 달성할 수 없고, 그 추완이 불가능한 경우를 말한다. 정기행위에는 계약의 성질상 결혼식장에 보낼 화환의 주문처럼 일정한 시기가 지난 후에 급부하면 계약의 목적을 달성할 수 없는 절대적 정기행위와 예식장에서 입을 예복의 주문처럼 당사자가 표시한 목적에 의하여 약속한 기일 내에 이행되지 않으면 계약의 목적을 달성할 수 없는 상대적 정기행위가 있다. 정기행위의 경우에는 이행기에 이행이 가능한데도 이행없이 이행기가 도과하면 이행불능으로 되어 최고 없이도 계약을 해제할 수 있다. 다만 상대적 정기행위의 경우에는 채권자는 이행불능 또는 이행지체 중 어느 하나를 선택하여 채무불이행책임을 물을 수 있다. 위 사안에서 B의 채무는 상대적 정기행위에 해당한다고 할 것이다.

3. **이행지체 또는 이행불능으로 인한 채무불이행책임**

위 사안에서 B의 채무는 정기행위에 해당하므로 A는 B에 대하여 이행불능이나 또는 이행지체로 인한 채무불이행책임을 물을 수 있다. 이행지체라 함은 채무가 이행기에 있고 그 이행이 가능함에도 불구하고 채무자의 귀책사유로 인하여 이행하지 않는 것을 말한다. 이행지체가 성립하려면, 채무가 이행이 가능할 것, 이행기가 도래하였을 것, 채무자의 귀책사유(고의·과실)에 기할 것, 이 세 가지 요건을 갖추어야 한다. 그리고 이행불능이라 함은 급부의 제공이 불가능한 것을 말한다. 여기서의 B의 채무는 귀책사유에 의한 후발적 이행불능으로 된 것이다. 그런데 사례에서는 채무자 B가 아닌 그의 이행보조자 C의 귀책사유에 의하여 이행불능 또는 이행지체가 된 것이어서 채무자 B가 채무불이행책임이 성립되는지가 문제된다. 우리 민법은 제391조에서 이행보조자의 고의·과실을 채무자의 고의·과실로 본다고 규정하고 있으므로 채무자 B는 이행불능 또는 이행지체에 의한 채무불이행책임을 지게 된다.

4. **A의 구제수단**

사례에서 A는 결혼식 당일에 주문한 예복을 B의 이행보조자 C의 귀책사유에 의하여 전달받아 착용하지 못하였으므로 채무자 B를 상대로 이행불능이나 이행지체로 인한 채무불이행책임을 물어 그로 인하여 입은 손해배상을 청구할 수 있다. 또한 이행보조자의 과실행위가 채권자에 대하여 불법행위책임의 요건을 충족한 경우에는 이행보조자도 불법행위상의 손해배상책임을 지게 된다. 따라서 A는 이행보조자 C에 대하여도 불법행위책임을 물어 손해배상을 청구할 수도 있다.

II. B의 A에 대한 사용자책임

1. **사용자책임**

사용자책임이라 함은 사용자가 피용자의 불법행위에 대하여 책임을 지는 것을 말한다(제751조). 사용자책임은 피용자의 선임·감독에 대한 자신의 과실에 대한 책임이고, 사용자와 피용자 사이에 어느 정도의 종속관계가 요구된다는 점에서 채무불이행책임과 다르다. 사례에서 C는 B의 종업원이므로 종속관계에 있다고 볼 수 있다. 따라서 B는 C에 선임·감독에 과실이 없음을 입증할 수 없으면 사용자책임을 질 수도 있다고 할 것이다.

2. **채무불이행책임과의 차이**

이행보조자의 고의·과실에 대한 채무자의 채무불이행책임과 사용자의 피용자에 대한 사용자책임은 모두 타인의 행위에 대한 책임이라는 점에서는 공통된다. 그러나 제391조의 책임은 채무불이행책임이고 제756조의 책임은 사용자책임이라는 점에서 근본적으로 차이가 있다. 그리고 제391조는 타인의 과실에 대한 책임이나 제756조의 책임은 피용자의 선임·감독에 대한 그 자신의 과실에 대한 책임이고, 제391조의 책임은 채무자와 이행보조자 사이에 종속관계가 요구되지 않으나 제756조의 책임은 사용자와 피용자 사이에 어느 정도 종속관계가 있어야 된다. 그리고 제391조의 책임은 채무자의 면책가능성이 인정되지 않는다. 제756조의 책임에서는 사용자의 면책이 인정된다. 그 밖에도 제391조에 의한 채무자책임에는 소멸시효의 일반원칙(제162조)이 적용되고, 사용자책임에는 제756조의 단기소멸시효가 적용된다.

第3項 履行不能

사 례

A는 B 소유의 토지를 20년간 소유의 의사로 평온 · 공연하게 점유하여 취득시효기간이 만료되었다. 따라서 B에게 시효완성을 원인으로 한 소유권이전등기청구권을 행사하였으나 이전등기가 경료되기 전에 乙 소유의 토지는 국가에 의해 수용되고 乙은 수용보상금을 수령하였다. 이 경우 A와 B 사이의 법률관계는?

[중요논점]

Ⅰ. B의 A에 대한 채무불이행책임

1. A와 B간에 채권 · 채무관계
2. B의 채무불이행책임
3. A의 B에 대한 대상청구권

Ⅱ. B의 A에 대한 불법행위책임

Ⅰ. 意 義

이행불능이란 채권이 성립한 후에 채무자에게 책임 있는 사유로 이행이 불능으로 되는 것을 말한다. 원시적 불능의 경우에는 단지 계약체결상의 과실의 문제만 생기며(제535조), 채무자가 이를 알았거나 알 수 있었을 때에는 신뢰이익을 배상하여야 한다. 후발적 불능의 경우에는 그 불능이 채무자에게 책임 있는 사유로 발생한 경우(협의의 이행불능)에는, 채권자는 채무불이행으로 인한 손해배상을 청구할 수 있다. 그러나 채무자에게 책임 없는 사유(양 당사자의 귀책사유 없는 이행불능과 채권자에게 귀책사유 있는 이행불능)로 불능이 된 경우에는 채무는 소멸하며 쌍무계약에 기한 경우에는 위험부담의 문제가 생긴다(제537조의 채무자 위험부담주의).

Ⅱ. 履行不能의 要件

1. 債權의 成立 후에 履行이 不能으로 되었을 것

(1) 履行의 不能

이행불능이라 함은 절대적·물리적으로 불능하게 되는 것을 의미하는 것이 아니라 사회생활에 있어서의 경험법칙 내지 사회의 거래관념에 비추어 채권자가 채무자의 이행의 실현을 기대할 수 없는 것을 말한다(통설. 대판 2003. 1. 24, 2000다22850). 물리적으로 가능하더라도 사회관념상 채무자의 급부를 기대할 수 없는 경우와 일반인에게는 가능하여도 채무자에게는 그 이행의 실현을 기대할 수 없는 때에는 이행불능이 된다. 예를 들어 매도인이 목적물을 이중으로 양도하여 제2매수인에게 등기 또는 인도를 완료한 때에는 매도인이 제2매수인으로부터 그 목적물을 다시 매수하여 제1매수인에게 이행하는 것이 기대될 수 있는가를 사회관념에 따라 판단하면 될 것이며, 주관적 불능을 불능에서 제외할 필요는 없는 것이다. 또한 깊은 바다에 빠진 반지를 찾아주기로 하는 채무와 같이 물리적으로는 가능하지만 이행에 지나치게 많은 비용과 노력이 필요한 경우에도 불능으로 된다. 그리고 이행이 사실상 불가능한 경우뿐만 아니라 법률상 불가능한 경우(예: 일정한 종류의 물건의 거래가 법률상 금지된 경우)도 불능에 해당한다. 그러나 타인 소유의 물건을 매도한 경우와 같이 현재에는 불가능하더라도 장차 가능할 수 있으면 불능이 아니다.

〈이행불능을 인정한 판례〉

(1) 부동산을 이중으로 매도한 후 그 중 1인에게 먼저 소유권이전등기를 경료하여 준 경우에는 특별한 사정이 없는 한 다른 매수인에 대하여는 소유권이전등기의무가 이행불능에 놓이게 된다(대판 1981. 6. 23, 81다225).

(2) 환매의 특약 또는 재매매의 예약 등에 의하여 제3자로부터 목적물의 소유권을 회복하여 매수인에게 이전할 수 있는 특별한 사정이 없는 한 매도인의 채무는 이행불능으로 된다(대판 1974. 5. 28, 73다1133).

(3) 부동산소유권이전 등 의무자가 그 부동산에 관하여 제3자 앞으로 비록 채권담보를 위하여 소유권이전등기를 경료하였다 할지라도, 그 의무자가 채무를 변제할 자력이 없는 경우에는 특단의 사정이 없는 한 그 소유권 이전등기의무는 이행불능이 된다(대판 1991. 7. 26, 91다8104).

(4) 임대인의 임대차목적물의 소유권을 제3자에게 양도하고 그 소유권을 취득한 제3

자가 임차인에게 그 임대차의 목적물의 인도를 요구하여 이를 인도한 경우(대판 1996. 3. 8, 95다15087), 또는 임차인이 진실한 소유자로부터 목적물의 반환청구나 차임 내지 그 해당액의 지급요구를 받는 등의 이유로 임대인이 임차인으로 하여금 사용 · 수익할 수 없게 된 경우(대판 1996. 9. 6, 94다54641)에는 임대인의 채무는 이행불능으로 된다.

(5) 피고가 원고를 강박하여 그에 따른 하자 있는 의사표시에 의하여 부동산에 관한 소유권이전등기를 마친 다음 타인에게 매도하여 소유권이전등기를 경료하여 준 경우, 그 소유권이전등기는 소송 기타 방법에 따라 말소 환원 여부가 결정될 특별한 사정이 있으므로 피고의 원고에 대한 소유권이전등기 의무는 아직 이행불능이 되었다고 할 수 없으나, 원고가 등기명의인을 상대로 제기한 소유권이전등기 말소청구소송 또는 진정명의 회복을 위한 소유권이전등기 청구소송이 패소확정되면 그때에 피고의 목적 부동산에 대한 소유권이전등기 말소등기의무는 이행불능 상태에 이른다고 할 것이다(대판 2005. 9. 15, 2005다29474).

(6) 토지거래허가가 나지 아니한 상태에서 당해 토지에 관한 경매절차가 개시되어 제3자에게 소유권이 이전되었다면, 그 토지거래계약에 기한 소유권이전의무는 특별한 사정이 없는 한 이행불능 상태에 이르렀다고 보아야 하고, 이로써 유동적 무효 상태에 있던 위 토지거래계약은 확정적으로 무효가 된다고 할 것이다(대법원 2011. 6. 24. 선고 2011다11009 판결 등 참조). 따라서 토지거래허가 없이 체결된 매매예약에 기하여 소유권이전청구권 보전을 위한 가등기가 경료되어 있는 상태에서 당해 토지가 제3자에게 낙찰되어 소유권이 이전된 경우에는 그 후 그 가등기에 기한 본등기까지 경료되었더라도 이는 효력이 없는 무효의 등기라 할 것이다(대판 2013. 2. 14, 2012다89900).

〈이행불능을 부정한 판례〉

(1) 임대차계약상의 임대인의 의무는 목적물을 사용 · 수익케 할 의무로서 목적물에 대한 소유권 있음을 성립요건으로 하고 있지 아니하여 임대인이 소유권을 상실하였다는 이유만으로 그 의무가 불능이라고 단정할 수 없다(대판 1994. 5. 10, 93다37997).

(2) 부동산 소유권이전등기 의무자가 그 목적물을 제3자에게 양도하고 아직 그 소유권이전등기를 경유하지 아니한 경우에는 특단의 사유가 없는 한 소유권이전등기의무는 이행불능의 상태에 있다고 볼 수 없음은 물론 소유권이전등기를 경료하였다고 할지라도 상속한 소유권이전등기의무가 이행불능이 되었다고 할 수 없다(대판 1984. 4. 10, 83다카1222).

(3) 교환계약에 따라 등기이전을 받아야 할 토지에 관하여 타인 앞으로 등기가 경료되었다 하더라도 그 등기가 당사자 사이의 명의신탁에 기한 경우처럼 그 등기명의를 회복하여 교환계약의 상대방에게 소유권이전등기를 이행할 수 있는 특별한 사정이 있으면, 교환목적토지의 소유권이전등기절차이행은 아직 이행불능이 되었다고 할 수 없다(대판 1989. 9. 12, 88다카33176).

(4) 계약의 일방당사자가 계약기간 중에 부도가 발생하였다는 사실만으로 당해 계약의

이행이 그의 유책사유로 불가능하게 되었다고 단정할 수 없고, 그 부도발생 전후의 계약의 이행의 정도, 부도에 이르게 된 원인, 부도발생 후의 영업의 계속 혹은 재개여부, 당해계약을 이행할 자금사정 기타 여건 등 제반사정을 종합하여 계약의 이행불능 여부를 판단하여야 한다(대판 2006. 4. 28, 2004다16796).

(5) 갑이 임야의 공동상속인으로서 다른 공유자들의 위임을 받아 그 대표로 임야 일부를 매매목적물로 특정하여 을에게 매도하기로 하는 매매계약을 체결한 사안에서, 임야의 공유자 중 1인이 행방불명이 되었다는 사정만으로 매매목적물에 관한 갑의 소유권이전등기절차이행의무가 이행불능 상태에 빠졌다고 할 수 없다고 한 사례(대판 2012. 9. 13, 2010다5663).

(2) 一部不能

급부의 일부만이 불능으로 된 경우에는 원시적 불능이든, 후발적 불능이든 제137조의 일부무효의 법리가 적용된다(대판 1995. 7. 25, 95다5929). 따라서 일부불능으로 인하여 전부가 불능으로 되는 경우에는 계약이 전부무효로 되나(제137조 본문), 무효부분이 없더라도 계약목적을 달성할 수 있는 경우에는 불능부분만 무효로 되고 나머지 이행가능한 부분은 유효한 것으로 된다.

(3) 後發的 不能

이행불능에 있어서 불능은 채권이 성립할 때는 가능하였으나 후에 이르러 불능이 된 후발적 불능만을 의미한다. 채권이 성립하기 전에 급부가 불능인 원시적 불능은 채권의 불성립이나 계약체결상의 과실이 문제될 뿐이다(제535조). 불능의 판단은 원칙적으로 이행기를 기준으로 하지만 이행기 이전에도 급부가 확정되면 이행불능의 문제가 발생할 수 있다. 일반적으로 채권은 법률행위 또는 계약이 성립한 때에 발생한다. 그런데 정지조건부 또는 시기부 법률행위에 있어서는 채권의 성립시기와 법률행위의 성립시기가 일치하지 않는다. 이 경우에 원시적 불능의 판단시기가 문제되는데, 그 판단시기는 법률행위의 성립시로 함이 타당하다. 따라서 정지조건부 또는 시기부 법률행위에 있어서는 그 법률행위의 성립 후 채권의 발생 전에 그 이행이 불능으로 되는 것은 원시적 불능이 아니라, 후발적 불능으로 다루어야 한다.

(4) 履行不能의 基準時期

이행의 가능여부는 이행기를 표준으로 하여 판단하여야 하나 반드시 이행기 이후에만 이행불능이 생기는 것은 아니다. 도급공사에서 공사의 기한 전에 수급인이 도산한 경우와 같이 이행기가 되기 전에 불능이 되었고, 또한 이행기에 있어서도 불능이 확실한 때에는 이행기를 기다리지 않고 곧 이행불능으로 된다. 그러나 이행기 전에 일시적으로 불능이더라도 이행기에 그 이행이 가능하면 불능이 아니다. 이행지체 후에 생긴 이행의 불능은 이를 이행불능으로 본다(통설. 대판 1969. 12. 16, 67다1525).

2. 債務者의 歸責事由로 不能이 되었을 것

민법은 이행불능에 관하여 채무자의 귀책사유를 명문으로 규정하고 있다(제390조 단서, 제546조). 이행불능이 채무자의 귀책사유 없이 발생한 경우에는 채무자는 채무를 면하게 된다. 이 경우에 불능으로 소멸된 채무가 쌍무계약에 기하여 발생한 것인 때에는 상대방의 채무도 소멸하는지가 문제되는데, 이는 위험부담의 문제이다(제537조·제538조 참조). 채무자에게 귀책사유로 이행불능이 생긴 것이 아니라는 입증책임은 채무자에게 있다(대판 1980. 11. 25, 80다508).

[판 례]

부동산 매수인이 매매목적물에 설정된 근저당권의 피담보채무에 관하여 그 이행을 인수한 경우, 채권자에 대한 관계에서는 매도인이 여전히 채무를 부담한다고 하더라도, 매도인과 매수인 사이에서는 매수인에게 위 피담보채무를 변제할 책임이 있으므로, 매수인이 그 변제를 게을리 하여 근저당권이 실행됨으로써 매도인이 매매목적물에 관한 소유권을 상실하였다면, 특별한 사정이 없는 한, 이는 매수인에게 책임 있는 사유로 인하여 소유권이전등기의무가 이행불능으로 된 경우에 해당하고, 거기에 매도인의 과실이 있다고 할 수는 없다(대판 2008. 8. 21, 2007다8464).

3. 履行不能이 違法할 것

이행불능이 되려면 위법성이 있어야 한다. 즉 위법성조각사유가 없어야 한다. 그러나 이행불능의 경우에는 위법성조각사유가 거의 없다고 할 것이다.

Ⅲ. 履行不能의 效果

이행불능의 경우에는 채무의 이행 자체가 불가능하기 때문에 본래의 채무의 이행을 청구할 수 없다. 따라서 이행의 강제도 불가능하다. 이행불능의 효과로써 채권자는 손해배상청구권·계약해제권·대상청구권을 행사할 수 있다.

1. 損害賠償請求權

급부의 전부가 채무자의 귀책사유로 불능이 된 경우에는 본래의 급부를 목적으로 하는 청구권은 소멸하며, 채권자는 이에 갈음하는 손해배상을 청구할 수 있다(제390조). 이 경우의 손해배상은 그 성질상 塡補賠償이다. 본래의 급부청구권이 전보배상청구권으로 변경된다고 하더라도 채무의 내용만 변경될 뿐 채권관계의 동일성은 그대로 유지되므로 원래의 채권에 붙어 있던 보증채무·질권 등의 담보권은 유지되는 것이 원칙이다. 급부의 일부만이 불능으로 된 경우, 나머지 부분만으로도 채권 내지 계약의 목적을 달성할 수 있는 때에는 나머지 부분은 불능으로 되지 않으므로 채권자는 잔존 부분의 급부청구와 불능부분의 전보배상을 청구할 수 있다. 그러나 이행불능이 채무자에게 책임 없는 사유에 기하여 발생한 경우에는 채무자는 채무를 면하며, 그 채무가 쌍무계약상의 채무인 경우에는 위험부담의 문제가 생긴다.

[판 례]

쌍무계약에 있어서 당사자 일방이 부담하는 채무의 일부만이 채무자의 책임 없는 사유로 이행할 수 없게 된 때에는 그 이행이 불가능한 부분만의 이행으로는 계약의 목적을 달성할 수 없다면 채무의 이행은 전부가 불능이라고 보아야 할 것이므로, 채권자로서는 채무자에 대하여 계약 전부를 해제하거나 또는 채무전부의 이행에 갈음하는 전보배상을 청구할 수 있을 뿐이지, 이행이 가능한 부분만의 급부는 청구할 수 없다고 할 것이다(대판 1995. 7. 25, 95다5929).

2. 契約解除權

채무자에게 책임 있는 사유로 이행불능이 된 경우에는, 채권자는 최고 없이 계약을 해제할 수 있다(제546조). 그리고 그 채무가 쌍무계약으로부터 발생하는 경우에 상대방이 자기의 채무의 이행을 제공할 필요는 없다(대판 2003. 1. 24, 2000다22850). 해제권의 행사는 손해배상의 청구를 방해하지 않는다(제551조). 따라서 채권자는 계약을 해제하는 경우에도 발생한 손해가 있으면 그 손해의 배상을 청구할 수 있다.

3. 代償請求權

(1) 意 義

이행불능이 발생한 것과 동일한 원인으로 채무자가 이행의 목적물의 대상이 되는 이익을 취득하는 수가 있다. 예를 들어 채무의 목적물을 제3자가 파괴하였기 때문에 이행불능이 생기는 동시에 채무자가 손해배상청구권이나, 또는 보험금청구권을 취득하는 경우이다. 이러한 경우에 채권자가 채무자에 대하여 그 이익의 상환을 청구할 수 있는 권리를 대상청구권이라 한다. 이는 이행불능으로 인하여 채무자가 취득한 대가(대상)는 본래 채권자에게 귀속시키는 것이 공평의 원칙에 합당하다는 데에 그 취지가 있다고 할 것이다.

(2) 立法例

이행불능의 효과로 독일민법(제281조·제323조)과 프랑스민법(제1303조)은 손해배상청구권·계약해제권 외에 대상청구권을 명문으로 규정하나, 일본민법과 우리 민법은 이에 대한 명문의 규정이 없어서 해석상 이를 인정하고 있을 뿐이다.

| 참 고 |　대상청구권에 관한 독일민법의 규정

제281조(불능에 있어 대상의 인도) **제1항**　채무자가 급부를 불능케 만든 사정으로 인하여 그 채무의 목적물에 대신하는 대상이나 대상청구권을 취득한 때에는 채권자는 대상으로 수령한 것의 인도 또는 대상청구권의 양도를 청구할 수 있다.

제2항　채권자가 불이행에 의한 손해배상청구권을 가지는 경우에 채권자가 제1항의 권리를 행사하는 때에는 채권자에게 지급된 손해배상액을 취득한 대상이나 대상청구권의 가액만큼 감액된다.

제323조(쌍무계약에 있어서 책임 없는 급부불능) **제2항**　상대방이 제281조에 의거 채무의 목적물에 대신하여 취득한 대상의 인도 또는 대상청구권의 양도를 청구하는 때에는 그 상대방은 반대급부의 의무를 진다. 그러나 대상 또는 대상청구권의 가격이 본래의 급부의 가격보다 적을 때에는 그 반대급부는 제472조·제473조에 의하여 감축된다.

(3) 代償請求權의 認定與否

1) 民法의 規定　민법은 대상청구권을 일반적으로 인정하는 명문의 규정을 두고 있지 않고, 다만 제한적으로 민법 제1083조·제1084조에서 유증의 목적물에 대하여 이를 인정하고 있을 뿐이다. 따라서 후발적 이행불능에 있어서 채무자의 귀책사유가 있는 경우의 채무불이행책임(제390조), 귀책사유 없는 경우의 위험부담문제(제537조·제538조) 외에 대상청구권을 인정할 필요가 있는지가 문제된다.

2) 學 說

(가) 一般的 認定說　이행불능의 효과로써 일반적으로 채권자에게 대상청

구권을 인정할 수 있다는 견해이다(다수설. 곽윤직 87면; 김용한 147면; 김상용 124면; 송덕수 102면 등). 즉 당사자가 계약의 존속을 원하고 채무자가 본래의 급부에 갈음하여 대상으로 취득하여 반환할 의사가 있다면 이를 부정할 이유가 없다는 점, 우리 민법에도 정당한 귀속의 법리를 반영한 대상의 원칙에 관한 규정(제342조 · 제370조 · 제480조 이하 · 제399조 · 제1083조 · 제1084조 · 제538조 제2항)이 존재하고 있다는 점, 채무자가 채권자에게 이행하였어야 할 목적물에 대신하여 취득할 이익을 원래부터 그 목적물을 취득할 권리를 가졌던 채권자에게 귀속시키는 것이 공평의 원칙에 부합하다는 점을 논거로 하는 견해이다.

(나) 制限的 認定說 현행민법에는 대상청구권에 관한 규정이 없으므로 대상청구권을 이행불능의 효과로서 일반적으로 인정하는 것은 타당하지 못하며, 제3자의 채권침해 · 채권자대위권 · 위험부담의 법리 등 민법의 다른 제도를 통해서도 합리적으로 해결되지 않을 경우에 권리의 정당한 귀속의 법리를 기초로 예외적으로 대상청구권을 인정하자는 견해이다(이은영 230면). 그러나 이러한 대안적인 해결방법은 대상청구권제도와는 그 기능과 요건을 달리하는 것으로서 채권자를 충분히 보호할 수 없는 것으로 본다.

3) 判 例 판례는 「우리 민법에는 이행불능의 효과로서 채권자의 전보배상청구권과 계약해제권 외에 별도로 대상청구권을 규정하고 있지는 않으나 해석상 대상청구권을 부정할 이유가 없다 할 것이다」라고 하여 대상청구권을 명시적으로 인정하고 있다(대판 1992. 5. 12, 92다4581). 그러나 부동산 점유취득시효완성의 경우에 있어서의 대상청구권에 관하여 판례는 처음에 「취득시효가 완성된 토지가 수용됨으로써 취득시효완성을 원인으로 하는 소유권이전등기의무가 이행불능이 된 경우에는 대상청구권의 행사로서 그 토지의 소유자가 그 토지의 대가로서 지급받은 수용보상금의 반환을 청구할 수 있다」고 하였으나(대판 1994. 12. 9, 94다25025), 이후에는 「부동산 점유취득시효완성자가 그 등기청구권이 이행불능이 되었다고 하여 그 이행불능 전에 등기명의자에 대하여 취득시효를 원인으로 한 권리를 주장 · 행사하였어야 하고 그렇지 못한 경우에는 대상청구권을 행사할 수 없다고 봄이 공평의 관념에 부합한다」고 함으로써 대상청구권의 인정을 제한하고 있다(대판 1996. 12. 10, 94다43825). 우리 판례는 귀책사유 없는 이행불능의 경우에 있어서는 대상청구권을 인정하고 있으나, 채무자에게 귀책사유가 있는 경우에도 대상청구권을 직접적으로 인정하는 판례는 아직 나온 것이 없다.

4) 私 見 급부의 후발적 불능으로 대상이 발생한 경우에도 그것은 채권관계에 의할 때 채무자에 대한 관계에서는 채권자에게 속하는 것이므로, 민법상 대위

또는 대상법리에 기한 손해배상자의 대위(제399조) · 변제자대위(제480조 이하) · 물상대위(제342조 · 제370조) 등의 규정을 유추적용하여 대상청구권을 인정할 수 있다고 본다. 이행불능을 발생시킨 것과 동일한 원인에 의하여 채무자가 이행의 목적물의 대상으로 간주되는 이득을 취한 경우에 채권자가 그것과 교환으로 자신의 반대급부를 원래대로 이행할 의사가 있다면, 공평의 관념에 기하여 채권자에게 그 이익의 상환을 청구할 권리를 인정하는 것이 계약 당시의 당사자의 의사를 보다 일관성 있게 관철하는 것이 될 것이다.

(4) 代償請求權의 要件

1) 物件 · 權利의 給付를 목적으로 하는 請求權의 존재 청구권은 물건이나 권리의 급부를 목적으로 하는 급부, 즉 「주는 급부」에 한정된다. 그리고 대상청구권은 이행불능을 전제로 하므로 특정물채무에서만 문제된다. 대상청구권의 발생근거가 되는 청구권의 법적 기초는 문제가 되지 않으므로 급부의무는 계약뿐만 아니라 사무관리 · 부당이득 · 불법행위 · 소유자의 점유자에 대한 반환청구권에 있어서도 발생될 수 있다.

2) 給付의 後發的 不能 급부가 원시적으로 불능인 경우에는 채무가 성립하지 않으며, 따라서 대상청구권이 문제될 여지가 없다. 이행불능이 후발적 불능인 한 채무자의 귀책사유에 의한 것인지의 여부와 관계없이 대상청구권이 인정된다(대판 1996. 6. 24, 95다6601). 다만 이행불능이 채무자의 귀책사유에 의하여 발생된 경우에는 대상청구권과 동시에 채무불이행으로 인한 손해배상청구권이 발생하게 되는데, 이때에 채권자는 두 가지 청구권 중에서 어느 하나를 선택하여 행사할 수 있다.

3) 代償의 取得과 因果關係 이행불능을 발생케 한 원인에 의하여 채무자가 채권자에게 이행하였어야 할 급부 또는 급부목적에 대신하는 이익을 취득하였어야 한다. 이때 불능을 발생케 한 원인과 대신하는 이익의 취득과의 사이에 인과관계가 존재하여야 한다. 그런데 대상의 범위와 관련하여 수용보상금 · 손해배상청구권은 이에 포함되지만, 보험금청구권과 매매대금청구권에 대해서도 대상청구권이 인정되는지가 문제된다. 이에 관하여 학설은 (i) 보험금청구권에 관하여는 보험가입은 강제되지 않고, 보험금청구권은 보험계약이라는 별도의 행위로 인하여 발생하므로 인과관계가 인정되지 않는다는 것을 이유로 대상청구를 부정하는 견해(이태재 116면)와 (ii) 보험금청구권의 발생에 보험계약이 개재되었다고 하여 보험사고와 이행불능 사이의 인과관계를 부정할 수 없다는 것을 이유로 보험금청구권에 대해서도 대상청구를 인정

하는 견해(송덕수 102면; 양창수, "이행불능의 효과로서 대상청구권", 고시연구, 2001년 5월호)가 대립한다. 판례는 매매의 일종인 경매의 목적물인 토지가 경락허가 결정 이후 하천구역에 편입되게 됨으로써 소유자의 경락자에 대한 소유권이전등기의무가 이행불능이 된 경우, 소유자가 하천구역 편입으로 인하여 지급받게 되는 손실보상금에 대한 경락자의 대상청구권을 인정하고 있다(대판 2002. 2. 8, 99다23901). 생각건대, 보험금청구권도 채무자가 이행불능으로 얻은 이익에 속한다고 할 것이므로 그것이 단순히 보험계약에 의해 이루어졌다고 하여 이를 부정할 이유가 없다고 할 것이다. 그리고 매매대금청구권의 경우에는 제1매수인의 매도인에 대한 소유권이전채권의 이행불능은 제2매수인이 소유권을 취득할 때 발생하고 매도인의 제2매수인에 대한 매매대금채권은 제2매매가 성립하면 발생하기 때문에 급부를 불가능하게 하는 사정과 대신하는 이익 사이에 상당인과관계가 없다고 볼 여지도 있으나, 계약의 전체 과정을 통하여 이행불능이 된 원인과 단일한 사정에 의하여 발생하는 것으로 보아 법률행위로부터 얻은 거래이익인 매매대금에 대한 대상성을 긍정하는 것이 통설적인 견해(지원림 1054면 등)로서 타당하다고 할 것이다.

[판 례]

(1) 대상청구권이 인정되기 위해서 급부가 후발적으로 불능이 되어야 하고, 급부를 불능하게 하는 사정의 결과로 채무자가 채권의 목적물에 관하여 「대신하는 이익」을 취득하여야 한다(대판 2003. 11. 14, 2003다35482).

(2) 신용보증기금이 갑 주식회사를 상대로 제기한 사해행위취소소송에서 원물반환으로 근저당권설정등기의 말소를 구하여 승소판결이 확정되었는데, 그 후 해당 부동산이 관련 경매사건에서 담보권 실행을 위한 경매절차를 통하여 제3자에게 매각된 사안에서, 신용보증기금은 대상청구권의 행사로서 갑 회사가 말소될 근저당권설정등기에 기하여 지급받은 배당금의 반환을 청구할 수 있다고 한 사례(대판 2012. 6. 28, 2010다71431).

4) 不能으로 된 客體와 그 代償의 同一性 이행불능으로 된 급부와 채무자가 그에 갈음하여 취득한 대상과의 사이에 동일성이 존재하여야 한다. 소유권의 대상은 채무자가 소유권을 이전하여야 할 의무를 부담하는 경우에만 반환되어야 한다. 예를 들어 임대차의 목적물이 제3자에 의하여 멸실되어 임대인이 그에 대하여 손해배상청구권을 취득하는 경우에는 임차인은 대상청구권을 갖지 못한다. 임차권의 객체는 「사용 · 수익」이지만 임대인이 취득한 손해배상청구권은 「물건」에 대한 것이기 때문이다. 따라서 임차인은 대상물에 대한 임차권의 허용을 청구할 권리를 가지지 않

으며, 임차목적물에 갈음하여 지급된 수용보상비나 임차물의 멸실에 대한 대상(손해배상)도 청구할 수 없다. 그러나 이용손실에 대한 대상급부는 임차인에게 귀속된다.

5) 反對給付의 履行可能 쌍무계약에서 채권자가 대상청구권을 행사할 때에는 자기의 반대급부를 이행할 수 있어야 한다. 반대급부가 이행불능으로 된 때에는 대상청구권도 발생하지 않기 때문이다.

[판 례]

쌍무계약의 당사자 일방이 상대방의 급부가 이행불능이 된 사정의 결과로 상대방이 취득한 대상에 대하여 반대급부를 이행할 의무가 있는바, 이 경우 자신의 반대급부도 그 전부가 이행불능이 되거나 그 일부가 이행불능이 되고 나머지 잔부의 이행만으로는 상대방의 계약목적을 달성할 수 없는 등 상대방에게 아무런 이익이 되지 않는다고 인정되는 때에는, 상대방이 당사자 일방의 대상청구를 거부하는 것이 신의칙에 반한다고 볼 만한 특별한 사정이 없는 한, 당사자 일방은 상대방에 대하여 대상청구권을 행사할 수 없다(대판 1996. 6. 25, 95다6601).

(5) 代償請求權의 行使

대상청구권의 발생요건이 충족된 경우에, 채권자는 그 청구권을 행사할 것인가의 여부를 선택할 수 있다. 채권자가 본래의 급부 대신에 대상을 수령하기를 원하는 경우에는, 채무자에 대하여 그 대상의 수령을 원한다는 의사를 표시하여야 한다. 채권자가 그 의사를 표시한 경우에, 채무자는 채권자에게 그 대상을 양도할 채무를 부담한다. 채권자는 그 대상의 양수를 위하여 강제집행을 청구할 수 있다. 그러나 대상양도의무의 불이행에 대한 손해배상청구권은 발생하지 않으며, 채권자는 본래의 급부의 불이행으로 인한 손해배상청구권을 가질 뿐이다.

[판 례]

(1) 대가로서 지급받은 수용보상금의 반환을 청구하거나, 토지수용보상금의 공탁금출급청구권의 양도청구는 가능하나, 직접 토지의 소유자를 상대로 하여 공탁금의 수령권자가 자신이라는 확인을 구할 수는 없다(대판 1995. 7. 28, 95다2074; 대판 1996. 10. 29, 95다56910).

(2) 점유로 인한 부동산 소유권 취득기간 만료를 원인으로 한 등기청구권이 이행불능으로 되었다고 하여 대상청구권을 행사하기 위하여는, 그 이행불능 전에 등기명의자에 대하여 점유로 인한 부동산소유권 취득기간이 만료되었음을 이유로 그 권리를 주장하였거나 그 취득기간 만료를 원인으로 한 등기청구권을 행사하였어야 한다(대판 1996. 12. 10, 94다43825).

(6) 代償請求權의 效果

1) 一般的 效力 대상청구권의 일반적 효력은 채권자가 이행불능을 발생케 하는 원인에 의하여 채무자가 본래의 급부 또는 급부목적에 대신하여 받은 이익을 취득한 그대로 자신에게 인도 또는 양도하라고 청구하는 것이다.

2) 債權的 請求權 대상청구권은 성질상 채권적 청구권이다. 그러므로 채무자가 비록 이익을 취득하였다고 하더라도 그 이익의 소유권이 채권자에게 바로 귀속되는 것이 아니고 채권자는 채무자에 대하여 인도청구권만 가질 뿐이다(대판 1996. 10. 29, 95다56910). 그리고 이러한 代償의 존재에 대해서는 채권자가 입증책임을 진다. 채무자가 수령하게 되는 보상금이나 그 청구권에 대하여 채권자가 대상청구권을 가지는 경우에도 채권자는 채무자에 대하여 그가 지급받은 보상금의 반환을 청구하거나, 채무자로부터 보상청구권을 양도받아 보상금을 지급받아야 할 것이나, 어떤 사유로 채권자가 직접 자신의 명의로 대상청구의 대상이 되는 보상금을 지급받았다고 하더라도 이로써 채무자에 대한 관계에서 바로 부당이득이 되는 것은 아니라고 보아야 할 것이다(대판 2002. 2. 8, 99다23901).

3) 超過利益의 償還與否 代償이 채권자의 손실 내지 급부목적물의 통상가치를 넘어서는 경우 그 초과이익을 포함한 모든 것을 반환하여야 하는가에 대하여 견해가 대립되고 있다.

(가) 學 說 초과이익의 상환여부에 관하여 학설은 (i) 채무자가 이행불능으로 인하여 채무를 면하고 초과이득을 취득하는 것은 신의칙에 반하며, 이행불능의 사정이 없었으면 원래 채권자에게 귀속할 것이었으므로 모두 대상청구할 수 있다는 견해(권오승 239면; 송덕수 103면)와 (ii) 실손해보다 더 많은 이익을 얻는 것은 손해배상법의 기본원칙에 반하기 때문에 채권자는 이행불능으로 채권자에게 발생한 손해의 범위 내에서만 대상청구를 할 수 있다는 견해(김상용 123면; 양창수, "이행불능의 효과로서 대상청구권", 고시연구, 2001년 5월호; 지원림 1055면)가 대립한다.

(나) 判 例 초과이익의 상환여부에 대하여 고등법원은 이행불능으로 인한 「손해를 한도」로 하여 대상청구권이 있다고 판시한 바 있으나, 대법원은 이 사건의 상고심에서만 대상청구권을 인정할 뿐, 이에 대하여 정면으로 판시하고 있지는 않다(다만 대판 2008. 6. 12, 2005두5956은 무제한설을 취한 것으로 추정된다).

[판 례]

채무자가 목적물 소유자로서 수령하게 되는 보상금에 대하여 채권자인 경락인이 대상청구권을 가진다고 보는 이상, 특별한 사정이 없는 한 채권자는 그 목적물에 대하여 지급되는 보상금 전부에 대하여 대상청구권을 행사할 수 있는 것이고, 소유권이전등기의무의 이행불능 당시 채권자가 그 목적물의 소유권을 취득하기 위하여 지출한 매수대금 상당액 등의 한도 내로 그 범위가 제한된다고 할 수 없다(대판 2008. 6. 12, 2005두5956).

(다) 私 見 생각건대 채무자의 초과이익은 단순히 원래의 급부에 갈음하는 것이 아니라, 채무자 자신의 활동과 능력의 성과로 발생하는 것이 대부분이고, 손해배상법리에 비추어 볼 때 이행불능으로 채권자에게 발생한 손해의 범위 내에서만 대상청구를 할 수 있다고 함이 타당하다.

4) 潛在的 請求權 쌍무계약의 경우 대상청구를 하면 반대급부를 이행하여야 한다. 이 경우 반대급부는 이행가능하여야 하며, 반대급부의무도 이행불능으로 된 때에는 대상청구를 할 수 없다. 쌍무계약에서 이행불능이 된 경우에는 귀책사유의 유무에 관계없이 대상청구를 할 수 있다. 그런데 대상청구권은 잠재적 청구권이어서 귀책사유 없는 이행불능의 경우에는 그것이 실제로 행사된 때에만 반대급부의무도 발생하게 된다.

[판 례]

쌍무계약의 당사자 일방이 상대방의 급부가 이행불능이 된 사정의 결과로 상대방이 취득한 대상에 대하여 급부청구권을 행사할 수 있다고 하더라도, 그 당사자 일방이 대상청구권을 행사하려면 상대방에 대하여 반대급부를 이행할 의무가 있는바, 이 경우 당사자 일방의 반대급부도 그 전부가 이행불능이 되거나 그 일부가 이행불능이 되고 나머지 잔부의 이행만으로는 상대방의 계약목적을 달성할 수 없는 등 상대방에게 아무런 이익이 되지 않는다고 인정되는 때에는, 상대방이 당사자 일방의 대상청구를 거부하는 것이 신의칙에 반한다고 볼 만한 특별한 사정이 없는 한, 당사자 일방은 상대방에 대하여 대상청구권을 행사할 수 없다(대판 1996. 6. 25, 95다6601).

5) 危險負擔과의 관계 쌍무계약에서 당사자 쌍방의 책임 없는 사유로 이행불능이 된 경우에 채권자는 위험부담법리(제537조)에 의하여 자신의 반대급부의무가 없음을 주장하거나, 자신의 급부와 상환으로 대상을 청구할 수도 있다. 대상청구를 선택한 경우에는 계약의 연장효가 인정되고, 따라서 채권자의 채무이행이 요구되며 동시이행관계가 인정된다. 대상의 가액이 원래의 급부의 가액보다 적은 경우에는 채권자의 반대급부도 그에 비례하여 감축된다. 예를 들어 A가 시가 2억의 건물을 B에

게 1억 5천만원에 매도한 후, 그 건물이 제3자 C의 과실로 멸실되어 A가 금 1억원의 보험금청구권을 가지게 된 경우에 B가 A에게 대상청구권을 행사하면 A는 B에게 합의된 매매대금의 절반인 금 5천만원만을 청구할 수 있게 된다.

6) 損害賠償請求權과의 관계 손해배상청구권의 발생유무는 대상청구권의 성립에 영향을 미치지 않는다. 따라서 채무자의 책임 있는 사유로 이행불능이 된 경우에는 손해배상청구권(제390조)과 대상청구권이 모두 발생하며, 채권자는 선택적으로 행사할 수 있다. 양자는 그 취지와 성립요건을 달리하고 있다는 점을 근거로 한다. 따라서 채권자가 대상청구권을 먼저 행사한 경우에는 손해배상액은 채권자가 수령한 이익만큼 줄어든다. 채권자가 어느 하나의 권리를 행사한다고 하여 다른 권리가 당연히 소멸하지는 아니하고 채권자가 최종적인 만족을 얻을 때까지 존재한다.

7) 소멸시효의 기산점 대상청구권은 특별한 사정이 없는 한 매매 목적물의 수용 또는 국유화로 인하여 매도인의 소유권이전등기의무가 이행불능되었을 때 매수인이 그 권리를 행사할 수 있다고 보아야 할 것이고, 따라서 그때부터 소멸시효가 진행하는 것이 원칙이라 할 것이나, 국유화가 된 사유의 특수성과 법규의 미비 등으로 그 보상금의 지급을 구할 수 있는 방법이나 절차가 없다가 상당한 기간이 지난 뒤에야 보상금청구의 방법과 절차가 마련된 경우라면, 대상청구권자로서는 그 보상금청구의 방법이 마련되기 전에는 대상청구권을 행사하는 것이 불가능하였던 것이고, 따라서 이러한 경우에는 보상금을 청구할 수 있는 방법이 마련된 시점부터 대상청구권에 대한 소멸시효가 진행하는 것으로 본다(대판 2002. 2. 8, 99다23901. 이는 대상청구권자가 보상금을 청구할 길이 없는 상태에서 추상적인 대상청구권이 발생하였다는 사유만으로 소멸시효가 진행한다고 해석하는 것이 대상청구권자에게 너무 가혹하여 사회정의와 형평의 이념에 반할 뿐만 아니라 소멸시효제도의 존재이유에 부합된다고 볼 수 없기 때문이라고 한다).

4. 請求權의 競合問題

동일한 사실이 채무불이행에 의한 손해배상청구권과 보호법익의 침해를 이유로 한 불법행위에 의한 손해배상청구권의 요건을 모두 구비하고 있는 경우에 청구권의 경합을 인정할 것이냐에 관하여 견해가 대립된다. 예를 들어 의사의 진료과실에 의하여 환자가 사망한 경우가 그러하다. 이에 관하여 학설은 (i) 하나의 사건이 여러 개의 요건과 효과를 충족하면 각각의 청구권이 병존하고 권리자는 이를 선택적으로 행사할 수 있다는 청구권경합설(다수설. 대판 1983. 3. 22, 82다카1533; 대판 1989. 11. 24, 88다카16294), (ii) 계약은 특별관계에 있는 자 사이에서 생긴 것이므로 채무불이행에 의한 청구권만을 인정하는 법조경합설(김증한, 채권각론, 1988, 454면), (iii) 두 가지 책임은 상호관련이 있으므로 피해자는 그에게 유리한 통합적 권리를 하나만 갖게 된다는, 즉 양 규범이 효과 면에서 통합된 하나의 청구권만 존재하게 된다는 청구권규범통합설(이은영 381면), (iv) 동일급부에 대한 청구권이 경합하는 것으로 보이는 경우에도 청구권의 개수는 사실 1개이고 단지 청구권규범이 동일급부에 대한 청구를 기초짓기 위하여 복합하고 있는 것에 불과하다는 청구권규범경합설(황적인, 채권각론, 1987, 377면)로 나뉘고 있다. 생각건대 권리자가 두 가지 청구권 중 어느 하나를 선택적으로 행사할 수 있다는 청구권경합설이 타당하다고 할 것이다.

[판 례]

운송인의 운송계약상 채무불이행으로 인한 손해배상책임과 불법행위로 인한 손해배상책임은 경합하여 병존하고 권리자는 그 중 어느 쪽의 손해배상청구권이라도 선택적으로 행사할 수 있다고 할 것이므로, 운송계약상의 채무불이행책임에 관하여 법률상 면책의 특칙이 있거나 또는 운송계약에 그와 같은 면책특약을 하였다고 하여도, 일반적으로 이러한 특칙이나 특약은 이를 불법행위책임에도 적용키로 하는 별도의 합의가 없는 한 당연히 불법행위책임에 적용되지는 않는다고 보아야 할 것이다(대판[전합] 1983. 3. 22, 82다카1533).

사례해설

I. B의 A에 대한 채무불이행책임

1. A와 B간의 채권 · 채무관계

판례는 「부동산 점유자에게 시효취득으로 인한 소유권이전등기청구권이 있다고 하더라도, 이로 인하여 부동산 소유자와 시효취득자 사이에 계약상의 채권 · 채무관계가 성립하는 것은 아니라고 할 것이므로, 그 부동산을 처분한 소유자에게 채무불이행책임을 물을 수 없다」고 판시하였다(대판 1995. 7. 11, 94다4509). 그러나 이 판례의 사안은 부동산 소유자가 시효완성사실을 모른 경우이므로 사안처럼 A가 B에게 시효완성을 원인으로 한 소유권이전등기청구권을 행사한 경우에는 양자간의 구체적인 채권 · 채무관계를 인정할 수 있을 것이다.

2. B의 채무불이행책임

(1) 급부의 불능 급부가 불능인지의 여부는 이행기를 기준으로 거래실정에 따른 사회통념에 비추어 판단하므로 소유권을 이전하여 줄 토지가 수용됨은 급부불능에 해당된다.

(2) 귀책사유 토지수용법에 의한 수용과 공공용지의 취득 및 손실보상에 관한 특례법에 따른 협의취득의 경우를 구분하여야 한다. 전자의 경우 토지소유자의 귀책사유를 부정하는 데 이설이 없다. 후자의 경우는 토지소유자가 협의매수의 제의에 반드시 응할 의무가 있는 것은 아니므로(대판 1995. 10. 13, 95다25497), 토지소유자의 귀책사유 있는 이행불능으로 보는 것이 판례이다(대판 1996. 6. 25, 95다6601). 따라서 사안은 토지수용의 경우이므로 B는 이행불능책임을 부담하

지 않는다.

3. A의 B에 대한 대상청구권

다수의 학설과 판례는 공평의 원칙에 비추어 대상청구권을 인정하며, 그 대표적인 경우가 시효 완성된 토지가 수용된 경우의 수용보상금에 대한 대상청구권이다(대판 1994. 12. 9, 94다250225). 다만 최근의 판례는 시효완성자의 대상청구권 행사의 요건으로서 이행불능 전에 시효완성으로 인한 권리를 주장·행사할 것을 요구하고 있다(대판 1996. 12. 9, 94다43825). 사안의 경우는 토지수용 전에 A가 B에게 시효완성을 원인으로 하는 등기청구권을 행사했으므로 대상청구권을 행사할 수 있다. 따라서 A는 B가 수령한 수용보상금을 자신에게 반환할 것을 청구할 수 있다. 결국, 대상청구권은 이행불능의 효과로서 논의되지만, 오히려(귀책사유 있는) 이행불능책임이 부정될 때 더 큰 존재의의가 있음을 알 수 있다.

II. B의 A에 대한 불법행위책임

무엇보다도 토지수용의 경우에는 토지소유자의 귀책사유가 부정되므로 불법행위도 성립될 여지가 없다. 또한 A가 B의 수용보상금을 수령하기 전에 대상청구권을 행사하여 수용보상금청구권을 자신에게 양도할 것을 B에게 주장하기 전에는 수용보상금의 법률상의 수령권자는 B이므로 B의 보상금수령도 적법한 것이다.

| 참 고 | 이행거절

1. 서 설

(1) 의 의

채무자가 채무의 이행이 가능함에도 이를 이행할 의사가 없음을 채권자에 대하여 진지하고 종국적으로 표시하여 객관적으로 보아 채권자로 하여금 채무자의 임의의 이행을 더 이상 기대할 수 없게 하는 상태를 말한다.

(2) 다른 채무불이행 유형과의 차이점

이행거절을 독자적 채무불이행으로 보게 되면 ① 이행이 가능하다는 점에서 이행불능과 차이가 있고, ② 이행기 전에도 채무불이행을 인정할 수 있다는 점에서 이행지체와 차이가 있으며, ③ 급부의 이행이 없으므로 불완전이행과도 다르고, ④ 효과로서 전보배상 및 해제권이 인정된다는 점에서 손해배상청구권만이 인정되는 부수적 주의의무 위반과도 차이가 있다.

2. 인정여부

(1) 학 설

민법 제390조가 채무불이행의 유형을 반드시 이행지체·이행불능·불완전이행에 한정하지 않는다는 점과 이행기 후의 이행거절의 경우 종래 민법 제460조·제544조·제395조를 합목적적으로 해석하여 이행불능의 법리에 근접시킴으로써 적절한 처리가 가능하지만 이행거절을 독자적으로 인정하면 위와 같은 논리조작을 거칠 필요가 없게 된다는 점, 특히 이행기 전의 이행거절의 경우 이를 인정함으로써 채권자는 이행기 도래 전에 계약을 해제하고 전보배상을 청구할 수 있게 되므로 이를 인정할 필요성이 있다는 점 등을 들어 이를 적극적으로 인정하는 견해(양창수 민법입문 190면)와 이행거절이라는 채무불이행 유형을 인정하더라도 결국 불필요하거나 무의미한 최고를 생략할 수 있다는 의미를 가질 뿐이므로 선취된 이행지체 정도로 이해하더라도 무방하다는 견해(지원림 1020면)가 있다. 계약해제권과 관련하여 현행민법 제544조 단서는 "그러나 채무자가 미리 이행하지 아니할 의사를 표시한 경우에는 최고를 요하지 아니한다"고 규정하고 있는데, 이 단서규정은 바로 우리 민법에서 이행거절의 법리가 전개되어 갈 수 있는 실정법적 기초를 제공하고 있다.

(2) 판 례

판례는 채무자가 오히려 채권자가 계약을 위반하였다고 근거 없이 주장하거나 나아가 이를 이유로 계약을 해제하는 등의 조치에 나아가는 경우(대판 1990. 3. 9, 89다카29), 계약의 내용 조건을 다투거나 채무의 감경을 구하거나 새로운 조건을 내세워 계약내용의 변경을 주장하거나 또는 채무가 완제되었다고 적극적으로 주장하는 등으로 채무의 이행과 관련하여 부당한 요구 또는 주장을 하는 경우(대판 1991. 11. 12, 91다21244), 채권자가 제공하는 반대채무의 이행을 수령하지 않는 경우(대판 1998. 11. 24, 81다633) 등에서 이행거절을 인정하고 있다.

(3) 사 견

우리 민법 제390조는 채무불이행에 관하여 「채무자가 채무의 내용에 좇은 이행을 하지 아니한 때」라고 포괄적으로 규정하고 있다는 점, 민법 제544조 단서는 이행의 최고를 면제할 뿐 이행의 제공까지 면제하고 있지는 않다는 점에서 이행거절을 다른 채무불이행의 유형과 구별하여 인정하는 것이 타당하다고 본다.

3. 요 건

이행거절이 성립하려면 ① 채무의 이행이 가능할 것, ② 주된 급부의 거절일 것, ③ 이행거절의 의사표시가 진지하고 종국적일 것, ④ 객관적으로 보아 채권자로 하여금 채무자의 임의이행을 더 이상 기대할 수 없을 것의 요건을 갖추어야 한다. 이행거절의 의사표시가 진지하고 종국적인 경우는 예를 들어 정당한 근거 없이 계약의 불성립이나 무효를 주장하거나, 계약의 내용 · 조건들을 다투거나 새로운 조건을 내세워 계약내용의 변경을 주장하거나, 또는 채권자가 제공하는 반대급부의 이행을 수령하지 않는 경우 등을 말한다.

4. 이행거절의 효과

(1) 계약해제권

판례는 채무자가 이행기가 도래하기 전에 이행거절의 의사를 밝히는 경우에는 이행기의 도래 여부와 관계없이 계약을 해제할 수 있으며(대판 1993. 6. 25, 93다11821), 당사자 쌍방의 채무가 그 이행기를 모두 도과한 후 일방의 이행거절이 있으면 자기 채무의 이행제공이나 최고 없이 계약을 해제할 수 있다고 해석한다(대판 1992. 9. 14, 92다9463).

(2) 전보배상청구권

판례는 이행지체에서 채무자가 「미리 이행하지 아니할 의사를 표시한 경우」에는 이행 최고를 할 필요 없이 바로 전보배상을 청구할 수 있는 것처럼(제395조에서 제544조 단서 유추적용) 이행거절을 독자적 채무불이행으로 인정함으로써 채권자는 이행기 도래 전에 계약을 해제하고 전보배상을 청구할 수 있다고 한다(대판 1993. 6. 25, 93다11821). 또한 판례는 계약상 채무자가 계약을 이행하지 아니할 의사를 명백히 표시한 경우에 채권자는 신의성실의 원칙상 이행기 전이라도 이행의 최고 없이 채무자를 상대로 손해배상을 청구할 수 있고(대판 2005. 8. 15, 2004다53173), 채무자의 이행거절로 인한 채무불이행에서의 손해액 산정은, 채무자가 이행거절의 의사를 명백히 표시하여 최고 없이 계약의 해제나 손해배상을 청구할 수 있는 경우에는 이행거절 당시의 급부목적물의 시가를 표준으로 해야 한다고 한다(대판 2007. 9. 20, 2005다63337).

(3) 강제이행청구권

이행거절은 채무자 스스로에 의하여 초래된 이행장애라는 점에서 원칙적으로 강제이행의 방법에 의하여 제거될 수 있다. 강제이행청구권을 행사하기 위해서는 이행기 전의 이행거절의 경우는 이행기를 기다려야 한다.

5. 이행거절의 종료

채권관계가 소멸하거나 계약을 해제한 때에 이행거절은 종료한다. 또한 채무자에 대하여 전보배상을 청구하거나 강제이행을 청구한 때에도 이행거절은 종료한다. 그리고 채권자가 이행거절로 인한 법률효과로서 계약해제권을 행사하기 전에 채무자가 이행거절의 의사를 철회한 경우에도 이행거절이 종료된다. 채무자가 이행거절의 의사를 철회한 경우에는, 채권자는 채무자를 이행지체에 빠뜨리고 상당한 기간 동안 이행을 최고한 후에야 비로소 해제권을 갖게 된다. 그러나 이행거절로 인한 전보배상청구권은 그 철회에 의하여 영향을 받지 않는다. 이는 이행지체의 경우에 제395조에서 정하는 바에 의하여 채권자가 일단 전보배상청구를 할 수 있게 되면, 그 후 채무자가 이행할 의사를 밝혔다고 하여 달라지지 않는 것과 마찬가지라고 할 것이다.

第4項 不完全履行 내지 積極的 債權侵害

사 례

A는 B가 경영하는 여관 2층에 투숙하였는데 이 여관에 발생한 화재로 인하여 사망하였다. 이에 대하여 A의 상속인 C는 B를 상대로 불법행위를 원인으로 하는 손해배상청구를 하지 않고, 채무불이행으로 인한 손해배상을 청구하였다. 이 청구는 인용될 수 있는가?

[중요논점]

Ⅰ. 계약상의 보호의무 인정여부

Ⅱ. 보호의무위반에 대한 채무불이행책임

Ⅰ. 序 說

1. 意 義

불완전이행이란 채무자가 채무의 이행으로서 일정한 급부를 하였으나, 그것이 채무의 내용에 좇은 완전한 이행이 아닌, 불완전한 이행을 한 경우를 말한다. 채무불이행의 유형으로서 이행지체나 이행불능은 채무자의 이행행위가 없는 소극적 채권침해인 반면에, 불완전이행은 불완전하지만 이행행위가 있었다는 점에서 적극적 채권침해라고도 한다. 불완전이행은 채무자의 귀책사유를 요건으로 한다는 점에서 채무자의 귀책사유를 요건으로 하지 않고 배상범위에 부가적 손해가 포함되지 않는 하자담보책임과 구별된다.

2. 沿 革

1902년 독일의 Staub가 처음으로 지체나 불능과 같이 이행이 행하여지지 않음으로써 생기는 소극적 손해에 관하여서뿐만 아니라, 채권자의 적극적 행위에 의한 계약위반에 대하여서도 책임을 져야 한다는 「적극적 계약침해」(positive Vertrags Verletzung)를 주장하였다. 이러한 Staub의 주장은 학설과 판례에서 수용·발전되어 2002년 독일민법이 개정되기 전까지는 이행불능·이행지체와 함께 관습법에 의한 채무불이행의 한 유형으로 인정되었다. 그런데 Enneccerus는 계약의 경우뿐만 아니라 법정채무의 이행에 있어서도 불완전이행이 있을 수 있음을 이유로 「적극적 계약침해」라는 용어를 바꾸어 「적극적 채권침해」(Positive Forderungsverletzung)라고 하였다. 그리고 1911년에 다시 Zittelmann은 적극적 채권침해는 채무자의 적극적인 행위(예: 하자 있는 물건의 인도)에 의해서만 아니라, 소극적인 행위(예: 설명의무의 불이행)에 의해서도 야기될 수 있다고 하면서 이를 「불완전이행」이라고 하였다. 그리고 오늘날은 불완전이행이라고 하지만, 급부가 불완전하기 때문에 이를 불완전급부(Schlechtleistung)라고도 한다. 그러나 현행 독일민법은 불완전이행을 의무위반(Pflichtverletzung)에 통합하여 포괄적으로 규정하고 있다(제281조 제1항). 그리하여 현재 독일에 있어서 불완전이행은 이행지체·이행불능과 병존하는 채무불이행의 유형으로서 채무자가 급부의무나 부수적 행위의무(보호의무)를 위반하여 손해가 발생한 경우에 채무불이행책임을 묻는 것으로 되어 있다.

3. 不完全履行의 모습

불완전이행이 나타나는 구체적인 모습은 다음과 같다. 즉 ① 채무의 이행이 불완전한 경우(예를 들어 귤 10상자를 인도하기로 하는 계약을 체결하였으나, 8상자만 인도한 경우 또는 10상자를 인도하기는 하였으나, 일부에 흠이 있는 경우 등이다), ② 급부위반으로 인한 부가적 손해가 발생한 경우(의료사고·독성 있는 사료에 의한 동물의 죽음·병든 가축의 인도에 의하여 다른 가축의 전염), ③ 부수적 행위의무를 위반한 경우(의사의 설명의무 위반·보호의무 위반·안전배려의무의 위반 등) 등이 불완전이행에 해당한다. 그런데 부수적 행위의무의 위반은 불완전급부와 매우 다르기 때문에 독립한 유형으로 다루는 것이 바람직하다는 견해가 주장되고 있다(민법주해(9)/양창수 343면; 송덕수 108면). 이 견해는 그 근거로 부수적 행위의무는 이행행위가 없었어도 위반될 수 있다는 점, 이 의무의 위반시에는 손해배상이 문제될 뿐이고 채권자가 완전이행을 청구할 수 없으며, 채무불이행을 이유로 하는 계약해제권도 원칙적으로 인정되지 않는다는 점 등을 들고 있다. 생각건대 부수적 행위의무는 주로 급부의무와 관련된 어떤 행위를 하여야 함에도 하지 않거나, 또는 행위를 하였으나 그것이 불완전한 경우에 그 위반이 인정된다는 점, 그리고 부수적 행위의무를 위반한 경우에는 완전이행청구권(또는 추완청구권)이 생기지 않는다는 점에서 현재 채무불이행의 제3의 유형으로 인정되고 있는 불완전이행과는 다르다고 할 것이다. 그러면 이러한 부수적 행위의무의 위반의 경우에는 어떤 유형의 채무불이행으로 될 것인지가 문제된다. 부수적 행위의무의 위반은 급부의무의 위반과 마찬가지로 채무불이행의 요건에 불과한 것일 뿐, 그 자체가 채무불이행의 한 유형으로 될 수 없기 때문이다(송덕수 108면은 이를 채무불이행의 유형으로 보고 있다). 부수적 행위의무의 위반에 의한 채무불이행의 경우에는 그 요건과 효과가 급부의무의 위반에 의한 그것과는 다르다고 할지라도 그 유형은 불완전이행과 유사하다고 할 것이다. 따라서 부수적 행위의무의 위반에 의한 채무불이행의 모습(유형)은 불완전이행의 일종으로 구태어 이름을 붙인다면 부진정 불완전이행이라고 함이 타당하다.

판례는 농약판매상의 농약판매시의 농약의 성분·사용방법에 대한 설명의무(대판 1995. 3. 28, 93다62645), 종묘업자의 씨앗판매시의 씨앗의 특성 및 재배시의 유의사항 등에 대한 설명 및 정보제공의무(대판 2001. 4. 10, 99다70945) 등의 부수의무를 인정하고 있다.

4. 積極的 債權侵害와의 關係

불완전이행이나 적극적 채권침해라는 용어는 실제로 동일한 의미로 사용된다는 것이 우리나라의 다수설이다(곽윤직 94면; 황적인 110면; 김상용 135면; 송덕수 204면; 김형배 220면). 그러나 소수설은 불완전이행에 특히 채권자에 부가적 손해를 가하는 요건이 추가된 것이 적극적 채권침해라고 주장한다(김용한 159면; 김주수 138면). 그 밖에 적극적 채권침해는 불완전이행 중에서 확대손해 또는 부가적 손해가 발생한 경우를 대상으로 하며, 이는 채무불이행의 독립한 범주 내지 불완전이행의 특수유형이 아닌, 불완전이행의 효과인 손해배상의 특수한 형태, 즉 특별한 사정으로 인한 손해로 고려해야 한다는 견해가 있다(김증한 59면; 김기선 162면). 그러나 양자를 동일한 의미로 보아 연혁상 이유에서 통용되고 있는 적극적 채권침해라는 용어 대신에 불완전이행이라는 용어로 통용함이 바람직하다고 생각된다.

Ⅱ. 不完全履行의 本質

1. 學 說

(1) 부수의무위반설 불완전이행의 본질을 급부의무에 따르는 부수적 의무 또는 기본의무 이외의 용태의무의 위반으로 보는 견해이다(곽윤직 97면). 이 견해는 채무자는 채무의 내용에 좇지 않는 급부행위를 하여서는 아니 되는 의무도 있는데, 이 의무에 대한 적극적 위반이 불완전이행으로 보아 채무의 내용에 좇은 이행을 하여야 할 의무에 대한 위반인 이행지체와 이행불능과는 다른 것으로 파악하고 있다.

(2) 급부의무위반설 보호의무위반을 채무불이행책임의 영역에서 배제하고 불법행위로 구성하여 불완전이행을 채무의 본래의 내용과 관련된 급부의무의 불이행으로 보는 견해이다(이은영 237면).

(3) 절충설 불완전이행의 본질을 채권관계의 구성요소인 급부의무·부수적 주의의무·보호의무의 위반에 있다고 보는 견해이다(김형배 221면). 이 견해는 불완전이

행은 이행행위는 있었지만 급부목적물이나 급부행위에 하자가 있거나 또는 이행과 관련된 주의를 게을리 하여 급부목적물이나 급부결과 또는 그 이외의 채권자의 법익에 손해를 발생시킨 경우로 본다.

2. 判 例

판례는 매매목적물의 하자로 인하여 확대손해 내지 2차 손해가 발생하였다는 이유로 매도인에게 그 확대손해에 대한 배상책임을 지우기 위하여는 채무의 내용으로 된 하자 없는 목적물을 인도하지 못한 의무위반 사실 외에 그러한 의무위반에 대하여 매도인에게 귀책사유가 인정될 수 있어야만 한다(대판 1997. 5. 7. 96다39455)고 하고, 또한 보호의무는 숙박계약의 특수성을 고려하여 신의칙상 인정되는 부수적인 의무로서 숙박업자가 이를 위반하여 고객의 생명·신체를 침해하여 손해를 입힌 경우에는 불완전이행으로 인한 채무불이행책임을 부담한다고 함으로써(대판 1994. 1. 28. 93다43590) 급부의무의 위반 및 부수적 행위의무 위반 모두를 불완전이행의 본질로 보고 있다.

3. 私 見

생각건대 채권관계는 급부의무뿐만 아니라 그에 부수하는 여러 가지 행위의무로 구성되어 있으므로, 이들 중 어느 하나만의 위반을 불완전이행의 본질로 볼 수 없다. 따라서 급부의무의 위반이나, 또는 부수적 행위의무를 위반하면 불완전이행이 되는 것으로 봄이 타당하다고 할 것이다.

Ⅲ. 法的 根據

불완전이행의 법적 근거에 관하여 통설적 견해는 민법 제390조는 독일민법과 달리 채무불이행에 의한 손해배상청구권의 성립요건으로 「채무자가 채무의 내용에 좇은 이행을 하지 아니한 때」라는 포괄적 규정만을 두어 채무불이행을 이행지체와 이행불능에 한정하지 않고 불완전이행도 포함하는 것으로 이해하고 있다(장경학 179면; 김용한 156면; 김주수 137면; 김형배 221면; 김상용 125면; 송덕수 106면). 이와는 달리 형식적으로는 제390조를 근거라고 할 수 있으나, 실질적으로는 「기본채무 이외의 용태의무」 위반을 그 근거로 보는 견해도 있다(곽윤직 97면). 이 견해는 민법은 기본적으로 채무불이행의 모습으로 이행지체·이행불능의 두 가지를 예정하고, 이행이 불완전한 경우는 하자담보책임으로 해결하려는 것이라고 본다. 생각건대 제390조는 채무불이행에 관한 포괄적 규정으로 간주되므로 불완전이행도 동조에 의하여 채무불이행으로 인정된다고 할 것이다.

[판 례]

매도인이 매수인에게 공급한 부품이 통상의 품질이나 성능을 갖추고 있는 경우, 나아가 耐寒性이라는 특수한 품질이나 성능을 갖추고 있지 못하여 하자가 있다고 인정할 수 있기 위하여는, 매수인이 매도인에게 완제품이 사용될 환경을 설명하면서 그 환경에 충분히 견딜 수 있는 내한성 있는 부품의 공급을 요구한 데 대하여, 매도인이 부품이 그러한 품질과 성능을 갖춘 제품이라는 점을 명시적으로나 묵시적으로 보증하고 공급하였다는 사실이 인정되어야만 할 것이고, 특히 매매목적물의 하자로 인하여 확대손해 내지 2차손해가 발생하였다는 이유로 매도인에게 그 확대손해에 대한 배상책임을 지우기 위하여는 채무의 내용으로 된 하자 없는 목적물을 인도하지 못한 의무위반사실 외에 그러한 의무위반에 대하여 매도인에게 귀책사유가 인정될 수 있어야만 한다(대판 1997. 5. 7, 96다39455).

‖참 고‖ 불완전이행과 하자담보책임의 관계

채무자가 급부로서 인도한 물건이 불완전한 경우에 그 채무발생의 원인이 유상계약이면 하자담보책임이 발생한다.

1. 하자담보책임(무과실책임)

(1) 법정책임으로 보는 견해: 불완전이행과 하자담보책임은 별개의 책임

(2) 채무불이행책임으로 보는 견해: 하자담보책임은 불완전이행의 특칙

2. 종류매매에서는 양 책임이 동시에 발생

(1) 하자담보책임—완전물인도청구권

(2) 채무불이행책임—손해배상청구권

3. 하자에 의한 확대손해의 발생

채무불이행책임으로 처리, 담보책임에 의한 확대손해의 배상이 불가능하다(대판 1997. 5. 7, 96다39455).

Ⅳ. 不完全履行의 要件

1. 履行行爲가 있었을 것

불완전이행이 되려면 급부의무의 이행행위가 있었어야만 한다. 이행행위가 없을 때에는 이행지체와 이행불능으로 될 뿐, 불완전이행 내지 적극적 채권침해의 문제는

발생하지 않는다.

2. 급부가 不完全하거나, 부수적 행위의무를 위반할 것

채무자가 급부의무를 이행하였으나 그 이행에 하자가 있는 경우에는 불완전급부로 된다. 불완전급부는 주로 급부의 목적물 내지 내용에 흠이 있거나, 또는 급부의 방법이 불완전한 경우, 그리고 급부시에 필요한 주의를 게을리 한 경우에 문제되고 있다. 그 밖에 채무자가 계약상의 부수적 행위의무를 위반한 경우에도 불완전이행이 된다.

(1) 급부의무의 위반

채무자가 계약상의 급부의무를 위반한 경우에는 불완전이행이 된다. 불완전이행이 인정되는 것은 원칙적으로 「전부의 이행」이 있는 경우이다. 불완전이행의 모습은 「주는 채무」와 「하는 채무」에 따라 다르다.

1) 주는 債務의 경우 「주는 채무」의 경우에는 인도된 물건에 하자가 있거나, 그 이행방법이 불완전하여 채권자에게 손해가 발생한 때에 불완전이행으로 된다. 인도된 소(牛)나, 말(馬)이 병이 들어 있거나, 감자종자가 잎말림병에 감염된 것이거나(대판 1989. 11. 14, 89다카15298), 구입한 공기정화기에 하자가 있는 경우(대판 2003. 11. 22, 2002다35676) 등이 그 예이다. 인도된 물건은 특정물일수도 있고 불특정물일 수도 있다.

(가) 特定物引渡를 目的으로 하는 때 하자담보책임을 법정책임으로 이해하는 견해(특정물 도그마)에 의하면 특정물 인도채무의 경우에 채무자는 이행기의 현상대로 그 특정물을 인도하면 되므로(제462조), 그 특정물에 계약 당시 당사자가 예상하지 못한 하자가 있더라도 선관주의로 보존한 후 인도하였다면 채무내용에 좇은 이행이 되어 원칙적으로 불완전이행의 문제가 발생하지 않는다. 다만 그 계약이 유상계약인 때에는 하자담보책임(제580조)이 생길 뿐이고, 계약 당시에는 하자가 없었는데 채무자의 보관이나 운송방법이 잘못되었기 때문에 하자가 생긴 경우, 또는 하자 있는 특정물의 인도로 확대손해 내지 부가적 손해가 발생한 경우에는 불완전이행에 의한 손해배상책임이 발생할 뿐이다(다수설). 이에 대하여 하자담보책임을 채무불이행책임으로 구성하면서 특정물채무에 있어서도 채무자의 하자 없는 상태의 급부의무를 인정하고, 목적물에 하자가 있는 경우에는 이를 급부의무의 불완전이행으로 파악하는 견해가 있다(김형배 225면). 이 견해는 하자담보책임의 요건·효과상의 특수성을 고려하여 하자담보책임을 특수한 불완전이행책임으로 이해하고 있으며, 확대손해에 대해서는 채무자의 귀

책사유를 전제로 불완전이행에 따른 채무불이행책임을 인정한다.

(나) 不特定物의 引渡를 目的으로 하는 때 불특정물인도채무에 있어서 하자 있는 목적물을 급부한 경우에 법정책임설은 목적물이 원래 예정하였던 성질을 갖추지 못하였다 할지라도 현실적인 급부만 있으면 「특정」으로 말미암아 종류채무는 특정물채무로 되고, 민법은 법문상 「특정된 목적물」이라는 표현을 사용하고 있는 제581조를 두고 있으므로 목적물에 흠이 있더라도 하자담보책임만이 문제되고 불완전이행은 문제되지 않는다고 한다(다수설. 곽윤직 93면; 김용한 163면; 김주수 141면; 현승종 132면 등). 다만 이 견해는 목적물의 하자로 채권자에게 이른바 확대손해가 생긴 경우에는 불완전이행을 인정한다. 그러나 민법 제581조는 무과실책임으로 그 손해배상의 범위가 신뢰이익의 배상에 한정되기 때문에 손해가 목적물 자체에 국한된 경우에는 채무불이행책임의 특칙으로서의 하자담보책임이 적용되고, 급부목적물 이외의 매수인의 법익에 손해가 발생한 경우에는 매도인에게 귀책사유가 있는 때에는 매수인은 동 조항의 규정에도 불구하고 매도인에게 불완전이행의 책임을 물을 수 있다는 견해가 있다(김형배 228면). 판례도 이와 마찬가지의 입장을 취하고 있다(대판 2003. 11. 22, 2002다35676).

[판 례]

매매목적물의 하자로 인한 확대손해에 대하여 매도인에게 배상책임을 지우기 위해서는 하자 없는 목적물을 인도하지 못한 의무위반 사실 외에 그러한 의무위반에 대하여 매도인에게 귀책사유가 있어야 한다(대판 2003. 7. 22, 2002다35676).

(다) 위에서 살펴본 바와 같이 하자담보책임에 관한 어느 학설을 취하든 급부의 목적물의 종류를 불문하고 급부의 목적물 그 자체에만 하자가 있는 경우에는 하자담보책임이 문제되고, 그 하자로 인하여 확대손해가 발생한 경우에는 불완전이행이 인정된다고 할 수 있다. 그러나 민법상 매도인의 담보책임은 매매계약이 유상계약인 점을 고려하여 매수인을 보호하기 위하여 매도인에게 귀책사유가 없는 경우에도 일정한 범위에서 매도인에게 책임을 지우는 특별규정일 뿐이다. 따라서 목적물의 하자가 매도인의 귀책사유에 의한 경우에는 확대손해에 관계없이 담보책임 외에 불완전이행에 의한 채무불이행책임을 인정함이 타당하다고 할 것이다. 판례도 하자담보책임과 채무불이행책임의 경합을 인정하고 있다(대판 2004. 7. 22, 2002다51586).

[판 례]

토지 매도인이 성토작업을 기화로 다량의 폐기물을 은밀히 매립하고 그 위에 토사를 덮은 다음 도시계획사업을 시행하는 공공사업시행자와 사이에서 정상적인 토지임을 전제로 협의취득절차를 진행하여 이를 매도함으로써 매수자로 하여금 그 토지의 폐기물처리비용 상당의 손해를 입게 하였다면 매도인은 이른바 불완전이행으로서 채무불이행으로 인한 손해배상책임을 부담하고, 이는 하자 있는 토지의 매매로 인한 민법 제580조 소정의 하자담보책임과 경합적으로 인정된다(대판 2004. 7. 22, 2002다51586).

2) 하는 債務의 경우 물건의 인도 이외의 작위를 급부의 내용으로 하는 채무가 「하는 채무」이다. 「하는 채무」에 있어서도 불완전이행이 인정될 수 있다. 「하는 채무」에는 결과채무와 수단채무가 있다.

(가) 結果債務 급부가 일정한 결과의 실현을 목적으로 하는 결과채무에 있어서 채무자가 불완전한 결과를 실현시킨 경우에는 언제나 불완전이행이 성립된다. 예를 들어 목적물보존의무를 부담하고 있는 임차인이 임차물을 훼손한 경우, 일의 완성의무를 부담하고 있는 수급인이 한 일에 흠이 있는 경우, 수치인이 목적물을 훼손한 경우, 운송인의 과실로 여객이 다치거나 물품이 손상된 경우 등이 이에 속한다. 결과채무에 있어서 불완전한 이행의 효과는 도급에 있어서와 같이 법률의 규정(제667조)이 있는 경우에는 이에 의하면 되고, 그렇지 않은 경우에는 추완청구권 · 계약해제권 및 손해배상청구권이 인정된다. 추완청구의 경우에는 채무자의 귀책사유의 유무가 문제되지 않으나, 계약해제권과 손해배상청구권의 행사에 있어서는 귀책사유가 전제되어야 한다.

(나) 手段債務 의사의 의료계약상의 채무와 같이 결과의 달성을 위해 최선을 다할 것을 내용으로 하는 수단채무에 있어서의 채무불이행은 거의가 불완전이행이 문제되며, 확대손해를 발생케 하는 경우가 많다. 이 경우에 보수지급의 거절, 감액, 또는 해제 및 손해배상청구권이 인정된다.

(2) 附隨的 行爲義務의 違反

채무자는 급부의무 외에 신의칙상의 부수적 행위의무로서 설명의무 · 안전배려의무 · 보호의무 · 정보제공의무 등을 부담하며, 이를 위반하면 불완전이행에 의한 채무불이행책임이 성립한다. 견해(김증한/김학동 26면)에 따라서는 채권자의 완전성이익만을 목적으로 하는 보호의무를 부수적 행위의무와는 별개의 독립한 의무로 보기도 하나, 보호의무도 부수적 행위의무의 일종이라고 할 것이다(동지. 김상용 133면; 송덕수 938면 등).

1) 說明義務 채무자는 급부결과의 완전한 실현을 위하여 목적물의 사용방법 등을 설명하여야 할 의무를 부담한다. 예를 들어 가전제품의 매도인은 매수인이 그 제품을 바르게 사용할 수 있도록 제품의 성능이나 사용방법 등을 자세히 설명할 의무가 있다. 판례는 농약 판매상은 농약을 판매할 때 그 농약의 성능·사용방법 등에 관하여 정확하게 설명하여 줄 의무가 있으며(대판 1995. 3. 28, 93다62645), 종묘상의 종묘업자는 씨앗을 판매할 때 씨앗의 특성 및 이를 재배함에 있어서 유의할 사항을 설명 및 경고하고 그에 대처하는 데에 필요한 충분한 자료와 정보를 제공할 의무가 있고(대판 2001. 4. 10, 99다70945), 의사는 환자가 수술 등의 의료행위에 대한 동의여부를 결정할 수 있도록 질병의 증상, 치료방법의 내용과 필요성, 예견가능한 위험 등에 관하여 환자에게 충분히 설명하여야 할 의무(이러한 자기결정설명의무는 의료계약상의 주된 급부의무인 진료의무에 종된 급부의무인 치료상의 설명의무(안전설명의무)와 다르다)가 있다고 한다(대판 1997. 7. 22, 95다49608; 대판 1999. 9. 3, 99다10479; 대판 2006. 11. 23, 2005다11688; 대판 2013. 4. 26, 2011다29666). 이러한 부수적 행위의무를 위반하면 비록 급부의무를 이행하였다고 하더라도 불완전이행이 성립하게 되며, 그 효과로는 손해배상청구권이 인정된다. 특히 의사가 설명의무를 위반하여 환자에게 악결과가 발생한 경우에는 환자의 자기결정권과 생명·신체라는 보호법익이 이중으로 침해된다. 따라서 이 경우에는 언제나 불완전이행에 의한 채무불이행책임과 불법행위책임이 경합되며, 환자는 재산적·정신적 손해배상 모두를 청구할 수 있다. 그리고 이와 같이 두 책임이 경합되는 경우에는 채무불이행책임에 의하여도 위자료를 청구할 수 있으며, 환자는 자기결정권의 침해나 또는 생명·신체의 침해 중 어느 하나를 이유로 위자료를 청구할 수 있다. 그런데 환자가 자기결정권의 침해를 이유로 위자료를 청구하는 경우에는 제752조의 적용이 배제되어 가족 등의 간접피해자 고유의 위자료를 배상받을 수 없다.

2) 安全配慮義務 안전배려의무는 노무공급계약에 있어서 피용자가 노무를 제공하는 과정에서 피용자의 생명·신체·건강 등의 안전을 배려하여야 할 사용자의 의무로 정의되고 있다. 그리고 안전배려의무의 법적 성질을 신의칙에 근거한 계약상의 부수적 의무로 보는 데는 이견이 없다. 그런데 이러한 안전배려의무를 어떤 종류의 부수적 의무로 볼 것인가에 관하여는 견해가 대립하고 있다. 이에 관하여 학설은 (i) 보호의무로 보는 견해(다수설. 곽윤직 채권각론, 2000, 296면; 김증한/김학동, 채권각론, 2006, 488면; 김상용, 133면; 민법주해(15)/남효순, 351면 등), (ii) 독자적인 의무로 보는 견해(김주수 142면; 김형배 232면; 송덕수 939면), (iii) 급부의무로서의 성격을 갖는 절대적 안전배려의무와 보호의무로서의 성격을 갖는 통상의 안전배려의무로 구분하는 견해(최창렬, 안전배려의무의 체계, 성균관법학, 제16권 제3호, 155면)로 나누어지고 있다. (i)설은 노무자가 일정한 기간 동

안 계속적으로 사용자를 위하여 노무를 제공하게 되는 경우에는 그들 사이에는 노무와 보수의 단순한 교환관계가 아니라 그 이상의 인적 결합관계가 성립하고, 그리고 인적 결합에 의하여 당사자 사이에 하나의 인격적 관계 내지 공동체관계가 성립하며, 그러한 공동체 내에서는 당사자는 서로 신의칙상 성실의무를 부담하게 되는바 이것이 바로 보호의무라고 한다, 반면에 (ii)설은 보호의무는 채무자가 본래의 급부의무를 실현하는 과정에서 채권자의 생명 · 신체 · 재산에의 침해를 회피하여야 할 의무인 데 반하여 안전배려의무는 채권자가 채무자의 생명 · 신체의 안전을 적극적으로 배려하여야 할 의무라는 점에서 서로 다르다고 한다. 그리고 (iii)설은 계약적 접촉에 의한 사고발생의 위험성이 현저하게 높은 것에 주목하여 상대방의 안전확보 그 자체를 의무내용으로 하여 만전의 사고방지장치를 강구하여야 할 결과채무에 속하는 것은 급부의무의 성격을 갖는 절대적 안전배려의무이고, 채무자가 상당한 위험방지조치를 하여야 할 선관주의의무인 수단채무를 부담하여야 하는 것은 보호의무의 성격을 갖는 통상의 안전배려의무라고 한다. 한편 판례는 사용자는 근로계약에 수반되는 신의칙상의 부수적 의무로서 피용자가 노무를 제공하는 과정에서 생명 · 신체 · 건강을 해치는 일이 없도록 인적 · 물적 환경을 정비하는 등 필요한 조치를 강구하여야 할 보호의무를 부담하고, 이러한 보호의무를 위반함으로써 피용자가 손해를 입은 경우 이를 배상할 책임이 있다고 하고(대판 1999. 2. 23, 97다12082; 대판 2000. 5. 16, 99다47129; 대판 2001. 7. 27, 99다56734), 노무공급계약의 일종인 도급계약에서도 실질적인 고용계약의 특수성을 고려하여 도급인의 수급인에 대한 위와 같은 보호의무를 인정하고 있다(대판 1997. 4. 25, 96다53086). 이와 같이 판례는 노무공급계약에서 안전배려의무가 아니라 보호의무라는 용어만 사용하고 있어서 그 태도가 명확하지 않으나, 안전배려의무에 대한 일반적인 정의도 하고 있지 않는 것에 비추어 볼 때, 이 경우의 의무를 보호의무로 보고 있다고 할 것이다.

생각건대 생명 · 신체 · 재산 등을 침해되는 보호법익으로 하는 계약에는 노무공급계약뿐만 아니라 그 밖의 계약(숙박계약 · 여행계약 · 교습계약 등)도 포함되고 있다. 이러한 계약에서는 당사자 일방이나 쌍방의 보호법익에 대한 안전을 배려하여야 할 의무가 주어지고 있다. 그런데 (i)설은 노무공급계약의 특수성에 기한 안전배려의무의 독자적인 개념을 부정하고 이를 통상적인 보호의무의 일종으로 간주하고 있으며, (ii)설은 안전배려의무는 채무자가 부담하는 보호의무와는 달리 채권자가 부담하는 점에서 다르다고 하나, 이것만으로는 두 의무의 개념을 따로 정의하기에는 불충분하다. (iii)설은 안전배려의무를 결과채무와 수단채무로 나누어 두 가지로 분류하고 있으나, 노무급부의무는 일반적으로 결과채무에 해당되므로 노무공급계약에서 수단채무는 문제되지 않는다고 할 것이다. 따라서 노무공급계약의 경우에는 다른 계약과는 달리 특히 사고발생의 위험성이 중대하므로 그 성질을 종된 급부의무로 승격하여 독자적인 안전배려의무로 개념지우는 것이 타당하다고 할 것이다(개정민법안 제655조의 2에서 「사용자는 노무제공에 관하여 노무자의 안전을 배려하여야 한다」는 규정을 신설하고 있다).

판례는 이러한 안전을 배려할 의무를 노무공급계약뿐만 아니라 숙박계약(대판 1997. 10. 10, 96다47302), 기획여행계약(대판 1998. 11. 24, 98다25061), 의료계약(대판 2003. 1. 24, 2001다2129), 교습계약(대판 2008. 1. 17, 2007다40437) 등에서도 인정하고 있다. 이러한 판례의 태도는 안전을 배려할 의무가 주어지는 계약에 있어서는 침해되는 보호법익이 동일할 뿐만 아니라, 그것을 계약상의 당사자의 합의나 법률의 규정에 의한 것이 아닌 신의칙상 인정되는 의무로 파악하고 있기 때문이다. 따라서 오로지 노무공급계약에서 당사자의 합의나 법률의 규정에 의한 채권자의 종된 급부의무만을 안전배려의무라고 하고, 그 밖의 계약에서 채무자가 안전을 배려하여야 할 의무는 보호의무로 개념지우는 것이 타당하다고 할 것이다. 판례에서와 같이 안전을 배려하여야 할 의무를 부수적 행위의무의 일종인 보호의무로 보는 경우에는, 이 의무를 위반하면 피해자는 불완전이행에 의한 손해배상청구권만 행사할 수 있을 뿐이다. 그러나 종된 급부의무로서의 안전배려의무를 위반하면 피해자는 불완전이행에 의한 손해배상청구권뿐만 아니라, 의무의 이행청구권과 이행거절권도 행사할 수 있기 때문에 피해자를 보다 두텁게 보호할 수 있게 된다. 그리고 노무공급계약에서 채권자가 채무자의 생명 · 신체의 안전을 배려하여야 할 의무를 위반하는 경우에는 불완전이행에 의한 채무불이행책임과 더불어 불법행위책임도 지게 된다. 판례도 노무도급계약상의 노무도급인의 노무수급인에 대한 안전을 배려할 의무를 위반한 사례에서 그 도급인의 채무불이행책임과 불법행위책임의 경합을 인정하고 있다(대판 1997. 4. 25, 96다53086).

[판 례]

건축공사의 일부분을 하도급 받은 자가 구체적인 지휘 · 감독권을 유보한 채 재료와 설비는 자신이 공급하면서 시공 부분만을 시공기술자에게 재하도급 하는 경우와 같은 노무도급의 경우에, 그 도급인과 수급인의 관계는 실질적으로 사용자와 피용자의 관계와 다를 바가 없으므로, 그 도급인은 수급인이 노무를 제공하는 과정에서 생명 · 신체 · 건강을 해치는 일이 없도록 물적 환경을 정비하고 필요한 조치를 강구할 보호의무를 부담하며, 이러한 보호의무는 실질적인 고용계약의 특수성을 고려하여 신의칙상 인정되는 부수적

의무로서 구 산업안전보건법시행령(1995. 10. 19. 대통령령 제14787호로 개정되기 전의 것) 제3조 제1항에 의하여 사업주의 안전상 조치의무를 규정한 산업안전보건법 제23조가 적용되지 아니하는 사용자일지라도 마찬가지로 인정된다고 할 것이고, 만일 실질적인 사용관계에 있는 노무도급인이 고의 또는 과실로 이러한 보호의무를 위반함으로써 그 노무수급인의 생명 · 신체를 침해하여 손해를 입힌 경우 그 노무도급인은 노무도급계약상의 채무불이행책임과 경합하여 불법행위로 인한 손해배상책임을 부담한다(대판 1997. 4. 25, 96다53086).

| 외국의 안전배려의무 |

안전배려의무(Fürsorgepflicht)는 본래 독일에서 산업화가 진행될 당시에 산업재해의 위험에 노출된 근로자를 보호하기 위하여 판례에서 인정되어온 것을 독일민법 제617조 · 제618조에서 이를 고용계약상의 의무로 규정한 것이다. 독일민법 제618조 제1항에서는 「노무청구권자는 그가 노무의 실행을 위하여 제공하여야 하는 장소, 장비나 기구를 설치 및 유지하고 또 자신의 명령 또는 지시하에 행하여지는 노무급부를 지휘함에 있어서 노무급부의 성질이 허용하는 한도에서 노무자가 생명과 건강에 대한 위험으로부터 보호되도록 하여야 한다」고 규정하고 있다. 그리고 독일민법 제619조에서는 안전배려의무에 관한 제617조 및 제618조는 계약에 의하여 사전에 배제하거나 제한할 수 없는 강행규정임을 밝히고 있다.

독일에서는 안전배려의무의 법적 성질에 관하여 급부의무설과 신의칙에 기한 부수의무설이 대립하고 있으나, 의무위반의 효과에 관하여는 대체로 견해가 일치한다. 안전배려의무에 관한 독일민법 제618조는 모든 종류의 고용관계에 적용되며, 노무공급계약의 일종인 도급계약에 이를 유추적용하고 있다.

독일의 학설과 판례는 일반적으로 안전배려의무의 위반시 손해배상청구권 외에도 이행청구권을 인정하고 있으며(Staudinger, BGB, Anm.40 zu §618), 사용자의 안전배려의무와 노무자의 급부의무가 쌍무계약상의 견련관계에 있지 않음을 이유로 유치권에 의하여 노무자의 노무급부거절권을 인정하고 있다(Alfred Söller, Das Zurückbehaltungsrecht des Arbeitnemers, in Zeitshrift für Arbeitrecht, 1973, S.17). 사용자가 안전배려의무를 위반하여 노무자에게 손해가 발생한 경우에는 독일민법 제618조에 의해 계약책임상의 손해배상청구권이 인정되며, 다만 독일민법 제618조 제3항에 의하여 불법행위에 관한 제842조 내지 제846조가 준용되고 있다.

한편 일본에서는 1975년의 자위대차량정비공장사건에 관한 최고재판소의 판결(日 最高裁判決 1975. 7. 25, 민집 29.2. 143)에서 「국가는 공무원에 대하여 급여지불의무에 그치지 아니하고 국가가 공무수행을 위하여 설치해야 할 장소, 시설 또는 기구 등의 설치관리 또는 공무원이 국가 혹은 상사의 지시하에 수행하는 공무의 관리에 있어서 공무원의 생명 및 건간 등을 위험에서 보호하도록 배려해야 할 의무를 부담한다」고 하여 안전배려의무를 인정하였다. 이 판결에서는 안전배려의무는 「어떤 법률관계에 기하여 특별한 사회적 접촉에 들어간 당사자 사이에 있어서 당해 법률관계의 부수의무로서의 당사자의 일방 혹은 쌍방이 상대방에 대하여 신의칙상 부담하는 의무로서 일반적으로 인정되어야 하는 것」이라고 정의함으로써, 종래의 일본의 다수설과 같이 안전배려의무의 근거를 신의칙에 기한 부수의무로 보고 있다. 그리고 판례의 이러한 정의에 의하여 독일민법 제618조 제1항을 그대로 도입한 일본에서는 독일과는 달리 안전배려의무를 고용 및 도급계약 외에 학교사고, 의료사고, 자동차사고, 제조물책임과 매매계약의 경우까지 그 적용영역을 확대하고 있다. 또한 일본에서도 안전배려의무를 위반한 경우에는 채무불이행책임을 인정하고 있지만, 다수설은 독일과는 달리 손해배상청구권 외의 다른 청구권은 인정하지 않고 있다.

우리나라의 경우에는 독일과 같이 안전배려의무에 관한 민법상의 규정도 두지 않고 있으며, 또한 일본과는 달리 판례에서 안전배려의무의 개념에 관한 정의조차 내려지지 않고 있다. 그리하여 학설과 판례에서는 일반적으로 안전배려의무를 부수의무 또는 보호의무의 일종으로 볼 뿐, 독자적인 개념과 적용영역을 가진 의무로 보지 않고 있다.

3) 保護義務

(가) 意 義 보호의무란 채권관계의 당사자 상호간에 상대방의 생명 · 신체 · 소유권 기타 재산적 이익을 침해하지 않도록 배려할 의무이다. 이러한 보호의무는 우리 민법과는 달리 불법행위의 성립요건을 개별적으로 규정하는 독일불법행위법이 지닌 한계로 인하여 불법행위책임을 묻기 어려운 경우에 채무불이행책임에 의하여 손해를 배상하기 위하여 학설과 판례에서 형성 · 발전된 이론이다. 이러한 보호의무는 주로 계약체결을 위한 준비 · 교섭단계에서 상대방의 신체 · 재산에 손해를 준 경우와 채무자의 불완전이행으로 채권자의 신체 · 재산에 확대손해를 준 경우에 논의되고 있다. 우리나라에서도 보호의무를 계약상의 채무자의 의무에 포함시킬 것인지 여부에 대하여 견해가 대립하고 있다. 이는 보호의무의 위반이 채무불이행에 해당하느냐와 관련되는 것이다.

(나) 契約上 保護義務의 認定與否

보호의무를 계약상의 채무자의 의무로 인정할 것인가에 관하여 학설과 판례에서 견해가 대립한다. 보호의무를 인정하게 되면 채무의 시기가 앞당겨지고 내용이 확대됨으로써 채무불이행책임의 영역이 확대된다. 반면에 이를 부정하게 되면 불법행위가 성립할 뿐이다.

(a) 學 說

ⓐ **보호의무긍정설** 보호의무를 계약상 채무자의 의무에 포함시켜 보호의무

위반으로 인한 채무불이행책임에 의하여 손해배상을 청구할 수 있다고 보는 견해이다(다수설. 김용한 155면; 김형배 37면; 김상용 129면; 송덕수 109면; 지원림 891면). 이들 견해는 보호의무의 법적 지위나 인정범위 등에 있어서는 차이가 있으나 보호의무를 계약상의 채무자의 의무에 포함시키는 데는 이견이 없다.

ⓑ **보호의무부정설** 보호의무는 채권관계가 없는 사회일반인 사이에서도 인정되는 주의의무에 불과하므로 계약상의 의무로 볼 수 없으며, 그 위반에 대해서는 불법행위책임을 물으면 된다는 견해이다(민법주해(9)/양창수 218면; 이은영 133면; 김준호 812면). 이들 견해는 보호의무를 채무의 범주에 포함시키는 경우에는 채무불이행책임과 불법행위책임의 체계를 혼란시키게 되는 것으로 본다. 또한 보호의무는 불법행위에 관한 일반규정이 없는 독일에서 법(독일민법 제823조에서는 불법행위의 보호법익을 생명 · 신체 · 건강 · 자유 · 소유권의 위법한 침해의 경우에만 손해배상책임을 지우고 있다)의 흠결을 보충하기 위하여 만들어진 개념이며, 우리나라의 경우에는 제750조와 같은 포괄적인 일반규정이 있기 때문에 보호의무를 위반한 경우에는 불법행위를 물으면 될 것이지 굳이 채무불이행으로까지 볼 필요는 없다고 한다(김준호 812면).

(b) **判 例** 판례는 여관의 화재로 인하여 투숙객이 사망한 사건에서 숙박업자는 고객의 안전을 배려하여 할 보호의무를 부담하며 이 의무는 숙박계약의 특수성을 고려하여 신의칙상 인정되는 부수적인 의무로서 숙박업자가 이를 위반하여 고객의 생명 · 신체를 침해하여 손해를 입힌 경우에는 불완전이행으로 인한 채무불이행책임을 진다고 하여(대판 1994. 1. 28, 93다43590. 대판 1997. 10. 10, 96다47302. 대판 2000. 11. 24, 2000다38718 · 38725) 긍정설의 입장을 취하고 있다. 그 밖에도 판례는 고용계약이나 노무도급계약상의 사용자(대판 1999. 2. 23, 97다12082. 대판 2002. 11. 26, 2000다7301 등), 기획여행계약에 있어서의 여행업자(대판 1998. 11. 24, 98다25061), 병원(대판 2003. 1. 24, 2002다2129) 등의 보호의무를 인정하고 있으나, 그 법적 성질에 대해서는 일관된 태도를 보이지 않고 있다.

〈보호의무위반에 관한 판례〉

(1) 채무불이행책임을 인정한 판례

1) 공중접객업인 숙박업을 경영하는 자가 투숙객과 체결하는 숙박계약은 숙박업자가 고객에게 숙박을 할 수 있는 객실을 제공하여 고객으로 하여금 이를 사용할 수 있도록 하고 고객으로부터 그 대가를 받는 일종의 일시 사용을 위한 임대차계약으로서 객실 및 관련 시설은 오로지 숙박업자의 지배 아래 놓여 있는 것이므로 숙박업자는 통상의 임대차와 같이 단순히 여관 등의 객실 및 관련 시설을 제공하여 고객으로 하여금 이를 사용 · 수익하게 할 의무를 부담하는 것에서 한 걸음 더 나아가 고객에게 위험이 없는 안전하고 편안한 객실 및 관련 시설을 제공함으로써 고객의 안전을 배려하여야 할 보호의무를 부

담하며 이러한 의무는 숙박계약의 특수성을 고려하여 신의칙상 인정되는 부수적인 의무로서 숙박업자가 이를 위반하여 고객의 생명, 신체를 침해하여 투숙객에게 손해를 입힌 경우 불완전이행으로 인한 채무불이행책임을 부담하고, 이 경우 피해자로서는 구체적 보호의무의 존재와 그 위반 사실을 주장 · 입증하여야 하며, 숙박업자로서는 통상의 채무불이행에 있어서와 마찬가지로 그 채무불이행에 관하여 자기에게 과실이 없음을 주장 · 입증하지 못하는 한 그 책임을 면할 수는 없다(대판 2002. 11. 24, 2000다38718).

2) 사용자는 근로계약에 수반되는 신의칙상의 부수적 의무로서 피용자가 노무를 제공하는 과정에서 생명, 신체, 건강을 해치는 일이 없도록 인적 · 물적 환경을 정비하는 등 필요한 조치를 강구하여야 할 보호의무를 부담하고, 이러한 보호의무를 위반함으로써 피용자가 손해를 입은 경우 이를 배상할 책임이 있는 것이다(대판 2000. 5. 16, 99다47129).

3) 여행업자는 기획여행계약의 상대방인 여행자에 대하여 기획여행계약상의 부수의무로서, 여행자의 생명 · 신체 · 재산 등의 안전을 확보하기 위하여, 여행목적지 · 여행일정 · 여행행정 · 여행서비스기관의 선택 등에 관하여 미리 충분히 조사 · 검토하여 전문업자로서의 합리적인 판단을 하고, 또한 그 계약내용의 실시에 관하여 조우할지 모르는 위험을 미리 제거할 수단을 강구하거나 또는 여행자에게 그 뜻을 고지하여 여행자 스스로 그 위험을 수용할지 여부에 관하여 선택의 기회를 주는 등의 합리적 조치를 취할 신의칙상의 주의의무를 진다(대판 1998. 11. 24, 98다25061).

4) 환자가 병원에 입원하여 치료를 받는 경우에, 병원은 진료뿐만 아니라 환자에 대한 숙식이 제공을 비롯하여 간호, 보호 등 입원에 따른 포괄적 채무를 지는 것인 만큼 병원은 병실에의 출입자를 통제 · 감독한다든가 그것이 불가능하다면 최소한 입원환자에게 휴대품 등의 도난을 방지함에 필요한 적절한 조치를 강구하여 줄 신의칙상의 보호의무가 있고, 이를 소홀히 하여 입원환자와는 아무런 관련이 없는 자가 입원환자의 병실에 무단 출입하여 입원환자의 휴대품 등을 절취하였다면 병원은 그로 인한 손해배상책임을 면하지 못한다.

입원환자에게 귀중품 등 물건보관에 관한 주의를 촉구하면서 도난시에는 병원이 책임질 수 없다는 설명을 한 것만으로는 병원의 과실에 의한 손해배상책임까지 면제되는 것이라고 할 수 없다(대판 2003. 4. 11, 2002다63275).

(2) 불법행위책임을 인정한 판례

증권회사 직원이 자신만이 알고 있으나 밝힐 수 없는 확실한 투자정보가 있다고 하면서 고객으로 하여금 주식을 대량으로 매수하도록 유도하고, 그 후 거듭된 매도요청에도 불구하고 손실을 보전해 주겠다는 각서까지 써 주면서 이를 거부한 것은 "증권회사의 직원으로서 고객에게 과대한 위험을 수반하는 거래를 적극적으로 권유하면서 그에 수반되는 위험성에 대한 인식을 방해한 행위 즉 고객에 대한 보호의무를 위반한 행위"에 해당하므로 불법행위를 구성한다(대판 2003. 1. 24, 2001다2129).

(c) 私 見 우리 민법은 독일민법과는 달리 제750조에서 불법행위를 포괄적으로 규정하고 있기 때문에 일반적인 개인의 보호법익이 침해된 경우에는 불법행위책임을 물어 해결할 수 있다. 그러나 일률적으로 계약상의 보호의무를 부정할 것이 아니라, 적어도 당사자 사이에 체결된 계약상의 급부의무의 이행과정에 있어서 채권자의 신체 · 생명 · 재산의 완전성이 요구되는 특수한 경우(예: 숙박계약 · 여행계약 등)에는 그 급부이익의 완전한 실현과 관련된 채권자의 법익이 침해되지 않도록 보호되어야 하므로 계약상의 보호의무를 인정하여 채권자를 보다 두텁게 보호하는 것이 타당하다고 생각한다.

(다) 認定根據 보호의무는 급부의무의 이행과 관련하여 채권자의 법익보호가 특별하게 요구되는 계약상의 부수적 행위의무의 일종이다. 따라서 보호의무도 제2조 제1항의 신의칙에 그 근거를 두고 있는 계약상의 의무라고 할 것이다. 판례도 기획여행계약(대판 1998. 11. 24, 98다25061), 숙박계약(대판 1994. 1. 28, 93다43590; 대판 2000. 11. 24, 2000다38718 · 38725), 의료계약(대판 2003. 4. 11, 2002다63275) 등에서 보호의무를 신의칙상 인정되는 부수의무로 보고 있다.

(라) 保護義務의 法的 地位 다수설과 판례는 계약상 채무자의 의무로서 보호의무를 인정하고 있으나, 그 법적 지위에 관하여는 견해가 나누어지고 있다. 즉 (i) 부수적 행위의무의 일종으로 보는 견해(곽윤직 17면; 이영준, 「신의성실의 원칙에 관한 소고」, 김증한 교수화갑기념논문집, 1981, 44면; 김상용 133면; 송덕수 41면은 기타 행위의무는 계약 목적을 적극적으로 촉진하는 의무(안전배려의무 · 설명의무 등)일 수도 있으나 채권자의 안전성이익만을 보호만을 목적으로 하는 것일 수도 있다고 한다; 서광민, 채권법상의 보호의무, 서강법학 제3권, 서강대학교 법학연구소, 2001, 11면), (ii) 급부의무와는 별개의 독립한 의무로 보는 견해(김형배 896면은 보호의무를 급부의무에 병존하는 의무라고 한다; 이은영 196면은 보호의무라는 개념은 계약책임으로 분류해 넣기 위해 만들어진 개념인 급부의무와 부수의무와는 차원이 다르다고 한다; 지원림 888면)로 나뉜다. 한편 판례(대판 1998. 11. 27, 97다10925 등)는 계약에 수반되는 신의칙상 부수적 의무로서 보호의무를 인정하고 있으나, 그것이 급부의무와 독자성을 갖는지의 여부에 관하여는 명확하게 밝히지 않고 있다.

생각건대 보호의무는 급부의무의 이행과정에서 채권자의 법익이 보호되어야만 하는 계약에서만 특유하게 인정되는 의무이다. 따라서 보호의무는 계약이 전제되어야만 비로소 인정될 수 있으며, 그 계약상의 급부의무와 밀접한 관계가 있는 부수적 행위의무의 일종이라고 할 것이다. 채권관계의 의무구조에는 급부의무와 부수적 주의의무가 있으며, 그밖에 상대방의 현상이익 내지 완전성이익의 보호를 위한 보호의무가 독자적으로 존재한다는 견해가 주장되고 있다(김형배 35면). 그러나 비록 보호의무가 급부이익 이외의 법익을 보호하는 것이라고 하더라도, 그것은 급부이익의 완전한 실현에 이바지하는 것이므로 급부의무와 전혀 관계가 없는 별개의 독립한 의무라고 할 수 없다고 할 것이다. 한편 의료계약에서 의사의 환자에 대한 약품사용에 대한 설명의무(안전설명의 일종)는 질병의 치료라는 급부의무에 부수하는 의무이지만, 환자의 생명·신체라는 법익을 보호하는 보호의무의 성격도 겸유하고 있어서 이들 두 의무를 분명하게 구별할 수 있는 것도 아니다.

(마) 保護義務의 認定範圍

(a) 계약상의 보호의무를 모든 계약에서 일률적으로 인정할 수 있는지가 문제된다. 이에 관하여 학설상 (i) 계약상의 보호의무는 적어도 채권의 발생 내지 이행과 내적·사물적 관련성이 있는 경우에 한하여, 그것도 부가적 손해의 배상책임을 인정하기 위하여 필요한 범위(이행 가해) 내에서 인정되어야 한다는 견해(지원림 889면), (ii) 보호의무 중에서 계약과 직접관련을 갖는 것만 채무불이행책임에 포섭하고, 그렇지 않은 사회생활상의 보호의무는 불법행위책임으로 보아야 된다는 견해(이은영 196면), (iii) 보호의무는 계약관계가 없는 일반인 사이에서가 아니라, 계약상의 급부의무의 이행과 관련하여 특유하게 요구되는 경우에만 인정된다는 견해(서광민, 위 논문, 107면) 등이 주장되고 있다.

생각건대 보호의무는 모든 계약에서 인정되는 것이 아니라 급부의무의 완전한 이행을 실현하는 데 있어서 채권자나 채무자의 생명·신체·재산 등의 법익이 특별히 보호되어야만 하는 계약에 한하여 극히 제한적으로 인정하여야 할 것이다.

(b) 계약의 교섭단계에서 당사자 일방이 상대방의 생명·신체·재산 등에 손해를 가한 경우에 보호의무 위반을 이유로 계약체결상의 과실책임을 물을 수 있는지가 문제된다. 이에 관하여 학설은 (i) 긍정설(곽윤직, 채권각론, 2003, 55면; 김형배 36면; 김상용, 채권각론, 1999, 81면; 송덕수 361면)과 (ii) 부정설(김증한/김학동 26면; 이은영, 채권각론, 2007, 133면; 양창수, 「계약체결상의 과실」, 민법연구 1, 391면; 서광민, 위 논문, 107면)로 나뉘고 있다. (i)설은 계약의 준비 내지 교섭을 하고 있는 자들은 여러 면에서 계약당사자와 유사하게 다루어야 하므로 체약상의 과실은 원시적 불능 외에도 일반적으로 인정되며, 따라서 교섭 중에 생명·신체·재산권이 침해되는 경우에도 마찬가지라고 한다(송덕수 361면). 그리고 (ii)설은 계약교섭의 과정에서 주의의무의 위반으로 말미암아 교섭상대방에게 손해를 가한 경우의 배상책임을 부과하기 위해 따로 체약상의 과실책임이라는 책임영역을 설정할 필요는 없으며 불법행위책임으로 다루는 것이 타당하다고 한다(양창수, 「계약체결상의 과실」, 고시계, 1986, 1월호 52면). 즉 불법행위책임법에 의하여 누구든 사회생활에 있어서 거래상대방이나 주위의 사람에게 해를 입히지 않도록 주의할 의무가 부과되어 있는데, 계약교섭상의 부주의는 교섭당사자가 거래관행상 교섭에 임하는 자에게 부과하는 사회생활상의 주의의무를 위반한 경우라고 한다(이은영 133면). 또한 유추적용은 법률의 규정에 있는 사안과 법률의 규정에 없는 사안간에 법적 평가상 중요한 점에서 유사점 내지 공통점이 있어야 가능

한 것인데, 보호의무의 경우에는 제535조가 규율하는 사안에 있어서 법적 평가상 중요한 점인 계약체결과정 중에 당사자 일방에게 과실이 있어야 할 것, 계약이 무효로 되어야 할 것, 상대방이 신뢰이익에 손해를 입어야 할 것 등의 요소를 모두 갖추고 있지 않으므로 제535조의 유추적용이 불가능하고 한다(서광민, 위 논문, 107면).

생각건대 계약을 체결하기 전단계에서도 이미 협의가 개시되는 등으로 당사자 사이에 사회적 접촉이 생기면 당사자들의 법적 지위는 불특정다수인과는 달리 계약법과 불법행위법의 중간에 놓여진다고 할 것이다. 따라서 이 단계에서도 일응 당사자 일방이 입은 손해에 대하여 보호의무 위반에 의한 채무불이행책임을 물을 수 있는 것으로 볼 수 있다. 그러나 이를 위해서는 독일에서와 같은 보호의무이론의 인정이 전제되어야만 한다. 우리 민법상의 채무자의 의무는 어디까지나 계약의 성립을 전제로 하여 부담하는 것이기 때문이다. 비록 거래 당사자들이 계약의 교섭단계에 들어갔다고 하더라도 계약이 유효하게 성립되지 않는 한 그들은 넓은 의미의 불특정다수인에 포섭될 수밖에 없는 것이다. 따라서 이를 당사자들 사이에서 거래상 통상적으로 요구되는 주의의무 위반으로 보아 불법행위책임을 묻는 것이 현행민법상의 책임체계에 비추어 타당하다고 할 것이다. 설령 계약교섭단계에서의 보호의무를 인정하여 그 위반에 대한 채무불이행책임을 묻는다고 하더라도 그 실익이 무엇인지 의심스러울 뿐이다. 특히 이 경우의 피해자의 침해법익이 재산이 아니라 사람의 생명·신체인 때에는 피해자는 채무불이행책임보다 위자료청구에 있어서 더 유리한 불법행위책임을 선호할 것이기 때문이다. 따라서 계약이 성립되어야만 부담하는 채무자의 의무를 계약의 성립 전단계에서 변칙적으로 확대하여 민법상의 책임체계에 혼란을 야기할 필요가 없다고 할 것이다.

(c) 채무자는 계약당사자가 아닌 제3자에 대해서도 보호의무를 부담하는지가 문제된다. 예를 들어 A가 B에게 가옥의 수리를 맡겼는데, B의 피용자인 C가 수리 도중에 가재도구를 넘어뜨려 집안에 있던 A의 자녀인 D를 다치게 한 경우에 B는 D에게 보호의무의 위반으로 인한 채무불이행책임을 지게 되는지가 문제된다. 이 문제에 관하여 독일의 Larenz는 당해 계약의 목적과 의의에 따라 특정한 계약에서 채무자는 계약 당사자인 채권자뿐만 아니라 제3자를 보호하여야 할 계약상의 의무인 주의 또는 보호의무가 있고, 이러한 계약을 제3자보호효 있는 계약(Vertrag mit Schutzwirkung für Dritte)이라고 하였다. 이것이 이른바 제3자보호효 있는 계약이론이며, 오늘날 독일의 학설과 판례에서 독자적인 법제도로 인정되고 있다. 이 이론은 독일의 불법행위책임에 의

하면 사용자의 면책가능성 · 입증책임 · 소멸시효 등에 있어서 채무불이행책임에 비하여 피해자 보호에 미약하다는 이유에서 계약당사자가 아닌 제3자를 계약의 보호범위 내에 포함시켜 계약상의 책임을 물을 수 있도록 함으로써 피해자를 보다 두텁게 보호할 필요성에서 주창된 것이다. 제3자에 대한 보호의무는 계약당사자의 합의 또는 보충적 계약해석에 기인하지 않고, 신의칙이 가지고 있는 법창설적 기능 내지는 보충적 효력을 근거로(Larez a.a.O., §17, 11), 법정채권관계의 내용을 이루고 있는 것이다. 그리고 제3자에 대한 보호의무는 계약의 교섭단계에도 이미 존립하며, 이행단계뿐만 아니라 계약종료 후의 단계에까지 작용하기 때문에 제3자보호효 있는 계약책임을 인정하기 위해서는 반드시 계약이 성립되어 있어야 하는 것은 아니다(BGHZ 66, 51ff.=BGH JZ 1976, 775ff.). 그런데 독일에서는 채무자의 제3자에 대한 책임이 무제한 확대되는 것을 방지하기 위하여 매우 엄격한 요건하에 보호되는 제3자의 범위를 좁히고 있다. 즉 제3자보호효의 범위에 포함되기 위해서는 (i) 제3자는 채무자의 급부에 밀접되어 있어야 하고, (ii) 채권자는 제3자의 보호에 대하여 특별한 이해관계를 가지고 있어야 하며, (iii) 채무자가 계약체결 당시 제3자의 급부와의 밀접성과 채권자의 제3자에 대한 보호의무에 관하여 인식하고 있어야만 한다. 그리고 제3자보호효 있는 계약에서 보호되는 제3자의 법익에는 인적 손해뿐만 아니라 물적 손해 및 재산적 손해도 포함되며, 채무자가 이 보호의무를 위반하면 제3자는 불완전 이행에 의한 손해배상을 청구할 수 있다. 그러나 독일연방대법원은 급부의무의 불이행으로 발생한 손해에 대해서도 배상을 인정하고 있다(BGH JZ 1966, 141ff). 개정 독일민법은 제3자보호효 있는 계약에 관한 규정(§311. Abs. 3, S.1. BGB)뿐만 아니라 제3자의 계약당사자에 대한 계약체결상의 과실책임에 관한 규정(§311. Abs. 3, S.2. BGB)도 두고 있다.

이러한 독일의 제3자보호효 있는 계약이론의 도입문제에 관하여 학설은 (i) 긍정설(김상용 25면; 민법주해(13)/송덕수, 209면; 임건면, 「제3자손해청산과 제3자보호효를 가진 계약」, 재산법연구, 127면; 장재현, 「계약의 제3자에 대한 효력」, 성균관법학 242면)과 (ii) 부정설(김증한/김학동 26면; 이은영, 채권각론, 2004, 137면 이하; 서광민, 위 논문, 118면)이 대립하고 있다. (i)설은 제3자보호효 있는 계약이론이 출현하게 된 근본적인 이유인 불법행위법상의 사용자의 면책에 관한 규정을 손질하여 사용자에 무리한 부담을 주는 것보다는 계약과 밀접하게 관련되어 있는 제3자에 대하여만 계약의 제3자보호효력을 인정하여 보호하는 제3자보호효력 있는 계약이론이 더 훌륭한 방법이라고 한다. 반면에 (ii)설은 계약책임은 계약당사자 사이에 한하여 인정하여야 할뿐만 아니라, 급부의무와 관련된 불이행에 대해서는 채무불이행책임을, 그리고 안전의무 등 보호의무를 위반한 경우에는 불법행위책임을 인정하는 것이 옳으며, 판례가 피용자의 선임감독에 대하여 사용자의 면책을 거의 인정하지 않으므로 사용자책임의 공백을 보완할 경우도 없다고 한다. 또한 보호의무는 급부의무에 부수하는 부수적 의무의 일종으로서, 보호의무를 급부의무와는 별개의 독립된 의무로 보고 있는 제3자보호효 있는 계약이론에 그대로 원용할 수 없으며, 급부의무의 효력이 미치지 않는 제3자에게 부수적 의무의 효력만이 미친다고 할 수 없다고 한다.

한편 판례는 제3자보호효를 정면으로 인정하지 하지 않고, 다만 제3자를 위한 계약법리에 의하여 계약당사자가 아닌 제3자에 대하여도 채무자의 계약상의 책임을 인정함으로써(대판 1993. 8. 27. 92다2333), 계약책임의 확대를 시도한 적이 있다.

생각건대 제3자보호효 있는 계약이론은 일정한 계약상의 보호의무의 인적 범위를 당사자뿐만 아니라 제3자에까지 확대하려는 것이다. 이 경우의 보호의무는 계약이 체결된 후에 부담하는 부수적 행위의무인 점에서 계약교섭단계에 있어서의 그것과는 다르다고 할 것이므로 일정한 요건하에 제3자에 대한 보호의무를 인정함이 타당하고 본다. 제3자가 계약상의 급부의무의 이행에 있어서 특히 당사자와 밀접한 관계에 있는 경우에는 제3자를 보다 두텁게 보호하기 위하여 독일에서와 같이 채무불이행책임을 확대 인정하는 것은 이론상 무리가 없을 것으로 본다. 그러나 이러한 제3자보호효 있는 계약을 인정하더라도 우리 민법하에서 이를 불법행위책임으로 해결하는 경우보다 얼마나 더 그 실익이 있는 지는 의문이 아닐 수 없다.

(바) 保護義務 違反의 效果 계약상의 보호의무를 위반하여 상대방이 손해를 입은 경우에는 불완전이행에 의한 채무불이행책임을 지게 된다. 그리고 보호의무 위반의 경우에는 부가적 손해의 배상이 주로 문제되므로 원칙적으로 손해배상청구권만 인정되고, 별도의 계약해제권은 인정되지 않는다. 다만 계속적 계약관계에서 보호의무 위반으로 당사자 사이에 신뢰관계가 파괴된 경우에는 예외적으로 계약해제권이 인정될 수도 있다고 할 것이다.

보호의무 위반의 경우에는 제750조의 불법행위의 일반성립요건이 충족되므로 채무불이행책임과 불법행위책임이 경합된다. 그리고 피침해법익이 사람의 생명 · 신체인 경우에는 피해자는 불법행위책임은 물론 채무불이행책임에 의하여도 위자료를 청구할 수 있다(자세한 것은 후술하는 손해배상 참조).

| 독일민법상의 보호의무 |

독일민법상의 보호의무이론은 일찍이 Heinrich Stoll이 주창하였으며, 그 후 Canaris와 Thiele 등에 의하여 발전되어 왔다. 이 이론의 요체는 채권법상의 채무자는 급부의무(Leistungspfliht)와는 별개의 독립한 보호의무(Schutzpflicht)를 부담하는데, 이 의무는 계약의 성립 전 또는 후는 물론, 계약이 무효로 되거나, 계약관계가 없는 당사자 사이에도 인정된다는 데 있다. Stoll이 이러한 보호의무를 주창하게 된 이유는 독일민법이 불법행위의 성립요건에 관하여 개별적 성립요건주의를 취하고 있고(제823조 제1항·제2항, 제826조), 사용자책임에 있어서도 사용자에게 면책가능성을 인정하고 있기 때문에(제831조), 불법행위법에 의하면 피해자를 구제할 수 없게 되는 경우에 계약상의 보호의무를 인정하면 피해자의 구제가 가능하게 된다는 점에 있다(Heinrich Stoll, Die Lehre von den Leistungstörungen). Canaris는 보호의무의 법적 근거는 각 당사자는 상대방이 계약상의를 계기로 자기의 영향권 내에 들어오면 그의 법익에 손해가 발생하지 않도록 보호할 의무를 부담하는데, 이러한 보호의무는 당사자의 의사와 무관하게 성립하는 법정의 성격(gesetzliches Natur)을 가진 특별한 계약상의 법률관계(Rechtverhältniss der Vertragsverhandlungs)에 있으며, 이러한 특별한 법률관계를 인정하는 내적인 정당성은 독일민법 제242조의 당사자 사이의 신뢰관계에서 찾을 수 있다고 한다(Canaris, Ansprüche wegen positiv Vertragsverletzung und Schutzwirkung für Dritte bei nichtigen Verträgen. JZ 1965, 476-477). 이와 같이 당사자 사이의 신뢰관계에 기한 보호의무는 계약의 성립 전이나, 계약이 무효·취소되어 급부의무가 소멸하더라도 존재한다. 따라서 보호의무는 이른바 급부의무 없는 채권관계론의 논리적 귀결이 되고 있다. 그리하여 Canaris는 계약체결 전의 보호의무를 주된 급부의무·종된 급부의무와 병치시키고, 계약체결상의 과실·적극적 채권침해·제3자 보호효 있는 계약에 공통적인 성질 및 근거를 가지는 것으로 이해하여 모든 보호의무를 통일적으로 설명하고 있다(Canaris, a,a,O, S. 478). 한편 Thiele도 기본적으로 Stoll과 Canaris와 같은 견해를 취하여 급부의무와 보호의무를 구별하고, 통상 급부의무에 부수하는 의무로 인정되는 특별행위의무는 유효한 급부관계를 전제로 한 이행이익이 목적인 종된 급부의무, 그리고 급부이익을 목적으로 하지 않고 계약의 준비나 체결 급부의무의 내용도 아닌 당사자의 보존이익에 봉사하는 보호의무로 구분하고, 또한 종된 급부의무와 보호의무의 구별은 행위의무의 내용에 있는 것이 아니라 그 목적에 있다고 한다. 한편 그는 보호의무는 상대방에 대하여 어떤 침해를 유발시킬지도 모르는 특정한 당사자 사이의 의도된 특별결합상태에서 인정된다는 점에서 그러한 결합관계를 전제하지 않고서 인정되는 불법행위법상의 사회생활안전의무(Verkehrssicherungspfricht)와 구별되는 것이라고 한다(Thiele, Leisterungsstörungen und Schutzpflichtverletzung, JZ, 1967, S. 650-651). 다만 Thiele는 이러한 보호의무의 인정근거를 신뢰의 원칙이 아니라 거래윤리(Verkehrsmoral)에서 찾고 있다.

(3) 履行期와의 관련

이행기와 관련하여 주의하여야 할 점으로는 ① 채무자는 기한의 이익을 포기할 수 있으므로 이행기 전의 이행은 원칙적으로 불완전이행이 되지 않으며(제153조), ② 이행기 전에 불완전급부를 한 경우에는 불완전이행이 된다. 그러나 이행기 전에 그 하자를 추완하면 지체책임이 없다. ③ 이행기에 불완전이행이 있고 그 추완 없이 이행기가 도과한 경우에는 이행지체와 불완전이행이 경합된다. ④ 이행기가 지난 후 불완전이행을 한 때에는 이행지체와 불완전이행이 경합한다.

3. 債務者의 歸責事由

불완전이행이 채무불이행이 되기 위해서는 이행지체나 이행불능과 같이 채무자의 귀책사유가 필요하다(대판 2003. 7. 22, 2002다35676). 이 요건의 입증도 다른 채무불이행과 마찬가지로 채무자가 자신에게 과실이 없음을 주장 · 입증하여야 한다(대판 2000. 11. 24, 2000다38718).

4. 違法한 것일 것

불완전이행이 성립하려면 채무자의 불완전한 이행이 위법한 것이어야 한다.

V. 不完全履行의 效果

1. 給付義務의 不完全履行의 경우

(1) 완전이행이 가능한 경우

1) 완전이행청구권 완전이행이 가능한 경우에는 채권자는 불완전한 이행의 수령을 거절할 수 있으나, 수령한 후에도 완전한 급부를 청구할 수 있다. 또한 완전한 급부가 아니더라도 그 불완전한 급부 자체를 추완하는 방법이 있다면 신의칙상 완전이행청구권이 아니라 추완청구권만을 가진다고 할 것이다(통설. 곽윤직 100면; 김용한 166면; 김주수 145면; 김상용 135면; 이은영 242면). 그러나 손해배상의 방법에 관한 금전배상주의(제394조)를 취하고 있는 우리 민법상 불완전이행의 경우에 완전이행청구권, 특히 추완청구권이 가능한지는 의문이라는 견해가 있다(송덕수 108면).

2) 손해배상청구권 채권자는 추완이행으로 인하여 생긴 이행지체에 대한 손해배상을 청구할 수 있고, 적극적 채권침해로 인한 확대손해가 생긴 경우에는 그에 대해서도 배상을 청구할 수 있다.

3) 계약해제권 완전이행이 가능한 경우에 이행지체의 법리에 따라 상당한 기간을 정하여 이행의 최고를 하여도 채무자가 이행을 하지 않는 때에는 채권자

는 계약을 해제할 수 있다. 또한 계속적 계약관계에서의 불완전이행의 경우에는 계약을 해지할 수 있다.

(2) 완전이행이 불가능한 경우

1) 손해배상청구권 이행방법의 잘못으로 채권자에게 확대손해를 주는 동시에 급부의 목적물도 멸실케 하거나, 완전이행이 가능하더라도 새로운 이행이 채권자에게 아무런 이익을 주지 않는 경우에는 이행불능이 된다. 이때에는 완전이행을 청구할 수 없고 확대손해의 배상과 이행불능에 의한 전보배상만을 청구할 수 있다.

2) 계약해제권 완전이행이 불가능한 경우에는 이행불능의 법리에 따라 최고 없이 곧 계약을 해제할 수 있다(제546조).

2. 附隨的 行爲義務의 違反의 경우

부수적 행위의무의 위반에 의한 불완전이행의 경우에는 채권자(근로계약의 경우에는 근로자)는 손해배상청구권을 행사할 수 있다. 그런데 계약해제권의 인정여부에 관하여는 (i) 계약목적을 달성할 수 없는 경우에는 인정할 수 있다는 견해(김상용 135면; 송덕수 110면)와 (ii) 급부의무가 아니어서 원칙적으로 인정할 수 없으나, 다만 계속적 계약관계에서 당사자 사이에 신뢰관계가 파괴된 경우에는 예외적으로 인정될 수 있다는 견해(김형배 232면)가 대립하고 있다. 판례는 주된 채무의 불이행의 경우에는 계약해제를 인정하고 있으나 부수적 채무를 불이행한 데 지나지 않는 경우에는 계약해제를 부정하고 있다(대판 1994. 4. 7, 97다575; 대판 2005. 11. 25, 2005다53705 · 53712). 생각건대 부수적 행위의무는 계약 당사자 사이의 합의나 법률의 규정에 의한 급부의무와는 달리 신의칙에 기한 채무자의 의무이므로 원칙적으로 계약해제권이 인정되지 않으나, 의무위반에 의하여 계약목적을 달성할 수 없는 경우에는 인정된다고 할 것이다.

3. 請求權의 存續期間

채권자의 완전이행청구권 · 추완청구권 · 손해배상청구권 · 계약해제권이 시효로 소멸할 때까지 존속하는지가 문제된다. 이에 관하여 (i) 장기간에 걸친 채권자의 청구는 채무자에게 가혹할 뿐만 아니라, 신의칙에도 반하는 결과가 되기 때문에 이들 청구권은 신의칙상 상당한 기간의 경과로 소멸한다(실효의 원칙)는 견해(다수설: 곽윤직 100면; 김주수 146면; 김용한 166면), (ii) 하자담보에 관한 규정(제582조)을 유추적용함으로써 그러한 권리들은 6개월의 제척기간에 걸린다는 견해(김기선 162면; 김형배 228면), (iii) 이들 권리 중 손해배상청구권만 10년의 소멸시효에 걸린다는 견해(김상용 136면), (iv) 채권자는 손해배상청구권과 계약해제권만 가지며, 이러한 권리는 이행지체 · 이행불능과는 달리 취급할 이유가 없으며, 따라서 단기소멸시효에 걸리지 않는다는 견해(송덕수 108면)가 대립한다.

생각건대 채권자의 완전이행청구권과 추완청구권은 그 성질에 비추어 신의칙상 상당한 기간 내에 행사하지 않으면 소멸하는 것으로 해석할 수 있으나, 손해배상청구권이나 계약해제권은 이행지체나 이행불능의 경우와 마찬가지로 10년의 소멸시효에 걸린다고 할 것이다.

사례해설

I. 계약상의 보호의무의 인정여부

보호의무라 함은 계약상대방의 생명 · 신체 · 재산 등을 해하는 일이 없도록 필요한 조치를 취하여야 할 의무를 말한다. 계약상의 의무로서 보호의무를 인정할 것인가에 관하여 다수설은 보호의무를 계약상의 의무의 한 유형으로 보고 있다. 이와는 달리 보호의무를 계약상의 의무로 보지 않고, 그 위반을 불법행위로 파악하는 견해도 있다. 판례는 숙박계약에서의 숙박업자(대판 2000. 11. 24, 2000다38718 · 38725)나 기획여행계약에서의 여행업자(대판 1998. 11. 24, 98다25061)의 보호의무를 인정하여 그 위반에 대하여 채무불이행책임을 부과하고 있으나, 일반적으로 보호의무위반을 불법행위책임으로 보고 있다.

II. 보호의무위반에 대한 채무불이행책임

A와 B가 숙박계약을 체결한 위 사안에서 상속인 C는 B에게 계약상의 보호의무 위반을 이유로 채무불이행책임을 물을 수 있는지가 문제된다. 숙박업자는 통상의 임대차와 같이 단순히 여관 등의 객실 및 관련시설을 제공하여 고객으로 하여금 이를 사용 · 수익하게 할 의무를 부담하고 한 걸음 더 나아가, 고객에게 위험이 없는 안전하고 편안한 객실 및 관련시설을 제공하여 고객의 안전을 배려하여야 할 보호의무를 부담하는바, 이러한 신의칙상 부수적 보호의무를 위반하여 고객의 생명 · 신체를 침해하여 투숙객에게 손해를 입힌 경우에는 불완전이행으로 인한 채무불이행책임을 지게 된다(대판 1997. 10. 10, 96다47302). 위 사안에서 B가 신의칙상 부수적 보호의무를 위반하여 A를 사망에 이르게 하였기 때문에 C는 구체적 보호의무의 존재와 그 위반사실을 주장 · 입증하여 채무불이행으로 인한 손해배상을 청구할 수 있다.

第5項 債權者遲滯

사 례

A는 B 소유의 토지를 1억 8천만원에 매수하기로 하고 계약 당일인 1991. 7. 7.에 계약금으로 2천만원을 지급하였고 중도금 8천만원은 1991. 7. 30.에 잔대금 8천만원은 1991. 8. 25.에 소유권이전등기 소요서류의 교부와 상환으로 지급하되, B가 계약을 불이행하면 계약금의 배액을 A에게 상환하는 반면, A가 계약을 불이행하면 계약금을 몰수한다는 구두의 합의를 하였다. 그런데 B가 객관적으로 보아도 계약을 이행할 의사가 없음을 추인케 할 만한 태도를 보이며, 이런저런 이유로 중도금의 수령을 거부하자 A는 B에게 1991. 8. 3.자로 내용증명우편을 보내어 B의 중도금수령거절을 이유로 매매계약을 해제하니 계약금을 반환하고 계약금 상당의 위약금을 지불하라고 통고하였다. 이러한 A의 계약해제와 위약금청구는 인정될 수 있는가? (대판 1993. 6. 25, 93다11821 사안의 변경)

[중요논점]

Ⅰ. 수령지체를 이유로 한 해제권 행사

Ⅱ. 위약금청구

Ⅰ. 序　說

1. 意　義

채무자가 채무내용을 실현하기 위하여 채권자의 협력을 필요로 하는 경우에, 채권자가 변제를 수령하지 않거나 기타의 협력을 하지 않아 이행이 지체되고 있는 상태에 있는 것이 채권자지체 내지 수령지체이다(제400조). 예를 들어 채권자가 공급하는 재료에 가공하여야 할 채무에서 재료의 제공, 진료채무에서 환자가 의사의 지시에 따르는 등의 협력이 필요하다. 이러한 채무에 있어서 채무자가 채무의 내용에 좇은 이행을 제공하였음에도 불구하고 채권자의 협력이 없어서 이행이 완료되지 못하고, 따라서 채무자가 여전히 채무에 구속되며 이행지체에서 생기는 부담이나 불이익을 부담하는 것은 공평하지 못하다. 여기서 민법은 당사자 사이의 불공평한 이해관계를 신의칙에 따라 공평하게 조절하기 위하여 채권자지체라는 제도를 두고 있다.

2. 債權者遲滯의 本質

채권자지체의 본질론에 관하여는 채권자에게 채무자의 이행에 협력할 의무 내지 수령의무가 있느냐의 여부가 그 쟁점이 된다. 이는 곧 채권자가 협력을 하지 않는 것에 귀책사유가 요구되는가의 여부로 귀착된다. 즉 채권자의 협력의무 내지 수령의무를 긍정할 경우에는 채권자의 책임은 그의 귀책사유가 요구되는 채무불이행책임으로 되고, 반대로 부정할 경우에는 민법의 특별규정(제401조~제403조)에 의한 법정책임으로 되는 결과가 된다. 이 문제에 관하여 학설이 대립한다.

(1) 學 說

1) 法定責任說 채권의 행사와 불행사는 채권자의 자유이므로 법률 · 관습이나 특약에 기하는 경우 외에는 채권자에게 원칙적으로 수령의무는 없으며, 채권자의 수령지체책임은 공평의 원칙 내지 신의칙에 기한 법정책임이라는 견해이다(김증한/김학동 174면; 이은영 403면; 지원림 928면; 송덕수 143면). 그 근거로 들고 있는 것은 다음과 같다. ① 지체가 채권자측의 사유로 인한 것이면 충분하고 반드시 채권자의 귀책사유를 요하지 않는다고 새기는 것이 채무자의 보호는 물론 당사자 사이의 이익조정에 공평을 기할 수 있으며, ② 채권자지체의 효과로서 채무자에게 계약해제권을 인정하지 않더라도 특약으로 추가의 손해배상 · 위약벌 · 계약해제권 발생 등의 효과를 부가시킬 수 있다. ③ 채권자지체로 채무자에게 발생한 손해는 대부분이 민법 제403조의 증가비용에 해당하게 되므로 채무자에게 별도로 손해배상청구를 인정할 필요는 없으며, 채무자는 대가채무의 불이행을 이유로 계약해제 및 손해배상을 청구할 수 있으므로 채무자에게 심한 불이익이 생기지 않는다는 것이다.

2) 債務不履行責任說 채권관계는 공동목적을 향한 유기적 협동관계를 구성하므로 채권자는 목적물급부청구권 외에 신의칙상 목적물수령의무 또는 인도의무를 부담한다는 전제 하에서 채권자지체는 채권자의 협력의무의 불이행책임이라는 견해이다(김기선 171면; 곽윤직 102면; 김용한 170면). 이 견해에 의하면 채권자지체의 요건으로 채권자의 귀책사유를 요하며, 또한 그 효과로서 채권자는 민법에 규정되어 있는 책임(제401조~제403조; 제538조 제1항 후문) 외에 채무불이행의 일반원칙에 따라 손해배상책임 및 계약해제의 불이익을 받을 수 있다. 그러나 채무불이행책임설의 문제점은 채권자의 귀책사유가 없을 때에는 채권자지체는 성립되지 않고, 제401조 내지 제403조의 효과가 배제되기 때문에 오히려 채무자에게 불리하게 된다는 점이다.

3) 折衷說 원칙적으로 채권자에게 수령의무를 인정하지 않는 법정책임설에 따르면서, 매매 · 도급 · 임치 등의 계약의 경우에는 채권자에게 부수적 의무의 일종으로 신의칙상 수취의무를 부과하고, 의무위반시 채권자에게 귀책사유가 없는 경우에는 제401조 내지 제403조가 정한 효과만 발생하지만 귀책사유가 있는 경우에는 그 이외에 손해배상청구권 · 계약해제권을 인정하는 견해이다(김주수 129면; 김형배 304면; 김상용 212면). 그러나 이 설은 그 법적 근거가 약하다는 결점을 가지고 있다.

(2) 判 例

채권자지체의 법적 성질에 관한 명시적인 판례는 없다. 다만 최근 판례에서는 부동산의 매수인에게 등기수취의무가 있음을 인정하고 있다(대판 2001. 2. 9, 2000다60708). 그러나 이 판례는 현행법상 부동산에 관한 공탁이 어렵기 때문에 부동산의 매수인에 대해서만 특별하게 등기수취의무를 인정한 것이지 일반적인 채권관계에서 수취의무를 인정한 것이라고는 볼 수 없다고 해석된다.

[판 례]

통상의 채권채무관계에서는 채권자가 수령을 지체하는 경우 채무자는 공탁 등에 의한 방법으로 채무부담에서 벗어날 수 있으나 등기에 관한 채권채무관계에 있어서는 이러한 방법을 사용할 수 없으므로, 등기의무자가 자기 명의로 있어서는 안 될 등기가 자기 명의로 있음으로 인하여 사회생활상 또는 법상 불이익을 입을 우려가 있는 경우에는 소의 방법으로 등기권리자를 상대로 등기를 인수받아 갈 것을 구하고 그 판결을 받아 등기를 강제로 실현할 수 있도록 한 것이다(대판 2001. 2. 9, 2000다60708).

(3) 私 見

일반적으로 권리자는 그 권리가 보장하는 이익을 실현하여야 할 의무를 부담하지 않으므로 채권자에게 수령의무를 부담시키는 것은 합당한 것이라고 할 수 없다. 그리고 채무불이행책임설에 의하면 채권자에게 귀책사유가 없는 경우에는 제401조 내지 제403조의 효과마저 얻지 못할 것이기 때문에 법정책임설이 채무자 이익을 보호하는 데 더 적합하다고 생각한다.

Ⅱ. 債權者遲滯의 要件

채권자지체를 채무불이행으로 파악하는 견해에 의하면 다음과 같은 요건이 필요하다. 그러나 법정책임으로 보는 견해에 의하면 아래 4.와 5.는 채권자지체의 요건이 아니다.

1. 債務의 履行에 있어서 債權者의 受領 또는 協力을 요할 것

채무자의 이행행위만으로도 이행이 완료되고, 채권자의 협력을 필요로 하지 않는 경우 즉 부작위채무 · 의사표시를 하는 채무는 채권자지체가 생길 여지가 없다.

2. 債務의 內容에 좇은 履行의 提供이 있을 것

이행의 제공이 없거나, 또는 그 제공이 채무의 내용에 좇은 것이 아닌 때에는 채권자지체는 생기지 않는다. 여기서의 이행의 제공의 의미에 관하여 학설은 일반적으로 제460조의 변제의 제공과 동일한 것으로 보고 있다(민법주해/이은영, 717면 참조). 따라서 채무자는 원칙적으로 현실의 제공을 하여야 한다. 그런데 변제의 제공 전에 채권자가 미리 변제의 수령을 거절할 의사를 확고하게 표시한 경우(이른바 채권자의 영구적 불수령)에는 구두의 제공조차 하지 않더라도 변제의 제공의 효과가 발생하여 채무자는 이행지체책임을 면하게 되는바, 채권자지체의 경우에도 마찬가지로 되는지가 문제된다. 이에 관하여 판례는 채권자가 변제를 받지 아니할 의사가 확고한 경우에는 채무자는 구두의 제공조차 하지 않아도 곧바로 채무불이행책임을 면한다는 것에 불과하고 제538조 제1항 제2문이 정한 「채권자의 수령지체 중에 당사자 쌍방의 책임 없는 사유로 이행할 수 없게 된 때」에 해당하기 위해서는 현실의 제공이나 구두의 제공이 필요하다고 한다(대판 2004. 3. 12, 2001다79013). 또한 경미한 이행의 제공을 하지 않은 때에는 신의칙상 채권자지체가 발생한다.

3. 債權者의 受領拒絶 또는 受領不能

채권자가 이행의 제공을 수령할 수 없거나 또는 수령하기를 거절하여야 한다(제400조). 채권자의 수령거절 또는 수령불능의 이유는 묻지 않는다. 여기서 수령불능은 채권자가 이행을 할 수 있는 것(이행가능)을 전제로 하며, 채무자가 이행을 할 수 없기 때문에(이행불능) 수령할 수 없는 것은 포함되지 않는다.

이행불능과 수령불능의 구별에 관하여는 급부의 불능원인이 채권자 또는 채무자 가운데 어느 쪽의 사업범위 내지 영향범위에서 발생되는가를 기준으로 하여 그것이 채권자 쪽에 있으면 수령불능, 채무자 쪽에 있으면 이행불능이 된다고 하는 영역설이 통설이다(곽윤직 98면; 김용한 173면; 송덕수 144면 등). 예를 들어, 고용계약의 경우에 공장의 실화로 취업불능인 때에는 사용자(채권자)의 수령불능이 되며, 질병이나 교통기관의 파업에 의한 불이행은 근로자(채무자)의 이행불능이 된다.

4. 債權者의 歸責事由

채권자지체를 신의칙에 의한 법정책임으로 보는 견해에 있어서는 이 요건은 요구되지 않는다. 채권자지체를 채무불이행책임으로 보는 견해에 의할 때에는 이 요건이 필요하며, 또한 그 입증책임은 채권자에게 있다.

5. 債權者의 違法性

채권자의 수령불능 또는 수령거절의 위법성은 채권자지체를 채무불이행책임으로 파악하는 경우에 비로소 요구되는 요건이다.

Ⅲ. 債權者遲滯의 效果

1. 債權者遲滯責任

민법은 채권자지체책임의 내용으로서 다음의 5가지를 들고 있다.

(1) 債務者의 注意義務의 輕減

채권자지체 중에는 채무자의 주의의무가 경감되어 채무자는 고의 또는 중대한 과실에 대해서만 책임을 진다(제401조). 판례도 수치인이 적법하게 임치계약을 해지하고 임치인에게 임치물의 회수를 최고하였음에도 불구하고 임치인의 수령지체로 반환하지 못하고 있는 사이에 임치물이 멸실 또는 훼손된 경우에는 수치인에게 고의 또는 중대한 과실이 없는 한 채무불이행으로 인한 손해배상책임이 없다고 한다(대판 1983. 11. 8, 83다카1476).

(2) 債務者의 利子의 停止

채무자는 채권자지체 중에는 이자 있는 채권이라도 그 이자를 지급할 의무가 없다(제402조). 채무자는 변제기 전이라도 기한의 이익을 포기하고 원금과 그때까지의 이자를 변제할 수 있는 것이므로, 이에 대응하여 변제의 제공이 있은 때에는 그 후부터는 이자의 지급의무를 면하게 되는 것이다.

(3) 增加費用의 負擔

채권자지체로 목적물의 보관 또는 변제의 비용이 증가된 때에는 채무자는 그 증가액을 채권자에게 청구할 수 있다(제403조).

(4) 雙務契約에 있어서의 危險移轉

1) 問題點 민법은 쌍무계약에서 당사자 쌍방의 책임 없는 사유로 이행불능이 된 경우에는 채무자위험부담주의를 취하여 채무자가 대가위험을 부담하는 것으로 하고 있지만(제537조), 채권자지체가 되면 그 위험이 채권자에게 이전한다(제538조 제1항). 그리고 채권자지체 중에는 당사자 쌍방의 책임 없는 사유로 이행불능으로 된 때에도 채권자가 위험을 부담한다(제538조 제1항 후단). 따라서 채무자의 반대급부청구권은 존재한다. 그러나 채무자는 자기의 채무를 면함으로써 이익을 얻은 때에는 이를 채권자에게 상환하여야 한다(제538조 제2항). 그런데 채권자지체 중 채무자의 경과실로 인한 목적물이 멸실된 경우에도 채무자가 채권자에게 반대급부를 청구할 수 있느냐에 대하여는 견해가 대립한다. 이는 채무자의 채권자지체 중 대가위험의 이전을 규정한 제538조 제1항 제2문에서의 「당사자 쌍방의 책임 없는 사유」에 채무자의 경과실도 포함되는가의 문제로 환원할 수 있다. 이를 제401조 측면에서 살펴본다면 제401조는 채권자지체 중의 채무자의 과실 자체를 일반적으로 고의 · 중과실의 경우로 경감한 것인지 아니면 단지 채무자의 채무불이행책임과 관련하여서만 고의 · 중과실로 한정한 것인지의 문제이다.

2) 學 說

(가) 반대급부청구권긍정설 채권자지체가 있으면 채무자의 목적물보관의무는 크게 경감이 되어 경과실로 인한 물건의 멸실에 대해서는 책임을 지지 않는데(제401조), 이러한 귀책성 유무에 대한 평가기준은 제538조 제1항에 의해 위험부담을 결정하는 데도 동일하게 적용되어야 하고, 채무자는 일단 이행지체가 있게 되면, 불가항력에 의한 경우가 아닌 한, 목적물의 멸실에 대해 무과실책임이라는 무거운 책임을 지므로(제392조) 채권자지체가 발생하면 경과실이 있더라도 반대급부를 청구할 수 있다고 해석하는 것이 균형에 맞는 해석이라는 점 등을 근거로 대가위험을 채권자에게 지워야 한다는 견해이다(다수설. 김형배 315면; 이은영 411면; 지원림 980면 등).

(나) 반대급부청구권부정설 민법 제401조는 채권자지체로 인해 급부를 실현하지 못한 성실한 채무자를 보호하기 위해 채권자지체 중 채무자의 채무불이행책임을 경감케 하려는 규정인 반면, 제538조 제1항 제2문은 채무불이행책임과는 무관하게 채권자지체 중의 양 당사자의 귀책사유 없이 발생한 급부불능의 경우에 위험부담의 원칙을 정한 것으로 양 규정은 그 취지를 달리한다는 점, 제538조 제1항 제

2문의 당사자 쌍방의 책임 없는 사유, 제537조의 당사자 쌍방의 책임 없는 사유, 제538조 제1항 제1문의 채권자의 책임 있는 사유는 동일하게 평가되어야 할 것이라는 점을 들어 채권자지체 중 채무자의 경과실로 인한 이행불능시 채무자위험부담원칙에 따라 채무자는 반대급부를 청구할 수 없다는 견해(서광민, 고시연구, 1994. 11, 87면)가 있다.

3) 判 例 판례는 대체로 반대급부청구권긍정설의 입장을 취하고 있는 것으로 보인다.

[판 례]

수급인이 도급인에게 공사금을 지급하고 기성부분을 인도받아 가라고 최고하였다면 수급인은 이로써 자기의무의 이행제공을 하였다고 볼 수 있는데, 도급인이 아무런 이유 없이 수령을 거절하던 중 쌍방이 책임질 수 없는 제3자의 행위로 기성부분이 철거되었다면 도급인의 수급인에 대한 공사대금 지급채무는 여전히 남아 있다(대판 1993. 3. 26, 91다14116).

4) 私 見 민법 제538조 제1항 제2문의 규정은 계약의 목적 실현이 채권자의 태만으로 인하여 좌절된 경우에 발생하는 위험을 마치 계약이 이행되었던 것처럼 채권자에게 부담지우고자 하는 데 그 취지가 있다는 점에서 제401조의 규정과 취지가 다르다고 할 수 없다. 따라서 경과실로 인한 이행불능의 경우에도 채무자의 반대급부청구권을 인정함이 타당하다.

(5) 損害賠償請求權과 契約解除權

채무불이행설에 따를 경우에는 채무자는 채권자지체로 생긴 통상의 손해배상을 청구할 수 있으며(제390조·제393조), 계약을 해제할 수도 있다(제546조). 그러나 법정책임설에서는 이를 부정한다. 한편 절충설에 의하면 채권자의 귀책사유가 없는 채권자지체에서는 채무자에게 손해배상청구권과 계약해제권이 인정되지 않지만, 채권자에게 귀책사유가 있는 경우에는 신의칙 또는 묵시의 특약에 의하여 채무자에게 위 두 권리를 모두 인정함이 공평의 원칙상 타당하다고 한다(김상용 215면).

2. 辨濟提供과의 관계

변제의 제공으로 인한 채무자의 채무불이행책임의 면제(제461조)나 변제공탁권의 발생(제487조)도 채권자지체의 효과로 보는 견해(이은영 406면; 송덕수 145면)가 있다. 이 견해는 채권자지체책임을 법정책임으로 이해하여 채권자지체의 요건과 공탁의 요건을 같은 것으로 본다. 그리하여 변제의 목적물이 공탁에 적당하지 않거나 멸실 또는 훼손될 염려가 있거나 공탁에 과다한 비용을 요하는 경우에는 변제자는 법원의 허가를 얻어 그 물건을 경매하거나 시가로 방매하여 대금을 공탁할 수 있다고 한다(송덕수 145면). 이와는 달리 추심채무의 경우에 구두의 변제의 제공을 하고, 채권자가 추심하려 가고 있는 동안은 변제의 효과는 발생하고 있지만 채권자지체는 성립하고 있지 않는 경우와 같이 변제의 제공과 채권자지체가 시간적으로 언제나 반드시 일치하는 것은 아니라고 하여 이들은 변제 제공의 효과일 뿐 채권자지체의 효과는 아니라고 하는 견해가 있다(김상용 216면). 생각건대 채권자지체를 법정책임으로 보는 한 채무자의 채무불이행책임의 면제나 변제공탁권이 발생할 수 있다고 할 것이다.

Ⅳ. 債權者遲滯의 終了

1. 債權의 消滅

채권자지체 중에 채무의 면제 · 변제의 수령 · 공탁 · 이행불능 등으로 채권이 소멸하면 채권자지체도 소멸한다.

2. 債權者遲滯의 免除

채무자가 채권자에 대하여 지체를 면제한 때에는 채권자지체는 종료한다. 이 지체의 면제는 채무자의 일방적 의사표시로 할 수 있는 것으로 해석한다.

3. 債務不履行의 發生

채권자지체 중에 채무자의 귀책사유로 이행이 불능으로 되면 채권자지체는 종료한다. 채권자지체 후에는 채무자의 주의의무가 경감되므로, 채무자의 고의 또는 중대한 과실에 의해서만 이행불능이 발생할 수 있다(곽윤직 105면; 김상용 216면). 그러나 이 경우에 채무자에게 귀책사유(고의·중과실)가 있는지를 묻지 않는다는 견해가 있다(송덕수 145면; 이은영 415면).

생각건대 채무자의 귀책사유에 의하든 불가항력에 의하든 채무가 이행불능으로 되면 채권자지체도 종료한다고 할 것이다.

4. 受領의 通知

채권자가 수령에 필요한 준비를 하고 또한 지체 중의 모든 효과를 승인하여 수령의 통지를 한 때에도 채권자지체는 종료한다. 여기서 수령의 통지는 의사의 통지일 뿐 의사표시는 아니라고 할 것이다.

사례해설

I. 수령지체를 이유로 한 해제권행사

채권자지체의 절충설에 의하면 중도금지급채무는 비록 채권자의 수령행위라는 협력이 필요하기는 하나 변제공탁으로도 목적을 달성할 수 있으므로 채권자의 협력행위가 계약의 본질적 부분을 이루는 것으로 보기 어렵다. 따라서 비록 B에게 귀책사유가 있어도 A에게 계약해제권은 인정될 수 없다. 그러나 본 사안에서 판례는(대판 1993. 6. 25, 93다11821) ① 변제공탁은 채무자도 계약관계를 유지하고자 할 때만 이용할 수 있는 것이라는 점, ② 수령지체를 이유로 한 해제권을 인정하지 않으면 채무자는 중도금을 변제공탁한 후 다시 잔금지급기일까지 기다려 잔금의 이행제공까지 한 후 채권자의 반대급부의 이행제공이 없을 때 비로소 계약을 해제할 수 있게 되어 채권자와 채무자가 모두 계약관계의 지속을 바라지 않음에도 채무자에게 불필요한 절차를 강요하고 더 큰 손해를 입게 하여 신의칙상 허용될 수 없는 결과가 초래된다는 것을 이유로 해제권행사를 인정하였다.

II. 위약금청구

당사자 사이에 위약금에 대한 약정(제398조 제4항)이 있었을 때에는 사적 자치의 원칙에 비추어 그 효력을 인정함이 타당하고, 지나치게 과다한 경우에는 예정배상액을 감액(제398조 제2항) 또는 위약벌의 경우 제104조에 의한 효력부정으로 대처하면 족하다. 이는 당사자 사이의 약정에 의한 채권 · 채무의 부담이므로 채권자지체의 본질론이 거론될 필요 없이 귀책사유 있는 당사자 B의 위약금배상책임이 인정된다고 본다. 따라서 A의 위약금청구는 정당하다.

第3節 債務不履行에 대한 救濟

第1項 序　　說

I. 債務의 履行確保

채무의 이행을 법률적으로 확보하는 것은 「책임」이다. 따라서 채무불이행에 대한 구제는 책임의 종류 및 책임을 실현하는 방법의 문제로 귀결된다.

Ⅱ. 債務不履行의 救濟方法

민법은 채무불이행에 대한 구제방법으로 강제이행(제389조)과 손해배상(제390조~제399조)의 두 가지를 규정한다. 강제이행은 채권자의 권리이지 의무는 아니므로 채권자는 강제이행을 요구하지 않고 불이행으로 인한 손해배상을 청구하여도 상관없다. 그러나 손해배상은 결국 금전채권으로 강제이행을 구하는 것이다. 따라서 채무불이행에 대한 구제방법은 채권 본래의 내용을 그대로 강제실현하느냐 또는 손해배상으로 전환하여 강제실현하느냐의 차이는 있으나, 결국은 강제이행으로 돌아가는 것이 된다.

第2項 强制履行(現實的 履行의 强制)

사 례

다음의 각 경우에 A는 어떠한 조치를 취할 수 있는가?

(1) A는 B에게 컴퓨터를 인도받기로 하고 대금을 미리 지급하였으나 이행기일이 지나도록 컴퓨터를 인도하지 않고 있다.

(2) 소극장을 경영하는 A는 연극배우 B와 공연계약을 하였으나 B가 공연기일 되었음에도 불구하고 공연을 하지 않고 있다.

(3) A는 B에게 5천만원을 빌려주었으나 이행기가 지나도록 변제를 하지 않고 있다. B는 3천만원 상당의 주택과, C은행에 2천만원짜리 정기예금을 가지고 있다.

(4) A는 B와 3개월 이내에 B 소유의 건물에 대하여 매매계약을 체결하기로 하는 매매예약을 하였으나 A가 청약의 의사표시를 하여도 B는 3개월이 경과할 때까지 승낙을 하지 않고 있다.

(5) A는 B에게 토지를 임대하면서 건물을 짓지 않기로 약정하였다. 그러나 B는 그 토지 위에 무단으로 건물을 짓고 있었고, A의 요청에도 이를 철거하지 않았다.

Ⅰ. 强制履行의 意義

채무자가 이행이 가능함에도 불구하고 임의로 변제하지 않는 때에 채권자는 법원에 의하여 강제적으로 채권의 내용인 급부를 실현케 할 수 있다. 이를 「강제이행」 또는 「현실적 이행의 강제」라고 한다. 이행불능의 경우에는 채무의 이행이 불가능하므로 본래의 급부의무에 대한 강제이행을 청구할 수 없고 손해배상을 청구할 수 있을 뿐이다. 따라서 강제이행을 구할 수 있는 것은 이행지체에 한정된다. 강제이행은 자력구제나 사적 구제를 금지하는 대안으로서 권리를 보호하는 수단이다. 채무의 내용에 따라 그 강제이행의 방법을 달리할 수밖에 없으며, 민법은 이에 관하여 규정을 하고 있다(제389조).

| 참 고 | 執行權原

채권자가 법원에 채무의 강제이행을 청구하려면 그 전제로서 집행권원(구 민사소송법에서는 이를 채무명의라고 하였다)을 얻어야 한다. 집행권원이란 일정한 사법상의 급부의무의 존재를 증명하고 법률에 의하여 강제집행을 할 수 있는 효력, 즉 집행력이 주어진 공증문서이다. 그 대표적인 것이 법원의 확정판결이다. 그러나 강제이행을 할 수 있는 확정판결은 이행판결이다(형성판결과 확인판결도 집행권원이나 강제집행을 위한 것은 아니다), 그 밖에도 가집행선고 있는 종국판결(민사집행법 제24조)·확정된 지급명령(민사집행법 제56조 제3호)·화해조서(민소법 제220조·민사집행법 제56조 제5호)·인낙조서(민소법 제220조·민사집행법 제56조 제5호)·공증인이 작성한 공정증서(민사집행법 제56조 제3호)·민사조정법에 의한 조정절차에서 작성한 조정조서(민사조정법 제29조) 등이 있다.

Ⅱ. 强制履行의 方法

강제집행은 이행판결을 얻거나 또는 기타의 집행권원에 의하여 민사집행법의 규정에 따라 행하여진다. 강제집행의 방법에는 직접강제·대체집행·간접강제가 있으며, 그 집행순서도 열거한 그것과 같다.

1. 直接强制

직접강제는 국가기관이 강제력을 행사하여 채무자의 의사를 묻지 않고 채권의 내용을 실현하는 방법이다. 직접강제는 물건의 인도나 금전의 지급과 같은 주는 채무에 한정된다는 것이 통설이다. 민법 제389조 제1항의 강제이행은 직접강제의 의미로 해석한다.

(1) 物件의 引渡債務

동산의 인도나 부동산의 명도를 내용으로 하는 주는 채무의 강제집행에 관해서는 민사집행법 제257조 내지 제258조에서 규정하고 있다. 즉 유체물이 특정동산이고 채무자가 그것을 점유하고 있는 경우에는 집행관이 그것을 수취하여 채권자에게 인도하는 방법으로(민사집행법 제257조), 그 물건이 제3자의 점유 하에 있을 때에는 채권자의 청구에 의하여 채무자의 인도청구권을 채권자에게 移付하는 방법으로 직접강제가 이루어진다. 그리고 일정수량의 대체물의 인도를 목적으로 하는 채무의 경우에는 채무자의 특정을 기다릴 필요 없이, 집행관이 채무자가 점유하는 당해 대체물을 인도하여야 할 수량만큼 수취하여 채권자에게 인도하는 방법으로 직접강제가 이루어진다(민사집행법 제257조). 한편 부동산의 인도를 목적으로 하는 채무의 직접강제는 그 부동산을 점유하고 있는 자를 퇴거시키고, 가재도구 등의 동산을 철거한 후에 채권자가 그 부동산을 직접 지배하도록 하는 방법에 의한다(민사집행법 제258조). 주는 채무의 경우에는 직접강제만이 허용되고 대체집행 · 간접강제는 허용되지 않는다. 가장 효과적인 방법이 있음에도 불구하고 우회하는 다른 수단을 인정할 이유가 없기 때문이다.

(2) 金錢債務

금전채무에 대한 직접강제에 관하여는 민사집행법 제188조 내지 제256조에서 규정하고 있다. 여기서는 채무자의 소유의 동산 및 부동산에 관하여는 압류 및 경매를 통하여 환가하여 채권자에게 배당을 하거나, 채무자가 제3자에 대하여 가지는 채권에 관하여는 推尋命令 또는 轉付命令을 받아서 채권자가 제3자에게 직접 청구하는 방식으로 한다.

추심명령은 집행법원이 압류채권자에게 채무자를 대신하여 제3채무자에 대하여 지급을 청구하고 금전을 수령하여 자기채권의 변제에 충당할 권한을 부여하는 명령을 말한다. 따라서 추심명령에 의해서는 압류채권자가 제3채무자로부터 추심한 금전으로 직접 자기채권의 변제에 충당하는 방법으로 직접강제가 이루어진다. 그리고 전부명령은 압류한 금전채권을 변제에 갈음하여 압류채권자에게 이전하는 것을 말한다. 따라서 전부명령을 받은 압류채권자는 제3채무자에 대하여 직접채권자가 된다.

(3) 幼兒引導債務

유아인도채무의 강제이행에 관하여 학설은 (i) 직접강제를 허용하여야 할 것이라는 견해(곽윤직, 채권총론, 1999, 190면)와 (ii) 의사능력이 없는 유아인 경우에는 간접강제와 더불어 직접강제도 허용되어야 할 것이지만, 의사능력이 있는 자일 경우에는 그 자의 의사가 중요시되어야 하기 때문에 간접강제만 허용된다는 견해(김주수 138면; 김형배 163면)로 나뉘고 있다. 한편 가사소송법에서는 유아인도의무자가 정당한 이유 없이 유아를 인도하지 아니하면 상대방의 신청에 의하여 법원은 일정기간 이내에 유아인도의 이행명령을 할 수 있고(동법 제64조 제1항), 이행명령을 받고도 유아를 인도하지 않으면 100만원의 과태료에 처하는 등에 관한 규정을 두고 있다(동법 제67조 제1항). 유아인도의무자가 과태료의 처분을 받고도 30일 내에 정당한 이유없이 유아를 인도하지 않으면 30일 범위 내에서 감치에 처해질 수 있다(동법 제68조 제1항 제2호).

2. 代替執行

(1) 意 義

채무의 성질상 직접강제가 허용되지 않는 대체적 작위채무를 위반한 경우에 채무자로부터 비용을 추심하여 그 비용으로 채권자 또는 제3자로 하여금 채무자에 갈음하여 채권의 내용을 실현케 하는 방법이다.

(2) 代替執行을 하는 債務

대체집행은 「하는 채무 중 대체적 급부」, 즉 작위채무 중 채무자의 일신에 전속하지 아니한 행위를 목적으로 하는 것에 한한다(제389조 제2항 후단). 가옥철거채무를 예로 들 수 있다. 간접강제는 대체집행에 비하여 채무자의 인격에 더 강력한 압박을 가하는 방법이므로, 대체집행에 의해 목적을 달성할 수 있는 경우에는 간접강제를 배척하여야 할 것이다.

(3) 代替執行의 方法

대체적 작위채무를 불이행한 경우에 채권자는 대체집행을 법원에 청구하여 법원으로부터 채권자가 스스로 또는 제3자로 하여금 채권의 내용을 실현할 수 있다는 취지의 授權과 그 비용을 채무자로부터 추심할 수 있다는 취지의 수권을 얻어, 그 수권에 근거하여 채권자 또는 제3자가 채권의 내용을 실현하고, 채무자로부터 비용을 추심하는 방법으로 이루어진다(제389조 제2항 후단 · 민사집행법 제260조). 비용은 집행권원에 기하여 채권자가 대체집행을 청구함과 동시에 미리 채무자로 하여금 지급할 것을 명하는 청구를 할 수 있고, 초과비용에 관하여는 채권내용의 실현 후에 별도로 청구할 수 있다(민사집행법 제260조 제2항).

3. 間接强制

(1) 意 義

손해배상의 지급명령 · 벌금 · 구금 등의 수단으로 채무자를 심리적으로 압박하여 채무의 내용을 실현하는 집행방법을 간접강제라고 한다(민사집행법 제261조).

(2) 許容되는 경우

1) 原 則 간접강제는 다른 강제수단이 없는 경우에 최후의 수단이며 보충적 제도이다. 따라서 「하는 채무 중 부대체적 급부」에 한하여 허용된다(제389조 제2항 후단).

예를 들어 급부가 채무자 본인의 특별한 학식 · 기능을 필요로 하는 경우(출연 · 강의 등), 채무자 본인의 책임으로 채무를 이행하여야 할 경우(재신목록의 작성 등), 법률상 채무자 본인이 채무를 이행할 것을 요구하는 경우(증권에의 서명 등) 등에 간접강제가 행하여질 수 있다. 판례는 부작위채무의 위반의 개연성이 있는 때에도 장차 채무불이행의 경우에 배상할 것을 명하는 방법으로 간접강제를 할 수 있다고 한다(대판 1996. 4. 12, 93다40614 · 40621).

2) 例 外 부대체적 작위채무라도 다음과 같은 경우에는 간접강제가 허용되지 않는다. ① 채무자 본인의 의사만으로 실현이 불가능할 때(예: 제3자의 협력을 요하는 채무), ② 채무자의 자유의사를 억압하여 강제하면 채무의 내용에 좇은 급부를 실현할 수 없을 때(예: 예술가의 작품제작채무) ③ 강제하는 것이 채무자의 인격존중에 반할 때(예: 부부간 동거의무)에는 간접강제는 허용되지 않는다. 이 경우에는 채무불이행으로 인한 손해배상을 청구할 수밖에 없다.

(3) 强制履行의 方法

간접강제는 민사집행법 제261조 · 제262조에서 규정하고 있으며, 강제수단으로 지체배상이나 즉시의 손해배상을 명하는 방법밖에 없다.

4. 法律行爲(의사표시)를 目的으로 하는 債務의 强制履行

의사표시를 목적으로 하는 채무에 관하여는 재판으로써 채무자의 의사표시에 갈음할 수 있다(제389조 제2항 전단). 즉 의사표시를 명하는 판결의 확정으로 채무자의 의사에 갈음하기로 하고, 다른 특별한 집행을 생략하고 있다. 그러나 어음행위에 있어서 증권상의 서명과 같이 채무자 자신의 사실상의 행위를 요하는 의사표시에 관하여는 적용할 수 없다(통설). 이러한 판결에 의한 代用은 법률행위(의사표시)뿐만 아니라 준법률행위(의사의 통지 · 관념의 통지)에도 적용된다. 그 예로 부동산소유권이전청구소송에서 그 의무를 명하는 판결로 매도인의 소유권 양도의사 및 소유권이전등기의 신청의사가 표시된 것으로 간주하여 법원의 직권으로 이전등기를 경료할 수 있다. 위와 같은 강제이행이 가장 간편한 방법이기 때문에 소송경제상 다른 강제방법, 특히 간접강제가 가능하더라도 이를 인정하여서는 아니 된다고 할 것이다.

5. 不作爲債務의 强制履行

부작위채무에 있어서는 그 채무 자체의 강제이행은 필요하지 않고, 그 의무 위반으로 유형적인 결과가 생긴 경우에 그것을 제거해야 하는 문제가 생긴다. 부작위를 목적으로 하는 채무에 관하여는 「채무자의 비용으로써 그 위반한 것을 제거하고 장래에 대한 적당한 처분(예: 위반행위의 발생에 대비하여 손해배상을 위한 담보를 제공하는 것)을 법원에 청구할 수 있다」(제389조 제3항). 예를 들어 공작물을 설치하지 않을 의무와 같이 단순한 부작위의무이든 일정한 지역에 들어가는 것을 방해하지 않을 의무와 같은 일정한 행위에 대한 認容義務이든 묻지 않는다. 다만 불이행의 결과 有形的 상태가 생겼어야 한다. 이는 대체집행의 일종이다. 부작위채무의 불이행의 결과 아무런 유형적 상태를 남기지 않고, 무형의 위반상태가 계속되는 경우(예: 소음을 내지 않을 의무 · 경업피지의무)에는 간접강제에 의할 수밖에 없으며, 따라서 손해배상청구만 가능하다. 이는 일종의 부대체적 급부이기 때문이다. 판례는 부작위 채무에 관한 소송절차의 변론종결 당시에 채무명의가 성립되었더라도 채무자가 이를 단기간 내에 위반할 개연성이 있고, 그 판결절차에서 적절한 배상액을 산정할 수 있는 경우에는 부작위채무에 관한 판결절차에서도 장차 채무자가 그 채무를 불이행할 경우에 일정한 배상을 할 것을 명할 수 있다고 한다(대판 1996. 4. 2, 93다40621).

[판 례]

당사자 사이에 일정한 행위를 하지 않기로 하는 부작위 약정을 체결하였는데 채무자가 이러한 의무를 위반한 경우, 채권자는 채무자를 상대로 부작위의무의 이행을 소구할 수 있고, 부작위를 명하는 확정판결을 받아 이를 집행권원으로 하여 대체집행 또는 간접강제 결정을 받는 등으로 부작위의무 위반 상태를 중지시키거나 그 위반 결과를 제거할 수 있다(대판 2012. 3. 29, 2009다92883).

III. 損害賠償請求와의 關係

강제이행의 청구는 손해배상의 청구에 영향을 미치지 아니한다(제389조 제4항). 이행의 강제와 손해배상은 별개의 것이며, 서로 양립할 수 있는 것이기 때문이다. 따라서 강제이행이 있더라도 이행지체에 대한 손해 등 채무불이행에 의한 손해가 있으면 그 배상을 청구할 수 있다. 채무자가 손해배상의무를 불이행하면 금전채무의 강제이행 방법에 의하여 직접강제할 수 있다.

사례해설

(1) B가 A에게 부담하고 있는 인도할 채무는 주는 채무로서 직접강제의 방법을 통하여 컴퓨터의 점유를 이전받을 수 있다. 이행기일이 지나도록 B의 귀책사유에 의하여 인도받지 못하여 손해가 발생하였다면 손해배상을 별도로 청구할 수 있다.

(2) B의 공연채무는 부대체적 작위채무이므로 직접강제와 대체집행은 할 수 없다. 따라서 간접강제를 고려해보아야 하지만 공연채무는 성질상 강제이행을 하지 못하기 때문에 간접강제의 대상도 될 수 없다. 결국 A는 B의 채무불이행을 이유로 계약해제와 손해배상청구를 할 수 있을 뿐이다.

(3) A가 가지는 채권은 금전채권으로 A는 직접강제와 손해배상청구를 할 수 있다. 금전채무의 직접강제는 동산 · 부동산에 대해서는 압류 후 경매하여 배당하고, 제3채무자에 대한 채권에 대해서는 압류 후 추심명령 또는 전부명령을 한다. 따라서 A는 B의 C에 대한 3천만원의 채권에 대해서는 압류 후 채무자를 대신해서 추심할 권한(추심명령)을 받거나 또는 채권을 자신의 채권액 범위에서 자기의 채권(전부명령)으로 할 수 있다. 그리고 B 소유의 부동산에 대해서는 압류 후 경매하여 배당받을 수 있다.

(4) A가 청약의 의사표시를 하였으나 B가 3개월이 지나도록 승낙하지 않은 경우에는 A는 B의 의사표시에 갈음할 재판을 청구할 수 있다. B에게 승낙의 의사표시를 할 것을 명하는 판결이 확정된 때에 B의 승낙의 의사표시가 있는 것으로 간주되므로, 그때에 매매계약이 체결된 것으로 간주된다.

(5) B는 임차한 토지에 건물을 짓지 않기로 하는 부작위의무를 위반한 채 건물을 신축하였고 A의 자진철거요청에도 응하지 않고 있기 때문에 A는 B의 부작위의무위반으로 발생한 결과를 제거하기 위하여 B의 비용으로 A 또는 제3자를 시켜 건물을 철거할 수 있다.

第3項 損害賠償

I. 損害賠償의 概說

1. 損害賠償에 관한 民法規定

민법은 채무자의 귀책사유로 인한 채무불이행에 의하여 채권자에게 손해가 발생한 경우에 채권자는 채무자에게 그 손해의 배상을 청구할 수 있음을 규정하고 있다(제390조). 그리고 그 손해배상의 범위(제393조 · 제397조) · 손해배상의 방법(제394조) · 손해배상액의 예정(제398조) · 손해배상자의 대위(제399조)에 관하여 규정하고 있다. 손해배상청구권은 주로 채무불이행과 불법행위를 원인으로 하여 발생하지만 그 밖의 민법규정(제135조 제1항 · 제425조 제2항 · 제441조 제2항)에 의하여도 발생한다. 민법은 채무불이행으로 인한 손해배상에 관한 규정(손해배상의 범위 · 과실상계)을 불법행위로 인한 손해배상에 관하여도 준용하고 있다(제763조).

2. 損害의 概念

(1) 손해의 개념에 관하여 학설은 일반적으로 차액설과 구체적 손해설로 나누어지고 있다. (i) 차액설은 책임원인이 없었더라면 존재하였을 상태와 책임원인이 있은 현재의 이익상태의 차이를 말한다고 한다(곽윤직 107면; 김증한/김학동 126면; 현승종 156면). 그리하여 채무불이행에 의한 손해는 채무의 이행이 있었더라면 채권자가 받았을 이익과 불이행으로 채권자가 받고 있는 이익과의 차액이라고 한다. 이와는 달리 (ii) 구체적 손해설은 법익에 대한 구체적 불이익을 손해라고 한다(김기선 98면; 김용한 194면; 김상용 146면). 그리고 (iii) 일정한 원인(채무불이행 · 불법행위 기타)에 의하여 피해자가 입은 불이익을 손해로 보는 견해도 있다(송덕수 111면). 한편 판례는 재산상 손해란 위법행위가 없었더라면 존재하였을 재산상태와 그 위법행위가 가해진 현재의 재산상태의 차이를 말한다고 함으로써(대판[전합] 1992. 6. 23, 91다33070; 대판 2009. 9. 10, 2009다30762), 차액설을 취하고 있다. 그런데 차액설은 가정적인 이익상태와 현실적 이익상태의 차액이라는 추상적 계산에 의하기 때문에 손해액을 구체적으로 산정할 수 있는 재산적 손해의 개념으로는 타당하나, 이를 구체적으로 산정할 수 없는 비재산적 손해의 개념으로는 적합하지 않다고 할 것이다. 그리고 우리 민법이 통상손해와 특별손해를 구별하고 특별손해의 경우에는 예견가능성을 요건으로 하는 등 제한배상주의의 원리를 채택하고 있는 것과 모순된다는 비판도 받고 있다(민법주해(9)/지원림 67면). 그리고 구체적 손해설은 제한배상주의를 전제로 하는 현행민법에 적합하며 비재산적 손해의 평가에도 적합하다고 할 수 있으나, 그 기준이 불명확한 것이 문제된다. 생각건대 손해의 개념에 대한 정의는, 그것이 손해의 배상과 직결되어 있기 때문에 좀더 구체적으로 논의할 필요가 있다. 일반적인 손해의 개념은 어떤 원인에 의하여 입은 모든 불이익이라고 정의할 수 있다. 여기에는 단순히 자신의 행위로 인하여 입은 배상받을 수 없는 손해(예: 개인이 주식투자로 입은 손해)와 타인의 위법한 법익의 침해로 인하여 입은 배상받을 수 있는 손해(예: 채무자의 채무불이행으로 입은 손해)가 모두 포함된다고 할 것이다(미국의 Restatment(second)에서는 어떤 원인으로부터 초래되는 손상이나 손해는 harm이며, 그 중에서 보호법익의 침해로서 배상받을 수 있는 손해를 injury라고 규정하고 있다). 따라서 손해의 개념은 법익에 대하여 입은 배상받을 수 있는 불이익(법적 손해)과 그 밖의 것으로서 배상받을 수 없는 불이익(자연적 손해) 모두를 포함

하는 넓은 의미의 손해와 오로지 전자의 법적 손해로서 배상받을 수 있는 좁은 의미의 손해로 구분된다고 할 것이다.

민법상의 손해는 배상받을 수 있는 좁은 의미의 손해만을 가리킨다. 따라서 초래된 불이익이 채무불이행이나 불법행위 등의 책임원인에 의한 것이 아닌 경우는 물론 채권자나 피해자가 입은 불이익이 법적으로 보호되는 이익의 침해로 인한 것이 아닌 경우에는 민법상의 손해의 개념에서 제외되어야 할 것이다.

요컨대 민법상의 손해란 타인의 채무불이행 · 불법행위 등의 책임원인에 의하여 법익에 대하여 입은 모든 불이익을 말한다고 할 것이다. 그리고 여기서 보호되는 법익에는 재산적 · 비재산적 법익(생명 · 신체 · 건강 · 명예 등)이 모두 포함되어야 한다. 손해는 현실적으로 발생하였어야 하며, 현실적 손해가 발생하였는지의 여부는 사회통념에 비추어 객관적 · 합리적으로 판단하여야 한다(동지 대판 1998. 4. 24, 97다28568).

[판 례]

(1) 토지매매가 매수인의 귀책사유로 해제되는 경우에 매도인이 입는 통상손해는 그 계약이 해제되지 아니하고 이행된 경우에 매도인이 얻게 되는 경제적 이익과, 그 계약이 해제된 경우에 매도인에게 남아 있는 경제적 이익의 차액이라고 할 수 있다. 더욱이 매매계약이 해제된 후에 매도인이 제3자에게 그 매매목적물을 다시 매도한 경우라면 제3자에의 매도가격이 시가에 비추어 현저히 저렴하게 책정된 것이라는 등의 특별한 사정이 없는 한, 매도인이 당초의 매매계약에 의하여 취득할 것으로 예상되었던 매매대금과 제3자와 사이의 매매계약에 의하여 취득하게 되는 매매대금과의 차액에 당초의 매매대금의 취득예정 시기로부터 뒤의 매매대금을 취득할 때까지 당초 매매대금에 대한 법정이율에 의한 이자 상당액을 합한 금액이 통상손해가 된다(대판 2001. 11. 30, 2001다16432).

(2) 불법행위로 인한 재산상 손해는 위법한 가해행위로 인하여 발생한 재산상 불이익, 즉 그 위법행위가 없었더라면 존재하였을 재산상태와 그 위법행위가 가해진 현재의 재산상태의 차이를 말하는 것이므로, 손해액을 산정함에 있어서는 먼저 위법행위가 없었더라면 존재하였을 재산상태를 상정하여야 할 것인데, 위법행위가 없었을 경우의 재산상태를 상정함에 있어 고려할 사정들은 위법행위 전후의 여러 정황을 종합한 합리적인 추론에 의하여 인정될 수 있어야 하고, 당사자가 주장하는 사정이 그러한 추론에 의하여 인정되지 않는 경우라면 이를 위법행위가 없었을 경우의 재산상태를 상정하는 데에 참작할 수 없다(대판 2009. 9. 10, 2008다37414).

(2) 規範的 損害

어떤 가해원인에 의하여 피해자에게 손해가 생겼지만 그것이 손해배상이 아닌 다른 방법으로 전보되어 피해자의 재산상태가 가해 전후에 차이가 없는 경우에도 손해가 존재하며, 이를 규범적 손해라고 한다(김증한/김학동 128면; 송덕수 112면; 지원림 1020면). 가령 어떤 자가 신체침해를 당한 경우에 치료비는 의료보험에 의하여 지급받고, 그의 노무제공이 없었음에도 불구하고 임금을 지급받았다고 하더라도 그는 손해를 입은 것으로 된다. 보험은 피해자의 손실을 전보하는 데 그 목적이 있을 뿐 가해자를 면책시키는 제도가 아니기 때문이다. 이러한 규범적 손해가 인정되려면 (i) 피해가 가해자에 의하여서가 아니고 다른 방법으로 전보되어 피해자에게 재산적인 손실이 존재하지 않아야 하고, (ii) 그러한 전보에 의하여 가해자가 면책되지 않아야 하는 법적인 평가가 인정되어야 한다(송덕수 112면).

(3) 後續損害

손해에는 채무불이행 그 자체에서 발생하는 채무불이행이 없었더라면 발생하지 않았을 여러 가지 후속손해가 있다. 예를 들어 매매계약에서 매도인의 이행불능으로 매수인에게 목적물의 시가에 상당하는 금액을 상실하는 1차손해가 발생하고, 그 물건을 다시 매입할 때까지 동종의 물건을 타인으로부터 임차함으로써 지출하게 된 차임, 목적물을 타인에게 전매할 수 없게 됨으로써 얻을 수 있었던 이익의 상실, 전매계약의 해제로 인하여 지출된 위약금 또는 배상금, 목적물을 사용하여 얻을 수 있었던 수익의 상실 등의 후속손해가 발생할 수 있다.

3. 損害의 分類

(1) 財産的 損害 · 非財産的 損害

재산적 손해와 비재산적 손해를 구별하는 표준에 관하여 학설은 (i) 침해되는 법익을 기준으로 하는 것으로서 재산에 관하여 생긴 손해가 재산적 손해이고, 생명 · 신체 · 자유 · 명예 등의 비재산적 법익에 관하여 생긴 손해가 비재산적 손해라는 견해(곽윤직 113면)와 (ii) 침해행위의 결과로 발생하는 손해가 재산적인 것인가, 비재산적인 것인가에 따라 전자를 재산적 손해, 후자를 비재산적 손해라는 견해(장경학 204면; 김용한 194면; 김형배 242면; 김상용 147면; 송덕수 112면)가 대립한다. 판례는 (ii)설과 같은 입장을 취하고 있다(대판[전합] 1992. 6. 23, 91다33070). 생각건대 생명 · 신체 등의 비재산적 법익의 침해로 인하여 치료비 · 일실이익 등의 손해가 발생하게 되는데, (i)설과 같이 해석하게 되면 이들 손해를 비재산적 손해로 보아야 하므로 부당하다. 따라서 (ii)설과 같이 해석하는 것이 타당하다고 할 것이다. 비재산적 손해를 정신적 손해라고도 하며, 이에 대한 배상을 위자료라고 한다. 민법은 불법행위에 관해서만 위자료를 명문으로 인정하고 있을 뿐이어서(제750조 · 제751조 · 제752조), 채무불이행의 경우에 있어서 비재산적 손해에 대한 배상의 인정여부가 해석상 문제된다. 이에 관하여 통설은 채무불이행에 있어서도 정신적 손해의 배상을 인정하고 있다. 판례는 채무불이행에 있어서 정신적 손해를 제393조 제2항의 특별손해에 해당하는 것으로 보아 채무자가 그 사정에 대한 예견가능성이 있었을 경우에 한하여 그 배상을 인정하고 있다(대판 1993. 11. 9, 93다19115; 대판 1996. 6. 11, 95다12798).

(2) 積極的 損害 · 消極的 損害

적극적 손해는 기존의 이익의 멸실 또는 감소를 말하며, 소극적 손해는 장래의 이익의 획득이 방해됨으로써 받는 손해이다. 전자는 「통상의 손해」(제393조 제1항)이나 후자는 「특별손해」(제393조 제2항)로 되는 수가 많다. 그리고 인신손해의 경우에는 치료비 · 개호비 · 장례비는 적극적 손해로, 일실이익은 소극적 손해로 분류될 수 있다. 소극적 손해, 즉 일실이익의 배상에 있어서 그것을 일시에 배상할 때에는 중간이자를 공제하게 된다.

(3) 履行利益의 損害 · 信賴利益의 損害

이행이익의 손해는 계약상의 채무불이행으로 생긴 손해, 즉 계약이 유효하게 성립하여 채무가 제대로 이행되었더라면 얻을 수 있었던 이익에 관한 손해이다. 신뢰이익의 손해는 법률행위가 무효인 경우에 당사자가 그것을 유효하다고 믿은 것으로 인하여 입은 손해이다. 따라서 이행이익은 법률행위가 유효한데 이행되지 않은 경우에 문제되고, 신뢰이익은 계약이 무효로 된 경우에 문제된다. 그런데 이러한 이행이익 · 신뢰이익의 구별은 손해의 대상이 되는 법익에 관한 구별이지 손해의 종류의 구별은 아니며, 또한 신뢰이익은 법률행위가 무효로 된 경우(계약체결상의 과실: 제535조)에 문제되며, 채무불이행에 의한 손해배상의 문제는 아니라는 견해가 있다(곽윤직 114면). 이와는 달리 제535조가 이미 양자를 구별하고 있는 점에서 신뢰이익의 개념 자체를 부정하기는 곤란한 것으로 보고 최소한 제535조가 적용되는 사안에 한해서는 신뢰이익이 이행이익과 개념상 구별되면서 배상되는 것으로 보는 견해도 있다(양창수 민법입문 229면; 김준호 890면; 송덕수 113면). 한편 판례는 「계약의 일방당사자가 상대방의 이행을 믿고 지출한 비용인 이른바 신뢰이익의 손해도 그러한 지출 사실을 상대방이 알았거나 알 수 있었고 또 그것이 통상적인 지출비용의 범위 내에 속한다면 그에 대하여 이행이익의 한도 내에서 배상을 청구할 수 있다」(대판 1999. 7. 27, 99다13621)고 하여 신뢰이익의 손해도 한정적으로 채무불이행으로 인한 손해에 포함된다고 한다. 생각건대 이 두 이익은 각각 다른 관점에서 확정된 별개의 손해들이기 때문에 논리적으로는 그 구별은 부당하나, 민법이 계약체결상의 과실에서 신뢰이익의 배상을 명문으로 규정하고 있으므로 현실적으로는 이들을 구별하여야 할 것이다. 신뢰이익은 일반적으로 이행이익보다 적지만, 어떤 계약이 유효하다고 믿음으로써 더 유리한 계약의 체결을 거절한 경우와 같이 이행이익보다 큰 때도 있다. 이러한 때에는 이행이익의 한도에서 신뢰이익을 배상하여야 할 것이다.

(4) 直接的 損害와 間接的 損害

직접적 손해는 침해된 법익 자체에 대한 손해이고 간접적 손해는 법익침해의 결과로 생기는 손해이다. 예를 들어 신체침해의 경우 신체침해 그 자체는 직접적 손해에 해당하고, 신체침해로 인한 노동수입의 결손은 후자에 해당한다. 그러나 직접적 손해 · 간접적 손해의 개념은 직접적 피해자 · 간접적 피해자의 개념과는 다른 것이다. 직접적 손해와 간접적 손해의 구별은 가정적 인과관계의 적용에 있어서 그 실익이 있다.

[판 례]

불법 압류 집행시의 목적물의 시가를 넘는 일실이익액은 불법행위의 직접적인 대상에 대한 손해가 아닌 간접적 · 소극적 손해로서 이는 특별한 사정으로 인한 손해라 할 것이므로, 가해자가 그와 같은 사정을 알았거나 알 수 있었을 것이라고 인정되는 경우에만 배상책임이 있다(대판 2003. 7. 25, 2002다39616).

Ⅱ. 損害의 賠償

1. 意 義

손해의 배상이란 불법한 원인으로 발생한 손해를 피해자 이외의 자가 전보하는 것을 말한다. 민법은 적법한 원인으로 발생한 손해(손실)의 전보에 관해서는 이를 배상이라고 하지 않고 보상이라고 한다(제216조 제2항 · 제218조 제1항 · 제219조 제2항 · 제220조 제1항 · 제226조 제2항 · 제228조 제1항 · 제261조 등).

2. 損害賠償의 方法

손해배상의 방법에는 원상회복주의와 금전배상주의가 있다. 전자는 손해가 발생하지 않았던 상태를 현실적으로 재현하는 방법인데, 이는 회복되어야 할 원상의 내용을 명확히 하기가 어렵고, 채무자가 이행하지 않는 경우의 강제집행이 용이하지 않다는 데 문제가 있다. 이에 대하여 후자는 손해를 일정한 금액으로 평가하여 금전으로 배상하게 하는 것이다. 우리 민법은 금전배상주의를 원칙으로 하고 있다. 그러나 예외적으로 당사자가 다른 의사표시를 한 때(제394조·제763조), 또는 명예훼손의 경우의 특칙(제764조)과 같이 법률에 다른 규정이 있을 때에는 그에 의한다. 그런데 명문의 규정이 없는 경우에도 원상회복을 인정할 수 있느냐가 문제되고 있다. 이에 관하여 종래의 학설은 명확하게 견해를 밝히지는 않은 채, (i) 부정적인 견해(곽윤직, 채권총론, 1999, 140면; 김형배 249면 등)와 (ii) 긍정적인 견해(김증한/김학동 133면; 이영준, 「신의성실의 원칙에 관한 소고」, 김증한 박사 화갑기념, 현대민법학의 제문제, 29-30면 등)로 나뉘고 있었다. 부정적인 견해는 당사자의 의사표시가 있거나 법률의 규정이 있는 때에만 원상회복을 인정할 수 있다고 본 것이다. 반면에 긍정적인 견해는 금전배상의 원칙은 강행규정이 아니고 손해배상은 그 불법행위가 없었더라면 상대방이 있었을 상태로 만드는 것이므로 경우에 따라서 손해배상의 내용을 원상회복으로 인정한다고 하여 부당한 것은 아니며, 또한 우리 민법이 금전배상주의를 취한 것은 실제상의 편의를 위해서이고, 이런 점에서 이 방법이 채무자의 손해배상을 축소하는 쪽으로 기능해서는 안 되고, 채무자가 원상회복에 의한 손해배상을 할 수 있음에도 불구하고 이를 반대하는 경우에는 그러한 반대는 신의칙에 반하는 것으로서 허용되지 않는다고 한 것이다. 그런데 최근에는 제394조의 입법취지나 법문의 규정 등에 비추어 볼 때 당사자 사이에 별도의 의사표시가 있는 것은 아니지만 그러한 의사표시가 있는 것과 규범적으로 동등하게 평가할 수 있는 다른 사정이 있는 경우에는 원상회복에 의한 손해배상이 인정될 수 있다는 견해가 주장되고 있다(윤진수, 「손해배상 방법으로서의 원상회복」, 비교사법, 제10권 제1호 102면 이하).

한편 판례는 민법 제763조에 의하여 불법행위에 준용되는 민법 제394조는 「다른 의사표시가 없으면 손해는 금전으로 배상한다」고 규정함으로써 이른바 금전배상의 원칙을 규정하고 있으므로, 법률에 다른 규정이 있거나 당사자가 다른 의시표시를 하는 등 특별한 사정이 없는 이상 원상회복청구는 할 수 없다고 한다(대판 1997. 3. 28, 96다10638).

생각건대 제394조는 강행규정이 아니라 임의규정이며, 경우에 따라서는 당사자 사이에 의사표시를 할 수 없는 특별한 사정도 있을 수 있고, 법률에 규정이 없더라도 원상회복을 할 수 있는 경우도 있다고 할 것이다. 따라서 원상회복이 가능하고 당사자 모두에게 반대할 특별한 사유가 없다면 원상회복은 인정되어야 할 것이다.

3. 損害賠償請求權者

(1) 直接的 被害者와 間接的 被害者

어떤 행위(채무불이행 또는 불법행위)에 의하여 피해를 입은 자가 손해배상청구권의 요건을 갖추고 있는 경우에는 이를 직접적 피해자라고 한다. 반면에 어떤 행위에 의하여 직접적인 피해를 입지 않아 손해배상청구권의 요건을 갖추지 못하고 단지 다른 사람에 대한 침해의 결과로 피해를 입은 자를 간접적 피해자라고 한다. 우리 민법상 명문의 규정은 없지만 직접적인 피해자만이 손해배상청구권을 갖는 것이 원칙이다. 따라서 간접적인 피해자는 법률의 규정(예: 제752조)이 있는 경우에만 예외적으로 손해배상청구권을 갖는다고 할 것이다. 채무불이행책임에 있어서는 채권자(계약당사자 및 제3자를 위한 계약의 경우의 제3자)가 손해배상청구권을 가지게 된다. 다만 제3자 보호효력이 있는 계약을 인정한다면 채권자와 밀접한 관계가 있는 제3자도 계약에 기한 손해배상청구권을 가질 수 있다.

(2) 제3자 損害의 淸算

계약당사자의 일방이 계약상의 의무를 위반하였지만 그로 인하여 상대방이 아니고 제3자가 손해를 입은 경우에 가해자는 상대방이 손해를 입지 않았기 때문에 그에 대한 손해배상의무가 없다. 또한 제3자는 손해를 입었지만 가해자가 그에 대한 의무를 위반하지 않았기 때문에 손해배상청구를 할 수 없게 된다. 이러한 문제는 A의 행위로 B의 법익이 침해되었는데 그로 인한 손해는 C에게 발생한 경우와 같이 불법행위에서도 발생할 수 있다. 이와 같은 경우에 가해자 A가 손해배상책임을 지지 않는 것은 부당한 것이다. 따라서 독일의 학설 판례는 일정한 요건 하에 피해자가 가해자에 대하여 제3자의 손해를 주장할 수 있도록 하고 있다. 즉 C가 자신의 손해를 청산하여 줄 것을 청구하면 B는 A에 대한 자신의 손해배상청구권을 C에게 양도하거나 C의 이익을 위하여 직접 손해배상을 받아 주는 것을 인정하고 있다. 이를 제3자 손해의 청산이라고 한다. 우리나라에서도 이 이론을 받아들여 간접대리(예: 상법 제101조의 위탁매매업), 기타의 행위의무의 위반 등의 경우에는 제3자 손해의 청산을 인정하여야 한다는 견해가 주장되고 있다(송덕수 115면; 지원림 1028면).

생각건대 손해를 입은 제3자가 계약 상대방이나 불법행위의 피해자가 아니라고 하여 그 배상을 인정하지 않는다면 채무자나 가해자가 면책되어 형평에 어긋날 뿐만 아니라 손해를 입은 제3자는 구제될 수 없게 된다. 따라서 이러한 경우에는 예외적으로 손해배상청구권을 제3자에게 轉位시켜 그가 입은 손해를 배상하여 주는 것이 타당하다고 할 것이다.

4. 損害賠償請求權의 性質

채무불이행에 의한 손해배상청구권은 본래의 채권이 확장되거나(지체배상의 경우) 또는 내용이 변경된 것(전보배상의 경우)이므로 본래의 채권과 동일성을 가진다. 따라서 ① 본래의 채권의 담보는 그의 손해배상청구권에도 미친다(第334조·第360조·第429조). ② 본래의 채권이 시효로 소멸한 때에는 손해배상청구권도 소멸한다(민사채권 10년·상사채권 5년). 손해배상청구권의 시효기간은 본래의 채권의 성질에 의하여 정하여지고 본래의 채권을 행사할 수 있는 때로부터 그 소멸시효는 진행한다. 그러나 판례는 「매매로 인한 부동산소유권이전채무와 이행불능이 됨으로써 매수인이 매도인에 대하여 갖게 되는 손해배상채권은 그 부동산소유권의 이전채무가 이행불능된 때에 발생하는 것이고 그 계약체결일에 생기는 것은 아니므로, 위 손해배상채권의 소멸시효는 계약체결일이 아닌 소유권이전채무가 이행불능된 때부터 진행한다」고 한다(대판 1995. 6. 30, 94다54269). ③ 본래의 채권이 양도되면 이미 발생한 지연배상청구권도 원칙적으로 이전한다. 이는 변제기가 이미 도래한 약정이자와는 다르다는 점을 주의하여야 한다.

Ⅲ. 損害賠償의 範圍

사례

A는 B에게 별장을 짓기 위한 토지가 필요하다는 사실을 말하고 5천평(1억원)의 토지를 매도할 것을 부탁하였다. 그러나 B는 맞은 편에 있는 2천평(5천만원)의 불모지까지 같이 매수하여 줄 것을 제안하였다. 이에 대하여 A는 불모지는 자기가 매수한 후 친구 갑에게 매각할 생각으로 2000. 5. 10. B에게 매매대금 1억 5천만원 가운데 계약금 5천만원을 지급하고 2000. 6. 10.에 나머지 대금을 지급함과 상환으로 부동산소유권이전등기에 필요한 서류를 교부받기로 하는 매매계약을 체결하였다. 그리고 위 5천평의 토지에 대해서는 등기를 경료하였다. 그러나 위 2천평의 토지에 대해서는 친구 갑에게 6천만원에 매도하기로 하는 매매계약을 체결하고 매도하지 않으면 1천만원의 위약금을 지급하기로 하였기 때문에 아직 등기를 하지 않은 상태였다. 이후 A는 5천평의 토지에 별장을 짓기 위하여 건축업자 C에게 건축을 의뢰하고 설계비와 공사계약금 3,000만원을 지급하였고, C는 건물의 외곽기둥과 벽을 세우기 시작했다. 그러나 위 5천평의 토지에 대한 진정한 권리자인 D가 나타나 A에 대한 소유권이전등기의 말소와 건물철거의 소를 제기하여 승소판결을 받았다. 그리고 위 2천평의 토지에 대한 지

가가 급상승하자 B는 E에게 이를 매도하고 등기까지 경료하였다. 이에 A는 B를 상대로 소유권이전등기의 불능과 건물철거에 따른 손해와 설계비 및 공사계약금의 손해, 갑에 대한 전매차익과 위약금의 손해를 배상청구하려고 한다. 이 경우 A의 주장은 타당한가?

[중요논점]

Ⅰ. 타인의 권리의 매매와 담보책임

1. 매도인의 담보책임의 성립
2. 담보책임의 내용
   (1) 계약해제 (2) 손해배상범위
3. 채무불이행책임의 성립여부
4. 불법행위책임의 성립여부

Ⅱ. 부동산이중매매로 인한 채무불이행책임

1. 부동산이중매매의 유효성
2. 이행불능으로 인한 채무불이행책임
   (1) 계약해제 (2) 손해배상범위

1. 序 說

채무불이행으로 인하여 손해가 발생한 경우에 채무자가 모든 손해를 배상해야 한다면 손해배상의 범위는 무한히 확대될 수 있기 때문에 채무자에게 과중한 부담을 지우게 된다. 따라서 손해의 공평한 부담을 기하기 위하여 발생된 손해 중에서 그 배상의 범위를 결정하는 기준이 요구된다. 민법은 손해배상의 범위에 관하여 제393조에서 ① 채무불이행으로 인한 손해배상은 통상의 손해를 그 한도로 하며, ② 특별한 사정으로 인한 손해는 채무자가 그 사정을 알았거나 알 수 있었을 경우에 한하여 배상의 책임이 있다고 규정하고 제763조에서 이를 불법행위에 준용하고 있다. 이러한 제393조의 해석에 관하여 견해가 나누어지고 있다.

2. 損害賠償의 範圍에 관한 理論

(1) 學 說

1) 相當因果關係說 상당인과관계설은 원인 · 결과의 관계를 일반적으로 고찰하여 동일한 조건이 존재하는 경우에는 동일한 결과를 발생케 하는 것이 보통이라는 경우에만 인과관계를 인정하려는 견해이다. 즉 모든 조건들이 손해발생의 원인이 되는 것이 아니고 신의 · 공평의 이념에 따라 원인 · 결과 사이에 경험칙상 상당한

조건관계가 있는 경우로 배상범위를 제한하는 것이다. 상당성의 판단기준을 어디에 둘 것이냐에 따라 다음과 같이 견해가 나누어진다.

(가) 主觀的 相當因果關係說 주관적 상당인과관계설은 상당성의 판단기준을 원인행위를 한 자의 주관에 둔다. 즉 채무자가 채무불이행의 당시에 인식한 사정만을 기초로 하여 그러한 사정 하에서 일반적으로 발생할 수 있는 결과만이 행위의 결과라고 한다. 따라서 행위자가 예기하지 않았던 조건에 기한 결과는 객관적으로 행위와 결과 사이에 상당인과관계가 있다고 하더라도 그 결과의 원인으로 되지 않는다. 이 설에 의하면 고려해야 할 사정의 범위가 지나치게 좁고 인과관계와 과실을 혼동하여 고의의 책임만을 인정하는 결과로 된다.

(나) 客觀的 相當因果關係說 객관적 상당인과관계설은 당사자의 인식여부를 불문하고, 제3자(법관)가 일반적 지식으로 알 수 있는 모든 사정을 기초로 하여 고찰하여야 한다는 설이다. 이 설에 의하면 상당성의 판단에 고려되어야 할 사정의 범위가 너무 넓게 되어 채무자로서는 전혀 우연한 사정에 지나지 않는 것까지도 고려하게 되므로 상당인과관계의 본지에 어긋나게 된다.

(다) 折衷說 절충설은 채무불이행의 당시에 보통인(평균인)이 알 수 있었던 사정과, 채무자가 특히 알고 있었던 사정을 함께 고찰의 대상으로 하여야 한다는 설로서, 현재의 통설이다(곽윤직 114면; 김용한 202면; 김주수 174면; 김상용 169면; 이은영 287면). 이 설에 의하면 채무자가 알고 있었던 사정과 과실로 인하여 알지 못한 사정까지를 기초로 하게 되므로 공평할 뿐만 아니라 제도의 목적에도 적합하다고 할 것이다. 이에 대하여 상당인과관계설에 대해서는 제393조가 완전배상원칙이 아닌 제한배상원칙에 근거하고 있다는 점, 완전배상원칙 자체가 현대사회의 일반적 상황에 더 이상 타당하지 않다는 점, 그리고 채무자의 손해배상 범위의 문제는 단순한 개연성 내지 예견가능성과는 관계없는 책임귀속의 문제라는 점에서 그 이론적 타당성이 문제된다는 견해가 있다(김형배 255면).

(라) 補完된 相當因果關係說 보완된 상당인과관계설은 기본적으로는 상당인관관계설을 취하면서도 이를 보완하는 견해이다. 이 설은 다시 (i) 상당성의 판단에 있어서 원인과 결과 사이의 개연성에 국한하지 않고 손해배상의 경제적 공평성, 어떤 가해행위가 사회에 던지는 위험성의 크기와 그 제동의 급박성, 어떤 손해를 누구에게 부담시키는 것이 손해방지에 도움이 되며 효율적인가 등을 고려 대상에 넣어야 한다는 견해(이은영 87면), (ii) 상당인과관계설을 기본적인 손해배상 범위결정의 기준으로 삼되, 손해배상제도의 근본사상이 발생된 손해의 전보에 의하여 채권자 또는 피

해자로 하여금 가해행위 이전의 생활상태를 유지케 하고 위법한 가해행위의 예방에 있으므로 상당성 판단에 규범의 목적, 예견가능성 등을 폭넓게 고려하여야 한다는 견해(김상용 169~170면), (iii) 채무불이행 또는 불법행위가 성립하면서 발생하는 손해는 직접적 손해로서, 이때에는 상당인과관계는 문제되지 않고 조건관계로 충분하며, 다만 배상범위의 제한이 필요한 후속손해(간접적 손해)만 상당인과관계설에 의하여 합리적으로 해결할 수 있는바, 제393조 제1항은 직접적 손해를 제외한 후속손해에 대한 상당인과관계원칙을 규정한 것이며, 제2항은 상당인과관계설과는 별도로 민법이 일정한 요건 하에 「특별한 사정으로 인한 손해」 즉 특별손해의 배상을 인정하기 위한 규정으로서 절충설은 우리 민법에 맞지 않는다는 견해(송덕수 120면)로 나누어지고 있다.

2) 規範目的說 규범목적설은 손해배상법은 법률상 보호된 이익에 대하여 가해진 손해는 그 가해자에게 책임이 귀속되어야 하며, 어떤 이익이 보호되는 법익인가는 규범의 보호목적에 따라 정하여야 된다는 견해이다(정기웅 150면). 이 견해는 손해를 1차손해와 후속손해로 나누며, 제390조가 1차손해의 근거이고 제393조는 후속손해에 관한 규정이라고 한다. 규범목적설의 근본사상은 모든 의무와 규범은 일정한 이익범위를 포함하고 있으며, 행위자는 이러한 보호범위의 침해에 대해서만 책임을 져야 하는 것이고, 따라서 손해배상책임의 전제조건은 손해가 보호되는 이익의 범위에 포함되어야 한다는 점이다(지원림 1033면). 이러한 규범목적설은 손해의 원인된 행위 또는 사실에 의하여 후발적으로 발생된 손해에 대해서 단지 규범목적만을 고려하여 배상범위를 결정한다는 것은 현행법(제393조)의 해석상 타당치 않다고 비판된다.

3) 危險性關聯說 위험성관련설은 손해를 1차손해와 후속손해를 분류하여, 발생한 손해 가운데 1차손해는 언제나 배상하고, 불완전이행으로 발생한 확대손해와 같은 후속손해는 1차손해와의 사이에 위험성이 있는 경우에만 배상하는 방법으로 배상의 범위를 정하여야 한다는 견해이다(김형배 257면). 이 견해는 채무불이행 행위와 1차손해 사이의 인과관계는 책임설정적 인과관계이며 이는 조건관계로 충분한 것으로 본다. 반면에 후속손해에 대한 책임귀속은 계약규범의 목적이나 성질과는 관계가 없으며 1차손해와 후속손해와의 인과관계는 책임충족적 인과관계로 파악한다. 이 견해에 의하면 1차손해의 배상책임의 근거는 제390조이며, 후속손해에 대한 배상책임의 인정여부만이 제393조의 문제라고 한다. 그리고 제393조의 제1항의 통상손해는 어떤 사정에 관한 채무자의 예견가능성을 문제로 함이 없이 위험성관련성이 인정되는 손해이며, 제2항의 특별손해는 어떠한 사정에 관한 채무자의 예견가능성이 있을 때

비로소 위험성관련을 인정하는 손해라고 한다. 그리고 예견 또는 예견가능성에 대한 판단시기를 원칙적으로 계약체결시로 보고 있다.

(2) 判 例

판례는 다수설과 같이 상당인과관계설을 취하고 있다(대판 2004. 6. 24, 2002다6951 · 6968; 대판 2006. 9. 22, 2005다30610). 그러나 최근 판례에서는 공무원의 직무상 의무위반에 의한 국가배상책임이 문제된 사안에서 상당인과관계의 유무를 판단함에 있어서 규범의 목적 등을 고려하고 있다(대판 2003. 4. 25, 2001다598428).

[판 례]

(1) 채무불이행으로 인한 손해배상청구소송에 있어서 재산적 손해의 발생사실이 인정되고 그의 최대한도인 수액은 드러났으나, 거기에는 당해 채무불이행으로 인한 손해액 아닌 부분이 구분되지 않은 채 포함되었음이 밝혀지는 등으로 구체적인 손해의 액수를 입증하는 것이 사안의 성질상 곤란한 경우, 법원은 증거조사의 결과와 변론의 전 취지에 의하여 밝혀진 당사자들 사이의 관계, 채무불이행과 그로 인한 재산적 손해가 발생하게 된 경위, 손해의 성격, 손해가 발생한 이후의 제반 정황 등의 관련된 모든 간접사실을 종합하여 상당인과관계가 있는 손해의 범위인 수액을 판단할 수 있다(대판 2004. 6. 24, 2002다6951 · 6968).

(2) 공무원에 부과된 직무상 의무의 내용이 단순히 공공일반의 이익을 위한 것이거나 행정기관 내부의 질서를 규율하기 위한 것이 아니고 전적으로 또는 부수적으로 사회구성원 개인의 안전과 이익을 보호하기 위하여 설정된 것이라면, 공무원이 그와 같은 직무상 의무를 위반함으로 인하여 피해자가 입은 손해에 대하여는 상당인과관계가 인정되는 범위 내에서 국가가 배상책임을 지는 것이고, 이때 상당인과관계의 유무를 판단함에 있어서는 일반적인 결과발생의 개연성은 물론 직무상 의무를 부과하는 법령 기타 활동규범의 목적, 그 수행하는 직무의 목적 내지 기능으로부터 예견가능한 행위 후의 사정, 가해행위의 태양 및 피해의 정도 등을 종합적으로 고려하여야 할 것이다(대판 2003. 4. 25, 2001다59841).

(3) 檢討 및 私見

손해배상범위의 결정기준에 관한 학설상의 견해가 복잡하게 전개되고 있다. 통설과 판례는 상당인과관계설 가운데 절충설을 취하고 있다. 즉 채무불이행의 당시에 보통인(평균인)이 알 수 있었던 사정과 채무자가 특히 알고 있었던 사정을 함께 고려하여 채무불이행과 발생한 손해 사이의 인과관계를 정하여야 한다는 것이다. 그런데 소수설로 주장되고 있는 위험성관련성설과 규범목적설은 피침해규범과 직접적인 관련이 있는 1차손해와 그 1차손해를 기점으로 하여 야기된 후속손해로 나누어 1차손해는 제390조를 근거로 채무자에게 귀속하고 제393조는 후속손해에 관한 규정으로 보고 있다. 그리고 상당인과관계설을 주장하면서도 위험성관련성 및 규범목적설의 비판을 고려하여 상당성에 개연성 이외의 손해배상의 경제적 공평성을 추가하거나, 또는 채무불이행이나 불법행위로의 성립시 발생하는 손해는 직접적 손해로서 제390조에 의해 배상이 인정되며, 후속손해인 간접적 손해만이 제393조 제1항의 통상의 손해에 해당하여 상당인과관계에 의하여 그 배상범위가 제한된다고 한다. 이와 같이 손해를 1차손해와 후속손해로서의 2차손해로 나누어 2차손해만이 제393조의 적용을 받는다는 해석이 타당한지 의문이다.

생각건대 제1차손해는 채무불이행시 발생하는 손해로서 자연적 인과관계에 있으므로 배상범위가 제한되지 않고 제390조에 의하여 전부 배상되어야 한다는 견해는 채무불이행책임의 성립시 손해배상을 청구할 수 있다는 청구권의 근거를 규정한 제390조를 오해한 것이 아닌가 한다. 이 규정에서의 손해에는 1차손해와 후속손해로서 2차손해 모두가 포함된다고 할 것이다. 우리 민법은 제390조에서 책임성립, 제393조에서 손해배상범위를 그리고 제396조에서 손해확정을 규정하고 있으므로 제390조에 의해 손해배상범위를 결정하는 견해는 옳지 않다고 본다. 민법 제393조는 제390조에 의하여 발생한 손해를 배상함에 있어서 그 범위를 따로 정하는 규정으로 보아야 할 것이다.

그리고 독일민법이 손해배상방법으로 원상회복의 원칙을 규정함으로써 완전배상주의를 취하고 있으므로 손해의 성립, 상당인과관계로 손해배상범위 결정 및 책임귀속으로서의 손해확정의 단계로 손해를 결정하지만, 우리 민법은 독일민법과 다르게 완전배상주의를 취하지 않고 제393조가 통상손해와 특별손해라는 범주 내로 손해를 제한하므로 통설과 판례는 제393조에 의하여 인과관계로 손해배상범위를 결정하고 이와 동시에 손해를 확정하고 있다. 그러나 인과관계는 사실적·존재적 개념(다만 평가는 법적 평가인 상당인과관계에 의함)이므로 공평의 원리에 의한 책임귀속 및 손해의 조정이라는 규범적인 평가를 동일한 제393조로 해결하여서는 안 된다고 본다. 통설과 판례에 의하면 제393조 제2항의 "알 수 있었을 경우"의 규정은 상당인과관계설의 절충설로 손해배상범위를 결정하고 또한 과실의 주의의무위반의 기준으로서 예견가능성을 규정하는 것이 될 것이다. 그러나 규범적인 비난가능성으로서의 예견가능성은 제393조에서 제외하여 해석하여야 할 것이다. 민법 제393조 제1항에서는 채무불이행으로 통상적으로 발생하는 손해만을 배상하는 것으로 규정하고 있다. 이 규정에 의하여 무한히 확대될 수 있는 손해배상의 범위가 통상적인 손해로 제한되는 것이므로, 이는 채무불이행과 상당한 인과관계가 있는 손해만을 배상하는 것으로 된다. 따라서 제393조 제1항은 상당인과관계의 원칙을 선언한 것이라고 할 수 있다. 그리고 제393조 제2항의 특별사정으로 인한 손해는 채무자가 그 특별사정을 알았거나 알 수 있었을 때에 한하여 그 배상을 인정하고 있다. 그런데 이 경우에 채무자만이 특별한 사정을 알 수 있었던 것을 고찰의 대상으로 하여 인과관계를 결정한다면 채무자는 항상 그 특별한 사정을 알 수 있다고 할 수 없으므로 이를 보완하여 손해배상 범위를 확대하기 위하여 보통인이 알 수 있었던 사정도 고찰의 대상에 포함하여 인과관계의 성립을 인정하는 것이 합당하다고 본다. 따라서 제393조 제2항은 상당인과관계설 중 절충설을 취한 것이라고 할 것이다.

3. 民法 第393條의 解釋

(1) 序 說

민법 제393조는 제1항에서 「채무불이행으로 인한 손해배상은 통상의 손해를 그 한도로 한다」고 규정하고 제2항에서는 「특별한 사정으로 인한 손해는 채무자가 그 손해를 알았거나 알 수 있었을 때에 한하여 배상의 책임이 있다」고 규정하고 있다. 민법 제393조는 채무불이행에 있어서의 불이행과 손해와의 사이에 인과관계를 규정한 것이다. 동조 제1항은 상당인과관계의 원칙을 선언한 것이며, 제2항은 절충설의 입장에서 고찰대상이 되는 사정의 범위를 규정한 것이라고 해석하는 것이 통설과 판례(대판 2008. 12. 24, 2006다25745)의 입장이다.

(2) 通常損害

채무불이행으로 인한 손해배상은 통상의 손해를 그 한도로 한다(제393조). 통상의 손해란 특별한 사정이 없는 한 그 종류의 채무불이행이 있으면 사회일반의 관념에 따라 통상 발생하는 범위의 손해이다. 예를 들어 임차인이 임차물을 멸실한 때에는 임차물의 시가, 임차인이 임차물의 반환의무를 이행하지 않는 경우에는 지연된 기간 동안의 차임에 상당하는 금액, 이자부 채무 기타의 금전채무를 이행하지 않는 경우에는 이자에 상당하는 금액이 통상의 손해이다. 통상손해에 해당하는지의 여부를 판단함에 있어서는 채무자가 통상의 손해발생을 알았거나 알 수 있었을 필요가 없다. 통상손해는 당사자들이 일반적 · 객관적으로 그 채무불이행으로부터 당연히 발생하리라고 예상할 수 있었던 손해이기 때문이다. 따라서 채권자는 채무불이행과 손해 사이의 인과관계와 통상의 손해액을 입증하면 그 손해의 전부에 대하여 배상을 청구할 수 있다.

[판 례]

(1) 제393조 제1항의 통상손해는 특별한 사정이 없는 한 그 종류의 채무불이행이 있으면 사회일반의 거래관념 또는 경험칙에 비추어 통상 발생하는 것으로 생각되는 범위의 손해를 말하고, 제2항의 특별한 사정으로 인한 손해는 당사자들의 개별적, 구체적 사정에 따른 손해를 말한다. 상가건물과 지하철역 사이의 연결통로 개설의무가 이행불능된 경우, 수분양자에게는 그 교환가치의 하락 등의 재산상 손해가 발생하였으며, 주위 부동산들의 거래상황 등에 비추어 볼 때 상가건물과 지하철역 사이의 연결통로가 개설되지 않음으로써 교환가치의 하락 등의 손해를 입었을 개연성이 인정된다면, 연결통로개설의무 이행불능으로 인한 통상손해가 발생한 것이고, 이 손해가 특별한 사정으로 인한 손해라고 하더라도 예견가능성이 있다(대판 2009. 7. 9, 2009다24842).

(2) 소유권이전등기절차의 이행이 장기간 지연된 경우, 수분양자에게는 그 재산권을 완전히 행사하지 못하는 손해가 발생하였다고 할 것이고, 주위 부동산들의 거래상황 등에 비추어 볼 때 등기절차가 이행되지 않음으로써 수분양자 등이 활용기회의 상실 등의 손해를 입었을 개연성이 인정된다면, 등기절차 지연으로 인한 통상손해가 발생하였다고 할 것이며, 이 손해가 특별한 사정으로 인한 손해라고 하더라도 예견가능성이 있다고 할 것이다(대판 2008. 12. 24, 2006다25745).

(3) 영업용 차량이 사고로 인하여 파손되어 그 有償交替나 수리를 위하여 필요한 기간 동안 그 차량에 의한 영업을 할 수 없었던 경우에는 영업을 계속하였더라면 얻을 수 있었던 수익상실은 통상의 손해로서 배상하여야 하는 것이다(대판 1997. 4. 25, 97다8526).

(4) 임대차 목적물인 건물이 훼손된 경우에 그 수리가 불가능하다면 훼손 당시에 건물의 교환가치가 통상의 손해일 것이고 수리가 가능한 경우에는 그 수리비가 통상의 손해일 것이나 그것이 건물의 교환가치를 넘는 경우에는 형평의 원칙상 그 손해액은 그 건물의 교환가치 범위 내로 제한되어야 할 것이다(대판 1994. 10. 14, 94다3964).

(5) 불법행위로 영업용 물건이 멸실된 경우, 이를 대체할 다른 물건을 마련하기 위하여 필요한 합리적인 기간 동안 그 물건을 이용하여 영업을 계속하였더라면 얻을 수 있었던 이익, 즉 휴업손해는 그에 대한 증명이 가능한 한 통상의 손해로서 그 교환가치와는 별도로 배상하여야 하고, 이는 영업용 물건이 일부 손괴된 경우, 수리를 위하여 필요한 합리적인 기간 동안의 휴업손해와 마찬가지라고 보아야 할 것이다(대판[전합] 2004. 3. 18, 2001다82507).

(6) 매수인의 잔금지급 지체로 인하여 계약을 해제하지 아니한 매도인이 지체된 기간 동안 입은 손해 중 그 미지급 잔금에 대한 법정이율에 따른 이자 상당의 금액은 통상손해라고 할 것이지만, 그 사이에 매매대상 토지의 개별공시지가가 급등하여 매도인의 양

도소득세 부담이 늘었다고 하더라도 그 손해는 사회일반의 관념상 매매계약에서의 잔금 지급의 이행지체의 경우 통상 발생하는 것으로 생각되는 범위의 통상손해라고 할 수는 없고, 이는 특별한 사정에 의하여 발생한 손해에 해당한다고 할 것이다(대판 2006. 4. 13, 2005다75897).

(3) 特別損害

특별손해는 「채무자가 그 사정을 알았거나 알 수 있었을 때에 한하여 배상의 책임이 있다」(제393조 제2항). 예를 들어 갑이 을로부터 시가 1,000만원의 가옥을 매수하였으나 을의 과실로 그 가옥이 소실되어 이행불능이 된 경우에 갑은 을에 대하여 통상손해로서 1,000만원을 청구할 수 있다. 그러나 갑이 그 가옥을 병에게 1,200만원에 전매하는 계약을 체결하고 있었다면 이때 갑이 입은 전매차액 200만원의 손해는 통상적인 손해가 아니고 전매라는 특별한 사정에 의한 특별손해에 해당한다. 이 경우에는 채무자가 그러한 특별한 사정을 알았거나 알 수 있었을 경우에는 손해배상책임을 지게 된다.

여기서 예견가능성(알았거나 알 수 있었어야 하는 것)은 손해의 「원인」이 된 특별한 사정에 관한 것이지 그 결과인 손해가 아니다(대판 2002. 10. 25, 2002다23598). 따라서 채무자는 특별한 사정에 의하여 발생한 손해의 액수에 대해서까지 알았거나 알 수 있었어야 하는 것은 아니다(대판 1994. 11. 11, 94다22446). 그런데 이러한 특별한 사정의 예견가능성에 대한 판단시기를 언제로 정할 것인지가 문제된다. 이에 관하여 학설은 (i) 이행기설(곽윤직 122면), (ii) 채무불이행시설(즉 이행지체의 경우에는 이행기, 이행불능인 경우에는 불능이 발생한 때, 불완전이행의 경우에는 불완전이행을 한 때라는 견해)(김용한 207면; 장경학 227면; 김주수 182면; 송덕수 122면), (iii) 계약체결시설(김형배 264면)로 나누어지고 있다. (ii)설은 채무자가 채무불이행시에 특별한 사정에 관한 예견가능성이 있었음에도 불구하고 채무불이행한 경우 채무자에게 그로 인한 손해에 대하여 배상책임을 인정하더라도 가혹하지 않다고 한다. 그리고 (iii)설은 계약체결시 특별한 사정에 관하여 예견가능성이 있었던 경우에는 계약의 조건을 변경하거나 계약체결을 거부함으로써 이에 적절히 대처할 수 있으나 계약체결시에 전혀 알 수 없었던 특별한 사정을 그 후에 알았다고 해서 채무자에게 특별한 사정으로 인한 손해에 대하여 배상책임을 인정한다면 채무자의 책임이 부당하게 확대되어 공평의 원리에 반한다고 한다. 한편 판례는 「민법 제393조 제2항 소정의 특별사정으로 인한 손해배상에 있어서 채무자가 그 사정을 알았거나 알 수 있었는지의 여부를 가리는 시기는 계약체결 당시가 아니라 채무의 이행기까지를 기준으로 판단하여야 한다」고 하여 (i)설을 취하고 있다(대판 1985. 9. 10, 84다카1532). 생각건대 채무불이행의 유형별 특성을 감안한 (ii)설인 채무불이행시설이 타당하다고 할 것이다. 그리고 특별손해에 대한 채무자의 예견가능성은 특별손해의 배상을 받고자 하는 채권자가 입증하여야 한다(통설. 대판 1967. 5. 30, 67다466).

특별손해의 예로는 이행이익을 초과하는 확대손해(대판 2004. 7. 22, 2002다51586), 이행불능 후 목적물의 시가가 등귀한 경우의 그 등귀한 가격(대판 1996. 10. 13, 95다22337), 전매를 통하여 얻을 수 있었던 전매차익(대판 1992. 4. 28, 91다29972), 채무불이행으로 인한 정신적 손해(대판 1993. 11. 8, 93다19115), 채무자의 무자력으로 인한 손해(대판 2003. 1. 24, 2002다59549) 등을 들 수 있다.

[판 례]

(1) 토지의 매수인이 그 토지상에 건물을 신축하기 위하여 설계비 또는 공사계약금을 지출하였다가 계약이 해제됨으로 말미암아 이를 회수하지 못하는 손해도 특별손해로서, 토지의 매도인으로서는 소유권이전의무의 이행기까지 최소한 매수인이 설계계약 또는 공사도급계약을 체결하였다는 점을 알았거나 알 수 있었을 때에 한하여 그 배상책임을 부담한다(대판 1996. 2. 13, 95다47691).

(2) 매수인의 잔금지급 지체로 인하여 계약을 해제하지 아니한 매도인이 지체된 기간 동안 입은 손해 중 그 미지급 잔금에 대한 법정이율에 따른 이자 상당의 금액은 통상손해라고 할 것이지만, 그 사이에 매매대상 토지의 개별공시지가가 급등하여 매도인의 양도소득세 부담이 늘었다고 하더라도 그 손해는 사회일반의 관념상 매매계약에서의 잔금지급의 이행지체의 경우 통상 발생하는 것으로 생각되는 범위의 통상손해라고 할 수는 없고, 이는 특별한 사정에 의하여 발생한 손해에 해당한다(대판 2006. 4. 13, 2005다75897).

(3) 담보목적물에 대하여 감정평가업자가 부당한 감정을 함으로써 감정의뢰인이 그 감정을 믿고 정당한 감정가격을 초과한 대출을 한 경우에, 부당한 감정가격에 근거하여 산출된 담보가치와 정당한 감정가격에 근거하여 산출된 담보가치를 초과한 부분이 손해액이 되고, 통상 감정평가업자로서는 대출 당시 앞으로 대출금이 연체되리라는 사정을 알기 어려우므로 대출 당시 감정평가업자가 대출금이 연체되리라는 사정을 알았거나 알 수 있었다는 특별한 사정이 없는 한 연체된 약정이율에 따른 지연손해금은 감정평가업자의 부당한 감정으로 인하여 발생한 손해라고 할 수 없다(대판 2007. 4. 12, 2006다82625).

(4) 부당한 가압류의 집행으로 그 가압류 목적물의 처분이 지연되어 소유자가 손해를 입었다면 가압류 신청인은 그 손해를 배상할 책임이 있다고 할 것이나, 가압류 집행 당시 부동산의 소유자가 그 부동산을 사용 · 수익하는 경우에는 그 부동산의 처분이 지체되었다고 하더라도 그로 인한 손해는 그 부동산을 계속 사용 · 수익함으로 인한 이익과 상쇄되어 결과적으로 부동산의 처분이 지체됨에 따른 손해가 없다고 할 수 있을 것이고, 만일 그 부동산의 처분 지연으로 인한 손해가 그 부동산을 계속 사용 · 수익하는 이익을 초

과한다면 이는 특별손해라고 할 수 있을 것이다(대판 2009. 7. 23, 2008다79524).

(4) 債務不履行에 의한 精神的 損害

민법은 불법행위 및 가족관계에 관해서만 비재산적 혹은 정신적 손해의 배상을 인정하는 규정(제750조 · 제751조 · 제752조 등)을 두고 있을 뿐이어서 채무불이행으로 인하여 정신적 고통을 입은 경우에 정신적 손해배상으로서 위자료의 인정여부가 문제되고 있다. 아래에서 이 문제에 관한 학설과 판례를 살펴보기로 한다.

1) 學 說

(가) 否定說 불법행위 피해자의 정신적 고통은 본인이 예상하지 못한 不意의 고통임에 반하여 채무불이행으로 인한 채권자의 정신적 고통은 「본인이 자초한 이른바 사회 통념상 허용된 고통」이므로 채무불이행으로 인한 채권자의 정신적 고통은 손해배상청구의 대상이 될 수 없다는 견해이다. 이 견해는 채무불이행의 경우에는 정신적 손해의 배상을 인정하지 않겠다는 것이 입법자의 의사로 보아야 한다고 주장한다(조규창, "채무불이행과 정신적 손해배상", 월간고시, 1986. 3, 293면).

(나) 肯定說 정신적 손해에 관하여 불법행위와 채무불이행 사이에 차이를 두어야 할 아무런 이유가 없다는 것을 이유로 채무불이행의 경우에도 정신적 손해의 배상을 인정하는 견해이다(통설. 곽윤직 197면; 김용한 194면; 김증한/김학동 127면; 김형배 265면; 이은영 549면). 즉 우리 민법은 독일민법(제253조 제1항)에서처럼 「법률에 특별한 규정이 있는 경우에 한하여만 위자료를 인정한다」는 규정이 없기 때문에 채무불이행이든 불법행위이든 관계없이 위자료를 인정하는 의미로 해석한다. 그리고 오늘날 의료계약, 여행운송계약, 위험시설관리계약 등 인신손해를 야기할 위험이 큰 계약유형이 늘어가고 있는데, 이 경우의 구제에 있어서 청구권경합이론 및 소송물이론의 허구성을 극복하고 사회통념에 접근하기 위한 방법 중의 하나로서 계약책임과 불법행위책임의 내용상의 평준화가 필요하다고 한다(이은영 549면). 또한 민법 제390조와 제750조는 각각 채무불이행과 불법행위라는 위법행위로 인하여 배상되어야 할 손해로서 재산적 손해뿐만 아니라 비재산적 손해, 즉 정신적 인격 손해 모두를 포함하여 규정하는 것이라고 한다(민법주해(9)/이동명 456면).

한편 피침해법익이 인격권이 아닌 재산권이 침해된 경우에도 피해자가 그 재산권에 대하여 특별히 애착을 가지고 있다거나 또는 침해행위의 모습이 동시에 피해자의 정신적 고통을 가하는 경우에는 위자료가 인정되어야 할 것이라고 하며(김형배 265~266면), 또한 재산적 손해와 정신적 손해의 구별은 피침해법익이 물건 · 무체재산권 등과 같은 재산적 법익이냐 신체·자유·명예 등과 같은 비재산적 법익이냐 하는 것과는 일치하지 않는바, 예를 들어 조상의 유품인 골동품을 파괴당한 때에는 피침해법익이 재산적인 것이지만 골동품을 상실함으로 인하여 받은 정신적 고통으로서의 정신적 손해도 적지 않다고 한다(김증한/김학동, 채권각론, 2006, 805면).

2) 判 例 판례에서도 채무불이행으로 인한 정신적 손해 배상을 인정하고 있다. 그러나 판례는 채무불이행으로 인한 정신적 손해를 특별손해로 보고 채무불이행에 따른 재산적 손해배상으로 회복되지 않는 손해의 발생, 그리고 그러한 손해에 대한 예견가능성이 있는 경우에만 그 배상을 인정하고 있다(대판 2007. 12. 13, 2007다18959; 대판 2007. 1. 11, 2005다67971). 이러한 제한으로 인하여 지금까지 채무불이행으로 인한 정신적 손해배상을 인정한 대법원 판례는 찾아볼 수 없으며, 다만 이를 인정하는 몇몇 하급심의 판례가 나와 있을 뿐이다.

(가) 否定한 判例 우리나라 대법원은 아파트 분양계약상의 지위를 양도받은 원고들이 소유권이전등기가 늦어짐에 따른 소유권확보에 대한 불안감과 재산권행사를 제대로 하지 못한 것을 이유로 위자료를 청구한 사건에서 「일반적으로 계약상의 채무불이행으로 인하여 재산적 손해가 발생한 경우, 그로 인하여 계약당사자가 받은 정신적인 고통은 재산적 손해에 대한 배상이 이루어짐으로써 회복된다고 보아야 할 것이므로, 재산적 손해의 배상만으로는 회복될 수 없는 정신적 고통을 입었다는 특별한 사정이 있고, 상대방이 이와 같은 사정을 알았거나 알 수 있었을 경우에 한하여 정신적 고통에 대한 위자료를 인정할 수 있다」고 판시하고 있다(대판 2004. 11. 12, 2002다53865). 또한 대법원은 신용장개설 통지절차를 지연함으로써 원고가 신용장개설을 의뢰할 당시 예상했던 시기에 사무용 의자를 수입하여 판매하지 못한 재산상 손해의 입증이 곤란하여 그 손해액의 산정이 불가능하므로, 예외적으로 원고에게 위자료청구권을 인정한 원심판결(서울중앙지방법원 2007. 2. 9, 2006나18012)을 파기환송함으로써 재산적 손해를 보완하기 위한 위자료청구를 부정하고 있다(대판 2007. 12. 13, 2007다18959). 대법원은 이 판결에서 「재산적 손해의 발생이 인정되는데도 입증곤란 등의 이유로 그 손해액의 확정이 불가능하여 그 배상을 받을 수 없는 경우에 이러한 사정을 위자료의 증액사유로 참작할 수는 있다고 할 것이나, 이러한 위자료의 보완적 기능은 재산적 손해의 발생이 인정되는데도 손해액의 확정이 불가능하여 그 손해 전보를 받을 수 없게 됨으로써 피해회복이 충분히 이루어지지 않는 경우에 이를 참작하여 위자료액을 증액함으로써 손해 전보의 불균형을 어느 정도 보완하고자 하는 것이므로, 이 사건과 같이 그 재산적 손해액의

주장 · 입증 및 분류 · 확정이 가능한 계약상 채무불이행으로 인한 손해를 심리 · 확정함에 있어서까지 함부로 그 보완적 기능을 확장하여 편의한 방법으로 위자료의 명목 아래 다수의 계약 당사자들에 대하여 획일적으로 일정 금액의 지급을 명함으로써 사실상 재산적 손해의 전보를 꾀하는 것과 같은 일은 허용될 수 없다」고 한다.

(나) 肯定한 判例 우리나라 대법원에서는 채무불이행에 의한 정신적 손해의 배상에 관하여 이를 특별손해로 보아 예견가능성이 있을 때만 인정하고 있는데, 실제로 그 배상을 인정한 판례는 없다. 그러나 몇몇 하급심판례에서 위자료를 인정하고 있다. 서울민사지방법원은 「결혼식장면의 녹화를 의뢰받은 사진관의 녹화기사가 결혼식 장면을 제대로 녹화하지 못하여 영상재생이 선명치 않게 된 사건에서 결혼식 장면의 녹화가 제대로 되지 아니하여 원고들이 정신적 고통을 받았을 것임은 경험칙상 명백하므로 피고는 이를 금전적으로나마 위자할 의무가 있다」고 하였다(서울민사지법 12부 1990. 2. 7. 89가합54840). 이 판례에서는 채무불이행으로 인한 정신적 손해배상을 특별손해로서가 아니라 경험칙상 정신적 고통을 받았다는 것을 이유로 인정하고 있다.

또한 서울민사지방법원은 우산꼭지가 떨어져 나간 우산을 판 매도인이 매수인에게 우산꼭지를 구해 놓겠다고 약속을 하고서도 번번이 약속을 어김으로써 매수인이 정신적 고통을 받고 손해배상을 청구한 이른바 우산꼭지 사건의 판결(서울지방법원 90나10307)에서도 채무불이행으로 인한 정신적 손해의 배상으로 위자료청구를 인정하고 있다.

그리고 최근에 서울지방법원 동부지원에서는 소유권이전의무가 의무자의 고의로 이행불능이 된 경우 위자료청구를 한 사건의 판결에서 채무불이행의 경우에도 재산적 손해의 배상만으로 위자되지 아니하는 정신적 고통이 있을 수 있고, 채무자가 특별한 사정을 알았거나 알 수 있었을 때에는 채권자의 정신적 고통으로 인한 손해도 배상하여야 한다고 하면서, 위자료의 배상을 인정하였다(서울지방동부지원 1994. 9. 29. 94가합8455). 이는 채무불이행으로 받은 정신적 고통에 대한 정신적 손해를 특별손해로 보아 채권자에게 위자료를 실질적으로 인정한 유일한 판례라고 할 것이다.

3) 檢討 및 私見 채무불이행에 있어서의 위자료청구권에 관하여 그 인정근거에 대한 견해상의 차이는 있지만 이를 인정하는 것이 통설과 판례의 입장이다. 최근에는 학설상 채무불이행의 경우에 위자료청구권을 인정하는 근거를 민법 제390조의 손해배상에는 재산적 손해배상뿐만 아니라 정신적 손해배상도 포함된 것으로 보아야 하며, 불법행위법상의 제751조와 제752조의 유추적용에 의하여 위자료청구가 가능하다는 것이 유력한 견해로 등장하고 있다. 이러한 견해는 고통에 의한 정신

적 손해는 채무불이행에 의해서도 얼마든지 발생할 수 있다는 점에 비추어 타당하다고 할 것이다. 그런데 우리나라의 학설과 판례에서는 재산권의 침해로 발생한 정신적 고통은 재산적 손해의 배상에 의하여 일반적으로 회복되는 것으로 보아 특별한 사정에 대한 예견가능성이 있는 경우에만 그 배상을 인정하고 있다. 따라서 대법원 판례는 재산권의 침해로 인한 정신적 손해를 특별손해로만 보아 그에 대한 예견가능성이라는 주관적 사정을 요구함으로써 사실상 위자료를 부정하고 있다.

생각건대 헌법상의 권리가 충돌하는 경우에는 일반적으로 정신적 권리의 재산적 권리에 대한 우위의 원칙이 인정된다고 할 것이다. 즉 인격적 · 정신적 권리의 침해에 대한 더욱 두터운 보호와 함께 그 제한시에도 더욱 엄격한 요건과 기준을 요구하고 있다. 헌법상의 원리가 민법에도 관철되고 있는 이상 인격적 · 정신적 가치에 대한 실질적인 보호가 필요하다고 할 것이다. 정신적 손해는 금전으로 산정할 수 없다는 어려움이 있을 뿐 결코 재산적 손해보다 과소평가되어서는 아니 될 것이다. 따라서 무조건 정신적 손해를 재산적 손해의 배상으로 회복되는 것으로 간주하거나 또는 이를 일괄적으로 특별손해로 보아 예견가능성이 있는 경우에만 인정하는 것은 헌법상 보호되고 있는 정신적 권리를 침해하는 것이라고 할 것이다.

따라서 판례에서와 같이 재산권의 침해로 인한 정신적 손해를 무조건 특별손해로 볼 것이 아니라 그 침해되는 모습이나 그 객체의 성질에 비추어 통상적으로 정신적 손해가 발생하는 것으로 보일 경우에는 제393조의 통상손해로서 위자료를 인정하여야 할 것이다. 예를 들어 건축도급계약에서 주택의 결함은 재산권의 침해에 해당되지만, 그로 인하여 거주자는 그 주택에 거주하는 동안 통상적으로 심한 정신적 고통을 받게 될 수도 있는 것이다.

한편 의료과오(진료과실 · 설명의무 위반)와 같이 침해되는 보호법익이 재산적 이익이 아니라 환자의 생명 · 신체 등의 인격적 이익인 경우에는 채무불이행으로 인한 정신적 고통은 통상적으로 발생하므로 이를 제393조 제1항의 통상손해로 보아 당연히 위자료는 인정되어야 할 것이다. 특히 의사의 설명의무 위반의 경우에는 환자의 자기결정권과 생명 · 신체의 두 가지 보호법익이 침해될 수 있으며, 따라서 두 법익 중 어느 하나의 침해를 이유로 위자료를 청구할 수 있다(다만 자기결정권의 침해를 이유로 하는 경우에는 제752조 소정의 가족 등의 고유의 위자료는 청구할 수 없다). 의료과오로 인하여 사람의 생명 · 신체가 침해되는 경우에는 제750조의 일반성립요건이 충족되기 때문에 언제나 채무불이행책임과 불법행위책임과 경합하게 되며, 이러한 경우에는 어느 책임을 근거로 위자료를 청구하더라도 모두 인정하여야 할 것이다. 의료과오라는 동일한 원인에 의하여 발생한 정신적 고통에 대한 위자료를 청구권의 근거에 따라 다르게 다루어서는 아니 되기 때문이다. 위와 같이 두 책임이 경합하는 경우에 독일에서는 입법(독일민법 제253조 제2항 등)에 의하여, 그리고 미국 · 일본 등에서는 학설과 판례에서 일치하여 불법행위책임뿐만 아니라 채무불이행책임에 의한 위자료도 인정하고 있다. 나아가 이러한 법리는 사람의 생명 · 신체를 보호법익으로 함으로써 두 책임이 경합될 수 있는 보호의무 위반 · 안전배려의무 위반 등의 경우에도 그대로 적용되어야 할 것이다. 그리고 채무자의 고의 또는 악의적 · 배신적 채무불이행의 경우에도 통상적으로 채권자가 정신적 고통을 받을 수 있으므로, 이를 통상손해로 보아 위자료를 인정하여야 할 것이다.

‖참 고‖ 위자료에 관한 각국의 태도

1. 獨 逸

독일민법에서는 최근 손해배상법이 개정되기 전에는 위자료 청구권이 불법행위법편에 규정되어 있었기 때문에 계약책임에 있어서는 위약벌로써 위자료를 약정할 수 있었을 뿐 그 손해배상범위에 위자료가 포함될 수 없었다. 그러나 현재는 개정된 손해배상법의 시행으로 종래 불법행위책임법상의 위자료청구권이 계약책임에서도 인정될 수 있게 되었다. 그런데 유감스럽게도 위자료청구권의 범위는 여전히 개정 전 독일민법 제847조의 내용이 신설된 제253조 제2항에 그대로 유지되어 「신체의 완전성 침해 및 자유와 성적 자기결정권의 침해」의 경우에 한해서만 인정되고 있다. 다만 예외적으로 독일민법에서는 여행계약상의 여행업자의 책임에서 여행의 좌절 등으로 불필요하게 소비한 휴가기간에 대한 보상(제651조 f의 제2항)의 경우에는 계약책임법상의 위자료를 인정하는 것으로 해석하고 있다. 또한 금지된 성을 이유로 하는 차별이 행하여진 경우에 있어서 불이익을 당한 구직자에 대한 사용자의 금전배상(제611조 a의 제2항)을 정신적 고통에 대한 위자료로 파악하고 있다. 이와 같이 독일민법에서는 위자료청구권의 대상이 되는 보호법익이 성적 자기결정권과 같은 극히 제한적인 인격권에만 규정되고 있는바, 독일민법이 개정되기 전부터 판례(BGHZ 26, 349; BGHZ 39, 124 등)에서 명예훼손을 비롯한 일반적인 인격권의 침해에 대한 위자료를 인정함으로써 입법상의 不備를 보완하여 왔다. 이러한 독일의 손해배상법의 개정으로 신체의 완전성을 침해하는 대표적인 사례인 의료과오소송에서도 종래에는 불법행위책임에 의해서만 인정되어 오던 위자료청구권을 이제는 채무불이행책임에 의하여 법적으로 행사할 수 있게 된 것이다.

2. 프랑스

프랑스민법에서는 계약책임이나 불법행위책임에 기한 위자료청구권을 인정하는 명문의 규정을 두고 있지 않다. 그러나 오늘날의 프랑스 학설 및 판례에서는 불법행위책임뿐만 아니라 계약책임의 경우에도 정신적 손해배상을 인정하고 있다. 프랑스 판례에서는 원칙적으로 인격권의 침해에 대한 위자료청구권만 인정하고 있다. 프랑스에서 일반적으로 계약법상 채무불이행책임에 의한 위자료를 인정하고 있으나, 이행지체 중 인격권의 침해를 수반하지 않는 채무불이행으로 야기된 정신적 고통에 대한 위자료는 그 액수가 경미하여 형식적 · 상징적 의미가 있을 뿐이다. 다만 예외적으로 채무불이행이 채권자의 직접적인 정신적 고통을 야기한 경우, 예를 들어 인기배우에 대한 출연계약위반, 장의사의 시체운구, 매장지연 등에는 법관이 채무자의 과실의 정도를 고려하여 적정하게 위자료를 산정하고 있다(A. Weill & F. Terré Droit Civil, Vol. 1, 1979, n° 437).

3. 英 國

영국에서는 명예훼손 등의 경우를 제외하고는 불법행위책임에 있어서의 위자료는 비재산적 손해가 물리적 손해에 수반되어야만 인정하고 있으며, 채무불이행책임에 있어서는 원칙적으로 위자료의 청구를 인정하지 않는다. 그러나 최근에는 예외적으로 패키지 여행에서 숙박시설이나 이벤트 등이 당초의 계약내용보다 상당히 부실하여 신체적 · 정신적 고통을 받아 감정 자체에 대한 손해(injury to feeling)가 발생하였다고 주장한 사례(Javis V. Swan's Tours, (1973) Q.B.233), 변호사의 과실로 원고 소유의 가옥에 대한 점유회복의 조치를 취하지 않음으로써 원고가 2년간 처갓집에서 생활하게 되어 열악한 상태에서 거주할 수밖에 없게 된 사례(Bailey v. Bullock, 2 All E.R. 1167(1950)), 그리고 열차역에 정차하지 않았기 때문에 원고가 5킬로미터나 걸어서 돌아가게 되었다는 사례(Hobbs V. London & South Western Ry. CO., (1875) Q.B. 111) 등에서 위자료의 청구를 인정하였다.

4. 美 國

미국의 전통적인 계약법리는 비재산적 손해에 대한 배상범위를 매우 좁게 제한하고 있다. 미국의 계약책임에 있어서는 원칙적으로 정신적 고통에 대한 손해배상을 인정하지 않지만, 예외적으로 ① 신체상의 손해가 있는 경우, ② 불법행위책임과 계약책임이 경합되는 경우, ③ 정신적 고통이 야기될 가능성이 매우 높은 경우에는 정신적 손해배상을 인정하고 있다. 즉 채무자의 고의에 의한 계약위반으로 정신적 고통이 발생한 경우나, 또는 의료계약과 같이 계약위반이 환자에게 신체적 손해를 초래하는 경우에서 정신적 손해배상을 인정하고 있다. 미국에서는 고의로 계약을 위반한 자는 정신적 고통에 대한 손해배상을 포함하여 발생한 손해 전부를 배상하여야 하며(Hatfield v. Max rouse & Sons N.W. 606 P.2d 944, 953 (Idaho 1980)), 또한 계약위반이 터무니없는 경우에도 정신적 고통을 야기할 수 있기 때문에 그에 대한 손해배상이 인정될 수 있다고 한다. 예를 들어 임치계약에 있어서 임치인이 특히 애착을 느끼고 있는 물건을 분실한 경우에는 계약위반에 따른 정신적 손해배상을 인정하고 있다(Harvey v. Wheeler Transfer & Storage Co. (1938) 227 Wis 36, 277 N.W. 627).

5. 日 本

일본 민법에서도 위자료에 관한 규정이 불법행위법편에 규정되어 있어서 계약법상의 채무불이행에 의하여도 위자료가 인정되는지가 문제되고 있다. 이에 관하여 일본의 학설에서는 의료과실과 근로계약상의 보호의무위반의 경우와 같이 피해법익이 생명 · 신체 등 인격적 이익에서 불법행위책임으로 구성할 수 있을 때에는 채무불이행에 의한 손해배상에 위자료도 포함된다는 것에 이론이 없다. 그러나 재산권의 침해에 관하여는 재산적 손해가 회복되면 통상 그에 따른 재산침해에 기인하는 정신적 손해도 회복되는 것으로 보아 원칙적으로 채무불이행에 의한 위자료청구는 인정되지 않는 것으로 해석하고 있다. 다만 학설은 예외적으로 (i) 침해된 재산 또는 반환불능으로 된 목적물이 애완동물, 예술작품, 오랫동안 거주하여 온 정든 주택 등과 같이 목적물이 채권자에 따라 특별히 주관적 · 정신적 가치를 가진 특수물인 경우, (ii) 가해행위가 현저하게 반도덕적이거나 또는 가해행위가 상대방에게 현저한 고통을 느끼게 하는 상황에서 행하여진 경우에는 위자료를 인정하고 있다. 그리고 일본 판례에서는 드물기는 하지만 매매계약상 매매목적물인 건물에 하자가 있고 재산적 손해만으로는 그 정신적 고통이 보상되지 않는 경우에 위자료를 인정하고 있으며(神戸地判 昭和 61. 9. 3, 判時 1238.118 등), 최근에는 매수인의 부수의무위반에 의한 확대손해의 배상에서 재산적 손해 외에 위자료를 인정하고 있다(岐阜地高山支判 平成 4. 3. 17, 判時 1448.155). 그리고 계속적 판매에서 매수인이 독점적인 거래 약정을 위반한 데 대하여 위자료를 인정한 판례도 있다(大阪地判 昭和 51. 4. 26, 判時 503.38). 한편 임대차계약에서 채무불이행을 이유로 정신적 손해배상을 청구한 사례는 의외로 많으며 위자료를 인정한 판례도 적지 않다. 특히 하자보수를 둘러싼 쟁송이 끊이지 않는 건축도급계약에서 위자료를 인정한 판례(東京地判 昭和 61. 4. 25, 判時 1224.34 判時 625.191)가 현저하게 많다고 할 것이다. 그 밖에도 변호사위임계약(東京地判 昭和 46. 6. 29, 判時 645.89), 여행계약(東京高判 昭和 55. 3. 27, 判時 962.115), 부동산 중개계약(東京高判 昭和 53. 12. 11, 判時 921.94), 근로계약(最判 昭和 54. 11. 13, 判時 402.64), 의료계약(東京地判 平成 2. 3. 12, 判時 734.210) 등에서도 정신적 손해의 배상을 인정하고 있다. 주목할 것은 일본 판례(東京地判 平成 1. 2. 27, 判時 1322.125)에서는 계약위반으로 인한 정신적 고통에 대하여 징벌적 내지 제재적 위자료 배상도 인정하고 있다는 점이다.

[판 례] 위자료를 인정한 하급심 판례

(1) 피고는 원고들에게 피고의 녹화작업 이행보조자인 녹화기사가 원고들의 결혼식 장면을 제대로 녹화하지 못함으로 인하여 원고들이 입은 손해를 배상할 책임이 있다 할 것이며, 나아가 피고가 원고들에게 배상하여야 할 손해액에 관하여 보건대 위와 같은 결혼식 장면의 녹화가 제대로 되지 아니하여 원고들에게 정신적 고통을 받았을 것임은 경험칙상 명백하므로 피고는 이를 금전으로나마 위자할 의무가 있다(서울민사지법 12부 1990. 2. 7, 89가합54840).

(2) 채무불이행으로 인하여 채권자가 정신적 고통을 받는다고 하더라도 통상은 재산적 손해를 배상받음으로써 그 고통은 위자된다고 보아야 할 것이나 그 채무불이행의 동기 경위 및 그 결과로 인하여 채권자가 입은 피해정도 등에 따라서는 재산적 손해의 배상만으로 위자되지 아니하는 정신적 고통이 있을 수 있고, 이러한 특별한 사정을 채무자

도 알았거나 알 수 있었을 때에는 채권자의 정신적 고통으로 인한 손해도 채무자가 배상하여야 한다(서울지방동부지원 1994. 9. 29. 94가합8455).

4. 損害賠償額의 算定

우리 민법상 손해배상은 원칙적으로 금전으로 하여야 한다(제394조). 따라서 손해배상은 배상범위에 해당하는 손해가 금전으로 평가되어야 한다. 여기서 손해배상액의 산정기준이 문제된다.

(1) 賠償額 算定의 價格

1) 財産的 損害 재산적 손해의 배상액은 물건이나 급부 등의 재산적 가치의 금전적 평가이다. 재산적 손해는 통상가격 내지 교환가격을 표준으로 하고(통설), 특별가격 및 感情價格은 채무자가 이를 알았거나 알 수 있었을 경우에 배상의 책임을 지게 된다. 재산적 손해가 있음이 분명한데 그 손해액의 확정이 불가능한 경우에는 그것을 위자료의 증액자료로 삼을 수 있다(대판 2004. 11. 12, 2002다53865. 이러한 판례에 반대하여 송덕수, 신민법강의, 953면은 산정이 어려워도 재산적 손해 자체로 배상해야 한다고 한다).

[판 례]

(1) 채무자의 약정불이행으로 인하여 채권자 소유의 부동산이 제3자에게 경락됨으로써 소유권을 상실하게 된 경우 채권자의 손해는 경락가격을 기준으로 산정하여야 한다(대판 1984. 7. 10, 84다카440).

(2) 사고 당시의 피해차량의 교환가격을 현저하게 웃도는 수리비용을 지출했다 하더라도 이런 경우에는 경제적인 면에서 수리불능으로 보아 사고 당시의 교환가격으로부터 고물(고철)대금을 뺀 나머지만을 손해배상으로 청구할 수 있을 뿐이라고 할 것이고, 이렇게 보아야만 손해배상제도의 이상인 공평의 관념에 합치되는 것이며, 따라서 교환가격보다 높은 수리비를 요하는 경우에 굳이 수리를 고집하는 피해자가 있는 경우에는 그 소망을 들어 주어야 하는 것이 사회통념에 비추어 시인되어야 할 특별한 사정이 없는 한 그 수리비 가운데 교환가격을 넘는 부분은 그에게 부담시켜야만 한다(대법원 1990. 8. 14. 선고 90다카7569 판결 참조). 한편 중고차가 타인의 불법행위로 훼손된 경우 그 사고 당시의 교환가격은 원칙적으로 그것과 동일한 차종, 연식, 형, 같은 정도의 사용상태 및 주행거리 등의 자동차를 중고차시장에서 취득할 때 드는 가액으로 정하여야 할 것이지만 당사자 간에 합의가 있거나 시장가격이 형성되어 있지 않은 경우 등 특별한 사정이 있는 경우에는 과세상 감가상각의 기준인 정액법이나 정률법 등이 사용될 수도 있다(대판 2012. 5. 24, 2011다77917).

2) 非財産的 損害 비재산적 손해는 직접 금전으로 평가할 수 없으므로 배

상권리자가 정당하다고 생각하는 금액을 청구케 하고, 그 범위 내에서 법원이 정신적 타격이나 고통 등 모든 사정을 고려하여 자유재량으로 금액을 산정하는 수밖에 없다. 이때 법원은 신체적 · 심리적 정도는 물론이고 피해자의 인격이나, 사회적 지위 · 쌍방의 자산상태 · 가해의 동기 · 가해 전후의 모든 사정 등을 고려하여야 한다.

(2) 賠償額算定의 時期

이행지체나 이행불능을 이유로 전보배상을 청구하는 경우에 그 목적물의 가격을 어느 시점을 기준으로 하여 산정하여야 하는지가 문제된다. 예를 들어, 매도인의 상품의 급부가 늦어지고 있어 매수인이 이를 이유로 계약을 해제하고 목적물의 가격과 계약상의 대금과의 차액을 얻는 것으로 만족하려는 경우에 이행기로부터 최고 · 해제 · 訴의 提起 · 판결에 이르기까지 가격의 변동이 있다면 어느 시점을 기준으로 하여 배상액을 산정해야 할 것인가의 문제가 생긴다.

1) 學 說

(가) 事實審辯論終結時說 손해범위의 확정과 그에 대한 평가를 별개의 문제로 파악하여 손해배상채권의 발생시에는 손해만이 확정되는 것이고 그 평가는 청구시에 언제든지 할 수 있는 것이므로 그 청구를 소송으로 할 때에는 구두변론종결시를 기준으로 하여야 한다는 견해이다(다수설: 김주수 188면; 김용한 210면; 김상용 171면; 김증한/김학동 149면 등). 이 견해는 그 근거로 책임원인 발생시에 확정되는 것은 손해뿐이며, 그 평가는 후에 이루어질 수 있다는 점과 채무불이행으로 인한 손해배상제도의 목적은 채권자에게 이행이익을 확보하여 주는 데 있는바, 전보배상의 경우에는 손해배상이 늦어지더라도 목적물의 급부가 있었던 것과 같도록 하여 주어야 하므로 그 이행이익은 목적물의 현재가치로 보아야 하며, 따라서 물가상승으로 인한 이익도 채권자에게 귀속되어야 마땅하므로 그에 대한 손해도 당연히 배상하여야 된다는 점을 들고 있다. 이 견해에 의하면 손해배상책임이 발생한 시점부터 변론종결시까지의 변동된 가격을 통상손해로 보게 되므로 채권자는 두텁게 보호된다.

(나) 責任原因發生時說 실손해의 전보와 손해분담의 공평을 손해배상제도의 이상으로 보아 손해배상청구권이 발생한 시점, 즉 책임원인이 발생한 때를 기준으로 하여 그 배상액을 산정하고 그 후의 손해는 상당인과관계의 범위 내에서 가산하여야 한다는 견해이다(곽윤직 123면; 송덕수 126면). 이 견해는 그 근거로 손해배상채권은 원칙적으로 금전채권이므로 그 내용은 채권이 발생한 때, 즉 본래의 채권이 손해배상채권으로 변경된 때를 기준으로 정하여야 한다는 점, 손해배상채권은 채권의 성립과 동시

에 이행기가 도래하여 이행지체에 빠지므로 채무불이행 이후에 발생한 손해에 관해서도 그것이 상당인과관계의 범위 내에 있는 한 그것을 배상액에 포함시키는 것이 타당하다는 점, 사실심변론종결시설에 따르면 책임원인 발생 이후 사실심변론종결시까지 사이에 발생한 가격변동을 통상손해로 인정하여 채권자를 보다 두텁게 보호할 수 있으나 손해분담의 공평이라는 손해배상제도의 이념에 비추어 이를 특별손해로 보는 것이 타당하는 점 등을 들고 있다. 이 견해에 의하면 책임원인의 발생시와 변론종결시 사이의 가격변동을 특별손해로 파악하여 채무자가 알았거나 알 수 있었을 경우에만 채권자는 손해배상을 청구할 수 있는 것으로 된다.

(다) 折衷說 원칙적으로 책임발생시설에 따르지만, 구체적인 사례에서 책임발생 이후의 사정을 고려하는 것이 불가피하다고 판단되는 경우에는 예외적으로 그 기준시를 변론종결시로 삼아야 한다는 견해이다(이은영 338면).

2) 判 例 판례는 손해배상액의 산정시점에 대하여 일관된 기준을 마련하지 못하고 있다.

(가) 履行不能으로 인한 損害賠償 판례는 매도인의 매매목적물에 대한 소유권이전등기의무가 이행불능이 됨으로 말미암아 매수인이 입은 손해액은 원칙적으로 그 이행불능이 될 당시의 목적물의 시가 상당액이고(대판 2008. 5. 15, 2007다37721), 그 이후 목적물의 가격이 등귀하였다 하여도 그로 인한 손해는 특별한 사정으로 인한 것이어서 매도인이 이행불능 당시 그와 같은 특수한 사정을 알았거나 알 수 있었을 때에 한하여 그 등귀한 가격에 의한 손해배상을 청구할 수 있다 함은 대법원의 확립된 태도이고(대판 2005. 9. 15, 2005다29474), 이러한 법리는 이전할 토지가 환지예정이나 환지확정 후의 특정토지라고 하여도 다를 바가 없으며, 그 배상금의 지급이 지체되고 있다고 하여도 그 배상금에 대한 법정이자 상당의 지연손해금을 청구하는 외에 사실심변론종결시의 시가에 의한 손해배상을 청구할 수 있는 것은 아니라고 한다(대판 1996. 6. 14, 94다61359). 또한 판례는 「매매목적물을 이중으로 양도하고 제3자에게 소유권이전등기를 하여 줌으로써 매수인에 대한 소유권이전등기의무가 이행불능이 된 경우, 그 손해배상액은 특별한 사정이 없는 한 제3자에게 소유권이전등기를 넘겨준 날 현재의 시가 상당액이라고 할 것」(대판 1994. 1. 11, 93다17638)이라고 함으로써 일관되게 이행불능시를 산정기준으로 판단한다.

[판 례]

현재의 급부청구와 장래의 집행불능이 되는 경우에 대비한 대상청구가 병합된 경우가 아니라 그 현재의 급부청구의 이행을 명하는 판결이 확정된 뒤에 그 급부의무가 집행불능이 되는 경우의 전보배상액도 그 집행불능이 된 당시의 목적물의 시가 상당액으로 보아야 한다(대판 2006. 3. 10, 2005다55411).

(나) 履行遲滯로 인한 塡補賠償 판례는 「이행지체에 의한 전보배상청구에 있어서는 다른 특별한 사정이 없는 한, 채권자는 채무자에게 상당한 기간을 정하여 그 본래의 의무를 최고하고 그 이행이 없는 경우에 그 본래의 의무의 이행에 대신하는 전보배상을 청구할 수 있고, 그 전보배상에 있어서의 손해액산정의 표준시기는 원칙적으로 최고하였던 상당한 기간이 경과한 당시의 시가에 의하여야 한다」(대판 1997. 12. 26, 97다24542; 대판 2007. 9. 20, 2005다63337)고 하고, 또는 「이행지체 중에 있는 본래의 급부 대신 명하는 전보배상은 목적물을 받은 것과 동일한 경제적 이익을 받아야 될 것이므로 그 통상배상액은 사실심구두변론종결시의 시가에 따라 산정하여야 할 것이다」(대판 1969. 5. 13, 68다1726) 라고 함으로써 일관된 기준을 마련하지 못하고 있다.

(다) 履行拒絕로 인한 損害賠償 판례는 「채무자의 이행거절로 인한 채무불이행에서의 손해액 산정은, 채무자가 이행거절의 의사를 명백히 표시하여 최고 없이 계약의 해제나 손해배상을 청구할 수 있는 경우에는 이행거절 당시의 급부목적물의 시가를 표준으로 해야 한다」고 한다(대판 2007. 9. 20, 2005다63337; 대판 2008. 5. 15, 2007다37721).

3) 檢討 및 私見 사실심변론종결시설은 책임원인 발생시에 손해가 확정되었음에도 불구하고 그 배상액이 청구시기에 따라 달라지게 되는 것은 불공평하다는 점, 책임원인 발생시에 손해배상청구권이 발생하였으나 그 후에 가격이 등귀한 것도 통상손해로 다루고 있는데, 이는 청구가 늦어진 것에 대한 손실도 채무자에게 전가시키는 것이 되어 손해의 공평한 분담에 반한다는 점이 문제되고 있다. 반면에 책임원인발생시설은 채권자에게 손해가 잔존하지 않게 하려는 손해배상제도의 이념에 비추어 볼 때 불충분한 것이며, 더구나 이 설에 의하면 손해의 발생과 동시에 배상하지 않는 한 충분하다고 할 수 없다는 점, 또한 채권자가 채권자가 과실 없이 책임원인 사실을 인식하지 못한 때에도 그 시점을 기준으로 하여 손해액을 산정함으로써 불공평하게 된다는 점이 문제되고 있다. 한편 사실심변론종결시설에 의하면 목적물의 가격이 등귀한 경우의 그 가격등귀에 따른 손해는 통상손해로 되어 채무자의 예견가능성과 관계없이 배상받을 수 있지만, 책임원인발생시설에 의하면 그것이 특별손해로 되어 채무자에게 예견가능성이 있어야 배상받을 수 있게 된다는 점에서 두

학설 사이에 근본적인 차이가 있다고 할 것이다.

생각건대 손해배상액은 손해배상채권이 발생한 때를 기준으로 하여 정하여야 한다. 그리고 그 후의 가격변동은 시세에 따라 특별손해로 인정할 수 있을 뿐이다. 따라서 이행불능으로 인한 손해배상청구권은 이행불능시에 발생하는 것이 원칙이므로 책임원인발생시를 기준으로 배상액을 산정하여야 할 것이다. 그리고 이행지체로 인한 전보배상청구권은 최고 후 상당한 기간이 경과한 때를 기준으로 하여야 한다. 만약 최고 후 해제를 하였다면 해제시에 손해배상청구권이 발생하므로 그때를 기준으로 하여야 한다. 그러나 예외적으로 사실심변론종결시를 기준으로 배상액을 산정하는 것은 이를 자의적으로 결정할 우려가 있으므로 타당하다고 할 수 없다.

(3) 賠償額算定의 場所

채무불이행에 의하여 통상가격을 배상하여야 할 때에는, 특약이나 특별한 규정(상법 제137조)이 없는 한 채무의 이행지에서의 통상가격을 표준으로 한다. 그러나 특별가격에 의한 손해배상의 경우에는 구체적 · 개별적으로 그 장소를 결정하여야 한다.

5. 損害賠償額의 範圍에 관한 特殊問題

(1) 損益相計

1) 意 義 손익상계는 채무불이행(또는 불법행위)으로 손해를 받은 자가 같은 원인으로 이익을 얻고 있는 경우에 그의 손해배상액을 산정함에 있어서 그 이득을 공제하는 것이다. 손익상계는 배상액의 산정에서 채권자가 얻는 이익을 공제하는 것에 지나지 않기 때문에 이를 이득공제 또는 손익상계라고 한다.

2) 根 據 민법에 손익상계에 관한 명문의 규정이 없지만 공평의 관념에 기초한 손해배상법의 취지상 당연히 인정된다고 해석한다. 판례도 손해배상은 실 손해의 전보를 목적으로 하는 것인 만큼, 피해자로 하여금, 실손해 이상의 이익을 취득하게 하는 것은, 손해배상의 본지에 반하는 것이라고 하여(대판 1978. 3. 14, 76다2168) 손익상계를 손해배상액의 산정과정에 있어서 필수적인 것으로 보고 있다. 따라서 이러한 손익상계는 공평의 관념상 당사자의 주장을 기다리지 않고 법원이 손해를 산정함에 있어서 당연히 행하여야 한다(대판 2002. 5. 10, 2000다37296).

3) 控除될 利益 손익상계는 1개의 채권으로서의 손해배상채권의 범위를 제한하는 것이며, 이익의 액을 처음부터 공제한다. 손익상계의 경우에 공제되는 이익의 범위에 관하여 학설은 (i) 배상원인과 상당인과관계를 가지는 것에 한한다는

견해(통설. 곽윤직 125면; 김증한/김학동 151면; 송덕수 127면 등), (ii) 구체적 사정에 따라 개별적으로 결정될 수밖에 없으며, 이때의 기준은 손해배상제도의 목적인 손해의 공평분담을 지도원리로 하여 각 계약규범의 보호목적을 유형적으로 고찰하여 형량하게 될 것이라는 견해(김주수 184면; 김형배 281면)로 나누어져 있다. 그리고 판례는 손해배상액의 산정에 있어 손익상계가 허용되기 위해서는 손해배상책임의 원인이 되는 행위로 인하여 피해자가 새로운 이득을 얻었고, 그 이득과 손해배상책임의 원인인 행위 사이에 상당인과관계가 있어야 할 것이라고 한다(대판 2005. 10. 28, 2003다69638; 대판 2009. 12. 10, 2009다54706 · 54713). 또한 공제되어야 할 이득은 배상의무자가 배상하여야 할 손해의 범위에 대응하는 것이어야 한다(대판 2007. 11. 16, 2005다3229; 대판 2011. 4. 28, 2009다98652), 생각건대 배상원인과 상당인과관계에 있는 이익만이 공제된다고 할 것이다. 예를 들어 채무자가 채무를 이행하였더라면 지출하였을 비용이나 불법행위로 사망한 경우에 사망자는 장래에 얻을 수 있는 逸失利益을 배상받는 반면에 지출하지 않게 된 장래의 생활비 등은 이득으로서 공제되어야 한다. 그러나 부의금이나 생명보험금 등 채무불이행과 무관한 이익이나 채무불이행 이외의 계약원인에 의하여 얻은 이익은 공제되는 이익에서 제외된다.

4) 구체적인 예 판례는 「국가유공자 등 예우 및 지원에 관한 법률」 또는 공무원연금법에 따라 연금을 받던 자가 타인의 불법행위로 사망한 경우에 유족이 받은 유족연금(대판 2002. 5. 28, 2002다5019), 공무원의 다른 공무원의 불법행위로 사망한 경우에 유족이 받은 공무원연금법 소정의 유족보상금과 국가배상에 의한 손해배상에 의한 손해배상금(대판[전합] 1989. 11. 19, 97다36873), 손해액 산정시 피해자가 수령한 그 성질이 상호보완적 관계에 있는 휴업급여금(대판 2012. 6. 14, 2010다77293), 이행이익의 상실을 손해액으로 청구하는 경우의 채무자가 채무를 이행하였더라면 그 이익을 얻는 데 필요하였던 비용(대판 1962. 6. 14, 61다1359), 도급계약에서 수급인이 계약해제에 의하여 이행책임이 소멸되어 지출을 면함으로써 얻을 수 있는 이익(대판 2002. 5. 10, 2000다37296 · 37302), 소유자가 목적물의 사용을 방해당한 것에 대하여 차임 상당의 손해를 배상받는 경우에 있어서 방해당한 기간 동안 소유자가 그 목적물을 사용함으로써 얻은 이익(대판 1990. 12. 11, 88다카14311), 사용자가 근로자와의 복직합의를 위반하여 근로자가 사용자에 대하여 임금상당액의 손해배상을 청구하는 경우에 근로자가 취업이 거부된 기간 동안 얻은 수입(대판 1992. 7. 24, 91다44100)은 공제의 대상이 된다고 한다.

그러나 근로기준법상의 유족보상금 · 장사비와 이에 상응하는 산업재해보상보험법에 의한 유족보상일시금 · 장의비(대판 1981. 10. 31, 80다2928), 근로기준법상의 요양보상(대판 1994. 12. 27, 94다40543), 구 「국가유공자예우 등에 관한 법률」에 의한 기본연금 · 부가연금 ·

간호수당 등의 보상금(대판 1997. 7. 27, 95다6991), 국가가 입찰담합에 의한 불법행위의 피해자인 경우에 가해자에게 부과하여 납부 받은 과징금(대판 2011. 7. 28, 2010다18850), 손해를 전보하는 내용이 아니라 단지 비용지출을 면한 것(대판 2005. 10. 28, 2003다69638), 행정기관의 위법한 행정지도로 일정기간 어업권을 행사하지 못하는 손해를 입은 자가 그 어업권을 타인에게 매도하여 얻은 매매대금 상당의 이득(대판 2008. 9. 25, 2006다18228), 불법행위로 사망한 피해자 명의의 개인택시 운송사업면허를 유족들이 다른 사람에게 매도함으로써 발생한 그 처분가액에 대한 가동연한까지의 중간이자 상당의 이익(대판[전합] 1989. 12. 26, 88다카16867), 개인택시운전자가 교통사고로 부상을 입고 운전업무에 종사할 수 없게 되어 개인택시 운송사업면허를 타에 양도한 경우 그 양도대금(대판 1990. 2. 13, 88다카34100), 공무원연금법상의 퇴직연금을 받던 사람이 다른 사람의 불법행위로 인하여 사망한 경우에 그 유족이 퇴직연금 상당의 손해배상청구권을 상속함과 동시에 지급받은 유족연금(대판 2007. 12. 13, 2007다54481), 증권회사 직원이 고객의 계좌를 이용하여 고객의 위임이 없이 임의로 주식거래를 함으로써 발생한 이득(대판 2003. 1. 24, 2001다2129), 이미 납입한 보험료의 대가적 성질을 가지는 상해보험에 의한 급부금(대판 1998. 11. 24, 98다25061), 선박의 침몰로 인하여 선주에 발생한 손해 가운데 선박에 설치된 각종 기구들의 멸실에 대한 손해를 배상함에 있어서 선주가 선박공제계약에 따라 수령한 공제금과 지급을 면한 폐선비용(대판 2007. 11. 16, 2005다3229), 교통사고의 피해자가 사고로 상해를 입은 후에도 계속하여 종전과 같이 직장에 근무하여 종전과 같이 지급받은 보수(대판 1992. 12. 22, 92다31361)는 공제대상이 되지 않는다고 한다.

[판 례]

(1) 불법행위 등으로 인하여 건물이 훼손된 경우, 수리가 가능하다면 그 수리비가 통상의 손해이며, 훼손 당시 그 건물이 이미 내용연수가 다 된 낡은 건물이어서 원상으로 회복시키는 데 소요되는 수리비가 건물의 교환가치를 초과하는 경우에는 형평의 원칙상 그 손해액은 그 건물의 교환가치 범위 내로 제한되어야 할 것이고, 또한 수리로 인하여 훼손 전보다 건물의 교환가치가 증가하는 경우에는 그 수리비에서 교환가치 증가분을 공제한 금액이 그 손해이다(대판 2004. 2. 27, 2002다39456).

(2) 불법행위로 인하여 물건이 훼손된 경우, 배상을 청구할 수 있는 손해액은 특별한 다른 사정이 없는 한, 수리가 가능한 때에는 그 수리비를, 수리가 불가능한 때에는 그 교환가치(시가)의 감소액을 기준으로 산정하여야 할 것인바, 피해자가 훼손된 물건을 처분하여 잔존물의 가격에 상당하는 금액을 회수하였다고 하더라도 그 물건의 불법행위 당시의 시가에 상당하는 금액에서 그 잔존물의 가격에 상당하는 금액을 공제한 금액만큼의 손해를 입게 되었다고 볼 것이지, 그 물건의 불법행위 당시의 시가에 상당하는 금액만큼의 손

해를 입게 된 것이고 다만 불법행위로 인하여 잔존물의 가격에 상당하는 금액만큼의 이익을 얻게 되었다고 볼 것은 아니다(대판 1991. 8. 27, 91다17894).

(3) 손해배상은 손해의 전보를 목적으로 하는 것이므로 피해자로 하여금 근로기준법이나 산업재해보상보험법에 따라 휴업급여나 장해급여 등을 이미 지급받은 경우에 그 급여액을 일실수입의 배상액에서 공제하는 것은 그 손해의 성질이 동일하여 상호보완적 관계에 있는 것 사이에서만 가능하다. 따라서 피해자가 수령한 휴업급여금이나 장애급여금이 법원에서 인정된 소극적 손해액을 초과하더라도 그 초과부분을 기간과 성질을 달리하는 손해배상액에서 공제할 것은 아니며, 휴업급여는 휴업기간 중의 일실수입에 대응하는 것이므로 그것이 지급된 휴업기간 중의 일실수입 상당의 손해액에서만 공제되어야 할 것이다(대판 2012. 6. 14, 2010다77293).

(2) 過失相計

1) 意 義 채무불이행에 있어서 채권자도 과실이 있었던 때에는 법원은 손해배상의 책임 및 그 금액을 정할 때에 그 채권자의 과실도 이를 참작하여야 한다(제396조). 이를 과실상계라고 한다. 과실상계에 관한 제396조는 불법행위에 의한 손해배상에도 준용된다(제763조). 채권자나 피해자의 과실로 손해의 발생이나 확대에 공동하였음에도 불구하고 채무자나 가해자에게 손해의 전부를 배상하도록 한다면 공평의 관념이나 신의칙에 반하게 될 것이기 때문이다.

2) 要 件

(가) 債務不履行에 의한 損害賠償請求權의 一般成立要件을 갖출 것 채무불이행에 의한 손해배상청구권이 성립하기 위하여 필요한 요건, 즉 채무불이행 · 손해 · 상당인과관계가 갖추어져 있어야 한다.

(나) 채무불이행에 관하여 債權者에게 過失이 있을 것

(a) 過失의 意味

ⓐ 學 說 과실상계에 있어서의 과실이 책임성립요건으로서의 고유한 의미의 과실과 동일한 것인지가 문제된다. 이에 관하여 학설은 (i) 양자 모두 거래관행상 또는 사회생활상 요구되는 주의의무의 위반이라는 점에서 동일한 개념으로 보는 견해(곽윤직 126면; 장경학 242면), (ii) 과실상계가 책임부정의 기능을 하는 경우에는 피해자의 과실은 가해자의 과실과 같은 정도의 것이어야 하나, 과실상계가 단순히 배상액 삭감의 기능을 하는 경우에는 약한 정도의 과실로 충분하다는 견해(이은영 329면) (iii) 여기서의 과실은 책임성립요건인 통상의 과실과 구별되는 개념이라는 견해(김형배 276면 등)가 대립한다. 그리

고 양자를 구별하는 (iii)설은 다시 i) 이를 고유한 의미의 과실에 있어서 보다 주의의무 정도가 완화되는 가벼운 부주의를 의미하는 것으로 보는 견해(김상용 179면; 송덕수 129면; 김증한/김학동 154면), ii)「자기 자신에 대한 소극적인 부주의」로 보는 견해(이호정 101면), iii) 과실상계에 있어서의 과실은 타인에 대한 의무를 전제로 하지 않는다는 점에서 통상의 과실과는 다른 약한 것이라는 견해(김형배 276면) 등으로 나뉘고 있다.

ⓑ **判 例** 판례는「불법행위에 있어서의 가해자의 과실은 의무위반이라는 강력한 과실인 데 반하여 과실상계에 있어서의 피해자의 과실이란 전자의 것과는 달리 사회통념상 · 신의성실의 원칙상 · 공동생활상 요구되는 약한 부주의를 가리키는 것」이라고 한다(대판 1983. 12. 27, 83다카644). 또한 판례는「불법행위로 인한 손해배상에 있어서의 피해자의 과실이라는 것은 비록 엄격한 법률상 의의로 새길 것은 아니라고 하더라도 그것이 손해배상액 산정에 참작된다는 점에서 신의칙상 요구되는 결과발생회피의무로서 일반적으로 예견가능한 결과발생을 회피하여 피해자 자신의 불이익을 방지할 주의를 게을리 함을 말한다」(대판 1986. 2. 11, 85다카1422)라고 하여 과실상계에서의 과실은 법적인 주의의무를 전제로 하지 않는다는 것을 밝히고 있다.

ⓒ **私 見** 과실상계에서의 과실은 자기 자신에 대한 소극적인 부주의로서 타인에 대한 법적 의무를 전제로 하지 않는 것이고, 과실상계는 손해의 공평하고 타당한 분담을 목표로 하는 것이기 때문에 책임성립요건으로서의 고유한 의미의 과실과는 구별되는 개념으로 보는 것이 타당하다.

(b) 過失의 範圍 채무불이행 자체에 관하여 채권자에게도 과실이 있는 경우뿐만 아니라 널리 손해의 발생 또는 손해의 확대에 관하여 채권자에게 과실이 있는 경우에도 적용되는 것으로 해석한다. 판례도 이를 인정하고 있다(대판 1992. 5. 12, 92다6122). 반면에 불법행위의 경우에는 손해액 산정의 기준시기를 불법행위시로 보기 때문에 피해자의 과실은 손해의 발생에 관한 것일 뿐 손해확대에 과실이 있었다면 그 확대된 손해는 불법행위에 의한 손해라고 할 수 없다. 즉 이 경우의 부당히 확대된 손해부분은 상당인과관계의 범위 밖의 것이 되어 배상의 대상이 되지 않는다. 따라서 과실상계가 문제될 수 없다.

[판 례]

신의칙 또는 손해부담의 공평이라는 손해배상제도의 이념에 비추어 볼 때, 불법행위의 피해자에게는 그로 인한 손해의 확대를 방지하거나 감경하기 위하여 노력하여야 할 일반적인 의무가 있으며 피해자가 합리적인 이유 없이 손해경감조치의무를 이행하지 않을 경우에는 법원이 그 손해배상액을 정함에 있어 민법 제763조, 제396조를 유추적용하여 그 손해확대에 기여한 피해자의 의무불이행의 점을 참작할 수 있고, 한편 손해의 확대를 방지하거나 경감하는 데 적절한 법적 조치가 존재하는 경우 이는 손해경감조치에 해당될 수 있고, 피해자가 그 법적 조치를 취함에 있어 감당하기 어려운 많은 비용이 소요된다든가, 그 결과가 불확실하다거나, 판단을 받기까지 현저하게 많은 시간이 필요하다는 등의 사정이 없음에도 불구하고 합리적인 이유 없이 그 법적 조치를 취하지 아니한 경우에는 그 손해확대에 기여한 피해자의 의무불이행의 점을 손해배상액을 정함에 있어 참작할 수 있다(대판 2003. 7. 25, 2003다22912).

(c) 過失의 評價方法 과실의 평가에 관하여 문제되는 것은 주로 가해자가 공동불법행위자인 경우이다. 이에 관하여 판례는「법원이 피해자의 과실을 들어 과실상계를 함에 있어서는 피해자의 공동불법행위자 각인에 대한 과실비율이 서로 다르더라도 피해자의 과실을 공동불법행위자 각인에 대한 과실로 개별적으로 평가할 것이 아니고 그들 전원에 대한 과실로 전체로 평가하여야 한다」(대판 1997. 4. 11, 97다3118)고 한다.

(d) 被害者의 過失相計能力 과실상계를 하기 위해서는 가해자에게 책임능력이 요구되는 것과 상응하여 피해자에게도 일정한 책임능력이 요구되는지가 문제된다. 이에 관하여 학설은 (i) 책임능력이 필요하다는 견해(김주수 196면; 김용한 219면), (ii) 책임능력이 필요하지 않다는 견해(김증한/김학동 154면), (iii) 책임부인의 경우에는 책임 능력이 필요하지만, 단순한 배상액 감경의 경우에는 위험판별능력만 있어도 된다는 견해(이은영 331면), (iv) 사리변별능력 내지 위험변별능력만 있으면 된다는 견해(김상용 179면)로 나누어지고 있다. 한편 판례는「책임발생에 대한 인식능력은 요하지 않으나 위험변별능력 내지 손해발생확대를 피하는 데 필요한 정도의 사리변식능력은 있어야 한다」(대판 1993. 9. 14, 93다21552)고 하면서, 초등학교 취학연령인 8세의 어린이(대판 1968. 8. 30, 68다1224)와 초등학교 5학년 학생(대판 1996. 6. 21, 66다730)에 대하여 과실능력을 인정하고 있다.

생각건대 과실상계의 과실은「단순한 부주의」로서 고유한 의미의 과실과 구별되는 것이므로 피해자에게 책임능력까지 있을 필요는 없고, 그보다 가벼운 사리변별능력만 갖추고 있으면 과실상계능력이 인정된다고 할 것이다.

(e) 제3자의 過失 이행보조자의 과실을 채무자의 과실로 보는 것(제391조)과 균형을 이루기 위하여 채권자의 수령보조자의 과실을 채권자의 과실과 동일시하여 상계하는 것이 인정된다. 판례도 같은 입장을 취하여 6세 남짓한 어린이의 교통사고에

대하여 감독의무자인 부모에게 과실을 인정하였으며(대판 1974. 12. 24. 74다1882), 아버지가 운전하는 차량에 동승한 미성년의 아들에 대한 손해배상에 있어 아버지의 과실을 참작하였다(대판 1989. 12. 12. 89다카43). 그리고 조카가 삼촌 소유의 픽업트럭에 삼촌과 그 처 및 자녀들을 태우고 운행 중 교통사고가 발생한 경우의 조카의 과실(대판 1987. 2. 10. 86다카1759), 피해자의 피용자의 과실(대판 1969. 7. 29. 69다829)을 손해액 산정에 참작하고 있다.

(다) 因果關係가 있을 것 과실상계를 하기 위해서는 채무불이행에 관하여 채권자의 과실이 존재하여야 한다. 이때 「채무불이행에 관하여」는 채권자의 과실과 채무불이행으로 인한 손해의 발생 내지 확대 사이에 상당인과관계가 존재하여야 함을 의미한다.

‖참 고‖ 不法行爲로 인한 損害賠償의 경우(피해자측 과실이론)

(a) 意 義 피해자측 과실이론이란 피해자와 신분상 내지 생활관계상 일체를 이루는 관계에 있는 자의 과실을 피해자의 과실로 보아 손해배상액을 산정함에 있어서 참작하는 이론을 말한다. 예를 들어 A와 B가 C에게 공동불법행위를 하였는데 A가 C의 피해자측으로 인정되는 경우에 B는 C에게 A의 과실비율만큼을 공제하고 남은 액수만 배상하면 된다는 이론이다.

(b) 認定理由 피해자측 과실이론은 공평의 이념에 근거하지만 그 실질적으로는 공동불법행위자 사이의 불필요한 구상관계의 순환을 방지하고 다른 공동불법행위자의 무자력에 대한 위험을 분배하려는 데 그 인정이유가 있다고 할 것이다.

(c) 學 說 부정설은 피해자 이외의 자에게 과실이 있더라도 그 자는 피해자 자신이 아니므로, 그 과실을 손해배상에서 참작하는 것은 부당하다고 보고, 긍정설(곽윤직, 채권각론, 1995, 836-837면; 김상용 179면)은 과실상계에서 피해자의 과실이란 단순히 피해자 본인의 과실뿐만 아니라, 널리 피해자측의 과실도 포함되므로 참작하는 것이 타당하다고 본다.

(d) 判 例 판례는 과실상계에서 피해자의 과실에는 피해자 본인의 과실뿐만 아니라 피해자측의 과실도 포함시키고 있다(대판 1997. 11. 14. 97다35344). 나아가 판례는 의료과오사건에서 가해행위와 피해자측의 요인이 경합하여 손해가 발생하거나 확대된 경우에는 피해자측의 요인이 체질적인 소인 또는 질병의 위험도와 같이 피해자측의 귀책사유와 무관한 것이라고 할지라도, 그 질환의 태양 정도 등에 비추어 가해자에게 손해의 전부를 배상하게 하는 것이 공평의 이념에 반하는 경우에는, 법원은 손해배상액을 정하면서 과실상계의 법리를 유추적용하여 그 손해의 발생 또는 확대에 기여한 피해자측의 요인을 참작할 수 있다(대판 2005. 6. 24. 2005다16713)고 하여 피해자측의 요인에 대해서도 과실상계의 법리를 유추적용하고 있다.

(e) 被害者측의 範圍 일반적으로 피해자와 신분상 또는 생활관계상 일체를 이루

는 관계에 있는 자라고 정의될 수 있지만, 이 이론의 인정취지가 불필요한 구상관계의 순환을 방지하고, 다른 공동불법행위자의 무자력에 대한 위험을 분배하려는 데 있다. 그러므로 가해자 중 1인이 피해자와 경제적 동일체 관계에 있어서 불필요한 구상관계의 순환을 방지할 필요가 있거나, 피해자와 신분상 또는 생활관계상 동일체 관계에 있어서 그 가해자의 무자력 위험을 다른 가해자보다는 피해자가 부담하는 것이 공평하게 여겨지는 경우에 한하여 인정하여야 할 것이다. 판례는 피해자의 부주의를 이용하여 고의의 불법행위를 한 자는 피해자의 부주의를 이유로 과실상계를 할 수 없다고 한다(대판 2005. 11. 10, 2003다66066). 그러나 피해자인 미성년자의 감독의무자에게 과실이 있는 경우(대판 1968. 4. 16, 67다2653), 피용자의 행위로 인하여 사용자 본인이 피해를 입은 경우(대판 1981. 6. 23, 80다2005), 가족관계에 있는 자에게 과실이 있는 경우(대판 1989. 12. 12, 89다카43), 그리고 우호관계 또는 동료관계 등에 있는 자에 과실이 있는 경우(대판 1998. 8. 21, 98다23232) 등에서 이들의 과실을 피해자측의 과실로 참작하고 있다.

(f) 問題點 이러한 피해자측 과실이론은 피해자측의 개념이 너무나 애매모호하고 우리나라의 상속법이나 부부별산제 등에 반영되어 있는 개인주의에 배치되는 면이 있으며, 피해자측에 해당하는 제3자가 무자력인 경우에 피해자의 보호에 충실하지 못할 염려가 있다는 점 등이 문제되고 있다. 따라서 친권자인 공동과실자의 자력에 전적으로 의존하는 미성년자와 부부와 같이 완전한 동일체적 책임을 지울 수 있는 관계에 있는 경우에 한하여 신중하게 이 이론을 적용하여야 할 것이 요청된다.

3) 效 果

(가) 必要的 參酌 법원은 채권자의 과실의 정도를 참작하여 채무자의 책임을 면하게 할 수도 있고, 또는 손해배상액을 경감할 수 있다. 법원은 직권으로 채권자나 피해자의 과실유무를 조사하여야 하며(대판 1969. 12. 9, 69다1673; 대판 2005. 10. 7, 2005다32197), 채권자의 과실을 인정한 때에는 반드시 이를 참작하여야 한다. 만일 법원이 이를 참작하지 않으면 위법한 판결이 되어 상고이유가 된다(대판 1966. 7. 26, 66다937). 다만 근로기준법에 의한 사용자의 요양보상 · 유족보상 · 장례비의 지급에 있어서는 근로자에게 과실이 있더라도 과실상계를 할 수 없다. 그리고 어느 정도의 과실을 참작하느냐는 법원의 자유재량에 속한다. 그러나 과실의 정도를 비교함에 있어 지나치게 피해자에게 유리하거나 또는 불리하게 판단하는 것은 재량의 범위를 벗어난 처사로서 위법하다고 볼 수밖에 없다(대판 1984. 7. 10, 84다카440). 따라서 배상권리자에게 과실이 있어 법원이 손해배상의 범위를 정함에 과실상계를 하는 경우 과실을 어느 정도 참작할 것인지는 구체적인 사안마다 신의칙과 공평의 내용 · 손해의 발생 및 확대 등에 어느 정도의 원인을 이루었는지 등 여러 가지 사정을 참작하여 손해가 공평하게 되도록 합리적으로 결정하여야 할 것이

다(대판 1995. 10. 13, 94다38168).

(나) 一部請求에서 過失相計의 方法

다수설(이시윤, 신민사소송법, 2012, 607-608면; 송상현, 민사소송법, 1995, 562면 등)과 판례(대판 1969. 3. 4, 69다3; 대판 1986. 12. 23, 86다536)는 일부청구임을 명시한 경우에 손해배상의 일부청구도 인정하고 있다. 그런데 이 경우에 있어서 과실상계의 방법에 대해서는 다음과 같이 견해가 대립한다.

(a) 學 說

ⓐ **외측설** 심리결과 인정되는 전 손해액에 대하여 과실상계를 하고 그에 의하여 감축된 금액과 청구액을 비교하여 잔액이 청구액을 초과한 때에는 청구액의 한도에서 인용하고 잔액이 청구액에 미달하면 잔액대로 인용할 것이라는 견해이다. 이 견해는 손해 전액에서 과실상계를 한 후 남은 잔액 중에서 청구액만큼만 행사한다는 것이 일부청구자의 통상의 의사라고 하는 점, 청구외 잔액부분에 대한 새로운 청구를 회피할 수 있어 분쟁을 일회적으로 해결할 수 있다는 점, 피해자를 두텁게 보호할 수 있다는 점을 그 근거로 하고 있다. 예를 들어 원고가 1000만원의 손해액 중 600만원만 청구하고, 이때의 피해자의 과실을 40%로 본 경우, 원고의 손해 전액 1000만원으로부터 과실상계를 하면 잔액 600만원(1000만원 × {(100% − 40%)/100%})이 남고 이는 원고의 청구액 600만원을 초과하지 않으므로 인용액은 600만원이 된다.

ⓑ **안분설** 일부청구를 심리한 결과 손해의 전액이 아니라 일부청구부분에 한하여 과실상계비율을 정한다는 견해이다(강승준, 주석 민사소송법, 2012, 203면). 이 견해는 원고가 청구하고 있지 아니한 부분(청구외 부분)은 소송물로 되어 있지 않음을 근거로 한다. 이 설에 의하면 위 예에서 원고의 청구액 600만원으로부터 과실상계를 하면 잔액 360만원(600만원 × {(100% − 40%/100%)})이 남고, 인용액은 360만원이 된다.

ⓒ **절충설** 원고가 자신의 과실을 자인하여 일부청구를 한 경우에는 외측설을, 명시적 일부청구를 한 경우에는 안분설을 따르는 견해이다(이시윤, 전게서 296면). 이 견해에 따르면 법원은 우선 원고에게 석면을 하여 청구의 내용을 밝히고, 석명이 안 될 경우에는 당사자의 의사를 해석하여 어떤 방법에 의할지를 정하여야 한다(호문혁, 민사소송법, 2011, 299면). 이 설에 의하면 위 예에서 원고가 자신의 과실을 자인하여 일부청구를 한 경우의 인용액은 600만원, 그리고 명시적 일부청구를 한 경우의 인용액은 360만원이 된다.

(b) 判 例 판례는 「1개의 손해배상청구권 중 일부가 소송상 청구되어 있는 경우에 과실상계를 함에 있어서는 손해의 전액에서 과실비율에 의한 감액을 하고 그

잔액이 청구권을 초과하지 않을 경우에는 그 잔액을 인용할 것이고, 잔액이 청구권을 초과할 경우에는 청구액의 전액을 인용하는 것으로 해석하여야 할 것이며, 이와 같이 풀이하는 것이 일부청구를 하는 당사자의 통상적 의사라고 할 것이고, 이러한 방식에 따라 원고의 청구를 인용한다고 하여도 처분권주의에 위배되는 것이라고 할 수는 없다」(대판 2008. 12. 24, 2008다51649; 대판 1976. 6. 22, 75다819; 대판 1977. 2. 8, 76다2113)고 하여 외측설과 같은 입장을 취하고 있다.

(c) **검토 및 사견** 외측설은 원고가 청구하고 있지 아니한 부분(청구외 부분)에서 과실상계를 하는 것이 허용되는지에 관한 법적 근거가 없으며, 안분설은 이론적으로는 명료한 장점을 갖고 있으나, 원고의 의사에 부합하지 않고 분쟁의 일회적 해결에 적절하지 못하다는 점이 문제되고 있다. 한편 원고가 묵시적 일부청구를 한 경우에는 그 자신의 과실을 스스로 인정하여 일부청구를 한 것으로 보이므로, 원고의 손해배상청구권 전부가 소송물이라고 볼 수 있고, 이것이 당사자의 의사에도 부합한다고 할 것이다. 또한 일부청구라도 통상적으로 채권 전부에 대하여 심리하는 것에 비추어 외측설이 타당하다고 볼 수 있다. 그러나 원고가 명시적 일부청구를 한 경우에도 외측설을 따르게 되면 원고가 유보하여 둔 부분에까지 심리하는 결과가 되어 처분권주의에 위반하게 되며, 위에서 본 바와 같이 명시적 일부청구의 경우에는 원고는 다시 장차 잔부 청구를 할 수 있다는 다수설과 판례의 태도와 도저히 조화될 수 없는 문제점이 있다(이시윤, 소송물에 관한 연구, 1977, 193면). 따라서 이러한 점들에 비추어 볼 때 절충설이 타당하다고 할 것이다.

(d) **손익상계시의 일부청구** 판례는 피해자 스스로 손익상계를 먼저 하고 그 나머지만 손해배상청구를 한 경우에도 손익상계 전의 손해액 전액을 기준으로 과실상계를 한 후 손익상계를 하는 것으로 본다(대판 2010. 7. 15, 2010다2428).

[판 례]

산업재해보상보험법 또는 국민건강보험법에 따라 보험급여를 받은 피해자가 제3자에 대하여 손해배상청구를 할 경우 그 손해발생에 피해자의 과실이 경합된 때에는 먼저 산정된 손해액에서 과실상계를 한 다음 거기에서 보험급여를 공제하여야 하는바, 피해자 스스로 보험급여를 공제하고 손해배상청구를 한 경우에도 위 과실상계의 대상이 되는 손해액에는 보험급여가 포함되어야 한다(대판 2010. 7. 15, 2010다2428).

(다) **損益相計와의 順序** 채무불이행에 관하여 채권자에게 과실이 있고, 또한 채권자가 채무불이행으로 인하여 이익을 받은 경우에는 과실상계와 손익상계를 위

한 요건이 모두 성립하게 된다. 이 경우에 손익상계를 먼저 한 다음에 과실상계를 하는 것이 채권자에게 유리하다고 할 것이다. 그런데 이에 관하여 판례는 산정된 손해액에서 먼저 과실상계를 한 다음에 손익상계를 하는 것으로 하고 있다(대판 1981. 6. 9, 80다3277). 생각건대 양자의 순서를 판례와 같이 일률적으로 적용할 것이 아니라 손익상계의 대상이 되는 이득의 내용에 따라 구체적 · 개별적으로 적용하여야 할 것이다.

4) 過失相計의 適用範圍

(가) 損害賠償額이 豫定된 경우 통설은 손해배상액이 예정된 경우에는 법원에 의한 예정액의 감액이 허용되므로(제389조 제2항), 이러한 취지상 손해배상액의 예정의 경우에도 과실상계규정을 적용할 수 있는 것으로 본다. 그러나 판례는 손해배상액의 예정이 있는 경우 채무불이행에 관하여 채권자에게 과실이 있더라도 과실상계에 의한 감액을 인정하지 않는다고 하여 이를 부정하고 있다(대판 1972. 3. 31, 72다108). 생각건대 과실상계는 양 당사자의 공평한 손해분담을 목적으로 하는 제도인바, 손해배상액의 예정이 있다고 하여 이를 배제하는 것은 구체적 타당성을 상실한 것이라고 할 것이다.

(나) 瑕疵擔保責任의 경우 판례는 민법 제580조 · 제581조에 기한 매도인의 하자담보책임은 법이 특별히 인정한 무과실책임이므로, 여기에 민법 제396조의 과실상계규정이 준용될 수 없다 하더라도 담보책임이 민법의 지도이념인 공평의 원칙에 입각한 것인 이상 하자의 발생 및 확대에 가공한 매수인의 잘못을 참작하여 손해배상의 범위를 정함이 상당하다고 함으로써(대판 1995. 6. 30, 94다23920), 매도인의 하자담보책임에 관하여 과실상계를 인정하고 있다.

(다) 表見代理의 경우 판례는 표현대리가 성립하는 경우에 그 본인은 표현대리행위에 의하여 전적인 책임을 져야 하고, 상대방에게 과실이 있다고 하더라도 과실상계의 법리를 유추적용하여 본인의 책임을 감경할 수 없다고 한다(대판 1996. 7. 12, 95다49954).

(라) 連帶保證人에게 保證債務를 구하는 경우 판례는 채권자의 청구가 연대보증인에 대하여 그 보증채무의 이행을 구하고 있음이 명백한 경우에는 손해배상책임의 유무 또는 배상의 범위를 정함에 있어 채권자의 과실이 참작되는 과실상계의 법리는 적용될 여지가 없다고 한다(대판 1996. 2. 23, 95다49141).

(마) 본래의 給付의 履行을 구하는 경우 과실상계는 채무불이행 내지 불법행위로 인한 손해배상책임에 대하여 인정되는 것이므로 채무내용에 따른 본래의 급부의 이행청구권에 대해서는 과실상계가 적용되지 않는다는 것이 판례의 태도이다(대판 1996. 5. 10, 96다8468). 그러나 본래의 급부의 이행을 청구하는 경우에도 신의칙을 적용하여

과실상계를 한 것과 유사한 결과가 도출될 수는 있다(대판 2002. 5. 24, 2000다72572).

(바) 기 타 판례는 정기예탁금계약에 기한 정기예탁금 반환청구사건에 있어서는 예금주가 인장관리를 소홀히 하였다는 사정을 들어 금융기관의 채무액을 감경하거나 과실상계할 수 없으며(대판 2001. 2. 9, 99다488801), 근로계약관계의 존속을 전제로 피고의 수령지체로 인하여 근로하지 못한 기간 동안에 대한 임금의 지급을 구하는 이 사건에 과실상계의 법리가 적용될 여지가 없다고 한다(대판 1993. 7. 27, 92다42743). 그리고 채무자가 계약체결 당시 채권자가 계약내용의 중요부분에 관하여 착오에 빠진 사실을 알면서도 이를 이용하거나 적극 편승하여 계약을 체결하고 그 결과 채무자가 부당한 이익을 취득하게 되는 경우 등과 같이 채무자로 하여금 채무불이행으로 인한 이익을 최종적으로 보유하게 하는 것이 공평의 이념이나 신의칙에 반하는 결과를 초래하는 경우에도, 채권자의 과실에 터 잡은 채무자의 과실상계 주장은 허용하여서는 아니 된다고 한다(대판 2008. 5. 15, 2007다88644). 또한 피해자의 부주의를 이용하여 고의로 불법행위를 저지른 자가 바로 그 피해자의 부주의를 이유로 자신의 책임을 감하여 달라고 주장하는 것은 허용되지 않는다고 한다(대판 1976. 5. 11, 75다11; 대판 1987. 7. 21, 87다카637; 대판 1995. 11. 14, 95다30352; 대판 2000. 1. 21, 99다50538). 그러나 사용자가 피용자의 과실에 의한 불법행위로 인한 사용자책임을 부담하는 경우와 마찬가지로 피용자의 고의에 의한 불법행위로 인하여 사용자책임을 부담하는 경우에도 피해자에게 그 손해의 발생과 확대에 기여한 과실이 있다면 사용자책임의 범위를 정함에 있어서 이러한 피해자의 과실을 고려하여 그 책임을 제한할 수 있고(대판 1994. 2. 22, 93다53696; 대판 1999. 2. 26, 98다55529; 대판 1999. 10. 8, 99다30367; 대판 2002. 9. 24, 2002다32110; 대판 2002. 12. 26, 2000다56952), 법인에 대한 손해배상 책임 원인이 대표기관의 고의적인 불법행위라고 하더라도, 피해자에게 그 불법행위 내지 손해발생에 과실이 있다면 법원은 과실상계의 법리에 좇아 손해배상의 책임 및 그 금액을 정함에 있어 이를 참작하여야 한다고 한다(대판 1987. 12. 8, 86다카1170). 그리고 보증인이 부담하여야 할 책임이 주채무자의 이행책임인 경우에는 과실상계의 법리가 적용되지 않으나(대판 1987. 3. 24, 84다카1324), 보증인이 부담하여야 할 책임이 주채무불이행으로 인한 손해배상책임인 경우에는 손해배상책임 부분에 대하여는 과실상계의 법리가 적용될 수 있다고 한다(대판 1992. 5. 12, 92다4345). 또한 학교안전사고보상법에 따른 공제제도는 학교안전사고로 인하여 피공제자가 입은 피해를 사회보장 차원에서 직접 전보하는 성질을 가지고 있는 것으로서 불법행위로 인한 손해를 배상하는 제도와 그 취지나 목적을 달리하며, 법률에 특별한 규정이 없는 한 학교안전사고보상법에 의한 급여지급책임에는 과실책임의 원칙이나 과실상계의 이론이 적용되지 않는다고 한다(대판 2012. 12. 13, 2011다77238).

[판 례]

(1) 손해담보계약상 담보의무자의 책임은 손해배상책임이 아니라 이행의 책임이고, 따라서 담보계약상 담보권리자의 담보의무자에 대한 청구권의 성질은 손해배상청구권이 아니라 이행청구권이므로, 민법 제396조의 과실상계 규정이 준용될 수 없음은 물론 과실상계법리를 유추적용하여 그 담보책임을 감경할 수도 없는 것이 원칙이지만, 다만 담보권리자의 고의 또는 과실로 손해가 야기되는 등의 구체적인 사정에 비추어 담보권리자의 권리 행사가 신의칙 또는 형평의 원칙에 반하는 경우에는 그 권리 행사의 전부 또는 일부가 제한될 수 있다(대판 2002. 5. 24, 2000다72572).

(2) 중개보조인이 업무상 행위로 거래당사자인 피해자에게 고의로 불법행위를 저지른 경우라 하더라도 그 중개보조인을 고용하였을 뿐 이러한 불법행위에 가담하지 아니한 중개업자에게 책임을 묻고 있는 피해자에게 과실이 있다면 법원은 과실상계의 법리에 좇아 손해배상의 책임 및 그 금액을 정함에 있어 이를 참작하여야 한다(대판 2008. 6. 12, 2008다22276).

(3) 불법행위로 인한 손해의 발생 또는 확대에 관하여 피해자에게도 과실이 있는 때에는 가해자의 손해배상의 범위를 정하면서 당연히 이를 참작하여야 하고, 양자의 과실 비율을 교량함에 있어서는 손해의 공평부담이라는 제도의 취지에 비추어 불법행위에 관련된 제반 상황을 충분히 고려하여야 하며, 과실상계사유에 관한 사실인정이나 그 비율을 정하는 것이 사실심의 전권사항이라고 하더라도 그것이 형평의 원칙에 비추어 현저히 불합리하여서는 아니 되고, 이러한 법리는 상표법 제67조 제3항에 따라 상표권 침해로 인한 손해액을 산정하는 경우에도 마찬가지로 적용된다(대판 2013. 7. 25, 2013다21666).

‖참 고‖ 손익상계와 과실상계의 비교

1. 양자의 공통점

① 연혁: 그 기원이 Rome법이라는 점

② 지위: 손해배상액 산정의 특별기준이 된다는 점

③ 표현: 다같이 진정한 상계는 아니라는 점

④ 효과: 법원의 직권참작사항이라는 점

2. 양자의 차이점

① 근거법규: 손익상계는 민법상 규정이 없고 과실상계는 있는 점

② 인정근거: 손익상계는 공평의 원칙, 과실상계는 신의칙에 기반을 두는 점

③ 요건: 손익상계는 당사자가 이익을 얻었다는 객관적 사실만이 문제되나, 과실상계는 당사자의 과실이라는 주관적 요건의 유무가 문제된다는 점

④ 손해배상액의 예정이 있으면 판례는 과실상계의 규정을 적용하지 않는다는 점

(3) 自然力의 寄與分 控除

불법행위에 기한 손해배상 사건에 있어서 피해자가 입은 손해가 자연력과 가해자의 과실행위가 경합되어 발생된 경우 가해자의 배상범위는 손해발생에 대하여 자연력이 기여하였다고 인정되는 부분을 공제한 나머지 부분으로 제한하는 것이 손해의 공평한 부담이라는 견지에서 타당하다. 그러나 피해자가 입은 손해가 통상의 손해와는 달리 특수한 자연적 조건 아래 발생한 것이라고 하더라도 가해자가 그와 같은 자연적 조건이나 그에 따른 위험의 정도를 미리 예상할 수 있었고 또 과도한 노력이나 비용을 들이지 아니하고도 적절한 조치를 취하여 자연적 조건에 따른 위험의 발생을 사전에 예방할 수 있었다면 그러한 사고방지 조치를 소홀히 하여 발생한 사고로 인한 손해배상의 범위를 정함에 있어서 자연력의 기여분을 인정하여 가해자의 배상범위를 제한할 것은 아니다(대판 2001. 2. 23, 99다61316).

(4) 中間利益의 控除

1) 必要性 장래의 일정한 시기에 일정한 가액을 취득할 관계가 침해된 경우에 현존의 손해액은 장래의 취득예정액에서 중간이익을 공제한 것이다. 예를 들어, 의료과오로 환자가 사망한 경우에는 채무자는 환자의 일실이익에 대한 손해배상액을 일시금으로 배상하는 것이 보통이다. 이렇게 되면 매월 임금을 받던 것을 일시금으로 한꺼번에 받는 것이 되어 채권자의 입장에서는 그로부터 이자를 얻게 되어 실제보다 배상을 더 받는 결과를 가져온다. 따라서 일실이익에 대한 손해배상액을 일시금으로 받는 경우에는 그 손해배상액에서 중간이자를 공제하여야만 하며, 그 이율은 연 5%이다. 중간이자 공제의 대상이 되는 것은 장래소득에 관한 일실이익뿐만 아니라 장래의 치료비 · 義手費 · 개호비 등도 포함된다(대판[전합] 1979. 4. 24, 77다703).

2) 中間利子의 控除方法 중간이자의 공제방법에는 Hoffmann식(단리계산), Leibniz식(복리계산), Garpzow식이 있다. Hoffmann식은 장래의 수입금액으로부터 민사 법정이율 연 5%를 단리로 빼내는 계산방법으로 중간이자의 계산이 간편하고 중간이익의 공제가 적어서 채권자에게 유리하다. 반면에 Leibniz식은 일시에 지불받은 손해액을 은행예금 등에 의하여 利殖하는 복리계산방법으로 계산방법이 복잡하고 채무자에게 유리한 방식이다. 그리고 Garpzow식은 장래가격에서 그것을 원본으로 하는 중간이자를 공제하는 계산방법으로 공제율이 과다한 것이 단점으로 지적되고 있다.

Hoffman식 (일반법원 · 국가배상)	Leibniz식 (서울민사지법 · 보험회사)	Garpzow식
$X = \frac{A}{1+nr}$	$X = \frac{A}{(1+r)^n}$	$X = A(1-nr)$

(현재의 배상액: X, 연수: n, 연이율: r, 장래의 손해액: A)

3) 計算方式의 適用 종래의 판례에서는 단리공제방식인 Hoffmann식을 적용하고 있었다. 처음에는 Hoffmann식 중에서도 단식 Hoffmann식을 적용하였는데, 월수입에서 연수입을 기준으로 공제하는 이 방식의 적용은 위법이라는 대법원 판결(대판 1965. 9. 28. 65다1534)을 받았으며, 그 후에는 복식 Hoffmann식을 적용하게 되었다(대판 1966. 11. 29. 66다1871). 그러나 복식 Hoffmann식도 채권자(피해자)에게 부당한 이익을 준다는 것이 문제점으로 지적되었고, 1979년에는 Leibniz식 계산방식에 의한 산정수치표가 작성됨으로써, 이 방식에 의하여 일실이익을 산정하는 하급심판결이 늘어나게 되었다. 그렇지만 대법원은 Leibniz식에 의하지 아니하고 Hoffmann식에 의하여 공제하더라도 위법한 것이 아니며(대판 1978. 4. 11. 78다2456), 법원들의 자유로운 판단 아래 Hoffman식과 Leibniz식 중 어느 하나를 선택할 수 있다고 하였다(대판 1983. 6. 28. 83다191). 이와 같이 두 방식을 모두 인정하는 판례의 태도에 대하여 학설은 (i) 합당하다는 견해(김상용 185면)와 부당하다는 견해(김증한/김학동 152면; 김형배 280면; 송덕수 132면)로 나뉘고 있다. 생각건대 판례에 의하면 계산방식의 채택에 따라 피해자의 배상액이 달라지게 되는 결과가 초래된다. Leibniz식은 일실수입의 산정 자체가 장래의 수입증가 가능성을 충분히 고려한 것이라고 볼 수 없고, 피해자에게 만족한 것이 될 수 없는 면이 있으며, 은행이자도 가상적인 것에 불과하여 실정에 맞지 않는 점이 있다. 따라서 피해자에게 보다 유리한 Hoffman식을 일률적으로 적용하는 것이 타당하다고 할 것이다.

(5) 金錢債務履行에 관한 特則

금전채무의 불이행은 언제나 이행지체가 될 뿐이며 이행불능을 인정하지 않는다. 금전채무불이행의 손해배상액은 법정이율에 의하되, 이보다 높은 약정이율이 있으면 그 약정이율에 의한다(제397조 제1항). 채권자는 이행지체가 있으면 실손해의 유무와 관계없이 지연이자(지연배상)를 청구할 수 있다. 다만 법률에 특별한 규정이 있는 경우(제685조 · 제705조 · 제958조 제2항 등), 당사자 사이에 실손해 배상의 특약이 있는 경우, 손해배상액의 예정, 또는 위약금의 특약이 있는 경우(제398조)에는 그에 의한다.

사례해설

I. 타인의 권리의 매매와 담보책임

1. 매도인의 담보책임의 성립

타인의 권리의 매매로 매도인에게 담보책임이 성립하기 위해서는 매도인이 타인의 권리를 매매하였을 것, 매도인이 타인의 권리를 취득하여 이전하는 것이 불가능할 것 등의 요건이 충족되어야 한다. 위 사안에서 B는 D 소유의 토지를 A에게 매도하였고 B가 D의 토지에 대한 소유권을 취득하여 A에게 이전해 주지 못하였으므로 B는 A에 대하여 담보책임을 지게 된다.

2. 담보책임의 내용

위 사안에서 A는 B에게 담보책임을 물어 계약해제권과 손해배상청구권을 행사할 수 있다.

(1) 계약해제권 매수인 A가 해제권을 행사하여 계약이 해제되면 계약은 소급하여 실효되고 양 당사자는 원상회복의무를 부담한다. 이 원상회복의무의 범위에 관하여는 특별한 규정이 없고 위 해제권 역시 법정해제권의 일종이라고 할 것이므로 매도인 B는 제549조 제2항에 의하여 반환하여야 할 금전에 그 받은 날로부터 법정이자를 붙인 금액을 반환하여야 할 것이다(대판 1974. 5. 14, 73다1564).

(2) 손해배상의 범위 매수인은 해제권행사와 더불어 손해배상을 청구할 수 있는데, 이때 매수인은 매도인에게 권리가 속하지 아니한 사실에 대하여 선의이어야 한다. 위 사안에서 A는 선의의 매수인이라 할 것이다. 그리고 통설과 판례(대판 1967. 5. 8, 66다2818)는 타인의 권리의 매매에 있어서는 원시적 하자가 있었던 것이 아니라 제569조 소정의 채무불이행이 있는 경우이므로 이행이익의 배상을 요구함이 타당하다고 한다. 손해배상액의 산정시기는 일반채무불이행에서와 같이 사회의 거래관념상 매도인이 매매의 목적이 된 권리를 취득하여 매도인에게 이전하는 것이 불능으로 된 때를 기준으로 하여 산정하여야 할 것이다(대판 1993. 4. 9, 92다25946). 위 사안의 경우 그 손해배상액 산정의 기준시점은 A에 대한 소유권이전등기말소와 철거를 명한 판결이 확정된 시점이다. 따라서 A는 계약이 유효하게 이행되었더라면 얻을 수 있는 이익, 즉 이행이익의 배상을 청구할 수 있는바, B를 상대로 하여 소유권이전등기의 불능과 철거에 따른 손해와 설계비, 공사계약금 3,000만원을 모두 청구할 수 있다.

(3) 채무불이행책임의 성립여부 타인의 물건의 매매의 경우에 매도인의 귀책사유로 매매목적물의 권리를 취득하여 매수인에게 이전할 수 없는 경우에는 매수인은 채무불이행의 일반규정(제546조·제390조)에 의하여 손해배상만을 청구하거나, 계약해제와 동시에 손해배상을 청구할 수 있다고 할 것이다(동지: 대판 1993. 11. 23, 93다37328). 이 경우에는 제570조 단서에 의하여 매수인이 악의이면 어떤 책임도 물을 수 없게 되기 때문이다. 위 사안에서 B가 자신의 토지

가 아닌데도 소유권이 자기에게 있다고 속여서 매매하였다면 귀책사유가 인정되므로 A는 B에 대하여 제390조 또는 제546조에 의한 채무불이행책임을 물을 수 있다.

(4) 불법행위책임의 성립여부 위 사안에서 B가 민법상의 불법행위의 일반성립요건인 ① 가해자의 고의·과실, ② 가해행위의 위법성, ③ 가해자의 책임능력, ④ 가해행위와 발생한 손해 사이의 인과관계, 라는 요건을 갖춘 경우에는 A에 대하여 불법행위책임을 지게 된다. 그리하여 A는 청구권경합설에 의하여 담보책임·채무불이행책임·불법행위책임 중 어느 하나를 선택하여 손해배상을 청구할 수 있다.

Ⅱ. 부동산 이중매매로 인한 채무불이행책임

1. 부동산이중매매의 유효성

사적인 법률관계의 영역에서는 계약자유의 원칙이 지배하므로, 이중으로 행하여진 매매계약이라 하여도 법률행위의 일반요건을 구비하는 한 이중매매라는 사실만으로 무효로 되지 아니하며(대판 1976. 4. 27, 75다1783), 제2매수인이 이중매매의 사실을 안 것만으로는 무효라고 할 수 없는 것이 원칙이다(대판 1965. 6. 15, 65다596). 즉 채권자평등의 원칙에 의하여 제1매수인과 제2매수인 모두 매도인에 대하여 소유권이전등기청구권을 행사할 수 있다. 그러나 매도인이 이미 제1매수인에게 부동산을 매도하였음을 제2매수인이 알면서도 소유명의가 아직 매도인으로 되어 있음을 기회로 제2매수인이 매도인에게 이중양도를 적극적으로 권유하여 등기를 함으로써 제2매수인에게 윤리적 비난가능성이 존재하는 경우에는 그 이중매매는 제103조의 반사회질서의 법률행위로서 무효로 된다. 위 사안에서는 제2매수인 E가 이미 매매되었다는 사실을 알면서 매도인 B에게 이중으로 자기에게 매매할 것을 적극적으로 권유한 사실이 보이지 않으므로 E는 유효하게 토지의 소유권을 취득할 수 있다.

2. 이행불능으로 인한 채무불이행책임

(1) 계약해제 위 사안에서 A가 B의 토지 2,000평을 먼저 매수하였으나 그 후 E가 이중으로 매수하여 이전등기까지 경료한바, B는 A에 대한 이행불능으로 인한 채무불이행이 된 것이다. 따라서 A는 B에 대하여 제546조, 제548조 제2항에 의하여 매매계약을 해제하고 B에 대하여 원상회복으로서 매매대금과 그 이자의 반환을 청구함과 아울러 제551조에 의하여 손해배상을 청구할 수도 있다.

(2) 손해배상범위 A는 제390조에 의하여 B에 대하여 토지소유권을 취득하지 못함으로써 생긴 손해의 배상을 청구할 수 있다. 이때의 손해배상은 이행에 갈음한 전보배상이 되며, 채무자는 그 배상액을 통상손해로서 이행불능 당시의 시가 상당액과(대판 1992. 8. 14, 92다2028) 그 후의 가격등귀로 인한 손해는 특별한 사정에 손해는 특별손해로서 제393조 제2항에 따라 채무자의 예견가능을 전제로 하여 그 등귀된 가액을 배상할 의무가 있다(대판 1992. 8. 14, 92다2028). 따라서 위 사안에서 A는 B에 대하여 통상손해로서 이행불능 당시의 5,000만원과 계약이 유효하게 이행되었더라면 얻을 수 있었던 특별손해로서 전매차익 1,000만원, 위약금 1,000만원 모두를 배상청구할 수 있다.

Ⅳ. 損害賠償額의 豫定

사례

A건설회사는 B가 발주하는 공사를 완공하고 공사대금을 받으면서 대금의 10%(1억)를 하자보수보증금으로 B에게 지급하였다. 이 보증금은 하자담보책임기간(2년)이 경과한 후에 반환받기로 하되 기간 중 A사가 하자보수요구를 받고 불응하는 경우에는 B에게 귀속하는 것으로 약정하였다. 그 후 담보책임기간 중에 하자가 발생하여 보수를 요청하였으나 A사가 이에 불응하자 B는 보증금의 반환을 거절하였고, A사는 보증금 중 실보수비 3천만원을 제외한 금액의 반환을 청구하려고 한다. 이 경우 A사의 주장은 타당한가?

[중요논점]

손해배상액의 예정

1. 序 說

(1) 槪 念

채무불이행의 경우에 채무자가 지급하여야 할 손해배상액을 당사자 사이의 계약으로 미리 정하여 두는 것을 손해배상액의 예정이라고 한다(제398조 제1항).

(2) 機 能

배상액의 예정은 다음과 같은 기능을 담당한다. ① 계약당사자가 사전에 장래의 채무불이행에 대비하여 지출될 배상액을 알게 됨으로써 거래에 따른 경영비용을 산출할 수 있다. ② 채무불이행의 경우에 채무자에게 상당한 배상금이 부과된다는 것을 경고함으로써 간접적인 압력을 가할 수 있다. ③ 채무불이행시에 채권자에게 손해의 발생 및 손해액의 입증책임을 덜어준다. ④ 채무불이행시에 배상액 결정에 관한 당사자의 다툼을 사전에 방지하여 손해배상문제를 신속하게 해결한다.

(3) 法的 性質

손해배상액의 예정계약은 채무불이행을 정지조건으로 하는 정지조건부계약이며 채무불이행의 전제가 되는 기본채권관계에 종된 계약이다. 따라서 손해배상액 예정의 효력은 기본채권관계의 효력에 의하여 좌우되며 기본채권의 담보는 손해배상예정액도 담보하는 것이 된다.

2. 要 件

(1) 기본채권관계의 존재

손해배상액의 예정계약은 기본채권관계에 부종하는 종된 계약이므로 기본채권관계가 있어야 한다.

(2) 선량한 풍속 기타 사회질서에 반하지 않을 것

법률규정이나 선량한 풍속 기타의 사회질서에 위반하지 않는 한 자유로이 배상액예정계약을 체결할 수 있다. 그러나 근로계약에서 근로자를 보호하기 위하여 그 불이행에 대한 위약금 또는 손해배상액을 예정하는 계약의 체결을 금지하고 있다(근로기준법 제20조).

(3) 채무불이행 전에 체결될 것

배상액예정계약은 채무불이행이 발생하기 전에 체결되어야 한다. 채무불이행이 발생한 후에 배상액을 예정하는 계약도 유효하지만, 그것은 배상액의 합의이지 배상액예정은 아니다. 다만 배상액의 예정은 일정액의 금전으로 하는 것이 보통이지만 금전 이외의 것(특정물·종류물·노무 등)으로도 가능하다(제398조 제5항). 예를 들어 원상회복도 이에 포함될 수 있다.

[판 례]

(1) 부동산매매에 있어서 중도금의 지급을 지체하여 매도인으로부터 이를 추궁 받고 잔금지급기일의 엄수를 다짐받은 매수인이, 매도인에게 위 중도금을 지급하면서 잔금기일을 위반할 경우에는 중도금까지 포기하기로 한다고 약정한 경우, 이는 매수인이 위약하는 경우에는 계약 당시 약정한 위약금과 더불어 위 중도금도 손해배상액으로 예정한 것이라고 추정된다(대판 1990. 11. 27, 90다카27068).

(2) 계약당사자 사이에 손해배상액을 예정하는 내용의 약정이 있는 경우에는 그것이 계약상의 채무불이행으로 인한 손해배상에 관한 것이고 이를 그 계약과 관련된 불법행위상의 손해까지 예정한 것이라고는 볼 수 없다(대판 1999. 1. 15, 98다48033).

3. 效 果

(1) 豫定賠償額의 請求

1) 請求의 要件

(가) 債務不履行 事實 채무불이행으로 인한 손해배상액의 예정이 있는 경

우에 채권자는 채무불이행의 사실만 증명하면 손해의 발생 및 그 금액을 증명하지 않아도 예정배상액을 청구할 수 있다(대판 1991. 1. 11, 90다8053).

(나) 損害의 발생이 필요한지 여부 손해발생이 필요한지의 여부에 관하여 학설은 (i) 불필요설(곽윤직 129면; 김용한 221면; 김주수 200면; 김상용 189면)과 필요설(김형배 285면)이 대립한다. 제398조는 「손해배상액」만을 규정하고 있으나, 그것은 「손해의 발생」의 예정도 포함하는 것으로 해석된다. 즉 배상액의 예정은 당사자 사이에서의 모든 증명문제를 피하려고 체결되는 것이기 때문에 실제로 어떤 손해가 발생하지 않아도 채무불이행의 사실만 증명하면 예정배상액은 지급된다. 판례도 「채무불이행으로 인한 손해배상액예정이 있는 경우에는 채권자는 채무불이행 사실만 증명하면 손해의 발생 및 그 액을 증명하지 아니하고 예정배상액을 청구할 수 있다」(대판 1991. 1. 11, 90다8053)고 한다.

(다) 債務者의 歸責事由 要否

예정된 손해배상금의 청구요건으로서 채무불이행은 채무자에게 귀책사유로 인한 것이어야 하는가에 관하여는 견해가 대립한다.

(a) 學 說

ⓐ 귀책사유불요설 예정된 손해배상금의 청구요건으로서 채무불이행은 채무가 변제기에 이행되지 않았다는 사실의 입증만으로 충분하고 채무자의 귀책사유의 유무를 묻지 않는다는 견해이다(곽윤직 129면; 김용한 221면; 김석우 167면; 김주수 200면; 김상용 190면). 이 견해는 그 근거로 손해배상액 예정을 하는 당사자의 일반적인 의사는 귀책사유의 유무를 포함하여 손해배상에 관한 일체의 분쟁을 피하려는 데 있다는 점을 들고 있다.

ⓑ 귀책사유필요설 민법 제398조 제1항의 채무불이행은 채무자의 귀책사유 등의 요건을 필요로 한다는 견해이다(김형배 285면; 이은영 365면; 김증한/김학동 158면; 송덕수 133면; 지원림 1069면). 이 견해는 그 근거로 채무불이행에서도 손해배상액의 예정이 채무불이행의 규정(제390조)을 전제로 한다는 점과 손해배상액의 예정계약의 취지가 예정된 배상액이 실손해액을 초과한 경우에도 일단 손해가 발생하면 예정된 금액을 배상케 함으로써 채무자에게 이행에 대한 압력을 주기 위한 것이라는 점을 들고 있다.

(b) 判 例 판례는 건축도급계약에서 지체상금약정에 관하여 「수급인이 책임질 수 없는 사유로 인하여 공사가 지연될 경우에는 그 기간만큼 공제되어야 한다」(대판 1989. 7. 25, 88다카6273)고 하고, 또한 채무불이행으로 인한 손해배상액의 예정이 있는 경우에 채권자는 채무불이행 사실만 증명하면 손해의 발생 및 그 액을 증명하지 않고 예정배상액을 청구할 수 있다고 하면서 채무자와 채권자 사이에 채무불이행에 있어 채무

자의 귀책사유를 묻지 아니한다는 약정을 하지 아니한 이상 채무자는 자신의 귀책사유가 없음을 주장 · 입증함으로써 예정배상액의 지급책임을 면할 수 있다(대판 2007. 12. 27, 2006다9408)고 하여 귀책사유필요설의 입장을 취하고 있다.

(c) 私 見 예정배상액의 청구는 그 본질이 손해배상의 청구이고 우리 민법이 손해배상책임에 관하여 원칙적으로 과실책임주의를 취하고 있으므로 당사자 사이의 특약이 없는 한 채무자의 귀책사유가 필요하다고 할 것이다.

2) 賠償額請求의 範圍

(가) 실손해액과의 관계 실제의 손해액이 예정된 배상액보다 많거나 적다는 것을 입증하더라도 예정된 배상액만을 청구할 수 있을 뿐이다. 다만 당사자가 불가항력 · 무손해의 항변권 · 특별손해의 배상 등에 관하여 특약을 한 경우에는 그에 따른다. 판례도 계약 당시 손해배상액을 예정한 경우에는 별도의 특약이 없는 한 채무불이행으로 인하여 입은 통상손해는 물론 특별손해까지도 예정액에 포함되고 채권자의 손해가 예정액을 초과한다 하더라도 초과액을 따로 청구할 수 없다(대판 1988. 9. 27, 86다카2375; 대판 2012. 12. 27, 212다60954)고 하여 같은 입장을 취하고 있다. 다만 초과액을 입증하여 청구할 수 있다는 특약이 있을 때에는 예외이다.

[판 례]

공사도급계약서 또는 그 계약내용에 편입된 약관에 수급인이 하자담보책임 기간중 도급인으로부터 하자보수요구를 받고 이에 불응한 경우 하자보수보증금은 도급인에게 귀속한다는 조항이 있을 때 이 하자보수보증금은 특별한 사정이 없는 한 손해배상액의 예정으로 볼 것이고(대법원 2001. 9. 28. 선고 2001다14689 판결 참조), 다만 하자보수보증금의 특성상 실손해가 하자보수보증금을 초과하는 경우에는 그 초과액의 손해배상을 구할 수 있다는 명시 규정이 없다고 하더라도 도급인은 수급인의 하자보수의무 불이행을 이유로 하자보수보증금의 몰취 외에 그 실손해액을 입증하여 수급인으로부터 그 초과액 상당의 손해배상을 받을 수도 있는 특수한 손해배상액의 예정으로 봄이 상당하다(대판 2002. 7. 12, 2000다17810).

(나) 손해배상예정액의 청구와 손해배상청구의 관계 판례는 채무불이행으로 인한 손해배상예정액의 청구와 채무불이행으로 인한 손해배상액의 청구는 그 청구원인을 달리하는 별개의 청구이므로, 손해배상예정액의 청구 가운데 채무불이행으로 인한 손해배상액의 청구가 포함되어 있는 것으로 볼 수 없다고 한다(대판 2000. 2. 11, 99다49644).

(2) 豫定賠償額의 增減

1) 減 額

(가) 原 則 손해배상의 예정액이 부당히 과다한 경우에 법원은 적당히 감액할 수 있다(제398조 제2항). 여기의 「손해배상의 예정액」이라 함은 문언상 배상비율 자체를 말하는 것이 아니라 그 비율에 따라 계산한 예정배상액의 총액을 의미하며(대판 2000. 7. 28, 99다38637), 그 예정액이 「부당히 과다한 경우」라 함은 채권자와 채무자의 각 지위, 계약의 목적 및 내용, 손해배상액을 예정한 동기, 채무액에 대한 예정액의 비율, 예정손실액의 크기, 그 당시의 거래관행 등 모든 사정을 참작하여 사회관념에 비추어 그 예정액의 지급이 경제적 약자의 지위에 있는 채무자에게 부당한 압박을 가하여 공정성을 잃는 결과를 초래한다고 인정되는 경우를 뜻하는 것으로 보아야 한다(대판 2002. 1. 25, 99다57126). 그리고 예정액이 부당하게 과다한지의 여부는 사실심의 변론종결 당시를 기준으로 하여 그때까지 발생한 모든 사정을 종합적으로 고려하여 판단하여야 한다(대판 2002. 12. 8, 2000다35771). 그런데 실제 발생할 것으로 예상되는 손해액의 크기를 참작하여 손해배상의 예정액이 부당하게 과다한지 여부를 판단함에 있어서는 실제 손해액을 구체적으로 심리·확정할 필요는 없으나 기록상 실제 손해액 또는 예상 손해액을 알 수 있는 경우에는 그 예정액과 대비하여 볼 필요가 있다(대판 2004. 7. 22, 2004다3543; 대판 2011. 1. 27, 2010다60042). 이때 손해배상액의 예정액이 부당하게 과다한 사실은 채무자가 이를 입증하여야 한다(대판 1995. 11. 10, 95다33658). 감액은 당사자의 청구가 없더라도 법원이 직권으로 이를 할 수 있으나, 여러 가지 사정을 고려하더라도 부당하다고 인정되지 않는 경우에는 이에 대하여 당사자의 주장이 없다면 법원이 직권으로 과다하지 않다는 것을 판단할 필요는 없다(대판 2002. 12. 24, 2000다54536). 법원이 감액을 한 경우에는 배상액에 관한 약정 중 감액부분에 해당하는 부분은 처음부터 무효이다(대판 1991. 7. 9, 91다11490; 대판 2004. 12. 4, 2002다73852).

[판 례]

공사수급인의 연대보증인이 부담하는 지체상금 지급의무는 주채무자인 공사수급인이 지급하여야 할 지체상금의 범위에 부종하는 것이므로, 이른바 손해배상액의 예정으로서 지체상금액이 과다한지 여부는 주채무자인 공사수급인을 기준으로 판단하여야 할 것이지 연대보증인을 중심으로 판단할 것은 아니다(대판 2005. 8. 19, 2002다59764).

(나) 無效인 경우 과다한 배상액의 예정이 폭리행위가 되는 경우에는 무효가 될 수 있다(제104조). 또한 배상액예정이 약관에 의하여 정해진 경우에는 고객에게

부당하게 과중한 배상의무를 부담시키는 약관조항은 실체법상 무효로 된다(약관법 제8조). 따라서 약관조항이 무효인 이상 그것이 유효함을 전제로 민법 제398조 제2항을 적당한 한도로 손해배상액을 감액하거나 과중한 손해배상의무를 부담시키는 부분을 감액한 나머지 부분만으로 그 효력을 유지시킬 수는 없다(대판 1996. 9. 10, 96다19758; 대판 2009. 8. 20, 2009다20475 · 20482).

2) 增 額 손해배상제도의 근본사상이 실손해의 전보에 있고 채무자가 반드시 경제적 약자는 아니므로 예정배상액이 부당히 과소한 경우에 증액할 수 있다는 견해가 있다(김용한 222면; 김형배 287면; 김상용 191면). 그러나 예정배상액이 부당히 과소한 경우에 법원이 이를 증액할 수 없다고 할 것이다(통설. 곽윤직 129면; 김주수 201면; 김증한/김학동 160면; 송덕수 135면; 지원림 1071면). 사적 자치의 원칙에 비추어 명문의 규정이 없는 한 법원이 계약내용을 수정할 수 없기 때문이다. 다만 당사자 사이에 예정된 손해배상액을 초과하는 손해가 발생하는 경우에는 채권자가 그 초과부분의 배상을 청구할 수 있다고 약정하는 것은 허용될 수 있다고 한다(대판 2002. 7. 12, 2000다17810).

(3) 過失相計와 損益相計의 참작

손해배상액의 예정이 있는 경우에도 채권자의 과실이 있는 때에는 과실상계로 예정배상액을 감액할 수 있느냐에 대하여 판례는 이를 부정하나(대판 1972. 3. 31, 72다108), 학설은 일치하여 이를 긍정한다. 판례는 부정하는 이유로 예정액을 감액할 때 채무자가 계약을 위반한 경위 등 제반사정이 참작되기 때문에 손해배상액의 감경에 앞서 채권자의 과실 등을 들어 따로 감경할 필요는 없다고 한다(대판 2002. 1. 25, 99다57126). 채권자가 손해를 입었지만 동시에 그로 인하여 이익을 얻은 경우에는 손익상계에 의하여 예정배상액에서 이익을 공제하는 것이 공평의 관념상 타당하다고 할 것이다.

4. 履行의 請求 · 契約解除와의 관계

손해배상액의 예정은 이행의 청구나 계약의 해제에 영향을 미치지 아니한다(제398조 제3항). 손해배상액의 예정이 있다고 하여 본래의 이행청구권이나 계약해제권을 포기한 것으로 볼 수 없기 때문이다. 채무불이행을 원인으로 계약이 해제된 경우에는 손해배상청구권이 존속될 수 있으므로(제551조), 손해배상예정액은 실효로 되지 않는다. 그러나 배상액의 예정에는 지연배상액 · 전보배상액 등 여러 성질이 있으므로, 다음과 같은 각각의 경우에 예정액이 표준이 되는지를 구체적으로 살펴보아야 한다.

(1) 遲延賠償額의 豫定의 경우

이행지체가 있으면, 본래 급부의 이행청구와 함께 예정배상액을 청구할 수 있지만, 지연배상액의 예정은 이행불능 또는 해제에 의한 전보배상액의 표준이 되지 않는다. 따라서 채권자는 실손해를 주장·입증하여 그 실손해를 전보받게 된다.

(2) 塡補賠償額의 豫定의 경우

이행지체가 생긴 때에는 전보배상에 대하여는 예정배상액은 그 표준이 될 수 없다. 그러나 이행불능이 생긴 때에는 당연히 예정배상액을 청구할 수 있다. 해제에 의한 손해배상에 관하여는 이행이익의 배상이냐, 신뢰이익의 배상이냐에 따라 달라진다. 전자로 해석할 경우에는 예정배상액에서 해제한 채권자가 면한 반대급부의 채무액을 공제한 것을 청구할 수 있지만, 후자로 해석하는 입장에서는 이 예정배상액은 표준이 되지 않는다.

(3) 契約關係를 淸算하기 위한 賠償額豫定의 경우

채무불이행이 있으면 채권자는 계약의 해제 없이 곧 예정액을 청구할 수 있고, 이로써 당사자 사이의 본래의 채무는 소멸한다. 이 경우에 계약을 해제하여도 예정배상액을 청구할 수 있다.

(4) 同時履行의 관계에 있는 雙務契約의 경우

당사자 일방이 자기 채무의 이행을 제공하여 타방당사자로 하여금 채무불이행에 빠지게 한 후에 비로소 예정배상액을 청구할 수 있다. 쌍무계약에 있어서는 쌍방의 채무의 이행기가 도래하였다고 하더라도 동시이행의 항변권이 존재하는 한 채무불이행이 발생하지 아니하기 때문이다. 따라서 쌍무계약에 있어서는 당사자 일방이 이행의 제공을 하지 않는 한 타방의 채무불이행이 발생하지 아니하고 예정배상액을 청구할 수 없다.

(5) 不法行爲와 損害賠償額의 豫定의 경우

채무불이행에 대한 손해배상액의 예정이 불법행위에도 적용되는지 여부가 문제된다. 민법은 불법행위책임에 관해서는 배상액예정에 관한 제398조를 준용하지 않고 있다. 판례도 계약 당시 당사자 사이에 손해배상액을 예정하는 내용의 약정이 있는 경우에는 그것은 계약상의 채무불이행으로 인한 손해액에 관한 것이고 이를 그 계약과 관련된 불법행위상의 손해까지 예정한 것이라고는 볼 수 없다고 한다(대판 1999. 1. 15, 98다48033). 그러나 예외적으로 거래관계를 갖는 당사자 사이에서 불법행위책임이 발생할 가능성이 높은 경우에 그에 대비한 배상액약정의 효력을 인정하고, 아울러 과다배상액을 감경할 수 있는 조치를 필요로 하게 되어 손해배상액의 예정을 불법행위에도 적용하자는 견해도 있다(이은영 370면).

[판 례]

채권계약은 쌍방이 신의에 따라 성실히 계약이 이행될 것을 기대하고 체결되는 것이니 만큼 그 계약당사자가 계약을 위반하여 그 채무를 이행하지 아니하면 채권자인 상대방은 그로 인한 손해배상청구권과 계약해제권이 발생한다 함은 당연한 법리라 할 것인즉 계약에 명문으로 위약시의 법정해제권의 포기 또는 배제를 규정하지 아니하는 이상 채무불이행의 당연한 효과인 손해배상의 조항이나 위약벌에 관한 조항이 계약서상 있다 하여 계약해제권을 배제한 것이라고는 할 수 없다 할 것이다(대판 1983. 8. 23, 82다카1366).

5. 違約金과 契約金

(1) 違約金

1) 意義 및 法的 性質 위약금은 채무불이행시 채무자가 채권자에게 지급할 것을 약속한 금전이다. 금전 이외의 것을 약정한 때에도 위약금에 관한 규정이 준용된다(제398조 제5항). 위약금의 약정은 계약위반에 따른 채무불이행에 대비한 「위약벌」이나 또는 「손해배상액의 예정」의 성질을 가지는데, 당사자 사이의 특별한 약정이 없는 한 손해배상액의 예정으로 추정한다(제398조 제4항). 따라서 위약금이 위약벌로 판정되려면 이를 주장 · 입증하여야 한다(대판 2001. 9. 28, 2001다14689). 당사자가 위약벌의 목적으로 약정한 때에는 반증을 들어 추정을 깨뜨릴 수 있다.

2) 손해배상액의 예정과 위약벌의 차이점 위약금이 손해배상액의 예정으로 인정되는 경우에는 채권자는 예정된 손해배상액만 청구할 수 있으며, 손해배상의 예정액이 부당하게 과다한 경우에는 법원은 적당히 감액할 수 있다(제398조 제2항). 그러나 위약금이 위약벌로서의 성질을 지니는 한, 배상액 예정에 관한 제398조의 규정이 적용되지 아니하고 채무자는 채무불이행시에 채권자의 손해의 유무와 관계없이 위약금을 지급해야 하며, 그 외에 자신의 귀책사유에 의한 손해가 있을 때에는 그 손해도 배상하여야 한다(제390조). 뿐만 아니라 위약벌이 부당하게 과다하더라도 직권에 의한 감액은 허용되지 않는다(대판 2005. 10. 13, 2005다26277). 따라서 위약벌로서의 위약금에 대해서는 법원이 감액조치를 할 수 없다. 다만 위약벌의 약정에 의한 의무강제를 통하여 얻어지는 채권자의 이익에 비하여 약정된 벌이 과도할 경우에는 일부 또는 전부가 공서양속에 반하여 무효로 될 수 있을 뿐이다(대판 1993. 3. 23, 92다46905). 판례는 「도급계약에서 계약이행보증금은 위약벌 또는 제재금의 성질을 가지며, 지체상금은 손해배상예정액의 성질을 가진다」(대판 1996. 4. 26, 95다11436)고 하고, 지체상금의 발생은 수급인이 공사를 중단하거

나 기타 해제사유가 있어 도급인이 이를 해제할 수 있었을 때로부터 도급인이 다른 업자에게 의뢰함으로써 같은 공사를 완성할 수 있었던 시점까지로 제한되어야 한다고 한다(대판 1989. 7. 25, 88다카6273).

3) 손해배상액의 예정과 위약벌의 구별 위약금이 구체적으로 어떤 성질을 갖느냐는 당사자 사이의 위약금 약정에 관한 의사표시의 내용에 따라 결정된다(통설). 즉 당사자들이 손해배상에 관한 법률문제를 간편하게 처리하는 데 중점을 두고 위약금을 약정하였으면 이는 손해배상액의 예정이고, 그보다는 채무자로 하여금 채무를 이행하도록 압박을 가하기 위하여 사적인 제재로서 정한 것이라면 이는 위약벌이라고 한다. 판례는 양자의 구별방법에 관한 뚜렷한 기준을 제시하지 않고 있다. 그러나 최근 판례에서는 위약금이 위약벌로 해석되기 위하여는 특별한 사정이 주장·입증되어야 한다고 하면서 위약벌을 극히 제한적으로 인정하고 있다(대판 2000. 12. 22, 99다4634 등), 따라서 하도급계약서에 계약보증금 외에 지체상금도 규정되어 있다는 점만을 이유로 하여 이 사건 계약보증금을 위약벌로 보기는 어렵다(대판 2000. 12. 8, 2000다35771).

[판 례]

(1) 계약의 일방 당사자인 피고의 귀책사유로 인하여 계약이 해제되는 경우에는 위약금 약정을 두지 않고 그 상대방인 원고의 귀책사유로 인하여 계약이 해제된 경우에 대해서만 위약금 약정을 두었다 하더라도, 그 위약금 약정이 무효로 되는지 여부는 별론으로 하고 원고에 대한 위약금 규정이 있다고 하여 공평의 원칙상 그 상대방인 피고의 귀책사유로 계약이 해제되는 경우에도 원고의 귀책사유로 인한 해제의 경우와 마찬가지로 피고에게 위약금 지급의무가 인정되는 것은 아니므로(대법원 2000. 1. 18. 선고 99다49095 판결, 대법원 2007. 10. 25. 선고 2007다40765 판결 등 참조), 이 사건 실시협약서에서 원고의 채무불이행으로 인한 위약금에 관한 규정을 두었다 하여 당연히 이를 피고의 채무불이행으로 인한 경우에도 같은 내용의 위약금 약정이 인정되어야 한다고 해석할 수는 없다(대판 2008. 2. 14, 2006다37892).

(2) 위약벌의 약정은 채무의 이행을 확보하기 위하여 정해지는 것으로서 손해배상의 예정과는 그 내용이 다르므로 손해배상의 예정에 관한 민법 제398조 제2항을 유추 적용하여 그 액을 감액할 수는 없는 법리이고 다만 그 의무의 강제에 의하여 얻어지는 채권자의 이익에 비하여 약정된 벌이 과도하게 무거울 때에는 그 일부 또는 전부가 공서양속에 반하여 무효로 된다(대판 2005. 10. 13, 2005다26277).

(2) 契約金

1) 意 義 계약체결시 당사자 일방이 상대방에게 금전 기타 유가물을 교부

하는 경우가 많은데 이를 계약금이라고 한다. 민법은 계약금에 관하여 당사자 사이에 다른 약정이 없으면 해제권을 보류하기 위하여 수수된 것, 즉 해약금으로 추정하고 있다(제565조).

2) 解約金으로의 推定 계약금이 해약금으로 추정되는 경우(제565조), 교부자는 계약의 실행이 착수되기 전까지 이를 포기하고 수령자는 그 배액을 상환하여 계약을 해제할 수 있다. 이 경우 해제의 효과로서 일반적으로 발생하는 원상회복의 무나 손해배상청구권은 발생하지 않는다(제565조 제2항).

3) 損害賠償의 豫定으로서의 契約金

(가) 特約이 있는 경우 계약금을 수수하면서 「위약시 교부한 자는 그것을 몰수당하고 교부받은 자는 그 배액을 상환한다」는 특약을 한 경우에는 그 계약금의 성질은 제565조의 해약금이기도 하고 제398조 제1항의 손해배상액의 예정 내지 위약금이기도 하다는 것이 판례의 입장이다(대판 1996. 6. 14, 95다11429). 이러한 계약금은 상대방에게 미리 교부되어 있다는 것이 배상예정액 또는 위약금의 약정과 다르다. 그리고 계약금의 수수가 있었다는 것만으로는 언제나 배상액예정이라 할 수 없고, 당사자 사이에 반드시 교부금의 몰수 또는 배액상환에 대한 특약이 있어야 한다(대판 1987. 2. 24, 86누438). 채무자가 이행에 착수한 때(중도금을 지급할 경우)에는 특약이 없는 한 계약금을 위약금으로 할 수 없다. 위약계약금이 손해배상액의 예정으로서의 성질을 갖는 경우, 위약계약금이 부당히 과다한 때에는 법원이 적당히 감액할 수 있다(대판 1996. 10. 25, 95다33726).

(나) 特約이 없는 경우 채무자가 이행에 착수한 후에 채무불이행책임을 지는 경우 계약금이 위약금이나 손해배상액의 예정의 기능을 가지느냐가 문제된다. 이에 관하여 판례는 임대차계약에서 채무불이행으로 계약이 해제된 경우 계약금을 위약금이나 배상액예정으로 하여 상대방에게 귀속시킨다는 특약이 없는 한 위약금이나 배상예정액이 아니라고 한다(대판 1996. 6. 14, 95다11429). 그리하여 당사자 일방의 귀책사유로 계약이 해제되었다 하더라도 계약금이 위약금으로서 상대방에게 당연히 귀속되지 않으며(대판 1992. 11. 27, 92다23209), 계약금이 배상액의 예정으로서 부당히 과다하다 하여 감액할 수도 없다고 한다(대판 1971. 12. 14, 71다2014).

[판 례]

하도급계약에서 하수급인의 귀책사유로 계약이 해제 또는 해지될 경우 그로 인하여 하도급인이 입은 손해 중 계약보증금 범위 내의 손해는 계약보증금의 몰취로써 그 배상에 갈음하고 이를 초과하는 손해가 있으면 그에 대하여 하수급인이 손해배상책임을 진다는 약정이 있는 경우, 계약보증금은 손해배상액의 예정으로서의 성질을 가지되, 다만 하수급인이 배상할 손해액이 이를 초과하는 경우에는 단순한 손해담보로서의 성질을 갖는다고 보아야 할 것이므로, 하도급계약서에 계약보증금 외에 지체상금이 규정되어 있다고 하더라도 그 계약보증금을 위약벌로 보기는 어렵다(대판 2001. 1. 19, 2000다42632).

6. 一方的 損害賠償額 豫定의 約定

(1) 問題點

쌍무계약의 경우에는 매수인의 채무불이행과 매도인의 채무불이행에 관하여 모두 손해배상의 예정을 하는 것이 보통이다. 그런데 쌍무계약의 당사자 일방의 채무불이행에 관하여서만 손해배상의 예정을 하는 경우에 이러한 손해배상액 예정의 약정이 유효한 것인지가 문제된다.

(2) 有效性 여부

판례는 「이 사건에서의 매수인은 그를 위한 손해배상액 예정의 약관조항이 없더라도 일반 채무불이행책임을 물어 실제 손해액을 입증함으로써 그 손해 전액의 배상을 구할 수 있는 점, 이 사건의 경우 매도인은 공기업으로서 특단의 사정이 없는 한 그의 채무불이행이란 쉽게 예견하기 어려운 점, 이 사건 거래 목적물과 거래유형 및 그에 비추어 본 고객의 사업자에 대한 예속성의 정도와 고객에게 손해배상액의 예정에 관한 조항이 요구되는 실제적 중요성의 정도 등을 종합하여 보면, 매도인을 위한 손해배상액의 예정에 관한 조항을 두면서 고객인 매수인을 위한 손해배상액의 예정에 관한 조항을 두지 않았다 하더라도 단지 그와 같은 사정만으로는 이 사건 약관조항이 고객에 대하여 부당하게 불리하다거나 신의성실의 원칙에 반하여 불공정하다고 보기에 부족하다」(대판 2000. 9. 22, 99다53759)고 하여 일방적 손해배상액 예정의 약정을 유효한 것으로 보고 있다.

(3) 다른 一方當事者에의 적용여부

판례는 「임차인이 보증금의 잔액을 지정된 기일까지 납부하지 않을 때에는 임대인은 계약을 해제하고 계약금조로 1차 불입한 보증금을 반환하지 아니한다고 기재되어 있을 뿐, 임대인이 계약을 위반할 경우에 관하여는 아무런 기재가 없음이 분명하므로, 앞서 본 법리와 위 문언의 객관적 의미에 비추어 볼 때 임대인의 채무불이행이 있는 경우에는, 임차인이 그로 인한 손해를 구체적으로 입증하여 배상받을 수 있음은 별론으로 하고, 특별히 손해배상액의 예정으로서의 위약금 약정은 두지 않은 것이라고 인정하여야 할 것이지, 임차인에 대한 위약금 약정이 있다는 이유만으로 달리 특별한 사정에 대한 설시도 없이 임대인에게도 위약금의 약정이 있는 것이라고 단정할 수는 없는 것이다」(대판 1996. 6. 14, 95다11429)고 하여 다른 일방당사자의 채무불이행으로 인한 손해배상에는 그 적용을 부정하고 있다.

(4) 檢 討

법원은 당사자 사이의 계약의 해석자일 뿐, 당사자를 위하여 계약을 재구성할 권한은 없으므로 이러한 손해배상액의 예정에 관한 약정을 문언에 반하여 해석하는 것은 사적 자치의 원칙을 해하게 된다. 따라서 판례와 같이 당사자의 의사를 존중하여 약정의 문언대로 해석하는 것이 타당하다고 할 것이다.

사례해설

사례에서 A건설회사와 발주자 B 사이의 약정에 의한 하자보수보증금 1억원은 손해배상액의 예정이라 할 것이다. 손해배상액의 예정은 채무불이행의 경우에 채무자가 지급하여야 손해배상액을 당사자 사이의 계약으로 미리 정하여 주는 것을 말한다(제398조 제1항). 손해배상액의 예정계약은 채무불이행을 정지조건으로 하는 정지조건부 계약이며, 채무불이행의 전제가 되는 기본채권관계에 종된 계약이다. 손해배상액의 예정계약이 유효하게 성립하려면 기본채권관계가 존재하여야 하고, 그 계약이 선량한 풍속 기타 사회질서에 반하지 않아야 하며, 채무불이행 전에 계약이 체결되어야 한다. 채무불이행으로 인한 손해배상액의 예정이 있는 경우에 채권자는 채무불이행의 사실만 증명하면 손해의 발생 및 그 금액을 증명하지 않아도 예정배상액을 청구할 수 있다는 것이 다수설과 판례(대판 1991. 1. 11, 90다8053)의 입장이다. 예정된 손해배상액의 청구요건으로서 채무불이행이 채무자의 귀책사유로 인한 것이어야 하는가에 대하여 통설 및 판례는 채무불이행의 사실만 입증하면 되고 채무자의 귀책사유는 묻지 않는다고 한다. 그러나 우리 민법이 손해배상책임에 관하여 과실책임주의를 취하고 있으므로 당사자 사이의 특약이 없는 한 채무자의 귀책사유가 필요하다고 할 것이다. 사례에서 A는 하자보수에 불응하였으므로 귀책사유에 의한 채무불이행을 한 것이다. 또한 이 경우에 실제의 손해액이 예정된 배상액보다 많거나 적다는 것을 입증하더라도 예정된 배상액만을 청구할 수 있을 뿐이므로 B는 A에 대하여 비록 실보수비가 3천만원에 불과하더라도 예정액 1억원 전액을 청구할 수 있다. 따라서 실보수비 3천만원을 제외한 나머지 금액의 반환을 청구할 수 없다.

V. 損害賠償者의 代位

1. 意 義

채권자가 채권의 목적인 물건 또는 권리의 가액 전부를 손해배상으로 받은 때에는 채무자는 그 물건 또는 권리에 관하여 당연히 채권자를 대위한다(제399조). 이것을 손해배상자의 대위 또는 배상자의 대위라고 한다. 예를 들어 수치인이 임치물을 도난당한 경우에 그 물건의 가액을 임치인에게 변상하면 수치인은 그 물건의 소유권을 취득한다. 다만 배상 후에 취득한 채권자의 권리는 대위에 의하여 이전되지 않는다. 민법은 채무불이행책임과 불법행위책임에 모두 배상자의 대위를 인정한다(제399조·제763조). 이 제도는 배상받은 채권자나 피해자의 부당이득을 방지하고 배상받은 자와 배상자 사이의 이익(형평)을 꾀하기 위하여 인정된다.

2. 賠償者代位의 要件

손해배상자의 대위가 성립하려면 ① 채권자나 피해자가 채무자나 가해자에 대하여 유효한 손해배상청구권을 가졌어야 하며, ② 채권자가 채권의 목적인 물건 또는 권리의 가액의 「전부」를 받았어야 한다. 단순히 지연배상이나 전보배상의 일부만을 받은 경우에는 대위가 생기지 않는다(대판 2007. 10. 12, 2006다42566). 또한, 일부만을 받을 경우에 일부만의 대위도 인정되지 않는다. 그리고 ③ 대위할 물건이나 권리가 손해배상과 직접 관련이 있고, 대위에 적합하여야 한다.

3. 賠償者代位의 效果

배상자대위의 요건이 갖추어진 때에는 채권의 목적인 물건 또는 권리가 법률상 당연히 배상자에게 이전하므로, 이전에 필요한 양도행위 기타의 요건(등기·인도·채권양도의 통지·승낙 등)은 필요하지 않다(대판 1977. 9. 13, 76다 1699). 채무자의 과실과 함께 제3자의 고의·과실이 가담된 경우, 예를 들어 수치물을 제3자가 파괴한 경우에 수치인이 전보배상을 하면 수치인은 임치인이 그 제3자에 대하여 가지는 손해배상청구권을 법률상 당연히 취득하게 된다. 채권자가 제3자에 대하여 가지는 권리는 채권의 목적이었던 물건 또는 권리에 갈음하는 것이라고 할 수 있기 때문이다. 그러나 손해보험에 가입한 건물을 임차인의 과실로 소실하여 임차인이 손해배상을 한 경우에는, 임차인은 손해의 전부를 임대인에게 배상하였다고 하더라도 임대인이 보험회사에 가지는 보험금청구권을 대위할 수 없다. 보험청구권과 채권의 목적이 된 물건이나 권리를 동일한 것으로 볼 수 없기 때문이다. 그러나 반대로 보험회사가 소유자에게 보험금을 지급한 때에는 그 한도 내에서 임대인이 임차인에 대하여 가지는 손해배상청구권을 보험회사가 대위한다(상법 제682조).

배상자대위가 있은 후 채권의 목적이었던 물건이 발견된 경우(예를 들어 절취당한 물건을 되찾은 경우)에 채권자는 배상자에게 지급받은 배상금을 반환하고 그 물건을 반환청구할 수 있는지가 문제된다. 이에 관하여 일부의 견해(김형배 293면)는 배상자대위의 취지는 채권자에게 이중의 이익을 허용하지 않는 데 있을 뿐 소유자의 소유권을 빼앗기 위한 것이 아니라는 것을 이유로 이를 긍정하고 있다. 그러나 이를 허용하면 배상자에게 이전되었던 권리가 다시 회복되어야 하는 등의 복잡한 법률문제가 발생하게 되므로 이를 부정하는 것이 타당하다고 할 것이다.

제4장

責任財産의 保全

第1節 序　說

I. 意　義

채권에 대하여 최종적으로 책임을 지는 것은 채무자의 전재산(일반재산)이고, 이러한 채무자의 일반재산을 책임재산이라고 한다. 책임재산의 보전이란 채무자가 자기재산의 보전을 게을리 하거나 자기 재산을 감소시키는 경우에 채권자가 자신의 채권을 확보하기 위하여 채무자의 일반재산에 간섭하여 그것을 유지 · 회복하는 것을 말한다.

II. 認定理由

모든 채권은 궁극적으로 금전채권으로 변함으로써 그 목적을 달성하게 된다. 그런데 금전채권은 채무자의 일반재산을 환가하여 이로써 그 변제에 충당하므로 채권의 실질적 가치는 채무자의 책임재산의 다소에 의하여 결정된다. 따라서 채무자의 재산은 모든 채권의 최후의 거점이라고 할 수 있다. 채무자의 재산은 개개의 채권에 관하여 그 이행을 담보할 뿐만 아니라 모든 채권자를 위한 공동담보로 되어 있다. 채무자의 책임재산의 상태 여하는 채권의 가치에 미치는 영향이 크다. 따라서 채권자가 확실히 지급받기 위하여서는 채무자의 재산의 감소를 방지하여야만 하는 것이다. 그러나 채권은 채무자의 재산을 직접 지배하는 권리가 아니기 때문에 채무자의 재산감소행위를 모두 금지할 수 없다. 여기서 민법은 일정한 경우에 채권자가 채무자의 책임재산에 대하여 간섭하는 것을 허용함으로써 채권의 실질적인 가치를 보전케 하는 제도를 두게 된 것이다.

Ⅲ. 民法의 規定

민법은 책임재산을 보전하는 제도로서 제404조 내지 제407조에서의 채권자대위권과 채권자취소권을 규정하고 있다. 전자는 채무자가 소극적으로 책임재산의 유지를 꾀하지 않는 경우에 채권자가 채무자에 갈음하여 책임재산을 유지하기 위한 권리이고, 후자는 적극적으로 책임재산을 감소케 하는 경우에 그 채무자의 사해행위를 부인하여 책임재산을 회복하기 위한 권리이다.

第2節 債權者代位權

사 례

임대인 A와 임차인 B는 1984. 9. 10.에 1년 기간의 건물임대차계약을 체결하였고, B는 A에게 임차보증금 1,500만원을 지급하였으나, 1985. 5. 17.에 C에게 임차보증금반환청구권을 양도하였다. C는 B로부터 교부받은 채권양도통지서를 1986. 1. 11.에 이르러서야 A에게 발송하였는데 A와 B는 기간이 만료된 위 임대차계약에 대한 묵시의 갱신을 계속하여 1987년 이후에도 B가 건물을 계속 점유·사용하고 있다. 이에 C는 A를 대위하여 B에게 임차목적물을 A에게 반환할 것을 청구하고, A에 대하여는 임차보증금을 자신에게 반환할 것을 청구하였다. A에게는 충분한 변제자력이 있었다. 이 경우 C의 B에 대한 채권자대위권 행사와 A에 대한 임차보증금반환청구는 정당한가? (대판 1989. 4. 25, 88다카4253·4260 사안).

[중요논점]

Ⅰ. B에 대한 채권자대위권행사

1. A와 B의 임대차계약 갱신의 C에 대한 대항력
2. 무자력 요건과의 관계

Ⅱ. A에 대한 임차보증금반환청구

1. 채무자에 대한 채권양수의 대항력 2. 임대인의 임차물반환청구권과의 관계

I. 序　說

1. 意 義

채권자대위권은 채권자가 자기의 채권을 보전하기 위하여 자기의 이름으로 채무자에게 속하는 권리를 행사할 수 있는 권리이다(제404조 제1항 본문). 예를 들어 A은행으로부터 융자를 받은 B가 C에 대하여 금전채권을 가지고 있으면서도 채권의 추심을 게을리하고 있는 경우에 A가 B의 추심권을 대위하여 행사할 수 있는 권리를 말한다.

2. 沿 革

채권자대위권 제도는 프랑스민법상의 간접소권과 대위소송제도를 본받은 구민법(제423조)의 규정을 현행민법에서 그대로 수용한 것이다. 우리나라 민법 제404조의 제도적 기원을 이루고 있는 프랑스민법 제1166조는「그러나 채권자는 채무자에게 일신에 전속하는 권리를 제외하고는 채무자에게 속하는 모든 권리와 소권을 행사할 수 있다」고 규정하고 있다. 동 조항은 간접소권의 성립요건에 대해서는 법문에 아무런 언급을 하고 있지 않다는 점에서 우리 민법과 규정 형식상 차이점을 보이고 있다. 그러나 프랑스 법원은 프랑스민법 제1166조를 적용함에 있어서 다음과 같은 세 가지 요건을 부과하여 왔다. 첫째, 채권자의 채권에 관한 요건으로서 간접소권 행사 당시 채권의 존재가 확실하여야 하고, 기한이 도래하여야 하며, 채권의 내용이 확정되어 있어야 한다. 둘째, 채권자에 관한 요건으로서 채권자는 간접소권을 행사할 이익이 있어야 한다. 여기에서의 행사할 이익은 채무자가 무자력 상태에 있어야 함을 의미한다고 해석하고 있다. 셋째, 채무자에 관한 요건으로서 채무자 자신이 그의 권리를 행사하지 않고 있어야 한다. 프랑스 법원이 프랑스민법 제1166조 법문 자체에서 요구하고 있지 않음에도 위와 같은 요건들을 부과한 이유는 '채권자의 부당한 간섭을 방지' 하기 위함이었다. 즉 간접소권이「채무를 부담하는 자는 그의 현재 또는 장래의 모든 동산 및 부동산으로써 자신의 채무를 이행할 의무가 있다」는 프랑스민법 제2092조(개정민법 제2284조) 규정의 일반담보권의 실효성을 보장하기 위한 것이기는 하지만, 채권자가 위 권리를 남용하는 것을 방지하기 위한 것이었다. 우리 민법 제404조는 프랑스민법과 달리 동조 제1항에서 '채권보전의 필요성' 을 명시하고 있고, 제2항에서는 '피보전채권의 기한의 도래' 를 명시하고 있다. 이 제도는 강제집행제도가 불완전한 프랑스에서 인정하고 있으며, 집행제도가 완비된 독일 · 스위스 민법에서는 이를 인정하지 않는다.

3. 機 能

채권자대위권제도는 채무자의 책임재산을 보전하여 강제집행을 준비하는 기능을 한다. 우리나라에서는 책임재산의 보전에 관하여 채권자는 부동산에 관한 청구권의 압류, 제3채무자에 대한 추심의 訴(민사집행법 제238조·제244조) 등에 의하거나, 채무자의 금전채권을 압류하여 추심명령 또는 轉付命令을 얻어 만족을 얻을 수 있지만(민사집행법 제229조 이하), 이러한 구제방법은 복잡한 재판상의 절차를 필요로 한다. 이에 비해 채권자대위권제도는 그 요건과 절차가 간편하고 청구권뿐만 아니라 강제집행을 할 수 없는 취소권·해제권·환매권 등도 대위에 의하여 행사할 수 있다. 또한 그 본래의 기능과는 전혀 다른 「특정채권의 보전」이라는 목적을 위하여 이용되기도 한다. 예를 들어 매수인이 자기의 권리인 소유권이전등기청구권을 확보하기 위하여 매도인을 대위하여 전매도인에게 이전등기청구권을 행사할 수 있다.

Ⅱ. 性 質

채권자대위권은 실체법상의 권리이지 소송법상의 권리는 아니다. 그것은 채권의 보전을 위하여 채권자에게 주어지는 것이므로 채권에 수반되는 특별한 권리이다. 채권자대위권의 법적 성질에 관하여는 견해가 대립한다.

1. 學 說

(1) 법정재산관리권설 채권자대위권제도는 채무자의 책임재산의 감소를 방지하고 그 현상을 유지하기 위한 것으로서 총채권자의 공동담보로서의 책임재산에 부족이 생긴 경우, 즉 채무자가 무자력으로 된 경우에 채권자가 채무자의 재산권 내지 거래관계에 간섭할 수 있는 법정재산관리권으로 보는 견해이다(통설. 곽윤직 135면; 김용한 232면; 김주수 216면; 장경학 278면; 김상용 220면; 이은영 423면; 송덕수 148면). 이 견해에 의하면 채권자대위권 행사의 효과는 채무자에게 발생하여 채무자의 일반재산으로 귀속되므로 채무자의 일반채권자 전체의 공동담보가 되며 대위권자의 우선권이 인정되지 않고, 다만 피보전채권과 피대위권리가 모두 금전채권인 경우에는 추심명령이나 전부명령에 의하여 우선권을 확보할 수 있을 뿐이다.

이 견해는 채권자대위권을 실체법상의 권리로 본다. 그리고 원칙적으로 금전채권이고 무자력인 경우에 채권자대위권을 행사할 수 있으며, 다만 특정채권의 보전을 위하는 등 일정한 경우에 예외를 인정한다.

또한 이 견해는 채권자는 제3채무자에 대하여 채무자에게 급부할 것을 청구하는 것이 원칙이나, 채권자가 직접 급부를 수령할 수 있으며 수령한 급부와 자신의 채권이 금전 등 동일한 종류인 때에는 상계할 수 있다고 한다.

(2) 포괄적 담보권설 채권자대위권은 책임재산의 보전뿐만 아니라 채권자 자신의 채권을 보전하는 기능을 담당하는 제도로서 제3채무자에 대한 채무자의 채권을 대위행사하여 채권자가 그의 채권을 실현할 수 있도록 하는 포괄적 담보권으로 보는 견해이다(김형배 349면).

이 견해는 채권자대위권은 실체법상의 권리의 성질을 갖는 외에 소송법상의 권리의 성질도 겸유한다고 한다. 그리고 이 견해는 금전채권 또는 특정채권인가를 불문하고 채무자의 무자력을 요구하지 않으며, 제3채무자에 대한 채무자의 채권이 모두 금전채권인 경우에는 채권자가 자기에게 변제할 것을 청구하여 채권자가 직접 그 채권을 실현하여 만족을 얻을 수 있다고 한다.

2. 判 例

판례는 「채권자대위권을 행사하는 경우 채권자와 채무자는 일종의 법정위임의 관계에 있으므로 채권자는 민법 제688조를 준용하여 채무자에게 그 비용의 상환을 청구할 수 있다」고 함으로써(대결 1996. 8. 21, 96그8), 법정재산권관리설을 따르고 있다. 그리하여 채권자가 대위권을 행사한 경우, 제3채무자에 대하여 채무자에게 일정한 급부행위를 하라고 청구하는 것을 원칙으로 하고(대판 1966. 9. 27, 66다1149), 다만 예외적으로 금전의 지급(대판 2005. 4. 15, 2004다70024)이나 물건의 인도(대판 1980. 7. 8, 79다1929) 등을 대위청구하는 경우에는 대위채권자 자신에게 직접 이행할 것을 청구할 수 있다고 한다.

3. 私 見

위 두 학설은 채권자대위권의 기능과 채무자의 무자력 요건에서 견해를 달리하고 있다. 즉 법정재산권관리설은 채권자대위권의 기능을 책임재산의 보전에 있으며, 그 행사에 있어서 채무자의 무자력을 요건으로 한다. 반면에 포괄적 담보권설은 채권자대위권의 기능을 책임재산의 보전뿐만 아니라 채권자 자신의 채권보전에 있으며, 채무자의 무자력 요건을 필수적인 것으로 보지 않는다.

생각건대 대위채권자가 제3채무자로부터 직접 자기 채권의 만족을 얻을 수 있다고 하는 포괄적 담보권설에 의하면 대위채권자에게 사실상의 우선변제권을 인정하는 결과로 되어 채권자평등의 원칙에 어긋나게 된다. 채권자대위권은 채권자가 법률의 규정에 의하여 채무자의 재산관리에 간섭하여 자기 명의로 채무자의 권리를 행사할 수 있는 권리일 뿐이다. 따라서 채권자대위권은 일종의 법정재산관리권이라고 할 것이다.

Ⅲ. 要　件

민법 제404조는 「① 채권자는 자기의 채권을 보전하기 위하여 채무자의 권리를 행사할 수 있다. 그러나 일신에 전속한 권리는 그러하지 아니하다. ② 채권자는 그 채권의 기한이 도래하기 전에는 법원의 허가 없이 전항의 권리를 행사하지 못한다. 그러나 보존행위는 그러하지 아니하다」고 규정하고 있다. 이 규정을 근거로 한 채권자대위권의 요건은 다음과 같다.

1. 被保全債權에 관한 要件

(1) 債權者의 債權(피보전채권)의 存在

1) 채권자가 자기의 채권을 보전할 목적으로 채권자대위권을 행사하기 위해서는 채무자에 대한 채권을 가지고 있어야 한다. 민법은 채권자대위권의 피보전채권에 관하여 단지 「채권」으로만 규정하고 있어(제404조 제1항 본문), 그 범위가 해석상 문제되고 있다. 이에 관하여 학설은 (i) 채권에 한하지 않고 널리 청구권을 의미한다는 견해(다수설. 곽윤직 132면; 김용한 236면; 김주수 220면; 김형배 353면; 지원림 1131면 등), (ii) 청구권을 포함하나 그 성질에 비추어 개별적으로 판단하여야 한다는 견해(김상용 222면; 이은영 230면)로 나뉘고 있다. 그리고 판례는 채권 외에 물권적 청구권(대판 1966. 9. 27, 66다1334), 토지거래허가 신청절차의 협력의무의 이행청구권(대판 1995. 9. 5, 95다22917), 제688조 제2항의 대변제청구권(대판 2002. 1. 25, 2001다52506)은 피보전채권이 될 수 있으나, 이혼으로 인한 재산분할청구권은 협의 또는 판결에 의하여 구체적인 내용이 확보되기 전까지는 피보전채권이 될 수 없다고 한다(대판 1999. 4. 9, 98다58016). 생각건대 청구권이라고 하더라도 그 내용이 구체화되지 아니한 경우에는 채권자대위권의 피보전채권이 될 수 없으므로 (ii)설이 보다 타당하다고 할 것이다.

보전되는 채권(피보전 채권)의 종류 및 발생원인은 묻지 않는다(대판 2000. 6. 9, 98다18155). 또한 금전채권뿐만 아니라 부작위채권·노무공급채권이더라도 불이행으로 손해배상채권으로 변하여 일반재산에 의하여 공동으로 담보되는 채권이면 모두 보전될 수 있다. 그리고 채권자의 채권이 채무자의 제3채무자에 대한 채권보다 먼저 성립하고 있을 필요도 없다. 또한 채무자에 대한 채권이 제3채무자에게까지 대항할 수 있는 것임을 요하는 것도 아니다(대판 2003. 4. 11, 2003다1250). 따라서 부동산 매수인이 매도인의 제3자에 대한 등기말소청구권도 대위행사할 수 있다. 그러나 채무자에게 대항할 수 없는 채권자는 채권자대위권을 행사할 수 없으므로(대판 1985. 2. 8, 84다카188), 피보전채권에 관하여 패소확정판결이 있는 경우에는 채권자대위권을 행사할 수 없다(대판 2002. 5. 10, 2000다55171). 채권의 이행을 확보하기 위하여 저당권 등의 담보가 설정되어 있는 경우에 관하여도 대위권행사를 인정하는 견해가 있으나(곽윤직 132면; 김용한 238면; 김주수 207면), 담보로부터 완전한 변제를 받기 어려운 때에만 대위권을 행사할 수 있다고 할 것이다(동지 송덕수 148면; 김상용 222면; 이은영 429면).

2) 대위에 의하여 보전될 채권자의 채무자에 대한 권리(피보전 채권)가 존재하는지 여부는 채권자대위소송에서 당사자적격을 구성하는 사실로서 소송요건이다. 따라서 법원은 직권으로 조사하여 피보전채권의 존재여부를 확인하여야 할 의무가 있다(대판 2009. 4. 23, 2009다3234). 만약 채권자대위소송에서 채권자의 보전할 채권이 인정되지 않거나, 채무자에 대한 소에서 패소한 경우에는, 채권자는 스스로 원고가 되어 채무자의 제3채무자에 대한 권리를 행사할 당사자적격이 없게 되므로, 그 대위소송은 부적법하여 각하할 수밖에 없다(대판 2003. 5. 13, 2002다64189).

[판 례]

(1) 민법 제404조에서 규정하고 있는 채권자대위권은 채권자가 채무자에 대한 자기의 채권을 보전하기 위하여 필요한 경우에 채무자의 제3자에 대한 권리를 대위행사할 수 있는 권리를 말하는 것으로서, 이때 보전되는 채권은 보전의 필요성이 인정되고 이행기가 도래한 것이면 족하고, 그 채권의 발생원인이 어떠하든 대위권을 행사함에는 아무런 방해가 되지 아니하며, 또한 채무자에 대한 채권이 제3채무자에게까지 대항할 수 있는 것임을 요하는 것도 아니라고 할 것이므로, 채권자대위권을 재판상 행사하는 경우에 있어서도 채권자인 원고는 그 채권의 존재사실 및 보전의 필요성, 기한의 도래 등을 입증하면 족한 것이지, 채권의 발생원인사실 또는 그 채권이 제3채무자인 피고에게 대항할 수 있는 채권이라는 사실까지 입증할 필요는 없으며, 따라서 채권자가 채무자를 상대로 하여 그 보전되는 청구권에 기한 이행청구의 소를 제기하여 승소판결이 확정되면 제3채

무자는 그 청구권의 존재를 다툴 수 없다(대판 2000. 6. 9, 98다18155).

(2) 채권자대위소송에서 피대위자인 채무자 특정이 필요한 사항이기는 하나, 이는 피보전채권과 대위행사할 채권의 존부를 판단하고, 판결이 효력이 미칠 주관적 범위와 집행력이 미치는 범위를 정하여 채무자 본인이 제기할 소송이 중복소송에 해당하는지 여부를 판단하기 위하여 요구되는 것이므로, 채무자가 재대로 특정되었는지 여부는, 당해 채권자대위소송의 소송물이 갖는 성격과 채무자 특정의 난이도 및 소송과정에서 드러나 사안의 특성 등에 비추어, 그 특정한 정도가 위에서 든 목적물을 달성하는 데 충분한지 검토한 후 그 결과에 따라 구체적이고 개별적으로 결정하면 될 일이지 반드시 모든 경우에 일률적으로 채무자 개개인의 인적 사항을 통상의 소송당사자와 같은 정도로 상세히 특정되어야 하는 것은 아니다(대판 2004. 11. 26, 2004다40986).

(3) 채권자대위소송에서 대위에 의하여 보전될 채권자의 채무자에 대한 권리(피보전채권)가 존재하는지 여부는 소송요건으로서 법원의 직권조사사항이므로, 법원으로서는 그 판단의 기초자료인 사실과 증거를 직권으로 탐지할 의무까지는 없다 하더라도, 법원에 현출된 모든 소송자료를 통하여 살펴보아 피보전채권의 존부에 관하여 의심할 만한 사정이 발견되면 직권으로 추가적인 심리 · 조사를 통하여 그 존재 여부를 확인하여야 할 의무가 있다(대판 2009. 4. 23, 2009다3234).

(2) 債權保全의 必要性

1) 민법(제404조의 제1항)은 채권보전의 필요성이 있어야 채권자대위권을 행사할 수 있다고 규정하고 있다. 채권보전의 필요성은 채권자가 보전하려는 권리와 대위하여 행사하려는 채무자의 권리가 밀접하게 관련되어 있고, 채무자의 권리를 대위하여 행사하지 않으면 채권자가 채권의 완전한 만족을 얻을 수 없게 될 위험이 있어 채무자의 권리를 대위하여 행사하는 것이 채권의 현실적 이행을 유효 · 적절하게 확보하기 위하여 필요한 경우에 인정된다(대판 2001. 5. 8, 99다8699; 대판 2013. 5. 23, 2010다50014). 따라서 대위행사에 의하여 재산의 감소가 방지될 수 있다고 하는 것만으로는 불충분하다.

채권보전의 필요성이 존재하는지의 여부는 채권자대위소송의 사실심 변론종결 당시를 기준으로 하여 판단한다(대판 1976. 7. 23, 75다1086). 채권자에게 채권실현을 위한 다른 구제수단이 존재한다고 하더라도 그러한 사정만으로는 채권자대위권 행사요건인 보전 필요성을 부정할 사유가 없다(대판 2007. 5. 10, 2006다82700 · 82717).

2) 판례가 특정채권의 보전에까지 채권자대위권의 행사범위를 확대인정하고, 일부학설에서 채권자대위권제도의 기능을 책임재산의 보전에서 채권의 보전에까지 확대함에 따라 채무자가 무자력인 경우에 한하여 채권을 보존할 필요성이 있는가에 대

하여 견해가 나누어지고 있다.

(가) 學 說

(a) **무자력요건설** 채무자가 총채권자에 대한 책임재산이 부족한 경우에 한해서 보전필요성을 인정함을 원칙으로 삼는 견해이다(곽윤직 135면; 김용한 236~237면; 김상용 225면; 김증한/김학동 184면). 다만 예외적으로 채권자의 특정물채권을 확보할 필요가 있는 경우로서 판례에서 인정하고 있는 사례에 한하여 채무자의 자력에 관계없이 보전필요성을 긍정한다(송덕수 154면). 즉 판례에서 인정하고 있는 등기청구권의 대위행사는 등기부의 기재를 실체관계와 일치시켜야 하고, 임차목적물을 점유하고 있지 않는 임차임은 채권자대위권에 의해서만 방해배제를 청구할 수 있다는 사회적 요청을 충족하여 주는 중요한 기능을 하고 있다는 점에서 옳다고 한다.

(b) **무자력불요설** 채무자의 무자력은 대위행사의 요건이 아니라고 하는 견해이다(김주수 221면). 무자력요건설은 채무자의 채무 및 그의 채무자의 채무가 모두 변제기가 도래하여 있음에도 채권자대위권의 행사를 불허하므로 채무자와 제3채무자를 지나치게 보호하는 반면, 응당 보호해야 할 채권자에게는 부당한 손실을 강요하는 것이기 때문이라고 비판한다.

(c) **절충설** 채무자의 무자력을 요구하는 것은 채무자의 재산, 거래관계에 대한 부당한 간섭을 배제하기 위해서가 아니라 대위권 행사의 결과 다른 채권자 또는 제3자의 이익이 침해되는 것을 막기 위한 것이므로 다른 채권자나 제3자의 이익을 해치지 않는 범위에서는 채무자의 자력유무와 관계없이 대위권의 행사를 인정해도 무방하다는 견해이다(김형배 350면). 이 견해는 금전채권에서 무자력을 요건으로 하거나 또는 무자력요건을 일체 부인하는 양자택일의 이해방법은 적절하지 않다고 비판한다. 그리고 채무자의 권리가 대위채권자의 채권과 담보로서의 관련성이 강하거나 불가분의 밀접한 관계에 있는 경우에는 무자력요건이 불필요하고, 그 밖의 경우에 무자력을 요건으로 하는 것은 채무자의 재산관계에 대한 부당한 간섭을 배제하기 위해서가 아니라, 대위권행사의 결과 다른 채권자나 제3자의 이익이 침해되는 것을 막기 위함이라고 한다.

(나) 判 例 판례는 이 요건과 관련하여 다음과 같이 두 가지로 나누어 달리 해석하고 있으며, 통설도 이를 지지하고 있다.

(a) **金錢債權인 경우** 판례는 보전하려는 채권이 금전채권이거나, 또는 금전채권은 아니지만 그 불이행으로 인하여 손해배상청구권으로 된 것일 경우에는 채무

자가 무자력인 때에 한하여 보전의 필요성을 인정하고 있다(대판 1963. 2. 14, 62다884). 채무자가 무자력 상태에 있는지의 여부에 관한 입증책임은 채권자대위권을 행사하는 채권자에게 있으며(대판 1966. 6. 21, 66다587), 채무자의 자력 여부를 판단함에 있어 채무자의 적극재산 중 강제집행을 통한 변제가 사실상 불가능한 재산은 적극재산으로 고려될 수 없다(대판 2009. 2. 26, 2008다76556). 그런데 판례는 예외적으로 피대위채권과 직접적으로 관계가 있는 금전채권의 보전을 위한 대위행사에 있어서는 채무자의 무자력을 요건으로 하지 않는다. 즉 판례는 (i) 의료인이 환자에 대하여 갖는 치료비청구권을 보전하기 위하여 채무자인 환자가 국가에 대하여 가지는 국가배상청구권을 대위행사하거나(대판 1981. 6. 23, 80다1351), (ii) 유실물습득자가 법률상 습득자를 대위하여 보상금의 반액을 청구하는 경우(대판 1968. 6. 18, 68다663), (iii) 금전채권을 가진 채권자가 채무자의 국가에 대한 상속등기청구권을 대위행사하는 경우(대판 1964. 4. 3, 63마54), (iv) 수임인이 위임인에 대하여 가지는 대변제청구권(제688조 제2항 전단)을 보전하기 위하여 채무자인 위임인의 채권을 대위행사하는 경우(대판 2002. 1. 25, 2001다52506), (v) 임대차보증금반환채권을 양수한 채권자가 그 이행을 청구하기 위하여 임차인의 가옥명도가 선이행되어야 할 필요가 있어서 임대인을 대위하여 임차인에게 가옥을 임대인에게 인도하라고 청구하는 경우(대판 1989. 4. 25, 88다카4253), (vi) 채권자의 채무자에 대한 명의신탁 해지를 원인으로 한 소유권이전등기청구권의 불능에 따른 손해배상청구권을 보전하기 위하여 마찬가지로 채무자의 제3자에 대한 명의신탁된 부동산의 원상회복이 불가능함으로 인한 가액배상청구권을 대위행사하는 경우(대판 2006. 1. 27, 2005다39013) 등에 관하여는 채무자의 무자력은 그 요건이 아니라고 한다. 판례는 이러한 예외적인 채권보전의 필요성을 특정채권의 경우와 동일하게 이해하고 있는 것으로 보인다.

[판 례]

채권자가 채무자를 대위함에 있어서 대위에 의하여 보전될 채권자의 채무자에 대한 권리가 금전채권인 경우에는 그 보전의 필요성 즉 채무자가 무자력인 때에만 채권자가 채무자를 대위하여 채무자의 제3채무자에 대한 권리를 행사할 수 있는 것인바, 채권자대위의 요건으로서의 무자력이란 채무자의 변제자력이 없음을 뜻하는 것이고 특히 임의 변제를 기대할 수 없는 경우에는 강제집행을 통한 변제가 고려되어야 하므로, 소극재산이든 적극재산이든 위와 같은 목적에 부합할 수 있는 재산인지 여부가 변제자력 유무 판단의 중요한 고려요소가 되어야 한다. 따라서 채무자의 적극재산인 부동산에 이미 제3자 명의로 소유권이전청구권보전의 가등기가 경료되어 있는 경우에는 강제집행을 통한 변제가 사실상 불가능하므로, 위 가등기가 가등기담보 등에 관한 법률에 정한 담보가등기로서 강제집행을 통한 매각이 가능하다는 등의 특별한 사정이 없는 한 위 부동산은 실질적으로 재산적 가치가 없어 적극재산을 산정함에 있어서 이를 제외하여야 한다(대판 2009. 2. 26, 2008다76556).

(b) 特定債權(비금전 채권)인 경우 판례는 채권자가 채무자의 제3자에 대한 「특정의 채권」을 행사함으로써 자기의 특정채권을 보전할 수 있는 경우에는 채무자의 무자력은 그 요건이 아니라고 한다. 즉 「채권자가 보전하려는 권리와 대위하여 행사하려는 채무자의 권리가 밀접하게 관련되어 있고, 채권자가 채무자의 권리를 대위하여 행사하지 않으면 자기 채권의 만족을 얻을 수 없게 될 위험이 있어 채무자의 권리를 대위하여 행사하는 것이 자기 채권의 이행을 유효·적절하게 확보하기 위하여 필요한 경우에는 채권자는 채무자가 무자력이 아니더라도 채무자의 권리를 대위하여 행사할 수 있다」고 한다(대판 2001. 5. 8, 99다38699). 판례는 다음의 두 가지를 대표적인 것으로 들고 있다.

ⓐ 登記請求權의 代位行使 예를 들어 A로부터 B에게 부동산이 매도되고 B가 등기를 하지 않고 다시 C에게 그 부동산을 매도하였으며, 이를 3자간의 중간생략등기의 합의가 이루어지지 않을 경우에 C는 자신의 등기청구권을 보전하기 위하여 B를 대위하여 A에게 소유권이전등기를 B 앞으로 해 줄 것을 청구할 수 있다(대판 1969. 10. 28, 69다1351). 따라서 C는 B의 등기청구권을 대위행사하여 A로부터 B에게로 소유권이전등기를 경료한 후, 다시 그 자신의 B에 대한 등기청구권을 행사하여 B로부터 소유권이전등기를 받게 된다. 이와 같은 판례의 이론에 의하여 매수인이 매도인을 대위하여 제3자명의의 원인무효등기를 말소하거나(대판 1966. 9. 27, 66다1150), 채권담보의 목적으로 채권자에게 소유권이전등기를 해준 채무자는 그 채권자로부터 다시 제3자에게 경유된 무효인 소유권이전등기의 말소를 청구할 수 있다(대판 1970. 7. 24, 70다805). 더 나아가 명의신탁자는 명의신탁의 해지 없이도 그 채권을 보전하기 위하여 수탁자가 가지고 있는 원인무효의 소유권이전등기말소청구권을 대위행사할 수 있고(대판 1993. 5. 13, 95다52870), 또한 법정지상권자가 지상권의 등기 없이 그 소유건물을 양도한 경우에 건물양수인은 건물양도인을 대위하여 지상권설정등기(및 이전 등기)를 청구할 수 있다(대판 1989. 5. 9, 88다카15338). 그리고 취득시효완성자가 취득시효완성으로 인한 등기를 하기 전에 제3자 명의로 원인무효의 등기가 된 경우에는 취득시효완성자는 취득시효완성 당시의 소유자가 가지는 등기말소청구권을 대위행사할 수 있다(대판 1990. 11. 27, 90다6651).

ⓑ **賃借人의 妨害排除請求權의 代位行使** 예를 들어 점유하고 있지 않은 부동산임차인은 임대인의 불법점유자에 대하여 갖는 소유권에 기한 방해배제청구권을 대위행사하거나(대판 1962. 1. 25, 4294민상607), 부동산매수인이 매도인의 방해배제청구권을 대위행사하는 경우이다(대판 1973. 7. 24, 73다114). 그러나 임대인의 동의 없이 임차권이 양도된 경우에는 특약이 없는 한 임차권의 양도를 가지고 임대인에게 대항할 수 없고(제629조 제1항), 양수인은 임대인의 권한을 대위행사할 수 없다(대판 1985. 2. 8, 84다카188).

ⓒ 그 밖에 판례는 미등기건물의 매수인은 매도인에 대하여 완전한 권리행사에의 협력을 요구할 수 있으므로 매도인을 대위하여 불법점유자에 대하여 인도청구를 할 수 있고(대판 1980. 7. 8, 79다1928), 부동산의 명의신탁자는 수탁자를 대위하여 제3자의 침해에 대하여 그 배제를 청구할 수 있으며(대판 1979. 9. 25, 77다1079), 부동산의 매수인은 대위의 대상이 된 매도인(채무자)의 권리가 제3자로부터 방해를 받아 확정을 보지 못하고 있는 경우에는 매도인을 대위하여 제3자에 대하여 매도인의 권리의 확인과 그 방해의 제거를 청구할 수 있다고 한다(대판 1976. 4. 27, 73다1306).

(c) 轉用範圍의 擴大適用 최근에 판례는 채권자의 권리를 보전하기 위하여 채권자대위권의 전용범위를 더욱 확대적용하고 있다. 예를 들어 판례는 도로공사에 대하여 특정 주유소에 자기의 상품을 표시하고 자기의 석유제품을 공급할 권리를 가지는 자는 그 권리를 보전하기 위하여 도로공사가 그 주유소에 대하여 가지는 권리의 대위행사를 인정하고(대판 2001. 5. 8, 99다38699), 수임인의 위임인에 대한 대변제청구권을 보전하기 위한 임차인의 상계권의 대위행사를 인정하고 있다(대판 2002. 1. 25, 2001다52507). 나아가 판례는 물권적 청구권에 대하여도 채권자대위권에 관한 민법 제404조의 규정과 위와 같은 법리가 적용될 수 있다고 하면서(대판 2007. 5. 10, 2006다82700 · 82717), 토지소유권에 근거하여 그 토지상건물의 임차인들을 상대로 건물에서의 퇴거를 청구할 수 있었더라도, 퇴거청구와 건물의 임대인을 대위하여 임차인들에게 임대차계약물의 해지를 통고하고 건물의 인도를 구하는 청구는 그 요건과 효과를 같이하는 것이므로, 위와 같은 퇴거청구를 할 수 있었다는 사정이 채권자대위권의 행사요건인 채권보전의 필요성을 부정한 사유가 될 수 없다고 한다.

(다) 私 見 책임재산보전제도로서의 채권자대위권은 단순히 책임재산을 보전하는 수단으로만 활용되지 않고, 나아가 채권의 실질적 가치를 확보하는 수단으로 그 기능이 확장되었고, 이러한 기능 확장은 대부분 긍정적으로 수용되고 있다. 이와 같이 확장된 채권자대위권의 기능을 고려하여 판단할 때, 보전필요성의 요건은 채권

자가 채무자의 권리를 대위하여 행사하지 아니하면 자기 채권의 완전한 만족을 얻을 수 없게 될 위험이 있어서 채무자의 권리를 대위하여 행사하는 것이 채권의 실현에 유효하고도 적절한 수단이 되는 때에 충족된다고 할 것이다.

채권자가 채무자의 권리를 대위하여 행사하지 않으면 채권의 완전한 만족을 얻을 수 없게 될 위험은 대부분 채무자의 책임재산이 부족할 때에 발생한다. 만약, 채무자의 책임재산이 충분하다면 채무자의 권리를 대위하여 행사하지 않더라도 채권의 완전한 만족을 얻을 수 있기 때문이다. 그리고 채권자가 채무자의 권리를 행사한다는 것은 「자신의 권리는 자신이 행사한다」는 원칙에 대한 중대한 예외가 된다. 따라서 채권보전의 필요성은 원칙적으로 채무자의 무자력을 요건으로 한다고 할 것이다.

다만 특정채권과 같이 그 채권의 실현이 채무자의 책임재산에 의존하지 않는 경우나 비록 금전채권이라고 하더라도 그 금전채권의 실현이 채무자의 특정한 권리의 불행사로 인하여 방해받고 있는 경우 등과 같이 채권의 실현이 채무자의 책임재산 상태로부터 영향을 받지 않는 때에는 채무자의 무자력은 채권보전에 필요한 요건이 아니라고 할 것이다.

[판 례]

(1) 채권자는 자기의 채무에 대한 부동산의 소유권이전등기청구권 등 특정채권을 보전하기 위하여 채무자가 방치하고 있는 부동산에 관한 특정권리를 대위하여 행사할 수 있고 그 경우에는 채무자의 무자력을 요건으로 하지 아니하는 것이다(대판 1992. 10. 27, 91다483).

(2) 부동산의 소유자에 대하여 소유권이전등기를 청구할 지위에 있기는 하지만 아직 그 소유권이전등기를 경료하지 않은 상태에서, 제3자가 부동산의 소유자를 상대로 그 부동산에 관한 소유권이전등기절차 이행의 확정판결을 받아 소유권이전등기를 경료한 경우, 그 확정판결이 당연무효이거나 재심의 소에 의하여 취소되지 않는 한, 종전의 소유권이전등기청구권을 가지는 자가 부동산의 소유자에 대한 소유권이전등기청구권을 보전하기 위하여 부동산의 소유자를 대위하여 제3자 명의의 소유권이전등기가 원인무효임을 내세워 그 등기의 말소를 구하는 것은 확정판결의 기판력에 저촉되므로 허용될 수 없다(대판 1999. 2. 24, 97다46955).

(3) 피보전채권이 특정채권이라 하여 반드시 순차매도 또는 임대차에 있어 소유권이전등기청구권이나 인도청구권 등의 보전을 위한 경우에만 한하여 채권자대위권이 인정되는 것은 아니며, 물권적 청구권에 대하여도 채권자대위권에 관한 민법 제404조의 규정과 위와 같은 법리가 적용될 수 있다(대판 2007. 5. 10, 2006다82700).

(4) 부동산을 공동매수한 채권자가 채무자에 대한 소유권이전등기청구권을 피보전채

권으로 하여 제3채무자를 상대로 채무자의 제3채무자에 대한 소유권이전등기청구권을 대위행사하는 소송을 제기한 사안에서, 위 채권자는 공동매수인 중 1인에 불과하므로 그의 매수지분 범위 내에서만 채무자의 제3채무자에 대한 소유권이전등기청구권을 대위행사할 수 있고, 그 지분을 초과하는 부분에 관하여는 채무자를 대위할 보전의 필요성이 없다고 한 사례(대판 2010. 11. 11, 2010다43597).

(3) 被保全債權의 履行期 到來

1) 原 則 채권자는 이행기 전에는 「법원의 허가 없이」 채권을 행사할 수 없으므로 대위권도 행사할 수 없다. 따라서 대위권을 행사하기 위해서는 원칙적으로 채권자의 채권이 이행기에 있어야 한다(제404조 제2항). 피보전채권의 기한이 도래하기 전에 채권자대위권 행사를 허용하는 것은 채무자에게 주어진 기한의 이익을 박탈하는 결과를 초래하기 때문이다.

2) 例 外

(가) 裁判上의 代位 채권의 기한이 도래하기 전이더라도 「법원의 허가」가 있으면 대위권을 행사할 수 있다(제404조 제2항). 즉 이행기 전에 채권자대위권을 행사하지 않으면 채권의 보존이 불가능하거나 곤란하게 될 경우에는 재판상의 대위권행사를 법원에 신청할 수 있다(비송사건절차법 제45조).

(나) 保存行爲 시효중단을 위한 이행청구 · 미등기 부동산의 보존등기 · 제3채무자가 파산한 경우의 채무자의 채권의 신고 · 압류 · 가압류 · 가처분의 신청 등과 같이 긴급을 요하는 보존행위의 경우에는 채권자는 이행기 이전이라도 법원의 허가 없이 채무자의 권리를 대위할 수 있다(제404조 제2항 단서). 이는 항상 채무자에게 이익이 될 뿐만 아니라 시급할 때가 많기 때문이다.

2. 被代位權利에 관한 要件

(1) 채무자의 권리가 존재할 것

채권자대위권은 채무자의 권리를 채권자가 행사하는 것이므로 그 전제로서 채무자의 제3채무자에 대한 권리가 존재하여야 하고, 채무자가 그 권리를 행사할 수 있는 상태에 있어야 한다(대판 1982. 8. 24, 82다283). 따라서 채무자와 제3자의 법률행위에 무효 등의 사유가 있어 채무자가 제3에 대하여 청구할 권리가 없는 경우에는 대위권은 인정되지 않는다.

(2) 대위의 객체가 될 수 있는 권리일 것

1) 一般的 財産權

(가) 채권의 공동담보에 적합한 채무자의 일반재산을 이루는 재산권은 그 종류를 불문하고 모두 채권자대위권의 목적이 될 수 있다. 그 권리에 동시이행의 항변권이 부착된 권리라고 하여도 관계없다(대판 1965. 5. 25, 65다265 · 266). 청구권(물권적 청구권도 포함) · 형성권(취소권 · 추인권 · 선택권 · 해제권 · 환매권 · 상계권 · 대금감액청구권 · 공유물분할청구권 등) · 채권자대위권(대판 1968. 1. 23, 67다2440) · 채권자취소권(대판 2001. 11. 27, 2000다73049) · 공법상의 권리(부등산등기법 제52조의 등기신청권, 대판 1962. 1. 10, 62다138) 등도 채권자대위권의 목적이 될 수 있다. 그리고 민법상 조합원의 조합 탈퇴권(대결 2007. 11. 30, 2005마1130)이나 여객자동차운송사업면허권자의 명의변경을 구할 권리(대판 2007. 12. 28, 2005다38843), 토지거래규제구역 내의 토지거래허가 신청절차의 협력의무이행청구권(대판 1996. 10. 26, 96다23825), 저작권법상의 침해정지청구권(대판 2007. 1. 25, 2005다11626) 등도 그 목적이 될 수 있다. 다만 형성권에 대해서는 형성권자의 자기결정의 자유를 침해하는 경우에는 허용될 수 없으며, 형성권의 행사가 단순히 재산의 관리로서의 권리를 갖는 경우에 한해서 허용될 수 있다는 제한적 긍정설(이은영 431면)도 있다.

(나) 권리의 내용이 재산적 가치를 가지고 있다고 하더라도 다음과 같이 그 행사 여부가 오로지 권리자의 자유로운 의사에 의하여 결정되어야만 하는 권리의 목적에 부합하는 권리는 대위의 객체가 될 수 없다.

(a) 채무자의 일신전속권 일신전속권에는 양도와 상속이 금지되는 귀속상의 일신전속권(비양도성 · 비상속성)과 행사상의 일신전속권(비법정대리성 · 비채권자대위성)이 있는데, 대위의 목적이 되지 않는 것은 이른바 행사상의 일신전속권이다. 따라서 순수한 비재산적 권리(가족권 · 인격권)는 모두 제외된다. 재산적 가치가 있더라도 인격적 이익을 위하여 인정되는 권리(부부간의 계약취소권 · 인격권 침해에 의한 위자료청구권 등)도 역시 제외된다. 그리고 권리의 행사가 채무자의 자유의사에 맡겨져 있는 권리(예: 계약의 청약과 승낙 · 제3자를 위한 계약에서 수익의 의사표시 · 채권양도의 통지)는 채권자대위권의 대상이 될 수 없다. 판례는 후견인이 친족회의 동의 없이 일정한 행위를 한 경우에 피후견인 또는 친족회가 그 후견인의 행위를 취소할 수 있는 권리는 행사상의 일신전속권이므로 대위권의 목적이 될 수 없으며(대판 1996. 5. 31, 94다35985), 유류분반환청구권도 그 행사 여부가 유류분권리자의 인격적 이익을 위하여 그의 자유로운 의사결정에 전적으로 맡겨진 권리로서 행사상의 일신전속성을 가진다고 보아야 하므로, 유류분권리자에게 그 권리행사의 확정적 의사가 있다고 인정되는 경우가 아니라면 채권자대위권의 목적이 될 수 없다고 한다(대판 2010. 5. 27, 2009다93992). 다만 종신정기금채권(제725조) · 당사자의 사망을 종기 또는

해제조건으로 하는 채권이나 당사자 사이의 특별한 신뢰관계를 기초로 하는 채권(사용대차 · 임대차 · 고용 · 위임 · 조합 등)은 귀속상의 일신전속권으로서 상속의 목적이 될 수 없거나 양도성이 제한된다. 그러나 이러한 채권도 재산권으로서 채무자의 재산의 구성부분을 이루고 있으므로 채권의 공동담보의 보전을 위하여 필요한 때에는 채권자대위권의 목적이 될 수 있다. 승인 포기 기간 내의 상속등기 신청행위가 채권자대위권의 대상이 될 수 있는지가 문제된다. 이에 관하여 판례는 「상속등기는 상속재산에 대한 처분행위라고 볼 수 없는 만큼 상속인을 대위하여 상속등기를 하였다고 하여 단순승인 효력을 발생시킬 수 없는 것이므로 상속인의 의사에 반하여 상속등기를 하는 것이 된다 하여도 상속인은 법정기간 내에 한정승인 또는 상속포기를 할 수 있다고 해석하는 것이 상당할 것이므로 채권자의 대위권 행사를 허용하므로 인하여 상속인의 한정승인 또는 포기할 수 있는 권한에는 아무런 영향도 미치는 것이 아니며, 따라서 채권자의 대위권행사에 의한 상속등기를 거부할 이유가 없다」고 한다(대판 1964. 4. 3, 63마54).

(b) 압류가 금지되는 채권 압류가 금지되는 채권은 주로 채무자의 생존을 위하여 확보된 권리로서 채권의 공동담보로 하지 못하므로 채권자대위권의 목적이 될 수 없다(민사집행법 제246조, 공무원연금법 제12조, 근로기준법 제86조 등).

[판 례]

계약의 청약이나 승낙과 같이 비록 행사상의 일신전속권은 아니지만 이를 행사하면 그로써 새로운 권리의무관계가 발생하는 등으로 권리자 본인이 그로 인한 법률관계 형성의 결정 권한을 가지도록 할 필요가 있는 경우에는, 채무자에게 이미 그 권리행사의 확정적 의사가 있다고 인정되는 등 특별한 사정이 없는 한, 그 권리는 채권자대위권의 목적이 될 수 없다고 봄이 상당하다. 그리고 이는 일반채권자의 책임재산의 보전을 위한 경우뿐만 아니라 특정채권의 보전이나 실현을 위하여 채권자대위권을 행사하고자 하는 경우에 있어서도 마찬가지라고 할 것이다(대판 2012. 3. 29, 2011다100527).

2) 訴訟上의 權利 실체법상 권리를 주장하기 위한 독립된 소송절차를 개시하게 하는 채무자의 소송법상의 권리(예: 소의 제기 · 강제집행의 신청 · 청구이의의 소 · 제3자 이의의 소 · 가처분명령의 취소신청 등)도 채권자대위권의 목적이 될 수 있다. 그러나 채무자와 제3자 사이에 소송이 係屬한 후, 그 소송을 수행하기 위한 소송법상의 개개의 행위에는 채권자가 대위할 수 없다(통설. 대판 1961. 10. 26, 4294민상559). 채무자가 자의든 타의든 간에 권리행사를 하고 있기 때문이다(예: 공격방어방법의 제출, 상소의 제기 · 집행방법에 관한 이의 · 가집행결정에 대한 이의의 신청 · 경락허가결정의 항고 등). 따라서 상소의 제기와 마찬가지로 종전

재심대상판결에 대하여 불복하여 종전 소송절차의 재개, 속행 및 재심판을 구하는 재심의 소 제기는 채권자대위권의 목적이 될 수 없다(대판 2012. 12. 27, 2012다75239).

[판 례]

(1) 부동산 소유 명의자에 대하여 소유권이전등기청구권 또는 소유권이전등기말소등기청구권을 가지는 자가 아직 그 등기를 경료하지 않고 있는 사이에 위 부동산 소유 명의자가 제3자와 그 부동산에 관한 소유권이전등기절차를 이행하기로 하는 제소전화해를 하고 그 화해조서에 의하여 위 제3자 앞으로 소유권이전등기가 경료된 경우에는 그 화해조서가 당연무효이거나 준재심절차에 의하여 취소되지 않는 한 종전의 소유 명의자에 대하여 위 등기청구권을 가지는 자가 이를 보전하기 위하여 그를 대위하여 위 제3자 명의의 위 소유권이전등기가 원인무효임을 이유로 말소를 구하는 것은 화해조서의 기판력에 저촉되어 부적법하고, 나아가 위 제3자 명의의 위 소유권이전등기에 기하여 경료된 다른 등기의 말소를 구하는 것도 마찬가지로 부적법하다(대판 2000. 7. 6, 2000다11584).

(2) 가압류 · 가처분신청에 기한 소송을 수행하기 위한 소송절차상의 개개의 권리가 아니라, 제소기간의 도과에 의한 가압류 · 가처분의 취소신청권은 가압류 · 가처분신청에 기한 소송절차와는 별개의 독립된 소송절차를 개시하게 하는 권리이고, 본안제소명령의 신청권은 제소기간의 도과에 의한 가압류 · 가처분의 취소신청권을 행사하기 위한 전제요건으로 인정된 독립된 권리이므로, 본안제소명령의 신청권이나 제소기간의 도과에 의한 가압류 · 가처분의 취소신청권은 채권자대위권의 목적이 될 수 있는 권리라고 봄이 상당하다(대결 1993. 12. 27, 93마1655).

3. 債務者가 스스로 그의 權利를 行使하지 않을 것

(1) 채권자는 채무자가 스스로 그의 권리를 행사하지 않은 경우에만 채권자대위권을 행사할 수 있다. 채권자대위권의 행사요건인 「채무자가 스스로 그 권리를 행사하지 않을 것」이라 함은 채무자의 제3채권자에 대한 권리가 존재하고 채무자가 그 권리를 행사할 수 있는 상태에 있으나 스스로 그 권리를 행사하고 있지 아니함을 의미하고, 여기서 권리를 행사할 수 있는 상태에 있다는 뜻은 권리행사를 할 수 없게 하는 법률적 장애가 없어야 한다는 뜻이며, 채무자 자신에 관한 현실적인 장애까지 없어야 한다는 뜻은 아니고 채무자가 그 권리를 행사하지 않은 이유를 묻지 않는다(대판 1992. 2. 25, 91다9312. 이 판결에서 미등기토지에 대한 시효취득자가 제3자 명의의 성명불상자라 하여도 그가 위 등기의 말소를 구하는 데 어떤 법률적 장애가 있다고 할 수는 없어 그 채권자대위권의 행사에 어떤 법률적 장애가 될 수 없다고 하였다). 여기서 채무자가 권리를 행사하지 않는 이유는 불문하며, 채무자가 대위권행사를 반대하거나(대판 1963. 11. 23, 63다634), 대위행사에 채무자의 동의를 받지 않더라도(대판 1971. 10. 25, 71다1931)

채권자는 대위권을 행사할 수 있다.

(2) 채무자가 이미 스스로 권리를 행사한 때에는 그 방법 · 결과가 부적당하여도 대위권을 행사할 수 없다. 예를 들어 채권자가 대위권을 행사할 당시에 이미 채무자가 그 권리를 재판상 행사하였을 때에는 채권자는 채무자를 대위하여 권리를 행사할 수 없다(대판 2009. 3. 12, 2008다65839). 즉 채무자가 소를 이미 제기한 때는 물론이고(대판 1970. 4. 28, 69다1311), 채무자가 부적당한 소송방법으로 패소한 때(대판 1980. 5. 27, 80다735)에도 채권자는 대위권을 행사할 수 없다. 그리고 채무자가 제3자에 대한 자기의 채권을 포기하는 것 역시 권리행사의 일종으로 볼 수 있기 때문에 채권자가 당연히 채무자가 포기한 권리를 대위행사할 수 있는 것은 아니다.

[판 례]

(1) 채권자대위권은 채무자가 제3채무자에 대한 권리를 행사하지 아니하는 경우에 한하여 채권자가 자기의 채권을 보전하기 위하여 행사할 수 있는 것이기 때문에 채권자가 대위권을 행사할 당시 이미 채무자가 그 권리를 재판상 행사하였을 때에는 설사 패소의 확정판결을 받았더라도 채권자는 채무자를 대위하여 채무자의 권리를 행사할 당사자적격이 없다(대판 1993. 3. 26, 92다32876).

(2) 부동산의 제2매수인이 매도인의 배임행위에 적극 가담한 결과 제2매매계약이 반사회적 법률행위에 해당하여 무효인 경우에, 그 무효인 제2매매계약을 원인으로 하는 제2매수인 앞으로의 소유권이전등기가 확정판결에 따라 마쳐졌다 하더라도, 그 확정판결의 기판력에 저촉되지 않는 범위에서는 제1매수인이 위 소유권이전등기의 무효를 주장할 수 있다(대판 2002. 4. 26, 2001다8097).

Ⅳ. 債權者代位權의 行使

1. 行使의 方法

(1) 채권자대위권의 요건이 갖추어지면 채권자는 대리인으로서가 아니라 「자기의 이름」으로 채무자의 권리를 행사할 수 있다. 원칙적으로 채무자 앞으로 이행할 것을 청구한다. 그 행사는 재판상 또는 재판 외에서도 행사할 수 있다. 다만 채권자의 채권의 이행기가 아직 도래하지 않은 경우에는, 법원에 대위허가를 요할 뿐이다(제404조 제2항). 「변제」의 효과는 직접 채무자에게 발생하나, 금전 기타 물건의 급부를 목적으로 하는 채권과 같이 변제의 수령을 필요로 하는 경우에 채권자는 채무자에게

인도할 것을 청구할 수 있음은 물론이지만, 직접 자기에게 인도할 것을 청구할 수도 있다(대판 1980. 7. 8, 79다1928). 만일 이를 인정하지 않는다면 채무자가 수령하지 않는 경우에는 대위권은 그 목적을 달성할 수 없게 되기 때문이다(통설. 대판 1995. 5. 12, 93다50592; 대판 2005. 4. 15, 2004다70024). 한편, 채권자가 수령한 목적물은 채무자에게 인도해야 하지만 상계가 가능하면 상계할 수 있다.

[판 례]

채권자대위권을 행사함에 있어서 채권자가 제3채무자에 대하여 자기에게 직접 급부를 요구하여도 상관없는 것이고 자기에게 급부를 요구하여도 어차피 그 효과는 채무자에게 귀속되는 것이므로, 채권자대위권을 행사하여 채권자가 제3채무자에게 그 명의의 소유권보존등기나 소유권이전등기의 말소절차를 직접 자기에게 이행할 것을 청구하여 승소하였다고 하여도 그 효과는 원래의 소유자인 채무자에게 귀속되는 것이니, 법원이 채권자대위권을 행사하는 채권자에게 직접 말소등기 절차를 이행할 것을 명하였다고 하여 무슨 위법이 있다고 할 수 없다(대판 1996. 2. 9, 95다27998).

(2) 채권자대위권을 행사하는 채권자와 채무자 사이의 관계에 관하여 학설은 (i) 법정위임관계로 보는 견해(곽윤직 141면; 김상용 229면; 송덕수 157면), (ii) 사무관리로 보는 견해(이은영 425면)가 대립한다. 판례는 법정위임관계로 보고 있다(대결 1996. 8. 21, 96그8). 생각건대 채권자의 대위권행사는 채무자의 권리를 채권자 자기의 이름으로 행사하는 것이므로 양자 사이에는 법정위임관계가 성립하며, 따라서 채권자는 선량한 관리자의 주의의무(제681조)를 부담한다고 할 것이다.

2. 行使의 範圍

(1) 채권자대위권의 행사는 채권의 보전에 필요한 범위에 한정되므로, 관리행위는 허용되지만 책임재산을 감소시키는 결과를 초래하는 처분행위는 허용되지 않는다. 관리행위인가 처분행위인가는 개개의 행위로부터 정하여지는 것이 아니라 채무자의 재산 전체와의 관련에 있어서 상대적으로 정하여진다. 따라서 단순한 채무의 변제 · 권리의 포기 · 기한의 유예 등의 처분행위는 허용되지 않으나, 채권자취소권 · 해제권 · 환매권 등의 행사나 매매 · 상계 · 경개 등의 이익교환행위는 일종의 관리행위로서 허용된다고 것이다. 소멸시효가 완성된 경우 채무자에 대한 일반 채권자는 채권자의 지위에서 독자적으로 소멸시효의 주장을 할 수는 없지만 자기의 채권을 보전

하기 위하여 필요한 한도 내에서 채무자를 대위하여 소멸시효 주장을 할 수 있다(대판 1997. 12. 26, 97다22676; 대판 2007. 3. 30, 2005다11312; 대판 2012. 5. 10, 2011다10950).

(2) 대위할 수 있는 채권의 범위가 채권자의 피보전채권의 범위로 한정되는지가 문제된다. 이에 관하여 학설은 (i) 채권의 공동담보의 보존을 위하여 대위채권자의 채권액 이상의 채무자의 권리를 행사하는 것은 무방하다는 견해(곽윤직 142면; 김상용 230면; 김증한/김학동 190면; 송덕수 157면), (ii) 금전채권의 경우에는 채권자의 채권의 범위 내로 한정되는 것이 원칙이나, 예외적으로 보전행위만을 대위행사하거나 불가분의 채권인 경우에는 채권액을 약간 초과하는 범위에 대하여도 가능하다는 견해(이은영 444면), (iii) 피대위채권이 불가분이거나 인도목적물이 불가분인 경우에는 피보전채권액을 초과하여 행사할 수 있다는 견해(지원림 1138면; 민법주해(9)/김능환, 774면)로 나뉘고 있다. (iii) 설이 보다 타당하다고 할 것이다. 그러나 특정물채권자는 그 특정채권의 보전에 필요한 권리만을 대위행사할 수 있을 뿐이다(대판 1993. 4. 23, 93다289).

(3) 수인의 채권자 중 1인이 이미 채권자대위권을 행사하고 있는 경우에는 다른 채권자는 대위권을 행사할 수 없다. 판례는 채권자대위소송의 계속 중 다른 채권자가 같은 채무자를 대위하여 같은 제3채무자를 상대로 법원에 출소한 경우 두 개 소송의 소송물이 같다면 후소는 중복제소금지의 원칙에 위배하여 제기된 불적법한 소송으로서 각하를 면할 수 없다고 한다(대판 1989. 4. 11, 87다카3155).

[판 례]

채권자가 채무자를 대위하여 제3채무자를 상대로 제기한 채권자대위소송이 법원에 계속중 채무자와 제3채무자 사이에 채권자대위소송과 소송물을 같이하는 내용의 소송이 제기된 경우, 양 소송은 동일소송이므로 후소는 중복제소금지원칙에 위배되어 제기된 부적법한 소송이라 할 것이나, 이 경우 전소, 후소의 판별기준은 소송계속의 발생시기의 선후에 의할 것이다(대판 1992. 5. 22, 91다41187).

3. 通知와 處分權의 制限

(1) 재판상의 대위신청을 허가한 경우에는 법원은 직권으로 이를 채무자에게 고지하여야 하며(비송사건절차법 제49조 제1항), 고지를 받은 채무자는 그 권리를 처분하지 못한다(비송사건절차법 제49조 제2항).

(2) 재판 외의 대위에 관하여 민법은 채권자가 자신의 채권의 이행기가 도래한

후 채무자의 보전행위 이외의 권리를 행사하는 때에는 채무자에게 대위의 통지를 하여야 하며(제405조 제1항), 이 통지를 받은 후에는 채무자는 그 권리에 관하여 처분행위를 하지 못한다(제405조 제2항)고 규정하고 있다. 여기서의 금지되는 처분행위에는 채권 자체에 대한 처분행위(채권양도·채권포기 등)뿐만 아니라 채권 발생의 기초가 되는 법률관계에 대한 처분행위(계약의 합의해제 등)도 포함된다. 판례는 이와 같이 채무자의 처분권한을 제한하는 취지는 채권자의 대위권행사 이후에 채무자에게 대위의 목적인 권리의 양도나 포기 등 처분행위를 허용하게 되면 채권자의 대위권행사가 방해받기 때문이라고 한다(대판 1989. 4. 11, 87다카3155; 대판[전합] 2012. 5. 17, 201다87235 등). 또한 판례는 채권자가 민법 제404조에 의한 채권자대위권에 기하여 채무자의 채권을 행사하면서 그 사실을 채무자에게 통지를 하지 아니한 경우라도 채무자가 자기의 채권이 채권자에 의하여 대위행사되고 있는 사실을 알고 있는 경우에는 그 대위행사한 권리의 처분을 가지고 채권자에게 대항할 수 없다고 한다(대판 1988. 1. 19, 85다카1792; 대판 1996. 4. 12, 95다54167).

(3) 통지 등이 있는 경우에는 처분행위가 금지될 뿐, 권리의 관리·보존행위까지 금지되는 것은 아니다. 따라서 무효인 매매계약에 기하여 경료된 소유권이전등기의 말소등기청구권을 대위행사함에도 불구하고 무효인 매매를 추인한 경우(대판 1975. 12. 23, 73다1086), 대위권행사의 통지가 되거나 그 사실을 채무자가 알게 된 후에 채무자가 제3자와의 계약을 합의해제한 경우(대판 2007. 6. 28, 2006다85021)와 같이 대위권행사의 객체인 권리를 소멸시키는 행위는 처분행위에 해당한다. 그러나 채무자가 채권자대위권 행사의 통지를 받은 후 채무자가 자신의 채무불이행을 이유로 하여 매매계약이 해제(법정해제 또는 자동해제 약정에 의한 해제)되도록 한 경우(대판[전합] 2012. 5. 17, 2011다87235), 채권자대위권 행사 중에 채무자가 제3채무자로부터 변제를 수령한 경우(대판 1991. 4. 12, 90다9407), 채무자가 단순히 의의를 제기하지 않은 경우(대판 2007. 9. 6, 2007다34135)는 처분행위에 해당하지 않는다.

[판 례]

(1) 채권자대위권의 행사에 있어서 채무자가 채권자대위권을 행사한 점을 알게 된 이후에는 채무자가 그 권리를 처분하여도 이로써 채권자에게 대항할 수 없으므로, 채권자가 채무자를 대위하여 제3채무자의 부동산에 대한 처분금지가처분을 신청하여 처분금지가처분결정을 받은 경우, 이는 그 부동산에 관한 소유권이전등기청구권을 보전하기 위한 것이므로 피보전권리인 소유권이전등기청구권을 행사한 것과 같이 볼 수 있어, 채무자가 그러한 채권자대위권의 행사사실을 알게 된 이후에 그 부동산에 대한 매매계약을 합의해제함으로써 채권자대위권의 객체인 그 부동산의 소유권이전등기청구권을 소멸시켰다 하

더라도 이로써 채권자에게 대항할 수 없다(대판 1996. 4. 12, 95다54167).

(2) 채권자가 채무자와 제3자 사이의 근저당권설정계약이 통정허위표시임을 이유로 채무자를 대위하여 그 말소를 구하는 소송을 제기하였는데, 그 후 채무자가 제3자가 신청한 지급명령에 이의를 제기하지 않아 강제경매절차에서 부동산이 매각됨으로써 위 근저당권설정등기가 말소된 경우, 채무자가 지급명령에 이의를 제기하지 않은 것이 대위채권자가 행사하고 있는 권리의 처분이라고 할 수 없어 제3자는 위 근저당권설정등기의 말소로 채권자에게 대항할 수 있다(대판 2007. 9. 6, 2007다34135).

(3) 채무자의 채무불이행 사실 자체만으로는 권리변동의 효력이 발생하지 않아 이를 채무자가 제3채무자에 대하여 가지는 채권을 소멸시키는 적극적인 행위로 파악할 수 없는 점, 더구나 법정해제는 채무자의 객관적 채무불이행에 대한 제3채무자의 정당한 법적 대응인 점, 채권이 압류·가압류된 경우에도 압류 또는 가압류된 채권의 발생원인이 된 기본계약의 해제가 인정되는 것과 균형을 이룰 필요가 있는 점 등을 고려할 때 채무자가 자신의 채무불이행을 이유로 매매계약이 해제되도록 한 것을 두고 민법 제405조 제2항에서 말하는 '처분'에 해당한다고 할 수 없다. 따라서 채무자가 채권자대위권행사의 통지를 받은 후에 채무를 불이행함으로써 통지 전에 체결된 약정에 따라 매매계약이 자동적으로 해제되거나, 채권자대위권행사의 통지를 받은 후에 채무자의 채무불이행을 이유로 제3채무자가 매매계약을 해제한 경우 제3채무자는 계약해제로써 대위권을 행사하는 채권자에게 대항할 수 있다. 다만 형식적으로는 채무자의 채무불이행을 이유로 한 계약해제인 것처럼 보이지만 실질적으로는 채무자와 제3채무자 사이의 합의에 따라 계약을 해제한 것으로 볼 수 있거나, 채무자와 제3채무자가 단지 대위채권자에게 대항할 수 있도록 채무자의 채무불이행을 이유로 하는 계약해제인 것처럼 외관을 갖춘 것이라는 등의 특별한 사정이 있는 경우에는 채무자가 피대위채권을 처분한 것으로 보아 제3채무자는 계약해제로써 대위권을 행사하는 채권자에게 대항할 수 없다(대판[전합] 2012. 5. 17, 2011다87235).

4. 第3債務者의 抗辯權

채권자는 채무자에 대위하여 채무자의 권리를 행사하는 것이므로 상대방인 제3채무자는 채무자 자신이 권리를 행사하는 경우에 비하여 불리한 지위에 놓여져서는 아니 된다. 따라서 제3채무자는 채무자에 대하여 가지는 모든 항변(권리소멸의 항변·동시이행의 항변·상계의 항변·무효의 항변 등)으로 채권자에게 대항할 수 있다. 그러나 채무자가 채권자에게 주장할 수 있는 사유(예: 소멸시효의 항변)를 주장할 수 없다(대판 2004. 2. 12, 2001다10151). 판례는 채무자가 채권자대위권행사의 통지를 받은 후에 채무를 불이행함으로써 통지 전에 체결된 약정에 따라 매매계약이 자동적으로 해제되거나, 채권자대위권행사의 통지를 받은 후에 채무자의 채무불이행을 이유로 제3채무자가 매매계약을 해제한 경우 제3채무자는 그 계약해제로써 대위권을 행사하는 채권자에게 대항할 수 있다고 하고, 다만 형식적으로는 채무자의 채무불이행을 이유로 한 계약해제인 것처럼 보이지만 실질적으로는 채무자와 제3채무자 사이의 합의에 따라 계약을 해제한 것으로 볼 수 있거나, 채무자와 제3채무자가 단지 대위채권자에게 대항할 수 있도록 채무자의 채무불이행을 이유로 하는 계약해제인 것처럼 외관을 갖춘 것이라는 등의 특별한 사정이 있는 경우에는 채무자가 그 피대위채권을 처분한 것으로 보아 제3채무자는 그 계약해제로써 대위권을 행사하는 채권자에게 대항할 수 없다고 한다(대판[전합] 2012. 5. 17. 2011다87235). 또한 대위권행사의 통지나 대위신청을 허가한 법원의 고지(재판상의 대위의 경우)가 있은 후에는 채무자는 자신의 권리에 대한 처분권을 상실하기 때문에 제3채무자는 채무자가 그 권리를 처분하더라도(예: 채무면제 · 권리 포기 · 채권양도) 제3채무자가 채무자에 대하여 취득한 항변권으로 채권자에게 대항하지 못한다(제405조 제2항). 그러나 그러한 통지나 고지가 있은 후에 채무자의 처분행위에 의하지 않고서 제3채무자가 취득하게 된 채무자에 대한 변제 · 상계, 또는 동시이행의 항변 등은 당연히 이를 가지고 채권자에게 대항할 수 있다.

판례는 "채권자대위권은 채무자의 제3채무자에 대한 권리를 행사하는 것이므로, 제3채무자는 채무자에 대해 가지는 모든 항변사유로써 채권자에게 대항할 수 있으나, 채권자는 채무자 자신이 주장할 수 있는 사유의 범위 내에서 주장할 수 있을 뿐, 자기와 제3채무자 사이의 독자적인 사정에 기한 사유를 주장할 수는 없다"고 하면서, 채권자가 무효인 소유권이전등기청구권의 보전을 위한 가등기의 유용합의에 따라 부동산소유자인 채무자로부터 그 가등기이전의 부기등기를 마친 제3채무자를 상대로 채무자를 대위하여 가등기의 말소를 구한 사안에서, 채권자가 그 부기등기 전에 부동산을 가압류한 사실을 주장하는 것은 채무자가 아닌 채권자 자신이 제3채무자에 대하여 가지는 사유에 관한 것이어서 허용되지 않는다고 한다(대판 2009. 5. 28. 2009다4787).

[판 례]

채권자가 채권자대위권을 행사하여 제3자에 대하여 하는 청구에 있어서, 제3채무자는 채무자가 채권자에 대하여 가지는 항변으로 대항할 수 없고, 채권의 소멸시효가 완성된 경우 이를 원용할 수 있는 자는 원칙적으로는 시효이익을 직접 받는 자뿐이고, 채권자대위소송의 제3채무자는 이를 행사할 수 없다고 할 것이나(대법원 2004. 2. 12. 선고 2001다10151 판결 등 참조), 채권자가 채무자에 대한 채권을 보전하기 위하여 제3채무자를 상대로 채무자의 제3채무자에 대한 채권에 기한 이행청구의 소를 제기하는 한편, 채무자를 상대로 피보전채권에 기한 이행청구의 소를 제기한 경우, 채무자가 그 소송절차에서 소멸시효를 원용하는 항변을 하였고, 그러한 사유가 현출된 채권자대위소송에서 심리를 한 결과, 실제로 피보전채권의 소멸시효가 적법하게 완성된 것으로 판단되면, 채권자는 더 이상 채무자를 대위할 권한이 없게 된다고 할 것이다(대판 2008. 1. 31, 2007다64471).

V. 債權者代位權 行使의 效果

1. 效果의 歸屬

채권자대위권행사의 효과는 직접 채무자에게 귀속하고 총채권자를 위하여 공동담보가 된다. 그러나 대위권을 행사함에 있어서는 반드시 채무자에게 급부하라고 요청하여야 하는 것은 아니며, 채권자 자신에게 직접 급부할 것을 청구하여도 된다(대판 1980. 7. 8, 79다1928). 물론 채권자가 스스로 채무의 목적물을 인도받은 경우라도 직접 대위채권자의 채권의 변제로 되지 않으며, 채권자가 자기의 채권의 만족을 얻으려면 별도로 채무자로부터 임의변제를 받거나 또는 강제집행의 절차를 밟아야 한다. 다만 대위채권자가 대위수령한 목적물이 채권자의 채권의 목적물과 동종의 것이고 상계적상에 있는 때에는 상계함으로써 사실상 우선변제를 받을 수 있다.

[판 례]

(1) 채권자대위권을 행사함에 있어서 채권자가 제3채무자에 대하여 자기에게 직접 급부를 요구하여도 상관없는 것이고 자기에게 급부를 요구하여도 어차피 그 효과는 채무자에게 귀속되는 것이므로, 채권자대위권을 행사하여 채권자가 제3채무자에게 그 명의의 소유권보존등기나 소유권이전등기의 말소절차를 직접 자기에게 이행할 것을 청구하여 승소하였다고 하여도 그 효과는 원래의 소유자인 채무자에게 귀속되는 것이니, 법원이 채권자대위권을 행사하는 채권자에게 직접 말소등기절차를 이행할 것을 명하였다고 하여 무슨 위법이 있다고 할 수 없다(대판 1996. 2. 6, 95다27998).

(2) 집행채무자의 채권자가 그 집행채권자를 상대로 부당이득금반환채권을 대위행사하는 경우에 집행채무자에게 그 반환의무를 이행하도록 청구할 수 있지만, 직접 대위채권자에게 이행하도록 청구할 수도 있다고 보아야 하는데, 이와 같이 채권자대위권을 행사하는 채권자에게 변제수령의 권한을 인정하더라도 그것이 채권자 평등의 원칙에 어긋난다거나 제3채무자를 이중변제의 위험에 빠뜨리게 하는 것이라고는 할 수 없다(대판 2005. 4. 15, 2004다70024).

2. 時效의 中斷

채권자대위권 행사의 효과는 채무자에게 귀속되는 것이므로 채권자대위소송의 제기로 인한 소멸시효의 중단의 효과 역시 채무자에게 생긴다(대판 2011. 10. 13, 2010다80930). 그리고 채권자대위권을 통하여 채무자의 권리를 행사하는 것이므로 채무자의 제3채무자에 대한 권리에 대하여 시효중단의 효과가 발생한다(제168조 제1항). 한편, 채권자의 채무자에 대한 권리, 즉 피보전채권의 소멸시효도 중단되는지 문제된다. 이에 관하여 학설은 (i) 채권자대위권은 채무자의 제3채무자에 대한 권리를 행사하는 것이지 채권자의 채무자에 대한 권리를 행사하는 것이 아니라는 이유로 이를 부정하는 견해(日注民(10), 771)와 (ii) 대위권 행사 사실이 채무자에게 통지되면 채무자는 압류와 비슷한 효과를 받게 되므로 압류에 의한 시효중단 또는 적어도 최고에 의한 잠정적인 시효중단을 인정하여야 한다는 견해(민법주해(9)/김능환 778면)가 대립한다.

생각건대 소멸시효의 중단은 당사자 및 그 승계인 사이에만 효력이 있는바(제169조), 채권자대위소송에서 채무자는 당사자가 아닐 뿐만 아니라 그 승계인에도 해당하지 아니하므로 채권자대위소송의 제기에 의하여 채무자에게 당연히 시효중단의 효력이 미치도록 하는 것은 제169조의 문언에 반한다. 따라서 채권자대위권의 행사로 피보전채권의 소멸시효가 중단된다고 해석할 수는 없다고 할 것이다.

대위권 행사의 통지가 있으면 압류 등에 준하여 시효중단의 효력이 생긴다는 견해는 채권자대위권 행사의 통지와 압류 등은 목적 · 절차 및 방법 · 효과 등에서 전혀 상이한 제도라는 점에 비추어 볼 때 의문이 아닐 수 없다. 즉 대위권 행사의 통지는 채권자가 채무자의 권리를 대위하여 행사하고 있음을 채무자에게 인식시켜 주는 행위에 불과하고, 채무자가 이미 이를 알고 있는 때에는 별도로 채무자에 대한 통지가 없더라도 통지가 있는 것과 마찬가지의 효과가 생기나, 시효중단 사유가 되는 압류 등은 채권자가 소송행위를 통하여 적극적으로 그 권리행사를 객관화한 것으로서 대위권 행사의 통지가 있다고 하여 압류 등과 같이 채권자가 적극적으로 그 권리행사를 객관화한 것으로 볼 수 없다는 점에서 서로 다르다. 비록 채권자대위권 행사의 통지의 효과로서 채무자의 피대위권리에 관한 처분이 제한된다고 하더라도 이를 압류 등에 준하는 것으로 보는 것은 지나치다고 할 것이다. 또한 시효중단이라는 법적 효과를 부여할 것인지를 판단함에 있어서 중요한 것은 채권자의 적극적인 권리행사가 있는지 여부인데, 채권자대위권 행사사실의 통지를 압류에 준하는 것으로 보는 것은 곤란하다고 할 것이다.

다만 대위권 행사의 통지와 함께 채권자가 채무자에게 피보전채권을 행사하겠다는 뜻을 표명하였다면, 이는 최고로 이해할 수 있을 것이며 잠정적인 시효중단의 효과를 인정하는 것은 무방하다고 할 것이다.

3. 費用償還請求權

채권자대위는 일종의 법정위임관계라 할 수 있으므로 대위를 위한 비용의 지출이 있는 경우에 채권자는 제688조를 준용하여 채무자에게 그 비용의 상환을 청구할 수 있다(대판 1996. 8. 21, 96그8). 그러나 이와는 달리 민법은 대위채권자의 비용상환청구에 관하여 규정하지 않으므로 그와 가장 유사한 법률관계인 사무관리의 규정(제739조)을 준용한다는 견해도 있다(이은영 453면). 어느 견해에 의하든 위임의 규정이 준용된다(제739조 제2항). 채권자가 목적물을 대위수령하여 목적물의 보관비용을 지출한 경우에는 그 비용은 대위수령한 물건에 관하여 생긴 채권이므로 그 목적물 위에 유치권을 취득하는 것이 된다(제320조).

4. 代位訴訟의 判決의 效力

(1) 기판력이 채무자에게 미치는지의 여부

대위소송의 판결의 효력이 그 당사자인 대위채권자와 제3채무자에게 미치는 것은 당연한데(민사소송법 제218조 제1항), 그 효력이 채무자에게도 미치는지가 문제된다.

채권자가 스스로 소송당사자가 되어 대위소송을 제기한 경우에 채무자도 스스로 당사자가 되어 소송에 참가하거나(민소법 제79조) 또는 채무자에게 소송고지가 있었던 때에는(민소법 제84조~제86조) 그 판결의 효력이 채무자에게도 미친다(민소법 제71조). 그러나 채무자가 소송에 참가하지도 않고 소송통지도 받지 않은 경우에는, 그 판결의 효력이 채무자에게도 미치는가에 관하여는 견해가 대립한다.

1) 學 說 다수설은 대위소송의 판결의 효력은 채무자가 소송계속의 사실을 알았는지의 여부를 묻지 않고 당연히 채무자에게도 미친다고 한다(곽윤직 144면; 김용한 251면; 김주수 230면; 김상용 232면; 김증한/김학동 192면; 송덕수 159면). 이 견해는 그 근거로 채권자에 의한 대위소송을 민사소송법 제218조 제3항의 「타인을 위하여 원고나 피고가 된 자에 대한 확정판결은 그 타인에 대하여도 효력이 있는 경우」에 해당한다는 점을 들고 있다. 그러나 이와는 달리 변론주의와 처분권주의에 비추어 채무자가 안 때에만 기판력이 미친

다고 해석하는 것이 타당하다는 점을 근거로, 채무자가 어떤 사유에 의하든 대위소송의 제기를 안 때에는 소송참가나 소송고지가 없더라도 채무자에게 판결의 효력이 미친다고 보는 견해(장경학 293면; 이은영 447면)와 원칙적으로 민사소송법 제218조 제3항이 적용되어 채권자와 제3채무자 사이의 대위소송의 기판력은 채무자에게도 미치지만, 채무자가 대위소송이 행하여졌음을 알지 못하여 유리한 증거를 제출할 수 없어서 패소한 경우에까지 대위소송의 기판력이 채무자에게 미치도록 하는 것은 정당하지 않다는 견해도 주장되고 있다(김형배 374면).

2) 判 例 판례는 처음에는 채무자가 소송고지를 받거나 소송에 당사자로 참가하지 않는 한, 채권자와 제3채무자 사이의 판결은 채무자에게 효력이 미치지 않는다고 하였으나(대판 1967. 3. 28, 67다212), 후에는 태도를 바꾸어 채권자가 채권자대위권을 행사하는 방법으로 제3채무자를 상대로 소송을 제기하고 판결을 받은 경우에는 어떠한 사유로 인하였든지 적어도 소송이 제기된 사실을 채무자가 알았던 경우에는 그 대위소송의 판결의 기판력이 채무자에게도 미친다고 하였으며(대판[전합] 1975. 5. 13, 74다1664), 이 판결 이후의 판례에서 동일한 태도를 고수하고 있다.

[판 례]

어느 채권자가 채권자대위권을 행사하는 방법으로 제3채무자를 상대로 소송을 제기하여 판결을 받은 경우, 어떠한 사유로든 채무자가 채권자대위소송을 제기한 사실을 알았을 경우에 한하여 그 판결의 효력이 채무자에게 미치므로, 이러한 경우에는 그 후 다른 채권자가 동일한 소송물에 대하여 채권자대위권에 기한 소를 제기하면 전소의 기판력을 받게 된다고 할 것이지만, 채무자가 전소인 채권자대위소송이 제기된 사실을 알지 못하였을 경우에는 전소의 기판력이 다른 채권자가 제기한 후소인 채권자대위소송에 미치지 않는다(대판 1994. 8. 12, 93다52808).

3) 私 見 기판력이 채무자의 주관적 사정에 의하여 좌우되는 것은 법적 안정성을 해하고, 민사소송법 제218조 제3항에는 채무자가 알았을 것을 그 요건으로 하고 있지 않으며, 판례에 의하면 채무자가 대위소송의 계속 사실을 모른 경우에는 제3채무자를 상대로 다시 소를 제기할 수 있는데, 이는 판결에 모순·저촉의 우려가 있으므로 채무자가 대위소송의 사실을 알았는지의 여부를 묻지 않고 기판력이 채무자에게 미친다고 보는 것이 타당하다고 할 것이다.

(2) 중복제소의 금지

채권자가 대위소송을 제기하여 소송계속 중에 채무자가 동일한 청구취지와 청구원인으로 소를 제기하는 것이 중복된 소제기(민사소송법 제259조 참조)에 해당하는지가 문제된다. 이에 관하여 다수설은 채권자대위소송을 제3자의 소송담당에 해당한다고 하면서(유병현, 민사소송법(제2판), 2007, 265면 등) 또는 채권자의 소제기 사실을 채무자가 알았을 때 한하여(이시윤, 신민사소송법(제5판), 2009, 252면), 이를 중복된 소제기고 보고 있다. 한편 판례(대판 1974. 1. 29, 73다351)도 채권자대위소송은 제3자의 소송담당에 해당한다는 것을 전제로 중복된 소제기에 해당한다고 한다. 그리고 채권자가 채무자를 상대로 제기한 소송이 계속 중 제3자가 채권자를 대위하여 같은 채무자를 상대로 청구취지 및 원인을 같이하는 내용의 소송을 제기한 경우에도 양 소송은 동일소송이므로 후소는 중복제소금지규정에 저촉된다(대판 1981. 7. 7, 80다2751).

[판 례]

[1] 채권자취소권의 요건을 갖춘 각 채권자는 고유의 권리로서 채무자의 재산처분 행위를 취소하고 그 원상회복을 구할 수 있는 것이므로 각 채권자가 동시 또는 이시에 채권자취소 및 원상회복소송을 제기한 경우 이들 소송이 중복제소에 해당하는 것이 아니다.

[2] 어느 한 채권자가 동일한 사해행위에 관하여 채권자취소 및 원상회복청구를 하여 승소판결을 받아 그 판결이 확정되었다는 것만으로 그 후에 제기된 다른 채권자의 동일한 청구가 권리보호의 이익이 없어지게 되는 것은 아니고, 그에 기하여 재산이나 가액의 회복을 마친 경우에 비로소 다른 채권자의 채권자취소 및 원상회복청구는 그와 중첩되는 범위 내에서 권리보호의 이익이 없게 된다(대판 2003. 7. 11, 2003다19558).

(3) 기타의 효력

채권자대위권에 의한 소송이 제기되어 본안에 대한 종국판결을 받은 경우에는 피대위자는 대위소송이 제기된 사실을 안 이상 대위소송에 관한 종국판결이 있은 후 그 소가 취하되거나 소송이 상소심에서 취하된 때에는 피대위자에게도 민사소송법 제240조 제2항 소정의 재소금지규정이 적용되어 본 대위소송과 동일한 소를 제기할 수 없다(대판 1981. 1. 27, 79다1618).

그리고 채권자대위권에 기한 확정판결의 기판력이 채무자에게도 미치는 경우가 있다 하더라도 확정판결의 집행력만은 채권자와 제3채무자 사이에 생기는 것이고 채권자와 채무자 사이에는 생기지 아니한다(대결 1979. 8. 10, 79마232).

한편 파산채권자가 제기한 채권자대위소송이 채무자에 대한 파산선고 당시 법원에 계속되어 있는 때에는 다른 특별한 사정이 없는 한 민사소송법 제239조, 채무자회생법 제406조, 제347조 제1항을 유추 적용하여 그 소송절차는 중단되고 파산관재인이 이를 수계할 수 있다(대판 2013. 3. 28, 2012다10074).

사례해설

I. B에 대한 채권자대위권행사

1. A와 B의 임대차계약갱신의 C에 대한 대항력

판례는 C가 A에게 채권양도통지서를 발송한 1986. 1. 11. 현재로서 보면 1985. 9. 10.에 묵시의 갱신에 의하여 1986. 9. 9.까지 임대차기간이 남는 것이고 C에 대한 관계에서는 그 임대차관계는 갱신에 의하여 1986. 9. 9.이 경과되어 종료하는 것이어서 그 무렵이나 그 후의 A와 B 사이의 명시적 또는 묵시적 기간연장의 합의는 C에게 효력이 미치지 않는다고 본다. 따라서 A는 B에게 건물의 명도를 청구하고 그것을 명도받음과 상환으로 임차보증금을 채권양수인인 C에게 지급할 의무가 있는 것이어서 A가 B에게 명도청구를 해태하고 있다면 C는 A를 대위하여 B에게 건물을 A에게 명도할 것을 청구할 수 있다고 본다.

2. 무자력요건과의 관계

채권보전의 필요성과 관련하여 채무자의 무자력을 요하는가에 대하여 견해가 대립되나, 본 사안에서 판례는 C가 양수한 임차보증금의 이행을 청구하기 위하여 B의 가옥명도가 선이행되어야 할 필요가 있어서 그 명도를 구하는 경우에는 그 채권의 보전과 채무자인 임대인의 자력유무는 관계가 없는 것이므로 무자력을 요하지 않는 것으로 보았다. 따라서 판례는 금전채권 = 무자력필요, 기타의 특정채권 = 무자력 불요의 도식에서는 벗어나 있으며 대체로 보아 개별적 판단설에 접근하는 것이라고 생각된다. 따라서 B에 대한 채권자대위권 행사는 정당하다.

II. 甲에 대한 임차보증금반환청구

1. 채무자에 대한 채권양수의 대항력

C는 B로부터 채권양도통지서를 교부받아 보관하고 있다가 이를 A에게 발송하였으므로 채권양수의 채무자에 대항요건을 갖추었다(제450조 제1항). 다만 이러한 통지는 채무자가 이의를 보류한 승낙과 동일한 효력이 있으므로 채무자는 양도인에게 대항할 수 있는 사유로 양수인에게 대항할 수 있다.

2. 임대인의 임차물반환청구권과의 관계

임대차계약이 만료된 경우에 임차인이 임차목적물을 반환할 의무와 임대인이 임차보증금을 반환할 의무는 서로 동시이행의 관계에 있으므로 판례는 비록 A와 B 사이의 임대차계약이 C에 대한 관계에서는 1986. 9. 9.이 경과됨으로써 종료되는 것이라 해도 임대인으로서는 임차인이 그 건물을 반환하고 차임을 완급하는 등 임차인의 의무를 완전히 이행하는 것과 상환하여 임차보증금을 반환하겠다고 항변할 수 있는 것이므로 C가 訴를 제기할 때에 그 반환청구채권을 즉시 행사할 수 있는 것을 전제로 A에게 보증금의 반환을 청구하는 것은 부당하다고 판시하였다. 따라서 A에 대해서는 상환이행청구를 함이 타당하다.

第3節 債權者取消權

사례

A는 시가 2억원 상당의 甲가옥 외에는 별다른 재산이 없는 상태에서 A에게 각각 1억원, 2억원, 3억원의 채권을 가진 B · C · D 중에서 D에게 甲가옥을 대물변제하였다. 이 경우 B나 C는 D를 상대로 사해행위취소소송을 제기할 수 있는가? (A와 D에게 B나 C에 대한 사해의 인식이 있었던 것으로 본다)

[중요논점]

대물변제가 사해행위인지의 여부

I. 序　說

1. 意　義

채권자취소권은 채무자가 채권자를 해함을 알면서 자기의 일반재산을 감소시키는 법률행위(詐害行爲)를 한 경우에 채권자가 그 행위를 취소하고 재산을 원상회복하는 것을 내용으로 하는 권리이다(제406조 제1항). 예를 들어 A는 B에게 3,000만원을 대여하고 있었는데 B는 그가 소유하고 있는 유일한 재산인 건물을 C(수익자)에게 증여하고 C는 다시 그 건물을 D(전득자)에게 매각하여 각각 이전등기를 한 경우에는 A는 B · C간의 증여를 취소하고, 그 물건을 B의 재산으로 회복시킬 수 있다.

2. 機　能

채권자취소권은 채권자를 보호하기 위하여 채무자의 악의적인 재산감소행위를 부인하고 일탈한 재산을 찾아 채권의 공동담보를 보전 · 유지하는 제도이다. 이러한 기능 · 목적을 가진 또 하나의 제도로는 채무자 회생 및 파산에 관한 법률상의 「否認權」이 있으나(동법 제100조 이하, 제391조 이하, 제584조), 파산절차를 개시하지 않고 같은 목적을 달성할 수 있다는 점에 채권자취소권의 독자적 의의가 있다. 특히 채권자취소소송은 채무자에 대한 파산선고가 내려지면 그 소송절차는 受繼 또는 파산절차의 해지에 이르기까지 중단된다.

▌참 고▐ 도산법상 부인권과 채권자취소권

도산법상 부인권과 민법상의 채권자취소권은 모두 로마법상의 파울리아나 소권(actio Pauliana)에 그 기원을 두고 있고 채무자의 자유로운 재산처분에 대하여 채권자 또는 파산관재인이 처분을 취소 혹은 부인하여 채무자의 책임재산으로 원상회복시킨다는 점에서 그 제도적 취지가 동일하다. 즉 부인권은 파산관재인이 파산자가 파산채권자를 해함을 알고 한 행위를 訴 또는 항변에 의하여 부인하고 일탈재산을 원상회복시키는 것으로서(채무자 회생 및 파산에 관한 법률 제100조 이하, 제391조 이하, 제584조), 이는 민법상의 채권자취소권과 유사한 제도이다. 그런데 두 제도는 다음과 같이 그 성립요건과 인정범위를 달리하고 있다. (i) 부인권은 파산절차개시 후 파산관재인만이 행사할 수 있으나, 채권자취소권은 파산절차 밖에서 각각의 채권자에 의하여 행사된다. (ii) 강학상 흔히 부인권에 의하면 사해행위뿐만 아니라 편파행위(동법 제391조 제2호에 규정된 '담보의 제공 또는 채무소멸에 관한 행위')도 부인할 수 있으나, 채권자취소권에 의하면 사해행위만이 취소할 수 있다고 설명되고 있다. 그러나 판례는 채권자취소권의 대상이 되는 사해행위에 엄격한 의미의 사해행위 뿐만 아니라 편파행위 중 '통모' 혹은 '합의'라는 요건이 부가된 경우를 포함시키고 있다(대판 2002. 4. 12, 2000다43352; 대판 2003. 6. 24, 2003다1205). (iii) 부인권은 채무자의 법률행위뿐만 아니라 채권양도의 통지와 승낙과 같은 법률상의 효과를 발생하는 일체의 행위, 재판상의 자백, 청구의 포기와 인낙과 같은 소송행위 그리고 공법상의 행위도 그 대상이 되나, 채권자취소권은 채무자가 행한 법률행위만을 대상으로 한다. (iv) 부인권의 행사에 있어서는 채무자의 사해의사라는 주관적 요건을 반드시 필요로 하지 않으나(예: 위기부인 · 무상부인 등의 경우), 채권자취소권에서는 그러한 주관적 요건을 반드시 필요로 하고 있다. (v) 부인권은 시기상의 제한 없이 언제 한 행위라도 부인의 대상이 되나(특히 고의부인의 경우), 채권자취소권은 법률행위가 있은 날로부터 5년을 경과하면 행사할 수 없다. (vi) 부인권에서는 성립요건 또는 대항요건의 부인을 인정하나(동법 제103조 · 제394조), 채권자취소권에 있어서는 이들을 인정하지 않는다. 또한 이들은 소송실무에 있어서도 그 적용법규 및 소송절차가 서로 다른 별개의 제도로 취급된다.

3. 債權者代位權과의 關係

채권자대위권은 채무자가 본래 행사하여야 할 권리를 행사하지 않는 때에 채권자가 채무자의 권리를 대위행사하는 것이어서 채무자나 제3자에게 미치는 영향이 적다. 이에 반하여 채권자취소권은 일단 유효하게 성립한 채무자의 행위의 효력을 부인해서 제3자로부터 담보재산을 회수하여 오는 것이므로 채무자 및 제3자에 미치는 영향이 크다.

[판 례] 채권자취소권의 합헌성

[1] 채권자취소권제도는 채권자 보호라는 법의 정적 안정성과 관념적 권리인 채권의 실효성을 확보하려는 것으로서 그 목적의 정당성을 인정할 수 있고, 이 사건 법률조항에서는 채권자취소의 대상이 되는 법률행위를 사해행위로 한정하고 있을 뿐만 아니라 채권자취소의 범위도 책임재산의 보전을 위하여 필요한 범위 내로 제한된다. 또한 사해행위취소의 상대방인 수익자는 채무자에 대한 부당이득반환청구 또는 담보책임의 추궁에 의하여 손해의 전보를 받을 수 있고, 채권자취소권의 행사기간도 일반법률행위의 취소권 행사기간보다 훨씬 단기간으로 정함으로써 법률관계의 조속한 확정을 도모하고 있다. 한편 입증책임규범은 사실의 존부불명의 경우에 법관으로 하여금 재판을 할 수 있게 하는 보조수단으로서 구체적으로 누구에게 입증책임을 분배할 것인가는 입법자가 입증책임분배의 기본원칙에 따라 정할 수 있는 입법형성의 영역이라고 보아야 할 것이고, 입법자가 이 사건 법률조항에서 수익자의 악의를 채권자취소권의 장애사유로 정한 것은 채무자보다는 직접적인 거래당사자인 수익자가 스스로의 선의를 입증하는 것이 훨씬 용이한 위치에 있다는 점을 고려한 것으로서 그 합리성을 인정할 수 있다. 따라서 이 사건 법률조항이 채무자와 수익자의 일반적 행동의 자유권이나 수익자의 재산권을 침해하는 것으로 볼 수 없다.

[2] 이 사건 법률조항의 '채권자를 해함을 알고' 라는 의미는 사해행위의 객관적 요건을 구비하였다는 것에 대한 인식, 즉 '채무자의 재산처분행위에 의하여 그 재산이 감소되어 채권의 공동담보에 부족이 생기거나 이미 부족상태에 있는 공동담보가 한층 더 부족하게 됨으로써 채권자의 채권을 완전하게 만족시킬 수 없게 된다는 사실을 인식하는 것' 이라고 합리적으로 해석할 수 있고, 달리 법관의 자의적 해석의 위험성은 없다고 할 것이므로 이 사건 법률조항이 명확성원칙에 위배된다고 볼 수 없다(헌재 2007. 10. 25, 2005헌바96).

II. 性 質

1. 실체법상의 권리

채권자취소권은 로마법상의 파울리아나 소권(actio Pauliana)에서 유래하는 제도이나,

소송법상의 권리가 아니라 실체법상의 권리이다. 채권자취소권은 채권자대위권과는 달리 반드시 재판상으로만 행사하여야 하나(제406조 제1항 본문), 이는 권리행사의 방법에 지나지 않는다.

2. 채권의 효력으로서 인정된 권리

채권자취소권은 채권의 효력으로서 채권자에게 인정되는 채권에 종된 권리이므로 채권이 양도되면 채권자취소권도 따라서 이전한다.

3. 본질적 내용

채권자취소권에 관하여 구민법 제424조 제1항의 본문은 단순히 「채권자는 채무자가 그 채권자를 해할 것을 알고 한 법률행위의 취소를 법원에 청구할 수 있다」고만 규정함으로써 채권자취소권의 본질적 내용에 관하여 학설과 판례상의 견해가 대립하였다. 즉 학설은 (i) 사해행위의 취소를 본체로 하는 권리라는 견해(형성권설 또는 취소권설), (ii) 사해행위로 일탈한 재산의 회복을 본체로 하는 권리라는 견해(청구권설), (iii) 사해행위의 취소 및 일탈한 재산의 회복을 본체로 하는 권리라는 견해(병합설 또는 절충설)가 대립하였다. 한편 판례는 병합설을 취하면서도 부분적으로는 청구권설의 결론에 따르고 있었다. 그런데 현행민법 제406조 제1항은 「채무자가 채권자를 해함을 알고 재산권을 목적으로 한 법률행위를 할 때에는 채권자는 그 취소 및 원상의 회복을 법원에 청구할 수 있다」고 규정함으로써, 병합설의 견지에 있다. 이는 종래의 병합설을 입법화한 것으로서 현재의 판례의 입장이고, 다수설이 이를 지지하고 있다. 그러나 위와 같은 병합설에 입각한 민법규정에도 불구하고 새로운 학설로서 신형성권설 · 책임설 등이 주장되고 있다. 채권자취소권의 본질적 내용을 어떻게 파악하느냐에 따라서 소의 성질, 소의 피고, 판결의 효력 등이 달라지게 된다. 아래에서 학설과 판례를 좀더 자세히 살펴보기로 한다.

(1) 學 說

1) 병합설(절충설) 채권자취소권을 사해행위의 취소와 일탈된 재산의 반환을 청구하는 권리로 이해하는 견해이다(다수설. 곽윤직 146면; 김용한 255면; 김상용 239면; 김증한/김학동 184면). 따라서 채권자가 그 권리를 실현하기 위해서 사해행위를 취소하고 형성의 소나 목적물의 반환을 내용으로 하는 이행의 소만을 제기할 수도 있으나 원칙적으로 형성의 소에 이행의 소를 부가하는 소송형식을 취한다. 즉 채권자는 사해행위의 취소와 아울러 일탈한 재

산의 회복을 청구할 수 있고, 다만 원상회복이 필요 없는 경우(예: 채무자가 제3채무자에 대한 채권을 포기한 때)에는 사해행위의 취소만을 구할 수 있다고 한다. 그런데 이 견해는 소의 피고는 수익자 또는 전득자이며, 취소의 효과는 상대적 무효라고 한다. 즉 사해행위는 취소채권자에 대해서만 무효이고, 채무자와 수익자, 수익자 또는 전득자 사이에는 유효하다고 한다. 따라서 이 견해에 의하면 채권자취소권행사의 효과가 채무자에게는 미치지 않으므로 채무자에게 반환된 목적물이 채권자의 강제집행 대상으로서의 적격성을 결하게 된다는 점에서 취소권행사 후의 법률관계를 일관되게 설명할 수 없게 된다.

2) 신형성권설(취소효과설) 채권자취소권을 통상의 취소권과 동일한 것으로 파악하여 사해행위 취소의 효과는 취소된 법률행위가 없었던 상태로 복귀하는 절대적 무효로 되는 것이고, 따라서 취소의 효과가 채무자에게도 미친다는 견해이다(이은영 482면). 이 취소소송의 종류는 형성의 소이며, 소의 피고는 채무자와 수익자가 되고, 전득자가 있으면 채무자 · 수익자 및 전득자 모두를 피고로 하는 필요적 공동소송으로 된다고 한다. 그리고 채무자와 사해행위를 한 수익자와 그로부터의 전득자가 있는 경우에 수익자가 악의이고 전득자가 선의이면 채무자와 수익자를 상대로 취소하고 가액반환을 구할 수 있고, 수익자가 악의이고 전득자도 악의이면 채무자와 수익자를 상대로 채권자취소권을 행사하여 수익자로부터 가액반환을 받거나 전득자도 피고에 포함하여 취소하고 전득자로부터 원물반환을 받을 수 있다고 한다.

3) 책임설 채권자취소권제도는 사해행위에 의하여 일탈된 책임재산의 귀속회복을 목표로 하는 것이 아니라 일탈재산의 책임법상의 지위회복, 즉 당해 목적물을 채권자에 대한 책임재산의 지위에 머물러 있게 하는 효과를 달성하기 위한 제도라고 이해하는 견해이다(김형배 389면). 따라서 책임설에서는 사해행위를 취소할 것도 일탈된 재산을 채무자에게 반환할 것도 없이 수익자 또는 전득자의 명의와 소유로 그대로 둔 채 채권자가 강제집행할 수 있는 것으로 본다. 즉 채권자취소권의 행사는 책임법적 무효를 발생케 하는 형성권의 행사이며, 이 형성권은 재판상으로 행사된다. 소송의 상대방은 수익자 또는 전득자이지만 상대적 무효설과는 달리, 피고가 되는 자는 채권자에 대하여 채무자로부터 취득한 재산을 가지고 물상보증인과 유사한 지위에서 책임을 부담하게 된다. 이 견해에 의하면 채권자가 수익자 또는 전득자 소유의 목적물에 대하여 강제집행을 하기 위해서는 채권자취소권판결의 확정 이후 또는 형성의 소에 부가해서 執行受忍의 訴(책임소송)를 제기해야만 하는데, 우리 민사소송법에서

는 이러한 소송형태에 관한 규정이 없다는 데 난점이 있다.

(2) 判 例

판례는 절충설의 입장에서 채권자취소권은 채무자의 사해행위를 채권자와 수익자 또는 전득자 사이에서 상대적으로 취소하고 채무자의 책임재산에서 일탈한 재산을 회복하여 채권자의 강제집행이 가능하도록 하는 것을 본질적인 권리라고 한다(대판 2008. 2. 24, 2007다84352). 그리고 사해행위의 취소는 채권자와 수익자 또는 전득자 사이에만 미치므로, 수익자 또는 전득자가 채권자 대하여 사해행위의 취소로 인한 원상회복의무를 부담하게 될 뿐, 채무자와 사이에서 그 취소로 인한 법률관계가 형성되거나 취소의 효력이 소급하여 채무자의 책임재산으로 회복되는 것은 아니라고 한다(대판 2007. 4. 12, 2005다1407; 대판 2006. 8. 24, 2004다23110).

(3) 檢討 및 私見

병합설은 상대적 무효의 이론적 근거가 없다는 것이 문제된다. 그리고 책임설은 책임관계가 실현되려면 취소소송과는 별도의 소송제도(강제집행 인용의 소)가 필요하게 되는바, 우리나라 법에서는 이에 관한 제도가 인정되지 않는다. 또한 신형성권설은 취소의 효과를 불필요하게 넓게 인정할 뿐만 아니라 수익자가 선의이고 전득자가 악의인 경우에는 취소가 인정될 수 없어서 채권자를 충분히 보호할 수 없게 된다. 이와 같이 어느 설을 취하든 완전하지 못하나, 이들 중 병합설이 보다 합리적인 것이라고 생각한다. 이 설이 책임재산의 회복이라는 채권자취소권제도의 취지에 부합하고, 타인의 법률관계에 미치는 영향을 최소화할 수 있는 것이기 때문이다.

Ⅲ. 要 件

채권자취소권을 행사하기 위해서는 우선 채권자의 채권(피보전 채권)이 존재하여야 하고, 객관적 요건으로 채무자의 사해행위가 존재하여야 하며, 주관적 요건으로 채무자와 수익자(또는 전득자)가 사해의 사실을 알고 있었어야 한다.

1. 債權者의 債權(被保全債權)의 存在

채권자취소권을 행사하기 위해서는 채권자의 채권(피보전 채권)이 당연히 존재하여야 한다. 그런데 이 요건과 관련하여 어떤 채권이 피보전채권이 될 수 있는지, 언제 피보전채권이 성립하는지, 그리고 피보전채권의 이행기가 도래하여야 하는지 등이 문제된다.

(1) 被保全債權의 내용

1) 金錢債權 채권자취소권은 채권자대위권과는 달리 모든 채권자를 위한 책임재산의 보전을 목적으로 하는 제도이므로(제407조), 취소채권자의 채권은 원칙적으로 금전채권이어야 한다. 판례는 처음에는 금전채권자만이 채권의 보전을 위한 채권자취소권을 행사할 수 있다고 하였으나(대판 1961. 8. 10, 60다436), 그 후에는 금전채권자 이외의 불특정채권자도 채권자취소권을 행사할 수 있다고 하였다.

[판 례]

사해행위취소권을 행사하는 채무자의 채권은 반드시 금전채권임을 요하지 않고 금전 이외의 급부를 목적으로 하는 채권이라도 특정물이 아닌 이상 채무자가 사해의 의사로서 무자력을 가져올 행위를 한 때에는 그 채권자는 이를 행사할 수 있다(대판 1965. 6. 29, 65다477).

2) 特定債權 금전채권이 아닌 채권, 특히 특정채권이 피보전채권이 될 수 있는지가 문제된다. 이에 관하여 학설은 (i) 특정채권의 보전을 위해서는 채권자취소권을 행사할 수 없다는 견해(곽윤직 151면; 김상용 241면), (ii) 특정물채권에 관하여 논의하면서, 특정물채권의 실현, 그 자체를 위해서는 취소권을 행사할 수 없지만, 공동담보의 보전을 목적으로 하여서는 행사할 수 있다는 견해(김형배 400면), (iii) 특정물채권에 관하여 논의하면서 특정물채권자는 특정물에 대한 자기채권을 보전하기 위해서는 취소권을 행사할 수 없으나, 채무자의 유책사유로 인한 이행불능에 따른 손해배상청구권을 확보하기 위해서는 행사할 수 있다는 견해(이은영 463면)로 나뉘고 있다. 한편 판례는 채권자취소권은 채권자의 공동담보인 채무자의 책임재산의 감소를 방지하기 위한 것이고 특정채권의 보전을 목적으로 하는 것은 아니므로 특정물에 대한 소유권이전등기청구권의 보전을 위하여 채권자취소권을 행사하는 것은 허용되지 않는다고 한다(대판 1967. 11. 14, 67다2007; 대판 1988. 2. 23, 87다1586). 생각건대 채권자취소권은 채권자의 공동담보인 채무자의 책임재산의 감소를 방지하기 위한 것이므로(제407조), 원칙적으로 특정채권의 보전을 위해서는 채권자취소권을 행사할 수 없다고 할 것이다. 그러나 특정채권의 채권자가 자기의 채권의 실현을 확보하기 위해서가 아니라 단순히 채무자의 책임재산을 확보하기 위하여 취소권을 행사하고, 그것이 강제실현에 의하여는 불가능한 경우에는 예외적으로 취소권을 행사할 수 있다고 함이 타당하고 본다(동지 송덕수 163면). 한편 특정채권의

보존을 위한 채권자취소권을 행사할 수 없다고 하더라도 그것이 채무자의 채무불이행으로 손해배상청구권으로 변한 경우에는 그것 자체가 금전채권으로서 피보전채권이 되므로 채권자취소권을 행사할 수 있다. 다만 이 경우에는 손해배상채권이 발생한 이후에 행하여진 사해행위만 취소할 수 있다. 판례도 부동산을 양도받아 소유권이전등기청구권을 가지고 있는 자가 양도인이 제3자에게 이를 이중으로 양도하여 소유권이전등기를 경료하여 줌으로써 취득하는 부동산가액 상당의 손해배상채권은 이중양도 행위에 대한 사해행위취소권을 행사할 수 있는 피보전채권에 해당되지 않는다고 한다(대판 1999. 4. 27, 98다56690).

[판 례]

금전채권의 담보로 특정물(선박)에 관한 이전등기를 하여 주기로 약정한 후 채무자가 채권자를 해함을 알면서 또 제3자와 통모하여 현저히 부당한 가격으로 위 선박에 관하여 제3자 앞으로 소유권이전등기를 경료한 경우에 있어서는 채권자는 그 본래의 금전채권을 사해당한 것으로 수익자인 제3자를 상대로 그 사해행위의 취소를 구할 수 있다(대판 1977. 6. 28, 77다105).

‖참 고‖ 부동산이중매매와 채권자취소권

I. 제1매수인이 매도인에 대하여 가지는 소유권이전등기청구권(특정채권)을 보전하기 위해 채권자취소권을 행사할 경우

1. 학 설

채권자취소권은 모든 채권자를 위하여 행사되어야 하기 때문에(제407조) 특정채권을 보전하기 위하여 채권자취소권을 행사할 수 없다는 것이 통설이다(곽윤직 145면; 김용한 258면 등).

2. 판 례

판례는 채권자취소권은 특정물에 대한 소유권이전등기청구권을 보전하기 위하여 행사하는 것은 허용되지 않으므로 부동산의 제1양수인은 자신의 소유권이전등기청구권보전을 위해 양도인과 제3자 사이의 이중양도행위를 취소할 수 없다고 한다(대판 1994. 4. 27, 98다56690).

II. 제1매수인이 매도인에 대한 이행불능을 원인으로 한 손해배상청구권을 보전하기 위해 채권자취소권을 행사할 경우

1. 학 설

(1) **긍정설** 제1매수인의 매도인에 대한 손해배상청구권은 형식적으로는 사해행위인 제2매매계약 이후에 발생한 것이지만, 제1매수인의 매도인에 대한 제1매매를 원인으로 한 소유권이전등기청구권과 동일성이 있는 것이기 때문에 실질적으로는 사해행위 이전에 존재한 것으로 볼 수 있다. 그리고 실질적으로 보아도 매도인이 제2매수인에게

당해 부동산에 관한 소유권을 이전해 줌으로써 무자력이 되는 경우에는 제1매수인은 매도인에 대한 손해배상청구권의 만족을 얻을 수 없기 때문에 제1매수인에게 채권자취소권을 인정할 필요성이 있다고 한다(곽윤직 152면; 김용한 258면; 윤진수, "부동산의 이중양도와 원상회복", 민사법학 제6호, 1986년 12월).

(2) **부정설** 채무자의 채권이 특정채권이든, 불특정채권이든 그것이 후에 채무불이행 특히 이행불능에 의하여 손해배상채권으로 변한 때에는 그것 자체는 금전채권으로서 피보전채권이 될 수 있지만, 이 경우에는 손해배상채권이 발생한 이후에 행하여진 행위만 취소할 수 있다고 한다(송덕수 164면).

2. 판 례

판례는 원고 회사(제1매수인)의 피고(매도인)에 대한 손해배상채권은 피고(매도인)가 피고(제2매수인)에게 이 사건 부동산의 소유권을 이전하여 원고 회사의 피고(매도인)에 대한 소유권이전등기청구권이 이행불능됨으로 인하여 발생하였다는 것이므로 원고 회사가 사해행위라고 주장하는 이 사건 부동산에 관한 매매 당시 아직 위 손해배상채권이 발생하지 아니하였고 그 채권성립에 관한 고도의 개연성 또한 없어 원고 회사는 피고(매도인)에 대한 손해배상채권을 피보전채권으로 하여 채권자취소권을 행사할 수 없다고 한다(대판 1999. 4. 27, 98다56690).

3. 사 견

특정채권 자체의 보전을 위한 채권자취소권의 행사를 허용하는 것은 채권자취소권 제도의 목적에 반할 뿐만 아니라 「취소와 원상회복은 모든 채권자의 이익을 위하여 효력이 있다」는 제407조에 정면으로 반하는 결과를 발생시키므로 부당하다. 다만 특정채권이 이행불능 등을 원인으로 손해배상채권으로 전환되고, 그 손해배상채권을 보전하기 위하여 채권자취소권을 행사하는 것은 책임재산의 원상회복이라는 채권자취소권 제도의 목적에 반하지 않을 뿐만 아니라 제407조에도 저촉되지 아니하므로 이를 허용하여야 한다.

3) 物的 擔保를 수반하는 債權

(가) 저당권 등에 의하여 담보되는 채권은 특정 저당물 등에 의한 만족이 예정되어 있는 채권이며, 원칙적으로 채무자의 일반재산으로부터 변제받을 것이 예정되어 있지 않다. 따라서 채권의 공동담보를 보전하기 위한 채권자취소권의 피보전채권이 될 수 없다(대판 2000. 12. 8, 2000다21017). 다만 채무액이 담보물의 가액을 초과하는 경우 또는 근저당의 경우 근저당채권 최고액을 초과하는 등의 경우에 한하여 그 담보물로부터 우선변제받을 액을 공제한 나머지 채권액에 대하여만 채권자취소권을 행사할 수 있다.

(나) 저당권 등에 의하여 담보되는 채권이 저당권 등에 의하여 전액 우선변제 받지 못하는 경우 우선변제권 범위 밖에 있는 채권은 채무자의 일반재산에 의한 만족

을 예정하고 있으므로 채권자취소권의 피보전채권이 될 수 있다. 우선변제권 범위 내인지의 여부를 판단하기 위하여는 저당부동산 등의 물적 담보물의 평가가 있어야 하는데, 그 평가를 하는 시기는 물적 담보물이 현실적으로 환가되는 시점을 기준으로 할 것이 아니라 재산처분행위 당시 물적 담보물의 시가를 기준으로 하여야 하며(대판 2008. 5. 15, 2005다60338), 그 점에 관한 입증책임은 취소권을 행사하는 채권자에게 있다(대판 2002. 11. 8, 2002다41589).

[판 례]

주채무자 또는 제3자 소유의 부동산에 대하여 채권자 앞으로 근저당권이 설정되어 있고, 그 부동산의 가액 및 채권최고액이 당해 채무액을 초과하여 채무 전액에 대하여 채권자에게 우선변제권이 확보되어 있다면, 그 범위 내에서는 채무자의 재산처분행위는 채권자를 해하지 아니하므로 연대보증인이 비록 유일한 재산을 처분하는 법률행위를 하더라도 채권자에 대하여 사해행위가 성립되지 않는다고 보아야 할 것이고, 당해 채무액이 그 부동산의 가액 및 채권최고액을 초과하는 경우에는 그 담보물로부터 우선변제 받을 액을 공제한 나머지 채권액에 대하여만 채권자취소권이 인정된다(대판 2002. 11. 8, 2002다41589).

4) 人的 擔保를 수반하는 債權 보증채무 · 연대채무와 같은 인적 담보를 수반하는 채권은 담보자에게 변제자력이 있더라도 반드시 채권자의 우선변제권이 보장되는 것은 아니며, 그 채권 전액이 채무자의 일반재산으로부터 만족될 수 있으므로 채권자는 채권액 전부에 대하여 취소권을 행사할 수 있다.

5) 이혼시의 재산분할청구권 부부의 일방이 다른 일방의 재산분할청구권 행사를 해함을 알면서도 재산권을 목적으로 하는 법률행위를 한 때에는 다른 일방은 제406조 제1항을 준용하여 그 취소 및 원상회복을 가정법원에 청구할 수 있다(제839조의3 제1항). 그리고 그 소는 제406조 제2항의 기간 내에 제기하여야 한다(제839조의3 제2항).

6) 채무자가 파산절차에서 면책결정을 받은 채권 채권자취소권은 채무자의 책임재산을 보전하기 위한 제도로서 채무자에 대하여 채권을 행사할 수 있음이 전제되어야 할 것인바, 채무자가 파산절차에서 면책결정을 받은 때에는 파산채권을 피보전채권으로 하여 채권자취소권을 행사하는 것은 그 채권이 채무자 회생 및 파산에 관한 법률 제566조 단서의 예외사유에 해당하지 않는 한 허용되지 않는다(대판 2008. 6. 26, 2008다25978).

7) 정지조건부 채권 채권자취소권 행사는 채무 이행을 구하는 것이 아니

라 총채권자를 위하여 이행기에 채무 이행을 위태롭게 하는 채무자의 자력 감소를 방지하는 데 목적이 있는 점과 민법이 제148조, 제149조에서 조건부 권리의 보호에 관한 규정을 두고 있는 점을 종합해 볼 때, 취소채권자의 채권이 정지조건부 채권이라 하더라도 장래에 정지조건이 성취되기 어려울 것으로 보이는 등 특별한 사정이 없는 한, 이를 피보전채권으로 하여 채권자취소권을 행사할 수 있다(대판 2011. 12. 8, 2011다55542).

8) 이행기가 도래하지 않은 채권 채권자취소권은 채권자대위권과는 달리 피보전채권의 이행기가 도래하지 않았더라도 행사할 수 있다. 따라서 이행기가 아직 도래하지 않은 채권이더라도 채권자취소권의 피보전채권이 될 수 있다.

(2) 被保全債權의 成立時期

1) 원 칙 취소채권자의 채권은 원칙적으로 사행행위가 행하여지기 전에 발생한 것이어야 한다(대판 1963. 12. 12, 63다661; 대판 2009. 9. 24, 2009다37107). 피보전채권의 성립시기를 이처럼 제한하는 이유에 관하여 사해행위 당시에 성립하지 않은 채권에 대해서는 채무자의 사해의사를 인정할 수 없기 때문이라고 해석하는 판례가 있으나(대판 1995. 2. 10, 94다2534), 이는 사해행위 당시에 존재하지 않았던 채권은 사해행위에 의하여 침해된다고 볼 수 없기 때문이다. 반면 채권자의 채권이 사해행위 이전에 성립되어 있는 이상 그 채권이 양도된 경우에도 그 양수인이 채권자취소권을 행사할 수 있고, 이 경우 채권양도의 대항요건을 사해행위 이후에 갖추었더라도 채권양수인이 채권자취소권을 행사하는 데 아무런 장애사유가 될 수 없다(대판 2006. 6. 29, 2004다5822). 또한 법률행위의 이행으로서 가등기를 경료하는 경우에 그 채무의 원인되는 법률행위가 취소권을 행사하려는 채권자의 채권보다 앞서 발생한 경우에는 특별한 사정이 없는 한 그 가등기는 채권자취소권의 대상이 될 수 없다(대판 2002. 4. 12, 2000다43352).

2) 예 외 판례는 위 원칙에 대한 예외를 인정하고 있다. 즉 사해행위 당시에 이미 채권성립의 기초가 되는 법률관계가 발생되어 있고, 가까운 장래에 그 법률관계에 기하여 채권이 성립하리라는 점에 대한 고도의 개연성이 있으며, 실제로 가까운 장래에 그 개연성이 현실화되어 채권이 성립한 경우에는 그 채권도 채권자취소권의 피보전채권이 될 수 있다고 한다(대판 2001. 3. 23, 2000다37821; 대판 2005. 8. 19, 2004다53173). 여기에서의 「채권성립의 기초가 되는 법률관계」는 당사자 사이의 약정에 의한 법률관계에 한정되는 것이 아니고, 채권성립의 개연성이 있는 준법률관계나 사실관계 등을 널리 포함하는 것으로 보아야 할 것이며, 따라서 당사자 사이에 채권 발생을 목적으로 하는 계약의 교섭이 상당히 진행되어 그 계약체결의 개연성이 고도로 높아진 단계도 여기에 포함되

는 것으로 보아야 한다(대판 2002. 4. 12, 2000다43352; 대판 2005. 8. 19, 2004다53173). 그리고 「고도의 개연성」은 단순히 향후 채권이 발생할 가능성이 있는 정도에 그쳐서는 안 되고, 적어도 채무자의 사해의사를 추단할 수 있는 객관적 사정이 존재하여 일반적으로 누구라도 채권의 발생을 예견할 수 있을 정도에 이르렀다고 볼 만한 상태에서 채무자의 재산처분행위가 이루어졌어야 하며, 구체적으로 이러한 고도의 개연성이 있는지 여부는 채권자와 채무자 사이의 기초적 법률관계의 내용, 채무자의 재산 상태 및 그 변화 내용, 일반적으로 그와 같은 상태에서 채권이 발생하는 빈도 및 이에 대한 일반인의 인식 정도, 채무자의 재산처분행위와 채권 발생과의 시간적 간격 등 여러 가지 사정을 종합하여 객관적으로 판단하여야 한다(대판 2002. 12. 6, 2001다70788; 대판 2012. 2. 23, 2011다76426; 대판 2013. 2. 14, 2012다83100). 이러한 예외는 채무자가 채권자를 해한다는 사해의사로써 채권의 공동담보를 감소시키는 것은 형평과 도덕적 관점에서 허용할 수 없다는 채권자취소권 제도의 취지에 근거한 것이다(대판 2002. 11. 8, 2002다42957).

[판 례]

(1) 채무자가 보증인의 보증하에 은행으로부터 대출을 받음에 있어 채무자의 보증인에 대한 구상채무에 대하여 연대보증한 자가 연대보증 후 소유 부동산을 제3자에게 증여한 사안에서, 증여계약 당시 채무자가 당해 대출금을 당초 변제기까지 변제하지 못하고 변제기를 연장하였을 뿐만 아니라 그 외에도 원금을 변제하지 못하고 있는 대출금이 많이 있었고, 거래처의 부도로 인하여 막대한 손해를 보고 있었던 점 등 증여계약 당시의 채무자의 재정 상태에 비추어 볼 때 채권자취소권의 피보전채권인 구상채권의 성립의 개연성이 있었다고 인정한 사례(대판 1997. 10. 28, 97다34334).

(2) 부동산을 양도받아 소유권이전등기청구권을 가지고 있는 자가 양도인이 제3자에게 이를 이중으로 양도하여 소유권이전등기를 경료하여 줌으로써 취득하는 부동산 가액 상당의 손해배상채권은 이중양도행위에 대한 사해행위취소권을 행사할 수 있는 피보전채권에 해당한다고 할 수 없다(대판 1999. 4. 27, 98다56690).

(3) 채권자의 보증채무 이행으로 인한 구상금채권이 채무자의 사해행위 당시 아직 발생하지는 않았으나 그 기초가 되는 신용보증약정은 이미 체결되어 있었고 사해행위 시점이 주채무자의 부도일 불과 한 달 전으로서 이미 주채무자의 재정상태가 악화되어 있었던 경우, 위 구상금채권은 채권자취소권의 피보전채권이 된다고 한 사례(대판 2000. 2. 25, 99다53704).

(4) 사해행위 당시 아직 조세채권이 성립하지는 않았으나, 그 이전에 조세채무자가 실질적 대표자로 있는 회사에서 가공원가를 계상하였고, 과세관청이 위 가공원가를 조세채무자에 대한 인정상여로 소득처분하여 종합소득세 부과처분을 하였다면, 위 조세채권은

가공원가를 계상한 시점에 이미 그 기초적 법률관계가 발생하였고, 가까운 장래에 채권이 성립할 고도의 개연성이 있었으며, 실제 그 개연성이 현실화되어 채권이 성립하였으므로 채권자취소권의 피보전채권이 될 수 있다고 한 사례(대판 2001. 3. 23, 2000다37821).

(5) 채무자가 채권자와 신용카드 가입계약을 체결하고 신용카드를 발급받았으나 자신의 유일한 부동산을 매도한 후에 비로소 신용카드를 사용하기 시작하여 신용카드대금을 연체하게 된 경우, 그 신용카드대금채권은 사해행위 이후에 발생한 채권에 불과하여 사해행위의 피보전채권이 될 수 없다(대판 2004. 11. 12, 2004다40955).

(6) 채권양도의 경우 채권자의 채권이 사해행위 이전에 성립되어 있는 이상 채권양도의 대항요건을 사해행위 이후에 갖추었더라도 채권양수인은 채권자취소권을 행사할 수 있다(대판 2006. 6. 29, 2004다5822).

(7) 어음채권의 추심을 의뢰받은 수임인이 위임인에 대하여 부담하는 추심금의 지급의무는 현실적으로 제3채무자로부터 이를 지급받은 경우에 구체적으로 발생하는 것일 뿐이므로, 추심의 의뢰 혹은 제3채무자에 대한 청구(지급제시)의 사실만으로는 채권자취소권의 피보전채권이 될 수 있는 구체적 권리가 발생한 것으로 볼 수 없다(대판 2009. 9. 24, 2009다37107).

(3) 被保全債權의 履行期 到來의 要否

채권이 이행기에 있어야 하는가에 관하여 이행기가 도래하기 이전의 채권이라도 사해행위로부터 보호할 필요성이 있는 경우에는 이를 긍정해야 한다는 것을 이유로 이행기의 도래를 취소권행사의 요건으로 하지 않는다(통설. 반대 김형배 399면). 즉 사해행위 이전에 이미 발생한 채권이면 사해행위 당시에 아직 변제기가 도래하지 아니하였더라도 피보전채권이 될 수 있다. 나아가 채권자가 조건부(대판 2011. 12. 8, 2011다55542)·기한부 채권을 가지고 있는 경우에도 채권자취소권을 행사할 수 있다.

2. 詐害行爲(객관적 요건)

(1) 債務者가 法律行爲를 하였을 것

1) 債務者의 法律行爲 채무자에 의하여 행하여진 법률행위만이 취소의 목적이 될 수 있는 것이 원칙이다. 따라서 채무자 이외의 자가 채권자를 해하는 행위를 한 경우에는 채권자취소권의 대상이 되지 않는다. 채무자의 대리인이 행한 법률행위는 채무자에 대하여 직접 그 효력이 발생하므로 취소의 목적이 될 수 있다. 법률행위의 종류는 불문하며, 계약·단독행위·합동행위 모두 이에 해당한다. 민법 제406조 제1항은 취소의 목적을 「법률행위」라고 규정하고 있지만, 이를 법률행위로 엄격하게 제한할 필요는 없으며, 재산감소의 법률효과를 가져오는 채무자의 행위이

면 취소의 대상이 될 수 있다. 따라서 준법률행위(채무의 승인 · 최고 · 채권양도의 통지 등)나 법률상 의사표시를 한 것과 동일한 효과가 주어지는 경우(법정추인(제15조 · 제141조) · 추인거절(제131조))에도 취소권을 행사할 수 있다고 해석된다. 그리고 재판상의 법률행위(화해 · 상계 · 청구의 포기 · 인낙 등)도 취소의 대상이 된다. 그러나 채무자의 단순한 부작위나 사실행위는 사해행위에 해당하지 않는다.

2) 通情虛僞表示에 대한 取消權의 行使

채권자취소권의 목적이 될 수 있는 법률행위는 유효한 것이어야 하느냐가 문제된다. 이는 주로 통정허위표시가 사해행위로서 취소의 대상이 되느냐에 관한 문제로서 다루어지고 있다. 통정허위표시의 대표적인 예로서는 채무자가 진정한 매도의 의사 없이 상대방과 통정하여 외형상 매매의 합법성을 가장하여 재산권을 이전하는 가장매매를 들 수 있다. 가장매매는 허위표시에 해당되어 무효로 되는데(제108조 제1항), 무효라 하더라도 여전히 수익자에게 외관이 남아 있는 경우, 그 외관을 제거할 실익을 인정하여 무효인 가장매매행위를 사해행위를 이유로 취소할 수 있는지에 관하여 학설이 대립한다.

(가) 學 說

(a) 取消否定說 허위표시로 무효인 법률행위를 다시 취소하는 것은 이론적으로 불가능하다는 견해이다(김기선 185면; 현승종 203면). 다만 가장행위가 무효가 되더라도 가장행위의 상대방에게 무효의 등기가 남아 있는 경우에는 채무자가 가지는 등기말소청구권을 채권자가 대위행사함으로써 그의 채권을 보전할 수 있을 뿐이라고 한다. 그러나 이 견해는 허위표시의 무효로 제3자에게 대항하지 못하므로 채무자와 수익자 사이의 법률행위가 허위표시이더라도 전득자가 허위표시에 관하여 선의이지만 사해의 사실에 대하여 악의인 경우에는 전득자가 그 허위표시에 관하여 선의를 주장하는 한 채무자뿐만 아니라 채권자도 허위표시를 전득자에게 주장하지 못하므로 채권자는 전득자에 대한 관계에서 사해행위를 이유로 취소할 실익이 있다고 한다.

(b) 取消肯定說 채권자취소의 대상인 사해행위는 유효한 법률행위일 것을 요건으로 하지 않는다고 보아 가장매매도 채권자취소권에 의한 취소의 대상이 된다는 견해이다(통설). 이 견해는 허위표시제도나 채권자취소권제도는 모두 책임재산을 보전하는 기능을 하며, 이와 같이 두 제도가 동일한 기능을 하는 경우에는 한정적 해석을 할 필요가 없다는 것을 그 이유로 들고 있다(김증한 103면; 곽윤직 148면; 송덕수 165면). 그러나 최근에는 취소권을 긍정하는 논거로써 무효 · 취소의 이중효이론을 제시하는 견해가 주장되고 있다. 즉 법률행위의 무효란 단지 당사자가 의욕한 대로 효과가 발생하지 않을 뿐 그

이외에 있어서는 그 법률행위가 여전히 유효한 것처럼 존재하므로 그에 대하여 취소를 인정하여도 이론상 모순되는 것은 아니라고 한다(고상룡 645면; 이영준 695~696면).

(나) 判 例 민법 제406조가 단순히 법률행위라고 할 뿐 유효한 법률행위라고 명시하지 않으므로 무효인 법률행위도 취소의 대상이 된다고 한다(대판 1975. 2. 25, 74다2114 등). 그리고 채권자취소권의 대상으로 된 채무자의 법률행위라도 허위표시의 요건을 갖춘 경우에는 무효라고 한다(대판 1998. 2. 27, 97다50985).

(다) 私 見 통정허위표시에 의한 가장매매행위는 무효로 되지만, 그 무효는 선의의 제3자에게 대항할 수 없는 상대적인 것이어서(제10조 제2항), 가장매매행위가 등기 등의 공시방법에 의하여 외관상으로 유효한 법률행위의 모습을 갖춘 경우에는 채무자의 책임재산을 보전할 수 없을 가능성이 있다. 따라서 이와 같이 무효로 된 법률행위가 사해행위로서의 요건을 갖추고 있는 경우에 한하여 책임재산의 보전을 위한 취소의 대상으로 될 수 있다고 할 것이다.

[판 례]

(1) 무자력상태를 가장하여 원고들에 대한 채무를 면탈할 목적으로 원고들을 해할 것을 알고도 피고와 통모하여 부동산에 대한 환매특약을 붙여 피고와 매매계약을 체결한 경우에는, 변제 또는 변제자력을 얻는 데 사용한 경우는 물론 단순한 변제의 목적 또는 변제자력을 얻기 위한 유일한 수단으로 저당권설정 또는 매도담보로 제공한 경우와도 달라, 채권자인 원고들을 해할 것을 알면서 피고와 통모하여 환매특약을 붙여 매매계약을 체결한 것이므로 사해행위로 인정됨이 상당하다(대판 1984. 7. 24, 84다카68).

(2) 채무자의 채무가 재산을 초과하는 상태에서 채권자 중 한 사람과 통모하여 그 채권자만 우선적으로 채권의 만족을 얻도록 할 의도로, 채무자 소유의 부동산을 그 채권자에게 매각하고 위 매매대금채권과 그 채권자의 채무자에 대한 채권을 상계하는 약정을 하였다면, 가사 매매가격이 상당한 가격이거나 상당한 가격을 초과한다고 할지라도 채무자의 매각행위는 다른 채권자를 해할 의사로 한 법률행위에 해당한다(대판 1994. 6. 14, 94다2961).

(2) 債務者의 法律行爲는 財産權을 目的으로 하는 것일 것

취소의 대상인 법률행위는 「직접」 채무자의 일반재산을 구성하는 권리에 관한 것이어야 한다. 따라서 매매 · 증여 · 대물변제 · 질권 또는 저당권의 설정 · 회사설립행위 · 부당하게 과다한 이혼에 의한 재산분여(대판 2000. 7. 28, 2000다14101) 등은 취소의 대상이 된다. 그러나 간접적으로 재산상의 이익에 영향을 미치는 법률행위(예: 증여의 거절 · 유증의 거절 · 채무자의 노무계약 등)나 혼인 · 상속의 승인 또는 포기 등의 신분행위는 채권자의 자유의사에 맡겨져 있는 것이므로 원칙적으로 취소의 대상이 될 수 없다. 판례도 법원에 대한 일방적 행위인 상속포기는 사해행위가 되지 않는다고 한다(대판 2011. 6. 9, 2011다29307).

그러나 사정에 따라서 취소가 인정되어야 할 때도 있다. 예를 들어 채무자가 협의이혼을 하면서 배우자에게 상당한 정도를 넘는 과대한 재산분할을 하는 특별한 사정이 있는 경우에는 상당한 부분을 초과하는 부분에 대하여 취소할 수 있고(대판 2005. 1. 28, 2004다58963), 그 특별한 사정이 있다는 점에 관한 입증책임은 채권자에게 있다(대판 2006. 9. 29, 2005다73105). 또한 채무자가 상속재산의 분할협의를 하면서 상속재산에 관한 권리를 포기함으로써 재산분할결과가 구체적 상속분에 상당하는 정도에 미달하는 과소한 경우에는 미달한 부분에 한하여 취소할 수 있다(대판 2001. 2. 9, 2000다51797). 이러한 경우 구체적 상속분이 법정상속분과 다르다는 사정은 채무자가 주장·입증하여야 한다(대판 2007. 2. 26, 2007다29119). 그리고 이미 채무초과 상태에 있는 채무자가 상속재산의 분할협의를 하면서 유일한 상속재산인 부동산에 관하여는 자신의 상속분을 포기하고 대신 소비하기 쉬운 현금을 지급받기로 하였다면, 이러한 행위는 실질적으로 채무자가 자기의 유일한 재산인 부동산을 매각하여 소비하기 쉬운 금전으로 바꾸는 것과 다르지 아니하여 특별한 사정이 없는 한 채권자에 대하여 사해행위가 된다고 할 것이다(대판 2008. 3. 13, 2007다73765).

한편 공법상 허가권의 양도행위가 사해행위로서 취소의 대상이 되는가의 여부는 당해 공법상 허가권이 독립한 재산적 가치를 가지고 있어 강제집행을 할 수 있는지의 여부에 따라 판단하여야 한다(대판 2010. 4. 29, 2009다105734).

[판 례]

(1) 상속재산의 분할협의는 상속이 개시되어 공동상속인 사이에 잠정적 공유가 된 상속재산에 대하여 그 전부 또는 일부를 각 상속인의 단독소유로 하거나 새로운 공유관계로 이행시킴으로써 상속재산의 귀속을 확정시키는 것으로 그 성질상 재산권을 목적으로 하는 법률행위이므로 사해행위취소권 행사의 대상이 될 수 있고, 한편 채무자가 자기의 유일한 재산인 부동산을 매각하여 소비하기 쉬운 금전으로 바꾸거나 타인에게 무상으로 이전하여 주는 행위는 특별한 사정이 없는 한 채권자에 대하여 사해행위가 되는 것이므로, 이미 채무초과 상태에 있는 채무자가 상속재산의 분할협의를 하면서 자신의 상속분에 관한 권리를 포기함으로써 일반 채권자에 대한 공동담보가 감소한 경우에도 원칙적으로 채권자에 대한 사해행위에 해당한다(대판 2007. 7. 26, 2007다29119).

(2) 상속의 포기는 비록 포기자의 재산에 영향을 미치는 바가 없지 아니하나(그러한 측면과

(관련하여서는 '채무자 회생 및 파산에 관한 법률' 제386조도 참조) 상속인으로서의 지위 자체를 소멸하게 하는 행위로서 순전한 재산법적 행위와 같이 볼 것이 아니다. 오히려 상속의 포기는 1차적으로 피상속인 또는 후순위상속인을 포함하여 다른 상속인 등과의 인격적 관계를 전체적으로 판단하여 행하여지는 '인적 결단'으로서의 성질을 가진다. 그러한 행위에 대하여 비록 상속인인 채무자가 무자력상태에 있다고 하여서 그로 하여금 상속포기를 하지 못하게 하는 결과가 될 수 있는 채권자의 사해행위취소를 쉽사리 인정할 것이 아니다. 그리고 상속은 피상속인이 사망 당시에 가지던 모든 재산적 권리 및 의무 · 부담을 포함하는 총체재산이 한꺼번에 포괄적으로 승계되는 것으로서 다수의 관련자가 이해관계를 가지는데, 위와 같이 상속인으로서의 자격 자체를 좌우하는 상속포기의 의사표시에 사해행위에 해당하는 법률행위에 대하여 채권자 자신과 수익자 또는 전득자 사이에서만 상대적으로 그 효력이 없는 것으로 하는 채권자취소권의 적용이 있다고 하면, 상속을 둘러싼 법률관계는 그 법적 처리의 출발점이 되는 상속인 확정의 단계에서부터 복잡하게 얽히게 되는 것을 면할 수 없다. 또한 상속인의 채권자의 입장에서는 상속의 포기가 그의 기대를 저버리는 측면이 있다고 하더라도 채무자인 상속인의 재산을 현재의 상태보다 악화시키지 아니한다. 이러한 점들을 종합적으로 고려하여 보면, 상속의 포기는 민법 제406조 제1항에서 정하는 "재산권에 관한 법률행위"에 해당하지 아니하여 사해행위취소의 대상이 되지 못한다(대판 2011. 6. 9, 2011다29307).

(3) 債權者를 害하는 法律行爲(詐害行爲)일 것

1) 채권자를 해하는 행위 여기서「채권자를 해한다」함은 채무자의 소극재산의 총액이 적극재산의 총액을 넘는 것, 즉 채무초과 또는 무자력을 의미한다(대판 1982. 5. 25, 80다1403).

따라서 채무자 명의로 되어 있지만 채무자가 소유하지 아니한 재산에 저당권을 설정하는 행위는 채권의 공동담보의 부족상태를 초래하는 것이 아니므로 사해행위에 해당하지 않으며(대판 2000. 3. 10, 99다55069), 채무자가 소유하는 부동산에 저당권이 설정되어 있고, 그 저당부동산의 가액보다 저당권의 피담보채권액이 더 큰 경우, 저당부동산을 양도하는 행위는 채권의 공동담보에 부족을 초래하지 않으므로 사해행위라고 할 수 없다(대판 2001. 10. 9, 2000다42618).

[판 례]

채무자가 책임재산을 감소시키는 행위를 함으로써 일반채권자들을 위한 공동담보의 부족상태를 유발 또는 심화시킨 경우에 그 행위가 채권자취소의 대상인 사해행위에 해당하는지 여부는, 행위목적물이 채무자의 전체 책임재산 가운데에서 차지하는 비중, 무자력의 정도, 법률행위의 경제적 목적이 갖는 정당성 및 그 실현수단인 당해 행위의 상당성, 행위의 의무성 또는 상황의 불가피성, 채무자와 수익자간 통모의 유무와 같은 공동담보의 부족 위험에 대한 당사자의 인식의 정도 등 그 행위에 나타난 여러 사정을 종합적으로 고려하여, 그 행위를 궁극적으로 일반채권자를 해하는 행위로 볼 수 있는지 여부에 따라 최종 판단하여야 한다(대판 2010. 9. 30, 2007다2718).

2) 자력유무의 판단시기 사해행위 취소소송에서 채무자의 무자력 여부는 사해행위 당시를 기준으로 판단하여야 한다(대판 2012. 1. 12, 2010다64792). 채무자의 재산처분행위가 사해행위가 되는지 여부는 처분행위 당시를 기준으로 판단하여야 하므로, 담보로 제공된 부동산에 대하여 임의경매 등의 환가절차가 개시되어 진행되는 도중에 재산처분행위가 이루어졌다고 하더라도, 그 재산처분행위의 사해성 유무를 판단하기 위한 부동산 가액의 평가는 부동산 가액의 하락이 예상되는 등의 특별한 사정이 인정되지 아니하는 한 사후에 환가된 가액을 기준으로 할 것이 아니라 사해성 여부가 문제되는 재산처분행위 당시의 시가를 기준으로 하여야 한다(대판 2008. 5. 15, 2005다60338; 대판 2009. 6. 23, 2009다549). 따라서 채무자의 적극재산에 포함되는 부동산이 사해행위가 있은 후에 경매절차에서 경락된 경우에도 그 부동산의 평가는 경락된 가액을 기준으로 할 것이 아니라 사해행위 당시의 시가를 기준으로 하여야 할 것이다(대판 2001. 4. 27, 2000다69026). 채무자가 연속하여 수개의 재산감소행위를 한 때에는 각 재산감소행위를 한 당시를 기준으로 하여 그 무자력이 생겼느냐의 여부를 판정하여야 하는 것이 원칙이나(대판 2002. 9. 24, 2002다23857), 일련의 행위를 하나의 행위로 볼 특별한 사정이 있는 때에는 이를 일괄하여 전체로서 사해성이 있는지 판단하여야 한다(대판 2006. 9. 14, 2005다74900. 이때 그러한 특별 사정이 있는지 여부를 판단함에 있어서는 처분의 상대방이 동일한지, 처분이 시간적으로 근접한지, 상대방과 채무자가 특별한 관계가 있는지, 처분의 동기 내지 기회가 동일한지 등이 구체적 기준이 되어야 한다).

무자력상태는 사실심변론종결시까지 유지되어야 한다. 따라서 법률행위 당시는 무자력이었으나 사실심변론종결시에 무자력이 아닌 경우에는 사해행위 취소가 인용될 수 없고, 법률행위 당시에는 무자력이 아니었으나 그 후 무자력이 된 경우도 사해행위라고 볼 수 없다. 한편 처분행위 당시에 무자력 상태의 채무자가 사실심변론종결 당시 자력을 회복하였다는 점에 대한 입증책임은 채권자취소소송의 상대방에게 있다(대판 2007. 11. 29, 2007다54849).

[판 례]

(1) 어느 시점에서 사해행위에 해당하는 법률행위가 있었는가를 따질 때에는 당사자 사이의 이해관계에 미치는 중대한 영향을 고려하여 신중하게 이를 판정하여야 하고, 채무자의 재산처분행위가 사해행위가 되는지는 처분행위 당시를 기준으로 판단하여야 하며, 설령 재산처분행위가 정지조건부인 경우라 하더라도 특별한 사정이 없는 한 마찬가지이다(대판 2013. 6. 28, 2013다8564).

(2) 처분행위 당시에는 채권자를 해하는 것이었다고 하더라도 그 후 채무자가 자력을 회복하여 사해행위취소권을 행사하는 사실심의 변론종결시에는 채권자를 해하지 않게 된 경우에는 책임재산 보전의 필요성이 없어지게 되어 채권자취소권이 소멸하는 것으로 보아야 할 것인바, 그러한 사정변경이 있다는 사실은 채권자취소소송의 상대방이 증명하여야 한다(대판 2007. 11. 29, 2007다54849).

3) 자력유무의 판단기준 채무자의 공동담보의 부족은 실질적으로 판단하여야 한다. 채무자가 책임재산을 감소시키는 행위를 함으로써 일반채권자를 위한 공동담보의 부족상태를 유발 또는 심화시킨 경우에 그 행위가 채권자취소의 대상인 사해행위에 해당하는지 여부는, 행위목적물이 채무자의 전체 책임재산 가운데에서 차지하는 비중, 무자력의 정도, 법률행위의 경제적 목적이 갖는 정당성 및 그 실현수단인 당해 행위의 상당성, 행위의 의무성 또는 상황의 불가피성, 채무자와 수익자간 통모의 유무와 같은 공동담보의 부족 위험에 대한 당사자의 인식의 정도 등 그 행위에 나타난 여러 사정을 종합적으로 고려하여, 그 행위를 궁극적으로 일반채권자를 해하는 행위로 볼 수 있는지 여부에 따라 최종 판단하여야 한다(대판 2012. 9. 13, 2012다4354).

채무자의 자력을 산정함에 있어서는 채무자의 신용은 물론, 조건부 · 기한부 채권도 평가 · 가산하여야 한다. 강제집행이 될 수 없는 압류금지재산은 공동담보가 될 수 없으므로 이를 적극재산에 포함시켜서는 아니 된다(대판 2005. 1. 28, 2004다58963). 또한 연대보증인이 한 법률행위가 사해행위인가를 판단함에 있어 고려되는 적극재산은 연대보증인의 적극재산에 한정될 뿐, 주채무자의 일반적인 자력은 고려할 요소가 아니다(대판 2003. 7. 8, 2003다13246). 나아가 채무자의 적극재산을 산정함에 있어서는 다른 특별한 사정이 없는 한 실질적으로 재산적 가치가 없어 채권의 공동담보로서의 역할을 할 수 없는 재산은 이를 제외하여야 할 것이고, 그 재산이 채권인 경우에는 그것이 용이하게 변제받을 수 있는 확실성이 있는 것인지의 여부를 합리적으로 판정하여 그것이 긍정되는 경우에 한하여 적극재산에 포함시켜야 한다(대판 2001. 10. 12, 2001다32533). 그리고 사해행위 당시 존속하고 있는 임대차관계에서의 임차인의 보증금반환채권은 장차 임대차관계가 종료되는 등으로 그 권리가 실제로 성립하는 때에 선순위권리의 존재 또는 임차인의 차임지급의무 불이행 등으로 임차인이 이를 현실적으로 반환받을 가능성이 없거나 제한되는 것으로 합리적으로 예측되는 등의 특별한 사정이 없는 한 이를 애초의 보증금액 상당의 가치대로 적극재산에 포함된다(대판 2013. 4. 26, 2012다118334).

한편 채무자의 소극재산을 평가함에 있어서도 채무자가 실질적으로 변제의무를 부담하는 채무만이 소극재산으로 고려되어야 한다. 따라서 채무자가 처분행위 당시에 가집행선고가 있는 판결상의 채무가 존재하고 있었다고 하더라도 그것이 나중에 상급심의 판결에 의하여 감액된 경우에는 그 감액된 판결상의 채무만이 소극재산이라 할 것이다(대판 2006. 2. 10, 2004다2564).

[판 례]

(1) 사해행위취소의 요건으로서의 무자력이란 채무자의 변제자력이 없음을 뜻하는 것이고 특히 임의 변제를 기대할 수 없는 경우에는 강제집행을 통한 변제가 고려되어야 하므로, 소극재산이든 적극재산이든 위와 같은 목적에 부합할 수 있는 재산인지 여부가 변제자력 유무 판단의 중요한 고려요소가 되어야 하는데, 채무자의 소극재산은 실질적으로 변제의무를 지는 채무를 기준으로 하여야 할 것이므로 처분행위 당시에 가집행선고 있는 판결상의 채무가 존재하고 있었다고 하더라도 그것이 나중에 상급심의 판결에 의하여 감액된 경우에는 그 감액된 판결상의 채무만이 소극재산이라 할 것이고, 한편 채무자의 적극재산을 산정함에 있어서는 다른 특별한 사정이 없는 한 실질적으로 재산적 가치가 없어 채권의 공동담보로서의 역할을 할 수 없는 재산은 제외하여야 할 것이다(대판 2006. 2. 10, 2004다2564).

(2) 채무자 소유 부동산에 담보권이 설정되어 있으면 그 피담보채권액을 공제한 나머지 부분만이 일반 채권자들의 공동담보로 제공되는 책임재산이 되므로 피담보채권액이 부동산의 가액을 초과하고 있는 때에는 그와 같은 부동산의 양도나 그에 대한 새로운 담보권의 설정은 사해행위에 해당한다고 할 수 없으나, 위와 같이 새로 설정된 담보권의 말소를 구하는 사해행위취소 청구에 앞서 선순위 담보권 설정행위가 사해행위로 인정되어 취소되고 그에 기한 등기가 말소되었거나 채권자가 선순위 담보권과 후순위 담보권에 대한 사해행위취소 및 등기말소를 구하는 소송에서 선순위 담보권 설정행위가 사해행위로 인정되는 경우에는 후순위 담보권 설정행위가 사해행위에 해당하는지 여부를 판단함에 있어 그 선순위 담보권의 피담보채무액을 당해 부동산에 설정된 담보권의 피담보채무액에 포함시켜서는 안 된다(대판 2007. 7. 26, 2007다23081).

(3) 채권자취소권 행사의 요건인 채무자의 무자력 여부를 판단함에 있어서 그 대상이 되는 소극재산은 원칙적으로 사해행위라고 볼 수 있는 행위가 행하여지기 전에 발생된

것임을 요하지만, 그 사해행위 당시에 이미 채무 성립의 기초가 되는 법률관계가 성립되어 있고, 가까운 장래에 그 법률관계에 터잡아 채무가 성립되리라는 점에 대한 고도의 개연성이 있으며, 실제로 가까운 장래에 그 개연성이 현실화되어 채무가 성립된 경우에는 그 채무도 채무자의 소극재산에 포함시켜야 한다(대판 2011. 1. 13, 2010다68084).

(4) [1] 채권자가 채무자의 부동산에 관한 사해행위를 이유로 수익자를 상대로 그 사해행위의 취소 및 원상회복을 구하는 소송을 제기하여 그 소송계속 중 위 사해행위가 해제 또는 해지되고 채권자가 그 사해행위의 취소에 의해 복귀를 구하는 재산이 벌써 채무자에게 복귀된 경우에는, 특별한 사정이 없는 한, 그 채권자취소소송은 이미 그 목적이 실현되어 더 이상 그 소에 의해 확보할 권리보호의 이익이 없어지는 것이고, 이는 그 목적재산인 부동산의 복귀가 그 이전등기의 말소 형식이 아니라 소유권이전등기의 형식을 취하였다고 하여 달라지는 것은 아니다.

[2] 채권자가 수익자를 상대로 사해행위취소로 인한 원상회복을 위하여 소유권이전등기 말소등기청구권을 피보전권리로 하여 그 목적부동산에 대한 처분금지가처분을 발령받은 경우, 그 후 수익자가 계약의 해제 또는 해지 등의 사유로 채무자에게 그 부동산을 반환하는 것은 위 가처분채권자의 피보전권리인 채권자취소권에 의한 원상회복청구권을 침해하는 것이 아니라 오히려 그 피보전권리에 부합하는 것이므로 위 가처분의 처분금지 효력에 저촉된다고 할 수 없는 것이므로, 피고의 신탁계약의 해지에 따른 채무자에게로의 소유권이전이 위 가처분의 처분금지 효력에 저촉되어 무효라고 할 수 없다(대판 2008. 3. 27, 2007다85157).

(5) 수개의 부동산 중 일부는 채무자의 소유이고 다른 일부는 물상보증인의 소유인 경우에는, 물상보증인이 민법 제481조, 제482조의 규정에 따른 변제자대위에 의하여 채무자 소유의 부동산에 대하여 저당권을 행사할 수 있는 지위에 있는 점 등을 고려할 때, 그 물상보증인이 채무자에 대하여 구상권을 행사할 수 없는 특별한 사정이 없는 한 채무자 소유의 부동산에 관한 피담보채권액은 공동저당권의 피담보채권액 전액으로 봄이 상당하다(대법원 2008. 4. 10. 선고 2007다78234 판결 참조). 이러한 법리는 하나의 공유부동산 중 일부 지분이 채무자의 소유이고, 다른 일부 지분이 물상보증인의 소유인 경우에도 마찬가지로 적용된다(대판[전합] 2013. 7. 18, 2012다5643).

4) 사해행위 여부가 문제되는 경우

(가) 辨 濟 특정채권자에 대한 변제가 사해행위로 되는가에 대하여 변제에 의하여 적극재산이 감소되지만, 동시에 소극재산도 감소되므로 전체로서의 채무자의 자력에 증감이 없고, 채무자는 비록 다른 채권자가 있더라도 변제를 거절하지 못하기 때문에 원칙적으로 사해행위가 되지 않고, 다만 일부채권자와 통모하여 다른 채권자를 해할 의사를 가지고 변제하는 경우에 사해행위가 성립한다는 것이 통설 · 판

례(대판 1981. 2. 24, 80다1963)의 입장이다. 따라서 채무의 이행으로 하는 등기(대판 1962. 11. 15, 62다634)나 채무의 변제방법으로서 제3자에게 채권을 양도하여도 사해행위가 되지 않는다(대판 1967. 7. 11, 67다847). 또한 채무자가 이전부터 있는 채무의 변제를 위하여 약속어음을 발행하는 행위도 소극재산을 증가시키는 것이 아니므로 그것만으로는 사해행위로 보기 어렵다(대판 2002. 8. 27, 2002다27903). 그러나 채무자가 처음부터 특정 채권자에게 자신이 적극재산인 채권을 사실상 양도하여 줄 목적으로 기존채무의 지급을 위하여 약속어음을 발행함과 동시에 집행증서를 작성하여 주어 그 특정채권자가 이를 이용하여 압류 전부명령을 받은 경우에는 채무자의 이러한 행위는 전체적으로 보아 특정채권자에게 자신의 적극재산인 채권을 양도하는 것과 마찬가지이고 이는 채무자가 특정채권자와 통모하여 다른 채권자를 해할 의사를 가지고 한 것으로 봄이 상당하므로 사해행위에 해당한다(대판 2002. 8. 27, 2002다27903).

[판 례]

무자력상태의 채무자가 기존채무에 관한 특정의 채권자로 하여금 채무자가 가지는 채권에 대하여 압류 및 추심명령을 받음으로써 강제집행절차를 통하여 사실상 우선변제를 받게 할 목적으로 그 기존채무에 관하여 강제집행을 승낙하는 취지가 기재된 공정증서를 작성하여 주어 채권자가 채무자의 그 채권에 관하여 압류 및 추심명령을 얻은 경우에는 그와 같은 공정증서 작성의 원인이 된 채권자와 채무자의 합의는 기존채무의 이행에 관한 별도의 계약인 이른바 채무변제계약에 해당하는 것으로서 다른 일반채권자의 이익을 해하여 사해행위가 된다고 할 것이다(대판 2010. 4. 29, 2009다33884).

(나) 代物辨濟 변제와 동일한 효력이 있는 대물변제도 상당한 가격 또는 채권액으로 행하여진 때에는 사해행위가 되지 않는다(통설. 대판 1962. 11. 15, 62다634). 따라서 채권액 이상의 가치 있는 것으로서 하는 대물변제나, 또는 채무자가 특정채권자와 共謀하여 대물변제를 함으로써 채권자의 책임재산을 감소시키는 경우에는 사해행위가 된다(대판 1966. 10. 18, 66다1447). 그리고 채무자의 재산이 채무의 전부를 변제하기에 부족한 경우에는 그의 유일한 재산인 부동산으로 대물변제를 하였다면 그러한 행위는 특별한 사정이 없는 한 사해행위가 되며(대판 1996. 10. 26, 96다23207; 대판 2005. 11. 10, 2004다7873), 대물변제나 담보조로 제공된 재산이 채무자의 유일한 재산이 아니라거나 그 가치가 채권액에 미달한다고 하여도 마찬가지라고 할 것이다(대판 2007. 7. 12, 2007다18218). 그러나 우선변제권 있는 채권자에 대한 대물변제의 제공행위는 특별한 사정이 없는 한 다른 채권자들의 이익을 해한다고 볼 수 없

어 사해행위가 되지 않는다고 할 것이다(대판 2008. 2. 14, 2006다33357).

[판 례]

(1) 채무초과의 상태에 있는 채무자가 적극재산을 채권자 중 일부에게 대물변제 조로 양도하는 행위는 채무자가 특정 채권자에게 채무 본지에 따른 변제를 하는 경우와는 달리 원칙적으로 다른 채권자들에 대한 관계에서 사해행위가 될 수 있으나, 이러한 경우에도 사해성의 일반적인 판단 기준에 비추어 그 행위가 궁극적으로 일반채권자를 해하는 행위로 볼 수 없는 경우에는 사해행위의 성립이 부정될 수 있다(대판 2012. 9. 13, 2012다43546).

(2) 채무자들이 11억 5천만원 상당의 채무를 부도내고 잠적하면서 그들 소유의 부동산들을 가까운 친척들에게 매매를 원인으로 소유권이전등기를 넘겨준 경우 채무자들에게 다른 재산이 다소간 있다고 하더라도 그것이 위 채무액 전액을 변제하고도 남을 정도가 된다는 증명이 없는 한 사해행위가 성립하고 위 전득자들이 채무자에게 채권이 있더라도 채무가 초과된 채무자가 특정부동산을 일부 채권자에게 대물변제를 넘겨주는 것도 사해행위가 될 수 있다(대판 1990. 11. 23, 90다카27198).

(3) 채권자들의 공동담보가 되는 채무자의 총재산에 대하여 다른 채권자에 우선하여 변제를 받을 수 있는 권리를 가지는 채권자는 처음부터 채무자의 재산에 대한 환가절차에서 다른 채권자에 우선하여 배당을 받을 수 있는 지위에 있으므로, 그와 같은 우선변제권 있는 채권자에 대한 대물변제의 제공행위는 특별한 사정이 없는 한 다른 채권자들의 이익을 해한다고 볼 수 없어 사해행위가 되지 않는다(대판 2008. 2. 14, 2006다33357).

(다) 物的 擔保의 提供 일부 채권자에 대한 물적 담보의 제공은 변제·대물변제와 구별할 필요가 없으며 채권자취소권제도가 채권자에 대한 평등변제까지 보장하려는 것은 아니라는 것, 정당한 변제는 사해행위가 되지 않을 뿐 아니라 생활비 조달을 위한 담보제공에 대해서까지 채권자의 간섭을 허용하여서는 아니된다는 것을 근거로 사해행위가 되지 않는다고 한다(다수설. 곽윤직 144면; 김용한 263면; 김증한 123면; 현승종 206면 등). 그러나 채무자가 타인을 위하여 그의 부동산·기타 재산을 담보물로 제공하는 것(물상보증)은 재산의 감소 위험이 크므로 사해행위가 될 수 있다고 하는 견해도 있다(김기선 188면; 김주수 245면; 김형배 412면). 판례는 이미 채무초과의 상태에 빠져 있는 채무자가 그의 유일한 재산인 부동산을 채권자 중의 어느 한 사람에게 채권담보로 제공하는 행위는 그 담보제공을 정당화할 수 있는 특별한 사정이 없는 한 다른 채권자들에 대한 관계에서 사해행위가 되지만(대판 1997. 9. 9, 97다10864; 대판 2006. 4. 14, 2006다5710), 어느 특정 채권자에게만 다른 채권자에 비하여 우선변제를 받을 수 있도록 하여 다른 일반 채권자의 공동담보를 감소시키는 결과를 초래할 것

을 그 요건으로 하며, 그 담보물이 채무자 소유의 유일한 부동산인 경우에 한하여만 사해행위가 성립한다고 볼 수는 없다고 한다(대판 2008. 2. 14, 2005다47106).

또한 판례는 채무초과상태에 있는 채무자가 자금난으로 사업을 계속 추진하기 어려운 상황에서 자금을 계속 융통하기 위해 부득이하게 부동산을 특정채권자에게 담보로 제공하고 그로부터 신규자금을 추가로 융통받았다면 이와 같은 담보권설정행위는 다른 채권자에 대한 사해행위에 해당하지 않는다고 한다(대판 2001. 5. 8, 2000다50015). 그리고 채무자가 사업을 계속 추진하는 것이 채무 변제력을 갖게 되는 최선의 방법이라고 생각하고 물품을 공급받기 위하여 채무초과 상태에 있으면서도 부득이 채무자 소유의 부동산을 특정 채권자에게 담보로 제공하고 그로부터 물품을 공급받았다면 특별한 사정이 없는 한 채무자의 담보권설정행위는 사해행위에 해당하지 않으며(대판 2011. 1. 13, 2010다68084), 공사대금채무를 부담하는 도급인이 수급인의 저당권설정청구권 행사에 따라 신축건물에 저당권을 설정하는 행위도 사해행위가 아니라고 한다(대판 2008. 3. 27, 2007다78616 · 78623).

그러나 판례는 이미 존재하고 있는 가등기담보를 소멸시키고 새로이 가등기담보를 설정한 때에는 부동산가액에서 피담보채무액을 공제한 잔액의 범위 내에서 사해행위가 성립하며(대판 2003. 7. 11, 3002다19435), 비록 채무자가 사업의 갱생이나 계속 추진의 의도였다 하더라도 신규자금의 융통 없이 단지 기존채무의 이행을 유예받기 위하여 자신의 채권자 중 한 사람에게 담보를 제공하는 행위는 다른 특별한 사정이 없는 한 다른 채권자들에 대한 관계에서는 사해행위에 해당한다고 한다(대판 2010. 4. 29, 2009다104564). 그리고 주택임대차보호법 제8조의 소액보증금 최우선변제권은 임차목적 주택에 대하여 저당권에 의하여 담보된 채권 · 조세 등에 우선하여 변제받을 수 있는 일종의 법정담보물권을 부여한 것이므로, 채무자가 채무초과상태에서 채무자 소유의 유일한 주택에 대하여 위 법조 소정의 임차권을 설정해 준 행위는 채무초과상태에서의 담보제공행위로서 채무자의 총재산의 감소를 초래하는 행위가 되는 것이고, 따라서 그 임차권설정행위는 사해행위취소의 대상이 된다고 한다(대판 2005. 5. 13, 2003다50771). 한편 부동산실권리자명의 등기에 관한 법률이 적용되어 명의수탁자인 채무자 명의의 소유권이전등기가 무효로 된 경우에는 채무자가 그 부동산 위에 제3자와 근저당권설정계약을 체결하고, 그에게 근저당권설정등기를 마쳐주었다 하더라도 그로써 채무자의 책임재산에 감소를 초래한 것이라고 할 수 없으므로 이를 사해행위라고 할 수 없다(대판 2000. 3. 10, 99다55069). 부동산에 대하여 가압류등기가 먼저 되고 나서 근저당권설정등기가 마쳐진 경우에 가압류채권자는 채무자의 근저당권설정행위로 인하여 아무런 불이익을 입지 않으므로(가압류채권자는 근저당권자와 일반 채권자의 자격에서 평등배당을 받을 수 있다), 채권자취소권을 행사할 수 없으나, 채권자의 실제 채권액이 가압류 채권금액보다 많은 경우에는 그 초과하는 부분에 관하여는 채권자들의 공동담보를 감소시키는 사해행위가 된다(대판 2008. 2. 28, 2007다77446). 그리고 가압류채무자가 이미 가압류된 부동산에 자신의 채권자가 아닌 제3자의 채무를 담보하기 위하여 저당권을 설정하는 경우에는 가압류채권자에 대한 관계에서도 사해행위가 된다고 할 것이다(대판 2010. 1. 28, 2009다90047).

[판 례]

(1) 채권자가 이미 자기 채권의 보전을 위하여 가압류를 한 바 있는 부동산을 채무자가 제3자가 부담하는 채무의 담보로 제공하여 근저당권을 설정하여 줌으로써 물상보증을 한 경우에는 일반채권자들이 만족을 얻는 물적 기초가 되는 책임재산이 새로이 감소된다. 따라서 비록 당해 부동산의 환가대금으로부터는 가압류채권자가 위와 같이 근저당권을 설정받은 근저당권자와 평등하게 배당을 받을 수 있다고 하더라도, 일반적으로 그 배당으로부터 가압류채권의 충분한 만족을 얻는다는 보장이 없고 가압류채권자는 여전히 다른 책임재산을 공취할 권리를 가지는 이상, 원래 위 가압류채권을 포함한 일반채권들의 만족을 담보하는 책임재산 전체를 놓고 보면 위와 같은 물상보증으로 책임재산이 부족하게 되거나 그 상태가 악화되는 경우에는 역시 가압류채권자도 자기 채권의 충분한 만족을 얻지 못하게 되는 불이익을 받는다. 그러므로 위와 같은 가압류채권자라고 하여도 채무자의 물상보증으로 인한 근저당권 설정행위에 대하여 채권자취소권을 행사할 수 있다(대판 2010. 1. 28, 2009다90047).

(2) 채무자가 선순위 근저당권이 설정되어 있는 상태에서 그 부동산을 제3자에게 양도한 후 선순위 근저당권설정계약을 해지하고 근저당권설정등기를 말소한 경우에, 비록 근저당권설정계약이 이미 해지되었지만 그것이 사해행위에 해당하는지에 따라 후행 양도계약 당시 당해 부동산의 잔존가치가 피담보채무액을 초과하는지 여부가 달라지고 그 결과 후행 양도계약에 대한 사해행위취소청구가 받아들여지는지 여부 및 반환범위가 달라지는 때에는 이미 해지된 근저당권설정계약이라 하더라도 그에 대한 사해행위취소청구를 할 수 있는 권리보호의 이익이 있다고 보아야 한다. 이는 근저당권설정계약이 양도계약보다 나중에 해지된 경우뿐 아니라 근저당권설정계약의 해지를 원인으로 한 근저당권설정등기의 말소등기와 양도계약을 원인으로 한 소유권이전등기가 같은 날 접수되어 함께 처리되고 그 원인일자가 동일한 경우에도 마찬가지이다(대판 2013. 5. 9, 2011다75232).

(라) 人的 擔保의 供與 채무자가 보증채무를 부담한 경우에는 취소권의 대

상이 된다. 다만 이 경우에 보증인은 최고·검색의 항변권을 가지므로 보증한 채무자가 주채무자에게 충분한 자력이 있고, 그 채권자가 보증인에게 청구할 필요가 없음을 주장한 때에는 취소권자는 취소하지 못한다고 한다(곽윤직 150면; 김상용 247면; 김증한/김학동 199면; 반대 송덕수 168면). 그러나 채무자가 연대채무를 부담한 때에는 다른 연대채무자에게 자력이 있다는 것을 입증하더라도 채권자의 이행청구를 거절할 수 없으므로 취소권이 인정된다. 한편 주채무에 관하여 주채무자 또는 제3자 소유의 재산에 저당권 등 물적 담보가 있는 경우에는 그 범위에서는 사해행위가 아니라고 한다(대판 2003. 7. 8, 2003다13246).

[판 례]

채권자 앞으로 주채무자 소유의 부동산에 대한 근저당권 및 주식에 대한 등록질권이 설정되어 있고, 그 부동산의 가액 범위 내에서의 채권최고액과 그 주식의 가액을 합한 금액이 당해 채무액을 초과하여 채무 전액에 대하여 채권자에게 우선변제권이 확보되어 있다면, 연대보증인이 자신의 적극재산을 감소시키는 법률행위를 하더라도 채권자에 대하여 사해행위가 성립하지 않는다고 보아야 한다(대판 2001. 7. 27, 2000다73377).

(마) 不動産 기타 財産의 處分 부동산 기타 적극재산을 무상 또는 부당한 염가로 양도하는 것은 사해행위가 됨은 물론이다(대판 1999. 11. 12, 99다29916). 그러나 부동산을 상당한 가격으로 매각한 것이 사해행위가 되는지가 문제된다. 이에 관하여 판례는 부동산 이외에 자력이 없는 채무자가 그 부동산을 매각하여 소비 또는 은닉하기 쉬운 금전으로 바꾸는 것은 공동담보의 실질적 효력을 감소시키는 것이라고 하여, 그 대가가 상당한가의 여부를 묻지 않고 원칙적으로 사해행위가 된다고 한다(대판 1966. 10. 4, 66다1535; 대판 1996. 6. 14, 94다2961).

그리고 채무자가 이행기에 있는 채무의 변제자금을 얻기 위하여 또는 공조공과의 지출, 기타 유용한 곳에 쓰기 위하여 그 부동산을 상당한 대가로 매각처분한 것인 때에는 사해행위가 되지 않으나(대판 1998. 4. 14, 97다54420. 여기서 유용한 곳에 쓴다는 것과 관련하여 문제되는 것은 매매대금으로 한 채권자에게 변제하는 경우와 한 채권자에게 매각하여 그 대금과 채권과를 상계하는 경우를 말한다), 채무초과의 상태에 있는 채무자가 채권자 중의 한 사람과 통모하여 다른 채권자를 해할 의사로써 그가 소유하고 있는 부동산을 매각한 경우에는 설사 매매가격이 상당한 것이더라도 채무자의 매매행위는 다른 채권자를 해하는 사해행위로 된다고 한다(대판 1994. 6. 14, 94다2961·2978).

그러나 연대보증인이 그의 유일한 재산을 처분하였더라도, 주채무의 전액에 관하여 주채무자 또는 제3자의 부동산으로 이미 우선변제권이 확보되어 있었다면 사해행위가 아니라고 한다(대판 2000. 12. 8, 2000다21017). 한편 학설은 (i) 상당한 대가에 의한 부동산

매각은 채무자의 재산이 감소하지 않는다는 것과 거래안전의 보호라는 점을 근거로 언제나 사해행위가 되지 않는다는 견해(김증한/김학동 200면; 송덕수 169면)와 (ii) 일정한 경우에 제한적으로 사해행위가 된다는 견해(이은영 463면)로 나뉘고 있다.

생각건대 채무자가 부동산을 매각하면 채권자도 그만큼 변제를 받기가 어려워질 것이다. 따라서 부동산의 매각이 상당한 대가로 이루어졌다는 이유만으로 사해행위로 보지 않는 것은 채권자를 충분히 보호할 수 없다. 부동산의 매각은 원칙적으로 사해행위는 아니나, 유일한 부동산을 처분하였다는 등의 특별한 사정이 있는 때에는 사해행위가 된다고 할 것이다.

경매로 부동산을 상실할 위기에 처한 나머지 최소한 경매보다는 나은 조건으로 그 부동산을 제3자에게 처분하기에 이르렀다면 그와 같은 처분행위는 사해행위로 볼 수 없으며(대판 1995. 6. 9, 94다32580), 또한 근저당권이 설정된 부동산을 양도하는 행위는 근저당권의 피담보채권액이 그 재산의 가액을 초과하는 때에는 사해행위라고 할 수 없다(대판 2006. 4. 13, 2005다70090).

채무자가 그의 유일한 부동산을 명의신탁한 경우에도 사해행위로서 취소할 수 있다(대판 1999. 9. 7, 98다41490). 부동산에 관하여 부동산 실권리자명의 등기에 관한 법률 제4조 제2항 본문이 적용되어 명의수탁자인 채무자 명의의 소유권이전등기가 무효인 경우에는 그 부동산은 채무자의 소유가 아니기 때문에 이를 채무자의 일반 채권자들의 공동담보에 제공되는 책임재산이라고 볼 수 없고, 채무자가 위 부동산에 관하여 제3자와 매매계약을 체결하고 그에게 소유권이전등기를 마쳐주었다고 하더라도 그로써 채무자의 책임재산에 감소를 초래한 것이라고 할 수 없으므로, 이를 들어 채무자의 일반 채권자들을 해하는 사해행위라고 할 수 없으며, 채무자에게 사해의 의사가 있다고 볼 수도 없다(대판 2008. 9. 25, 2007다74874). 그러나 부동산실명법의 시행 후에 부동산의 소유자가 그 등기명의를 수탁자에게 이전하는 이른바 양자간 명의신탁의 경우에 그 명의신탁약정에 의하여 이루어진 수탁자 명의의 소유권이전등기는 원인무효로서 말소되어야 하고, 그 부동산은 여전히 신탁자의 소유로서 신탁자의 일반채권자들의 공동담보에 제공되는 책임재산이 되므로, 신탁자의 일반채권자들의 공동담보에 제공되는 책임재산인 신탁부동산에 관하여 채무자인 신탁자가 직접 자신의 명의 또는 수탁자의 명의로 제3자와 매매계약을 체결하는 등 신탁자가 실질적 당사자가 되어 법률행위를 함으로 이로 인하여 신탁자의 소극재산이 적극재산을 초과하게 되거나 채무초과상태가 더 나빠지게 되고 신탁자도 그러한 사실을 인식하고 있었다면 이러한 신탁자의 법률행위는 신탁자의 일반채권자들을 해하는 행위로서 사해행위에 해당할 수 있다(대판 2012. 10. 25, 2011다107382).

[판 례]

(1) 채무자가 양도한 목적물에 담보권이 설정되어 있는 경우라면 그 목적물 중에서 일반채권자들의 공동담보에 공하여지는 책임재산은 피담보채권액을 공제한 나머지 부분만이라고 할 것이고 피담보채권액이 목적물의 가액을 초과하고 있는 때에는 당해 양도는 사해행위에 해당된다고 할 수 없다(대판 1997. 9. 9, 97다10864).

(2) 취득시효의 대상인 부동산의 소유자가 취득시효 완성 후에 이를 처분하여 채권자의 시효취득을 원인으로 한 소유권이전등기청구권이 침해되었음을 이유로 하는 경우에는 채권자취소권을 인정할 수 없다(대판 1992. 11. 24, 92다33855).

(3) 주채무자 또는 제3자 소유의 부동산에 대하여 채권자 앞으로 근저당권이 설정되어 있고 그 부동산의 가액 및 채권최고액이 당해 채무액을 초과하여 채무 전액에 대하여 채권자에게 우선변제권이 확보되어 있다면, 연대보증인이 비록 유일한 재산을 처분하는 법률행위를 하더라도 채권자에 대하여 사해행위가 성립되지 않는다고 보아야 한다(대판 2000. 12. 8, 2000다21017).

(4) 채권자가 채무자를 상대로 손해배상채권을 보전하기 위하여 채무자 소유의 부동산에 대하여 가압류결정을 받기 하루 전에 채무자가 합의이혼을 하고, 처에 대한 위자료 및 자녀의 양육비조로 그의 유일한 재산인 위 부동산을 처에게 위자료 등 명목으로 무상양도한 경우 채권자에 대한 사해행위가 된다(대판 1990. 11. 23, 90다카24762).

(5) 이미 채무초과 상태에 있는 채무자가 상속재산의 분할협의를 하면서 유일한 상속재산인 부동산에 관하여는 자신의 상속분을 포기하고 대신 소비하기 쉬운 현금을 지급받기로 하였다면, 이러한 행위는 실질적으로 채무자가 자기의 유일한 재산인 부동산을 매각하여 소비하기 쉬운 금전으로 바꾸는 것과 다르지 아니하여 특별한 사정이 없는 한 채권자에 대하여 사해행위가 된다고 할 것이며, 이와 같은 금전의 성격에 비추어 상속재산 중에 위 부동산 외에 현금이 다소 있다 하여도 마찬가지로 보아야 할 것이다(대판 2008. 3. 13, 2007다73765).

(6) 전세권설정계약이 사해행위에 해당함을 이유로 한 사해행위취소소송에서, 채무자가 일반채권자들을 위한 공동담보가 부족한 상태에서 책임재산의 주요부분을 구성하는 부동산에 관하여 제3자에게 우선변제권이 있는 전세권을 설정하여 주고 전세금을 취득함으로써 그 부동산의 담보가치 일부를 은닉 또는 소비하기 쉽게 현금화하여 그 공동담보 부족상태를 실질적으로 심화시킨 점, 채무자가 당시 이미 부담하고 있었던 채무를 변제할 별다른 상환계획도 세우지 아니한 상태에서 위 임대차 및 전세권설정계약에 수반하여 자신이 운영하던 사업체의 영업까지 사실상 전부 양도하면서도 그에 대해서는 아무런 대가도 받지 아니한 채 장차 위 제3자에게 다시 반환하여야 할 임대차보증금 겸 전세금

에 대하여 일정기간 동안의 금융을 얻었을 뿐 전세권설정계약을 통하여 전세금을 취득한 목적이 채권자 일반을 위하여 변제자력을 회복 또는 향상시키고자 한 것도 아니었던 점 등에 비추어 보면, 위 전세권설정계약은 채권자를 해하는 사해행위에 해당한다(대판 2010. 7. 15, 2007다21245).

(7) 채권자취소권은 채무자가 채권자에 대한 책임재산을 감소시키는 행위를 한 경우 이를 취소하고 원상회복을 하여 공동담보를 보전하는 권리이고, 채권양도의 경우 권리이전의 효과는 원칙적으로 당사자 사이의 양도계약 체결과 동시에 발생하며 채무자에 대한 통지 등은 채무자를 보호하기 위한 대항요건일 뿐이므로, 채권양도행위가 사해행위에 해당하지 않는 경우에 양도통지가 따로 채권자취소권 행사의 대상이 될 수는 없다(대판 2012. 8. 30, 2011다32785).

(바) 贈與契約 채무자가 자기재산을 제3자에게 증여함으로써 무자력이 되는 경우에도 사해행위에 해당된다.

[판 례]

(1) 특정한 채권에 대한 공동 연대보증인 중 1인이 다른 공동 연대보증인에게 재산을 증여하여 특정채권자가 추급할 수 있는 채무자들의 총 책임재산에는 변동이 없다고 하더라도, 재산을 증여한 연대보증인의 재산이 감소되어 그 특정한 채권자를 포함한 일반채권자들의 공동담보에 부족이 생기거나 그 부족이 심화된 경우에는, 그 증여행위의 사해성을 부정할 수는 없다(대판 2009. 3. 26, 2007다63102).

(2) 근저당권이 설정되어 있는 부동산을 증여한 행위가 사해행위에 해당하는 경우, 그 부동산이 증여된 뒤 근저당권설정등기가 말소되었다면, 증여계약을 취소하고 부동산의 소유권 자체를 채무자에게 환원시키는 것은 당초 일반 채권자들의 공동담보로 제공되지 아니한 부분까지 회복시키는 결과가 되어 불공평하므로, 채권자는 그 부동산의 가액에서 근저당권의 피담보채무액을 공제한 잔액의 한도 내에서 증여계약의 일부 취소와 그 가액의 배상을 청구할 수밖에 없다(대판 2001. 12. 11, 2001다64547).

(사) 소멸시효이익의 포기행위 채무자가 소멸시효 완성 후에 한 소멸시효이익의 포기행위는 소멸하였던 채무가 소멸하지 않았던 것으로 되어 결과적으로 채무자가 부담하지 않아도 되는 채무를 새롭게 부담하게 되는 것이므로 채권자취소권의 대상인 사해행위가 될 수 있다(대결 2013. 5. 31, 2012마712).

3. 債務者 등의 惡意(주관적 요건)

(1) 債務者의 惡意

1) 채무자가 사해행위에 의하여 채권자를 해함을 알고 있었어야 한다(제406조 제1항 본문). 이것을 「詐害意思」라고 한다. 사해의 의사는 채권자를 해하려고 하는 적극적인 의욕이 아니라 책임재산에 감소가 발생한다는 소극적인 인식으로써 충분하다. 즉 사해의 사란 공동담보 부족에 의하여 채권자가 채권변제를 받기 어렵게 될 위험이 생긴다는 사실을 인식하는 것을 말한다(대판 2009. 3. 26, 2007다63102). 그리고 그러한 인식은 일반채권자에 대한 관계에서 있으면 충분하며 특정채권자를 해한다는 인식이 있어야 하는 것은 아니다(대판 1998. 5. 12, 97다57320; 대판 2009. 3. 26, 2007다63102).

2) 채무자의 사해의사는 사해행위 당시를 기준으로 판단하여야 한다(대판 1960. 8. 18, 4293민상86). 채무자의 사해의사를 판단함에 있어 사해행위 당시의 사정을 기준으로 하여야 할 것임은 물론이나, 사해행위라고 주장되는 행위 이후의 채무자의 변제 노력과 채권자의 태도 등도 사해의사의 유무를 판단함에 있어 다른 사정과 더불어 간접사실로 삼을 수도 있다(대판 2000. 12. 8, 99다31940; 대판 2003. 12. 12, 2001다57884).

3) 채무자의 사해의 의사는 사해행위의 성립요건이 되는 점에서 채무자의 악의는 취소채권자가 이를 입증하여야 한다(대판 1997. 5. 23, 95다51908). 그러나 채무자가 자기의 유일한 재산인 부동산을 매각하여 소비하기 쉬운 금전으로 바꾸거나 타인에게 무상으로 이전하여 주는 행위는 특별한 사정이 없는 한 채권자에 대하여 사해행위가 된다고 볼 것이므로 채무자의 사해의 의사는 추정되며(대판 2001. 4. 24, 2000다41875. 이를 매수하거나 이전받은 자가 악의가 없었다는 입증책임은 수익자에게 있다), 채무자가 채무초과 상태에서 채무자 소유의 유일한 주택에 대하여 주택임대차보호법 제8조의 소액보증금 최우선변제권 보호대상인 임차권을 설정해 준 행위가 사해행위인 경우에도 채무자의 악의는 추정된다(대판 2005. 5. 13, 2003다50771. 수익자인 임차인의 악의 또한 추정된다고 할 것이다).

[판 례]

사해행위의 주관적인 요건인 채무자의 사해의사는 채권의 공동담보에 부족이 생기는 것을 인식하는 것을 말하는 것으로서 채권자를 해할 것을 기도하거나 의욕하는 것을 요하지 아니하며, 채무자가 유일한 재산인 부동산을 매각하여 소비하기 쉬운 금전으로 바꾸는 경우에는 채무자의 사해의사는 추정된다(대판 1997. 5. 9, 96다2606).

(2) 受益者 또는 轉得者의 惡意

1) 사해행위로 인하여 이익을 받은 수익자 또는 전득자는 그 이익을 받는 행위 또는 전득 당시에 채권자를 해함을 알고 있었어야 한다(제406조 제1항 단서). 즉 수익자만이 있을 때에는 그가 악의이어야 하고, 수익자 외에 전득자도 있는 때에는 그들 중 어느 하나만 악의이어도 그를 상대로 채권자취소권을 행사할 수 있다.

그런데 채무자의 제3자에 대한 담보제공 등의 재산처분행위가 사해행위에 해당할 경우에, 그 사해행위 당시 수익자가 선의였음을 인정함에 있어서 객관적이고도 납득할 만한 증거자료 등이 뒷받침되어야 할 것이고, 일방적인 진술이나 제3자의 추측에 불과한 진술 등에만 터 잡아 그 사해행위 당시 수익자가 선의였다고 선뜻 단정하여서는 안 된다(대판 2005. 5. 13, 2003다50771; 대판 2006. 7. 4, 2004다61280). 그리고 사해행위취소 소송에서는 수익자나 전득자의 선의 여부만이 문제되고, 수익자나 전득자의 선의에 과실이 있는지 여부는 문제되지 않는다(대판 2008. 7. 10, 2007다74621).

사해행위인지가 문제되는 법률행위가 대리인에 의하여 이루어진 때에는 수익자나 전득자의 사해행위에 대한 악의의 유무는 대리인을 표준으로 결정하여야 한다(대판 2006. 9. 8, 2006다22661).

2) 수익자의 사해의사는 사해행위 당시를 기준으로 하여 판단하고(대판 2000. 12. 8, 99다31940), 전득자의 사해의사는 전득 당시를 기준으로 판단하여야 한다(대판 2006. 7. 4, 2004다61280).

3) 선의에 관한 입증책임은 수익자 또는 전득자에게 있다(통설. 반대 이은영 474면). 판례도 수익자 또는 전득자의 악의는 추정되므로 이들이 선의를 입증할 책임이 있다고 한다(대판 1991. 2. 12, 90다16276; 대판 1997. 5. 23, 95다51908).

[판 례]

(1) 채권자가 사해행위 취소로써 전득자를 상대로 채무자와 수익자 사이의 법률행위의 취소를 구함에 있어서, 전득자의 악의는 전득행위 당시 취소를 구하는 법률행위가 채권자를 해한다는 사실, 즉 사해행위의 객관적 요건을 구비하였다는 것에 대한 인식을 의미하므로, 전득자의 악의를 판단함에 있어서는 전득자가 전득행위 당시 채무자와 수익자 사이의 법률행위의 사해성을 인식하였는지 여부만이 문제가 될 뿐이고(대법원 2006. 7. 4. 선고 2004다61280 판결 등 참조), 수익자가 채무자와 수익자 사이의 법률행위의 사해성을 인식하였는지 여부는 원칙적으로 문제가 되지 않는다(대판 2012. 8. 17, 2010다87672).

(2) 사해행위취소소송에서 수익자의 악의는 추정되므로 수익자로서는 자신의 책임을 면하려면 자신의 선의를 입증할 책임이 있다 할 것인데, 이 경우 수익자의 선의 여부는

채무자와 수익자의 관계, 채무자와 수익자 사이의 처분행위의 내용과 그에 이르게 된 경위 또는 동기, 그 처분행위의 거래조건이 정상적이고 이를 의심할 만한 특별한 사정이 없으며 정상적인 거래관계임을 뒷받침할 만한 객관적인 자료가 있는지 여부, 그 처분행위 이후의 정황 등 여러 사정을 종합적으로 고려하여 논리칙·경험칙에 비추어 합리적으로 판단하여야 할 것이다(대판 2013. 2. 14, 2012다5377).

(3) 주택임대차보호법 제8조의 소액보증금 최우선변제권 보호대상인 임차권을 설정해 준 행위가 사해행위인 경우에, 채무자의 악의는 추정되는 것이고, 수익자인 임차인의 악의 또한 추정된다고 할 것이나, 다만 위 법조 소정의 요건을 갖춘 임차인에 대하여 선행의 담보권자 등에 우선하여 소액보증금을 회수할 수 있도록 한 입법 취지에 비추어 보면, 위 법조 소정의 임차권을 취득하는 자는 자신의 보증금회수에 대하여 상당한 신뢰를 갖게 되고, 따라서 임대인의 채무초과상태 여부를 비롯하여 자신의 임대차계약이 사해행위가 되는지에 대하여 통상적인 거래행위 때보다는 주의를 덜 기울이게 될 것이므로, 수익자인 임차인의 선의를 판단함에 있어서는 실제로 보증금이 지급되었는지, 그 보증금의 액수는 적정한지, 등기부상 다수의 권리제한관계가 있어서 임대인의 채무초과상태를 의심할 만한 사정이 있었는데도 굳이 임대차계약을 체결할 사정이 있었는지, 임대인과 친인척관계 등 특별한 관계는 없는지 등을 종합적으로 고려하여 논리와 경험칙을 통하여 합리적으로 판단하여야 한다(대판 2005. 5. 13, 2003다50771).

(4) 사해행위의 수익자가 채무자와 일면식이 없이 이웃의 소개로 급히 금전이 필요한 채무자로부터 다소 저렴한 가격으로 토지를 매수하였을 뿐이어서 그 과정에서 단기간에 매매대금이 지급되고 그 직후 소유권이전등기가 경료되는 등 부동산거래관행과 다소 다르게 매매가 이루어진 사정이 있다고 하더라도 채무자로부터의 토지매수가 채권자를 해하는 사해행위임을 알지 못한 선의의 수익자에 해당한다고 판단한 사례(대판 2003. 3. 25, 2002다62036).

Ⅳ. 債權者取消權의 行使

1. 當事者

(1) 취소권자

사해행위에 의하여 채권의 전부를 변제받을 수 없게 된 채권자는 자신의 고유한 권리로서 채권자취소권을 행사할 수 있다.

[판 례]

채권자취소권의 요건을 갖춘 각 채권자는 고유의 권리로서 채무자의 재산처분 행위를 취소하고 그 원상회복을 구할 수 있는 것이므로 여러 명의 채권자가 동시에 또는 시기를 달리하여 사해행위취소 및 원상회복청구의 소를 제기한 경우 이들 소가 중복제소에 해당하지 아니할 뿐만 아니라, 어느 한 채권자가 동일한 사해행위에 관하여 사해행위취소 및 원상회복청구를 하여 승소판결을 받아 그 판결이 확정되었다는 것만으로는 그 후에 제기된 다른 채권자의 동일한 청구가 권리보호의 이익이 없게 되는 것은 아니고, 그에 기하여 재산이나 가액의 회복을 마친 경우에 비로소 다른 채권자의 사해행위취소 및 원상회복청구는 그와 중첩되는 범위 내에서 권리보호의 이익이 없게 된다(대판 2005. 11. 25, 2005다51457).

(2) 상대방(취소소송의 피고)

채권자취소권행사의 상대방은 이득반환청구의 상대방, 즉 수익자 또는 전득자이며 채무자는 언제나 피고에 포함되지 않는다(대판 1991. 8. 13, 91다13717). 채무자를 공동피고로 할 수도 없다. 채무면제와 같은 단독행위를 취소하는 경우에도 채무면제로 인하여 이익을 받을 수익자만을 상대방으로 한다. ① 수익자와 전득자 모두가 악의이면 채권자의 선택으로 전득자를 피고로 하여 사해행위를 취소하고 그로부터 재산의 반환을 청구하거나, 또는 수익자를 피고로 하여 사해행위를 취소하고 그로부터 이익의 반환을 청구할 수도 있다. 그러나 ② 수익자만 악의인 때에는 수익자를 피고로 하여 사해행위를 취소하고 그로부터 이익의 반환을 청구하여야 한다. 그리고 ③ 전득자만 악의인 경우에는 전득자를 피고로 하여 재산의 반환을 청구할 수 있다는 것이 통설이나, 수익자의 선의가 증명되면 수익자가 확정적·종국적으로 권리를 취득하게 되어 더 이상 사해행위가 존재하지 않으므로, 비록 전득자가 악의이더라도 그에 대하여 사해행위를 취소할 수 없다는 견해(지원림 1154면)가 있다. ④ 선의의 전득자로부터 다시 전득한 자가 악의인 경우에도 최종전득자로부터 재산의 반환을 청구할 수 있다(통설).

[판 례]

채권자가 채권자취소권을 행사하려면 사해행위로 인하여 이익을 받은 자나 전득한 자를 상대로 그 법률행위의 취소를 청구하는 소송을 제기하여야 되는 것으로서, 채무자를 상대로 그 소송을 제기할 수는 없다(대판 2004. 8. 30, 2004다21923).

2. 行使의 方法

(1) 債權者의 이름으로 行使

채권자가 자기의 이름으로 채권자취소권을 행사하여야 한다. 채권자대위권과는 달리 채무자의 권리를 대신 행사하는 것이 아니므로 채권자가 자신의 권리를 행사하는 것이다. 그리고 채권자취소권의 행사로 재산의 반환을 청구하는 경우에 채권자는 직접 자기에게 인도할 것을 청구할 수도 있다(동지: 대판 1999. 8. 24, 99다23468 · 23475).

(2) 裁判上의 行使

1) 채권자취소권은 반드시 재판상 행사하여야 하기 때문에(제406조 제1항 본문), 소송상의 공격방어방법으로 주장할 수는 없다(대판 1995. 7. 25, 95다8393). 채권자취소권을 재판상 행하도록 한 것은 취소의 효과가 제3자의 이해에 중대한 영향을 미치기 때문에 법원에서 취소권행사의 요건을 판단하도록 하고, 이를 다른 채권자에게 공시하도록 하기 위한 것이다.

2) 訴의 성질은 취소만을 구하는 경우에는 형성의 訴이고, 취소와 더불어 재산의 반환을 청구하는 경우에는 형성의 소와 이행의 소의 병합이 된다. 매매계약이 체결되었을 뿐 아직 목적물의 소유권이 이전되지 않은 때에는 매매계약만을 사해행위로서 취소하면 된다.

[판 례]

(1) 채권자가 민법 제406조 제1항에 따라 사해행위의 취소와 원상회복을 청구하는 경우 사해행위의 취소만을 먼저 청구한 다음 원상회복을 나중에 청구할 수 있으며, 채권자가 민법 제406조 제1항에 따라 사해행위의 취소와 원상회복을 청구하는 경우 사해행위취소 청구가 민법 제406조 제2항에 정하여진 기간 안에 제기되었다면 원상회복의 청구는 그 기간이 지난 뒤에도 할 수 있다(대판 2001. 9. 4, 2001다14108).

(2) 사해행위 취소의 소와 원상회복청구의 소는 서로 소송물과 쟁점을 달리하는 별개의 소로서 양자가 반드시 동시에 제기되어야 하는 것은 아니고 별개로 제기될 수 있으며, 전자의 소에서는 승소하더라도 후자의 소에서는 당사자가 제출한 공격 · 방어 방법 여하에 따라 패소할 수도 있고, 취소채권자가 사해행위 취소의 소를 제기하여 승소한 경우 그 취소의 효력은 민법 제407조에 의하여 모든 채권자의 이익을 위하여 미치고 이로써 그 소의 목적은 달성된다. 이에 비추어 보면, 채권자가 원상회복청구의 소에서 패소할 것이 예상된다는 이유로 그와 별개인 사해행위 취소의 소에 대하여 소송요건을 갖추지 못한 것으로 보아 소의 이익을 부정할 수는 없다(대판 2012. 12. 26, 2011다60421).

(3) 채권자가 사해행위취소 및 원상회복청구를 하면서 보전하고자 하는 채권을 추가하거나 교환하는 것은 사해행위취소권과 원상회복청구권을 이유 있게 하는 공격방법에 관한 주장을 변경하는 것일 뿐이지 소송물 또는 청구 자체를 변경하는 것이 아니므로, 채권자가 보전하고자 하는 채권을 달리하여 동일한 법률행위의 취소 및 원상회복을 구하는 채권자취소의 소를 이중으로 제기하는 경우 전소와 후소는 소송물이 동일하다고 보아야

하고, 이는 전소나 후소 중 어느 하나가 승계참가신청에 의하여 이루어진 경우에도 마찬가지이다(대판 2012. 7. 5, 2010다80503).

(3) 취소소송과 채무자의 파산

사해행위취소소송의 계속 중 채무자가 파산선고를 받으면 그 소송절차는 파산관재인에게 受繼되거나 파산절차의 해지에 이를 때까지 중단된다(채무자 회생 및 파산에 관한 법률 제113조 제1항). 파산관재인이 그 소송절차를 수계하면 채권자는 더 이상 채권자취소권을 행사할 수 없다.

3. 取消의 範圍

(1) 원 칙

취소의 범위는 취소권자인 채권자의 채권액을 표준으로 하여야 하므로 다른 채권자가 있더라도 원칙적으로 자신의 채권액을 넘어서 취소하지는 못한다(대판 2003. 7. 11, 2003다19572). 채권액을 초과하여 취소하거나 원상회복을 허용한다면 취소의 상대방인 수익자나 전득자에게 피해를 줄 수 있기 때문이다. 따라서 원칙적으로는 취소되는 채권액은 사해행위 당시를 표준으로 하고, 그 행위 이후 판결이 있을 때까지 발생한 채권액은 이를 가산하지 않는다. 사해행위가 可分이면 채권보전에 필요한 범위에서 일부취소를 하여야 한다. 예를 들어 A에게 1,000만원의 채무를 부담하고 있는 B가 C에게 2,000만원을 증여한 경우에 그 증여가 사해행위라면 A는 1,000만원 한도에서 B · C 사이의 증여계약을 취소할 수 있을 뿐이다.

(2) 예 외

사해행위의 목적물이 可分이더라도 분할취소를 명하는 것이 경제적인 사정에 적합하지 않을 경우나(대판 1975. 6. 24, 75다625), 사해행위의 목적물이 불가분 또는 다른 채권자가 배당에 참가하는 것이 명백하여 채권자가 자기 손실을 구제하기 위하여 필요한 경우에는 그의 채권액을 넘어서도 취소권을 행사할 수 있음을 인정하고 있다(통설. 대판 1997. 9. 9, 97다10864).

[판 례]

(1) 사해행위가 저당권이 설정되어 있는 부동산에 관하여 당해 저당권자가 이외의 자와의 사이에 이루어지고 그 후 변제 등에 의하여 저당권설정등기가 말소된 때에는 매매계약 전부를 취소하여 그 부동산 자체의 회복을 명하는 것은 당초 담보로 되어 있지 아니하던 부분까지 회복시키는 것이 되어 공평에 반하는 결과가 되므로, 그 부동산의 가액

에서 저당권의 피담보채권액을 공제한 잔액의 한도에서 그 매매계약의 일부취소와 그 가액의 배상을 구할 수 있을 뿐 부동산 자체의 회복을 구할 수는 없다(대판 1996. 10. 29, 96다23207).

(2) 사해행위의 취소의 범위는 다른 채권자가 배당요구를 할 것이 명백하거나 목적물이 불가분인 경우와 같이 특별한 사정이 있는 경우에는 취소채권자의 채권액을 넘어서까지도 취소를 구할 수 있다(대판 2000. 12. 26, 2000다39715).

(3) 근저당권이 설정된 부동산을 사해행위로 양도받은 수익자가 피담보채무의 일부를 대위변제한 경우에는 그 대위변제에 의해 근저당권이 말소되거나 근저당권의 피담보채무액이 감소하여 확정되는 등의 사정이 없는 한 피담보채무가 종국적으로 감소하였다고 볼 수 없으므로 사해행위의 취소에 따라 그 부동산 자체의 회복을 명하더라도 당초 일반채권자들의 공동담보로 되어 있지 않았던 부분까지 그 원상회복을 명한 것이라고 볼 수 없다(대판 2002. 12. 6, 2002다39715).

(4) 여러 명의 채권자가 사해행위취소 및 원상회복청구의 소를 제기하여 여러 개의 소송이 계속 중인 경우에는 각 소송에서 채권자의 청구에 따라 사해행위의 취소 및 원상회복을 명하는 판결을 선고하여야 하고, 수익자 또는 전득자가 가액배상을 하여야 할 경우에도 수익자 등이 반환하여야 할 가액을 채권자의 채권액에 비례하여 채권자별로 안분한 범위 내에서 반환을 명할 것이 아니라, 수익자 등이 반환하여야 할 가액 범위 내에서 각 채권자의 피보전채권액 전액의 반환을 명하여야 한다(대판 2005. 11. 25, 2005다51457).

4. 原狀回復의 方法

(1) 原則: 原物返還

1) 원칙적으로 사해행위를 취소하고 목적물 자체를 반환청구하여야 하며(원상회복), 특별한 사정(수익자가 목적물을 양도·소비·훼손하여 원물반환이 불가능한 경우)이 없는 한 그 목적물의 평가액의 반환을 청구하지 못한다. 일부취소의 경우에도 그것이 가분인 한 원물을 반환하는 것이 원칙이다(대판 2006. 12. 7, 2006다43620). 목적물의 가액이 취소채권액을 초과하는 경우에 그 목적물이 분할가능한 때에는 취소채권액의 범위 내에서 분할한 일부 목적물에 대하여만 소구할 수 있다.

2) 이 경우 목적물이 부동산인 때에는 소유권이전등기의 등기말소에 의하여 원상회복을 할 수 있다(대판 2003. 7. 11, 2003다19435). 또한 등기의 말소를 구하는 대신 현재의 등기명의인을 상대로 직접 소유권이전등기절차의 이행을 구하는 것도 허용되는데, 이러한 법리는 사해행위취소소송에서 취소목적부동산의 등기명의를 수익자로부터 채무자 앞으로 복귀시키고자 하는 경우에도 그대로 적용될 수 있다. 이러한 방법은 특히 사해행위 후 목적물에 선의의 제3자가 저당권이나 지상권 등의 권리를 취득한 경우에

원상회복방법으로서 유용할 수 있다. 요컨대 채권자는 사해행위의 취소로 인한 원상회복방법으로 수익자 명의의 등기의 말소를 구하는 대신 수익자를 상대로 채무자 앞으로 직접 소유권이전등기절차를 이행할 것을 구할 수도 있다(대판 2000. 2. 25, 99다53704).

근저당권설정계약의 일부가 사해행위에 해당하는 경우에는 원상회복은 채권최고액을 감축하는 근저당권변경등기에 의하여야 하고(대판 2006. 12. 7, 2006다43620), 사해행위로서 근저당권이 설정되고, 그 후 저당부동산의 경매로 근저당권이 말소된 때에도 수익자인 근저당권자로 하여금 배당을 받지 않도록 하기 위하여 채권자취소권을 행사할 수 있고, 원상회복으로 수익자인 근저당권자의 배당금채권의 양도를 청구할 수 있다(대판 1997. 10. 10, 97다8687).

[판 례]

(1) 사해행위로 경료된 근저당권설정등기가 사해행위취소소송의 변론종결시까지 존속하고 있는 경우에, 그 원상회복은 근저당권설정등기를 말소하는 방법에 의하여야 하고, 사해행위 이전에 설정된 별개의 근저당권이 사해행위 후에 말소되었다는 사정은 원상회복의 방법에 아무런 영향을 주지 아니한다(대판 2007. 10. 11, 2007다45364).

(2) 사해행위 후 그 목적물에 관하여 제3자가 저당권이나 지상권 등의 권리를 취득한 경우에는 수익자가 목적물을 저당권 등의 제한이 없는 상태로 회복하여 이전하여 줄 수 있다는 등의 특별한 사정이 없는 한 채권자는 수익자를 상대로 원물반환 대신 그 가액 상당의 배상을 구할 수도 있다고 할 것이나, 그렇다고 하여 채권자가 스스로 위험이나 불이익을 감수하면서 원물반환을 구하는 것까지 허용되지 아니하는 것으로 볼 것은 아니고, 그 경우 채권자는 원상회복 방법으로 가액배상 대신 수익자 명의의 등기의 말소를 구하거나 수익자를 상대로 채무자 앞으로 직접 소유권이전등기절차를 이행할 것을 구할 수도 있다(대판 2001. 2. 9, 2000다57139).

(3) 사해행위의 취소에 따른 원상회복은 원칙적으로 그 목적물 자체의 반환에 의하여야 하고, 그것이 불가능하거나 현저히 곤란한 경우에 한하여 예외적으로 가액배상에 의하여야 할 것인바, 근저당권설정계약의 일부가 사해행위에 해당하는 경우에는 특별한 사정이 없는 한 그 원상회복은 근저당권설정등기의 채권최고액을 감축하는 근저당권변경등기의 절차의 이행을 명하는 방법에 의하여야 할 것이다(대판 2006. 12. 7, 2006다43620).

3) 반환목적물이 동산인 경우에는 취소채권자는 그 자신에게 직접 인도를 청구할 수 있으며(대판 1999. 8. 24, 99다23468 · 23475), 채무자의 채권양도가 사해행위가 되는 경우에는 수익자가 취득한 채권을 채권자에게 반환하는 방법으로 원상회복되어야 하고, 그 채권을 다

시 채무자에게 양도하고 그 채권의 채무자에게 양도통지를 할 것을 청구하는 방법으로 하게 된다(대판 2002. 10. 25. 2002다42711).

[판 례]

민법 제406조에 의한 사해행위의 취소에 따른 원상회복은 원칙적으로 그 목적물 자체의 반환에 의하여야 하는바, 이때 사해행위의 목적물이 동산이고 그 현물반환이 가능한 경우에는 취소채권자는 직접 자기에게 그 목적물의 인도를 청구할 수 있다(대판 1999. 8. 24. 99다23468).

4) 취소에 의한 반환의 대상은 채무자의 책임재산이었던 것이므로 수익자 또는 전득자가 사해행위 이후 그 부동산을 직접 사용하거나 제3자에게 임대하였다고 하더라도 수익자 등이 원상회복으로서 그 사용이익이나 임료상당액을 반환하여야 하는 것은 아니다.

[판 례]

사해행위의 취소 및 원상회복은 책임재산의 보전을 위하여 필요한 범위 내로 한정되어야 하므로 원래의 책임재산을 초과하는 부분까지 원상회복의 범위에 포함된다고 볼 수 없다. 따라서 부동산에 관한 법률행위가 사해행위에 해당하여 민법 제406조 제1항에 의하여 취소된 경우에 수익자 또는 전득자가 사해행위 이후 그 부동산을 직접 사용하거나 제3자에게 임대하였다고 하더라도, 당초 채권자의 공동담보를 이루는 채무자의 책임재산은 당해 부동산이었을 뿐 수익자 또는 전득자가 그 부동산을 사용함으로써 얻은 사용이익이나 임차인으로부터 받은 임료 상당액까지 채무자의 책임재산이었다고 볼 수 없으므로 수익자 등이 원상회복으로서 당해 부동산을 반환하는 이외 그 사용이익이나 임료상당액을 반환해야 하는 것은 아니다(대판 2008. 12. 11. 2007다69162).

5) 채권자가 채권자취소권을 행사하면서 원상회복으로 원물반환만을 청구한 경우에도, 법원은 심리결과 원물반환이 불가능하거나 현저히 곤란한 때에는 청구취지의 변경이 없음에도 가액반환을 명할 수 있다(대판 2001. 9. 4. 2000다66416). 또한 원물반환이 불가능하거나 현저히 곤란하여 가액반환이 가능함에도 취소채권자가 원물반환을 구하는 경우에는 그와 같은 원물반환청구가 허용되지 않는 것으로 볼 것은 아니다(대판 2001. 2. 9. 2000다57139).

[판 례]

채권자의 사해행위취소 및 원상회복청구가 인정되면, 수익자는 원상회복으로서 사해행위의 목적물을 채무자에게 반환할 의무를 지게 되고, 만일 원물반환이 불가능하거나 현저히 곤란한 경우에는 원상회복의무의 이행으로서 사해행위 목적물의 가액 상당을 배상하여야 하는바, 여기에서 원물반환이 불가능하거나 현저히 곤란한 경우라 함은 원물반환이 단순히 절대적, 물리적으로 불능인 경우가 아니라 사회생활상의 경험법칙 또는 거래상의 관념에 비추어 그 이행의 실현을 기대할 수 없는 경우를 말하는 것이므로, 사해행위 후 그 목적물에 관하여 제3자가 저당권이나 지상권 등의 권리를 취득한 경우에는 수익자가 목적물을 저당권 등의 제한이 없는 상태로 회복하여 이전하여 줄 수 있다는 등의 특별한 사정이 없는 한 채권자는 수익자를 상대로 원물반환 대신 그 가액 상당의 배상을 구할 수도 있다고 할 것이나, 그렇다고 하여 채권자가 스스로 위험이나 불이익을 감수하면서 원물반환을 구하는 것까지 허용되지 아니하는 것으로 볼 것은 아니고, 그 경우 채권자는 원상회복 방법으로 가액배상 대신 수익자 명의의 등기의 말소를 구하거나 수익자를 상대로 채무자 앞으로 직접 소유권이전등기절차를 이행할 것을 구할 수 있다(대판 2001. 2. 9, 2000다57139).

(2) 例外: 價額償還

1) 요 건

(가) 원물반환이 불가능하거나 현저히 곤란한 경우에는 가액상환이 허용된다(대판 2003. 12. 12, 2003다40286). 원물반환이 불가능하거나 현저히 곤란한 경우라 함은 원물반환이 단순히 절대적 · 물리적으로 불능인 경우를 의미하는 것이 아니라 사회생활상의 경험법칙 또는 거래상의 관념에 비추어 채권자가 수익자나 전득자로부터 이행의 실현을 기대할 수 없는 경우를 말한다(대판 2006. 12. 7, 2004다54978). 예를 들어 저당권부 부동산이 양도된 후 변제에 의하여 저당권이 소멸한 경우(대판 2001. 12. 1, 2001다64547), 저당권부 부동산이 양도된 후 경매에 의하여 매각된 경우 등이 이에 해당한다. 이 경우에 원물반환이 불가능하게 된 데 대하여 수익자 등의 고의 또는 과실이 있어야 하는 것은 아니다(대판 1998. 5. 15, 97다58316). 그러나 사해행위의 목적물과 동일한 목적물의 취득이 가능한 때에는 원물반환이 불가능한 것은 아니라고 보아야 한다(대판 2007. 7. 12, 2007다18218). 불가분물에 대해서는 취소채권액의 범위 내에서 일부취소와 가액상환을 청구하여야 한다.

(나) 수익자가 목적물의 가치를 증대시킨 경우에는 가액배상의 사유가 될 수 있다. 판례는 사해행위취소소송의 수익자가 건물의 원시취득자로부터 기존의 채권액 상당의 가치 범위 내에서 건물 부분을 양도받기로 약정하였고, 그 건물이 아직 완공되지 않은 상태에서 수익자가 매매계약에 따라 추가공사비를 투입하여 건물을 완공함으로써 그의 비용으로 건물의 객관적 가치를 증대시키고 그 가치가 현존하고 있는

경우, 당해 매매계약 전부를 취소하고 그 원상회복으로서 소유권이전등기의 말소등기절차의 이행을 명하게 되면 당초 일반채권자들의 공동담보로 되어 있지 아니하던 부분까지 회복을 명하는 것이 되어 공평에 반하는 결과가 된다는 이유로 위 건물의 가액에서 공동담보로 되어 있지 아니한 부분의 가액을 산정하여 이를 공제한 잔액의 한도에서 사해행위를 취소하고 그 한도에서 가액의 배상을 인정하고 있다(대판 2010. 2. 25, 2007다28819 · 28826).

2) 가액의 산정 가액상환에서 가액은 특별한 사정이 없는 한 당해 사해행위 취소소송의 사실심 변론종결시를 기준으로 산정하여야 하며(대판 1998. 2. 13, 97다6711; 대판 2010. 2. 25, 2007다28819 · 28826), 그 가액은 수익자나 전득자가 실제로 받은 대가와는 상관없이 객관적으로 평가하여야 한다(대판 2010. 4. 29, 2009다104564).

3) 가액상환의 범위 사해행위 당시 채권의 공동담보가 된 재산의 가액을 취소채권자의 채권액 범위에서 반환하여야 한다. 사해행위 당시 사해행위의 목적물에 제3자의 우선변제권이 있는 경우에는 그 목적물의 가액에서 제3자의 채권액이 공제되어야 한다. 그러나 사해행위 후에 수익자가 사해행위의 목적물에 제3자를 위한 저당권 등 우선변제권을 설정한 때에는 사해행위의 목적물 가액에서 제3자의 채권액은 공제되지 않는다.

[판 례]

(1) 부동산에 관한 법률행위가 사해행위에 해당하는 경우에는 원칙적으로 그 사해행위를 취소하고 소유권이전등기의 말소 등 부동산 자체의 회복을 명하는 것이 원칙이지만, 저당권이 설정되어 있는 부동산에 관하여 사해행위가 이루어진 경우에 그 사해행위는 부동산의 가액에서 저당권의 피담보채권액을 공제한 잔액의 범위 내에서만 성립한다고 보아야 하므로, 사해행위 후 변제 등에 의하여 저당권설정등기가 말소된 경우, 사해행위를 취소하여 그 부동산 자체의 회복을 명하는 것이 되어 공평에 반하는 결과가 되므로, 그 부동산의 가액에서 저당권의 피담보채무액을 공제한 잔액의 한도에서 사해행위를 취소하고 그 가액의 배상을 구할 수 있을 뿐이고, 그와 같은 가액산정은 사실심변론종결시를 기준으로 하여야 한다(대판 2001. 12. 27, 2001다33734).

(2) 부동산에 관하여 주택임대차보호법 제3조 제1항이 정한 대항력을 갖추고 임대차계약서에 확정일자를 받아 임대차보증금 우선변제권을 가진 임차인 또는 같은 법 제8조에 의하여 임대차보증금 중 일정액을 우선하여 변제받을 수 있는 소액임차인이 있는 때에는 수익자가 배상하여야 할 부동산의 가액에서 그 우선변제권 있는 임차보증금 반환채권 금액을 공제하여야 한다(대판 2001. 6. 12, 99다51197).

(3) 사해행위의 목적인 부동산에 수개의 저당권이 설정되어 있다가 사해행위 후 그 중 일부 저당권만이 말소된 경우에도 사해행위의 취소에 따른 원상회복은 가액배상의 방법에 의할 수밖에 없고, 그 경우 배상하여야 할 가액은 그 부동산의 가액에서 말소된 저당권의 피담보채권액과 말소되지 아니한 저당권의 피담보채권액을 모두 공제하여 산정하여야 한다(대판 2007. 7. 12, 2005다65197).

(4) 저당권자의 신청에 의하여 담보권 실행을 위한 경매절차가 진행 중인 물건이 사해행위로 이전되고 그 후 변제 등에 의하여 저당권설정등기가 말소되고 그 경매신청이 취하된 경우에는 그 물건의 가액에서 저당권의 피담보채권액뿐만 아니라 경매절차에서 우선적으로 변상받을 수 있었던 집행비용액도 공제하여야 한다(대판 2008. 8. 21, 2008다26360).

(5) 사해행위 후 그 목적물에 관하여 선의의 제3자가 저당권을 취득하였음을 이유로 가액배상을 명하는 경우에는 사해행위 당시 일반 채권자들의 공동담보로 되어 있었던 부동산 가액 전부의 배상을 명하여야 할 것이고, 그 가액에서 제3자가 취득한 저당권의 피담보채권액을 공제할 것은 아니고, 증여의 형식으로 이루어진 사해행위를 취소하고 원물반환에 갈음하여 그 목적물 가액의 배상을 명함에 있어서는 수익자에게 부과된 증여세액과 취득세액을 공제하여 가액배상액을 산정할 것도 아니다(대판 2003. 12. 12, 2003다40286).

(6) 수익자가 사해행위인 약속어음 발행행위 및 그에 터잡은 추심명령 또는 전부명령에 기하여 배당에 참가하여 배당표는 확정되었으나 배당금을 현실적으로 지급받지 못함으로써 취득한 채무자의 제3채무자에 대한 피압류채권이 아직 소멸되지 아니한 경우에는 채권자취소권의 행사에 따른 원상회복의 방법은 수익자에게 바로 배당금의 지급을 명할 것이 아니라 수익자가 취득한 배당금지급청구권을 채무자에게 반환하는 방법으로 이루어져야 하고, 이는 결국 배당금지급채권의 양도와 그 채권양도의 통지를 배당금지급채권의 채무자에게 하여 줄 것을 청구하는 형태가 될 것이며, 사해행위가 채권자에 의하여 취소되기 전에 이미 수익자 또는 전득자가 배당금을 지급받았거나 변제 등의 방법으로 피압류채권이 소멸된 경우에는, 채권자는 원상회복방법으로 수익자 또는 전득자를 상대로 배당 또는 변제로 수령한 금전의 지급을 가액배상의 방법으로 청구할 수 있다(대판 2002. 10. 25, 2002다42711).

4) 가액상환의 효과

(가) 가액상환의무는 수익자 등 상환의무자가 취소채권자에 대하여 직접 부담하는 것이다.따라서 원상회복을 가액배상으로 하는 경우에 그 이행의 상대방은 취소채권자이어야 한다(대판 2008. 4. 24, 2007다84352). 그리하여 사해행위 취소로 안한 원상회복으로서 가액배상을 명하는 경우에 취소채권자는 직접 자기에게 가액배상금을 지급할 것을 청구할 수 있고, 지급받은 가액배상금을 분배하는 방법이나 절차 등에 관한 아무런 규정이 없는 현행법 아래서는 다른 채권자들이 가액배상금에 대하여 배당요구를 할 수

도 없으므로 결국 채권자는 자신의 채권액을 초과하여 가액배상을 구할 수는 없다(대판 2008. 11. 13, 2008다1442).

(나) 채권자의 가액상환청구에 대하여 수익자는 그 자신도 채권자라는 이유로 채무자에 대한 원래의 채권으로 상계할 수 없으며, 수익자 등 반환의무자는 채무자에게 가액배상금 명목으로 금원을 지급하였다는 점을 들어 취소채권자에 대하여 가액배상에서의 공제를 주장할 수 없다(대판 2001. 6. 1, 99다6313).

[판 례]

[1] 채권자취소권은 채권의 공동담보인 채무자의 책임재산을 보전하기 위하여 채무자와 수익자 사이의 사해행위를 취소하고 채무자의 일반재산으로부터 일탈된 재산을 모든 채권자를 위하여 수익자 또는 전득자로부터 환원시키는 제도로서, 수익자로 하여금 자기의 채무자에 대한 반대채권으로써 상계를 허용하는 것은 사해행위에 의하여 이익을 받은 수익자를 보호하고 다른 채권자의 이익을 무시하는 결과가 되어 위 제도의 취지에 반하므로, 수익자가 채권자취소에 따른 원상회복으로서 가액배상을 할 때에 채무자에 대한 채권자라는 이유로 채무자에 대하여 가지는 자기의 채권과의 상계를 주장할 수는 없다.

[2] 채권자취소권은 채권의 공동담보인 채무자의 책임재산을 보전하기 위하여 채무자의 일반재산으로부터 일탈된 재산을 모든 채권자를 위하여 수익자 또는 전득자로부터 환원시키는 제도로서, 그 행사의 효력은 채권자와 수익자 또는 전득자와의 상대적인 관계에서만 미치는 것이므로 채권자취소권의 행사로 인하여 채무자가 수익자나 전득자에 대하여 어떠한 권리를 취득하는 것은 아니라고 할 것이고, 따라서 수익자가 채무자에게 가액배상금 명목으로 금원을 지급하였다는 점을 들어 채권자취소권을 행사하는 채권자에 대하여 가액배상에서의 공제를 주장할 수는 없다(대판 2001. 6. 1, 99다63183).

(다) 가액배상의무는 채권자취소판결의 확정에 의하여 비로소 부담되는 것이므로 그 판결이 확정된 다음날부터 이행지체책임을 지게 되고, 따라서 소송촉진 등에 관한 특례법 소정의 이율이 아니라, 민법 소정의 법정이율이 적용된다(대판 2009. 1. 15, 2007다61618).

V. 債權者取消權行使의 效果

1. 債務者의 一般財産으로의 回復

(1) 취소권행사의 효과는 「모든 채권자의 이익을 위하여 그 효력이 있다」(제407조). 수익자 또는 전득자로부터 찾아온 재산 또는 재산에 갈음하는 손해배상은 채무자의

일반재산에 회복되고 총채권자를 위하여 공동담보가 된다. 따라서 부동산이나 자동차 등은 이전등기 · 등록의 말소에 의하여 그 명의가 채무자에게 회복된다(대판 2000. 2. 25, 99다53704). 다만 부동산 이외의 동산이나 금전을 반환받을 경우에는 취소채권자가 그것을 직접 자기에게 인도할 것을 청구할 수 있다. 그러나 이 경우에도 취소채권자가 인도받은 재산으로부터 우선변제를 받을 수 없으며 채권자는 채권자취소권의 행사에 의하여 책임재산을 확보한 후에, 채무자로부터 임의로 변제받거나 또는 별도로 그 이행청구소송을 제기하는 등 채무명의를 얻어 강제집행의 절차에 의하여 변제를 받을 수 있다. 이 강제집행의 절차에는 채무명의를 가진 다른 채권자도 그 배당에 참가할 수 있다.

[판 례]

(1) 사해행위취소란 채권의 보전을 위하여 일반 채권자들의 공동담보에 제공되고 있는 채무자의 재산이 그의 처분행위로 감소되는 경우, 채권자의 청구에 의해 이를 취소하고, 일탈된 재산을 채무자의 책임재산으로 환원시키는 제도로서, 사해행위의 취소와 원상회복은 모든 채권자의 이익을 위하여 효력이 있으므로(민법 제407조), 취소채권자가 자신이 회복해 놓은 재산에 대하여 우선권을 가지는 것은 아니라고 할 것이다. 따라서 사해행위의 수익자 소유의 부동산에 대한 경매절차에서 취소채권자가 수익자에 대한 가액배상판결에 기하여 배당을 요구하여 배당받을 경우, 그 배당액은 배당요구를 한 취소채권자에게 그대로 귀속되는 것이 아니라 채무자의 책임재산으로 회복이 되는 것이며, 이에 대하여 채무자에 대한 채권자들은 채권만족에 관한 일반원칙에 따라 채권내용을 실현할 수 있는 것이다(대판 2005. 8. 25, 2005다14595).

(2) 근저당권자에게 배당하기로 한 배당금에 대하여 처분금지가처분결정이 있어 경매법원이 그 배당금을 공탁한 후에 그 근저당권설정계약이 사해행위로 취소된 경우, 공탁금의 지급 여부가 불확정 상태에 있는 경우에는 공탁된 배당금이 피공탁자에게 지급될 때까지 배당절차는 아직 종료되지 않은 것이라고 볼 수도 있으므로 반드시 배당절차가 확정적으로 종료되었다고 단정할 수는 없다는 점, 채권자취소의 효과는 채무자에게 미치지 아니하고 채무자와 수익자와의 법률관계에도 아무런 영향을 미치지 아니하므로 취소채권자의 사해행위취소 및 원상회복청구에 의하여 채무자에게로 회복된 재산은 취소채권자 및 다른 채권자에 대한 관계에서 채무자의 책임재산으로 취급될 뿐 채무자가 직접 그 재산에 대하여 어떤 권리를 취득하는 것은 아니라는 점 등에 비추어 보면, 그 공탁금은 그 경매절차에서 적법하게 배당요구하였던 다른 채권자들에게 추가배당함이 상당하고, 그 공탁금지급청구권에 관한 채권압류 및 추심명령은 추가배당절차에서 배당되고 남은 잉여금에 한하여 효력이 있을 뿐이다. 따라서 취소채권자나 적법하게 배당요구하였던 다른 채

권자들로서는 추가배당 이외의 다른 절차를 통하여 채권의 만족을 얻을 수는 없으므로, 취소채권자라고 하더라도 배당금지급청구권에 대한 채권압류 및 추심명령에 기하여 배당금을 우선 수령하는 것은 허용되지 아니하고, 취소채권자가 그와 같은 절차를 거쳐 배당금을 우선 수령하였다면 적법하게 배당요구하였던 다른 채권자들과의 관계에서 부당이득이 성립한다(대판 2009. 5. 14, 2007다64310).

(2) 채권자취소권을 행사한 채권자가 수익자 또는 전득자로부터 반환받는 목적물이 금전이거나 가액배상으로 금전을 반환받는 경우에는 그 금전을 채무자에게 반환하는 것이 원칙이다. 그러나 채권자가 수익자 또는 전득자로부터 직접 반환받을 수도 있다는 것이 통설이다(곽윤직 147면; 김용한 270면; 김주수 250면; 김증한/김학동 206면; 장경학 317면 등). 그런데 수익자 또는 전득자가 임의이행을 하여 채권자에게 금전을 반환할 경우 이를 교부받은 채권자가 그 금전에 대하여 어떠한 절차에 의하여 강제집행을 할 것인지에 관한 규정을 민사집행법에 두지 않고 있어 해석상 그 반환방법이 문제되고 있다. 이에 관하여 학설은 (i) 상계설(통설. 곽윤직 149면; 김용한 270면; 김증한/김학동 206면; 장경학 317면; 김주수 217면 등), (ii) 변제충당설(이태재 171면), (iii) 강제집행설(김형배 421면; 주석민법(채권총칙 2)/이상경 123면)로 나누어진다. 이들 중 어느 학설에 의하든 취소채권자가 수익자 또는 전득자로부터 금전을 지급받게 되면 사실상 우선변제권이 인정된다. 그러나 채권자취소판결의 효력을 상대적 무효로 보는 입장에서 주장되는 상계설에 의하면 채무자는 수익자 또는 전득자가 반환하는 금전에 대하여 아무런 권리를 가지고 있지 않으므로 채권자에 대하여 그 금전의 반환을 청구할 수 없다. 그럼에도 불구하고 상계설은 채무자에게 존재하지도 않는 반환청구권을 수동채권으로 하여 채권자가 상계권을 행사하면 된다고 하고 있어서 논리적으로 모순되고 있다. 그리고 변제충당설은 취소채권자가 수익자 또는 전득자로부터 인도받은 금전을 자기채권의 변제에 충당할 수 있는 근거나 절차가 명확하지 않다. 한편 강제집행설에 의하면 현행 민사집행법 제247조(배당요구) 제1항 제3호는 집행관이 현금화한 금전을 법원에 제출할 때까지만 우선변제권이 있는 채권자와 집행력 있는 정본을 가진 채권자에게 배당요구청구권을 인정하고 있기 때문에 그러한 시적 제한에 의하여 취소채권자가 임의로 시기를 정하여 자기가 수익자 또는 전득자로부터 반환받은 금전을 집행관에게 인도함과 동시에 강제집행을 신청하면 이를 알지 못한 다른 채권자들은 배당에 참가하지 못하게 되어 사실상 배당을 받을 수 없게 됨으로써 채권자취소권의 법적 성질에 반하게 된다.

이러한 취소채권자의 사실상의 우선변제는 채권자취소권의 본질에 반하게 된다. 따라서 민사집행법이나 공탁법을 일부 개정하여 채권자취소권의 행사에 의하여 회복되는 재산이 금전인 경우에는 수익자 또는 전득자로 하여금 이를 공탁하도록 하여, 법원이 일정기간 동안 채권신고 등을 공고하여 다른 채권자들이 채권신고를 할 수 있는 기회를 제공하고 채권자평등의 원칙에 의하여 배당이 이루어지도록 하여야 할 것이다. 또한 취소채권자가 상계를 주장하며 다른 채권자에게 인분배당을 하지 않을 경우, 다른 채권자가 취할 수 있는 유일한 방법은 채무자의 파산을 대위신청하여 취소채권자가 수익자 또는 전득자로부터 회복한 재산을 파산재단 기금으로 편입시켜 이를 채권자평등의 원칙에 의하여 배당받을 수밖에 없다(민법주해(9)/김능환 857면). 그러나 이 경우 채무자는 파산신청을 고려하고 있지 않는데, 다른 채권자들이 반환받은 금전을 분배받기 위하여 채무자의 파산신청을 대위청구하는 것은 채권자취소권의 범위를 넘어선 것으로서 오히려 채무자의 법적 지위를 불리하게 만든다. 따라서 파산신청의 이전 단계에서 다른 채권자들의 이해관계를 조절할 수 있는 방안을 입법적으로 모색함으로써 취소채권자가 사실상의 우선변제를 받는 것을 방지하여야 할 것이다.

그리고 취소채권자가 직접 수령한 경우에 다른 채권자들은 민사집행법 등의 절차에 따라 안분액의 지급을 구할 수 있을 뿐, 그 수령한 채권자에게 직접 안분액의 지급을 구할 수 없다.

[판 례]

사해행위의 취소와 원상회복은 모든 채권자의 이익을 위하여 그 효력이 있으므로(민법 제407조), 채권자취소권의 행사로 채무자에게 회복된 재산에 대하여 취소채권자가 우선변제권을 가지는 것이 아니라 다른 채권자도 총채권액 중 자기의 채권에 해당하는 안분액을 변제받을 수 있는 것이지만, 이는 채권의 공동담보로 회복된 채무자의 책임재산으로부터 민사집행법 등의 법률상 절차를 거쳐 다른 채권자도 안분액을 지급받을 수 있다는 것을 의미하는 것일 뿐, 다른 채권자가 이러한 법률상 절차를 거치지 아니하고 취소채권자를 상대로 하여 안분액의 지급을 직접 구할 수 있는 권리를 취득한다거나 취소채권자가 인도받은 재산 또는 가액배상금의 분배의무를 부담한다고 볼 수는 없는 것이다. 가액배상금을 수령한 취소채권자가 이러한 분배의무를 부담하지 아니함으로 인하여 사실상 우선변제를 받는 불공평한 결과를 초래하는 경우가 생기더라도, 이러한 불공평은 채무자에 대한 파산절차 등 도산절차를 통하여 시정하거나 가액배상금의 분배절차에 관한 별도의 법률 규정을 마련하여 개선하는 것은 별론으로 하고, 현행 채권자취소 관련 규정의 해석상으로는 불가피하다(대판 2008. 6. 12, 2007다37837).

(3) 채권자취소권을 행사할 수 있는 채권자의 채권은 사해행위 이전에 발생한

것이어야 한다. 즉 사해행위 이후에 채권을 취득한 채권자는 채권의 취득 당시에 사해행위취소에 의하여 회복되는 재산을 채권자의 공동담보로 파악하지 아니한 자로서 민법 제407조 소정의 사해행위취소와 원상회복의 효력을 받는 채권자에 포함되지 아니한다(대판 2009. 6. 23, 2009다8502). 그런데 이러한 사해행위 이후에 채권을 취득한 채권자도 제407조에 의하여 다른 채권자들과 함께 배당에는 참가할 수 있게 되며, 이러한 점에서 입법론상 제407조를 삭제하여야 한다는 견해가 주장되고 있다(주석민법(상) 448면).

(4) 채무자에 대한 채권의 보전이 아니라 제3자에 대한 채권의 만족을 위하여는 사해행위취소의 효력을 주장할 수 없다(대판 2010. 5. 27, 2007다40802).

[판 례]

채권자취소권은 사해행위로 이루어진 채무자의 재산처분행위를 취소하고 그 원상회복을 구하기 위한 권리로서 사해행위에 의해 일탈된 채무자의 책임재산을 총채권자를 위하여 채무자에게 복귀시키기 위한 것이지 채권자취소권을 행사하는 특정 채권자에게만 독점적 만족을 주기 위한 권리가 아니다. 또한 사해행위 취소의 범위는 다른 채권자가 배당요구를 할 것이 명백하거나 목적물이 불가분인 경우와 같이 특별한 사정이 없는 한 취소채권자의 채권액을 넘어서까지 취소를 구할 수 없다. 따라서 취소채권자는 위와 같은 특별한 사정이 없는 한 자신의 채권액 범위 내에서 채무자의 책임재산을 회복하기 위하여 채권자취소권을 행사할 수 있고 그 취소에 따른 효력을 주장할 수 있을 뿐이며, 채무자에 대한 채권 보전이 아니라 제3자에 대한 채권 만족을 위해서는 사해행위 취소의 효력을 주장할 수 없다(대판 2010. 5. 27, 2007다40802).

2. 相對的 效力

(1) 취소의 효력은 상대적이다. 즉 취소의 효력은 취소소송의 당사자인 채권자와 수익자 사이 또는 채권자와 전득자 사이에서만 발생하며, 채무자나 제3자에게는 미치지 않고 채무자와 수익자 사이 또는 수익자와 전득자 사이의 법률관계에도 미치지 않는다(대판 2004. 8. 30, 2004다21923; 대판 2005. 11. 10, 2004다49532). 수익자나 전득자를 상대로 사해행위가 취소되더라도 이는 채권자(취소채권자 외에 취소의 효력을 받는 채권자 포함)와의 관계에서만 무효로 된다. 따라서 채무자 명의로 회복된 재산은 채권자가 강제집행을 하기 위한 형식상의 수단에 불과한 것일 뿐 그로 인하여 채무자가 원상회복된 재산에 대하여 어떤 권리를 회복·취득하는 것이 아니다. 그 결과 채권자가 회복된 재산으로부터 강제집행을 하고 남은 것이 있을 때는 사해행위취소청구를 받아 그 재산을 반환하였던 수익자(전득자)에게 반환하여야

한다.

[판 례]

(1) 채권자가 전득자를 상대로 하여 사해행위의 취소와 함께 책임재산의 회복을 구하는 사해행위취소의 소를 제기한 경우에 그 취소의 효과는 채권자와 전득자 사이의 상대적인 관계에서만 생기는 것이고 채무자 또는 채무자와 수익자 사이의 법률관계에는 미치지 않는 것이므로, 이 경우 취소의 대상이 되는 사해행위는 채무자와 수익자 사이에서 행하여진 법률행위에 국한되고, 수익자와 전득자 사이의 법률행위는 취소의 대상이 되지 않는다(대판 2004. 8. 30, 2004다21923).

(2) 채권자가 사해행위의 취소와 함께 수익자 또는 전득자로부터 책임재산의 회복을 명하는 사해행위취소의 판결을 받은 경우에, 그 취소의 효과는 채권자와 수익자 또는 전득자 사이에만 미치므로, 수익자 또는 전득자가 채권자에 대하여 사해행위의 취소로 인한 원상회복의무를 부담하게 될 뿐, 채무자와 사이에서 그 취소로 인한 법률관계가 형성되거나 취소의 효력이 소급하여 채무자의 책임재산으로 회복되는 것은 아니다(대판 2007. 4. 12, 2005다1407).

(3) 사해행위의 취소는 취소소송의 당사자 사이에서 상대적으로 취소의 효력이 있는 것으로 당사자 이외의 제3자는 다른 특별한 사정이 없는 이상 취소로 인하여 그 법률관계에 영향을 받지 않는다. 사해행위의 취소에 상대적 효력만을 인정하는 것은 사해행위취소채권자와 수익자 그리고 제3자의 이익을 조정하기 위한 것으로 그 취소의 효력이 미치지 아니하는 제3자의 범위를 사해행위를 기초로 목적부동산에 관하여 새롭게 법률행위를 한 그 목적부동산의 전득자 등만으로 한정할 것은 아니므로, 수익자와 새로운 법률관계를 맺은 것이 아니라 수익자의 고유채권자로서 이미 가지고 있던 채권확보를 위하여 수익자가 사해행위로 취득한 근저당권에 배당된 배당금을 가압류한 자에게 사해행위취소판결의 효력이 미친다고 볼 수 없다(대판 2009. 6. 11, 2008다7109).

(4) 채권자가 사해행위의 취소와 함께 수익자 또는 전득자로부터 책임재산의 회복을 구하는 사해행위취소의 소를 제기한 경우 그 취소의 효과는 채권자와 수익자 또는 전득자 사이의 관계에서만 생기는 것이므로, 수익자 또는 전득자가 사해행위의 취소로 인한 원상회복 또는 이에 갈음하는 가액배상을 하여야 할 의무를 부담한다고 하더라도 이는 채권자에 대한 관계에서 생기는 법률효과에 불과하고 채무자와 사이에서 그 취소로 인한 법률관계가 형성되는 것은 아닐 뿐만 아니라, 이 경우 채권자의 주된 목적은 사해행위의 취소 그 자체보다는 일탈한 책임재산의 회복에 있는 것이므로, 사해행위취소의 소에 있어서의 의무이행지는 '취소의 대상인 법률행위의 의무이행지'가 아니라 '취소로 인하여 형성되는 법률관계에 있어서의 의무이행지'라고 보아야 한다(대결 2002. 5. 10, 2002마1156).

(2) 수익자 또는 전득자는 목적물을 채무자에게 반환할 의무를 부담한다. 그러나 이것은 채권자의 강제집행의 수단으로서 반환한 것에 지나지 않고, 그 권리는 여전히 수익자에게 속하는 것이므로, 채권자가 강제집행을 하여 만족을 얻은 부분에 대하여 수익자는 채무자에게 부당이득반환을 청구할 수 있다. 채무자는 수익자 또는 전득자의 손실로 부당이득을 취한 것이 되기 때문이다. 이 경우에 수익자가 채무자에게 또는 전득자가 수익자에게 담보책임을 물을 수 있는지가 문제된다. 이에 관하여 학설은 (i) 긍정설(김주수 218면)과 (ii) 부정설(양창수/김형석, 민법 Ⅲ, 권리의 보전과 담보, 204면; 지원림, 1181면)이 대립한다. (i)설은 채권자의 취소에 의하여 목적물을 반환한 수익자나 전득자는 계약당사자인 채무자나 수익자에게 각각 완전한 권리를 취득시켜 주지 못하였음을 그 근거로 담보책임을 물을 수 있다고 한다. 반면에 (ii)설은 채권자취소의 상대적 효력만 인정하는 이상 채무자나 수익자에 대한 관계에서는 그 재산은 여전히 수익자나 전득자가 소유하므로 담보책임을 인정할 근거가 없으며, 또한 채무자나 수익자의 매매행위를 타인권리의 매매라고 할 수 없기 때문이라고 한다. 생각건대 긍정설을 취하면 채권자취소의 상대적 효력에 반하는 것으로 되므로 이를 부정하는 (ii)설이 타당하고 할 것이다.

(3) 채권자취소의 효력이 미치지 않는 제3자에는 사해행위를 기초로 목적부동산에 관하여 새롭게 법률행위를 한 자 외에도 수익자의 채권자로서 이미 가지고 있던 채권확보를 위하여 사해행위로서 양도한 부동산을 압류 또는 가압류한 자도 포함된다. 따라서 사해행위의 목적부동산에 수익자에 대한 채권자의 가압류등기가 경료된 후 채무자와 수익자 사이의 위 부동산에 관한 매매계약이 사해행위라는 이유로 취소되어 수익자 명의의 소유권이전등기가 말소되었다 하더라도 사해행위의 취소는 상대적 효력밖에 없어 특단의 사정이 없는 한 가압류의 효력이 당연히 소멸되는 것은 아니므로 채무자로부터 위 부동산을 전전하여 양도받은 자는 가압류의 부담이 있는 소유권을 취득하게 된다(대판 1991. 11. 8, 91다14079).

그리고 수익자의 다른 채권자가 원상회복의 대상인 재산을 가압류한 경우 그에게는 사해행위취소의 효력이 미치지 않으므로 가압류는 효력을 유지하며 이 경우 원상회복된 재산에 대하여 그 가압류채권자는 채무자의 다른 채권자보다 그 부동산으로부터 우선변제를 받을 수 있다(대판 2009. 6. 11, 2009다7109).

[판 례]

[1] 사해행위의 목적부동산 등을 새로운 법률관계에 의하여 취득한 전득자 등은 민법

제406조 제1항 단서에 의하여 보호되므로, 사해행위의 취소에 상대적 효력만을 인정하는 것은 사해행위 취소채권자와 수익자 그리고 제3자의 이익을 조정하기 위한 것으로 그 취소의 효력이 미치지 아니하는 제3자의 범위를 사해행위를 기초로 목적부동산에 관하여 새롭게 법률행위를 한 그 목적부동산의 전득자 등만으로 한정할 것은 아니다.

[2] 근저당권이 설정되어 있는 채무자의 부동산을 매수한 수익자의 채권을 담보하기 위하여 수익자의 채권자들이 부동산에 대해 압류 등을 하여 부동산에 관한 근저당권에 의한 경매절차에서 배당받은 후 사해행위 취소채권자가 수익자를 상대로 사해행위취소소송을 제기하여 가액배상의 확정판결을 받은 경우, 수익자의 채권자들이 수익자와 새로운 법률관계를 맺은 것이 아니라 수익자의 채권자로서 이미 가지고 있던 채권확보를 위하여 부동산을 압류 또는 가압류한 자에 불과하더라도 목적부동산의 매각대금에 대하여 사해행위 취소채권자에게 수익자의 채권자들에 우선하여 변제받을 수 있는 권리를 부여하여 사해행위취소판결의 실효성을 확보하여야 할 아무런 근거가 없으므로 수익자의 채권자들에게 사해행위취소판결의 효력이 미친다고는 볼 수 없다(대판 2005. 11. 10, 2004다49532).

3. 수익자(또는 전득자)가 동시에 채무자의 채권자인 경우

수익자(또는 전득자)도 채무자의 채권자인 경우, 수익자는 자신의 채권액에 대한 안분액의 분배를 청구할 수 없고, 안분액에 해당하는 채권으로 반환채무와의 상계를 주장하여 그 가액의 지급을 거절할 수도 없다. 그러나 이 경우에 수익자는 나중에 채무자에게 회복된 재산에 대하여 강제집행이 이루어질 때 배당에는 참가할 수 있으며(대판 2003. 6. 27, 2003다15907), 채무자의 특정 채권자에 대한 담보권설정행위가 사해행위로 취소 확정된 경우 담보설정행위는 취소채권자 및 그 취소의 효력을 받는 다른 채권자에 대한 관계에서는 무효이므로 수익자인 그 특정 채권자는 담보권자로서는 배당받을 수 없으나, 일반채권자로서 배당요구를 하여 배당요구채권자로서 배당받을 수는 있다(대판 2009. 12. 10, 2009다56627). 사해행위가 취소되면 취소채권자 외에 채무자의 기존 채권자에 대하여도 그 취소의 효력이 미치기 때문이다.

[판 례]

(1) 수익자인 채권자로 하여금 안분액의 반환을 거절하도록 하는 것은 자신의 채권에 대하여 변제를 받은 수익자를 보호하고 다른 채권자의 이익을 무시하는 결과가 되어 채권자취소권 제도에 반하게 되므로 수익자가 채무자의 채권자인 경우 수익자가 가액배상을 할 때 수익자 자신도 사해행위취소의 효력을 받는 채권자 중의 1인이라는 이유로 취소채권자의 원상회복에 대하여 총채권액 중 자기의 채권에 해당하는 안분액의 배당요구

권으로써 원상회복청구와의 상계를 주장하여 그 안분액의 지급을 거절할 수는 없다(대판 2001. 2. 27, 2000다44348).

(2) 민법 제406조에 의한 채권자취소와 원상회복은 모든 채권자의 이익을 위하여 그 효력이 있는 것인바, 채무자가 다수의 채권자들 중 1인(수익자)에게 담보를 제공하거나 대물변제를 한 것이 다른 채권자들에 대한 사해행위가 되어 채권자들 중 1인의 사해행위 취소소송 제기에 의하여 그 취소와 원상회복이 확정된 경우에, 사해행위의 상대방인 수익자는 그의 채권이 사해행위 당시에 그대로 존재하고 있었거나 또는 사해행위가 취소되면서 그의 채권이 부활하게 되는 결과 본래의 채권자로서의 지위를 회복하게 되는 것이므로, 다른 채권자들과 함께 민법 제407조에 의하여 그 취소 및 원상회복의 효력을 받게 되는 채권자에 포함된다고 할 것이고, 따라서 취소소송을 제기한 채권자 등이 원상회복된 채무자의 재산에 대한 강제집행을 신청하여 그 절차가 개시되면 수익자인 채권자도 그 집행권원을 갖추어 강제집행절차에서 배당을 요구할 권리가 있다(대판 2003. 6. 27, 2003다15907).

VI. 債權者取消權의 消滅

1. 제척기간

채권자취소권은 채권자가 취소원인을 안 날로부터 1년 이내, 법률행위가 있은 날로부터 5년 이내에 행사하여야 한다(제406조 제2항). 채권자취소권은 공동담보의 보전을 위하여 유효하게 성립한 법률행위를 취소할 수 있는 것이어서 제3자에게 미치는 영향이 크기 때문에 이와 같이 단기의 권리행사기간을 두고 있다. 여기서 1년 또는 5년이라는 기간은 시효기간이 아니라 제척기간이다(통설. 대판 1980. 7. 22, 80다795; 대판 1996. 11. 8, 96다26329). 따라서 법원은 직권으로 그 기간 의 준수 여부를 심리하여야 한다(대판 2001. 2. 27, 2000다44348). 제척기간의 도과에 대한 입증책임은 채권자취소소송의 상대방에게 있다(대판 2009. 3. 26, 2007다63102).

[판 례]

사해행위취소의 소는 법률행위 있은 날로부터 5년 내에 제기하여야 하고, 이는 제소기간이므로 법원은 그 기간의 준수 여부에 관하여 직권으로 조사하여 그 기간이 도과된 후에 제기된 사해행위취소의 소는 부적법한 것으로 각하하여야 하므로 그 기간 준수 여부에 대하여 의심이 있는 경우에는 법원이 필요한 정도에 따라 직권으로 증거조사를 할 수 있으나, 법원에 현출된 모든 소송자료를 통하여 살펴보았을 때 그 기간이 도과되었다고 의심할 만한 사정이 발견되지 않는 경우까지 법원이 직권으로 추가적인 증거조사를 하여 기간 준수 여부를 확인하여야 할 의무는 없다(대판 2012. 4. 12, 2011다110579).

2. 기산점

(1) 취소원인을 안 날로부터 1년

1) 민법 제406조 제2항 소정의 채권자가 그 「취소원인을 안 날」이라 함은 채무자가 채권자를 해함을 알면서 법률행위를 한 사실을 채권자가 알게 된 날을 의미한다(대판 2003. 7. 11, 2003다19435; 대판 2006. 7. 4, 2004다61280). 그리고 채권자가 취소원인을 알았다고 하기 위해서는 단순히 채무자가 재산의 처분행위를 하였다는 사실을 아는 것만으로는 부족하고 그 법률행위가 채권자를 해치는 행위라는 것, 즉 그에 의하여 채권의 공동담보에 부족이 생기거나 이미 부족상태에 있는 공동담보가 한층 더 부족하게 되어 채권을 완전하게 만족시킬 수 없게 되었으며 나아가 채무자에게 사해의 의사가 있었다는 사실까지 알 것을 요한다(대판 2011. 12. 22, 2010다11408). 그러나 수익자나 전득자의 악의까지 알아야 하는 것은 아니다(대판 2000. 9. 29, 2000다3262).

객관적인 사해행위의 존재외에 채무자에게 사해의 의사가 있었다는 사실까지 알 것을 요하므로 사해의 객관적인 사실을 알았다고 하여 취소의 원인을 알았다고 추정할 수는 없다(대판 2002. 9. 24, 2002다23857).

2) 취소원인을 알게 된 채권자가 파산하여 파산관재인이 선임된 경우에도 그 제척기간은 파산관재인이 사해행위의 취소원인을 안 때부터 새로 진행되어야 하는 것은 아니다(대판 2006. 8. 25, 2004다24144). 그러나 파산자가 사해행위의 취소원인을 알지 못한 상태에서 파산관재인이 선임되었다면, 그 후로는 파산관재인을 기준으로 판단하여야 한다.

[판 례]

(1) 채권자취소권행사에 있어서 제척기간의 기산점인 채권자가 「취소원인을 안 날」이라 함은 채권자가 채권자취소권의 요건을 안 날, 즉 채무자가 채권자를 해함을 알면서 사해행위를 하였다는 사실을 알게 된 날을 의미하고, 채권자가 취소원인을 알았다고 하기 위하여서는 단순히 채무자가 재산의 처분행위를 하였다는 사실을 아는 것만으로는 부족하고 구체적인 사해행위의 존재를 알고 나아가 채무자에게 사해의 의사가 있었다는 사실까지 알 것을 요하며, 사해의 객관적 사실을 알았다고 하여 취소의 원인을 알았다고 추정할 수는 없다(대판 2002. 9. 24, 2002다23857).

(2) 민법 제406조 제2항의 제척기간의 기산점인 채권자가 '취소원인을 안 날'이라 함은 채무자가 채권자를 해함을 알면서 사해행위를 하였다는 사실을 알게 된 날을 의미하는 것으로서 이때의 사해행위는 취소의 대상이 되는 바로 그 처분행위를 말한다. 그러

므로 채권자가 채무자의 제3자에 대한 금전의 증여행위가 사해행위에 해당한다는 것을 확실히 알지 못한 채 그 금전으로 취득한 제3자 명의의 부동산이 실은 채무자의 소유인데 제3자에게 명의신탁한 것으로 잘못 알고 그 부동산을 대상으로 처분금지가처분신청을 하여 그 처분금지가처분등기가 경료되었다는 사정만으로는, 채권자가 그때부터 채무자가 채권자를 해함을 알면서 사해행위인 금전의 증여행위를 하였다는 사실을 알게 되었다고 볼 수 없다(대판 2009. 4. 9, 2008다81398).

(3) 파산자의 채권에 기한 사해행위취소의 소에서 채무자의 사해행위를 알았는지 여부는 파산자를 기준으로 판단하여야 하나, 파산자가 사해행위의 취소원인을 알지 못한 상태에서 파산관재인이 선임되었다면, 그 후로는 파산관재인을 기준으로 판단하여야 한다(대판 2008. 4. 24, 2006다57001).

(2) 법률행위 있은 날로부터 5년

1) 「법률행위가 있는 날」이라 함은 사해행위에 해당하는 법률행위가 실제로 이루어진 날을 의미한다(대판 2002. 7. 26, 2001다73138 · 73145). 한편 부동산매매를 원인으로 소유권이전등기가 경료된 경우에는 사해행위인 법률행위가 있은 날은 등기한 날이 아니라 이전등기의 원인이 된 법률행위가 실제로 있었던 날을 기준으로 판단하여야 하는데, 이에 관하여 판례는 다른 특별한 사정이 없는 한 처분문서에 기초한 것으로 보이는 등기부상 등기원인일자를 중심으로 그러한 사해행위가 실제로 이루어졌는지의 여부를 판정할 수밖에 없다고 한다(대판 2002. 11. 8, 2002다41589). 그러나 실제로 사해행위를 한 날(계약 체결일)과 등기부상 등기원인일자가 다른 경우에는 실제로 사해행위를 한 날을 기준으로 하므로 부동산매매계약체결일보다 등기부상 기재된 등기원인일자가 앞선 것이 밝혀진 경우에는 실제로 매매계약을 체결한 날부터 기산한다(대판 2002. 7. 26, 2001다73138 · 73145).

2) 채무자 소유의 부동산에 관하여 수익자의 명의로 소유권이전 청구권의 보전을 위한 가등기가 경료되었다가 그 가등기에 기한 소유권이전의 본등기가 경료된 경우에, 가등기의 등기원인인 법률행위와 본등기의 등기원인인 법률행위가 명백히 다른 것이 아닌 한 본등기의 기초가 된 가등기의 등기원인인 법률행위를 제쳐놓고 본등기의 등기원인인 법률행위만이 취소의 대상이 되는 사해행위라고 볼 것은 아니므로, 가등기의 등기원인인 법률행위가 있은 날이 언제인지와 관계없이 본등기가 경료된 날로부터 사해행위 취소의 소의 제척기간이 진행된다고 볼 수 없다(대판 1996. 11. 8, 96다26329). 따라서 가등기 및 본등기의 원인행위에 대한 사해행위 취소 등 청구의 제척기간의 기산일은 가등기의 원인행위가 사해행위임을 안 때라고 할 것인바, 채권자가 가등기

의 원인행위가 사해행위임을 안 때부터 1년 내에 가등기의 원인행위에 대하여 취소의 소를 제기하였다면 본등기의 원인행위에 대한 취소청구는 그 원인행위에 대한 제척기간이 경과한 후에 하더라도 적법하다(대판 2006. 12. 21, 2004다24960). 다만 가등기권자가 가등기에 기한 본등기의 절차에 의하지 아니하고 별도의 소유권이전등기를 경료받은 경우에 있어서는, 특별한 사정이 없는 한 가등기권자가 재차 가등기에 기한 본등기를 청구할 수 있는 것이므로 그 별도의 소유권이전등기를 가등기에 기한 본등기와 동일하게 볼 수는 없다고 할 것이고, 따라서 그 별도의 소유권이전등기의 원인된 법률행위가 사해행위로서 취소되는 이상(대판 2002. 7. 26, 2001다73138), 그 제척기간도 그 별도의 소유권이전등기의 원인행위시를 기준으로 하여야 한다.

[판 례]

(1) 사해행위에 해당하는 법률행위가 언제 있었는가는 실제로 그러한 사해행위가 이루어진 날을 표준으로 판정할 것이되, 이를 판정하기 곤란한 경우 등에는 처분문서에 기초한 것으로 보이는 등기부상 등기원인일자를 중심으로 그러한 사해행위가 실제로 이루어졌는지 여부를 판정할 수 있다(대판 2010. 2. 25, 2007다28819).

(2) 공동저당권이 설정된 수개의 부동산에 관한 일괄 매매행위가 사해행위에 해당함을 이유로 그 매매계약의 전부취소 및 그 원상회복으로서 각 소유권이전등기의 말소를 구하다가 사해행위 이후 저당권이 소멸된 사정을 감안하여 법률상 이러한 경우 원상회복이 허용되는 범위 내의 가액배상을 구하는 것으로 청구취지를 변경하면서 그에 맞추어 사해행위취소의 청구취지를 변경한 데에 불과한 경우에는 하나의 매매계약으로서의 당해 사해행위의 취소를 구하는 소제기의 효과는 그대로 유지되고 있다고 봄이 상당하다 할 것이므로 비록 취소소송의 제척기간이 경과한 후에 당초의 청구취지 변경이 잘못되었음을 이유로 다시 위 매매계약의 전부취소 및 소유권이전등기의 말소를 구하는 것으로 청구취지를 변경한다고 하더라도 최초 소제기에 발생한 제척기간의 준수의 효과에는 영향이 없다고 할 것이다(대판 2005. 5. 27, 2004다67806).

(3) 취소청구 후 원상회복청구의 경우

채권자가 민법 제406조 제1항에 따라 사해행위의 취소청구를 한 후에 원상회복청구를 하는 경우에 사해행위취소청구가 민법 제406조 제2항에 정하여진 기간 내에 행하여졌으면 원상회복청구는 그 기간이 지난 뒤에도 할 수 있다(대판 2001. 9. 4, 2001다14108).

3. 제척기간의 도과에 대한 입증책임

채권자취소권을 행사할 수 있는 기간(제척기간)이 지났다는 사실에 관한 입증책임은 채권자취소 소송의 상대방에게 있다(대판 2009. 3. 26, 2007다63102).

제5장

數人의 債權者 및 債務者 (多數當事者의 債權關係)

第1節 總　說

I. 意　義

하나의 급부 또는 하나의 채권관계에 관하여 복수의 채권자 또는 채무자가 존재하는 경우를 통틀어 「다수당사자의 채권관계」라고 한다. 예를 들어 A · B · C 3인이 D로부터 한 필의 토지를 공동으로 매수하는 경우, 토지를 인도받는 것에 대하여는 3인이 공동으로 채권자가 되고, 대금의 지급에 관하여는 3인이 공동으로 채무자가 되는 것과 같다. 다수당사자의 채권관계는 동일한 채권 또는 채무에 관하여 귀속주체가 복수인 경우가 아니라, 동일한 내용의 급부를 목적으로 하는 채권자 또는 채무자의 수만큼의 다수의 채권관계가 성립하는 경우이다. 즉 급부는 하나이지만 채권 · 채무는 당사자 수만큼 존재하는 것이다.

II. 類型과 機能

1. 類　型

민법은 다수당사자의 채권관계로서 분할채권관계(제408조의 분할채권 · 분할채무), 불가분채권관계(제409조~제412조의 불가분채권 · 불가분채무), 연대채무(제413조~제427조), 보증채무(제428조~제448조)의 네 가지 유형을 인정하고 있다. 그 밖에 학설은 연대채무에 대응하는 연대채권이 성립할 수 있음을 인정하고, 또한 연대채무와 비슷한 부진정연대채무라는 관념을 인정하고 있다.

2. 機 能

불가분채무는 급부가 불가분이기 때문에 생기는 것이지만, 당사자의 의사표시에 의한 불가분채무는 물론 성질상의 불가분급부의 확대해석으로 불가분채무로 되는 경우에도 연대채무와 마찬가지로 채권의 효력을 강화하는 작용 내지 담보적 기능을 하게 된다. 연대채무는 다수의 채무자가 연대하여 각자가 전액을 책임지기 때문에 채권의 효력이 강한 것으로서 특히 그것이 당사자의 의사표시에 의하여 생길 때에는 채권담보의 작용을 한다. 그리고 보증채무는 주채무를 담보하는 종된 채무로서 오로지 채권담보를 위한 제도이며, 인적 담보의 전형적인 것이다.

Ⅲ. 債權 · 債務의 共同的 歸屬

민법은 제278조에서 「본 절의 규정은 소유권 이외의 재산권에 준용한다. 그러나 다른 법률에 특별한 규정이 있으면 그에 의한다」라고 규정하여 준공동소유를 인정하고 있다. 따라서 채권의 준공유 · 준합유 · 준총유가 인정되고, 이것은 채무의 경우에도 동일하다고 할 수 있다. 채권 · 채무의 공동적 귀속관계는 1개의 채권 · 채무가 일체를 이루어 복수의 주체에 공동으로 귀속하는 경우이다. 그런데 다수당사자의 채권관계는 1개의 동일한 급부를 목적으로 하는 채권 또는 채무가 수인에게 귀속하는 관계이므로 마치 1개의 물건이 수인의 공동소유에 속하는 경우와 같은 것으로 보인다. 이에 따라 학설은 물건의 공동소유의 모습인 공유 · 총유 · 합유에 대응하여 채권채무의 공유적 · 합유적 · 총유적 귀속이라는 모습을 인정한다. 그리고 다수당사자의 채권관계의 여러 모습을 채권 · 채무의 공유적 귀속의 여러 모습으로 이해한다. 통설은 다수당사자의 채권관계에 관한 규정(제408조 이하)을 공동소유에 관한 규정(제262조 이하)의 특칙으로 이해한다. 그리하여 수인에게 채권 · 채무가 발생하는 경우에는 당사자 사이에 이를 채권 · 채무의 공동귀속관계로 한다는 특약이 없는 한 다수당사자의 채권관계 중의 어느 한 모습에 속하는 것으로 보고 있다.

1. 債權 · 債務의 共有的 歸屬

1개의 채권에 채권자가 수인이 있는 채권은 채권의 준공유로서의 성질을 가지며, 공유의 규정이 적용된다(제278조 본문). 채권 · 채무에 관하여는 「수인의 채권자 및 채무자」

에 관한 규정(제408조 내지 제410조)이 특칙을 이루고 있으므로, 공유의 규정이 적용되기에 앞서 이 특칙이 적용되는 것으로 해석한다(제278조 단서). 그러나 당사자 사이의 특약으로 공유적 귀속을 발생케 할 수 있다. 한편, 채무의 귀속도 이론상 또는 특약으로써 발생케 할 수 있지만 실제로는 불가분채무를 발생케 하는 것과 별 차이가 없다.

2. 債權 · 債務의 合有的 歸屬

법률의 규정 또는 계약으로 수인이 조합체로서 채권을 가지거나 채무를 부담하는 때에는 채권 · 채무의 「준합유」가 있게 된다(제271조 제1항 · 제278조 · 제704조). ① 채권의 준합유에서 채권은 전합유자에게 공동으로 귀속하고 분할하지 못한다(제273조 제2항). 채권의 추심 또는 처분은 전원이 공동으로만 가능하다(제272조). 합유자 각자는 지분을 처분하지 못한다(제273조 제1항). 채무자가 합유자 전원에 대하여 전부의 이행을 한 때에 채무는 소멸한다. ② 채무의 준합유의 경우 각 채무자는 급부전부를 이행하여야 하지만, 모두 공동으로 할 필요는 없다. 다만 채권자는 채무자 전원에 대하여 공동으로 청구하여야 한다.

3. 債權 · 債務의 總有的 歸屬

법인 아닌 사단의 사원이 집합체로서 채권 · 채무를 가지는 때에는 채권 · 채무의 준총유가 있게 된다(제275조 제1항). ① 채권의 추심 기타의 처분권은 법인 아닌 사단에 귀속하여 사원총회의 결의에 따른다(제276조 제1항). 그리고 추심한 것은 법인 아닌 사단의 총유로 된다(제275조 제1항). ② 채무는 권리능력 없는 사단에 속하고 그 사단이 그의 총유재산으로 변제의 책임을 진다. 구성원 각자는 그 고유재산으로 책임을 지지 않는 것이 원칙이다.

Ⅳ. 多數當事者의 債權關係에 관한 規制의 槪觀

1. 分割債權關係의 原則

우리 민법은 분할채권관계를 다수당사자의 채권관계의 원칙적인 모습으로 본다(제408조). 그러나 상법에서는 연대채무를 원칙으로 하고 있다(상법 제57조).

2. 多數當事者의 債權關係에서의 세 가지 問題

(1) 對外的 效力

다수당사자의 채권관계에 있어서 각 채권자와 채무자, 또는 채권자와 각 채무자 사이에서 이행의 청구나 변제가 어떠한 효력을 가지느냐가 대외적 효력의 문제이다. 즉 복수주체의 상대방과의 사이에서 이행의 청구를 어떻게 하고, 변제를 어떻게 하느냐의 관계이다. 분할채권관계에 있어서는 분할된 채권 · 채무에 관하여 개별적으로 청구되고 변제된다. 그 밖에 채권관계에 있어서는 한 사람의 채권자에 대한 변제나, 한 사람의 채무자에 의한 변제는 모두 다른 자의 채권 · 채무를 소멸시키는 점에서 공통된다. 그러나 청구의 요건 · 효력 등에는 각각 차이가 있다.

(2) 債權者 또는 債務者 1人에게 생긴 事由

채권자 또는 채무자 1인에게 생긴 사유가 다른 채권자 또는 채무자에게도 그 효력을 미치느냐에 관한 문제이다. 분할채권관계에 있어서는 아무런 영향을 미치지 않는다. 불가분채권관계에 있어서도 각 채권자나 채무자의 채권 · 채무는 실질적으로는 별개 · 독립의 채권 · 채무이므로, 마찬가지로 다른 당사자에게 아무런 영향을 미치지 않는다. 그러나 연대채무는 각 채무자 사이에 공동의 목적이 있으므로 일정한 범위에서 영향을 미친다. 그리고 보증채무는 그의 부종성으로 인하여 주된 채무자에게 생긴 사유는 원칙적으로 보증인에게 영향을 미치게 된다.

(3) 對內的 效力

다수의 채권자 중의 1인이 변제를 수령한 경우 또는 다수의 채무자 중의 1인이 변제를 한 경우에 이를 다른 채권자에게 어떻게 分給하고 또는 다른 채무자로부터 어떻게 구상하느냐가 대내적 효력의 문제이다. 이 문제는 분할채권관계에 있어서도 생기나, 기타의 채권관계에 있어서 특히 문제가 되고 있다.

‖참 고‖ 다수당사자의 채권의 효력

(1) 절대적 효력이 있는 경우에 채권의 효력을 약화시킴. 단 이행청구의 절대적 효력은 채권의 효력을 강화시킴.
(2) 상대적 효력이 있는 경우에 채권의 효력을 강화시킴.
(3) 이행청구 · 청구에 의한 시효중단 · 이행지체는 1개의 set를 이루어 효력 발생
(4) (i) 변제 · 공탁 · 변제의 제공 · 수령지체 등 채권의 만족을 주는 것도 1개의 set를 이루어 효력 발생. (ii) 변제 · 공탁 · 대물변제 · 상계도 채권자가 1人인 경우 1개의 set를 이루어 효력 발생

第2節 分割債權關係

I. 意 義

분할채권관계란 하나의 급부에 관하여 채권자 또는 채무자가 수인인 경우에 그 채권이나 채무가 각 채권자나 채무자에게 분할되는 다수당사자의 채권관계를 말한다. 우리 민법은 다수당사자의 채권관계에 관하여 분할채권관계를 원칙으로 하고 있다(제408조). 따라서 다수당사자의 채권관계는 급부가 그 성질상 불가분이거나, 당사자 사이에 특별한 의사표시(약정)가 없으면 분할채권관계로 된다(대판 1992. 10. 27, 90다13628). 분할채권관계에는 채권자가 여럿인 분할채권과 채무자가 여럿인 분할채무가 있다.

II. 分割債權關係의 成立과 制限

1. 成 立

다수당사자의 채권관계에 있어서 급부가 가분이고 다른 특별한 의사표시가 없으면 분할채권관계가 성립한다. 다만 민법은 일정한 경우에는 불가분채권관계 또는 연대채무로 되는 예외를 인정하고 있다(제35조 제1항 · 제616조 · 제654조 · 제760조 · 제832조).

(1) 分割債權

하나의 가분급부에 대하여 수인의 채권자가 관여하는 경우는 실제로는 그렇게 많지 않다고 할 것이다. 판례는 공유물에 대한 제3자의 무단사용으로 인하여 공유자가 부당이득반환청구권을 취득한 경우(대판 1979. 1. 30, 78다2088), 또는 불법행위에 의한 공유물의 침해로 인하여 공유자가 손해배상채권을 취득한 경우(대판 1970. 4. 14, 70다171), 2인이 공동으로 매수한 부동산의 지분에 대한 소유권이전등기청구권을 취득한 경우(대판 1981. 2. 24, 84다카2159), 금전소비대차에서 수인의 채권자가 1인의 채무자에 대하여 각각 일정한 금전을 대부하는 경우(대판 1987. 5. 26, 85다카1146), 공동상속인이 채권을 상속한 경우(대판 1962. 5. 3, 4294민상1105)에는 분할채권이 생긴다고 한다.

[판 례]

피고를 포함한 4인의 매도인이 원고를 포함한 4인의 매수인에게 임야를 매도하기로 하는 계약을 체결한 경우 매매계약의 무효를 원인으로 부당이득으로서 계약금의 반환을 구하는 채권은, 특별한 사정이 없으면 불가분채권채무관계가 될 수 없으므로 매도인 중의 1인에 불과한 피고가 매수인 중의 1인에 불과한 원고에게 위 계약금 전액을 반환할 의무가 있다고 할 수 없다(대판 1993. 8. 14, 91다41316).

(2) 分割債務

하나의 가분급부에 대하여 수인의 채무자가 관여하는 경우는 보다 빈번하게 일어난다고 할 것이다. 판례는 수인이 공동으로 계약의 일방당사자가 되어 금전을 빌리는 경우(대판 1985. 4. 23, 84다카2159), 상속재산 중 금전채무와 같이 가분채무를 공동상속한 경우(대판 1997. 6. 24, 97다8809), 변호사에게 공동으로 소송을 위임한 당사자들이 보수지급 의무를 부담하는 경우(대판 1993. 2. 12, 92다42941), 공동의 양도담보권자가 정산금지급채무를 부담하는 경우(대판 1987. 5. 2, 85다카11466), 수인이 채무불이행으로 손해배상채무를 부담하는 경우(대판 1963. 9. 5, 63다370), 공동매도인이 계약무효로 인하여 계약금반환채무를 부담하는 경우(대판 1993. 9. 14, 91다41316)에는 분할채무가 생긴다고 한다. 그 밖에 수인이 공동으로 보증채무를 부담하는 경우에도 분할채무가 생긴다고 할 것이다(제439조).

[판 례]

금전소비대차에 있어 수인의 채무자가 각기 일정한 돈을 빌리는 경우에 특별한 의사표시가 없으면 이 채무는 분할채무라 할 것이고 이와 같은 특별한 의사표시가 있거나 채권의 목적이 그 성질상 불가분인 경우에 한하여 불가분채권이 성립되는 것이며 이와 같은 법리는 수인의 채무자가 채무 전부를 각자 이행할 의무가 있는 경우에도 또한 같다고 할 것이므로 수인의 골재운송업자들이 그 운임합계액으로 소외회사로부터 약속어음 1매를 발행받아 그 어음을 각자 받을 몫의 금액으로 나눈 수매의 어음으로 할인받은 것이라면 위 소비대차관계는 그 성질상 불가분채무 또는 연대채무라고 볼 수 없어 당사자간에 특별한 의사표시가 없는 한 채무자 각자가 각각 자기 몫으로 받은 어음액면금액 상당의 채무변제 책임만 지는 분할채무라고 함이 상당하다(대판 1985. 4. 23, 84다카2159).

2. 制 限

(1) 民法上의 規定

민법은 수인이 공동하여 물건을 차용한 때에는 연대하여 그 의무를 부담한다(제616조)고 규정하고 있으며, 동조는 임대차에도 준용되고 있다(제654조). 그 밖에 공동불법행위로 손해배상채무를 부담하는 경우(제760조), 가사에 관하여 일방이 채무를 부담하는 경우에 각기 연대채무가 발생함을 규정하고 있다(제832조).

(2) 解釋上의 制限

학설 · 판례의 경향은 분할채권관계가 채권의 효력을 약화시킨다는 이유로 가분적 채권관계에 있어서도 가능한 한 불가분채무 또는 연대채무로 새기려 한다. 이는 인적 담보기능의 강화를 꾀하기 위함이다.

1) 學 說 학설 중 일부의 견해는 (i) 분할채권관계를 원칙으로 함은 너무나 형식주의적이고 개인주의적이며, 특히 분할채무에 있어서는 채권의 실효성을 약화시키고 거래의 실정에 적합하지 않은 경우가 많기 때문에 분할채권관계의 성립을 넓게 제한하고 있다(곽윤직 161면; 김증한/김학동 216면). 예를 들어 채무자 가운데 무자력자가 생기면 채권자는 그 무자력자의 부담부분을 다른 채무자에게 청구하지 못하여 불안하게 된다. 수인이 부담하는 채무가 각 채무자가 불가분적으로 향유하는 이익의 대가로서의 의의를 가지거나, 불가분급부의 대가로서의 의의를 가지는 때에는 이를 성질상의 불가분채무로 본다. 공유자의 공유물관리비용채무가 그 예이다. 그리고 상법상의 규정(제57조)의 정신을 유추하여 당사자간에 특히 채무자로 되는 자 전원의 資力이 종합적으로 고려된다고 볼 수 있는 특수한 사정이 있는 때에는 연대채무로 한다는 묵시의 특약이 있는 것으로 인정하여야 한다고 해석하고 있다. 이에 대하여 (ii) 분할의 원칙에 따르는 것이 민법규정에도 맞고 거래관습에도 맞는다는 견해도 있다(이은영 493면).

2) 判 例 판례는 분할채권관계의 제한론에 상당히 동조하고 있으나, 학설에 비하여 소극적인 태도를 보이고 있다. 판례는 수인이 공동으로 법률상 원인 없이 타인의 재산을 사용한 경우 부당이득의 반환채무는 특별한 사정이 없는 한 불가분적 이득의 상환으로서 불가분채무라고 하고(대판 1981. 8. 20, 80다2587), 공동의 점유사용으로 부담하는 부당이득반환채무도 불가분채무라 한다(대판 1991. 10. 8, 91다3901). 또한 건물의 공유자가 채권적인 전세계약 또는 임대차계약에 기하여 받은 전세금 또는 임차보증금의 반환채무는 성질상 불가분채무라고 한다(대판 1988. 12. 8, 98다43137).

3) 私 見 독립적인 채권 · 채무를 인정하는 것이 부적당한 경우까지 분할채권관계를 인정하는 것은 바람직하지 않으므로 분할채권관계의 성립을 보다 넓게 제한하는 것이 타당하다고 할 것이다.

Ⅲ. 分割債權關係의 效力

1. 對外的 效力

(1) 分割比率의 均等推定

분할채권관계의 당사자는 자기가 가지는 권리 또는 의무를 청구·부담하고, 그 분할의 비율은 특별한 의사표시가 없으면 균등한 것으로 추정한다(제408조). 예를 들어 A·B·C 3인이 공유물을 매각하여 90만원의 대금채권을 취득한 경우에 각자 30만원씩의 채권을 취득하고, 또한 공동으로 물건을 매수하여 90만원의 대금채무를 부담한 경우에는 각자 30만원씩의 채무를 부담한다. 분할부분을 넘는 부분에 대한 행사는 타인의 권리의 행사가 되고 채무의 부담은 타인의 채무의 이행이 된다. 여기서 특별한 의사표시는 불가분채권관계·연대채무 등을 발생시키는 의사표시뿐만 아니라 채권·채무의 분할에 관한 의사표시도 포함한다. 또한 의사표시는 상대방 당사자와의 약정(계약)을 의미한다.

(2) 契約의 解除·解止

각 채권자의 채권 또는 각 채무자의 채무가 1개의 계약에서 발생한 경우에는 계약의 해제나 해지는 총채권자로부터 총채무자에 대하여 하여야 한다(제547조). 이는 해제의 불가분성(제547조)에 따른 것이다. 예를 들어 A·B·C가 공동으로 D로부터 어떤 물건을 9만원에 매수하여 각각 3만원씩 분할채무를 부담하는 경우에 매도인 D가 계약을 해제하려면 A·B·C 전원에 대하여 하여야 하고 매수인 쪽에서 해제하려면 A·B·C 전원이 D에 대하여 해제하여야 한다.

(3) 同時履行의 抗辯權

분할채권관계가 쌍무계약으로 발생한 때에는 분할채무의 전부 또는 분할채권의 전부에 대한 채무와 대가관계에 있는 채무와의 사이에 동시이행의 관계가 성립한다(제536조). 예를 들어 A·B·C 3인이 D로부터 어떤 물건을 9만원에 매수하여 각각 3만원씩의 대금채무를 가지는 경우에, A·B·C 전원이 그들의 대금채무를 이행하지 않는 한 D는 동시이행의 항변권을 행사하여 목적물의 인도를 거절할 수 있고, 반대로 A·B·C는 D가 목적물을 인도하지 않는 한 그들의 대금채무에 관하여 역시 동시이행의 항변권으로 대항할 수 있다.

(4) 履行請求·辨濟의 範圍

각 채권자는 자기가 가지는 채권액 이상의 것을 이행하도록 청구할 수 없고, 각 채무자도 자기가 부담하는 채무액 이상의 것을 변제할 수 없다. 하나의 채권자가 분할액을 넘는 변제를 받은 경우에는 부당이득이 되기 때문에 채무자에게 반환하여야 하며, 하나의 채무자가 분할액을 넘어서 변제한 경우에는 변제에 이해관계 없는 타인의 변제로 된다(제469조).

2. 當事者 1人에 대하여 생긴 事由의 效力

각 채권자의 채권 또는 각 채무자의 채무는 독립한 것이므로 채권자의 1인 또는 채무자의 1인에게 생긴 사유(이행청구·이행지체·이행불능·경개·면제·혼동·시효 등)는 다른 채권자 또는 채무자에게 영향을 미치지 않는다. 예를 들어 A·B·C는 그들이 공유하는 자동차를 D에게 600만원에 매각하면서 매매대금을 1/3씩 분할하여 수령하기로 약정한 경우 A가 D에게 이행청구를 하더라도 그 시효중단의 효과는 B·C에게 미치지 않는다. B가 매매대금의 수령을 지체하더라도 그 수령지체의 효과는 A·C에게 미치지 않는다. 그리고 C가 D의 이행지체를 이유로 계약을 해제하더라도 해제는 전원이 해야 하므로 해제의 효과는 발생하지 않는다.

3. 對內的 效力

민법 제408조는 대외적 관계만 규정할 뿐 분할채권자 또는 분할채무자 상호간의 내부관계에 관하여 규정하고 있지는 않다. 그러나 특약이 없는 한 대내관계에서도 그 비율은 균등하다고 해석한다. 따라서 채권자 사이에서 또는 채무자 사이에서 분급관계나 구상관계는 원칙적으로 발생하지 않는다. 그러나 외부관계에서는 비율이 균등하나, 내부관계에서 그 비율이 균등하지 않은 때에는 자기가 얻게 될 비율을 넘어서 변제를 수령한 채권자는 이를 다른 채권자에게 분급하여야 하고, 또한 자기가 부담하여야 할 비율 이상으로 변제한 채무자는 이를 다른 채무자에게 구상할 수 있다(제425조 내지 제427조의 유추적용). 예를 들어 A·B가 공유하고 있는 공유물을 C에게 매각하여 1천만원의 채권을 취득하였는데 매매계약 당시에 A·B와 C 사이에 분할비율에 관한 의사표시가 없었다면 C는 A·B에게 각각 5백만원씩 지급하면 된다. 그러나 C가 1천만원을 지급하였는데 A·B의 내부관계의 비율이 4:6이라면 A는 자기가 얻게 될 비율을 초과한 1백만원을 B에게 분급하여야 한다. 이때 C가 A에게 5백만원을 변제한 것은 자기 채무의 변제이지 1백만원의 비채변제로 되는 것이 아니다.

Ⅳ. 關聯問題 : 공동명의예금

1. 공동명의예금의 의의

공동명의예금이란 2인 이상이 공동명의인으로 되어 있는 예금을 말한다. 따라서 공동명의예금이 아닌 통상의 예금계좌를 개설하면서 거래인감만을 2개로 하는 경우는 이에 해당하지 않는다.

2. 공동명의예금의 개설 유형

공동명의 예금채권자들 사이에 조합관계가 존재하여 동업자금을 공동명의로 예금하는 경우와 동업 이외의 특정목적을 위하여 공동명의로 예치해 둠으로써 그 목적이 달성되기 전에 어느 1인이 단독으로 예금을 인출할 수 없도록 방지 · 감시하고자 하는 목적으로 예금하는 경우가 있다.

3. 공동명의예금의 예금주

금융실명제가 시행되고 있는 현재에는 금융기관과 공동명의인들 사이에 공동명의인 중 1인만을 예금주로 하려는 명시적 · 묵시적 합의가 있는 것이 아니라면 원칙적으로 공동명의인들 모두가 예금주가 된다. 따라서 공동명의자 중 일부만이 금원을 출연하였다 하더라도 출연자만이 공동명의예금의 예금주라고 할 수는 없다(대판 2001. 6. 12, 2000다70989).

4. 공동명의예금의 법률관계

(1) 예금채권 및 관리처분권의 귀속관계

은행에 공동명의로 예금을 하고 은행에 대하여 그 권리를 함께 행사하기로 한 경우에 만일 동업자금을 공동명의로 예금한 경우라면 채권의 준합유관계에 있다고 볼 것이나, 공동명의 예금채권자들 각자가 분담하여 출연한 돈을 동업 이외의 특정 목적을 위하여 공동명의로 예치해 둠으로써 그 목적이 달성되기 전에는 공동명의 예금채권자가 단독으로 예금을 인출할 수 없도록 방지 · 감시하고자 하는 목적으로 공동명의로 예금을 개설한 경우라면, 하나의 예금채권이 분량적으로 분할되어 각 공동명의 예금채권자들에게 공동으로 귀속되고, 각 공동명의 예금채권자들이 예금채권에 대하여 갖는 각자의 지분에 대한 관리처분권은 각자에게 귀속된다(대판 1994. 4. 26, 93다31825; 대판 2004. 10. 14, 2002다55908).

(2) 공동명의 예금채권자의 권리행사방법

공동명의예금의 인출방법은 공동명의자와 금융기관 사이의 공동명의예금계약의 내용에 따라 결정되고, 계약의 내용이 공동명의자 전원의 인감증명이 날인된 예금청구서에 의하는 한 공동명의자 중 1인이 단독으로 예금청구를 할 수 있다는 것이면 공동명의자 중 1인은 다른 공동명의자의 동의를 받아 단독으로 예금청구를 할 수 있다. 그리고 다른 공동명의자와 금융기관을 공동 피고로 하여 다른 공동명의자에 대하여는 단독 예금청구에 관한 동의를, 금융기관에 대하여는 다른 공동명의자에 대한 승소를 전제로 한 예금청구를 소구할 수 있다고 할 것이며, 공동명의자 중 1인이 다른 공동명의자 전원의 동의를 받은 이상 공동명의예금 전액을 청구할 수 있는 것이므로, 금융기관이 공동명의자들 사이의 내부적 지분을 들어 정당한 예금청구를 거절할 수는 없다(대판 2001. 6. 12, 2000다70989).

(3) 공동명의 예금채권자의 지분에 상응하는 예금채권에 대한 강제집행 및 상계

1) 공동명의 예금채권자 중 1인의 지분비율에 해당하는 예금채권은 압류 · 추심명령의 대상이 되고, 금융기관은 추심채권자의 청구에 대하여 공동반환특약으로 대항할 수 없다(대판 2005. 9. 9, 2003다7319).

2) 금융기관이 공동명의 예금채권자 중 1인에 대한 대출금채권을 자동채권으로 하여 그의 지분비율에 해당하는 예금채권과 상계할 수 있다(대판 2004. 10. 14, 2002다55908).

[판 례]

(1) 공동명의 예금채권자 중 1인에 대한 채권자로서는 그 1인의 지분에 상응하는 예금채권에 대한 압류 및 추심명령 등을 얻어 이를 집행할 수 있고, 한편 이러한 압류 등을 송달받은 은행으로서는 압류채권자의 압류명령 등에 기초한 단독 예금반환청구에 대하여 '공동명의 예금채권자가 공동으로 그 반환을 청구하는 절차를 밟아야만 예금청구에 응할 수 있다.' 는 공동명의 예금채권자들과 사이의 공동반환특약을 들어 그 지급을 거절할 수는 없다고 보아야 할 것이다. 왜냐하면, 위와 같이 해석하지 않을 경우, 공동명의 예금채권자들로는 각자의 은행에 대한 예금채권의 행사를 불가능하게 하거나 제한하는 내용의 공동반환특약을 체결하는 방법에 의하여 그들의 예금채권에 대한 강제집행 가능성을 사실상 박탈 내지 제한함으로써 그들에 대한 압류채권자의 권리 행사를 부당하게 제한하는 결과가 되기 때문이다(대판 2005. 9. 9, 2003다7319).

(2) 공동명의 예금채권자 중 1인에 대한 별개의 대출금채권을 가지는 은행으로서는 그 대출금채권을 자동채권으로 하여 그의 지분에 상응하는 예금반환채권에 대하여 상계할

것이고, 다만 공동명의 예금채권자 중 1인이 다른 공동명의 예금채권자의 지분을 양수하였음을 이유로 그 지분에 대한 은행의 상계주장에 대항하기 위해서는 공동명의 예금채권자들과 은행 사이에 예금반환채권의 귀속에 관한 별도의 합의가 있거나 채권양도의 대항요건을 갖추어야 한다(대판 2004. 10. 14, 2002다55908).

第3節 不可分債權關係

I. 意　義

불가분채권관계라 함은 불가분의 급부를 목적으로 하는 다수당사자의 채권관계를 말하며, 여기에는 채권자가 다수인 불가분채권과 채무자가 다수인 불가분채무가 포함된다. 예를 들어 A · B가 공동으로 C로부터 가옥을 매수한 경우에 그 가옥의 인도청구권에 관하여는 A · B가 불가분채권을 가지게 되며, 반대로 A · B가 공유하는 가옥을 C에게 매도한 경우에는 A · B는 가옥의 인도에 관하여 불가분채무를 부담한다. 불가분채권관계에 있어서는 그 주체의 수만큼 채권 또는 채무관계가 존재하지만, 급부의 불가분성으로 인하여 각 불가분채권자는 급부의 일부를 청구할 수 없고, 각 불가분채무자는 일부의 이행을 할 수 없다.

II. 成　立

불가분채권관계는 급부가 불가분인 경우에 성립한다. 불가분인 급부에는 급부의 목적물이 성질상 불가분인 경우(예: A · B · C가 공동으로 한필의 토지를 구입하는 경우)와 가분이지만 당사자의 의사표시에 의하여 불가분으로 하는 경우(제409조 참조)가 있다. 각 채권 또는 채무는 각각 별개 · 독립의 것이며, 다만 그 목적이 불가분이기 때문에 서로 제약을 받는 데 지나지 않는다. 의사표시에 의한 불가분채권을 인정하는 이유는 이행의 청구나 이행을 불가분적으로 할 수 있어서 분할채권에 있어서보다 더 편리하다는 데 있다. 그리고 의사표시에 의한 불가분채무는 단순히 이행의 청구나 이행을 불가분적으로 할 수 있을 뿐만 아니라 연대채무에서와 같이 채권자가 각 채무자에 대하여 급부의 전부를 청구할 수 있게 함으로써 채무자 모두의 자력에 의하여 채권의 담보력이 강하게 한다는 것을 목적으로 한다. 불가분채권관계의 경우에는 각 채권자 또는 채무자 수만큼 복수의 채권 · 채무가 존재한다. 그리고 불가분급부가 가분급부로 변한 때에는 불가분채권관계는 분할채권관계로 변하게 된다(제412조). 예를 들어 본래의 급부는 불가분이더라도, 그것이 채무불이행으로 인하여 손해배상채무로 변경되면 분할채무로 전환된다(대판 1959. 7. 16, 4291민상546).

Ⅲ. 不可分債權

1. 不可分債權의 成立

불가분채권은 성질상 불가분인 급부를 목적으로 하거나, 또는 당사자의 의사표시에 의하여 성립한다. 따라서 불가분급부의 경우에는 채권자 1인이 급부의 전부를 청구할 수 있다. 일반적으로 공동매도인의 대금채권은 분할채권으로 보지만, 공동매도인 사이에 밀접한 관련이 있는 경우에는 불가분의 특약이 존재하는 것으로 볼 수 있다. 당사자 사이에 불가분의 특약이 존재한다면 그 불이행으로 인한 손해배상채권도 불가분채권관계에 있는 것으로 본다(대판 1962. 3. 25, 4294민상1230). 공유자의 소유권에 기한 공유물반환청구권에 관하여는 불가분채권의 이론을 유추하여 각 공유자는 단독으로 채무의 이행을 청구할 수 있다고 보는 것이 통설이다(김용한 294면; 장경학 332면; 김형배 487면; 민법주해(10)/허만 48면 등). 그러나 판례는 공유물의 보존행위임을 근거로 하여 각 공유자 단독으로 전부에 대한 반환청구를 인정하고 있다(대판 1968. 9. 17, 68다1142).

2. 不可分債權의 效力

(1) 對外的 效力(총채권자와 채무자와의 관계)

각 채권자는 단독으로 자기에게 전부의 이행을 청구할 수 있고, 채무자도 채권자 중의 한 사람을 임의로 선택하여 전부의 이행을 할 수 있다(제409조). 또한 소의 제기 · 강제집행을 함에 있어서도 채권자 중의 1인의 이름으로 할 수 있다.

(2) 債權者 중 1인에 대하여 생긴 事由의 效力

1) 絶對的 效力 각 채권자는 모든 채권자를 위하여 이행을 청구할 수 있고(제409조 전단), 채무자는 모든 채권자를 위하여 각 채권자에게 이행할 수 있으므로(제409조 후단), 그 범위 내에서는 다른 채권자에게도 그 효력이 생긴다(제410조 제1항). 따라서 1인의 채권자의 이행청구 및 그것을 이유로 하는 소멸시효의 중단 · 이행지체의 효과는

다른 채권자에게도 생기고, 채권자 1인에 대한 변제 · 변제의 제공 · 공탁 및 그것을 이유로 하는 채권의 소멸 또는 채권자지체의 효과도 모든 채권자에게 생긴다.

2) 相對的 效力 절대적 효력 이외의 사유는 모두 채무자와 각 채권자 사이에서만 효력이 발생할 뿐이다(제410조 제1항). 따라서 불가분채권자 중 1인과 채무자간에 경개나 면제가 있는 경우에도 다른 채권자는 채무의 전부의 이행을 청구할 수 있는데, 이때에는 채무 전부의 이행을 받은 다른 채권자는 그 1인의 채권자가 권리를 잃지 않았더라면 그에게 분급하였을 이익을 채무자에게 상환하여야 한다(제410조 제2항). 예를 들어 A와 B가 공동으로 C의 주택을 매수하였는데 B와 C간에 주택인도채무에 관한 경개계약 또는 채무면제가 있는 경우에도 C의 주택인도채무는 그대로 존속한다. A는 C의 주택을 인도받은 후에 B에게 분급할 이익을 C에게 상환하여야 한다. 이것은 전부의 변제를 받은 채권자 A는 경개 또는 면제한 채권자 B에게 이익을 나누어 주고 경개나 면제를 한 채권자 B는 다시 이를 부당이득으로서 채무자에게 반환하는 번거로움을 피하고 법률관계도 단순화하는 기술적 조치로서 전부변제를 받은 채권자가 직접 이를 채무자에게 반환토록 한 것이다. 이때 채무자에게 상환하여야 할 이익은 채권자에게 분급하여야 할 지분적 이익이 아니라 가액이익이다(곽윤직 160면; 김용한 297면; 김상용 268면). 민법은 경개와 면제에 관해서만 규정하고 있으나(제410조 제2항), 그 밖에 대물변제 · 상계 · 혼동 · 시효의 완성의 효과에 관해서도 마찬가지로 해석하여야 한다.

(3) 對內的 效力

민법은 불가분채권자 상호간의 내부관계에 관하여는 따로 정하고 있지 않다. 그러나 불가분채권의 이행을 받은 채권자는 다른 채권자에 대하여 내부관계의 비율에 따라 그의 급부이익을 분급하여야 한다(제410조 제2항 참조). 그리고 특별한 사정이 없으면 그 분급의 내부적 비율은 균등한 것으로 추정한다.

Ⅳ. 不可分債務

1. 不可分債務의 成立

불가분급부가 성립하려면 급부가 불가분이어야 한다. 일반적으로 급부가 성질상 불가분인 경우에 불가분채무가 성립한다. 본래의 불가분급부라 함은 급부의 성질상 급부의 본질 또는 가치를 훼손함이 없이는 수개의 급부로 분할하여 이행할 수 없는 것을 의미한다. 그러나 어떠한 급부의 성질이 가분이냐 불가분이냐는 문제된 급부에 관하여 성립한 다수당사자의 채권관계를 분할 · 비분할의 어느 쪽으로 취급하는 것이 타당하고 적절한가는 목적적인 관점에서 도출되는 것이므로 단순히 급부의 물리적 · 자연적 성질만에 의하여 결정할 것이 아니고 급부의 고유성질 · 거래관념 · 당사자의 의사 등을 표준으로 하여 결정하여야 한다고 본다(통설. 김기선 201면; 김용한 293면; 장경학 330면; 김주수 234면 등). 그 결과 금전급부와 같이 가분급부의 성질을 가진 것도 각 채무자가 불가분적인 이익을 향유하는 경우에는 성질상의 불가분급부로 해석하고 있다. 판례도 수인이 공동으로 타인의 재산을 사용한 경우의 부당이득반환채무에 관하여 수인이 불가분적 이익을 얻고 있는 이상 그에 대한 대가로서의 급부는 불가분적이어야 한다는 이유로 이를 불가분채무로 보고 있으며(대판 1981. 8. 20, 80다2587; 대판 1992. 9. 22, 92누2202; 대판 2001. 12. 11, 2000다13948), 공유자가 공유물에 관하여 원인 없이 이득을 얻은 경우에 그 이득을 반환할 채무(대판 1980. 7. 22, 80다649), 공유물에 관하여 공동으로 임대를 하면서 수령한 임차보증금의 반환채무(대판 1998. 12. 8, 98다43137)를 불가분채무로 보고 있다.

2. 不可分債務의 效力

(1) 對外的 效力(총채무자와 채권자와의 관계)

연대채무에서와 마찬가지로 채권자는 불가분채무자 중 어느 한 사람에 대하여 또는 동시나 순차로 모든 채무자에 대하여 채무의 전부의 이행을 청구할 수 있다(제411조 · 제414조). 그리고 채무자 1인이 그 전부를 이행한 때에는 다른 채무자도 채무를 면하게 된다(제413조). 연대채무에서는 채권자가 채무의 일부의 이행을 청구할 수 있지만, 불가분채무에서는 그 성질상 일부청구는 허용되지 않는다. 불가분채무에서는 訴의 제기 및 강제집행의 청구도 모든 채무자에 대하여 채무 전부에 관하여 할 수 있다.

(2) 債務者 중 1인에 관하여 생긴 效力

1) 絶對的 效力 채무자 1인의 이행으로 다른 채무자도 의무를 면하게 되므로 1인의 채무자의 변제 · 대물변제 · 공탁과 같이 채권에 만족을 주는 사유와 변제의 제공이나 그 효과인 채권자지체는 다른 채무자에 대하여도 효력이 있다(제409조 · 제410조 · 제411조 · 제422조). 그러나 상계에 관하여는 절대적 효력이 인정되지 않는다(제411조 · 제418조).

2) 相對的 效力 위의 절대적 효력이 생기는 경우 이외의 사항에 관하여는 연대채무에 관한 규정(제416조~제421조)이 준용되지 않고 불가분채권에 관한 제410조가 준용되므로(제411조) 모두 상대적 효력을 가질 뿐이다. 즉 연대채무에서 절대적 효력이 있는 이행의 청구 · 경개 · 상계 · 면제 · 혼동 · 소멸시효의 완성 등은 상대적 효력이

있는 사유로 된다. 따라서 채권자와 채무자 중의 1인 사이에 경개 또는 면제가 있었던 경우에도 다른 채무자는 채무의 전부를 이행하여야 한다. 그러나 채권자는 면제를 받거나 또는 경개를 한 채무자가 부담하였을 부분의 가액을 전부의 변제를 한 채무자에게 상환하여야 한다(제410조~제411조 제2항). 혼동 · 소멸시효의 완성 등에 관하여도 마찬가지이다. 상대적 효력의 원칙과 관련하여 주의해야 할 점은 제416조가 민법 제411조에 의하여 준용되지 않고 있으므로 채권자가 채무자의 1인에 대하여 행한 이행의 청구 내지, 그로 인한 이행지체 및 시효중단의 효과는 다른 채무자에게 생기지 않는다. 따라서 그 한도에서는 연대채무보다도 채권의 효력이 약하다고 할 수 있다. 또한 채무자 1인에 대한 법률행위의 무효 또는 취소의 원인도 다른 채무자의 채무에 영향을 미치지 않는다(제411조 · 제415조).

| 참 고 | 이행청구의 효력

(1) 상대적 효력설 제411조가 제416조를 준용하고 있지 않으므로 이행의 청구 및 이에 기한 이행지체 또는 시효의 중단 · 경개 · 판결 · 채무의 승인 등은 다른 채무자에게 생기지 않는다고 한다(통설, 곽윤직 166면; 김주수 276면; 김상용 264면; 이은영 499면; 김증한/김학동 224면; 송덕수 184면). 이 설에 의하면 불가분채권과 차이가 생긴다. 이 설이 타당하다.

(2) 절대적 효력설 제411조가 제410조를 준용하고 있고 제410조 제1항을 제409조와 연계하여 이해한다면 변제와 함께 이행청구도 절대적 효력을 갖는 것으로 본다(김형배 443면; 지원림 1192면). 이 설에 의하면 절대효가 인정되는 사유가 불가분채권과 유사하게 된다.

(3) 對內的 效力

불가분채무자 상호간의 내부관계에 대하여는 연대채무자 상호간의 내부관계에 관한 규정이 준용된다(제411조). 따라서 불가분채무자의 부담부분은 균등한 것으로 추정되며(제424조), 변제를 한 채무자는 다른 채무자의 부담부분에 대하여 구상권을 행사할 수 있다(제425조 내지 제427조 참조).

V. 分割債權關係로의 轉化

불가분채권관계에서 각 채무 또는 각 채권은 각각 별개의 독립된 것이며, 다만 그 목적이 불가분이기 때문에 서로 제약을 받는 데 지나지 않는다. 따라서 불가분채무가 가분채무로 변한 때에는 불가분채권관계는 당연히 분할채권관계로 변경된다

(제412조). 그리고 분할채권관계로 변경된 후에는 각 채권자는 자기부분만의 이행을 청구할 권리가 있고, 각 채무자는 자기부담부분만을 이행할 의무가 있다.

第4節 連帶債務

I. 意 義

연대채무란 수인의 채무자가 동일한 내용의 급부에 관하여 각각 독립해서 전부의 급부를 해야 할 채무를 부담하고 그 중 1인의 채무자가 전부의 급부를 하면 다른 채무자의 채무도 소멸하는 다수당사자의 채무를 말한다(제413조). 연대채무는 책임재산을 확대하여 채권의 효력을 강화하려는 취지의 인적 담보제도로서 작용하며, 그 담보적 효력이 보증채무보다는 강력하나 불가분채무나 부진정연대채무보다는 약하다.

II. 性 質

1. 複數債務性

연대채무는 채무자의 수만큼의 복수의 채무가 병존하고 있으며, 각 채무자의 채무는 보증채무에서와 같은 주종의 관계에 있지 않고 각 채무자는 채권자에 대하여 독립하여 동등한 채무를 부담한다. 따라서 다음과 같은 결과가 발생한다. ① 연대채무가 하나의 법률행위에 의하여 발생한 경우에도, 채무자의 1인에 관하여 법률행위의 무효 또는 취소의 원인이 있더라도 다른 채무자의 채무의 효력에는 영향을 미치지 않는다(제415조). ② 각 채무자의 채무가 조건이나 기한을 달리할 수 있고, 이행기나 이행지를 달리하는 것도 상관없으며, 이자부 · 무이자부 · 담보부 채무가 있어도 무방하다. ③ 채무자 1인에게만 보증채무를 성립시킬 수 있으며(제447조), 채무자 중의 1인에 대한 채권만을 분리해서 양도할 수도 있다.

2. 債務者間의 結合關係

복수의 연대채무는 1인의 채권자의 특정한 채권을 만족시킨다는 공동의 목적으로 결합되어 있다. 연대채무자 중의 1인이 채무를 변제하면 다른 채무자의 채무가 소멸한다. 그 밖에 1인의 채무자에게 생긴 사유가 다른 채무자에 대하여도 효력을 발생하는 절대적 효력 사유가 많다(제416조~제422조). 또한 채무자 상호간에는 부담부분이 있어서 변제를 한 채무자와 다른 채무자 사이에 구상관계가 생긴다(제424조·제427조). 그런데 여기서 특히 문제가 되고 있는 것은 도대체 연대채무자 사이에는 어떠한 결합관계가 있다고 보아야 할 것인가이다.

이에 관하여 학설은 (i) 연대채무자 사이에는 공동목적을 위한 주관적 공동관계가 있으므로, 목적도달 이외의 사유에 대해서도 절대적 효력을 인정하는 것이 당사자 사이의 법률관계에 합당하며 또한 공평하다는 주관적 공동관계설(곽윤직 171면; 김증한/김학동 228면; 송덕수 185면), (ii) 각 연대채무자 사이에 상호보증, 즉 자기의 부담부분에 대해서는 주된 채무자와 마찬가지의 지위에서 변제하고(고유의무), 그 부담부분의 초과분에 대해서는 다른 연대채무자의 보증인적 지위에 서는 관계(담보의무)의 이중구조의 법률관계로 구성되어 있다고 보는 상호보증관계설(이은영 506면), (iii) 채권자에 대하여 각자가 전부급부를 하여야 하는 변제를 공동의 목적으로 한다는 변제공동체설(김상용 274면), (iv) 상호보증관계설과 변제공동체설을 절충한 상호보증적 변제공동체설(김형배 451면)로 나뉘고 있다. 생각건대 상호보증관계설은 부담부분의 범위에서 절대적 효력을 가지는 사유를 설명할 수 있는 장점이 있으나, 부담부분과 무관하게 전면적으로 절대적 효력을 가지는 절대적 효력사유를 설명하기 곤란할 뿐만 아니라 어느 연대채무자가 내부적 부담부분을 전혀 가지고 있지 아니한 경우에도 상호보증관계로 그 연대관계를 설명할 수 있는지는 의문이다. 반면에 주관적 공동관계설은 주관적 공동관계의 내용이 명확하지 아니한 단점은 있으나, 연대채무자들이 채권의 목적 달성이라는 공동관계에 놓여 있고, 이러한 공동관계가 연대채무자들 상호간의 구상의 근거가 될 수 있음을 설명하고 있는 점에서 가장 무난한 견해라고 할 것이다.

Ⅲ. 連帶債務의 成立

연대채무는 계약 등의 법률행위 또는 불법행위책임 등의 법률의 규정에 의하여 성립한다.

1. 法律行爲에 의한 成立

연대채무를 성립시키는 가장 주요한 원인은 법률행위이다. 계약에 의하여 발생하는 것이 보통이지만, 유언과 같은 단독행위에 의해서도 발생할 수 있다. 계약에 의하여 연대채무가 성립하는 경우에도 그 계약은 하나임을 요하지 않으나, 계약이 여러 개인 경우에는 채무자 사이에 연대에 관한 사전 또는 사후의 합의를 필요로 한다. 어느 연대채무자에 대한 법률행위의 무효나 취소의 원인은 다른 연대채무자의 채무에 영향을 미치지 않는다(제415조). 연대의 특약은 명시적 의사표시로 하는 외에 묵시적으로도 할 수 있다. 연대의 약정이 발생하는가는 당사자의 의사표시의 해석에 의하여 밝혀진다. 그런데 민법상 연대의 추정에 관한 규정이 없는데도 연대약정을 추정할 것인지가 문제된다. 이에 관하여 다수설은 당사자가 총채무자의 자력을 종합적으로 고려하였다고 볼 수 있는 특별한 사정이 있는 때에는 연대를 추정하여야 하는 것으로 해석한다(곽윤직 169면; 김증한/김학동 227면 등). 즉 수인이 공동으로 계약의 일방당사자가 되어 물건매수 · 금전차용 · 인력고용을 한 경우 등에는 묵시의 특약이 있었다고 추정하는 것으로 해석하고 있다. 이와는 반대로 우리 민법은 분할채무를 원칙으로 하고, 연대채무자는 각자가 전부의 급부를 하여야 할 무거운 의무를 지므로 법으로 특별히 규정하지 않는 한 연대를 추정해서는 안 된다는 견해도 있다(김기선 210면; 황적인 178면; 김형배 455면; 김상용 277면; 이은영 509면). 판례는 유사한 경우에 관하여 불가분채무를 인정한 바 있다(대판 1997. 5. 16, 97다7356).

생각건대 다수설과 같은 특별한 사정이 있는 때에는 연대채무에 관한 묵시적인 표시가 인정될 수도 있을 것이다. 그러나 민법에 연대의 추정에 관한 명문의 규정이 없으므로 이를 너무 확대하여 인정하는 것은 바람직하지 않다고 할 것이다.

2. 法律의 規定에 의한 成立

법률의 규정에 의해서도 연대채무가 성립하고 있는데, 그 취지는 공동사업에 관여하는 채무자에게 공동책임을 부담케 하여 그 행동을 신중하게 하는 동시에 채권자를 두텁게 보호하려는 데 있다. 민법에서 규정하는 것으로는 (i) 법인의 불법행위관련자의 책임(제35조 제2항), (ii) 공동차주의 연대책임(제616조), (iii) 공동임차인의 연대채무(제654조), (iv) 이사의 법인에 대한 책임(제65조), (v) 일상가사에 대한 부부의 책임(제832조), (vi) 공동불법행위자의 연대책임(제760조) 등이 있다. 그러나 연대채무에서는 채무자 사이에 주관적 공동관계가 요구되는 점에서 진정한 의미의 연대채무는 (ii) · (iii)의 경우뿐이고 (v)의 경우는 부부공동체의 성질에 기하는 점에서 연대채무에 관한 규정(제413조)이 그대로 적용되기는 어렵고 (i) · (iv) · (vi)은 부진정연대채무에 속하는 것이다. 그리고 상법상의 상행위채무에 관한 규정(상법 제57조 · 제81조 · 제138조 · 제212조 · 제328조 등)이 있는데, 이는 민법과는 달리 연대채무를 원칙으로 한다. 그 밖에 특별법상의 환경침해로 인한 손해배상의무(환경정책기본법 제31조), 광해배상(광업법 제75조 제5항), 농업협동조합에 있어서 그 임원의 조합 또는 제3자에 대한 손해배상의무(농업협동조합법 제53조 제3항) 등에서 연대채무를 인정하고 있다.

Ⅳ. 連帶債務의 效力

1. 對外的 效力(債權者의 權利)

(1) 請求의 獨立性

채권자는 연대채무자 중의 1인 또는 전채무자에 대하여 동시나 순차로 채무의 전부나 일부의 이행을 청구할 수 있다(제414조). 이러한 이행의 청구는 재판 외에서 할 수 있을 뿐만 아니라 재판상으로도 할 수 있다. 예를 들어 A에 대하여 B · C · D가 9만원의 연대채무를 부담하고 있다면 A는 ① B · C · D 중의 한사람에 대하여, 채무의 전부(9만원)나 일부(3만원)를 訴求할 수 있을 뿐만 아니라, ② B · C · D에 대하여 「동시에」 각자에게 전부(9만원)나 일부씩(B에게 3만원, C에게 2만원, D에게 4만원)을 訴求할 수 있고, 또는 ③ B · C · D에 대하여 순차로 전부나 일부씩을 訴求하여도 된다. 그 결과 채무자 1인을 상대로 이행청구의 소를 제기한 후에 다른 채무자를 상대로 동일한 소를 제기한 경우에도 그것은 二重으로 訴求한 것이 되지 않는다(민소법 제259조 참조). 다만 1인의 채무자에 대하여 소구하기 전에 이미 다른 채무자에 의하여 면제되었을 때에는 그 범위에서 총채무자의 채무는 소멸하므로 잔액에 대하여만 소구할 수 있으며, 전부를 소구한 후 판결 전에 일부변제가 있었을 때에도 잔액에 관하여만 승소의 판결을 받을 수 있다.

(2) 連帶債務者의 破産

연대채무자의 전원 또는 수인이나 1인이 파산한 때에는 채권자는 「파산선고시에 가진 전액에 관하여」 각 파산재단의 배당에 참가할 수 있다(채무자 회생 및 파산에 관한 법률 제428조). 예를 들어 연대채무자 B · C · D 전원이 파산하였을 때에는 채권자 A는 B · C · D 의 각 파산재단에 대하여 각각 채권 전액으로써 배당에 참가할 수 있다. 그리고 파산선고 후 어느 파산절차에서 파산채권자가 다른 채무자로부터 일부 변제를 받거나 다른 채무자에 대한 회사정리절차 내지 파산절차에 참가하여 변제 또는 배당을 받았더라도 그에 의하여 채권자가 채권 전액에 대하여 만족을 얻은 것이 아닌 한 파산채권액에 감소를 가져오는 것은 아니므로, 채권자는 여전히 파산선고시의 채권 전액으로써 계속하여 파산절차에 참가할 수 있다(대판 2003. 2. 26, 2001다62114). 다만 B의 파산절차가 종료하고, 다시 C가 파산한 경우에는 B에게서 배당변제를 받은 부분은 제하고 C의 파산재단의 배당에 참가할 수 있다. 그리고 B에게서 파산에 의하지 않고서 일부를 변제받고 C가 파산한 경우에도, 그 잔액만을 가지고 C의 파산재단에 참가할 수 있다. 그러나 부진정연대채무에서는 채무자의 1인으로부터 일부를 변제받았더라도 채권자는 최초의 채무액 전액을 가지고 파산재단에 참가할 수 있다.

(3) 채무자 1인(또는 수인)이 채무의 전부를 이행하면 모든 채무자의 채무가 소멸한다.

2. 連帶債務者의 1人에 관하여 생긴 事由의 效力

(1) 槪 說

채무에서는 수인의 채무자가 독립된 채무를 부담하지만 각 채무는 하나의 급부를 통하여 채권자에게 만족을 주기 위하여 결합되어 있다. 따라서 연대채무자 중의 1인이 채권자에게 급부를 이행하면 다른 연대채무자에게도 그 효력이 미친다(절대적 효력). 민법은 채무자 1인의 이행이 다른 채무자의 의무도 면하게 됨을 규정하고(제413조), 그 외의 7개의 절대적 효력사유를 규정하고 있다(제416조~제422조). 민법이 정하는 절대적 효력사유 이외의 사유는 당해 채무자에 대해서만 효력을 발생시키는 상대적 효력만을 가진다. 우리 민법상의 연대채무는 채권담보의 기능보다는 연대채무자 사이의 주관적 공동관계를 중시하여 절대적 효력 사유를 넓게 인정함으로써 연대채무에 의한 채권의 담보력을 약화시키고 있다.

(2) 絶對的 效力이 있는 事由

절대적 효력사유에는 채무자 1인에 관하여 생긴 사유가 다른 채무자에 대한 관계에서도 그대로 동일한 효과를 발생시키는 무제한적 절대사유와 다른 채무자에 대한 관계에서는 부담부분의 범위에서만 절대적 효력이 있는 제한적 절대사유가 있다.

1) 無制限的 絶對事由(=일체형 절대적 효력사유) 연대채무자의 1인과 채권자 사이에 생긴 사유의 효력이 다른 연대채무자와 채권자 사이에서 그대로 미치게 되는 경우를 말한다.

(가) 辨濟 · 代物辨濟 · 供託 이에 관해서는 명문의 규정은 없으나 채권자에게 만족을 주는 것이므로 당연히 절대적 효력이 인정된다.

(나) 履行의 請求 연대채무자의 1인에 대한 이행청구는 다른 채무자에 대하여도 효력이 생긴다(제416조). 따라서 이행의 청구를 이유로 하는 이행지체(제387조 제2항) · 소멸시효의 중단(제168조 제1호)도 역시 절대적 효력이 생긴다. 판례도 채권자가 연대채무자

1인의 소유부동산에 대하여 경매신청을 한 경우, 이는 최고로서의 효력을 가지고 있고, 연대채무자에 대한 이행청구는 다른 연대채무자에게도 절대적 효력이 있다(대판 2001. 8. 21, 2001다22840)고 판시하고 있다. 그러나 이행청구의 절대적 효력은 모든 연대채무자의 채무가 이미 이행기에 도달하고 있음을 전제로 하는 것이므로 연대채무가 각각 그 이행기를 달리하는 경우에는 아직 이행기에 있지 않은 채무자에 대서는 효력이 생기지 않는다.

(다) 更 改 어느 연대채무자와 채권자와의 사이에 경개(제500조)가 있는 때에는 채권은 모든 채무자의 이익을 위하여 소멸한다(제417조). 예를 들어 금전소비대차계약에 의한 3천만원의 금전채무에 대하여 A · B · C가 연대채무를 지기로 했는데, A가 채권자와의 계약으로 종전의 채무를 소멸시키고 새로이 다른 채무를 성립시키는 경우, 이를테면 금전의 반환 대신에 건물소유권을 이전해 주기로 한 경우에는 종전의 연대채무관계는 전부 소멸하고 A와 채권자 사이에 경개계약에 따른 새로운 채무만이 문제된다. 다만 경개계약으로 인한 A의 출재로 인하여 B와 C는 자신들의 채무를 면하게 된 것이므로 A는 B와 C에 대하여 이들의 부담부분에 따라 구상권을 행사할 수 있다.

(라) 相 計 연대채무자의 1인이 채권자에 대하여 채권을 가지는 경우에 그 채무자가 상계한 때에는 채권은 모든 연대채무자의 이익을 위하여 소멸한다(제418조 제1항). 예를 들어 A · B · C가 D에게 9만원의 연대채무를 부담하고, A가 D에 대하여 6만원의 반대채권을 가지고 있는 경우에, A가 이 6만원의 채권으로 상계하면 B와 C도 6만원의 채무를 벗어나게 되어, A · B · C는 3만원의 연대채무를 부담하는 것이 된다. 채권자에 대하여 반대채권을 가지고 있는 어느 연대채무자가 상계하지 않는 때에는 그 채무자의 부담부분에 한하여 다른 연대채무자가 상계할 수 있다(제418조 제2항).

[판 례]

민법 제418조 제2항을 적용하기 위하여는 채권자에 대하여 채권을 가지고 있는 연대채무자가 이를 가지고 자신의 채권자에 대한 채무와 상계할 수 있음이 전제가 되어야 하고, 또 위 조항에 의하여 다른 연대채무자가 상계권을 행사하는 경우에도 그 상계의 수동채권은 여전히 원래의 상계권자인 연대채무자의 채무이며(다만 위 채무가 소멸하면 그 효과로서 상계권을 행사하는 다른 연대채무자의 채무도 같이 소멸하는 것일 뿐이다) 실제로 상계권을 행사하는 연대채무자의 채권자에 대한 채무가 직접 상계의 수동채권이 되는 것은 아니다(대판 1994. 5. 27, 93다21521).

(마) 債權者遲滯 어느 연대채무자에 대한 채권자의 지체는 다른 연대채무자에게도 효력이 있다(제422조). 연대채무자의 1인이 변제를 제공하고, 이를 채권자가 수령하여 변제가 되면 모든 채무자가 채무를 면하는 것으로 된다. 따라서 연대채무자의 1인에 의하여 행하여지는 변제를 채권자가 수령하지 않는 효과도 모든 채무자에 관하여 생긴다고 하는 것이 타당하다.

(바) 契約의 解除·解止 계약의 해제·해지는 그 불가분의 원칙으로 인하여 전원으로부터 전원에 대하여 행사하여야 되고, 그 중 1인에 관하여 계약관계가 소멸하면 다른 자에 관해서도 소멸한다(제547조 제2항). 따라서 계약의 해제·해지는 연대채무에 있어서 절대적 효력이 있는 것과 같은 결과가 된다. 그러나 이러한 결과는 해제·해지의 특성에 기인하는 것일 뿐, 연대채무의 특성에 의한 특별한 효력은 아니다.

2) 制限的 絶對事由(=부담부분형 절대적 효력 사유) 연대채무자 1인과 채권자 사이에서 생긴 사유의 효력이 당해 연대채무자의 부담부분의 범위 내에서만 다른 연대채무자와 채권자 사이에도 그 효력이 미치는 경우이다.

(가) 免 除 연대채무자의 1인에 대하여 한 채무의 면제는 그 채무자의 부담부분에 한하여 다른 채무자도 채무를 면한다(제419조). 예를 들어 A·B·C가 균등한 부담부분으로 D에 대하여 90만원의 연대채무를 부담하는 경우에 채권자 D가 A에 대하여 그 채무를 면제하면 A는 면책되고, 동시에 B·C도 A의 부담부분 30만원에 대하여 채무를 면한다. 그 후 B·C는 60만원에 관하여 연대채무를 부담한다. 면제에 절대적 효력을 인정하는 근거는 당사자 사이의 구상에 관한 법률관계를 간편하게 결제하려는 데 있다. 만약 이를 상대적 효력밖에 없다고 하면 B·C는 여전히 90만원 전액을 부담하게 되고 B가 채무를 변제하면 A·C에게 30만원씩을 구상할 수 있다. 그런데 면제된 A는 다시 채권자 D에게 구상당한 30만원을 부당이득으로 반환청구하여야 되는 번거로움이 따르게 된다. 그러나 이러한 민법 제419조는 임의규정이라고 할 것이므로 채권자의 의사표시 등으로 위 규정의 적용을 배제하여 어느 한 연대채무자에 대하여서만 채무면제를 하는 것도 가능하다(대판 1992. 9. 25, 91다37553). 한편, 연대채무의 면제는 면제받은 채무자에 대해서는 채무의 전부가 면제되는 데 반하여 연대의 면제는 연대관계를 해체하여 다른 채무자와 연대하여 채무 전부를 이행하는 의무를 면하여 주되 채무액을 그의 부담부분의 범위로 제한하는 점에서 서로 다르다.

(나) 混 同 어느 연대채무자와 채권자와의 사이에 혼동이 있는 때에는 그 채무자의 부담부분에 한하여 다른 채무자도 의무를 면한다(제420조). 예를 들어 A·B·

C가 D에 대하여 300만원의 연대채무를 균등한 비율로 부담하고 있는데, A가 D의 채권을 양수하거나 또는 D를 상속하는 경우 B · C는 채무 전액을 벗어나는 것이 아니라, 다만 A의 부담부분인 100만원의 한도에서 채무를 벗어날 뿐이고, B · C는 여전히 D에 대하여 나머지 200만원의 연대채무를 부담한다. 만약 혼동에 상대적 효력밖에 인정하지 않는다면 위에서 B · C는 채권자로서의 D에게 300만원 전액을 변제한 후 공동채무자로서의 A에게 100만원을 구상하게 될 것이지만, 이는 無用의 번거로운 절차를 반복하는 것으로 될 뿐이다.

(다) 時效의 完成 어느 연대채무자에 대하여 소멸시효가 완성한 때에는 그 부담부분에 한하여 다른 채무자도 의무를 면한다(제421조). 예를 들어 A · B · C가 300만원의 연대채무를 부담하고 있었는데, A를 위하여 소멸시효가 완성된 때에는 B · C도 A의 부담부분 100만원의 한도에서 채무를 벗어나서 B · C의 채무는 200만원이 된다. 연대채무는 그 모습을 달리할 수 있고, 이행청구 이외의 중단사유는 상대적 효력이 있을 뿐이므로 연대채무자의 1인에 관하여 시효가 완성될 수 있다.

(3) 相對的 效力이 있는 事由

이상의 절대적 효력 사유 이외의 것은 모두 상대적 효력에 있을 뿐이며, 연대채무자의 1인에 대하여 생긴 사항은 다른 채무자에게 효력이 생기지 않는다(제423조).

1) 請求 이외의 時效의 中斷 · 停止事由 (i) 이행청구 이외의 시효중단사유(예: 압류 · 가압류 · 가처분 · 승인(제168조 제2 · 3항))에는 모두 상대적 효력만 생긴다. 따라서 연대채무자 중 1인이 채무를 승인하면 그 시효중단의 효력은 다른 연대채무자에게 미치지 않는다. 또한 소멸시효정지사유(제179조 내지 제182조)의 효력도 역시 다른 채무자에게 미치지 아니한다. (ii) 채무자의 1인과 채권자 사이의 시효단축의 약정 및 시효이익의 포기도 상대적 효력만 가진다. 따라서 연대채무자 중 1인에 대한 채무의 소멸시효가 완성된 후에 당해 연대채무자가 시효이익을 포기한 경우, 소멸시효의 완성은 절대적 효력을 미치고 시효이익의 포기는 상대적 효력을 미치므로 다른 연대채무자는 소멸시효가 완성된 부분의 채무소멸을 주장할 수 있다.

[판 례]

[1] 채권자의 신청에 의한 경매개시결정에 따라 연대채무자 1인의 소유 부동산이 압류된 경우, 이로써 위 채무자에 대한 채권의 소멸시효는 중단되지만, 압류에 의한 시효중단의 효력은 다른 연대채무자에게 미치지 아니하므로, 경매개시결정에 의한 시효중단의

효력을 다른 연대채무자에 대하여 주장할 수 없다.

[2] 채권자가 연대채무자 1인의 소유 부동산에 대하여 경매신청을 한 경우, 이는 최고로서의 효력을 가지고 있고, 연대채무자에 대한 이행청구는 다른 연대채무자에게도 효력이 있으므로, 채권자가 6월 내에 다른 연대채무자를 상대로 재판상 청구를 하였다면 그 다른 연대채무자에 대한 채권의 소멸시효가 중단되지만, 이로 인하여 중단된 시효는 위 경매절차가 종료된 때가 아니라 재판이 확정된 때로부터 새로 진행된다(대판 2001. 8. 21, 2001다22840).

2) 債務者의 過失 · 債務不履行 연대채무자의 1인에게 과실이 있거나 책임 있는 사유로 이행지체 · 이행불능 또는 불완전이행이 생기더라도 다른 채무자에게는 전혀 영향이 없다. 따라서 연대채무 중 어느 1인은 이행지체에 의한 손해배상의무를 부담하고 다른 자는 부담하지 않는 경우가 생길 수 있다. 다만 청구에 의한 이행지체는 예외이다.

3) 確定判決 채권자가 연대채무자의 1인에 대하여 승소판결이나, 또는 패소판결을 얻어도 다른 채무자에게는 기판력이 미치지 않는다.

4) 債權讓渡 연대채무자 1인에 대한 채권을 분리하여 양도할 수 있고, 그 효과는 다른 채무자에게 미치지 않는다. 연대채무자 전원에 대한 채권을 양도하고 그 중 일부채무자에게만 통지한 경우에도 역시 상대적 효력밖에 없다.

5) 기타의 事項 채무자의 의사가 문제되는 경우에 그 의사의 존부 · 내용 · 효력도 역시 상대적 효력밖에 없다. 예를 들어 이해관계 없는 제3자의 변제가 일부채무자의 의사에는 반하지 않지만 다른 채무자의 의사에 반하는 경우에는 그 변제는 의사에 반하지 않는 채무자에 대한 관계에서만 유효하게 되고(제469조 제2항), 의사에 반하는 연대채무자에 대해서는 무효로 될 것이다. 다만 민법 제423조는 임의규정이므로 특약으로 상대적 효력사항에 절대적 효력을 부여할 수 있다.

6) 제3자에 의한 변제의 상대적 효력 유무 어느 연대채무자를 위하여 제3자가 변제한 경우에, 그 변제는 다른 연대채무자에게도 효력이 미치는지가 문제된다. 이에 관하여 학설은 (i) 그 변제는 다른 연대채무자에게는 효력이 미치지 않는다는 견해(김형배 519면), (ii) 제3자에 의한 변제는 변제로서의 효력이 있고, 변제는 절대적 효력을 가지므로 제3자에 의한 변제도 절대적 효력을 가진다는 견해(김상용 290면)가 대립한다. 생각건대 연대채무자에 의한 변제이든 제3자에 의한 변제이든, 그 효력은 동일한 것이므로 제3자에 의한 변제도 절대적 효력을 가진다고 할 것이다.

3. 對內的 效力(求償關係)

(1) 求償權

1) 槪 念 연대채무자의 1인이 변제 기타 자기의 출재로 총연대채무자를 면책케 한 때에는 다른 연대채무자의 부담부분에 대하여 구상권을 행사할 수 있다(제425조). 본래 각 연대채무자는 채권자에 대하여 전부를 변제할 의무를 부담한다. 따라서 어느 연대채무자가 채권자에 대하여 전부의 변제를 하였다면, 그것은 자기의 채무를 변제한 것에 지나지 않는다. 그러나 연대채무자 상호간에는 부담부분이 있으며, 어느 연대채무자가 그의 부담부분을 넘어서 변제하는 것은 실질적으로 타인의 채무를 변제하는 것이 된다. 따라서 자기의 출재로 공동면책을 시킨 연대채무자는 다른 연대채무자에게 각자의 부담부분에 대하여 상환을 청구할 수 있으며, 이러한 권리를 구상권이라고 한다.

2) 求償權의 根據 연대채무자의 구상권의 근거에 관하여 (i) 주관적 공동관계설은 연대채무자 사이에는 출재를 분담하려는 「주관적 공동관계」가 있기 때문에 구상권이 발생한다고 하며(김기선 218면; 김상용 291면; 김증한/김학동 234면; 오시영 455면), (ii) 상호보증관계설은 연대채무자 각자의 부담부분을 제외한 부분은 담보의무이고 부담부분은 각자의 고유의무이며 연대채무자 상호간에는 타인의 고유의무에 대하여 상호보증관계에 있고 구상권은 이러한 연대채무의 성질로부터 인정된다고 한다(김용한 317면; 장경학 355면; 김형배 470면; 이은영 531면; 송덕수 190면). 즉 출재를 한 연대채무자는 이러한 연대채무의 이중구조에서 보증인과 유사한 지위에서 타인의 고유채무를 이행하였으므로 그 타인에 대하여 구상권이 발생하는 것으로 보고 있다. 생각건대 비록 연대채무자 사이의 주관적 공동관계가 어떠한 법적 효력을 가지는지는 입법정책 또는 각 채무자들의 연대의사의 구체적 내용에 따라 다를 수 있어 그 내용이 명확하지는 않을지라도, 그것은 연대채무의 본질적인 내용을 이룬다고 할 것이므로, (i)설이 비교적 무난하다고 본다.

(2) 連帶債務者 사이의 負擔部分

연대채무자가 내부관계에서 출재를 분담하는 비율이 부담부분이다. 구상관계는 이 부담부분을 전제로 한다. 부담부분의 비율은 우선 연대채무자 사이의 특약으로 결정할 수 있다. 따라서 채무자 1인의 부담부분이 채무 전액이고 다른 채무자의 부담부분은 0인 경우도 있을 수 있다. 그러한 특약이 없는 때에는 연대채무자의 부담부분은 균등한 것으로 추정한다(제424조). 한편 각 연대채무자가 채권자로부터 받는 이익

(반대급부 등)의 비율이 서로 다른 때에는 부담부분도 그 비율에 따라 결정되어야 한다. 따라서 부담부분을 균등한 것으로 추정하는 제424조는 특약이 없거나 수익부분이 불분명할 때에 비로소 적용된다고 할 것이다. 부담부분은 구상액을 정하는 기초가 될 뿐 아니라 절대적 효력의 발생범위를 정하는 기준이 되므로 예를 들어 연대채무자 중의 1인의 채무가 시효로 소멸되는 경우에는 부담부분이 균등한 것으로 믿고 있던 채권자는 불측의 손해를 입을 수 있다. 따라서 수익의 비율이나 특약 등으로 부담부분이 균등하지 않은 때에는 연대채무자는 채권자가 이를 알았거나 알 수 있었을 경우에 한하여 채권자에 대하여 부담부분의 불균등을 주장할 수 있다. 연대채무에 있어서의 부담부분은 변경할 수 있다는 데 학설은 일치한다. 이 경우에 부담부분의 변경을 가지고 채권자에 대항할 수 있는지가 문제된다. 이에 관하여 학설은 (i) 채권양도를 유추하여 변경사실을 채권자에게 통지하거나 또는 승낙을 얻어야 한다는 견해(곽윤직 176면; 김증한/김학동 235면; 김상용 292면; 이은영 529면)와 (ii) 부담부분의 변경이 채무인수와 유사하므로 채무인수를 유추하여 채권자의 승낙이 있어야 한다는 견해(김용한 320면; 김형배 472면; 송덕수 190면; 지원림 1140면)로 나뉘어 있다. 생각건대 부담부분의 변경은 채무인수와 유사하므로 채무인수에 관한 규정(제451조 제1항)을 유추적용한다는 (ii)설이 타당하다고 할 것이다.

(3) 求償權의 成立要件

1) 共同免責 연대채무자의 1인이 모든 채무자를 위하여 채무를 소멸·감소케 하는 것, 즉 공동면책이 있어야 한다. 따라서 일정한 경우에 보증인의 사전구상권(제442조)을 인정하는 보증채무의 경우와는 달리 연대채무자에는 공동면책이 있기 전에는 미리 구상하지 못한다.

2) 自己의 出財 구상권자는 자기의 출재로 채권자에게 만족을 주었어야 한다. 채무자가 그의 재산을 적극적으로 지출하는 것이 보통이지만 소극적으로 새로운 채무를 부담하는 것도 出財가 된다. 따라서 변제·대물변제·공탁·상계·경개 및 변제로 볼 수 있는 혼동의 경우에는 구상권이 발생한다. 그러나 면제·소멸시효의 완성은 부담부분의 범위에서는 절대적 효력이 생기지만, 출재가 없으므로 구상권이 발생하지 않는다.

3) 負擔部分과의 관계

채무자가 구상권을 행사하기 위해서는 반드시 자기의 부담부분을 초과하는 출연으로 공동면책을 얻어야 하는가에 대하여 견해가 대립한다.

(가) 學 說

(a) 積極說(초과출재 요건설) 자기의 부담부분을 초과하여 출재한 경우, 그 초과부분에 관하여 구상권이 생긴다는 견해이다(김상용 293면), 민법은 공동보증에 관하여 부담부분을 넘을 것을 요구하고 있다는 점(제448조), 구상관계를 간략하게 한다는 점 등을 그 이유로 들고 있다.

(b) 消極說(초과출재 불요설) 부담부분 각 채무자가 부담할 초과액이 아니라, 채무자 상호간의 비율, 즉 전채무에 대한 분수적 비율로 보아 어떤 경우의 출재이든 구상권을 인정하는 견해이다(곽윤직 177면; 김형배 473면; 송덕수 191면).

(c) 折衷說 채무가 확정액인 경우에는 초과출재요건설이 타당하지만, 채무가 확정액이 아닌 경우(공동불법행위 등으로 인한 부진정연대채무)에는 초과출재불요설이 타당하다는 견해이다(이은영 534면).

(나) 判 例 판례는 수인의 연대보증인이 공동보증을 한 때(즉 수인의 보증연대인들이 공동보증한 경우)에는 부담부분 이상의 면책이 있어야 구상권이 발생한다고 한다(대판 1993. 5. 27, 93다4656).

(다) 檢討 및 私見 예를 들어 A · B · C가 균등한 비율로 부담하고 있는 900만원의 연대채무 중 A가 600만원을 일부변제한 경우 적극설에 의하면 A는 자기의 부담부분 300만원을 넘은 300만원에 대하여 B와 C에게 각각 150만원씩을 구상할 수 있다. 그러나 소극설에 의하면 A는 B와 C에 대하여 각각 200만원을 구상할 수 있다(600만원 × 1/3). 생각건대 부담부분을 고유의무라고 해석하는 데 모순되지 않고, 연대채무자 사이의 공평을 기할 수 있다는 점에서 소극설이 타당하다고 본다. 적극설에 의하면 위의 예에서 A가 300만원을 변제하였다면 A에게는 구상권이 없어 나머지 600만원에 대해서는 부담부분이 없는 연대채무를 지게 되어 불공평하기 때문이다.

(4) 求償權의 範圍

1) 出財額 구상권의 성립이 자기의 부담부분을 초과하는 공동면책을 요구하는 적극설에 의하면 자기의 부담부분을 넘는 출재액만 구상할 수 있게 되지만, 소극설에 의하면 출재액이 구상의 기준이 된다. 그러나 출재액이 공동면책액을 넘는 경우에도 그 이상으로 구상할 수 없으며, 반대로 출재액이 공동면책액보다 적은 경우에는 출재액 이상으로 구상할 수 없다. 예를 들어 A · B가 C에 대하여 100만원의 연대채무를 부담하는 경우에 B가 비록 200만원 상당의 물건으로 대물변제를 하여도 구상액은 100만원에 지나지 않고, B가 50만원상당의 물건으로 대물변제를 하여도 50만원만 구상할 수 있을 뿐이다.

[판 례]

어느 연대채무자가 변제를 하여 다른 연대채무자들이 공동면책된 경우에 변제자가 피해금액을 초과한 비용을 더 지출하였다 하더라도 다른 연대채무자들은 피해자가 입은 피해액을 기준으로 각자 공동면책을 받은 범위 내에서만 각 책임비율에 따른 구상책임을 부담한다(대판 1978. 11. 14, 78다1423).

2) 法定利子 · 必要費 · 기타의 損害 위의 구상액에는 면책된 날 이후의 법정이자, 변제 기타 공동면책을 위하여 피할 수 없었던 비용(예: 운반비 · 포장비), 기타 채권자의 訴求 · 강제집행으로 인한 소송집행의 비용, 변제를 위하여 자기 재산의 환가 또는 담보설정비용 등도 가산된다.

(5) 求償權의 制限

연대채무자가 공동면책을 얻기 위하여 출재를 함에 있어서는, 다른 채무자에 대하여 사전 및 사후에 그 통지를 하여야 한다. 면책행위는 다른 채무자에게도 영향을 주기 때문이다. 즉 통지사실을 모르는 다른 채무자는 채권자에 대하여 가지는 항변권 등을 행사할 기회를 잃거나 이중으로 출연할 가능성이 있고 또한 간편하게 변제할 수 있는 기회를 잃게 될 수도 있기 때문이다. 이 통지는 구상권의 발생요건도 아니고, 그 소멸원인도 아니지만 통지를 게을리 하면 다음과 같이 구상권의 제한을 받게 된다.

1) 事前通知를 懈怠한 경우 어느 연대채무자가 채권자로부터 청구를 받고 사전에 다른 연대채무자에게 통지하지 않고 변제 기타 자기의 출재로 공동면책을 한 경우에 다른 연대채무자가 채권자에게 대항할 수 있는 사유(예: 동시이행의 항변 · 변제기의 미도래 · 원인행위의 무효 또는 취소 등)를 가지고 있었을 때에는, 그 다른 채무자는 자기의 부담부분에 한하여, 그 사유를 가지고 면책행위를 한 채무자에게 대항할 수 있다(제426조 제1항 전단). 이는 다른 연대채무자가 모르는 사이에 일방적으로 항변권을 상실하게 되는 것을 방지하기 위한 것이다. 그 대항사유가 상계인 때에는 상계로 소멸할 채권은 면책행위를 한 채무자에게 이전한다(제426조 제1항 후단). 예를 들어 A · B · C가 균등한 부담부분으로 D에 대하여 90만원의 연대채무를 부담하는 경우에 A가 B · C에게 사전의 통지를 하지 않고서 변제를 하였는데 B가 채권자 D에 대하여 상계적상에 있는 40만원의 반대채권을 가지고 있는 때에는 B는 자기의 부담부분인 30만원까지 D에 대한 채권으로서 A의 구상권과 상계할 수 있다. 그리고 B가 이와 같이 상계한 때에는 B의 D에 대한 채권은 그 범위

에서 A에게 이전된다. 즉 A는 B에게 30만원을 구상할 수 없고 채권자 D에 대하여 30만원을 부당이득으로 반환청구하여야 한다. 또한 채권자에 대한 항변권은 총채무자에게 속해야 할 필요는 없으며, 각 채무자가 채권자에게 가지는 대항권이라도 무방하다. 다만 절대적 소멸사유 중 변제와 경개는 그 한도에서 채무가 이미 소멸하여 그 후에 어느 채무자가 변제를 하더라도 구상권 자체가 발생하지 않으므로, 또한 면제나 소멸시효의 완성은 出財가 없어서 구상권이 생기지 않으므로 본조는 적용될 수 없다.

2) 事後通知를 하지 않은 경우 연대채무자의 1인이 변제 기타 자기의 출재로 공동면책이 되었음을 다른 연대채무자들에게 통지하는 것을 게을리 함으로써 다른 연대채무자가 선의로 채권자에게 변제 기타 유상의 면책행위를 한 때에는 그 채무자는 자기의 면책행위의 유효를 주장할 수 있다(제426조 제2항). 따라서 면제(제419조) 또는 시효완성(제421조)으로 그 부담부분에 한하여 공동면책이 된 경우에는 그 면책이 출재행위로 인한 것이 아니므로 사후통지를 할 필요가 없다. 그리고 제2면책행위자가 악의인 경우, 즉 공동면책이 있음을 안 경우에는 자기의 면책행위를 주장할 수 없다. 제426조 제2항의 요건이 갖추어진 경우에 선의의 제2의 출재채무자의 면책행위는 과실 있는 제1의 출재채무자의 사이에서만 유효하고 할 것이다(다수설. 곽윤직 179면; 장경학 361면; 김용한 324면; 김증한/김학동 238면; 송덕수 195면; 김상용 295면은 절대적 효과설을 주장한다). 이 제도는 구상관계를 공평하게 처리하려는 데 그 목적이 있으므로 선의의 제2변제자를 보호하기 위해서는 상대적 효력을 인정하는 것만으로 충분하기 때문이다. 따라서 다른 연대채무자(C)에 대해서는 제1의 출재채무자(A)의 면책행위만이 유효하다. 이 다수설에 따르면 제1의 출재채무자(A)가 구상하는 때에는 제2의 출재채무자(B)는 이를 거부하고, 오히려 반대로 B가 A에게 구상할 수 있다. 그 밖에 다른 채무자(C)에 대해서는 A가 구상권을 가지나, 다만 B는 A가 C에 대해 가지는 구상권 또는 구상액을 부당이득으로서 반환을 청구할 수 있을 뿐이다. 그리고 A의 변제 기타 유상의 면책행위만이 채권자 및 B 이외의 다른 연대채무자에게 있어서 유효하므로 B는 채권자에 대해서 자기의 출재를 부당이득으로서 반환청구할 수 있으나 A로부터 구상 또는 반환받은 한도에서 그 반환청구권은 당연히 A에게 이전하는 것으로 된다. 제426조 제2항의 규정은 제2의 변제행위가 당연히 유효로 된다는 것이 아니라 제2변제자의 주장이 있는 경우에 비로소 그 변제가 유효한 것으로 된다는 것일 뿐이므로 제2변제자도 본조의 적용이 불리할 때는 그 적용을 배제하고 제1변제를 유효한 것으로 할 수 있다.

3) 事後通知 없는 동안에 事前通知 없이 한 免責行爲 연대채무자 중 1인이 면책행위를 하고 사후통지를 하지 않는 동안에 다른 채무자가 사전통지를 하지 않고 다시 면책행위를 한 경우에 관하여는 민법에 명문의 규정이 없다. 그러나 사전통지 또는 사후통지 중 어느 하나를 게을리 한 경우에 관한 규정인 제426조는 쌍방 모두가 게을리 한 경우에 적용될 수 없으므로 일반적인 원칙에 따라 제1의 출재행위만이 유효하다고 할 것이다(통설).

(6) 求償權의 擴張(상환무능력자가 있는 경우의 구상권자의 보호)

1) 無資力者의 負擔部分의 分擔 연대채무자 중 상환할 자력이 없는 자가 있는 때에는, 그 무자력자의 부담부분은 구상권자 및 다른 자력 있는 채무자가 각자의 부담부분에 비례하여 분담한다(제427조 제1항 본문). 예를 들어 A가 90만원을 변제하고 B와 C에 대하여 각각 30만원씩 구상하려고 하였는데, C가 무자력인 때에는 C의 부담부분 30만원은 A와 B가 각자의 부담부분에 비례하여 15만원씩 부담한다. 그러나 구상권자에게 과실이 있는 때, 예를 들어 구상권자가 구상시기를 놓쳤기 때문에 피구상자가 무자력으로 된 경우에는 다른 채무자에 대하여 분담을 청구하지 못한다(제427조 제1항 단서).

2) 連帶의 免除와 無資力者의 負擔部分 연대채무자 중의 1인이 채권자로부터 연대의 면제를 받은 경우에는 다른 채무자 가운데 무자력자가 있으면, 그 무자력자가 변제할 수 없는 부분에 관하여 연대의 면제를 받은 자가 분담할 부분은 채권자의 부담으로 한다(제427조 제2항). 연대의 면제란 채권자가 연대채무자의 전원에 대하여 가지는 전부급부의 청구권을 포기하고 채무자의 채무액을 그의 부담부분에 해당하는 액으로 제한하는 일방적 의사표시를 말한다. 일종의 채무면제이므로 채권자의 단독행위로 할 수 있다(제506조 참조). 채권자가 연대채무자 중의 1인 또는 수인에 대하여 연대의 면제를 한 경우에는 면제를 받은 채무자만이 그의 부담부분만을 목적으로 하는 분할채무를 부담하는 것이 되고 다른 채무자의 연대채무에는 영향을 미치지 않는다(상대적 연대면제). 예를 들어 A · B · C 3인이 D에 대하여 60만원의 연대채무를 부담하는데 D가 B에 대하여 연대의 면제를 하면 A · C의 채무에는 아무런 영향이 없고 B의 채무만 20만원이 된다. 이 경우에도 D는 A · C에 대하여는 60만원을 청구할 수 있으므로 A가 전액을 변제하면 B에 대하여 20만원을 구상할 수 있음은 물론이다. 그러나 이 경우 C가 무자력자일 때에는 제427조 제2항에 의하여 B가 새로이 부담하여야 할 10만원은 채권자 D가 부담하여야 한다. 그런데 D가 B에 대하여 연대의 면제

를 한 것은 단지 그 부담부분인 20만원 이상을 청구하지 않겠다는 의사표시를 한 것일 뿐이고 상환무자력자가 있는 경우에 반드시 그의 분담부분까지도 부담하려는 의사가 있다고 할 수는 없다. 따라서 제427조 제2항은 당사자의 의사에 적합하지 않은 규정이라고 비난을 받을 수 있고 법률상으로도 문제의 여지가 있는 것으로 보인다.

(7) 求償權者의 法定代位權

연대채무자는 변제를 위한 출연을 공동으로 부담해야 할 내부관계에 서 있기 때문에 다른 채무자가 부담해야 할 부분에 대해서는 이를 타인의 채무로 볼 수 있다. 따라서 연대채무자는 타인의 채무를 「변제할 정당한 이익이 있는 자」이므로 변제에 의하여 당연히 채권자를 대위한다(제481조·제482조). 즉 채권자의 담보권, 연대채무자에 대한 채무명의 등은 구상권을 취득한 채무자가 승계받게 된다. 그러나 대위할 수 있는 범위는 각 채무자에 대한 구상권의 범위에 제한된다.

V. 不眞正連帶債務

사 례

자동차 보관업자 A는 D가 맡긴 자동차를 도로변에 방치하였던바 화물트럭 운전수 B는 회사 C의 업무로 인한 운행 중 그의 부주의로 D의 자동차를 충돌하여 파손하였다. 이 경우 자동차 소유자 D에 대한 A·B·C의 손해배상책임 및 A·B·C 사이의 내부부담관계는?

[중요논점]

Ⅰ. D에 대한 A의 채무불이행책임
Ⅱ. D에 대한 B의 불법행위책임
Ⅲ. D에 대한 C의 사용자책임
Ⅳ. D에 대한 A·B·C의 법률관계
Ⅴ. A·B·C의 내부적 부담부분과 구상관계

1. 意 義

부진정연대채무란 수인의 채무자가 동일한 내용의 급부에 관하여 각각 독립하여 전부를 급부할 의무를 부담하는 채무이다. 수인의 채무자가 동일한 내용의 급부에 관하여 각자 독립하여 전부의 급부의무를 부담하고(전부급부 의무), 그 가운데의 1인이 급부를 하면 모든 채무자의 채무가 소멸되는(급부의 一倍額性) 다수당사자의 채권관계인 점에서는 연대채무와 같다. 그러나 부진정연대채무는 채무자 사이의 공동목적에 의한 주관적 공동관계가 없어 1인에 대하여 생긴 사유 중에도 목적도달사유(변제 · 대물변제 · 공탁) 이외는 다른 채무자에게 영향을 미치지 아니하고 채무자 사이에 구상관계도 「당연히」 생기지 않는 법정의 연대채무에 속하지 아니하는 채무관계이다. 따라서 부진정연대채무에서 채권자의 지위는 연대채무에서의 그것보다 더 강하다고 할 것이다.

[판 례]

부진정연대채무 관계는 서로 별개의 원인으로 발생한 독립된 채무라 하더라도 동일한 경제적 목적을 가지고 있고 서로 중첩되는 부분에 관하여 일방의 채무가 변제 등으로 소멸할 경우 타방의 채무도 소멸하는 관계에 있으면 성립할 수 있고, 반드시 양 채무의 발생원인, 채무의 액수 등이 서로 동일할 것을 요한다고 할 수는 없다. 그리고 부진정연대채무의 관계에 있는 채무자들을 공동피고로 하여 이행의 소가 제기된 경우 그 공동피고에 대한 각 청구가 서로 법률상 양립할 수 없는 것이 아니므로 그 소송을 민사소송법 제70조 제1항 소정의 예비적 · 선택적 공동소송이라고 할 수 없다(대판 2009. 3. 26, 2006다47677).

2. 連帶債務와의 區別

(1) 區別의 實益

우리 민법과 같이 공동연대형의 연대채무 하에서는 절대적 효력을 일으키는 사유가 많아 채권의 담보력이 약화되어 있기 때문에 채권의 담보력을 강화하기 위하여 부진정연대채무의 관념을 인정할 실익이 크다.

(2) 兩者의 比較

1) 類似點 수인의 채무자가 동일한 내용의 급부에 관하여 전부를 이행할 의무를 부담하며, 1인의 급부로 전채무자가 공동면책되는 점과 각 채무자가 부담하는 급부의 객관적 가치가 같다는 점이 유사하다.

2) 差異點 (i) 부진정연대채무는 채무자 1인에 관하여 생긴 사유가 다른 채무자에게 미치는 영향의 범위가 연대채무보다 좁다(대외적 독립성). (ii) 채무자 상호간에 공동목적에 협력할 의무가 없어 부담부분이 없으므로 구상권이 당연히는 인정되지 않는다(대내적 무관성). (iii) 부진정연대채무는 통상 불법행위에 의하여 발생하므로 법률행위

의 무효 · 취소에 관한 제415조는 적용되지 않는다. 그러나 계약당사자의 특약에 의하여 부진정연대채무를 발생시킨 경우에는 제415조가 적용된다.

3. 不眞正連帶債務의 發生原因

(1) 契約責任과 不法行爲責任이 競合하는 경우

판례는 채무자가 부담하는 채무불이행으로 인한 손해배상채무와 제3자가 부담하는 불법행위로 인한 손해배상채무의 원인이 동일한 사실관계에 기한 경우에는 하나의 동일한 급부에 관하여 수인의 채무자가 각각 독립해서 그 전부를 급부하여야 할 의무를 부담하는 경우로서 부진정연대채무관계에 있다고 한다(대판 2006. 9. 8, 2004다55230; 대판 2010. 2. 25, 2009다87621). 예를 들어 (i) 타인의 가옥을 멸실케 한 자의 불법행위에 기한 손해배상의무(제750조)와 화재보험회사의 계약상의 전보의무(제390조), (ii) 임치물을 부주의로 도난당한 수치인의 반환채무불이행에 기한 배상의무(제390조)와 절취자의 불법행위에 기한 손해배상의무(제750조)(대판 2006. 1. 27, 2005다19378), (iii) 피용자가 사망한 사고에서 공사수급인의 건물점유자로서의 공작물책임(제758조)과 사용자의 보호의무 위반에 의한 피용자에 대한 채무불이행책임(제390조)(대판 1999. 2. 23, 97다12082) 등에서 부진정연대채무가 발생한다.

(2) 契約責任과 特別法上의 責任이 競合하는 경우

수급인이 도급인에게 건물신축공사 전체에 대하여 시공상 잘못으로 말미암아 발생한 하자의 보수에 갈음하는 손해배상채무를 부담하는 경우, 이는 공사도급계약에 따른 계약책임이며, 하수급인은 구 건설업법(1996. 12. 30. 법률 제5230호 건설산업기본법으로 전부 개정되기 전의 것) 제25조 제1항 및 건설산업기본법 제32조 제1항에 따라 하도급받은 공사에 대하여 도급인에게 수급인과 동일한 채무를 부담하는데, 이는 법률에 의하여 특별히 인정되는 책임이므로, 양 채무는 서로 중첩되는 부분에 관하여 부진정연대채무 관계에 있다(대판 2010. 5. 27, 2009다85861).

(3) 團體法上의 債務

단체법상의 채무인 (i) 법인의 불법행위책임과 이사 기타 대표기관 개인의 책임(제35조), (ii) 법인격 없는 사단의 책임과 대표기관 개인의 책임 등에서도 각각 부진정연대채무가 발생한다.

(4) 不法行爲責任과 法定賠償責任이 併存하는 경우

불법행위책임과 법정책임이 병존하게 되는 (i) 피용자의 가해행위에 대한 피용자의 손해배상의무(제750조)와 사용자 또는 감독자의 손해배상의무(제756조 제1항; 대판 1975. 12. 23, 75다1193;

(대판 2000. 3. 14, 99다67367), (ii) 책임무능력자의 가해행위에 대한 법정감독의무자의 배상의무와 대리감독자의 배상의무(제755조), (iii) 子의 불법행위에 대한 친권자로서의 부와 모의 배상의무(제909조), (iv) 동물의 가해행위에 대한 점유자와 보관자의 배상의무(제759조) 등에 있어서 각각 부진정연대채무가 발생한다.

(5) 契約에 수반하여 발생하는 경우

부진정연대채무는 계약상의 당사자의 의무 사이에서도 발생한다. 예를 들어 (i) 이행보조자가 고의 · 과실로 목적물을 훼손 · 멸실시킨 경우에 있어서 이행보조자의 손해배상의무(제750조)와 채무자의 손해배상의무(제390조; 제391조; 대판 1994. 11. 11, 94다22446). (ii) 원채무자의 의뢰가 없거나 또는 그 의사에 반하여 병존적 채무인수가 행하여진 경우에 원채무자의 채무와 인수인의 채무(대판 2009. 8. 20, 2009다3249), (iii) 전대차의 경우에 임차인과 전차인의 목적물의 반환의무(제630조) 등에 있어서도 각각 부진정연대채무가 발생한다.

(6) 共同不法行爲의 경우

공동불법행위자의 피해자에 대한 손해배상의무에 관하여 민법 제760조는 단순히 연대채무라고만 규정하고 있다. 이러한 공동불법행위자의 책임에 관하여는 연대채무설 · 부진정연대채무설 · 절충설 등이 대립하고 있는데, 통설(곽윤직 182면; 김상용 279면)과 판례(대판 1982. 4. 27, 80다2555; 대판 1999. 2. 26, 98다52459)는 이를 부진정연대채무로 보고 있다. 그러나 구상관계가 인정되어야 한다는 점은 다른 부진정연대채무의 경우에 비하여 특수하고, 연대채무의 경우와는 동일하다. 이는 연대채무에 비하여 채권의 효력이 강화되기 때문이다.

(7) 共同保證人 상호간의 求償權과 主債務者에 대한 求償權이 병존하는 경우

주채무자의 공동보증인 중 1인이 급부를 이행한 경우 다른 공동보증인에 대하여 가지는 구상권과 주채무자에 대하여 가지는 구상권이 병존하는데, 이때의 두 구상권은 부진정연대채무의 관계에 있게 된다.

(8) 상법상의 채무가 경합되는 경우

상법상의 채무가 경합되는 경우에도 부진정연대채무가 발생한다. 예를 들어 (i) 영업양수인이 양도인의 상호를 계속 사용하지 아니하는 경우에 양도인의 영업으로 인한 채무를 인수할 것을 광고하였다면 양수인도 변제할 책임이 있는데(상법 제44조), 이 경우 영업양수인의 상법 제44조의 채무와 영업양도인의 영업으로 인한 채무(대판 2009. 7. 9, 2009다23596), (ii) 회사분할의 당사회사가 상법 제530조의9 제1항에 의하여 각자 분할계약서나 분할합병계약서에 본래 부담하기로 정한 채무 이외의 채무에 대한 연대책임(대판 2010. 8. 26, 2009다95769), (iii) 상법 제24조에 의한 명의대여자와 명의차용자의 책임(대판 2011. 4. 14, 1010다91886) 등의 경우가 이에 해당한다.

[판 례]

(1) 부진정연대채무 관계는 서로 별개의 원인으로 발생한 독립된 채무라 하더라도 동일한 경제적 목적을 가지고 있고 서로 중첩되는 부분에 관하여 일방의 채무가 변제 등으로 소멸할 경우 타방의 채무도 소멸하는 관계에 있으면 성립할 수 있고, 반드시 양 채무의 발생원인, 채무의 액수 등이 서로 동일할 것을 요한다고 할 수는 없다. 그리고 부진정연대채무의 관계에 있는 채무자들을 공동피고로 하여 이행의 소가 제기된 경우 그 공동피고에 대한 각 청구가 서로 법률상 양립할 수 없는 것이 아니므로 그 소송을 민사소송법 제70조 제1항 소정의 예비적·선택적 공동소송이라고 할 수 없다(대판 2009. 3. 26, 2006다47677).

(2) 공동불법행위로 말미암아 공동불법행위자 중 1인이 손해의 방지와 경감을 위하여 비용을 지출한 경우에 위와 같은 손해방지비용은 자신의 보험자뿐만 아니라 다른 공동불법행위자의 보험자에 대하여도 손해방지비용에 해당한다고 보아야 할 것이므로, 공동불법행위자들과 사이에 각각 보험계약을 체결한 보험자들은 각자 그 피보험자 또는 보험계약자에 대한 관계에서뿐만 아니라, 그와 보험계약관계가 없는 다른 공동불법행위자에 대한 관계에서도 그들이 지출한 손해방지비용의 상환의무를 부담한다고 할 것이다. 또한, 이러한 관계에 있는 보험자들 상호간에는 손해방지비용의 상환의무에 대하여 공동불법행위에 기한 손해배상채무와 마찬가지로 부진정연대채무의 관계에 있다고 볼 수 있다(대판 2007. 3. 15, 2004다64272).

4. 效 力

(1) 對外的 效力

연대채무에 있어서와 같이 채권자는 채무자 중의 1인에 대하여 채무의 전부나 일부의 이행을 청구하거나 또는 모든 채무자에 대하여 동시나 순차로 채무의 전부나 일부의 이행을 청구할 수 있다(제414조). 한편 채무자 회생 및 파산에 관한 법률 제428조(구파산법 제19조)가 부진정연대채무에 적용되는지에 관하여 학설은 (i) 채무의 객관적 공동목적에 관계되는 사항이므로 부진정연대채무를 연대채무와 달리 볼 이유가 없다는 긍정설(김상용 301면; 송덕수 198면), (ii) 부진정연대채무에 있어서는 일부배당을 받은 후에 다른 채무자가 파산선고를 받은 경우에도 채권 전액으로 배당참가를 할 수 있다고 하는 부정설(김형배 484면)이 대립하고 있다. (i)설이 타당하다고 할 것이다. 채무자의 1인 또는 수인이 채무의 전부를 이행하면 다른 채무자의 채무도 소멸한다.

(2) 債務者 1人에 관하여 생긴 事由의 效力

부진정연대채무자 상호간에 있어서 채권의 목적을 달성시키는 변제와 같은 사유는 채무자 전원에 대하여 절대적 효력이 발생하지만 그 밖의 사유는 상대적 효력이 발생하는 데 그친다(대판 2006. 1. 27, 2005다19378). 즉 채권을 만족시키는 사유인 변제 · 대물변제 · 공탁은 절대적 효력이 생긴다. 그런데 상계에 관하여는 통설은 채권자의 이중이득방지를 위해 절대적 효력을 인정하고 있으나(곽윤직 183면; 김용한 333면; 김형배 536면; 이은영 522면; 송덕수 198면), 판례는 발생원인을 고려하여 개별적으로 판단하고 있다. 즉 상대적 효력을 인정한 판례(대판 1996. 12. 10, 95다24364; 대판 2008. 3. 27, 2005다75002)도 있었고, 절대적 효력을 인정한 판례(대판 1999. 11. 26, 99다34499)도 있었으나, 최근 판례(대판 2010. 3. 16, 2008다97218)에서는 절대적 효력이 있는 것으로 확정하였다. 생각건대 상계는 변제와 마찬가지로 채권을 만족시키는 사유로 볼 수 있으므로 절대적 효력이 있다고 할 것이다. 그리고 일부변제 · 일부배상이 연대채무에서처럼 절대적 효력을 가지는가에 관하여는 (i) 절대적 효력설(김상용 301면; 이은영 515면; 송덕수 199면)과 (ii) 상대적 효력설(곽윤직 183면; 김형배 484면)이 대립한다. 그리고 판례는 공동불법행위의 경우에 일부변제에 의한 공동면책을 인정한다(대판 1976. 7. 13, 74다746). 일부변제 등의 경우에도 그 범위에서는 채권의 공동목적이 달성되므로 절대적 효력을 가진다고 할 것이다. 위와 같은 채권을 만족시키는 사유 이외의 것은 모두 상대적 효력이 있을 뿐이다. 즉 연대채무의 절대적 효력발생의 사유에 관한 규정(제416조~제422조)은 적용되지 않는다. 따라서 피해자가 부진정연대채무자 가운데 1인에 대하여 손해배상에 관한 권리를 포기하거나(대판 1981. 6. 23, 80다1786), 채무를 면제하는 의사표시를 하더라도 다른 채무자에 대하여 그 효력이 미친다고 볼 수 없다(대판 1997. 12. 12, 96다50896; 대판 2006. 1. 27, 2005다19378). 또한 이행청구로 인한 시효중단(대판 1997. 9. 12, 95다42027), 소멸시효의 완성(대판 1997. 12. 27, 97다42830)은 다른 채무자에게 영향을 미치지 않는다.

[판 례]

(1) 부진정연대채무자 상호간에 있어서 채권의 목적을 달성시키는 변제와 같은 사유는 채무자 전원에 대하여 절대적 효력을 발생하지만 그 밖의 사유는 상대적 효력을 발생하는 데에 그치는 것이므로 피해자가 채무자 중의 1인에 대하여 손해배상에 관한 권리를 포기하거나 채무를 면제하는 의사표시를 하였다 하더라도 다른 채무자에 대하여 그 효력이 미친다고 볼 수는 없다 할 것이고, 이러한 법리는 채무자들 사이의 내부관계에 있어 1인이 피해자로부터 합의에 의하여 손해배상채무의 일부를 면제받고도 사후에 면제받은 채무액을 자신의 출재로 변제한 다른 채무자에 대하여 다시 그 부담 부분에 따라 구상의무를 부담하게 된다 하여 달리 볼 것은 아니다(대판 2006. 1. 27, 2005다19378).

(2) [1] 〔다수의견〕 당사자 쌍방이 가지고 있는 같은 종류의 급부를 목적으로 하는 채권을 서로 대등액에서 소멸시키기로 하는 상계계약이 이루어진 경우, 상계계약의 효과로서 각 채권은 당사자들이 그 계약에서 정한 금액만큼 소멸한다. 이러한 법리는 기업개선작업절차에서 채무자인 기업과 채권자인 금융기관 사이에 채무자가 채권자에게 주식을 발행하여 주고 채권자의 신주인수대금채무와 채무자의 기존 채무를 같은 금액만큼 소멸시키기로 하는 내용의 상계계약 방식에 의하여 이른바 출자전환을 하는 경우에도 마찬가지로 적용되며, 이와 달리 주식의 시가를 평가하여 그 시가 평가액만큼만 기존의 채무가 변제되고 나머지 금액은 면제된 것으로 볼 것은 아니다.

[2] 〔다수의견〕 부진정연대채무자 중 1인이 자신의 채권자에 대한 반대채권으로 상계를 한 경우에도 채권은 변제, 대물변제, 또는 공탁이 행하여진 경우와 동일하게 현실적으로 만족을 얻어 그 목적을 달성하는 것이므로, 그 상계로 인한 채무소멸의 효력은 소멸한 채무 전액에 관하여 다른 부진정연대채무자에 대하여도 미친다고 보아야 한다. 이는 부진정연대채무자 중 1인이 채권자와 상계계약을 체결한 경우에도 마찬가지이다. 나아가 이러한 법리는 채권자가 상계 내지 상계계약이 이루어질 당시 다른 부진정연대채무자의 존재를 알았는지 여부에 의하여 좌우되지 아니한다(대판[전합] 2010. 9. 16, 2008다97218).

(3) 공동불법행위자의 다른 공동불법행위자에 대한 구상권은 피해자의 다른 공동불법행위자에 대한 손해배상채권과는 그 발생 원인 및 성질을 달리하는 별개의 권리이고, 연대채무에 있어서 소멸시효의 절대적 효력에 관한 민법 제421조의 규정은 공동불법행위자 상호간의 부진정연대채무에 대하여는 그 적용이 없으므로, 공동불법행위자 중 1인의 손해배상채무가 시효로 소멸한 후에 다른 공동불법행위자 1인이 피해자에게 자기의 부담부분을 넘는 손해를 배상하였을 경우에도, 그 공동불법행위자는 다른 공동불법행위자에게 구상권을 행사할 수 있다(대판 1997. 12. 23, 97다42830).

(4) 채권의 목적을 달성시키는 변제와 같은 사유는 채무자 전원에 대하여 절대적 효력이 발생하지만 그 밖의 사유는 상대적 효력을 발생하는 데 그치는 것이므로, 가해 운행자 중 일방이 피해자와 운행지배 및 운행이익을 어느 정도 공유하여 그와의 관계에서 손해배상액이 감액되어야 한다는 사정은 운행자성을 가지는 피해자에 대한 관계에서만 주장할 수 있는 것으로서, 자신과 부진정연대의 관계에 있는 다른 채무자와의 구상관계에서 감액된 금액을 기준으로 면책 범위를 정하거나 자기의 부담 부분을 산정하여야 한다고 주장할 수는 없다(대판 2000. 12. 26, 2000다38275).

(3) 對內的 效力

부진정연대채무자 사이에는 주관적 공동관계가 없기 때문에 부담부분이나 이를 전제로 한 구상관계가 당연히 인정되는 것이 아니다. 다만 채무자들 사이에 특별한 법률관계가 존재하는 경우에는 그에 기초하여 구상관계가 생길 수도 있지만, 이는 공동면책을 위한 출재의 분담이라는 주관적 관계에 의한 것이 아니라는 점에서 연대채무에 있어서의 구상관계와는 그 성질이 다르다. 그러나 판례는 예외적으로 공동불법행위에 관하여 불법행위자 상호간에 특별한 사정이 없는 한, 공평의 이념상 과실정도에 비례하는 부담부분이 있고(즉 균등한 것으로 추정되지 않는다), 그에 따라 구상권이 있다고 한다. 최근의 판례에서는 부담부분을 불법행위의 경우에 과실의 정도(대판 1994. 12. 7, 94다4974), 손해발생에의 기여정도(대판 1991. 5. 10, 91다7255)에 따라 결정하고 있으며, 일정한 경우에는 손해의 공평한 분담이라는 견지에서 신의칙상 상당하다고 인정되는 한도 내에서만 구상권을 행사하도록 제한할 수 있다고 한다(대판 2001. 1. 19, 2000다33067). 그리고 부진정연대채무자 중 1인이 자기부담부분 이상을 변제하여 공동의 면책을 얻게 하였다면 다른 부진정연대채무자에게 그 부담부분의 비율에 따라 구상권을 행사할 수 있다고 한다(대판 2006. 1. 27, 2005다19378).

그런데 공동불법행위자 상호간의 구상권행사에 있어서도 연대채무자 사이에서와 마찬가지로 사전 · 사후에 통지를 하여야 하는지가 문제된다. 이에 관하여 학설은 (i) 사전 · 사후에 통지를 하여야 한다는 견해(김상용 302면), (ii) 사전 · 사후에 통지를 요하지 않는다는 견해(김형배 484면; 송덕수 200면), (iii) 신의칙에 비추어 사전통지의무는 부과되어야 한다는 견해(이은영 515면)로 나뉘고 있다. 그리고 판례는 공동불법행위에 있어서 제426조가 유추적용될 수 없고, 제1변제자의 변제가 있었으면 그가 사후통지를 하였는지 그 후에 변제를 한 자가 사전통지를 하였는지 묻지 않고 제2변제자에게 그의 면책행위의 유효를 주장할 수 있다고 한다(대판 1998. 6. 26, 98다5777). 생각건대 부진정연대채무에 경우에는 사전 · 사후통지에 관한 민법 제426조가 적용되지 않는다고 할 것이다. 따라서 먼저 변제한 부진정연대채무자가 다른 부진정연대채무자에게 구상권을 행사할 수 있다.

구상의무자가 수인인 경우에는 특별한 사정이 없는 한 그들의 구상권자에 대한 채무는 부진정연대채무가 아니라 오히려 다수당사자 사이의 분할채무의 원칙이 적용되어 각자의 부담부분에 따른 분할채무로 본다(대판 2005. 10. 13, 2003다24147). 따라서 이 경우에는 각자의 내부적 부담부분의 범위 내에서만 구상의무를 부담한다. 그러나 부진정연대채무자 중 내부적인 부담 부분이 전혀 없는 자가 채권자에 변제하고 다른 수인의 부진정연대채무자에게 구상하는 경우에는 그 수인의 구상채무는 부진정연대채무로 본다(대판 2005. 10. 13, 2003다24147).

수인의 불법행위로 인한 손해배상책임은 부진정연대채무이나 그 구상권 행사에 있어서는 성질상 연대채무에 관한 규정(제425조 제1항)이 준용된다고 할 것이다(대판 1991. 10. 22, 90다20244).

따라서 공동불법행위자 중 1인이 피해자로부터 손해배상청구소송을 당하여 그 판결에서 인용된 손해배상금을 지급함으로써 공동면책된 때에는, 그것이 부당응소라는 등의 특별한 사정이 없는 한 공동면책된 금액 중 다른 공동불법행위자의 과실비율에 상당하는 금액은 물론이고 그에 대한 공동면책일 이후의 법정이자 및 피할 수 없는 비용 기타의 손해배상을 구상할 수 있다(대판 1997. 4. 8, 96다54232).

어느 부진정연대채무자를 위하여 보증인이 된 자가 채무를 이행한 경우에는 다른 부진정연대채무자에 대하여도 직접 구상권을 취득하게 되고, 그와 같은 구상권을 확보하기 위하여 채권자를 대위하여 채권자의 다른 부진정연대채무자에 대한 채권 및 그 담보에 관한 권리를 구상권의 범위 내에서 행사할 수 있다(대판 2010. 5. 27, 2009다85861). 그리고 공동불법행위자의 보증인에 대한 구상채무를 보증한 구상부증인이 보증인에게 구상채무를 변제한 경우에는 다른 공동불법행위자들에 대하여 그 부담부분에 한하여 구상권을 행사할 수 있다(대판 2008. 7. 24, 2007다37630). 그러나 부진정연대채무자 1인을 위한 연대보증인이 있는 경우에는 그 변제를 한 다른 부진정연대채무자는 연대보증인에 대하여 구상할 수 없다(대판 1991. 10. 22, 90다20244). 한편 부진정연대채무자의 1인을 위하여 변제한 경우에 구상권이 성립하는 범위 내에서는 별도로 부당이득반환청구권이 인정되지 않는다고 할 것이다(대판 1982. 1. 19, 80다3075).

그리고 구상권의 소멸시효는 그 구상권이 발생한 시점, 즉 구상권자가 공동면책행위를 한 때로부터 기산하여야 한다(대판 2008. 7. 24, 2007다37530).

[판 례]

(1) 채무의 변제는 원칙적으로 채무자뿐만 아니라 제3자도 할 수 있는바, 제3자가 상호 부담부분이 인정되는 부진정연대채무 관계에 있는 채무자 중 1인을 위하여 채무를 변제한 경우 그와 중첩되는 다른 채무자의 채무도 소멸하게 되므로, 제3자는 그 다른 채무자에 대하여 그의 부담부분에 한하여 구상권을 취득할 수 있고, 그와 같은 제3자의 변제는 이행보조자 내지 이행대행자에 의하여 이루어질 수도 있다(대판 2009. 8. 20, 2007다7959).

(2) 부진정연대채무의 관계에 있는 복수의 책임주체 내부관계에 있어서는 형평의 원칙상 일정한 부담 부분이 있을 수 있으며, 그 부담 부분은 각자의 고의 및 과실의 정도에 따라 정하여지는 것으로서 부진정연대채무자 중 1인이 자기의 부담 부분 이상을 변제하여 공동의 면책을 얻게 하였을 때에는 다른 부진정연대채무자에게 그 부담 부분의 비율에 따라 구상권을 행사할 수 있다(대판 2006. 1. 27, 2005다19378).

(3) 공동불법행위자 중 1인에 대하여 구상의무를 부담하는 다른 공동불법행위자가 수

인인 경우에는 특별한 사정이 없는 이상 그들의 구상권자에 대한 채무는 이를 부진정연대채무로 보아야 할 근거는 없으며, 오히려 다수당사자 사이의 분할채무원칙이 적용되어 각자의 부담부분에 따른 분할채무로 봄이 상당하므로 이 경우 구상의 범위는 구상을 당하는 공동불법행위자 자신의 부담부분에 국한된다(대판 2008. 7. 10, 2007다53365).

(4) 어느 공동불법행위자를 위하여 보증인이 된 사람이 피보증인을 위하여 손해배상채무를 변제한 경우, 그 보증인은 피보증인이 아닌 다른 공동불법행위자에 대하여 그 부담 부분에 한하여 구상권을 행사할 수 있고, 이러한 법리는 어느 공동불법행위자를 위하여 그가 위 손해배상채무를 변제한 보증인에 대하여 부담하는 구상채무를 보증한 구상보증인이 피보증인을 위하여 그 구상채무를 변제한 경우에도 마찬가지여서 그 구상보증인은 피보증인이 아닌 다른 공동불법행위자에 대하여 그 부담 부분에 한하여 구상권을 행사할 수 있다(대판 2008. 7. 24, 2007다37530).

(5) 공동불법행위자의 다른 공동불법행위자에 대한 구상권의 소멸시효는 그 구상권이 발생한 시점, 즉 구상권자가 공동면책행위를 한 때로부터 기산하여야 할 것이고, 그 기간도 일반채권과 같이 10년으로 보아야 할 것인바, 공제조합이 공동불법행위자 중의 1인과 체결한 공제계약에 따라 그 공동불법행위자를 위하여 직접 피해자에게 배상함으로써 그 공동불법행위자의 다른 공동불법행위자에 대한 구상권을 보험자대위의 법리에 따라 취득한 경우, 공제계약이 상행위에 해당한다고 하여 그로 인하여 취득한 구상권 자체가 상사채권으로 변한다고 할 수는 없다(대판 1996. 3. 26, 96다3791).

5. 關聯問題: 一部辨濟의 경우

(1) 문제점

채무자 1인이 채권자에 대하여 전액을 변제한 경우에는 다른 채무자의 채권도 소멸한다는 점에서 절대적 효력이 인정된다(다수설. 대판 1981. 8. 11, 81다298; 대판 2010. 2. 25, 2009다87621). 그러나 부진정연대채무자 사이에 과실상계 등의 이유로 채무의 액수가 달라지는 경우가 있는데, 이때 채무자 중 1인이 일부변제를 한 경우 다른 채무자의 변제의 범위가 문제된다.

(2) 적은 액수의 채무를 부담하는 자가 채무의 일부를 변제한 경우

이 경우에는 많은 액수의 채무를 부담하는 자의 채무는 그만큼 소멸하기 때문에 문제가 없다.

(3) 많은 액수를 부담하는 자가 채무의 일부를 변제한 경우

이 경우에는 적은 액수의 채무를 부담하는 자의 채무는 얼마만큼 소멸하는지가 문제된다. 이에 관하여는 학설과 판례상의 견해가 나누어지고 있다.

1) 학 설

(가) 안분설 이 설은 법정변제충당에 관한 민법 제477조 제4호에 근거하여 단독부담부분과 공동부담부분의 채무액 비율에 따라 안분하여 소멸한다는 견해이다(제철웅, 「부진정연대채무 및 일부보증에서 채무자의 일부변제와 변제충당」, 법조 제597호(2006), 57-58면; 김동옥 피용자 본인이 손해의 일부를 변제한 경우 사용자의 손해배상채무의 소멸범위, 판례연구 제11집, 부산판례연구회, 2000, 371면). 예를 들어 피해자 갑에게 A는 100만원, 그리고 B는 80만원의 채무를 부담하고 있는데, A와 B는 80만원에 대하여 갑에게 부진정연대관계에 있으며, A가 갑에게 먼저 30만원을 변제한 경우 A의 단독부분은 20만원이고, 공동부담부분은 80만원이다. 이 경우 A가 변제한 30만원은 20:80(1:4)의 비율로 안분되며, 따라서 A만이 부담하는 채무부분은 6만원(=30×(1/5))이 소멸하고, 공동부담부분은 24만원(=300×(4/5))이 소멸된다. 결과적으로 A의 채무는 30만원이 소멸되고, B의 채무는 24만원이 소멸되는데, 이는 자신의 채무액에 비례하여 전체적으로 소멸된 결과이다(100:80=30:24). 이 견해는 다액채무자가 무자력이 되는 경우에는 그로 인하여 미지급한 채무액에 대하여는 소액채무자와 채권자가 안분하여 부담하는 것으로 본다. 예를 들어 A가 30만원을 변제하고 무자력이 된 경우에는 갑은 A로부터 받아야 할 70만원 중 56만원은 B로부터 변제받고, 14만원은 본인이 부담하게 된다. 따라서 채권자 갑과 B는 14:56(1:4)로 안분하여 A의 무자력에 대한 위험을 부담하게 된다고 할 것이다.

(나) 과실비율설 이 설은 공동부담부분이 변제액 중 채무자의 과실비율에 상응하는 만큼 소멸한다는 견해이다(박재윤, 「피용자 본인이 손해의 일부를 변제한 경우 사용자의 손해배상범위」, 재판의 한길, 김용준 헌법재판소장 화갑기념논문집(1998), 431면). 이 견해에 의하면 위의 예에서 A가 30만원을 변제한 경우에는 A와 B가 공동으로 부담하는 80만원 중 B의 과실 80%를 곱한 24만원이 변제된 것으로 된다. 한편 30만원을 변제한 A가 무자력이 된 경우의 70만원에 대한 위험부담액은 채권자 갑은 16만원, 채무자 B는 56만원으로 된다. 그런데 여기서 16:56의 비율은 70만원에 대하여 갑의 과실비율 20%와 B의 과실비율 80%로 분담하는 것과 같은 결과로 된다. 따라서 이 견해는 결과적으로 안분설과 동일한 것으로 평가되고 있다(제철웅 위 논문, 59면 각주 15참조; 손철우, 「다액의 채무를 부담하는 부진정연대채무자가 일부 변제한 경우 그 변제의 효력」, 민사판례연구 제25권, 박영사(2003), 93면). 그러나 채무액이 세 가지 이상으로 다른 경우(예: 피해자 갑에 대하여 부진정연대채무관계에 있는 A는 100만원, B는 80만원, C는 60만원의 채무를 부담하고, 이들 중 B가 20만원을 변제한 경우)에는 어떻게 해석하느냐에 따라 결과가 달라질 수 있다(서종희, 부진정연대채무에서 다액채무자의 일부 변제의 효과, 저스티스, 2013. 6월호, 74면).

(다) 외측설 이 설은 다액채무자의 단독부담부분이 먼저 소멸하고 변제액 중 남는 부분이 있으면 공동부담부분도 소멸한다는 견해이다(서종희 위 논문 90면; 손철우 위 논문 104면). 이 견해에 의하면 위의 예에서 A의 30만원 변제의 효력은 먼저 A의 단독부분인 20만원

을 소멸시키고, 남은 10만원만이 공동부담부분을 소멸시킨다.

2) 판 례 판례는 공동불법행위로 부진정연대채무를 부담하는 경우와 사용자와 피용자가 부진정연대채무를 부담하는 경우에는 과실비율설을 취하고 있고(대판 1994. 2. 22, 93다53696; 대판 1995. 3. 10, 94다5731; 대판 1998. 7. 24, 97다55706; 대판 2001. 11. 13, 2001다12362; 대판 2004. 3. 26, 2003다34045; 대판 2012. 6. 28, 2010다73765 등), 계약책임과 불법행위책임이 중첩되는 유형의 부진정연대채무에 관하여는 외측설을 취하고 있다(대판 1999. 11. 23, 99다50521; 대판 2000. 3. 14, 99다67376; 대판 2007. 10. 25, 2007다49748 등). 그러나 그 밖의 부진정연대채무의 유형에 대해서는 판례가 다룬 적이 없으므로, 법원이 어떠한 입장을 취할 것인지가 분명하지 않다.

(가) 과실비율설을 취한 판례

[1] 피용자 또는 피용자와 공동불법행위 관계에 있는 다른 불법행위자가 불법행위 성립 후에 피해자에게 손해액 일부를 변제하였다면, 변제금 중 사용자의 과실비율에 상응하는 만큼은 사용자가 배상하여야 할 손해액 일부로 변제된 것으로 보아 사용자의 손해배상책임이 그 범위 내에서는 소멸하게 되고, 이러한 법리는 피용자 또는 피용자와 공동불법행위 관계에 있는 다른 불법행위자가 불법행위 성립 후에 피해자에게 일부 돈을 지급하면서 명시적으로 손해배상의 일부 변제조로 지급한 것은 아니지만, 불법행위를 은폐하거나 기망 수단으로 지급한 경우에도 마찬가지로 적용되어야 한다(대판 2012. 6. 28, 2010다73765).

[2] 공동불법행위자로서 타인에게 손해를 연대하여 배상할 책임이 있는 경우 그 불법행위자들의 손해배상 채무액이 동일한 경우에는 불법행위자 1인이 그 손해액의 일부를 변제하면 절대적 효력으로 인하여 다른 불법행위자의 채무도 변제금 전액에 해당하는 부분이 소멸하나, 불법행위자의 피해자에 대한과실비율이 달라 배상할 손해액의 범위가 달라지는 경우에는 누가 그 채무를 변제하였느냐에 따라 소멸되는 채무의 범위가 달라진다. 즉 적은 손해액을 배상할 의무가 있는 자가 불법행위의 성립 이후에 손해액의 일부를 변제한 경우에는 많은 손해액을 배상할 의무 있는 자의 채무가 그 변제금 전액에 해당하는 부분이 소멸하는 것은 물론이나, 많은 손해액을 배상할 의무가 있는자가 손해액의 일부를 변제하였다면 그 중 적은 범위의 손해액을 배상할 의무가 있는 자의 채무는 그 변제금 전액에 해당하는 채무가 소멸하는 것이 아니라 적은 범위의 손해배상 책임만을 부담하는 쪽의 과실비율에 상응하는 부분만큼만 소멸하는 것으로 보아야 할 것이다(대판 1995. 7. 14, 94다19600).

(나) 외측설을 취한 판례

금액이 다른 채무가 서로 부진정연대의 관계에 있을 때 금액이 많은 채무의 일부가 변제 등으로 소멸하는 경우 그 중 먼저 소멸하는 부분은 당사자의 의사와 채무 전액의 지급을 확실히 확보하려는 부진정연대채무제도의 취지에 비추어 볼 때 다른 채무자와 공동으로 채무를 부담하는 부분이 아니라 단독으로 채무를 부담하는 부분으로 보아야 한다(대판 2010. 2. 25, 2009다87621).

3) 검토 및 사견 과실상계설에 대하여는 다음과 같은 문제점이 지적되고 있다. 즉 과실상계의 지도원리는 손해배상의 책임 및 그 금액을 정하는 데 있는 것이지 부진정여대채무의 관계에 있는 채무 중 1개의 채권의 일부가 변제된 경우 그 일부 변제가 채무의 어느 부분의 변제로 되는 것인가 하는 문제와는 직접적인 관련이 없고, 사용자책임은 피용자에게 자력이 없는 경우 피해자를 보호하기 위한 제도이므로 외측설을 따르는 것이 피해자보호라는 사용자책임의 정신에 더 부합한다는 것이다(김영태, 사용자책임과 피용자본인의 책임과의 관계, 피용자 본인이 손해의 일부를 변제한 경우 사용자의 손해배상범위, 대법원판례해설 제21호(1994년 상반기), 법원행정처, 203면). 그리고 과실상계를 인정하여 손해액의 범위를 산정하면서 채무자에 대한 공평타당함을 배려하였다면 그것으로 족한 것이지, 과실상계법리가 일부채무자의 무자력의 위험부담까지에도 영향을 주는 것은 채무자들에게 지나치게 이중적인 이익을 향유하게 하여 채권자에게 불리할 수 있다고 한다(손철우, 위 논문 105-10면). 또한 채권자의 자의적인 선택에 따라 채무자간의 이해관계의 불균형이 초래되며, 소액채무자의 구상권이 제한된 경우에 무자력의 위험분배 비율은 과실비율과 달라지게 되고, 과실상계에 의하여 채무액이 달라진 경우가 아니라면 과실비율을 적용할 수 없게 될 수 있다는 것이다(서종희, 위 논문 85-89면).

그리고 한편 안분설에 대하여는 부진정연대채무의 관계에 있는 채무 중 1개의 채권의 일부가 변제된 경우 그 일부 변제가 채무의 어느 부분의 변제로 되는 것인가 하는 문제는 민법이 예기하고 있는 변제충당의 문제가 아니고, 당해 채권이 발생하게 된 기초가 된 법률관계의 성질에 따라 결정하는 것이 타당하고 한다(김영태, 위 논문 200면). 그리고 안분설은 민법 제477조 제4호를 유추적용하여 단독부분과 공동부분의 채무액에 비례하여 변제에 충당되는 것으로 보지만, 민법 제476조 제1항에 의한 지정변제충당이나 민법 제477조 제2호가 유추적용될 수 있으므로, 변제충당법리의 유추적용의 타당성 여부를 차치하고라도 변제충당법규 중에서 제477조 제4호를 획일적으로 유추적용하는 것은 타당하지 않다고 한다(서종희 위 논문 89면).

또한 외측설에 대하여는 과실비율설에서 지적하는 바와 같이 피용자의 무자력으로 인한 손해를 사용자와 피해자의 과실비율로 분담하지 않게 되어 과실상계를 인정한 지도원리인 공평의 원칙과 신의칙 및 손해의 공평 타당한 분담에 반한다는 비판이 있다.

한편 판례는 명확한 근거를 제시하지 않은 채 부진정연대채무를 부담하는 사안의 종류에 따라 과실비율설, 또는 외측설을 취하고 있는 점이 문제되고 있다.

생각건대 안분설은 민법의 규정을 적용 내지 유추적용할 수 있는 뚜렷한 법적 근거가 없다는 점이 문제된다. 그리고 과실비율설은 손해배상액의 공평타당한 분배를 지도원리로 하는 과실상계법리를 다액채무자인 피용자의 무자력의 위험분배에까지 확대적용하는 것은 부당할 뿐만 아니라 피해자의 보호측면에서도 불리하다고 할 것이다. 반면에 외측설은 채권자 보호를 위한 채무전액의 지급확보라는 부진정연대채무의 제도적 취지는 물론, 피용자 본인에게 손해를 배상할 자력이 없는 경우에 피해자를 보호하기 위한 사용자책임제도에 보다 부합한다는 점에서 가장 타당하다고 할 것이다.

사례해설

I. D에 대한 A의 채무불이행책임

A와 D 사이에는 임치관계가 성립하며 임치(제693조)는 원칙적으로 무상이나 당사자의 특약으로 유상으로 할 수 있다. 위 사례에서 A는 보관을 '업'으로 하는 자이기 때문에 A와 D 사이에 유상임치관계가 성립되어 A는 유상수취인으로서 자동차를 도로변에 방치한 것은 선관주의의무에 반한다. 따라서 A는 D에게 채무불이행책임을 지는데, A는 D에게 자동차파손에 대하여 배상책임을 부담한다(제390조·제393조).

II. D에 대한 B의 불법행위책임

B는 부주의로 D의 자동차에 손해를 발생케 하였으므로 불법행위에 의한 손해배상책임을 부담한다. 그러나 물적 손해만 발생하였기 때문에 자동차손해배상보장법상의 책임은 문제되지 않는다(동법 제3조).

III. D에 대한 사용자책임

일반적으로 사용자책임(제756조)이 성립하기 위해서는 일정한 요건 1) 사용자가 그의 사무에 종사시키기 위하여 타인을 사용할 것, 2) 피용자가 사무집행에 관하여 손해를 주었을 것, 3) 제3자에게 손해를 주었을 것, 4) 사용자가 피용자의 선임 및 사무·감독에 관하여 상당한 주의를 게을리 했을 것 등의 요건과 피용자의 가해행위가 고의·과실에 의한 위법행위일 것을 요한다(통설). 사례에서 C는 피용자의 선임 및 감독에 대하여 주의를 다하였다는 것을 입증하지 못하는 한 책임이 추정되어 사용자책임이 인정된다(판례는 사용자의 면책을 거의 인정하지 않는다).

IV. D에 대한 A·B 및 C의 법률관계

A·B와 D의 관계는 A·B는 손해배상이라는 동일한 내용의 급부에 관하여 각각 독립

하여 전부의 급부를 하여야 할 채무를 부담하나 수치인 A와 불법행위의 가해자로서 B는 주관적 공동관계가 없으므로 부진정연대채무관계에 있다. 그리고 B·C의 관계도 그러하다. A·C와 D의 관계도 판례와 통설의 태도는 명확하지 않으나 수치인 A와 사용자책임을 부담하는 C는 책임발생원인을 달리하는 부진정연대채무관계에 있으며, D는 A·B·C 가운데 1인에 대하여 채무의 전부 또는 일부의 이행을 청구하거나 A·B·C 전부에 대하여 동시에 또는 순차로 채무의 전부나 일부의 이행을 청구할 수 있다.

V. A·B 및 C의 내부부담부분 및 구상관계

부진정연대채무에 있어서는 주관적 공동관계가 없으므로 부담부분이 없어 구상관계가 당연한 내용으로는 되지 않는다. 그러나 판례의 경우 공동불법행위자 사이에는 과실의 정도에 따라 부담부분이 정해지고 그 중 어느 일방이 단독으로 배상하였다면 다른 일방에 대한 구상권으로 그 부담부분을 청구할 수 있다고 한다. 따라서 부진정연대채무관계에 있는 A·B·C 사이에는 구상권이 인정된다고 볼 수 있다. 학설도 손해의 실질적 공평이라는 관점에서 부담부분을 고려하고 있다. 만일 구상관계를 인정하지 않는다면 배상자 대위(제399조), 사무관리(제734조), 부당이득(제741조)에 의하여 구상적 기능을 담당하도록 하여야 할 것이다.

VI. 연대채권

연대채권이란 수인의 채권자가 동일한 내용의 급부에 관하여 각각 독립하여 전부의 급부를 청구할 수 있는 권리를 가지고, 그 중의 1인이 급부의 전부를 수령하면 다른 채권자의 채권도 모두 소멸하는 다수당사자의 채권관계를 말한다. 이러한 연대채권은 로마법 이래로 인정되어 왔으며, 독일 등의 민법전에서는 이에 관한 규정을 두고 있다(독일민법 제428조 이하·프랑스민법 제1197조 이하·스위스 채무법 제150조). 우리 민법은 연대채권에 관한 규정을 두고 있지 않으나, 통설은 계약자유의 원칙상 당사자 사이의 약정에 의하여 연대채권도 성립할 수 있다고 한다.

연대채권이 계약에 의하여 발생하는 경우에는 그 내용이나 효력은 당사자 사이의 계약에 의하여 결정되며, 그 밖의 사항에 관하여는 연대채무에 관한 규정이 유추적용된다(통설). 연대채무에 관한 규정을 유추적용하는 경우에는 (i) 각 채권자의 권리는 독립된 것으로 다루어지고, (ii) 채권자 1인에 관하여 발생한 사유 중 변제·대물변제·공탁 등 채권의 만족을 가져오는 것은 절대적 효력이 발생하고, 그 밖의 사유에 관하여도 연대채무의 규정을 유추적용하여 일정한 범위에서 절대적 효력을 인정하여야 할 것이다. 그리고 (iii) 연대채권자 상호간의 내부적 관계에서는 수령한 급부를 각 채권자 사이에 분배하여야 한다.

第5節 保證債務

사 례

A는 B로부터 복사기 한 대를 100만원에 매수할 것을 내용으로 하는 매매계약을 체결하였는데 A의 대금지급채무에 대해서는 C가 연대보증인이 되고, B의 목적물 인도채무에 대하여 D가 보증인이 되었다. 그러나 A가 대금을 지급하였음에도 불구하고 B는 복사기를 인도하지 않았다. 이 경우 A는 보증인 D에 대하여 어떠한 청구를 할 수 있는가?

[중요논점]

Ⅰ. 급부의무에 대한 보증채무의 내용

1. 부대체적 급부의무의 경우 2. 대체적 급부의무의 경우

Ⅱ. 계약해제시 보증인의 원상회복의무 및 손해배상의무

Ⅰ. 序 說

1. 意 義

보증채무는 가장 전형적인 인적 담보제도로서 주채무자가 그의 채무를 이행하지 않을 경우에 이를 이행하여야 할 채무를 말한다(제428조 제1항). 보증채무는 채권자와 보증인 사이에 계약으로 성립하는 채무이며, 주채무를 담보하는 기능을 한다. 따라서 보증채무는 주채무와 동일한 급부를 내용으로 하며, 이들 가운데 어느 한쪽이 이행되면 주채무는 소멸한다. 그러므로 주채무와 보증채무는 연대채무와 마찬가지로 다수당사자의 채무관계에 해당한다. 다만 연대채무에서는 각 채무가 독립성을 가지는 데 반하여 보증채무는 주채무에 대하여 종속성을 가진다는 점이 다르다. 그리고 보증인은 특정재산이 아닌 자기의 전재산으로 채무 및 책임을 부담한다는 점에서 타인의 채무담보를 위하여 자기의 재산에 질권 · 저당권 · 양도담보를 설정한 자로서 채무 없는 책임만을 부담하는 물적 유한책임자인 물상보증인과 다르다고 할 것이다.

[판 례] 보증에 관한 민법규정의 적용여부

(1) 구 건설공제조합법(1996. 12. 30. 법률 제5230호로 제정된 건설산업기본법 부칙 제2조 제1호로 폐지)에 따라 건설공제조합이 조합원으로부터 보증수수료를 받고 그 조합원이 다른 조합원 또는 제3자와의 도급계약에 따라 부담하는 하자보수의무를 보증하기로 하는 내용의 보증계약은, 무엇보다 채무자의 신

용을 보완함으로써 일반적인 보증계약과 같은 효과를 얻기 위하여 이루어지는 것으로서, 그 계약의 구조와 목적, 기능 등에 비추어 볼 때 그 실질은 의연 보증의 성격을 가진다 할 것이므로, 민법의 보증에 관한 규정, 특히 보증인의 구상권에 관한 민법 제441조 이하의 규정이 준용된다. 따라서 건설공제조합과 주계약상 보증인은 채권자에 대한 관계에서 채무자의 채무이행에 관하여 공동보증인의 관계에 있다고 보아야 할 것이므로, 그들 중 어느 일방이 변제 기타 자기의 출재로 채무를 소멸하게 하였다면 그들 사이에 구상에 관한 특별한 약정이 없다 하더라도 민법 제448조에 의하여 상대방에 대하여 구상권을 행사할 수 있다(대판[전합] 2008. 6. 19, 2005다37154).

⑵ 보증보험이란 피보험자와 어떠한 법률관계를 가진 보험계약자(주계약상의 채무자)의 채무불이행으로 인하여 피보험자(주계약상의 채권자)가 입게 될 손해의 전보를 보험자가 인수하는 것을 내용으로 하는 손해보험으로서, 형식적으로는 채무자의 채무불이행을 보험사고로 하는 보험계약이나 실질적으로는 보증의 성격을 가지고 보증계약과 같은 효과를 목적으로 하는 것이므로, 보증보험계약은 주계약 등의 법률관계를 전제로 하고 보험계약자가 주계약에 따른 채무를 이행하지 아니함으로써 피보험자가 입게 되는 손해를 약관의 정하는 바에 따라 그리고 그 보험계약금액의 범위 내에서 보상하는 것이고, 그 성질에 반하지 않는 한 민법의 보증에 관한 규정이 보증보험계약에도 적용된다(대판 2004. 12. 24, 2004다20265).

2. 法的 性質

(1) 債務의 獨立性

주채무와 보증채무는 서로 독립된 별개의 채무이다(대판 2004. 12. 24, 2004다20265). 따라서 이를 다시 보증하는 副保證이 가능하고, 주채무와 보증채무의 소멸시효기간이 서로 다를 수도 있다. 예를 들어 주채무가 민사채무이고, 보증채무가 상사채무이면 주채무는 10년의 소멸시효에 걸리고 보증채무는 5년의 상사소멸시효에 걸린다. 또한 보증채무에 관하여 따로 위약금 기타 손해배상액을 예정할 수 있다(제429조 제2항). 그러나 보증채무의 독립성은 부종성 · 수반성 때문에 연대채무의 경우보다 완전하지 못하다.

[판 례]

도급인과 사이에 도급계약을 체결하면서 선급금을 수령한 수급인이 어느 보증인과 사이에 그 선급금 반환채무의 보증에 관한 보증계약을 체결하고 이와 별도로 다른 보험자와 사이에 그 선급금 반환채무에 관한 보증보험계약을 체결하였다고 하여 특별한 약정이 없는 한 그러한 사정만으로 보증인이 보증채권자에게 지급하여야 할 보증금이 다른 보험자의 보험계약상의 보험금 지급의무에 의하여 제한되는 것은 아니라고 할 것이다

(대판 2004. 11. 26, 2002다68362).

(2) 內容의 同一性

하나의 급부에 대하여 보증채무는 주채무와 동일한 내용의 급부를 목적으로 한다. 즉 채무는 주채무와 보증채무가 있는 것이므로, 보증채무는 「주채무 그 자체」의 이행을 내용으로 하는 것이 아니라 주채무와 동일한 내용의 급부를 행할 것을 내용으로 한다. 따라서 보증채무가 성립하기 위해서는 주채무는 원칙적으로 대체적 급부를 내용으로 하는 것이어야 한다. 예를 들어 주채무가 사과 1상자의 인도채무(종류채무) 처럼 대체성이 있는 때에는 보증인도 그 채무를 부담하는 것이 된다. 만약 매도인의 부동산소유권이전의무와 같은 부대체적 급부를 목적으로 하는 채무를 보증한 경우에는, 주채무가 불이행으로 인하여 금전손해배상채무로 변하는 것을 정지조건으로 한 보증채무로 해석된다(준보증).

(3) 附從性

보증채무는 주채무에 종속하기 때문에 주채무자에게 생긴 사유는 보증인에게 절대적 효력을 미친다. 보증채무의 부종성은 성립상의 부종성과 내용상의 부종성으로 나누어진다.

1) 成立上의 附從性 보증채무의 성립 및 소멸은 주채무와 운명을 같이 한다. 따라서 주채무가 변제 · 대물변제 · 경개 · 면제 등에 의하여 소멸된 경우에는 보증채무도 소멸한다. 그리고 목적물이 채무자의 귀책사유 없이 멸실함으로써 주채무가 위험부담의 법리(제537조)에 따라 소멸한 경우에는 보증채무도 소멸한다. 보증인의 출연행위 당시에는 주채무가 유효하게 존속하고 있었다 하더라도 그 후 주계약이 해제되어 소급적으로 소멸하는 경우에는 보증인은 변제를 수령한 채권자를 상대로 이미 이행한 급부를 부당이득으로 반환청구할 수 있다(대판 2004. 12. 24, 2004다20265). 주채무가 무효 · 취소된 경우에도 보증채무는 소멸한다. 다만 주채무에 취소의 원인(예: 무능력, 착오, 사기 · 강박)이 있는 채무를 보증한 자가 보증계약 당시 그 원인의 존재를 알았던 경우에는 주채무의 불이행 또는 취소가 있는 때에 주채무와 동일한 목적의 독립채무를 부담한 것으로 보는데(제436조), 이는 보증이 아니라 손해담보계약이다(지원림 1207면).

2) 內容上의 附從性 보증채무는 내용상으로 주채무에 관하여 주종의 관계에 있다. 따라서 (i) 보증인은 주채무자의 채권에 의한 상계로 채권자에게 대항할 수 있다(제434조). (ii) 주채무의 내용이 변경되면 보증채무의 내용도 변경된다. 그러나

보증채무가 성립한 후에 주채무자와 채권자와의 계약으로 주채무가 확장되거나 가중된 경우에는 보증채무에 영향을 미치지 않는다(대판 1974. 11. 12, 74다533). (iii) 주채무자에게 취소권 · 해제권 · 해지권이 있는 동안은 보증인은 채권자에 대하여 채무의 이행을 거절할 수 있다(제435조). (iv) 보증채무는 그 목적 · 형태(기한 · 조건)에서 주채무보다 무거울 수 없으며, 만일 더 무거울 때에는 주채무의 한도로 감축된다(제430조). (v) 보증인은 주채무가 가지는 항변권으로 채권자에게 대항할 수 있다(제433조 제1항). 주채무자가 항변을 포기하더라도 보증인은 그 항변사유를 주장할 수 있다. (vi) 주채무자에 대한 시효의 중단은 보증인에 대해서도 그 효력이 미친다(제440조). 또한 주채무가 시효로 소멸한 때에는 보증인도 그 시효소멸을 원용할 수 있으며, 주채무자가 시효의 이익을 포기하더라도 보증인에게는 그 효력이 없다(대판 1991. 1. 29, 89다카1114).

(4) 隨伴性

주채무자에 대한 채권이 이전된 때에는 보증인에 대한 채권도 원칙적으로 이전한다. 이 경우 채권양도의 대항요건은 주채무자에게만 갖추면 된다. 다만 당사자는 주채무자에 대한 채권만을 이전하기로 특약을 할 수 있으며, 이 경우에는 그 채권만 이전하고, 보증채무는 소멸한다. 반면에 주채권과 분리하여 보증채권만을 양도하기로 하는 특약은 무효이다(대판 2002. 9. 10, 2002다21509). 왜냐하면, 주채무자의 항변권으로 채권자에게 대항할 수 있는 보증인의 권리가 침해되는 등 보증채무의 부종성에 반하고, 주채권을 가지지 않는 자에게 보증채권만을 인정할 실익이 없기 때문이다. 한편, 주채무에 관하여 보증인의 승낙 없이 면책적 채무인수가 행하여진 경우에는 보증채무는 소멸한다(제459조 본문). 보증인은 주채무자와의 특별한 인적 관계 때문에 또는 주채무자의 자력이나 신용을 신뢰하는 전제에서 보증채무를 부담하는 것이 보통인데, 그 주채무자가 변경되면 위와 같은 보증의 전제가 무너지기 때문이다. 다만 보증인이 채무인수에 동의한 경우에는 보증채무도 신채무자를 위하여 존속한다(제459조 단서). 주채무자의 사망으로 상속이 개시되어 주채무자가 변경되는 때에는 보증채무는 그대로 존속한다(김주수 272면; 김형배 545면; 이은영 543면). 그러나 주채무의 상속의 경우에도 계속적 보증채무는 소멸한다(신원보증법 제7조의 유추적용). 단 상속개시 이후 그 상속인에 대하여 생긴 채무에만 보증채무가 소멸한다.

(5) 補充性

보증채무는 원칙적으로 보충성을 가지므로 주채무의 이행이 없는 경우에 한하여 보증인이 이행할 책임을 진다(제428조 제1항). 민법은 보충성의 구체적 내용으로서 보증인의 최고 · 검색의 항변권을 규정하고 있다(제437조). 그러나 「先訴의 항변」은 인정되지 않으므로, 채권자는 주채무자의 불이행이 있으면 주채무자와 보증인에 대하여 동시에 이행을 청구할 수 있을 뿐만 아니라 보증인만을 피고로 하여 청구하더라도 상관이 없다(동지 대판 1960. 4. 21, 4292민상619). 또한 동일한 채권에 물적 담보와 보증이 병존하는 경우에는 보증인에 대하여 먼저 이행의 청구를 할 수 있다. 다만 보증인이 주채무자와 연대하여 채무를 부담하는 연대보증의 경우에는 이와 같은 보충성이 없으며, 따라서 보증인은 최고 · 검색의 항변권도 가지지 못한다(제437조 단서).

3. 保證의 種類

보증은 채권자와 보증인 사이의 계약으로 성립하므로 그 내용은 보증의 본질에 반하지 않는 한 자유로이 정할 수 있다. 그러므로 보증인은 보증되는 주채무에 따라 여러 가지 모습으로 존재할 수 있다. 이 가운데 중요한 것으로 민법이 특칙으로 규정하고 있는 것은 연대보증과 공동보증이다.

(1) 連帶保證

연대보증은 보증인이 주채무자와 연대하여 채무를 부담함으로써 주채무의 이행을 담보하는 보증채무이다. 이 연대보증채무는 주채무에 대한 부종성은 있으나, 보충성이 없다. 따라서 연대보증인은 채권자에 대하여 최고 · 검색의 항변권을 행사할 수 없다. 그리고 채무자 사이의 연대성으로 인하여 공동보증에서와 같은 보증인 상호간에 분별의 이익이 인정되지 않는다. 이 연대보증이 실제 거리계에서 가장 많이 이용되는 보증채무이다.

(2) 共同保證

공동보증은 동일한 주채무에 관하여 수인의 보증인이 채무를 이행할 것을 내용으로 하는 보증채무이다. 공동보증채무는 주채무에 대하여 부종성과 보충성이 모두 인정된다. 그리고 수인의 보증인 사이에 분별의 이익이 인정됨으로써(제439조), 보증인 각자의 채권자에 대한 채무는 분할채무로 된다(제408조).

(3) 根保證(신용보증)

근보증은 일정한 계속적 거래관계 내지 법률관계로부터 장차 발생하게 될 불특정다수의 채무를 보증하는 보증채무이다. 이 근보증은 담보물권법에 있어서의 근저당 · 근질에 대응하는 것이다.

(4) 副保證

부보증은 보증채무를 다시 보증하는 보증채무이다. 따라서 부보증채무의 주채무는 보증채무이다. 부보증채무는 보통의 보증채무와 동일한 법적 성질을 가지고 있다. 그리하여 부보증인은 보증인의 최고 · 검색의 항변권을 부보증채무의 부종성에 기하여 채권자에 대하여 행사할 수 있다.

(5) 求償保證(逆保證)

구상보증은 보증인이 채권자에게 변제한 때에 주채무자에 대한 구상권을 보증하는 보증채무로서, 그 법적 성질은 보통의 보증과 동일하다. 구상보증채무에 있어서 주채무는 구상채무이고, 구상보증계약의 당사자는 보증인과 구상보증인으로서, 보증인이 채권자이다.

(6) 賠償保證

배상보증은 채권자가 주채무자로부터 변제를 받지 못하는 부분에 한하여 이행할 것을 내용으로 하는 보증채무이다. 배상보증은 채권자가 주채무자로부터 변제받지 못한 부분을 입증하여야 하는 점이 보통의 보증과 다르다.

Ⅱ. 保證債務의 成立

1. 保證契約

(1) 보증채무는 채권자와 보증인 사이에 맺어지는 보증계약에 의하여 성립한다. 따라서 주채무자는 보증계약과는 직접 관계가 없다. 그러나 주채무자가 보증인의 대리인 또는 使者의 자격으로 채권자와 보증계약을 체결할 수 있다. 보증인은 보통 주채무자의 부탁을 받고 보증계약을 체결하나, 부탁의 여부는 보증계약의 효력에 영향을 미치지 않는다. 다만 구상권의 범위가 다르게 될 뿐이다. 또한 보증인이 주채무자에 의하여 사기를 당하거나 채무자의 자력 · 담보에 관하여 착오가 있더라도, 이는 제3자에 의한 사기 또는 단순한 동기에 의한 착오가 될 뿐 보증계약의 효력에는 영향을 미치지 않는다. 채무자와 제3자의 계약으로 제3자가 계약을 이행할 것을 약정한 경우, 이는 이행인수계약, 변제위임계약(간접보증계약), 또는 제3자를 위한 변제계약이지 민법상의 보증계약은 아니다.

(2) 보증계약은 특별한 방식을 요하지 않고, 당사자 사이의 합의만 있으면 성립하는 불요식 · 낙성계약이다. 그리고 보증인만이 의무를 부담하므로 편무계약이며, 무상계

약이다. 그러나 보증인이 아무런 대가없이 호의로 보증을 하는 경우에는 그의 보증의 의사는 그가 서명날인 또는 서명을 한 서면으로 표시되어야 한다(보증인 보호를 위한 특별법 제1조, 제3조 제1항). 또한 보증인에게 불리하게 보증계약을 변경할 때에도 보증인의 보증의사는 서면으로 표시되어야 한다(동법 제3조 제2항).

(3) 보증인의 보증의사의 존부는 당사자가 거래에 관여하게 된 동기와 경위, 그 관여 형식 및 내용, 당사자가 그 거래행위에 의하여 달성하려는 목적, 거래의 관행 등을 종합적으로 고찰하여 판단하여야 할 당사자의 의사해석 및 사실인정의 문제이지만, 보증은 이를 부담할 특별한 사정이 있을 경우 이루어지는 것이므로 보증의사의 존재는 이를 엄격하게 제한하여 인정하여야 한다(대판 2000. 5. 30, 2000다2566).

(4) 보증제도는 본질적으로 주채무자의 무자력으로 인한 채권자의 위험을 인수하는 것이므로, 보증인이 주채무자의 자력에 대하여 조사한 후 보증계약을 체결할 것인지의 여부를 스스로 결정하여야 하는 것이고, 채권자가 보증인에게 채무자의 신용상태를 고지할 신의칙상의 의무는 존재하지 아니한다(대판 1998. 7. 24, 97다35276). 그러나 보증인보호법은 금융기관 보증계약의 특칙을 두어 채무자의 채무관련 신용정보를 보증인에게 고지할 것을 의무화하고 있다(동법 제8조).

(5) 보증계약은 피보증채무의 내용이 확정된 다음 체결되는 것이 보통이지만 피보증채무가 확정가능한 이상 기본계약 체결 이전이더라도 보증계약을 체결할 수 있다. 따라서 채권자와 주채무자 사이의 대출계약이 성립하기 전에 보증인과 채권자 사이의 보증계약이 성립하였다고 하더라도 그 보증계약이 곧 체결될 채권자와 주채무자 사이의 대출계약에 따른 주채무자의 채무를 대상으로 특정하고 있었으므로 그 보증계약이 무효로 되지 않는다(대판 2002. 4. 9, 2002다3341).

‖참 고‖ 보증인 보호를 위한 특별법

보증인 보호를 위한 특별법이 제정되어 2008년 9월 22일부터 시행되었으며, 2009년 2월 6일에 무차별적인 변제독촉에 시달리는 보증인의 정신적 고통을 완화시키기 위하여 대부업자 · 채권추심업자 · 일반채권자의 불법적인 채권추심행위를 금지하고 이를 위반하는 경우에 형사처벌할 수 있도록 하는 규정(동법 제9조, 제10조)을 삭제하는 일부개정을 하였다. 이 법의 주요내용은 다음과 같다.

1. 제정목적

이 법은 보증에 관하여 「민법」에 대한 특례를 규정함으로써 아무런 대가 없이 호의로 이루어지는 보증으로 인한 보증인의 경제적 · 정신적 피해를 방지하고, 금전채무에 대한 합리적인 보증계약 관행을 확립함으로써 신용사회 정착에 이바지함을 목적으로 한다(동법 제1조).

2. 보증의 방식

보증은 그 의사가 보증인의 기명날인 또는 서명이 있는 서면으로 표시되어야 효력이 발생한다. 보증인의 채무를 불리하게 변경하는 경우에도 마찬가지이다. 다만 보증인이 보증채무를 이행한 경우에는 그 한도에서 이러한 방식의 하자를 이유로 무효를 주장할 수 없다(동법 제3조).

[판 례]

'보증인 보호를 위한 특별법' 제3조 제1항은 "보증은 그 의사가 보증인의 기명날인 또는 서명이 있는 서면으로 표시되어야 효력이 발생한다."고 정한다. 이와 같이 보증의 의사표시에 보증인의 기명날인 또는 서명이 있는 서면을 요구하는 것은, 한편으로 그 의사가 명확하게 표시되어서 보증의 존부 및 내용에 관하여 보다 분명한 확인수단이 보장되고, 다른 한편으로 보증인으로 하여금 가능한 한 경솔하게 보증에 이르지 아니하고 숙고의 결과로 보증을 하도록 하려는 취지에서 나온 것이다. 따라서 보증의 의사표시에 관하여 법률행위의 해석에 관한 일반 법리가 적용됨은 물론이나, 거기에서 더 나아가 위의 법규정이 정하는 방식이 준수되었는지 여부는 위와 같은 취지를 충족하는지 여부에 좇아 판단할 것이다. 그리고 이를 판단함에 있어서는 작성된 서면의 내용 및 그 체제 또는 형식, 보증에 이르게 된 경위, 주채무의 종류 또는 내용, 당사자 사이의 관계, 종전 거래의 내용이나 양상 등을 종합적으로 고려할 것이다. 그렇다면 위 법규정이 '보증의 의사'가 일정한 서면으로 표시되는 것을 정할 뿐이라는 점 등을 고려할 때, 작성된 서면에 반드시 '보증인' 또는 '보증한다'라는 문언의 기재가 있을 것이 요구되지는 아니한다고 봄이 상당하다(대판 2013. 6. 27, 2013다23372).

3. 보증채무 최고액의 특정

보증계약을 체결할 때에는 보증채무의 최고액을 서면으로 특정하여야 한다. 보증기간을 갱신할 때에도 또한 같다(동법 제4조).

[판 례]

'보증인 보호를 위한 특별법' 제4조 전단은 "보증계약을 체결할 때에는 보증채무의 최고액을 서면으로 특정"할 것을 요구한다. 이는 위 법률 제3조 제1항과도 조응하여 보증인이 보증을 함에 있어서 자신이 지게 되는 법적 부담의 주요한 내용을 미리 예측할 수 있도록 하려는 것으로 이해된다. 따라서 확정된 주채무에 관한 채권증서에 보증인이 기명날인 또는 서명하는 방식으로 보증의 의사를 표시한 일반 보증의 경우에 그 서면에 주채무자가 부담하는 원본채무의 금액이 명확하게 기재되어 있다면 다른 특별한 사정이 없는 한 이로써 위 법률 제4조 전단의 요건은 적법하게 충족되었다고 볼 것이고, 그 외에 이자 또는 지연손해금 등과 같은 종된 채무에 관하여 별도로 그 액을 특정할 것이 요구되지는 아니한다(대판 2013. 6. 27, 2013다23372).

4. 채권자의 통지의무

채권자는 주채무자가 원본, 이자 그 밖의 채무를 3개월 이상 이행하지 아니하는 경우 또는 주채무자가 이행기에 이행할 수 없음을 미리 안 경우에는 지체 없이 보증인에게 그 사실을 알려야 한다. 특히 채권자로서 보증계약을 체결한 금융기관은 주채무자가 원본, 이자 그 밖의 채무를 1개월 이상 이행하지 아니하는 경우에는 지체 없이 그 사실을 보증인에게 알려야 한다. 그리고 채권자는 보증인의 청구가 있으면 주채무의 내용 및 그 이행 여부를 보증인에게 알려야 한다. 위의 통지의무를 위반한 경우에는 보증인은 그로 인하여 손해를 입은 한도에서 채무를 면한다(동법 제5조).

5. 근보증

보증은 채권자와 주채무자 사이의 특정한 계속적 거래계약이나 그 밖의 일정한 종류의 거래로부터 발생하는 채무 또는 특정한 원인에 기하여 계속적으로 발생하는 채무에 대하여도 할 수 있다. 이 경우 그 보증하는 채무의 최고액을 서면으로 특정하여야 한다. 이 경우에 채무의 최고액을 서면으로 특정하지 아니한 보증계약은 효력이 없다(동법 제6조).

6. 보증기간 등

보증기간의 약정이 없는 때에는 그 기간을 3년으로 본다. 그리고 보증계약 체결 후 채권자가 보증인의 승낙 없이 채무자에 대하여 변제기를 연장하여 준 경우에는 채권자나 채무자는 보증인에게 그 사실을 알려야 하며, 이 경우 보증인은 즉시 보증채무를 이행할 수 있다(동법 제7조).

7. 금융기관 보증계약의 특칙

금융기관 보증계약의 특칙: 금융기관이 채권자로서 보증계약을 체결하거나 갱신할 때에는 「신용정보의 이용 및 보호에 관한 법률」에 따라 종합신용정보집중기관으로부터 제공받은 채무자의 채무관련 신용정보를 보증인에게 제시하고 그 서면에 보증인의 기명날인이나 서명을 받아야 하며 이때에는 채무자의 동의를 받아야 한다. 그리고 금융기관이 이러한 채무관련 신용정보를 보증인에게 제시하지 아니한 경우에는 보증인은 금융기관에 대하여 보증계약 체결 당시 채무자의 채무관련 신용정보를 제시하여 줄 것을 요구할 수 있다. 금융기관이 채무관련 신용정보의 제시요구를 받은 날부터 7일 이내에 그 요구에 응하지 아니하는 경우에는 보증인은 그 사실을 안 날부터 1개월 이내에 보증계약의 해지를 통고할 수 있으며 이 경우에 금융기관이 해지통고를 받은 날부터 1개월이 경과하면 해지의 효력이 생긴다(동법 제8조).

8. 편면적 강행규정

이 법에 위반하는 약정으로서 보증인에게 불리한 것은 효력이 없다(동법 제11조).

〈보증의사의 존부에 관한 판례〉

(1) 보증의사의 존부는 당사자가 거래에 관여하게 된 동기와 경위, 그 관여 형식 및 내용, 당사자가 그 거래행위에 의하여 달성하려는 목적, 거래의 관행 등을 종합적으로 고찰하여 판단하여야 할 당사자의 의사해석과 사실인정의 문제이지만, 보증은 이를 인정할 특별한 사정이 있을 경우 이루어지므로 보증의사의 존재나 보증범위는 이를 엄격하게 제한하여 인정하여야 하는바, 한정근보증의 경우 피보증채무의 범위란에 특정한 종류의 거래계약을 한정적으로 열거하고 그 거래계약과 관련하여 발생하는 채무를 피보증채무로 하는 것이므로, 피보증채무의 범위란에 일정한 약정에 기한 채무가 기재되어 있는 때에는 그 범위에 속하는 채무만을 피보증채무로 인정하여야 한다(대판 2006. 12. 21, 2004다34134).

(2) 수표의 발행인에게 어느 특정인의 채무를 담보하기 위한 것이라는 수표의 사용 목적에 대한 인식이 있었다거나 수표의 발행인이 채권자의 요구에 따라 그 앞에서 직접 수표를 발행·교부하였다는 사정이 있었다 하더라도, 그러한 사실이 수표의 발행인에게 민사상의 보증채무까지 부담할 의사가 있었다고 인정하는 데 있어 적극적인 요소 중의 하나가 될 수 있음은 별론으로 하고, 그러한 사실로부터 바로 수표의 발행인과 채권자 사이에 민사상 보증계약이 성립한다고 추단할 수는 없다. 그보다 더 나아가 채권자의 입장에서 수표 발행시에 원인이 되는 채무에 대한 민사상의 보증채무를 부담할 것까지도 수표의 발행인에게 요구하는 의사가 있었고 수표의 발행인도 채권자의 그러한 의사 및 채무의 내용을 인식하면서 그에 응하여 수표를 발행하였다는 사실, 즉 수표의 발행인이 단순히 수표법상의 상환의무를 부담한다는 형태로 채권자에게 신용을 공여한 것이 아니라 민사상의 보증의 형태로도 신용을 공여한 것이라는 점이 채권자 및 채무자와 수표의 발행인 사이의 관계, 수표의 발행에 이르게 된 동기, 수표의 발행인과 채권자 사이의 교섭과정 및 방법, 수표의 발행으로 인한 실질적 이익의 귀속 등 수표의 발행을 전후한 제반 사정과 거래계의 실정에 비추어 인정될 수 있을 정도에 이르러야만 수표의 발행인과 채권자 사이의 민사상 보증계약의 성립을 인정할 수 있고, 그에 미치지 못하는 경우에는 수표의 발행인은 원칙적으로 수표의 채무자로서 수표가 지급거절된 경우 그 소지인에 대하여 상환청구에 응하지 않으면 안 되는 수표법상의 채무만을 부담할 뿐이다(대판 2007. 9. 7, 2006다17928).

(3) 대출절차상의 편의를 위하여 명의만을 대여한 것으로 인정되어 채무자로 볼 수 없는 경우, 그 형식상 주채무자가 실질적인 주채무자를 위하여 보증인이 될 의사가 있었다는 등의 특별한 사정이 없는 한 그 형식상의 주채무자에게 실질적 주채무자에 대한 보증의 의사가 있는 것으로 볼 수는 없다(대판 2005. 5. 12, 2004다68366).

(4) 상호신용금고인 원고가 피고를 채무자로 하여 이 사건 어음할인거래약정을 체결함에 있어 실제로 어음할인거래를 하는 자가 소외 甲이고, 피고는 그 명의를 빌려준 자에 불과하다는 사실을 잘 알고 있었다면, 이 사건 어음할인거래약정의 당사자는 甲으로 볼 것이고, 이와 같이 명의를 대여한 것으로 인정되어 채무자로 볼 수 없는 경우에는 그 형식상 주채무자가 실질적인 주채무자를 위하여 보증인이 될 의사가 있었다는 등의 특별한 사정이 없는 한 그 형식상의 주채무자에게 실질적 주채무자에 대한 보증의사가 있는 것으로 볼 수도 없다(대판 2000. 11. 10, 2000다39933).

2. 保證債務의 成立에 관한 要件

보증채무가 유효하게 성립하기 위해서는 계약에 관한 일반적 성립요건은 물론, 보증채무의 부종성과 관련하여 주채무 및 보증인에 관하여 다음과 같은 특별요건을 갖추어야 한다.

(1) 主債務에 관한 要件

1) 主債務의 存在 보증채무는 주채무의 이행을 담보하는 채무이므로 보증채무가 성립하려면 주채무가 존재하여야 한다. 채무관계의 담보를 목적으로 하는 계약이더라도, 주채무가 없으면 그것은 보증계약이 아니라 손해배상계약이 된다.

2) 主債務는 代替的 給付를 內容으로 할 것 보증채무는 주채무와 그 내용이 같아야 하므로 주채무는 대체적 급부를 내용으로 하는 것이어야 한다. 만약 부대체적 급부를 목적으로 하는 채무에 대하여 보증한 경우에는 채무불이행으로 주채무가 손해배상채무로 변하는 것을 정지조건으로 한 보증채무로 해석하여 그 유효성을 인정하는 것이 일반적이다.

3) 將來의 債務 · 條件附 債務의 保證 장래의 채무에 대하여도 보증이 성립할 수 있다(제428조 제2항). 장래의 채무에 대한 보증이 성립하기 위해서는 적어도 보증의 대상이 되는 주채무에 관한 기본계약이 확정되어 있어야 한다. 즉 보증계약이 주채무의 발생원인이 되는 기본계약에 시간적으로 선행하여 체결될 수 있음을 의미할 뿐 보증채무가 주채무 없이도 발생할 수 있다는 의미는 아니다. 주채무가 특정되어 발생할 때에 선행적으로 체결되었던 보증채무도 비로소 성립하는 것이다. 이때의 장래의 채무는 장래의 특정채무뿐만 아니라 장래의 불특정채무도 포함한다(통설). 후자의 채무의 보증은, 예를 들어 당좌대월계약 · 어음할인계약 등과 같은 계속적 계약관계로부터 생기는 증감 · 변동하는 채무에 관하여 담보하는 것으로서, 근보증(신용보증)이라

고 한다. 이러한 근보증에 있어서는 결산기 · 최고한도액 등의 보증되는 채무의 범위를 확정할 수 있는 기준이 정하여져야 되나, 그 기준은 근저당의 경우보다 완화될 수도 있다. 따라서 근보증에 있어서는 보증기간의 특정이 없어도 상관없으며(대판 1976. 8. 24, 76다1778), 보증하는 책임한도액을 정하지 않아도 보증계약은 유효한 것으로 본다(대판 1982. 12. 28, 82다카779). 조건부 채무에 관하여는 명문의 규정이 없으나, 학설이 이를 인정하고 있다.

[판 례]

(1) 채권자와 채무자 사이의 계속적 거래관계로 인한 현존 및 장래에 발생하는 불확정적 채무에 관하여 보증책임을 부담하기로 하는 이른바 계속적 보증계약은 보증채무의 한도액이나 보증기간에 관하여 아무런 정함이 없는 경우에는 보증인은 변제기에 있는 채무의 전액에 관하여 보증책임을 부담함이 원칙이라고 할 것이라는 것이 통상의 판례이다(대판 1988. 11. 8, 88다3253).

(2) 주채무 발생의 원인이 되는 기본계약이 반드시 보증계약보다 먼저 체결되어야만 하는 것은 아니고, 보증계약 체결 당시 보증의 대상이 될 주채무의 발생원인과 그 내용이 어느 정도 확정되어 있다면 장래의 채무에 대하여서 유효하게 보증계약을 체결할 수 있다 할 것이다(대판 2006. 6. 27, 2005다50041).

4) 取消의 原因 있는 債務를 保證한 경우 주채무가 그 성립원인의 무효로 존재하지 않게 되는 때에는 보증계약도 무효가 되고, 주채무가 취소되면 보증계약도 소급적으로 무효가 된다. 다만 민법은 예외적으로 「취소의 원인 있는 채무인 것을 계약 당시에 알고 있었던 보증인은 주채무의 불이행 또는 취소가 있는 때에 주채무와 동일한 목적의 독립채무를 부담한 것으로 본다」(제436조)는 규정을 두고 있다. 그러나 이 규정은 보증인에게 독립채무를 부담시킴으로써 본질적으로 보증채무의 부종성에 반하며 취소뿐만 아니라 주채무의 불이행시에도 독립채무를 부담하도록 하고, 그 효과에 있어서도 의제규정으로 하고 있어 보증인에게 지나치게 부담을 준다는 문제점을 지니고 있다. 따라서 이 규정의 의미에 관하여 학설상 견해가 대립하고 있다.

(가) 主債務가 不履行된 경우 제436조에 의하면 보증인은 주채무가 불이행된 경우에도 독립채무를 부담하게 된다. 이에 관하여 다수설은 주채무가 주채무자의 귀책사유로 불이행된 경우에는 주채무는 채무불이행으로 인한 손해배상채무로 변할 것이고, 보증인은 보증채무의 부종성에 의하여 당연히 그에 대한 보증채무를 부

담하므로 별도로 보증인이 독립의 채무를 부담하는 것으로 할 필요가 없으며, 또한 주채무가 주채무자의 귀책사유 없이 불이행으로 되면 주채무와 함께 보증채무도 소멸하여 보증인에게 책임이 없게 되므로 결국 제436조에 불이행을 포함시킨 것은 무의미한 것이라고 한다(곽윤직 184면; 김형배 500면; 김상용 320면; 김증한/김학동 252면; 송덕수 205면). 이와는 달리 소수설은 주채무자의 귀책사유와 관계없이 불이행의 경우에는 보증인은 통상의 보증채무가 아니라 부종성 · 보충성 · 수반성이 없는 독립채무를 부담하므로 주채무와 독립하여 본래의 급부 또는 그에 갈음하는 손해배상의무를 이행하여야 한다고 한다(이은영 548면). 생각건대 제436조는 보증인이 보증계약 당시에 주채무의 취소원인이 있음을 알았다는 사실로부터 보증인에게 독립채무를 부담하도록 한 것인데, 다른 나라의 입법례와 달리 보증인의 책임을 지나치게 강화하여 그 타당성에 의문이 있으므로 그 부당성을 최대한 시정하는 방향으로 해석할 필요가 있다. 소수설과 같이 주채무자의 귀책사유로 인한 불이행의 경우에 보증인이 보증채무가 아니라 독립채무를 부담한다고 해석하게 되면 주채무와 보증인이 부담하는 독립채무 사이의 관계를 어떻게 설정해야 할 것인지, 나아가 주채무자가 취소권을 포기하여 더 이상 주채무의 발생원인을 취소할 수 없는 상태임에도 보증인에게 보증채무가 아닌 독립채무를 부담하게 할 필요가 있는지 의문이다. 보증채무란 주채무가 이행되지 아니할 때를 대비하는 채무인데, 보증인이 취소원인을 알았다고 하여 보증채무를 부담하지 아니하고 독립채무를 부담하여야 할 아무런 이유가 없기 때문이다. 나아가 보증인이 독립채무를 부담함에 따라 다른 법정대위자에 대한 관계에서 변제자 대위가 제한 없이 가능하게 되면, 다른 법정대위자의 이익을 침해할 우려도 있다. 따라서 다수설이 주장하는 바와 같이 제436조에 불이행을 포함시킨 것은 무의미한 것이라고 할 것이다.

(나) 主債務가 取消된 경우 제436조에 의하면 보증인은 주채무가 취소된 경우도 독립된 채무를 부담하게 된다. 이에 관하여 학설은 (i) 주채무의 소멸에도 불구하고 보증인이 독립채무를 부담하는 것은 보증채무의 부종성에 반하는 것이고 보증인의 일반적인 의사해석으로도 지나친 것이라고 비판하는 견해(곽윤직 183면; 김용한 356면; 김증한/김학동 252면; 송덕수 205면은 개정이 필요하다고 한다), (ii) 주채무가 취소되어 소멸하더라도 채권자에게 손해를 입히지 않겠다는 취지의 보증인의 의사가 명백하거나 또는 추단될 수 있는 경우에 한하여 제436조를 적용하여야 한다는 견해(김형배 501면; 김상용 320면), (iii) 취소될지도 모르는 채무임을 알면서도 스스로 보증인이 된 자는 주채무가 취소로 소멸되더라도 채권자에게 손해를 발생하게 하지 않겠다는 의사를 가지고 있다고 보는 것이 보통의 경우에 적합하

다는 견해(김주수 325면; 이은영 547면은 보증인은 독립채무를 부담한다고 한다)로 나뉘고 있다. 생각건대 제436조를 임의규정으로 해석하여 당사자의 특약에 의하여 그 적용을 배제할 수 있으므로 보증계약상의 구체적 사정에 비추어 보증인의 의사가 주채무의 존속을 전제로 보증채무를 부담하려는 것으로 인정되는 경우에만 보증인이 독립채무를 부담한다고 해석함이 타당하다고 할 것이다.

(2) 保證人에 관한 要件

1) 一般의 경우 보증인의 자격에는 원칙적으로 아무런 제한이 없으며, 보증채무는 보증계약에 의하여 성립하므로 일반적인 계약능력 · 행위능력을 요할 뿐이다.

2) 債務者가 保證人을 세울 義務가 있는 경우 당사자 사이에 계약 · 법률의 규정(제206조 제1항 · 제214조 · 제688조 제2항 · 제1048조 제2항), 또는 법원의 명령(제26조 · 제918조 제4항 · 제1053조 제2항)으로 보증인을 세울 의무를 부담하는 경우에 관하여 민법은 특별규정을 두고 있다. 즉 (i) 채무자가 보증인을 세울 의무를 부담하는 경우에는 그 보증인은 행위능력 및 변제능력을 갖춘 자이어야 한다(제431조 제1항). (ii) 보증인이 행위능력 · 변제자력이 없게 된 때에는 채권자는 그 요건을 갖춘 자로 보증인을 변경할 것을 청구할 수 있다(제431조 제2항). (iii) 채권자가 보증인을 지명한 때에는 보증인의 자격에 관한 (i) · (ii)요건은 적용되지 않는다(제431조 제3항). (iv) 채무자가 다른 상당한 담보를 제공함으로써 보증인을 세울 의무를 면할 수 있다(제432조). (v) 제431조가 정하는 보증인의 자격은 보증인을 세울 의무의 요건이지 보증계약성립의 요건은 아니므로 만일 무자격의 보증인과 보증계약을 맺었다면, 그 계약은 유효하게 성립한다. 다만 이 경우 채무자는 보증인을 세울 의무를 이행하지 않은 것이 되어, 그 결과 기한의 이익을 잃게 된다(제388조 제2호).

(3) 保證契約과 錯誤問題

1) 主債務者 및 主債務의 內容에 관한 錯誤 주채무자의 동일성이나 피보증채무의 내용에 관한 착오는 보증계약의 중요 부분의 착오이다. 따라서 보증인은 제109조의 요건을 충족하는 한 보증계약을 취소할 수 있다.

2) 主債務者의 信用에 관한 錯誤 보증은 본질적으로 주채무자의 무자력으로 인한 채권자의 위험을 인수하는 것이기 때문에 제109조의 요건이 충족되더라도 원칙적으로 보증인은 보증계약을 취소할 수 없다. 그러나 채권자가 착오의 원인을 제공한 때에는 그렇지 않다(대판 1989. 1. 17, 89다카1271).

3) 다른 擔保의 존재에 관한 錯誤 다른 담보의 존재는 근본적으로 주채

권의 가치를 확보하기 위한 것이지 보증인의 구상권을 보장해 주기 위한 것이 아니기 때문에 이러한 착오는 보증계약의 중요 부분의 착오에 해당하지 않는다.

Ⅲ. 保證債務의 內容

1. 保證債務內容의 決定要因

보증채무의 내용은 보증채무의 부종성과 보증계약에 의하여 정하여진다. 보증채무의 부종성으로 인하여 주채무가 변제·상계·공탁·경개·면제·혼동 등으로 소멸하면 보증채무도 소멸한다. 보증채무의 내용은 보증계약에 의하여도 주채무의 내용보다 무겁게 하지 못한다(제430조). 따라서 주채무의 내용이 확장·가중되어도 보증채무에 당연히 영향이 미치는 것은 아니다. 반대로 감축된 경우에는 특별한 의사표시가 없는 한, 보증인은 당연히 그 감축된 주채무를 보증한다(대판 1960. 4. 21, 4292민상619). 주의할 것은 변제기의 연장은 가중사유가 아니라는 것이다. 따라서 이 경우에는 보증채무의 변제기도 연장된다. 다만 사전구상권을 행사하는 경우에는 변제기의 연장이 보증인에게 불리하므로 보증채무의 성립시에 정해진 변제기가 경과하면 보증인은 주채무자에게 사전구상을 할 수 있다(통설. 대판 2007. 4. 26, 2006다22715).

2. 保證債務의 目的

보증채무의 목적인 급부는 원칙적으로 주채무와 동일한 것이어야 한다. 특정물채무에 대한 보증은 그 채무가 장래의 채무불이행으로 인하여 손해배상채무로 변경될 경우에 그 채무를 조건부로 보증하는 것으로 해석할 수 있다(통설). 주채무의 목적이 그의 동일성을 잃지 않고서 변경된 때에는 보증채무의 목적도 그에 따라 변경된다(대판 2001. 3. 23, 2001다628). 그러나 주채무가 동일성을 잃지 않으면서 변경된 경우라도 그 채무의 내용이 보증계약 성립 후에 주채무자와 채권자의 합의에 의하여 확장·가중된 것이라면 보증채무는 이로 인한 영향을 받지 않는다.

3. 保證債務의 範圍

보증채무의 범위는 보증계약에 의하여 정하여지나, 채권자와 보증인 사이의 특약이 없는 경우에 보증채무는 주채무의 이자·위약금·손해배상 기타 주채무에 종속한 채무를 포함한다(제429조 제1항). 그런데 여기의 손해배상채무는 주채무의 손해배상에 대한 것이며, 보증채무의 이행지체로 인한 것은 아니다. 보증채무의 이행지체로 인한 지연배상은 보증채무와는 별도로 부담하여야 한다(대판 2000. 4. 11, 99다12123; 대판 2006. 7. 4, 2004다30675). 주채무에 관한 계약의 해지 또는 해제에 의한 원상회복의무(제548조) 및 손해배상의무(제551조)가 보증채무에 의하여 담보되는 범위에 속하느냐가 문제된다. 이에 관하여 학설(곽윤직 186면; 김용한 361면; 장경학 390면; 김주수 329면; 김형배 561면; 이은영 558면)과 판례(대판 1972. 5. 9, 71다1474; 대판 1996. 2. 9, 94다38250)는 보증계약은 주채무자가 계약당사자로서 부담하는 모든 채무를 보증하는 취지라고 해석하여야 할 것이므로 해지 또는 해제에 있어서 원상회복의무(제548조)와 손해배상의무(제551조)의 성질론에 관계없이 보증인은 원칙적으로 이들 채무도 보증하는 것으로 해석한다. 그러나 주채무 또는 그에 종속된 채무의 범위가 채권자의 책임 있는 사유로 확대된 경우에 보증인은 그 확대된 부분에 대하여 책임을 지지 않는다.

그리고 보증계약이 성립한 후에 보증인이 알지도 못하는 사이에 주채무의 목적이나 형태가 변경되었다면, 그 변경으로 인하여 주채무의 실질적 동일성이 상실된 경우에는 당초의 주채무는 경개로 인하여 소멸하였다고 보아야 할 것이므로 보증채무도 당연히 소멸하겠지만, 그 변경으로 인하여 주채무의 실질적 동일성이 상실되지 아니하고 동시에 주채무의 부담 내용이 축소·감경된 것에 불과한 경우에는 보증인은 그와 같이 축소·감경된 주채무의 내용에 따라 보증책임을 지게 된다(대판 2001. 3. 23, 2001다628).

보증계약 체결 후 채권자가 보증인의 승낙 없이 주채무자에 대하여 변제기를 연장하여 준 경우, 그것이 반드시 보증인의 책임을 가중하는 것이라고는 할 수 없으므로 원칙적으로 보증채무에 대하여도 그 효력이 미친다(대판 1996. 2. 23, 95다49141). 다만 이 경우 수탁보증인은 특별한 사정이 없는 한 본래의 변제기가 도래한 후에는 주채무자에 대하여 사전구상권을 행사할 수 있으며(제442조 제1항 제4호), 보증계약 후에 채권자가 주채무자에게 허여한 기한으로 보증인에게 대항하지 못한다(제442조 제2항)(대판 2007. 4. 26, 2006다22715). 한편 당사자 사이에 연대보증인의 동의 없이 피보증채무의 이행기가 연장된 경우도 연대보증인의 보증채무의 소멸 여부 및 그 범위에 관한 특별한 약정이 있는 경우에는 그 약정에 따라야만 한다(대판 2007. 6. 14, 2005다9326).

[판 례]

(1) 민법 제429조 제1항에 의하면, '보증채무는 주채무의 이자, 위약금, 손해배상 기타 주채무에 종속한 채무를 포함한다.'고 규정되어 있으므로, 위와 같이 부동산매매계약과 함께 이행인수계약이 이루어진 경우 그 매매대금채무나 매수인이 인수한 채무를 보증한 자는 매도인이 매수인의 인수채무 불이행으로 말미암아 또는 임의로 인수채무를 대신

변제하여 매수인이 매도인에게 부담하게 되는 손해배상채무 또는 구상채무에 대하여도 보증채무를 부담하게 되며, 나아가 매수인의 인수채무 불이행으로 인한 손해가 계속적으로 발생하거나 매도인이 매수인의 인수채무를 계속적으로 대신 변제하여 나가는 경우도 있을 수 있고, 이러한 경우의 보증은 계속적 보증의 성질도 갖게 된다(대판 2002. 5. 10, 2000다18578).

(2) 계약이행보증보험에 있어서 피보험자와 보험계약자 사이의 주계약의 이행기간이 당초 보험기간 내이던 것이 보험기간 이후로 연장되었다 하여 보험기간도 연장된 주계약의 이행기간에 맞추어 연장되는 것은 아니고 보험자로서는 당초 정해진 보험기간 내에 발생한 보험사고에 대해서만 보험책임을 부담할 뿐이므로 그러한 주계약의 이행기간 연장이 보험자의 동의 없이 이루어졌다 하여 당초 약정한 보험기간 내에 발생한 보험사고를 대상으로 하는 보험계약의 효력이 당연히 소멸된다고 볼 수는 없다(대판 2006. 4. 28, 2004다16976).

(3) 신용보증기금이 발급한 신용보증서에 신용보증 대상이 되는 '대출과목'이 '할인어음'이라고 기재되어 있는 한편, "본 보증서는 사업자등록증을 교부받은 업체간에 당해 업체의 사업목적에 부합되고 경상적 영업활동으로 이루어지는 재화 및 용역거래에 수반하여 발행된 상업어음(세금계산서가 첨부된)의 할인에 대하여 책임을 진다"라는 내용의 특약사항이 기재되어 있는 경우, 신용보증서에 기재된 대출과목과 특약사항의 내용, 신용보증기금의 설립 취지, 신용보증이 이루어지는 동기와 경위, 신용보증에 의하여 달성하려는 목적, 신용보증에 의하여 인수되는 위험 및 상업어음할인대출 절차의 엄격성 등을 종합적으로 고려하면, 위 신용보증서의 상업어음할인 특약에 의해 신용보증을 한 당사자의 의사는, 금융기관이 선량한 관리자로서의 주의의무를 다하여 정상적인 업무처리절차에 의해 상업어음인지 여부를 확인하고 상업어음할인의 방식으로 실시한 대출에 대하여 신용보증책임을 진다는 취지로 해석함이 합리적이고, 따라서 금융기관이 상업어음으로서 할인한 어음이 사후에 상업어음이 아님이 드러났다 하여도 그 할인에 의한 대출과정에서 선량한 관리자로서의 주의의무를 다하였다면 그에 대하여는 신용보증기금이 신용보증책임을 부담한다(대판[전합] 2008. 5. 23, 2006다36981).

(4) 선급금 반환의무는 수급인의 채무불이행에 따른 계약해제로 인하여 발생하는 원상회복의무의 일종이고, 보증인은 특별한 사정이 없는 한 채무자가 채무불이행으로 인하여 부담하여야 할 손해배상채무와 원상회복의무에 관하여도 보증책임을 지므로, 민간공사 도급계약에서 수급인의 보증인은 특별한 사정이 없다면 선급금 반환의무에 대하여도 보증책임을 진다. 그리고 민간공사 도급계약 연대보증인의 보증책임은 각종 보증서의 구비 여부, 도급계약의 내용, 보증 경위 등을 참작하여 개별적으로 구체적인 사안에 따라 법률행위의 해석에 의하여 판단되어야 하지만, 특별한 약정이 없다면 수급인의 책임과 마찬가지로 금전채무보증과 시공보증을 포함한다고 보아야 한다(대판 2012. 5. 24, 2011다109586).

(5) 채무가 특정된 확정채무에 대하여 보증한 보증인으로서는 자신의 동의 없이 피보증채무의 이행기를 연장해 주었는지에 상관없이 보증채무를 부담하는 것이 원칙이다. 그

렇지만 당사자 사이에 보증인의 동의를 얻어 피보증채무의 이행기가 연장된 경우에 한하여 피보증채무를 계속하여 보증하겠다는 취지의 특별한 약정이 있다면 약정에 따라야 한다. 이 경우에 보증채무를 존속시키기 위하여 필요한 이행기 연장에 대한 보증인의 동의는 이행기가 연장된 주채무에 대하여 보증채무를 변제하겠다는 의사를 의미하며, 위와 같은 의사가 담겨 있는 이상 동의는 이행기가 연장되기 전뿐 아니라 이행기가 연장된 후에도 가능하고, 묵시적 의사표시의 방법으로도 할 수 있다고 보아야 한다(대판 2012. 8. 30, 2009다90924).

4. 保證債務의 모습

보증채무의 기한·조건 등은 주채무와 동일한 것이 원칙이다. 보증채무의 모습은 주채무의 그것보다 가볍게 할 수는 있지만 주채무의 그것보다 무겁게 할 수는 없으며, 무겁게 한 때에는 주채무의 모습의 한도로 감축된다(제430조).

5. 保證債務에 대한 損害賠償額의 豫定

보증채무의 이행을 확실하게 하고 그 불이행의 경우에 대비하기 위하여 보증인과 채권자 사이에서 보증채무에 관한 위약금 기타의 손해배상액을 예정할 수 있다(제429조 제2항). 또한 보증채무에 관하여 보증인을 세우고(副保證), 담보물권을 설정하는 것(物上保證)도 마찬가지이다. 보증채무는 주채무와는 별개의 채무이므로 보증채무에 대해서만 위약금 등을 약정하더라도 보증채무의 부종성에 반하지 않으며, 보증채무에 관해서만 종된 권리관계를 수반하는 것도 무방하다.

[판 례]

원래 보증인의 의무는 보증계약 성립 후 채무자가 한 법률행위로 인하여 확장, 가중되지 아니하는 것이 원칙이므로, 채무자의 채무불이행시의 손해배상 범위에 관하여 채무자와 채권자 사이의 합의로 보증인의 관여 없이 그 손해배상 예정액이 결정되었다고 하더라도, 보증인으로서는 위 합의로 결정된 손해배상 예정액이 채무불이행으로 인하여 채무자가 부담할 손해배상책임의 범위를 초과하지 아니한 한도 내에서만 보증책임이 있다(대판 1996. 2. 9, 94다38250).

사례해설

I. 급부의무에 대한 보증채무의 내용

1. 부대체적 급부의무의 경우

보증채무는 그 성질상 주채무와 동일한 급부를 목적으로 하므로 주채무는 대체적 급부를 내용으로 해야 한다. 그렇다면 특정물인도채무와 같이 부대체적 급부의무에 관하여 보증계약이 체결된 때에는 주채무자가 채무를 이행하지 않는 경우에 보증인은 주채무와 동일한 특정물인도채무를 부담하는가 아니면 주채무의 불이행으로 인한 손해배상채무에 대해서 보증채무를 부담하는 데 그치는가 하는 것이 문제된다. 원칙은 부대체적 급부의무는 주채무자만이 이를 실현할 수 있지만 어떤 사정으로 보증인이 목적물의 소유권을 취득한 경우에는 주채무와 동일한 내용의 급부를 실현하는 것도 무방하다. 사안에서 주채무자가 복사기를 소유하고 있다면 A는 B에 대하여 목적물인도를 청구하고 D에 대해서는 이행지체로 인한 지연손해배상을 청구할 수 있다. 복사기가 제3자에게 양도되어 본래의 급부를 B · D에게 청구할 수 없는 경우에는 A는 손해배상의무를 부담하는 D에게 전보배상(제395조)을 청구할 수 있다. 그러나 D가 어떤 사정으로 복사기의 소유권을 취득한 경우에는 A는 D에게 복사기의 인도를 청구할 수 있다. 다만 어느 경우에든 D는 단순한 보증인이므로 최고 · 검색의 항변권을 갖는다(제437조 · 제438조).

2. 대체적 급부의 경우

복사기가 대체할 수 없는 종류물인 경우에는 A는 D에 대하여 보증채무의 이행으로서 위 복사기의 인도를 청구할 수 있으나 이때에도 D는 최고 · 검색의 항변권을 가진다.

II. 계약해제시 보증인의 원상회복의무 및 손해배상의무

사안에서 A가 B의 매매계약을 이행지체 또는 이행불능을 이유로 해제한 경우, 주채무자인 B가 부담하는 원상회복과 손해배상의무에 대하여 D가 보증채무를 부담하는지가 문제된다. 계약해제의 효과에 있어서 직접효과설에 의할 경우에는 원채무가 소멸하면 보증채무도 소멸한 것으로 보아야 할 것이지만, 통설과 판례(대판 1972. 5. 9, 71다1474)는 보증계약에서 발생하는 본래의 채무만 보증하는 것이 아니고 계약당사자로서 부담하는 일체의 채무를 보증함으로써 그 계약의 불이행에 의하여 상대방에게 손해가 발생하지 않도록 해야 하므로 계약해제의 경우에는 원상회복의무와 손해배상의 성질에 구애됨이 없이 보증한 것으로 본다. 반면에 청산관계설에 의할 경우에는 해제권 행사 후의 채권관계는 반환채무관계로 그 성질이 바뀔 뿐이고 채권관계의 동일성은 유지되므로 반환채무관계의 내용인 원상회복의무와 손해배상의무에 대해서 보증인은 당연히 보증채무를 부담하게 된다. 따라서 어느 설에 의하든 A가 B의 채무불이행을 이유로 매매계약을 해제하고 보증인 D에 대하여 B에게 지급한 대금의 반환 및 손해배상청구를 하는 경우에 D는 이에 응하여야 하며, 다만 단순보증인 D는 최고 · 검색의 항변권을 가진다.

Ⅳ. 保證債務의 對外的 效力

1. 債權者의 權利

(1) 一般的 權利

보증채무의 이행기가 도래하였으나 이를 주채무자가 이행하지 않는 경우에 채권자는 보증인에 대하여 보증채무의 이행을 청구할 수 있다(제428조 제1항). 보증채무의 이행기가 주채무의 그것보다 먼저 도래하는 일은 없다(제430조). 주채무 · 보증채무 모두 이행기에 있는 때에는 채권자는 보증인과 주채무자에 대하여 동시에 또는 순차로 채무의 전부나 일부의 이행을 청구할 수 있고, 보증인과 주채무자를 공동피고로 하여 제소할 수도 있다. 그러나 채권자가 주채무자를 빼놓고 보증인에게 먼저 채무의 이행을 청구한 경우에는 보증인은 최고 · 검색의 항변권을 행사할 수 있다.

(2) 債務者 回生 및 破産에 관한 法律上의 權利

주채무자 및 보증인 중 전원 또는 일부가 파산선고를 받은 때에는 채권자는 채권 전액에 관하여 각 파산재단에 대하여 파산채권자로서 그의 권리를 행사할 수 있다(채무자 회생 및 파산에 관한 법률 제428조 · 제429조). 보증인만이 파산선고를 받은 때도 마찬가지이다(동법 제428조 · 제429조 · 제431조). 또한 주채무자와 보증인 중 전원 또는 일부에 관하여 회생절차가 개시된 때에는 채권자는 회생절차 개시 당시에 가진 채권의 전액에 각 회생절차에서 회생채권자로서 그 권리를 행사할 수 있으며(동법 제126조 · 제127조), 주채무자와 보증인 중 전원 또는 일부가 개인회생절차 개시결정을 받은 때에는 채권자는 개인회생절차 개시결정에 가진 채권의 전액에 관하여 각 개인회생재단에 대하여 개인회생채권자로서 권리를 행사할 수 있다(동법 제581조 제2항 · 제428조 · 제429조 · 제431조).

파산절차에서 주채무자가 면책을 허가받아 파산채권자에 대한 채무의 전부에 대하여 책임이 면제된 경우에도 보증인에 대한 파산채권자의 이행청구권에는 영향이 없다(동법 제56조).

[판 례]

구 회사정리법(2005. 3. 31. 법률 제7428호 채무자 회생 및 파산에 관한 법률 부칙 제2조로 폐지) 제240조 제2항에 의해 정리채권자는 정리계획과 관계없이 보증인에 대하여는 언제든지 본래의 채권을 청구하고 집행을 할 수 있으므로, 정리계획에 의하여 정리채권의 수액이나 변제기가 변경되었다 하더라도 보증인의 보증책임에 대하여는 아무런 효력을 미치지 아니한다(대판 2007. 5. 31, 2007다11231).

2. 保證人의 權利

보증인은 채권자의 청구에 대하여 보증채무의 부종성 및 보충성에 기하여 다음과 같은 항변권을 행사할 수 있다.

(1) 附從性에 기한 權利

보증인은 주채무자의 항변으로 채권자에게 대항할 수 있다(제433조 제1항). 주채무자가 그의 항변권을 포기하더라도 보증인에게 효력이 없으므로 주채무자가 가졌던 항변권을 행사할 수 있다(제433조 제2항). 보증인이 행사할 수 있는 주채무자의 항변권으로서는 기한유예의 항변권 · 동시이행의 항변권 · 부보증에 있어서의 최고 · 검색의 항변권 등이다. 그 밖에 보증인이 채무자의 항변권을 행사할 수 있는 경우는 다음과 같다.

1) 主債務의 不存在 및 消滅의 抗辯權 보증인은 주채무가 그 성립원인의 무효 · 취소로 존재하지 않거나 또는 변제 등으로 소멸한 경우에 주채무의 부존재 또는 소멸의 항변권을 행사하여 보증채무의 무효 또는 소멸을 주장할 수 있다. 따라서 주채무가 시효로 소멸한 때에는 보증인도 시효소멸을 원용할 수 있으며(제433조 제1항), 주채무자가 시효이익을 포기하더라도 보증인은 주채무에 관한 소멸시효의 완성을 주장할 수 있다(제433조 제2항). 다만 보증인이 보증채무에 관한 시효의 이익을 포기하거나 채무를 승인한 경우에 주채무에 관한 시효의 이익을 원용할 수 있느냐가 문제된다. 이에 관하여 학설은 (i) 보증채무에 관한 시효이익의 포기는 당연히 주채무에 관한 시효이익의 포기도 포함된다는 견해(장경학 393면)와 (ii) 그 포기가 언제나 당연히 주채무자의 시효이익의 포기를 포함하지는 않는다는 견해(김용한 371면; 김증한/김학동 260면), (iii) 구체적으로 판단하여야 한다는 견해(김주수 335면; 김형배 511면), (iv) 구체적으로 판단하여야 하나, 일반적으로 보증채무의 시효이익의 포기는 주채무자의 시효이익원용의 포기도 포함한다는 견해(김상용 327면; 송덕수 209면) 등으로 나뉘고 있다. 생각건대 이 경우에 주채무에 관한 시효이익의 원용을 허용한다면 시효이익을 포기한 보증인의 선행행위와 모순되므로 보증채무의 시효이익의 포기에는 주채무자의 시효이익 원용의 포기도 포함된다고 할 것이다.

2) 主債務者의 相計權을 원용할 수 있는 權利 보증인은 주채무자의 채권에 의한 상계로 채권자에게 대항할 수 있다(제434조). 이 상계권은 항변권이 아니라 주채무자가 가지는 독립한 형성권이지만, 보증인에게 주채무자의 상계권의 행사를 인정하는 것은 보증인을 보호하고 법률관계를 간편하게 처리하기 위한 것으로 해석하고 있다(통설). 이에 대하여 보증인에 직접 상계권을 인정하는 것은 주채무자의 채권

에 대한 보증인의 처분권을 인정하는 것이 되어 부당하므로 상계에 의하여 소멸하는 주채무 범위 내에서 보증인이 자기의 변제를 거절하는 항변권(이행 거절권)을 인정하는 것이 타당하다는 견해가 있다(김형배 512면). 보증인은 주채무자의 채권으로 상계할 수 있지만, 채권자에 대한 자신의 채권으로도 보증채무와 상계할 수 있다. 주채무자의 채권자에 대한 채권이 시효로 소멸한 경우에도 소멸시효가 완성된 채권이 그 완성 전에 상계할 수 있었던 것이면, 그 채권자는 상계할 수 있으므로(제495조), 보증인의 상계권도 인정되어야 할 것으로 해석한다. 이 경우에 보증인이 자신에 의한 상계를 주장하는 것은 당해 소송의 사실심변론종결 전에 주채무가 별도의 이유로 소멸하지 않고 잔존하는 것을 조건부로 하는 일종의 예비적 상계로 해석된다. 그러나 보증인은 채권자가 상계적상에 있는 자동채권을 상계처리하지 않았다고 하여 그것을 이유로 보증채무의 이행을 거절할 수는 없으며 면책될 수도 없다(대판 1987. 5. 12, 86다카1340).

3) 保證人의 履行拒絶權 주채무자가 채권자에 대하여 취소권 또는 해제권이나 해지권을 가지고 있는 동안은 보증인은 채권자에 대하여 이행을 거절할 수 있다(제435조). 이것은 주채무자가 취소권 · 해제권 · 해지권을 가지고 있는 한 주채무의 존속여부는 불확정한 것이므로 그것이 확정될 때까지 보증채무의 이행을 거절할 수 있는 연기적 항변을 할 수 있다는 것을 의미한다. 이러한 주채무자의 취소권 · 해제권 · 해지권은 단순한 항변권이 아니라 독립한 형성권이기 때문에 주채무자만이 행사할 수 있으며 보증인이 직접 이 권리들을 행사할 수는 없다. 또한 보증인에게 직접 취소권의 행사를 인정하는 것은 타인의 권리에 대한 처분권을 인정하는 것이 되고, 종된 채무자가 주된 채무자의 권리를 행사하는 것이 되어 그 본질적 지위에도 반하게 된다.

(2) 補充性에 기한 權利(최고 · 검색의 항변권)

1) 意 義 채권자가 보증인에게 채무의 이행을 청구한 때에는 보증인은 주채무자가 변제자력이 있다는 사실 「및」 그 집행이 용이하다는 것을 증명하여 먼저 주채무자에게 청구할 것(최고의 항변권)과 주채무자의 재산에 대하여 집행할 것(검색의 항변권)을 항변할 수 있다(제437조). 이는 주채무가 이행되지 않은 경우에 보증인이 그 채무를 보충적으로 부담한다는 보증채무의 보충성에 근거를 두고 있다. 그러나 이는 이른바 「先訴의 抗辯」과는 달라서, 채권자는 주채무의 불이행이 있으면 주채무자와 보증인에 대하여 동시에 이행을 청구할 수 있음은 물론 보증인만을 피고로 하여 청구하더라도 상관이 없다(동지 대판 1960. 4. 21, 4292민상619).

2) 第437條의 解釋 민법 제437조에서 규정하고 있는 보증인의 최고·검색의 항변권이 최고의 항변권과 검색의 항변권이라는 두 개의 항변권인지 최고와 검색의 항변권이라는 하나의 항변권인지에 관하여 학설상 견해가 대립한다. 이에 관하여 (i) 소수설은 현행민법은 구민법(제452조·제453조)과 달리 동일한 요건 하에 최고·검색의 항변권을 통합하여 규정하고 있으며, 또한 입법자료에서도 「현행법의 최고의 항변제도는 불필요한 제도를 규정하였던 것을 초안은 검색의 항변권과 합하여 주채무자의 변제자력이 있는 사실과 그 집행이 용이한 사실을 증명하여야만 항변권을 행사할 수 있게 한 것으로 타당하다」(민법초안심의록상권 258면)고 하여 최고·검색의 항변권을 하나의 항변권으로 해석한다(김형배 514면; 이은영 563면). 그러나 다수설(곽윤직 190면; 송덕수 209면 등)은 최고의 항변권은 비록 무익·불필요한 제도이나 제437조는 최고의 항변권과 검색의 항변권을 두 개의 독립한 항변권으로 규정한 것으로서 각각 독자적으로 포기하거나 최고의 항변권을 행사하지 않고 바로 검색의 항변권을 행사할 수 있는 것으로 해석한다. 생각건대 소수설처럼 이 권리를 하나의 권리로 해석하면 채권자가 주채무자에게 이미 최고를 한 경우에는 그 항변권을 행사할 수 없고, 또한 검색의 항변권만 따로 분리하여 행사할 수도 없게 되어 보증인에게 불리하게 될 것이다. 따라서 다수설과 같이 각각 별개의 두 권리라고 해석하여야 할 것이다. 다만 최고의 항변권은 채권자가 이미 주채무자에 대하여 사전에 또는 동시에 이행을 청구하고 있을 경우에는 인정되지 않기 때문에 그 필요성은 적다고 할 것이다.

3) 行使의 要件 보증인이 최고·검색의 항변권을 행사하려면 (i) 채권자가 주채무자에게 청구하지 않은 상태에서 보증인에게 청구하였어야 하며, (ii) 보증인이 주채무자에게 변제자력이 있다는 사실과 주채무자의 재산에 대한 집행이 용이하다는 사실을 증명하여야 한다. 채무자가 반드시 채무 전액을 변제할 자력이 있어야만 하는 것은 아니고, 채무액에 대하여 거래상 상당하다고 인정될 정도의 금액을 변제할 자력이 있으면 된다. 그리고 채권자가 집행하기에 현저한 시일·비용을 요함이 없이 쉽게 그 채권을 실행할 수 있어야 하는데, 채무자의 주소에 있는 동산이나 유가증권은 집행이 용이하다고 할 수 있으나 부동산·지명채권이나 원격지에 있는 동산은 그 소재에 관계없이 집행이 용이하지 않은 것으로 해석한다(통설).

4) 行使의 效果

(가) 保證人의 履行遲滯責任의 免除 최고·검색의 항변권은 동시이행의 항변권과 같은 일종의 연기적 항변권으로서 그 요건이 입증되어 권리의 존재가 인정된

다면 이행기가 경과하더라도 보증인은 이행지체책임을 지지 않는 것으로 해석된다.

(나) 主債務者에 대한 先請求·先執行의 義務 보증인이 최고의 항변권을 행사하면 채권자는 주채무자에게 최고하지 않는 한 다시 보증인에게 이행을 청구(재판상·재판외를 불문)하지 못한다. 또한 주채무자에게 최고하였으나 효과가 없었음을 증명할 필요도 없다. 이 항변권은 채권자가 아직 채무자에 대하여 최고를 하고 있지 않은 경우에만 허용되고 이에 사전 또는 동시에 주채무자에게 최고하고 있는 때에는 허용되지 않는다. 채권자가 주채무자의 재산에 집행하였으나, 완제를 받지 못하면 그 잔액을 다시 보증인에게 청구할 수 있을 뿐이다. 보증인의 항변에 의하여 주채무자에 대한 청구 및 집행을 하였지만 채권의 만족을 얻지 못하였다면 그 후 채무자의 자산상태가 호전된 경우에도 보증인은 다시 검색의 항변을 하지 못한다. 즉 검색의 항변권은 1회의 행사로 소멸하며, 따라서 채권자가 보증인에 대한 청구에 앞서 이미 채무자에 대하여 청구·집행하였다는 사실이 증명된 경우에도 보증인의 위 항변권은 인정될 수 없는 것으로 해석된다.

(다) 債權者의 懈怠와 免責效 보증인의 최고·검색의 항변권이 유효하게 행사되었음에도 불구하고 주채무자에 대한 최고나 집행을 채권자가 해태하여 주채무자로부터 채무의 일부나 전부를 변제받지 못한 경우에 보증인은 채권자가 곧 최고·집행하였더라면 변제받았을 한도에서 그 의무를 면한다(제438조).

(라) 相計의 禁止 보증인이 최고나 검색의 항변권을 가지는 동안은 채권자는 보증인에 대하여 상계로써 대항하지 못한다. 즉 채권자가 보증인에 대하여 채권을 가지고 있더라도 그 채권을 가지고 주채무자에 대한 채권과 상계하지 못한다. 이는 채권자의 일방적인 의사표시에 의하여 보증인이 가지는 최고의 항변권을 잃게 하는 것은 부당하기 때문이다.

5) 催告·檢索의 抗辯權이 排除되는 경우 보증인의 최고·검색의 항변권은 (i) 보증인이 연대보증인인 경우(제437조 단서), (ii) 주채무자가 파산선고를 받은 경우(주채무자의 변제자력이 없기 때문), (iii) 주채무자의 행방을 알 수 없는 경우(집행이 용이하지 않음), (iv) 보증인이 최고·검색의 항변권을 포기한 경우에는 인정되지 않는다.

V. 主債務者 또는 保證人에 관하여 생긴 事由의 效力

1. 主債務者에 관하여 생긴 事由의 效力

채권자와 주채무자 사이에서 주채무자에 관하여 생긴 사유는 모두 보증인에 대하여도 그 효력이 생긴다(절대적 효력). 보증채무에는 주채무에의 부종성이 있기 때문이다. 다만 보증채무가 성립한 후에 채권자와 주채무자와의 합의로 주채무의 목적 · 범위 · 모습을 변경하여도 그것이 보증채무를 가중하는 것일 때에는, 그 효력이 보증채무에 미치지 않는다(제430조 참조; 대판 1974. 11. 12, 74다533).

(1) 主債務의 消滅

주채무의 소멸은 그 원인이 무엇이든 언제나 보증인에게 그 효력이 미친다. 그러나 채무가 소멸하는 것이 아니라 책임이 한정되었을 뿐인 때에는 보증채무의 효력에는 영향을 미치지 않는다. 예를 들어 주채무자가 사망하고 상속인이 한정승인을 한 때에는 채무가 아니라 책임이 경감되었을 뿐이므로 보증인은 본래의 보증채무에 따른 책임을 부담한다. 그 밖에 주채무가 强制和議에서 일부 면제된 때에도 보증인의 채무에는 아무런 영향을 미치지 않는다(채무자 회생 및 파산에 관한 법률 제567조). 이러한 해석은 채무에 대한 책임의 관념을 인정하여 책임은 한정되어도 채무에는 변화가 없기 때문에 보증인의 채무에는 영향을 미치지 않는 것으로 보는 데서 도출된다. 한편, 주채무를 소멸시킨 행위가 무효 · 취소 등으로 인하여 효력을 상실하여 주채무가 소멸하지 않는 것으로 되면 보증채무도 되살아난다.

(2) 主債務에 관한 債權讓渡 및 債務引受

주채무자에 대한 채권이 양도되는 경우에는 보증인에 대한 채권도 그에 수반하여 당연히 양수인에게 이전된다. 그 양도를 가지고 보증인에게 대항하기 위해서는 주채무자에 대한 대항요건을 구비하는 것으로 족하며, 별도로 보증인에게 채권양도를 통지하거나 또는 보증인의 승낙을 필요로 하지 않는다(대판 2002. 9. 10, 2002다21509). 그러나 이 경우에도 특약으로 그 수반을 배제한 때에는 보증채무는 소멸한다. 또한 주채무에 관하여 보증인의 승낙 없이 면책적 채무인수가 행하여진 경우에도 보증인의 승낙이 없는 한 보증채무는 소멸하는 것으로 해석한다. 다만 보증채무의 부종성은 당사자 사이의 약정에 의한 변경을 허용하지 않을 만큼 절대적인 것은 아니므로 보증인이 그 채무인수에 대하여 동의하거나 또는 신채무자를 위하여 보증인이 될 것을 승인한 때에는 보증채무가 소멸하지 아니한다. 한편 중첩적 채무인수의 경우에는 주채무자가 여전히 채무를 부담하고 있으므로 보증채무는 그대로 존속한다.

(3) 主債務에 관한 時效의 中斷

주채무자에 대한 이행청구 기타에 의한 시효중단은 보증인에게도 그 효력이 미친다(제440조). 보증에 있어서는 연대채무와는 달리 이행청구에 의한 시효중단에 한하지 않고 압류·가압류 등에 의한 모든 시효중단이 절대적 효력을 가진다. 나아가 도산절차의 참가로 인한 시효중단의 효과도 보증인에게 미친다(대판 2007. 5. 31, 2007다11231). 이와 같이 시효중단에 절대적 효력을 부여하도록 규정한 것은 보증채무의 부종성에 따른 것이 아니라 주채무에 대한 권리행사만으로도 보증인에 대한 시효중단의 효력이 미치게 하여, 주채무와는 별도로 보증채무만이 시효로 소멸하지 않도록 함으로써 채권담보의 목적을 달성하고 채권자를 보호하기 위한 것이다(헌재 1996. 8. 29, 93헌바6). 민법 제440조는 「시효의 중단은 당사자 및 그 승계인 사이에만 효력이 있다」는 제169조에 대한 예외규정으로 보증인의 채무에도 시효중단이 되지 않는다면 그 채무가 소멸하여 버리기 때문에 채권담보의 확보를 위한 정책적 고려에서 나온 특별규정으로 해석된다(대판 1998. 11. 10, 98다42141). 그런데 제169조의 예외규정으로서 제440조는 채권자보호 내지 채권담보의 확보를 위하여 주채무자에 대한 시효중단의 사유가 발생하였을 때는 그 보증인에 대한 별도의 중단조치가 이루어지지 않아도 동시에 시효중단의 효력이 생기도록 한 것이고, 그 시효중단사유가 압류·가압류 및 가처분이라고 하더라도 이를 보증인에게 통지하여야 비로소 시효중단의 효력이 발생하는 것은 아니다(대판 2005. 10. 27, 2005다35554·35561). 그리고 주채무에 관한 시효기간 연장의 효과(제165조)까지 보증채무에 미치는 것은 아니다. 즉 중단된 이후의 시효기간까지가 당연히 보증인에게도 그 효력을 미치는 것은 아니다(대판 1986. 11. 25, 86다카1569). 따라서 채권자의 보증인에 대한 시효기간은 여전히 종전의 소멸시효기간에 따르게 되나, 주채무자에 대한 시효기간은 종전의 시효기간과는 관계없이 10년으로 된다.

한편 주채무자에 대한 시효중단 효과에 관한 민법 제440조는 보증보험계약에도 준용된다고 보아야 한다(대판 2011. 11. 10, 2011다62090).

[판 례]

(1) 민법 제165조 제1항이 "판결에 의하여 확정된 채권은 단기의 소멸시효에 해당한 것이라도 그 소멸시효는 10년으로 한다."고 정한 것은 단기소멸시효가 적용되는 채권이라도 판결에 의하여 채권의 존재가 확정되면 그 성립이나 소멸에 관한 증거자료의 일실 등으로 인한 다툼의 여지가 없어지고, 법률관계를 조속히 확정할 필요성도 소멸하며, 채

권자로 하여금 단기소멸시효 중단을 위해 여러 차례 중단절차를 밟도록 하는 것은 바람직하지 않기 때문이다. 그런데 보증채무가 주채무에 부종한다 할지라도 원래 보증채무는 주채무와는 별개의 독립된 채무이어서 채권자와 주채무자 사이에서 주채무가 판결에 의하여 확정되었다고 하더라도 이로 인하여 보증채무 자체의 성립 및 소멸에 관한 분쟁까지 당연히 해결되어 보증채무의 존재가 명확하게 되는 것은 아니므로, 채권자가 보증채무에 대하여 뒤늦게 권리행사에 나선 경우 보증채무 자체의 성립과 소멸에 관한 분쟁에 대하여 단기소멸시효를 적용하여야 할 필요성은 여전히 남는다.

위와 같은 민법 제440조와 제165조의 규정 내용 및 입법 취지 등을 종합하면, 채권자와 주채무자 사이의 확정판결에 의하여 주채무가 확정되어 그 소멸시효기간이 10년으로 연장되었다 할지라도 이로 인해 그 보증채무까지 당연히 단기소멸시효의 적용이 배제되어 10년의 소멸시효기간이 적용되는 것은 아니고, 채권자와 연대보증인 사이에 있어서 연대보증채무의 소멸시효기간은 여전히 종전의 소멸시효기간에 따른다고 보아야 할 것이다(대판 2006. 8. 24, 2004다26287).

(2) 보증채무에 대한 소멸시효가 중단되는 등의 사유로 완성되지 아니하였다고 하더라도 주채무에 대한 소멸시효가 완성된 경우에는 시효완성의 사실로써 주채무가 당연히 소멸되므로 보증채무의 부종성에 따라 보증채무 역시 당연히 소멸된다(대법원 1979. 2. 13. 선고 78다2157 판결, 대법원 2012. 1. 12. 선고 2011다78606 판결 등 참조). 그리고 주채무에 대한 소멸시효가 완성되어 보증채무가 소멸된 상태에서 보증인이 보증채무를 이행하거나 승인하였다고 하더라도, 주채무자가 아닌 보증인의 위 행위에 의하여 주채무에 대한 소멸시효 이익 포기 효과가 발생된다고 할 수 없으며, 주채무의 시효소멸에도 불구하고 보증채무를 이행하겠다는 의사를 표시한 경우 등과 같이 그 부종성을 부정하여야 할 다른 특별한 사정이 없는 한 보증인은 여전히 주채무의 시효소멸을 이유로 보증채무의 소멸을 주장할 수 있다고 봄이 상당하다(대판 2012. 7. 12, 2010다51192).

2. 保證人에 관하여 생긴 事由의 效力

채권자와 보증인과의 사이에서 보증인에 관하여 생긴 사유는 원칙적으로 주채무자에 대하여 영향이 없다. 즉 상대적 효력이 생길 뿐이다. 그러나 변제 · 대물변제 · 공탁 · 상계처럼 채권을 만족시키는 사유만은 주채무자에게도 절대적 효력이 미친다. 따라서 보증채무에 대한 소멸시효가 중단되었더라도 이로써 주채무에 대한 소멸시효가 중단되는 것은 아니고, 주채무가 소멸시효 완성으로 소멸된 경우에는 보증채무도 그 채무 자체의 시효중단에도 불구하고 부종성에 따라 당연히 소멸된다(대판 2002. 5. 14, 2000다62476). 또한 채권자가 연대보증인에 대하여 한 채무면제의 효력은 주채무자에 대하여 미치지 아니한다(대판 1992. 9. 25, 91다37553).

VI. 保證債務의 對內的 效力(求償關係)

1. 求償權의 根據

보증인은 채권자에 대한 관계에서는 자기의 채무를 변제하여야 할 의무를 부담하는 것이지만 주채무자에 대한 관계에서는 타인의 채무를 변제하는 것이다. 따라서 보증인은 주채무자와의 내부관계에서는 당연히 구상권이 생기며, 그 구상관계는 채무자의 부탁 유무에 따라 다르다. 이에 관하여 민법은 ① 주채무자의 부탁에 의하여 보증인이 된 경우에는 보증인은 주채무자에 대한 관계에서 타인의 사무를 위탁받아 처리하는 일종의 위임인으로서의 지위에 서는 것이고, 이때의 보증인의 구상권은 결국 위임사무처리비용의 상환(제687조·제688조)에 준하여 규율된다. 그러나 ② 주채무자의 부탁 없이 보증인이 된 경우에는 보증인은 의무없이 타인의 사무를 관리한 일종의 사무관리자의 지위에 서는 것이고, 그의 구상권은 사무관리비용의 상환(제739조)에 준하여 규율된다. 그리고 ③ 주채무자의 의사에 반하여 보증인이 된 경우에는 보증인의 권리는 한층 더 약화될 수밖에 없으므로 선의수익자에 대한 부당이득반환청구(제748조 제1항)에 준하여 구상관계를 규정한다. 그러나 민법은 위 세 가지 경우에 관하여 보증인의 구상권으로서 따로 규정하고 있기 때문에, 이에 관해서는 위임 · 사무관리 · 부당이득에 관한 규정이 직접 적용되지는 않는다.

[판 례]

형식상의 주채무자가 실질상의 주채무자를 연대보증한 것으로 인정할 수 있는 경우 또는 형식상의 주채무자와 연대보증인 사이의 내부관계에서 실질상의 주채무자의 채무의 상환을 각기 연대보증한다는 취지의 양해가 묵시적으로나마 있었던 경우에는 형식상의 주채무자는 연대보증인에 대하여 공동보증인간의 구상권 행사 법리에 따른 구상의무를 부담하지만, 형식상의 주채무자와 연대보증인 사이에서 채무의 보증책임 또는 이행책임을 연대보증인만이 부담하며 형식상의 주채무자는 이를 부담하지 않기로 하는 특약이나 그러한 취지의 명시적 내지 묵시적 양해가 있는 경우라면, 형식상의 주채무자는 연대보증인에 대하여 아무런 구상의무를 부담하지 않는다(대판 2008. 4. 24, 2007다75648).

2. 受託保證人의 求償權

(1) 求償權의 發生要件

주채무자의 부탁으로 보증인이 된 자(수탁 보증인)가 (i) 과실 없이(제445조 참조), (ii) 변제 기타의 출재로, (iii) 주채무의 전부 또는 일부를 소멸케 한 때에는 주채무자에 대하여 구상권이 있다(제441조 제1항). (i)요건과 관련하여 보증인이 주채무자의 항변권을 행사하지 않거나, 주채무자가 채권자에 대하여 취소권 또는 해제권을 가지고 있는 동안에 면책행위를 한 경우에는 과실이 있는 것으로 평가된다. 또한 (ii)요건과 관련하여 대물변제 · 경개 · 상계 등에 의하여 주채무를 소멸시킨 경우에는 구상권이 발생하지만, 채무면제와 같이 아무런 출재 없이 주채무를 소멸시킨 경우에는 구상권이 생기지 않는다. (iii)요건에서 문제되는 것은 주채무가 통정허위표시에 의해 무효인 경우 보증인이 구상권을 행사할 수 있느냐는 것이다. 보증인이 면책행위를 할 당시에 주채무가 불성립하거나 이미 소멸한 경우에는 보증인의 출재로 소멸한 것이 아니기 때문에 채권자에게 부당이득반환청구를 할 수 있을 뿐 주채무자에 구상권을 갖지는 못한다. 그러나 판례는 통정허위표시로 인한 것이고 보증인이 이를 모르고 변제한 경우에는 제108조 제2항에 의하여 보증인과의 관계에서는 주채무가 유효한 것으로 간주되므로 보증인은 주채무자에게 구상권을 행사할 수 있다고 판시하고 있다(대판 2000. 7. 6, 99다51258).

[판 례]

보증보험이란 피보험자와 어떠한 법률관계를 가진 보험계약자(주계약상의 채무자)의 채무불이행으로 인하여 피보험자(주계약상의 채권자)가 입게 될 손해의 전보를 보험자가 인수하는 것을 내용으로 하는 손해보험으로서, 형식적으로는 채무자의 채무불이행을 보험사고로 하는 보험계약이나 실질적으로는 보증의 성격을 가지고 보증계약과 같은 효과를 목적으로 하는 것이므로, 민법의 보증에 관한 규정, 특히 보증인의 구상권에 관한 민법 제441조 이하의 규정이 준용되고, 보증채무자가 주채무를 소멸시키는 행위는 주채무의 존재를 전제로 하므로, 보증인의 출연행위 당시 주채무가 성립되지 아니하였거나 타인의 면책행위로 이미 소멸되었거나 유효하게 존속하고 있다가 그 후 소급적으로 소멸한 경우에는 보증채무자의 주채무 변제는 비채변제가 되어 채권자와 사이에 부당이득반환의 문제를 남길 뿐이고 주채무자에 대한 구상권을 발생시키지 않는다(대판 2012. 2. 23, 2011다62144).

(2) 求償權의 範圍

수탁보증인의 구상권의 범위는 출재한 연대채무자의 구상권의 범위에 관한 규정이 준용된다(제441조 제2항·제425조 제2항). 즉 보증인의 출재액에 면책된 날 이후의 법정이자 및 피할 수 없는 비용 기타의 손해도 포함한다. 그러나 사전구상을 하는 경우에는 주채무인 원금과 사전구상에 응할 때까지 이미 발생한 이자와 기한 후의 지연손해금, 피할 수 없는 비용 기타의 손해액이 포함될 뿐이고, 수탁보증인이 아직 지출하지 아니한 주채무인 원금에 대한 완제일까지의 지연손해금은 포함될 수 없다(대판 2004. 7. 9. 2003다46758). 사전구상은 장래의 변제를 위하여 자금의 제공을 청구하는 것이기 때문이다. 따라서 보증인이 보증채무를 이행함에 따라 주채무자가 보증인에 대하여 부담하게 될 구상금채무를 근보증하면서, 면책원금 외에 면책일 이후의 법정이자가 피할 수 없는 비용 등까지 담보하기 위하여 근보증한도액을 면책하는 보증인의 보증한도액보다 높은 금액으로 정했다 하더라도, 보증인이 사전구상권을 행사할 수 있는 금액은 근보증한도액이 아닌 보증인의 보증한도액으로 한정된다고 할 것이다(대판 2005. 11. 25. 2004다66843·66841).

(3) 求償權의 行使

1) 事後求償의 原則 주채무자의 부탁으로 보증인이 된 자는 자기의 출재로 주채무를 소멸하게 한 후에 구상하는 것이 원칙이다(제441조 제1항). 보증인은 주채무자의 기한의 이익을 해하지 못하므로 주채무자의 승낙이 없는 한 주채무의 변제기 전에는 구상권을 행사할 수 없다.

[판 례]

수급인이 도급계약에 따라 도급인에 관하여 부담하는 선급금 반환채무의 이행을 보증한 보증보험자와 주계약상 보증인은 채권자인 도급인에 대한 관계에서 채무자인 수급인의 선급금 반환채무 이행에 관하여 공동보증인의 관계에 있다고 보아야 하므로, 그들 중 어느 일방이 변제 기타 자기의 출재로 채무를 소멸하게 하였다면 그들 사이에 구상에 관한 특별한 약정이 없더라도 민법 제448조에 의하여 상대방에 대하여 구상권을 행사할 수 있다(대판 2012. 5. 24. 2011다109586).

2) 事前求償 보증인이 자기의 출재로 면책을 받기 전에 주채무자에게 채무액을 청구하는 것을 사전구상이라고 한다. 보증의 경우에 선급청구권을 인정하는 것은 보증채무의 취지에 맞지 않지만, 민법은 다음과 같은 특별한 경우에 보증인의 사전구상권을 인정한다(제442조). 즉 (i) 보증인이 과실 없이 채권자에게 변제할 재판

을 받은 때(제442조 제1항 제1호), (ii) 주채무자가 파산선고를 받았으나 채권자가 파산재단에 가입하지 않은 때(동항 제2호), (iii) 채무의 이행기가 확정되지 않고 그 최장기도 확정할 수 없는 경우에 보증계약 후 5년을 경과한 때(동항 제3호)에는 보증인은 주채무자에 대하여 사전구상을 할 수 있다. (iv) 또한 채무의 이행기가 도래한 때(동항 제4호)에도 보증인의 사전구상권이 인정된다. 주채무자의 이행지체에 의하여 보증인은 위약금 · 손해배상 등의 불이익을 당할 위험이 있으므로, 이러한 경우에 대비하여 보증인의 이익을 보호하기 위하여 인정된 것이다. 그러나 이 경우에 보증계약 후에 채권자가 주채무자에게 허여한 기한으로 보증인에게 대항하지 못한다(제442조 제2항).

보증인이 아닌 물상보증인의 사전구상권도 인정되는지가 문제된다. 이에 관하여 판례는 물상보증인은 책임만 부담할 뿐 채무를 부담하지 않는 점에서 보증인과 다르므로 주채무자의 부탁을 받아 물상보증을 하였더라도 사전구상권을 행사할 수 없다고 한다(대판 2009. 7. 23, 2009다19802).

[판 례]

민법 제370조에 의하여 동법 제341조가 저당권에 준용되는데, 동법 제341조는 타인의 채무를 담보하기 위한 저당권설정자가 그 채무를 변제하거나 저당권의 실행으로 인하여 저당물의 소유권을 잃은 때에 채무자에 대하여 구상권을 취득한다고 규정하여 물상보증인의 구상권 발생 요건을 보증인의 경우와 달리 규정하고 있는 점, 물상보증은 채무자 아닌 사람이 채무자를 위하여 담보물권을 설정하는 행위이고 채무자를 대신해서 채무를 이행하는 사무의 처리를 위탁받는 것이 아니므로 물상보증인은 담보물로서 물적 유한책임만을 부담할 뿐 채권자에 대하여 채무를 부담하는 것이 아닌 점, 물상보증인이 채무자에게 구상할 구상권의 범위는 특별한 사정이 없는 한 채무를 변제하거나 담보권의 실행으로 담보물의 소유권을 상실하게 된 시점에 확정된다는 점 등을 종합하면, 원칙적으로 수탁보증인의 사전구상권에 관한 민법 제442조는 물상보증인에게 적용되지 아니하고 물상보증인은 사전구상권을 행사할 수 없다고 해석하는 것이 상당하다(대판 2009. 7. 23, 2009다19802).

3) 事前求償에 대한 主債務者의 保護

(가) 意 義 보증인이 사전구상금을 수령하여 이를 다른 용도에 임의로 사용하는 등 그 의무를 위반하면 주채무자는 채권자에게 다시 채무를 이행하여야 하는 위험에 빠지게 되는데 그 위험을 방지하고자 민법은 주채무자에게 담보제공청구권을 인정함과 동시에 일정한 경우에는 사전구상의무를 면할 수 있도록 하고 있다(제443조).

(나) 擔保提供請求權 주채무자는 보증인에게 자기에게 담보를 제공할 것을

청구할 수 있고, 보증인으로부터 담보를 제공받을 때까지 보증인에 대하여 사전구상의무의 이행을 거절할 수 있다. 보증인은 주채무자에 대하여 사전구상권을 자동채권으로 하여 상계할 수 없다(대판 2001. 11. 13, 2001다55222). 보증인의 사전구상에 대하여 주채무자는 면책청구의 항변 또는 담보제공의 항변 등을 할 수 있어서(제433조 참조) 이러한 항변권이 붙어 있는 채권을 자동채권으로 하여 상계하는 것은 성질상 허용할수 없기 때문이다(제429조 제1항 단서). 그러나 제443조는 임의규정으로서 주채무자가 사전에 담보제공 등의 항변권을 포기하는 것은 가능하다. 주채무자가 이러한 항변권을 포기한 때에는 보증인은 사전구상권을 자동채권으로 하여 상계할 수 있다(대판 2004. 5. 28, 2001다81245). 그러나 보증인이 사전구상권을 자동채권으로 하여 상계를 하기 위하여는 사전구상권의 발생 사실 이외에 주채무자가 담보제공청구권 등 제443조가 정한 권리를 포기한 사실을 주장·입증하여야 한다.

[판 례]

항변권이 붙어 있는 채권을 자동채권으로 하여 다른 채무(수동채권)와의 상계를 허용한다면 상계자 일방의 의사표시에 의하여 상대방의 항변권 행사의 기회를 상실시키는 결과가 되므로 그러한 상계는 허용될 수 없고, 특히 수탁보증인이 주채무자에 대하여 가지는 민법 제442조의 사전구상권에는 민법 제443조 소정의 이른바 면책청구권이 항변권으로 부착되어 있는 만큼 이를 자동채권으로 하는 상계는 허용될 수 없다(대판 2001. 11. 13, 2001다55222).

(다) 事前求償義務의 免責 주채무자는 보증인의 사전구상에 응하지 않고 배상할 금액을 공탁하거나, 배상할 금액에 상당하는 담보를 보증인에게 제공하거나, 보증인을 면책하게 함으로써 그 배상의무를 면할 수 있다(제443조 후단).

(라) 不安의 抗辯權 판례는 「구상권자(보증인)에 대하여 파산이 선고된 후에 사전구상권을 행사하는 경우에는 주채무자가 사전구상에 응하더라도 특별한 사정이 없는 한 구상권자가 이를 전부 주채무자의 면책을 위하여 사용하는 것은 파산절차의 제약상 기대하기 어려우므로 파산절차에서 불구하고 구상금이 전부 주채무자의 면책을 위하여 사용될 것이라는 점이 확인되기 전에는 주채무자는 신의칙과 공평의 원칙에 터잡아 민법 제536조 제2항을 유추적용하여 사전구상의무의 이행을 거절할 수 있다」(대판 2002. 11. 26, 2001다833)고 판시하여 불안의 항변권을 인정하고 있다. 이 권리는 담보제공청구권의 존재를 전제로 하는 것이 아니기 때문에 주채무자가 사전에 담보제공청구권을 포기한 경우에도 행사할 수 있다(대판 2002. 11. 26, 2001다833).

4) 事前求償權과 事後求償權의 관계 사전구상권은 사후구상권과 전혀 별개의 독립된 권리이다. 따라서 사후구상권의 소멸시효는 사전구상권이 발생하였는지 여부에 관계없이 사후구상권 그 자체가 발생하여 이를 행사할 수 있는 때로부터 진행한다. 그리고 사전구상권은 사후구상권이 발생한 후에도 그와 함께 병존한다.

[판 례]

수탁보증인의 사전구상권과 사후구상권은 그 종국적 목적과 사회적 효용을 같이하는 공통성을 가지고 있으나, 사후구상권은 보증인이 채무자에 갈음하여 변제 등 자신의 출연으로 채무를 소멸시켰다고 하는 사실에 의하여 발생하는 것이고, 이에 대하여 사전구상권은 그 외의 민법 제442조 제1항 소정의 사유나 약정으로 정한 일정한 사실에 의하여 발생하는 등 그 발생원인을 달리하고 그 법적 성질도 달리하는 별개의 독립된 권리라고 할 것이므로, 그 소멸시효는 각각 별도로 진행되는 것이고, 따라서 사후구상권의 소멸시효는 사전구상권이 발생하였는지 여부와는 관계없이 사후구상권 그 자체가 발생되어 이를 행사할 수 있는 때로부터 진행된다(대판 1992. 9. 25, 91다37553).

3. 付託 없는 保證人의 求償權

(1) 求償權의 發生要件

주채무자의 부탁 없이 보증인이 된 자가 변제 기타 자기의 출재로 주채무를 소멸하게 한 때에는 보증인의 구상권이 발생한다(제444조 제1항·제2항). 부탁 없는 보증인의 구상권은 사후구상권에 한할 뿐, 사전구상권은 인정되지 않는다.

(2) 求償權의 範圍

1) 主債務者의 부탁이 없는 경우 주채무자의 부탁 없이 보증인이 된 자가 변제 기타 자기의 출재로써 주채무를 소멸하게 한 때에는 주채무자는 「그 당시에 이익을 받은 한도」에서 배상하여야 한다(제444조 제1항). 따라서 면책한 날 이후의 법정이자와 손해배상은 포함되지 않는 것이 연대채무 및 부탁받은 보증인의 경우와 다르다. 그러나 이때의 구상권은 기한의 정함이 없는 채무의 일종이므로 구상권행사 이후의 지연손해금은 이를 청구할 수 있다고 할 것이다(제387조 제2항).

2) 主債務者의 意思에 반하는 경우 주채무자의 의사에 반하여 부탁 없이 보증인이 된 자가 변제 기타의 자기의 출재로써 주채무를 소멸하게 한 때에는 주채무자는 「현존이익의 한도」에서 배상하여야 한다(제444조 제2항). 이익의 유무와 범위를 정하는 기준시점은 면책행위시가 아니라 구상권행사시이다. 따라서 주채무자가 구상한

날 이전에 상계원인이 있음을 주장한 때에는 그 상계로 소멸할 주채무자의 채권은 당연히 보증인에게 이전된다(제444조 제3항). 즉 보증인은 주채무자에 대한 구상권에 갈음하여 주채무자의 채권자에 대한 반대채권을 취득하는 것으로 처리하겠다는 취지이다.

4. 保證人의 求償權의 制限

주채무자와 보증인은 이중변제, 또는 항변권이 있는데도 변제하는 불이익을 피하기 위하여 사전 및 사후의 통지를 하여야 할 의무를 부담한다.

(1) 保證人의 通知義務

보증인은 변제를 하고자 할 때 주채무자에게 통지를 하여야 하고, 변제를 한 후에는 그 사실을 통지하여야 할 事前과 事後의 통지의무를 모두 부담한다. 보증인은 주채무자로부터 부탁을 받았는지의 여부를 묻지 않고 이 통지의무를 부담한다.

1) 事前通知義務 보증인이 주채무자에게 미리 통지하지 않고 변제 기타 자기의 출재로 주채무를 소멸하게 한 경우에 주채무자는 채권자에게 대항할 수 있는 사유(예: 상계 · 동시이행의 항변권 · 원인행위의 취소 또는 해제사유의 존재 · 소멸시효의 완성)가 있었을 때에는 그 사유로 보증인에게 대항할 수 있다(제445조 제1항 전단). 이는 보증인의 면책행위 전에 주채무자로 하여금 채권자에 대항할 수 있는 사유를 주장할 수 있는 기회를 주기 위한 것이다. 따라서 그 대항사유가 상계인 때에는 상계로 소멸할 채권은 보증인에게 이전된다(제445조 제1항 후단). 여기서 대항사유는 원칙적으로 보증인의 면책행위 이전에 발생된 것이어야 하고, 다만 무수탁보증의 경우에 채무자의 의사에 반하여 한 면책행위의 경우만이 예외로 된다(제444조 제2항).

2) 事後通知義務 보증인이 변제 기타의 자기의 출재로 주채무자를 면책하게 한 뒤에 그것을 주채무자에게 통지하지 않은 경우에, 주채무자가 선의로 채권자에게 이중으로 변제 기타 유상의 면책행위를 한 때에는 주채무자는 자기의 면책행위의 유효를 주장할 수 있다(제445조 제2항). 이 경우에 보증인은 주채무자에 구상권을 행사할 수 없으며, 채권자에 대하여 그의 변제로 인한 부당이득의 반환을 청구할 수 있을 뿐이며, 그 반환범위는 제748조 제2항이 적용되어야 할 것이다.

(2) 主債務者의 通知義務

1) 事後通知義務 주채무자는 보증인에 대하여 사전구상권이 없기 때문에 사전통지의무를 부담하지 않고 변제를 한 후에 사후통지의무만을 부담한다. 그리고 주채무자는 수탁보증인에 대해서만 통지의무를 지고, 변제한 후에도 부탁 없는 보증

인에게는 통지할 의무가 없다. 본래 주채무자가 보증인에게 사전 · 사후통지할 의무는 없지만 수탁보증인을 보호하기 위하여 사후통지규정을 둔 것이다.

2) 免責通知를 하지 않은 경우 주채무자가 자기의 행위로 면책한 후에 그것을 수탁보증인에게 통지하지 아니한 경우에 보증인이 선의로 채권자에게 변제 기타 유상의 면책행위를 한 때에는 보증인은 자기의 면책행위의 유효를 주장할 수 있다(제446조). 따라서 보증인은 자기의 변제의 유효를 주장할 수 있고, 주채무자에 대하여 구상권을 행사할 수 있다. 그리고 주채무자는 채권자를 상대로 부당이득반환을 청구할 수 있을 뿐이다.

(3) 雙方의 通知義務懈怠가 경합된 경우

수탁보증인에 있어서 주채무자가 면책행위를 하고도 보증인에게 통지하지 않은 동안에 보증인도 사전통지 없이 이중의 면책행위를 한 경우에는 먼저 이루어진 주채무자의 면책행위가 유효하다고 할 것이다(대판 1997. 10. 10, 95다46265).

[판 례]

민법 제446조의 규정은 제445조 제1항의 규정을 전제로 하는 것이어서 제445조 제1항의 사전통지를 하지 아니한 수탁보증인까지 보호하는 취지의 규정은 아니다. 따라서 수탁보증에 있어서 주채무자가 면책행위를 하고도 그 사실을 보증인에게 통지하지 아니하고 있던 중에 보증인도 사전통지를 하지 아니한 채 이중의 면책행위를 한 경우에는, 보증인은 주채무자에 대하여 민법 제446조에 의하여 자기의 면책행위의 유효를 주장할 수 없다고 봄이 상당하다. 이 경우에는 이중변제의 기본원칙으로 돌아가 먼저 이루어진 주채무자의 면책행위가 유효하고, 나중에 이루어진 보증인의 면책행위는 무효로 보아야 하므로 보증인은 민법 제446조에 기하여 주채무자에게 구상권을 행사할 수 없다(대판 1997. 10. 10, 95다46265).

(4) 신의칙에 의한 구상권의 제한

보증인이 채권자에 대하여 보증채무를 부담하지 아니함을 주장할 수 있었는데도 그 주장을 하지 아니한 채 보증채무의 전부를 이행하였다면 그 주장을 할 수 있는 범위 내에서는 신의칙상 그 보증채무의 이행으로 인한 구상금 채권에 대한 연대보증인들에 대하여도 그 구상금을 청구할 수 없다고 할 것이다(대판 1995. 6. 29, 94다20174; 대판 2002. 9. 24, 2002다32820; 대판 2006. 3. 10, 2002다1321).

5. 複數의 主債務者가 있는 경우의 求償關係

(1) 主債務者 全員을 위하여 保證人이 된 경우

주채무가 분할채무이면 보증인의 각 채무자에 대한 구상권도 분할채무를 기초로 한다. 그러나 주채무가 불가분채무 또는 연대채무이면 보증인의 구상권을 확보하기 위해서 각 주채무자가 구상권에 대하여 부담하는 채무도 불가분채무 또는 연대채무로 된다. 즉 보증인은 연대채무자 또는 불가분채무자 전원에 대하여 전부구상을 할 수 있다.

(2) 主債務者 중 1人을 위하여 保證人이 된 경우

1) 主債務가 分割債務인 경우 보증인은 자기가 보증한 채무자가 부담하는 채무액에 대하여 구상권을 가진다. 보증인이 채무자 전원이 부담하는 채무액 전부를 변제한 경우에는 보증인은 보증한 채무자 이외의 자의 부담부분에 관해서는 구상권을 갖지 못하며, 다만 제3자의 변제로서 사무관리에 의한 비용의 상환청구 또는 부당이득의 반환청구를 할 수 있을 뿐이다.

2) 主債務가 不可分債務 · 連帶債務인 경우 보증인은 보증한 채무자에 대하여 전액을 구상할 수 있음은 물론이지만, 민법은 다른 불가분채무자나 연대채무자에 대해서도 각자의 부담부분에 한하여 구상권을 가진다고 규정하고 있다(제447조). 예를 들어 900만원이 A · B · C의 연대채무인 경우에는 D가 A만의 보증인이라도 D는 900만원을 변제할 책임을 지게 되며, 그 변제는 당연히 B · C의 채무를 소멸시키므로 D는 A에 대하여 전액을 구상할 수 있음은 물론, B · C가 각각 300만원의 부담부분을 가지는 경우에는 B · C에 대해서도 300만원씩을 구상할 수 있다. 여기서 구상당한 A는 다른 연대채무자 B · C에게 각 300만원씩 구상할 수 있으므로 제447조는 이러한 구상관계의 순환을 간편하게 해결하기 위하여 D가 직접 B · C에 대하여 구상할 수 있도록 한 편의적인 규정이다. 만약 연대채무자 A · B · C 중에서 부담부분을 가지는 자가 A만이라면, D도 B · C에 대해서는 구상할 수 없다.

6. 그 밖의 경우의 求償關係

(1) 계약에 의하여 보증인이 주채무를 중첩적으로 인수한 경우

채권자와 보증인 사이에 보증인이 주채무를 중첩적으로 인수하기로 약정하였다 하더라도 특별한 사정이 없는 한 보증인은 주채무자에 대한 관계에서는 종전의 보증인의 지위를 그대로 유지한다고 봄이 상당하므로, 채무인수로 인하여 보증인과 주채무자 사이의 주채무에 관련된 구상관계가 달라지는 것은 아니다(대판 2003. 11. 14, 2003다37730).

(2) 連帶保證人에 대한 제3자의 求償義務

1) 금융기관으로부터 대출을 받음에 있어 제3자가 자신의 명의를 사용하도록 한 경우에는 그가 채권자인 금융기관에 대하여 주채무자로서의 책임을 지는지 여부와 관계없이 내부관계에서는 실질상의 주채무자가 아닌 한 연대보증책임을 이행한 연대보증인에 대하여 당연히 주채무자로서의 구상의무를 부담한다고 할 수는 없고, 그 연대보증인이 제3자가 실질적 주채무자라고 믿고 보증을 하였거나 보증책임을 이행하였고, 그와 같이 믿은 데 제3자에게 귀책사유가 있어 제3자에게 그 책임을 부담시키는 것이 구체적으로 타당하다고 보이는 경우 등에 한하여 제3자가 연대보증인에 대하여 주채무자로서의 전액 구상의무를 부담하며, 이는 물상보증의 경우에도 마찬가지이다(대판 2008. 4. 24, 2007다75648).

2) 주채무 명의자인 제3자가 실질적 주채무자가 아니라는 사실을 연대보증인이 알고서 보증을 하였거나 보증책임을 이행한 경우라 할지라도, 그 제3자가 실질상의 주채무자를 연대보증한 것으로 인정할 수 있는 경우에는 제3자는 연대보증인에 대하여 공동보증인간의 구상권 행사 법리에 따른 구상의무는 부담한다(대판 2002. 12. 10, 2002다47631).

7. 保證人의 代位權

(1) 意 義

보증인은 이른바 「변제할 정당한 이익이 있는 자」이므로, 그가 부탁을 받은 보증인이든, 받지 않은 보증인이든 변제로 당연히 채권자를 대위한다(제481조 · 제482조). 우리 민법은 프랑스민법(제1251조)을 본받아 보증인의 대위를 일반적인 변제자대위제도에 맡기고 있다.

(2) 代位權의 發生

보증인이 구상권을 확보하기 위하여 채권자가 가졌던 권리를 대위하려면 변제 기타의 사유로 채권을 소멸시켜야 한다(제480조 · 제481조). 그 밖에 대물변제 · 공탁 · 상계는 물론 보증인의 저당채권의 양수 · 보증인과 채권자 사이의 혼동이나 보증인이 채권자를 상속한 경우에도 대위권이 발생한다.

(3) 代位權의 行使

1) 行使할 수 있는 權利 보증인이 대위자로서 행사할 수 있는 권리는 이

행청구권 · 채권자대위권 · 대물변제예약의 권리 등이다. 분할급부채무에 대하여 저당권이 설정되고 있는 경우에는 보증인이 분할급부채무의 1회분을 변제한 후에는 채권자의 저당권을 실행할 수 있다.

2) 複數의 代位者間의 優劣 보증인과 담보목적물의 제3취득자와의 사이에서는 보증인이 우선하고, 담보목적물의 제3취득자 상호간에는 각 부동산의 가액에 따라 안분하고, 보증인과 물상보증인 사이에서는 그 人數에 채권액을 분할한 범위 내에서 대위하는 것으로 해석된다.

3) 法定代位者의 免責 민법은 법정대위자를 위하여 채권자에게 담보물에 대한 보관의무를 부담시켜 채권자가 고의 · 과실로 담보를 상실 · 감소시킨 경우에는 법정대위권자는 그로 인하여 상환받을 수 없게 된 한도에서 그 책임을 면하는 것으로 규정하고 있다(제485조). 또한 채권자의 부작위로 인하여 담보가치가 감소된 경우에도 이를 과실로 인한 담보의 감소로 보아 보증인의 면책을 인정한다.

4) 제3자의 辨濟와 連帶保證人에 대한 不當利得返還請求權 주채무를 제3자가 변제한 경우 그 제3자가 변제로 인하여 채무를 면한 보증인에게 부당이득을 청구할 수 있는지가 문제된다. 이에 관하여 판례는 민법 제480조 내지 제481조 소정의 변제자대위가 성립하지 않는 한 제3자는 보증인에 대하여 부당이득반환청구 등의 어떠한 청구도 할 수 없게 되며, 그의 출재로 인하여 주채무가 소멸되면 주채무자에 대하여 자신의 출재에 대한 구상권을 행사할 수 있어 손해를 입었다고 보기도 어려우므로 연대보증인에 대하여 부당이득반환청구를 할 수 없다(대판 1996. 9. 20, 96다22655).

[판 례]

(1) 변제할 정당한 이익이 있는 자가 채무자를 위하여 채권의 일부를 대위변제할 경우 대위자는 그 변제한 가액에 비례하여 채권자와 함께 그 권리를 행사하고, 변제한 가액의 범위에도 채권자는 일부대위변제자에 대하여 우선변제권을 갖는다. 그러나 보증인이 변제 기타의 출재로 주채무를 소멸하게 하는 등의 사유로 주체가 된 권리와는 다르다. 따라서 당사자 사이에 다른 약정이 있다는 등의 특별한 사정이 없는 한 일부대위에 관한 위와 같은 법리가 보증인이 행사하는 구상권의 경우에 당연히 적용되는 것은 아니다(대판 1995. 3. 3, 94다33514).

(2) 공동연대보증인 중 1인이 채무 전액을 대위변제한 후 주채무자로부터 구상금의 일부를 변제받은 경우, 대위변제를 한 연대보증인은 자기의 부담 부분에 관하여는 다른 연대보증인들로부터는 구상을 받을 수 없고 오로지 주채무자로부터만 구상을 받아야 하므

로 주채무자의 변제액을 자기의 부담 부분에 상응하는 주채무자의 구상채무에 먼저 충당할 정당한 이익이 있는 점, 대위변제를 한 연대보증인이 다른 연대보증인들에 대하여 각자의 부담 부분을 한도로 갖는 구상권은 주채무자의 무자력 위험을 감수하고 먼저 대위변제를 한 연대보증인의 구상권 실현을 확보하고 공동연대보증인들간의 공평을 기하기 위하여 민법 제448조 제2항에 의하여 인정된 권리이므로, 다른 연대보증인들로서는 주채무자의 무자력시 주채무자에 대한 재구상권 행사가 곤란해질 위험이 있다는 사정을 내세워 대위변제를 한 연대보증인에 대한 구상채무의 감면을 주장하거나 이행을 거절할 수 없는 점 등을 고려하면, 주채무자의 구상금 일부 변제는 특별한 사정이 없는 한 대위변제를 한 연대보증인의 부담 부분에 상응하는 주채무자의 구상채무를 먼저 감소시키고 이 부분 구상채무가 전부 소멸되기 전까지는 다른 연대보증인들이 부담하는 구상채무의 범위에는 아무런 영향을 미치지 않는다고 보아야 한다. 그러나 주채무자의 구상금 일부 변제 금액이 대위변제를 한 연대보증인의 부담 부분을 넘는 경우에는 그 넘는 변제 금액은 주채무자의 구상채무를 감소시킴과 동시에 다른 연대보증인들의 구상채무도 각자의 부담 비율에 상응하여 감소시킨다(대판 2010. 9. 30, 2009다46873).

Ⅶ. 特殊한 保證

특수한 보증으로 연대보증 · 공동보증 · 계속적 보증(신용보증 · 신원보증) · 손해담보계약의 4가지가 있다.

1. 連帶保證

(1) 意 義

연대보증이란 보증인이 주채무자와 연대하여 채무를 부담함으로써 주채무의 이행을 담보하는 보증채무이다. 즉 주채무자와 보증채무자가 연대관계에 있는 다수당사자의 채무관계이다. 단순보증보다 채권담보의 기능이 강하다.

(2) 性 質

1) 保證債務로서의 일반적 성질

(가) 附從性 연대보증도 보증채무이므로 부종성이 있다. 따라서 주채무가 무효 · 취소 등으로 존재하지 않게 되면 연대보증인은 책임을 면하며, 주채무가 소멸하면 연대보증채무도 소멸한다. 또한 연대보증채무의 목적 · 범위 · 모습은 주채무의 그것보다 무거울 수 없다.

(나) 隨伴性 연대보증채무도 수반성을 가지므로 주채무자에 대한 채권이 이전하는 때에는 연대보증인에 대한 채권도 원칙적으로 이전한다. 또한 연대보증인만의 채권을 분리해서 양도할 수는 없다.

2) 一般保證債務와의 差異

(가) 分別의 利益의 不在 하나의 주채무를 위하여 수인의 연대보증인이 있는 경우에 연대보증인 사이에는 공동보증에서와 같은 분별의 이익이 없고 각자 주채무의 전액을 부담한다(대판 1966. 9. 6, 66다782).

(나) 補充性의 不在 연대보증인은 주채무자와 연대하여 채무를 부담하는 결과 보충성이 없어 최고·검색의 항변권이 인정되지 아니한다(제437조 단서).

3) 保證連帶와의 差異 수인의 보증인 사이에 연대의 특약이 있는 것이 보증연대이다. 보증연대는 분별의 이익이 없는 점에서는 연대보증과 같지만, 보충성이 있어서 보증인에게 최고·검색의 항변권이 인정된다는 점이 연대보증과 다르다.

(3) 連帶保證의 成立

1) 당사자 사이의 특약에 의한 성립 연대보증은 보증인이 주채무자와 연대하여 보증할 것을 내용으로 하는 채권자와의 보증계약에 의하여 성립하는 것이 보통이다. 보증계약이 단순보증인지 연대보증인지는 당사자 사이의 의사표시에 의하여 정하여지나, 당사자 사이의 의사를 알 수 없는 경우에는 단순보증으로 보는 것이 타당하다. 보증에 관한 민법규정(제437조·제439조·제448조 등)에 비추어 볼 때 단순보증이 보증의 원칙적인 모습으로 보아야 할 것이기 때문이다.

2) 法律의 規定에 의한 성립 연대보증은 법률의 규정에 의하여 성립하는 경우도 있다. 즉 주채무가 채무자의 상행위에 의하여 생긴 때 또는 보증이 상행위인 때(상사보증)에는 당사자 사이에 연대에 관한 특약이 없더라도 그 보증은 언제나 연대보증이다(상법 제57조 제2항). 보증인이 사전 또는 사후에 최고·검색의 항변권을 포기한 경우에도 연대보증이 성립한다.

(4) 連帶保證의 效力

1) 對外的 效力(채권자에 대한 관계) 연대보증도 그 성질이 보통의 보증이므로 대외적 효력은 보통의 보증채무와 같다. 다만 연대보증에는 보충성이 없으므로 최고·검색의 항변권을 갖지 못한다(제437조). 그러나 연대보증인은 보증채무의 부종성에 기한 권리, 즉 주채무자가 채권자에 대하여 가지는 항변 및 항변권(주채무의 부존재·소멸의 항변권, 동시이행·상계의 항변권)을 행사할 수 있다. 그리고 연대보증채무의 목적·범위·모습에 관해서도 보증채무에

관한 제429조와 제430조가 적용된다. 그러나 연대보증인이 수인이 있더라도 분별의 이익(제439조)은 가질 수 없다.

2) 主債務者 · 連帶保證人에 관하여 생긴 事由의 效力

(가) 主債務者에 관하여 생긴 사유의 효력 주채무자에 관하여 생긴 사유는 보증채무의 부종성에 의하여 모두 그 효과가 연대보증인에게 미친다. 따라서 주채무의 소멸 · 변경은 연대보증채무의 소멸 · 변경을 가져온다. 주채무자에게 생긴 시효중단사유는 연대채무에 관한 규정에 의하지 않고 보증채무에 관한 규정에 의하여 모두 절대적 효력을 가진다(제440조). 연대보증은 보증이므로 주채무가 시효중단되면 연대보증채무도 당연히 시효중단되나, 반대로 연대보증인 소유의 부동산에 대한 경매신청을 하여 압류의 효력이 발생함으로써 연대보증인에 대한 시효중단의 효력이 발생하더라도 이로써 주채무가 시효중단되는 것은 아니며, 그 결과 주채무가 시효로 소멸하면 연대채무 자체를 시효중단시켰더라도 보증채무의 부종성에 의하여 연대보증채무도 함께 소멸한다(대판 1994. 1. 11, 93다21477). 그런데 「판결에 의하여 확정된 채권은 단기의 소멸시효에 의한 것이라도 그 소멸시효는 10년으로 한다」는 민법 제165조 제1항의 시효기간연장의 효력이 보증인에게 미치는지가 문제된다. 이에 관하여 판례는 「제165조 연장규정은 소송당사자 사이에만 효력이 있고, 제440조 규정은 주채무자에 대한 시효중단사유 발생시 보증인에게 별도의 중단조치가 불필요함을 의미할 뿐 양자는 별개의 채무임을 근거로 판결의 확정으로 인한 시효기간연장의 효과는 연대보증인에게는 미치지 않는다」(대판 1986. 11. 25, 86다카1569)고 한다.

(나) 連帶保證人에 관하여 생긴 사유의 효력 연대보증인에 관하여 생긴 사유의 효력은 보통의 보증인에 관하여 생긴 사유의 효력과 마찬가지이다. 즉 주채무를 소멸시킴으로써 채권의 목적을 달성하는 사유를 제외하고는 주채무자에게 영향을 미치지 않는다. 따라서 변제 · 대물변제 · 공탁 · 상계 등과 같은 절대적 효력을 가진 것을 제외하고는 모두 상대적 효력만을 가질 뿐이다.

3) 對內的 效力(구상관계) 주채무자와 연대보증인 사이의 대내적 효력도 보통의 보증채무와 같다. 즉 제441조 이하의 규정이 그대로 적용된다. 따라서 연대보증인은 그가 출연한 금액의 범위와 채무자의 면책의 한도 내에서 구상권이 발생하며 수인의 보증인이 주채무자와 연대하여 보증한 경우에는 보증인 상호간의 부담부분은 별단의 특약이 없는 한 평등한 것으로 추정된다. 그리고 구상권에 의하여 채권자를 대위할 수 있는 점도 같다. 다만 다른 보증인 가운데 이미 자기의 부담부분을 변제

한 사람에 대하여는 구상을 할 수 없다(대판 1993. 5. 27, 93다4656).

[판 례]

(1) 보증인 가운데 한 사람이 채무의 전액이나 자기의 부담부분 이상을 변제하였을 때에는 다른 보증인에 대하여 구상할 수 있는 것이고, 다만 다른 보증인 가운데 이미 자기 부담부분을 변제한 사람에 대하여는 구상할 수 없는 것이다(대판 1993. 5. 27, 93다4656).

(2) 연대보증인 중 1인 변제로써 주채무를 감소시켰다고 하더라도 주채무의 남은 금액이 다른 연대보증인의 책임한도를 초과하고 있다면 그 다른 연대보증인으로서는 그 한도금액 전부에 대한 보증책임이 그대로 남아 있어 위 채무변제로써 면책된 부분이 전혀 없다고 볼 수밖에 없고, 따라서 이러한 경우에는 채무를 변제한 위 연대보증인이 그 채무의 변제를 내세워 보증책임이 그대로 남아 있는 다른 연대보증인에게 구상권을 행사할 수 없을 것이다(대판 2002. 3. 15, 2001다59071).

(3) [1] 수인의 보증인이 있는 경우에는 그 사이에 분별의 이익이 있는 것이 원칙이지만, 그 수인이 연대보증인일 때에는 각자가 별개의 법률행위로 보증인이 되었고 또한 보증인 상호간에 연대의 특약(보증연대)이 없었더라도 채권자에 대하여는 분별의 이익을 갖지 못하고 각자의 채무의 전액을 변제하여야 하나, 연대보증인들 상호간의 내부관계에서는 주채무에 대하여 출재를 분담하는 일정한 금액을 의미하는 부담부분이 있고, 그 부담부분의 비율, 즉 분담비율에 관하여는 그들 사이에 특약이 있으면 당연히 그에 따르되 그 특약이 없는 한 각자 평등한 비율로 부담을 지게 된다. 그러므로 연대보증인 가운데 한 사람이 자기의 부담부분을 초과하여 변제하였을 때에는 다른 연대보증인에 대하여 구상을 할 수 있는데, 다만 다른 연대보증인 가운데 이미 자기의 부담부분을 변제한 사람에 대하여는 구상을 할 수 없으므로 그를 제외하고 아직 자기의 부담부분을 변제하지 아니한 사람에 대하여만 구상권을 행사하여야 한다.

[2] 연대보증인 가운데 한 사람이 자기의 부담부분을 초과하여 변제하여 다른 연대보증인에 대하여 구상을 하는 경우의 부담부분은 수인의 연대보증이 성립할 당시 주채무액에 분담비율을 적용하여 산출된 금액으로 일단 정하여지지만, 그 후 주채무자의 변제 등으로 주채무가 소멸하면 부종성에 따라 각 연대보증인의 부담부분이 그 소멸액만큼 분담비율에 따라 감소하고 또한 연대보증인의 변제가 있으면 당해 연대보증인의 부담부분이 그 변제액만큼 감소하게 된다. 그러므로 자기의 부담부분을 초과한 변제를 함으로써 그 초과 변제액에 대하여 다른 연대보증인을 상대로 구상권을 행사할 수 있는 연대보증인인지 여부는 당해 변제시를 기준으로 판단하되, 구체적으로는 우선 그때까지 발생·증가하였던 주채무의 총액에 분담비율을 적용하여 당해 연대보증인의 부담부분 총액을 산출하고 그 전에 앞서 본 바와 같은 사유 등으로 감소한 그의 부담부분이 있다면 이를 위 부담부분 총액에서 공제하는 방법으로 당해 연대보증인의 부담부분을 확정한 다음 당해 변

제액이 위 확정된 부담부분을 초과하는지 여부에 따라 판단하여야 한다. 한편, 이미 자기의 부담부분을 변제함으로써 위와 같은 구상권 행사의 대상에서 제외되는 다른 연대보증인인지 여부도 원칙적으로 구상의 기초가 되는 변제 당시에 위와 같은 방법에 의하여 확정되는 그 연대보증인의 부담부분을 기준으로 판단하여야 한다(대판 2009. 6. 25, 2007다70155).

2. 共同保證

(1) 意 義

「공동보증」이란 하나의 주채무에 관하여 수인이 보증채무를 부담하는 것을 말한다. 공동보증계약은 동일 또는 별개의 계약에 의하여 동시 또는 순차로 체결할 수 있다. 공동보증에는 수인의 보증인이 ① 모두가 보통의 보증인인 경우, ② 연대보증인인 경우, ③ 보통의 보증인이지만 그 수인의 보증인 사이에 전액 변제의 특약을 한 경우(보증연대)가 있다. 가장 기본적인 형태의 공동보증은 위 ①의 단순공동보증이고, 부종성 · 보충성 등을 모두 가진다. 공동보증도 보통의 보증채무와 성질이 동일하나, 보증인이 수인이라는 특수성 때문에 대외관계에서 분별의 이익이 있으며, 대내관계에서 구상관계에 특별한 효과가 인정되고, 출연보증인의 구상권이 주채무자와 타보증인에 대하여 동시에 발생하는 특징이 있다.

(2) 共同保證人의 債權者에 대한 관계

공동보증인의 한 사람이 변제 기타의 출재를 한 경우에는 주채무자에게 그 전액에 관하여 구상할 수 있음은 물론이다. 그리고 그 보증인이 자기의 부담부분을 넘는 액을 변제한 때에는 다른 공동보증인에 대해서도 구상권을 행사할 수 있다. 그러나 구상권의 범위에 관하여는 분별의 이익이 있느냐의 여부에 따라 다르게 된다.

1) 分別의 利益의 原則 수인의 보증인이 있는 경우에 그들이 하나의 계약으로 보증인이 된 경우는 물론이며, 별개의 계약으로 보증인이 된 경우에도 제408조(분할채무)의 규정이 준용된다(제439조). 따라서 공동보증인은 채권자에 대한 관계에서 주채무액을 균등한 비율로 분할한 액에 관해서만 보증채무를 부담한다. 이를 분별의 이익이라고 한다. 독일민법(제769조)은 공동보증의 경우에 각 보증인이 연대채무자로서 책임을 지는 것으로 규정하지만, 우리 민법은 로마법의 원칙에 충실하여 분할채무를 지는 것으로 규정함으로써(제408조), 분별의 이익을 인정하고 있다. 그러나 한편 분별의 이익은 법률관계를 간명화하는 장점이 있지만 공동보증의 담보력을 약화시켜 채권자의 이익을 해하게 된다.

2) 分別의 利益이 없는 예외 다음과 같은 경우에는 공동보증인에게 분별의 이익이 없고 보증인 각자가 주채무 전액에 대한 보증책임을 진다(제448조 제2항 참조). 즉 (i) 주채무가 불가분인 경우, (ii) 공동보증인 사이에 연대관계가 존재하는 경우(보증연대), (iii) 공동보증인의 각자가 주채무자와 연대하여 채무를 부담한 경우(연대보증)에는(대판 1993. 5. 27, 93다4656), 보증인 사이에 분별의 이익이 인정되지 않는다(제448조 제2항).

3) 分別의 利益의 問題點 채권자의 담보력 강화라는 본래의 공동보증의 목적에 공동보증제도가 기여하지 못하고 오히려 담보기능을 약화시키고 있다.

(3) 共同保證人 사이의 求償關係

공동보증인의 한 사람이 변제 기타의 출재를 한 경우에는 주채무자에게 그 전액에 관하여 구상할 수 있음은 물론이다. 그런데 보증인이 자기의 부담부분을 넘는 금액을 변제한 때에는 다른 공동보증인에 대해서도 구상권을 행사할 수 있다. 그러나 구상권의 범위에 관하여는 분별의 이익이 있느냐의 여부에 따라 다르게 된다.

1) 分別의 利益이 있는 경우 공동보증인 가운데 1인이 자기의 부담부분을 넘는 금액을 변제한 경우에는 다른 보증인에 대한 관계에서는 사무관리가 됨으로써 마치 부탁을 받지 않은 보증인의 변제와 유사하므로 제444조가 준용된다(제448조 제1항).

2) 分別의 利益이 없는 경우 분별의 이익이 없는 경우에는 보증인 상호의 관계는 연대채무자 상호간의 관계와 비슷하다. 따라서 어느 보증인이 자기의 부담부분을 넘어서 변제하였을 때에는 다른 보증인에 대하여 구상권을 가지는데, 이 경우에는 연대채무자의 구상권에 관한 규정(제425조~제427조)을 준용한다(제448조 제2항). 공동보증인 사이의 구상관계에 있어서는 각 연대채무자의 부담부분이 차지하는 「비율」에 따라 구상이 이루어지는 연대채무에서와는 달리 자기의 부담부분을 초과하여 변제한 경우에 「그 초과부분에 한하여」 구상할 수 있도록 한 점을 주의해야 한다. 즉 수인의 공동보증인 가운데 한 사람이 채무의 전액이나 자기의 부담부분 이상을 변제하였을 때 비로소 다른 보증인에게 구상할 수 있다(대판 1993. 5. 27, 93다4656). 그러나 보증인 가운데 이미 자기의 부담부분을 변제한 사람에 대하여는 구상을 할 수 없다(대판 2009. 6. 25, 2007다70155). 그리고 공동보증인간의 내부적 부담부분의 비율은 그들 사이의 특약이 있으면 그에 따르고, 특약이 없으면 각자 평등한 비율로 부담한다(대판 2009. 6. 25, 2007다70155).

3) 一部保證의 경우 수인의 보증인이 주채무자의 채무를 일정한 한도에서 보증하기로 하는 이른바 일부보증을 한 경우에 보증인들 중 1인이 채무의 전부나 자기의 부담부분 이상을 변제함으로써 다른 보증인의 책임한도가 줄어들게 되어 공

동으로 면책이 되었다면 다른 보증인에 대하여 구상할 수 있고(대판 2002. 4. 15, 2001다59071), 그 부담부분의 비율에 대하여는 그들 사이의 특약이 있으면 당연히 그에 따르고 그 특약이 없는 경우에는 각자 보증한도액의 비율로 부담하게 된다(대판 2005. 3. 11, 2004다42104).

[판 례]

(1) 이행(지급)보증보험은 보험계약자인 채무자의 주계약상의 채무불이행으로 인하여 피보험자인 채권자가 입게 되는 손해의 전보를 보험자가 인수하는 것을 내용으로 하는 손해보험으로서 실질적으로는 보증의 성격을 가지고 보증계약과 같은 효과를 목적으로 하는 점에서 보험자와 채권자 사이에는 민법의 보증에 관한 규정이 준용되나, 이와 같은 보증보험계약과 주계약에 부종하는 보증계약은 계약의 당사자, 계약관계를 규율하는 기본적인 법률규정 등이 상이하여 보증보험계약상의 보험자를 주계약상의 보증인과 동일한 지위에 있는 공동보증인으로 보기는 어려우므로, 보험계약상의 보험자와 주계약상의 보증인 사이에는 공동보증인 사이의 구상권에 관한 민법 제448조가 당연히 준용된다고 볼 수는 없다(대판 2001. 2. 9, 2000다55089).

(2) 연대보증인이 하수급인의 하도급인에 대한 하도급계약상의 의무를 이행하기로 연대보증계약을 체결하고, 신용보증기금도 하수급인의 하도급인에 대한 계약이행보증금을 담보하기 위하여 신용보증위탁계약을 체결한 경우, 신용보증기금과 연대보증인은 하도급인에 대한 관계에서 하수급인의 하도급인에 대한 공사하도급계약으로 인한 금전채무에 관하여 공동보증인의 지위에 있고, 따라서 신용보증기금이 신용보증계약에 따라 하도급인에게 계약이행보증으로 인한 손해배상채무를 이행하는 경우에는 민법 제448조에 의하여 연대보증인에 대하여 구상권을 행사할 수 있다(대판 2005. 3. 25, 2003다55134).

(3) 〔**다수의견**〕 구 건설공제조합법(1996. 12. 30. 법률 제5230호로 제정된 건설산업기본법 부칙 제2조 제1호로 폐지)에 따라 건설공제조합이 조합원으로부터 보증수수료를 받고 그 조합원이 다른 조합원 또는 제3자와의 도급계약에 따라 부담하는 하자보수의무를 보증하기로 하는 내용의 보증계약은, 무엇보다 채무자의 신용을 보완함으로써 일반적인 보증계약과 같은 효과를 얻기 위하여 이루어지는 것으로서, 그 계약의 구조와 목적, 기능 등에 비추어 볼 때 그 실질은 의연 보증의 성격을 가진다 할 것이므로, 민법의 보증에 관한 규정, 특히 보증인의 구상권에 관한 민법 제441조 이하의 규정이 준용된다. 따라서 건설공제조합과 주계약상 보증인은 채권자에 대한 관계에서 채무자의 채무이행에 관하여 공동보증인의 관계에 있다고 보아야 할 것이므로, 그들 중 어느 일방이 변제 기타 자기의 출재로 채무를 소멸하게 하였다면 그들 사이에 구상에 관한 특별한 약정이 없다 하더라도 민법 제448조에 의하여 상대방에 대하여 구상권을 행사할 수 있다(대판[전합] 2008. 6. 19, 2005다37154).

(4) 연대보증인 가운데 한 사람이 자기의 부담부분을 초과하여 변제하여 다른 연대보증인에 대하여 구상을 하는 경우의 부담부분은 수인의 연대보증이 성립할 당시 주채무액

에 분담비율을 적용하여 산출된 금액으로 일단 정하여지지만, 그 후 주채무자의 변제 등으로 주채무가 소멸하면 부종성에 따라 각 연대보증인의 부담부분이 그 소멸액만큼 분담비율에 따라 감소하고 또한 연대보증인의 변제가 있으면 당해 연대보증인의 부담부분이 그 변제액만큼 감소하게 된다. 그러므로 자기의 부담부분을 초과한 변제를 함으로써 그 초과 변제액에 대하여 다른 연대보증인을 상대로 구상권을 행사할 수 있는 연대보증인인지 여부는 당해 변제시를 기준으로 판단하되, 구체적으로는 우선 그때까지 발생 · 증가하였던 주채무의 총액에 분담비율을 적용하여 당해 연대보증인의 부담부분 총액을 산출하고 그 전에 앞서 본 바와 같은 사유 등으로 감소한 그의 부담부분이 있다면 이를 위 부담부분 총액에서 공제하는 방법으로 당해 연대보증인의 부담부분을 확정한 다음 당해 변제액이 위 확정된 부담부분을 초과하는지 여부에 따라 판단하여야 한다. 한편, 이미 자기의 부담부분을 변제함으로써 위와 같은 구상권 행사의 대상에서 제외되는 다른 연대보증인인지 여부도 원칙적으로 구상의 기초가 되는 변제 당시에 위와 같은 방법에 의하여 확정되는 그 연대보증인의 부담부분을 기준으로 판단하여야 한다(대판 2009. 6. 25, 2007다70155).

(4) 主債務者에 대한 求償權과 다른 共同保證人에 대한 求償權과의 관계

출재한 각 공동보증인은 주채무자에 대한 구상권과 다른 공동보증인에 대한 구상권을 모두 동시에 가지며 선택적으로 행사할 수 있다. 양자의 사이에는 청구권경합 내지 부진정연대의 관계에 있다고 해석되기 때문이다. 따라서 출재로 주채무를 소멸시킨 공동보증인이 주채무자로부터 완전히 구상받지 못한 경우에는 다른 공동보증인에 대하여 구상권을 행사할 수 있다.

그런데 공동보증인이 주채무자로부터 일부를 구상받은 경우에는 다른 공동보증인에 대한 구상권이 어떻게 되는지가 문제된다. 이에 관하여 판례는 주채무자의 구상금 일부 변제는 특별한 사정이 없는 한 대위변제를 한 연대보증인의 부담 부분에 상응하는 주채무자의 구상채무를 먼저 감소시키고, 이 부분 구상채무가 전부 소멸되기 전까지는 다른 연대보증인들이 부담하는 구상채무의 범위에는 아무런 영향을 미치지 않으나, 주채무자의 구상금 일부 변제 금액이 대위변제를 한 연대보증인의 부담 부분을 넘는 경우에는 그 넘는 변제 금액은 주채무자의 구상채무를 감소시킴과 동시에 다른 연대보증인들의 구상채무도 각자의 부담비율에 상응하여 감소시킨다고 한다(대판 2010. 9. 30, 2009다46873).

(5) 共同保證에서의 求償義務者의 特殊問題

1) 채권자에 대한 관계에서는 공동연대보증인이지만 내부관계에서는 실질상의 주채무자인 경우 이 경우에는 다른 연대보증인이 채권자에 대하여 그 보증채무를 변제한 때에 그 연대보증인은 실질상의 주채무자에 대하여 구상권을 행사할 수 있는 반면에 실질상의 주채무자인 연대보증인이 자기의 부담부분을 넘어서 그 보증채무를 변제한 경우에는 다른 연대보증인에 대하여 민법 제448조 제2항·제425조에 따른 구상권을 행사할 수는 없다(대판 2004. 9. 24, 2004다27440).

2) 형식상의 주채무자가 실질상의 주채무자를 연대보증한 것으로 인정할 수 있는 경우 이 경우에는 그 형식상의 주채무자는 공동보증인간의 구상권 행사 법리에 따라 연대보증인에 대하여 구상의무를 부담한다 할 것이고, 한편 구상권 범위 산정의 기준이 되는 부담 부분은 그에 관한 특약이 없는 한 균등한 것으로 추정된다(대판 1999. 10. 22, 98다22451).

‖ 연대채무와 보증채무의 성질 비교 ‖

	부종성	보충성	분별의 이익
연대채무	×	×	×
보증채무	○	○	×
연대보증	○	×	×
보증연대	○	○	×
공동보증	○	○	○

3. 繼續的 保證(근보증)

(1) 序 說

1) 意 義 계속적 금융거래·계속적 매매와 같은 계속적 계약관계에 기하여 주채무자가 채권자에 대하여 부담하는 현재와 장래의 불특정한 채무를 계속적으로 보증하는 것을 계속적 보증 또는 根保證이라고 한다. 계속적 보증에는 은행거래(당좌대월계약·어음할인계약) 등에서 생기는 불특정채무를 보증하는 신용보증·임대차계약에서 생기는 임차인의 채무보증·피용자의 손해배상채무를 보증하는 신원보증이 있다. 계속적 신용보증에는 주채무를 발생시키는 계속적 신용제공계약과 그를 보증하는 계속적 신용보증계약이 필요하다. 민법은 「보증은 장래의 채무에 대하여도 할 수 있다」고 규

정할 뿐(제428조 제2항), 신원보증에 관하여는 신원보증법, 그 외의 것은 학설과 판례에 의하여 규율 내지 보완되고 있다. 계속적 보증은 장래의 불특정의 채무를 보증하는 점에서 장래에 발생할 특정의 채무를 위한 보증인 장래채무의 보증과는 구별된다.

2) 法的 性質 계속적 보증도 본질적으로는 보증의 일종이지만, 그 특성상 주채무에 대한 부종성·수반성이 크게 완화 내지 제한된다.

(가) 부종성의 완화 주채무의 발생원인인 기본계약이 무효 또는 취소되면 보증계약은 효력을 잃는다는 점을 제외하면 주채무의 확정시점 이후의 부종성만 인정되고, 그 이전에는 주채무가 구체적으로 존재할 필요가 없다. 또한 주채무의 내용이 변경되어도 보증채무에는 영향이 없으며, 보증관계가 지속되고 있으면 개별적인 주채무가 소멸하여도 보증채무의 존속에는 영향이 없다.

(나) 수반성의 완화 개별채권과 보증의 밀착성은 긴밀하지 아니하므로 보증관계의 확정시점까지는 개별적인 피보증채권에 대한 보증채권의 수반성은 부정된다. 또한 개별채권이 보증관계의 확정시점 이전에 양도되면 보증에서 제외된다.

(2) 繼續的 保證의 特性과 保證人保護의 必要性

계속적 보증은 일반보증에 있어서의 이타성·정의성·무상성·인적 무한책임성·경솔성·미필성 외에도 특히 계속성·광범성 등의 특성을 가진다. 위와 같은 특성 때문에 계속적 보증에 있어서 보증인에게 계약문언대로의 무한책임을 지우는 경우에는 보증인에게 가혹하고 부당한 경우가 많을 것이다. 따라서 보증인의 보증책임을 제한할 필요성이 있다. 그런데 계속적 보증의 특수성은 각 경우에 따라서 모습과 정도의 차이가 있기 때문에 보증인의 보호의 필요성은 각 경우에 응하여 강하게 또는 약하게 그 모습이 다양할 수밖에 없다.

(3) 繼續的 保證契約의 有效性

계속적 보증 중에서도 보증계약의 존속기간이나 보증책임의 한도액을 정하지 않은 계속적 보증은 보증인에게 지나치게 가혹하므로 그 유효성이 문제된다.

1) 學 說

(가) 無效說 주채무자와 채권자의 지정만 있고 아무런 특정채무·특정거래·일정기간·상환액 등의 지정이 없는 극도의 계속적 보증은 채무내용의 불확정성으로 이를 인정할 경우 보증인에게 지나치게 가혹한 결과가 되므로 계약 자체의 효력을 부정해야 한다는 견해이다.

(나) 制限的 有效說 보증채무의 범위와 기간에 대하여 아무런 약정이 없다

고 하여도 당사자의 의사 · 거래관행 · 신의칙 등에 의하여 그 범위와 기간을 확정할 수 있는 경우에는 유효하다는 견해이다.

2) 判 例 판례는 당좌대월 등의 방법에 의한 현재의 채무 및 기간과 보증한도를 정하지 않은 채무에 대하여 연대보증한 것은 소위 근보증계약이라고 할 것이고 기간과 보증액한도를 정하지 않은 근보증계약도 유효하다고 한다(대판 1976. 8. 24, 76다1178).

3) 私 見 보증기간이나 보증채무의 범위를 정하지 않은 계속적 보증(포괄근보증)의 형태가 실제의 거래에서 적지 않게 행하여지고 있으므로 그 유효성은 인정하여야 할 것이다. 다만 당사자의 의사해석이나 거래관행 · 신의칙 등에 의하여 그 책임범위나 기간을 제한하여 보증인을 보호하여야 할 것이라고 생각한다.

(4) 保證責任의 確定과 制限

1) 保證責任의 確定

(가) 被保證債務의 範圍 피보증채무의 범위는 보증계약에 의하여 정하여진다. 예를 들어 특정한 계속적 여신계약에서 생기는 채무를 보증한다고 정하였다면 그로부터 생기는 채무만을 보증하게 된다. 그리고 채권자와 주채무자와의 사이에 발생하는 모든 채무를 보증한다는 보증계약도 유효한 것으로 해석한다. 그런데 계속적 거래관계가 시작된 후에 보증인이 된 경우에는 보증계약체결 이전에 발생한 채무에 대해서도 보증책임이 미치는지가 문제된다. 이에 관하여 판례는 계속적 거래의 도중에 매수인을 위하여 보증의 범위와 기간의 정함이 없이 보증인이 된 자는 특별한 사정이 없는 한 계약일 이후에 발생되는 채무뿐만 아니라 계약일 현재 이미 발생된 채무도 보증하는 것으로 봄이 상당하다고 하여(대판 1995. 9. 15, 94다41485), 이를 긍정하고 있다.

(나) 保證期間

(a) 보증기간을 정한 경우 특단의 사정이 없는 한 그 보증기간 내에 발생한 주채무에 한하여 보증책임을 부담한다. 이때 주채무자와 채권자 사이의 거래계약기간이 연장되어도 채권자와 보증인 사이에서 보증기간이 연장되지 아니하므로 보증인은 연장된 후에 발생한 채무는 보증계약 종료 후의 채무로서 보증책임을 지지 않는다.

(b) 보증기간을 정하지 않은 경우 보증기간을 정하지 않아도 대상이 되는 계속적 거래에 기간의 정함이 있는 경우에는 그 기간 내에서만 책임이 있다. 이와 같은 명시적인 기간제한이 없는 경우에도 해석에 의하여 보증기간을 제한적으로 새겨야 할 경우가 있다. 다만 「보증인 보호를 위한 특별법」이 적용되는 보증계약의 경우

에는 보증기간의 약정이 없는 때에는 그 기간을 3년으로 보며(동법 제7조 제1항), 보증기간을 갱신하였으나 그 보증기간에 대하여 약정이 없는 때에는 계약체결시의 보증기간을 그 기간으로 본다(동법 제7조 제2항). 그런데 이 특별법은 기업의 사업상의 채무나 동업자의 동업에 관한 채무의 보증 등에 대하여는 적용되지 않으며(동법 제2조), 동법은 그 시행 후 최초로 체결되거나 기간을 갱신하는 보증계약부터 적용되므로(동법 부칙 제2항), 동법이 적용되지 않는 보증계약에 대하여는 기존의 판례이론이 적용된다고 할 것이다.

(다) 保證責任의 限度額 주채무가 거래의 관행과 신의칙에 반하여 부당히 확대된 때에는 보증인은 그 확대된 부분에 관하여는 책임을 지지 않는다. 판례는 민법 제2조의 신의성실의 원칙에서 그 법적 근거를 둔다.

(a) 보증한도액을 약정한 경우 보증인은 그 한도액까지 보증채무를 지며 한도액 이상의 책임을 지지 않고, 주채무의 이자 · 지연손해금도 특약이 없는 한 근저당의 경우와 마찬가지로 이를 합하여 한도액을 초과할 수 없다(대판 2000. 4. 11, 99다12123). 그러나 보증채무는 주채무와는 별개의 채무이므로 보증채무 자체의 지연손해금은 보증한도액과 별도로 부담하여야 한다(대판 1995. 6. 30, 94다40444).

(b) 보증한도액을 약정하지 않은 경우 보증한도액을 확정하지 않은 경우에 관하여 판례는 특별한 사정이 없는 한 무제한으로 채무를 부담하지 않으며(대판 2000. 11. 27, 99다8353), 보증계약 자체에는 한도액을 직접 정하고 있지 아니하더라도 피보증거래계약의 내용 중에 거래한도액이 정하여져 있다면 그 금액은 곧 보증채무의 한도액이 된다고 한다(대판 1972. 11. 28, 72다921). 그리고 한도액의 범위에 관하여 판례는 주채무자와 보증인과의 관계, 보증계약을 체결하게 된 사정, 채권자의 주채무자에 대한 융자의 실정 등을 종합적으로 고려하여 합리적인 범위를 결정하여야 한다고 한다(대판 1991. 10. 8, 91다14147).

2) 保證責任의 制限

(가) 問題點 계속적 보증에서 보증인의 책임한도액이 정해져 있는 경우에도 그 한도액이 과도한 경우가 많으므로 보증인의 책임이 너무 광범위하게 될 수가 있다. 따라서 보증인의 책임을 제한할 필요성이 있으며, 다만 그 근거에 관하여 견해가 대립한다.

(나) 根 據

(a) 學 說

ⓐ 신원보증법 유추적용설 신원보증법을 그 역사적 형성과정 등에 비추어 계속적 보증 전반의 지도적 법칙으로 보고 신원보증 이외의 계속적 보증의 책임한도를

정함에 있어서도 신원보증법 제6조를 유추적용하여 보증인의 책임을 적당한 한도로 제한하여야 한다는 견해이다(이은영 580면).

ⓑ **신의칙설** 신원보증과 그 외의 계속적 보증은 그 성격을 달리하는 것이므로 민법 제2조의 신의칙에 의하여 보증채무가 거래관행에 반하여 지나치게 확대된 때에는 보증범위를 합리적으로 제한하고자 하는 견해이다(곽윤직 193면; 김형배 536면; 김상용 349면).

(b) 判 例 판례는 「계속적 보증계약에서 보증인은 변제기에 있는 주채무 전액에 대해 책임을 지는 것이 원칙이고, 다만 보증 당시 주채무의 액수를 보증인이 예상하였거나 예상할 수 있었을 경우에는 그 예상범위로 보증책임을 제한할 수 있다 할 것이나, 그 예상범위를 상회하는 주채무과다 발생원인이 채권자가 주채무자의 자산상태가 현저히 악화된 사실을 잘 알면서도 이를 알지 못하는 보증인에게 아무런 통보나 의사타진도 없이 고의로 거래규모를 확대함에 연유하는 등 신의칙에 반하는 사정이 있는 경우에 한하여 보증인의 책임을 합리적인 범위 내로 제한할 수 있다」(대판 1995. 12. 22, 94다42129; 대판 2005. 10. 27, 2005다35554 · 35561)고 하여 신의칙설의 입장을 취하고 있다.

(c) 私 見 신원보증법 제6조는 그 입법 이전부터 판례가 신의칙에 근거하여 인정하여 온 것을 성문화한 것이므로 계속적 보증의 책임제한의 근거는 신의칙에서 구하는 것이 타당하다고 할 것이다.

[판 례]

채권자와 채무자 사이에 계속적인 거래관계에서 발생하는 불확정한 채무를 보증하는 이른바 계속적 보증의 경우뿐만 아니라 특정채무를 보증하는 일반보증의 경우에 있어서도, 채권자의 권리행사가 신의칙에 비추어 용납할 수 없는 성질의 것인 때에는 보증인의 책임을 제한하는 것이 예외적으로 허용될 수 있을 것이나, 일단 유효하게 성립된 보증계약에 따른 책임을 신의칙과 같은 일반원칙에 의하여 제한하는 것은 자칫 잘못하면 사적자치의 원칙이나 법적 안정성에 대한 중대한 위협이 될 수 있으므로 신중을 기하여 극히 예외적으로 인정하여야 할 것이다(대판 2004. 1. 27, 2003다45410).

(다) 責任減輕의 참작요소 책임감경의 참작요소로는 보증인의 예상금액, 사정변경과 통지의무이행여부, 보증인의 책임확대에 관한 채권자의 귀책사유, 보증계약체결 후의 기간, 보증의 동기, 보증인과 주채무자와의 신분관계, 보증의 무상성 등을 들 수 있다. 판례는 당사자의 의사를 이유로 보증책임을 합리적으로 제한하려고 한다.

[판 례]

계속적 보증계약은 보증책임의 한도액이나 보증기간에 관하여 아무런 정함이 없는 경우에는 보증인은 원칙적으로 변제기에 있는 주채무의 전액에 관하여 보증책임을 부담하는 것이나, 그 보증을 하게 된 동기와 목적, 피담보채무의 내용, 거래의 관행 등 제반 사정에 비추어 당사자의 의사가 계약문언과는 달리 일정한 범위의 거래의 보증에 국한시키는 것이었다고 인정할 수 있는 경우에는 그 보증책임의 범위를 당사자의 의사에 따라 제한하여 새겨야 한다(대판 1994. 6. 24, 94다10337).

(라) 主張責任 책임제한은 당사자의 주장이 있어야만 고려될 수 있는 것인지가 문제된다. 이에 관하여 판례는 「신의성실에 반하는 것은 강행규정에 위배되는 것으로서 당사자의 주장이 없더라도 법원이 직권으로 판단할 수 있으므로 원심법원이 직권으로 신의칙에 의하여 신용보증책임을 감액한 데에 변론주의를 위배한 위법이 없다」(대판 1998. 8. 21, 97다37821)고 판시하여 책임제한에 관한 판단은 법원의 직권조사사항임을 밝히고 있다.

(마) 責任制限의 效果 보증인의 책임이 제한된다는 의미는 표현 그대로 책임이 제한된다는 것이지 채무 자체가 감축된다는 뜻이 아니다. 그리고 공동보증의 경우에 책임제한을 할 것인지 여부는 각 보증인별로 개별적으로 판단하여야 한다.

(5) 保證人의 解止權

1) 問題點 계속적 보증계약에 있어서 보증인 보호의 필요성 때문에 신의성실의 원칙에서 파생되는 사정변경의 원칙에 근거하여 계약의 해지권을 인정하는 데에 학설과 판례가 일치하고 있다. 다만 해지권의 요건 및 종류에 대하여 약간의 견해의 대립이 있을 뿐이다.

2) 解止權의 理論構成

(가) 學 說

(a) 해지권 양분론 보증기간이 정하여져 있지 않거나 정하여져 있다고 하더라도 그 기간이 지나치게 장기간으로 되어 있는 경우에는 보증계약을 체결한 후 상당한 기간이 경과하면 보증인이 임의로 그 보증계약을 해지할 수 있는 것을 「임의해지권」이라 하고, 계속적 보증계약에 기간의 약정이 없는 경우뿐만 아니라 보증기간의 약정이 있는 경우에도, 보증인은 ① 채권자와 주채무자 사이의 계약관계가 비정상적인 과정을 밟게 된 경우, ② 채무자의 자산상태가 급격히 악화되거나, ③ 채무자나 보증인의 지위에 중대한 변화가 발생한 경우 등 보증인이 예기하지 않았던 사정

의 변화가 생긴 때에는 보증계약을 해지할 수 있는 것을 「특별해지권」(사정변경에 의한 해지권)이라 하여 양자를 구별하는 견해이다(김형배 538면).

(b) 해지권 일원론 계약관계의 모든 요소를 종합적으로 판단하고 계약 당시에 예측할 수 없었던 사정이 있거나 상당한 이유가 있으면 해지할 수 있으며 그 해지의 효력은 구체적인 사정에 따라 즉시 또는 상당한 기간 경과 후 발생하는 것으로 보는 견해이다(다수설. 장경학 441면; 김상용 350면 등).

(나) 判 例 판례는 회사의 이사의 지위에서 부득이 회사와 제3자 사이의 계속적 거래로 인한 회사의 채무에 대하여 보증인이 된 자가 그 후 퇴사하여 이사의 지위를 떠난 때에는 보증계약의 성립 당시의 사정에 현저한 변경이 생긴 경우에 해당하므로 이를 이유로 보증계약을 해지할 수 있고, 보증계약상 보증한도액과 보증기간이 제한되어 있다고 하더라도 위와 같은 해지권의 발생에 영향이 없다고 한다(대판 1998. 6. 26, 98다11826). 그러나 이사가 채무액과 변제기가 특정되어 있는 회사채무에 대하여 보증계약을 체결한 경우에는 사정변경을 이유로 일방적으로 해지할 수 없다고 한다(대판 2006. 7. 4, 2004다30675). 또한 판례는 주채무자에 대한 신뢰를 상실한 경우 채권자측의 사정이나 보증인과 주채무자의 관계 등을 고려하여 해지권을 인정함이 사회통념상 타당하다(대판 1992. 7. 14, 92다8668)고 하여 임의해지권과 특별해지권을 구별하지 않고 있다.

(다) 私 見 해지권의 인정근거가 되고 있는 신의칙에 비추어 볼 때 계약관계의 여러 사정을 종합적으로 고려하여 해지의 요건을 판단하고 해지의 효과 역시 구체적인 상황에 따라 판단하는 것이 타당하다고 본다.

3) 解止權을 인정하기 위한 상당한 사유 해지권을 인정하기 위해서는 보증에 이르게 된 경위, 상당한 시간의 경과, 주채무자에 대한 신뢰의 상실, 보증인의 지위의 변동, 채권자 측의 사정 등을 종합적으로 고려하여 판단하여야 한다. 그러나 보증의 일반적 특성인 무상성·경솔성 등만을 이유로 해지를 주장할 수 없으며, 타담보의 존재 및 가액이나 주채무자의 자력에 관하여 오신이 있었더라도 그것만으로는 해지권을 인정할 수 없다(대판 1995. 4. 7, 94다736). 그러나 보증 당시부터 보증을 할 만한 사정이 없었음에도 그러한 사정이 있는 것으로 착각하여 전혀 무관한 제3자의 채무를 보증하였거나 주채무자의 적극적인 기망이나 위협이 그러한 착각에 개재된 경우에는 사정이 달라질 수도 있다(대판 1995. 6. 30, 95다9716).

[판 례]

(1) 계속적 보증계약에 있어서 보증인의 주채무자에 대한 신뢰가 깨어지는 등 보증인으로서 보증계약을 해지할 만한 상당한 이유가 있는 경우에 보증인으로 하여금 그 보증계약을 그대로 유지·존속케 하는 것은 사회통념상 바람직하지 못하므로 그 계약해지로 인하여 상대방인 채권자에게 신의칙상 묵과할 수 없는 손해를 입게 하는 등 특단의 사정이 있는 경우를 제외하고 보증인은 일방적으로 이를 해지할 수 있다고 할 것이고, 계속적 보증계약을 해지할 만한 상당한 이유가 있는지 여부는 보증을 하게 된 경위, 주채무자와 보증인간의 관계, 보증계약의 내용, 채무증가의 구체적 경과와 채무의 규모, 주채무자의 신뢰상실 여부와 그 정도, 보증인의 지위변화, 주채무자의 자력에 관한 채권자나 보증인의 인식 등 제반 사정을 종합적으로 고려하여 판단하여야 할 것이다(대판 2003. 1. 24, 2000다37937).

(2) 회사의 이사라는 지위에 있었기 때문에 부득이 회사와 은행 사이의 계속적 거래로 인한 회사의 채무에 연대보증인이 된 자가 그 후 회사로부터 퇴직하여 이사의 지위를 상실하게 된 때에는 사회통념상 계속 보증인의 지위를 유지케 하는 것이 부당하므로, 연대보증계약 성립 당시의 사정에 현저한 변경이 생긴 것을 이유로 그 보증계약을 일방적으로 해지할 수 있다(대판 2000. 3. 10, 99다61750).

(3) 단순한 고용직 이사가 아니라 회사의 대주주로서 이사로 취임한 이래 부사장 등의 직책을 맡아 회사의 경영에 관여해 오던 자가 회사 경영진 내부의 마찰이 있는데다가 다른 회사 경영에 전념하기 위하여 이사직을 사임함과 동시에 다시 감사로 취임하여 재직하면서 주주의 지위는 계속 보유하고 있었다면, 그가 이사직을 사임하였다고 하여 그것만으로 회사와의 신뢰관계가 깨어져 사회통념상 그가 이사재직시 회사를 위하여 체결한 포괄근보증계약을 유지케 함이 바람직하지 못하게 되었다고 보기 어렵고, 또한 그가 보증인이 된 것이 오로지 이사의 지위에 있었기 때문에 부득이 한 것이라고 볼 수도 없으므로, 이와 같은 상황에서 이사의 지위에서 사임하였다는 사유를 내세워 그 보증계약을 일방적으로 해지할 수 없다(대판 1995. 4. 25, 94다37073).

(4) 계속적인 보증에 있어서는 보증계약 후 당초 예기하지 못한 사정변경이 생겨 보증인에게 계속하여 보증책임을 지우는 것이 당사자의 의사해석 내지 신의칙에 비추어 상당하지 못하다고 인정되는 경우에는, 상대방인 채권자에게 신의칙상 묵과할 수 없는 손해를 입게 하는 등의 특별한 사정이 없는 한 보증인의 일방적인 보증계약해지의 의사표시에 의하여 보증계약을 해지할 수 있다(대판 1996. 12. 10, 96다27858).

4) 解止權의 行使

(가) 行使方法 보증인이 계속적 보증계약을 해지하기 위해서는 채권자에게 해지의 의사표시를 하여야 한다. 따라서 회사의 이사라는 지위에서 부득이 회사의 제3자에 대한 계속적 거래로 인한 채무에 대하여 연대보증인이 된 자가 그 후 퇴사하

여 이사의 지위를 떠난 때에는 보증계약 성립 당시의 사정에 현저한 변경이 생긴 경우에 해당되므로 이를 이유로 보증계약을 해지할 수 있고, 그 해지의 의사표시는 반드시 서면에 의하여야 하는 것은 아니나, 채권자가 연대보증인의 퇴사사실을 인식하고 있다 하여 연대보증인의 채권자에 대한 해지의 의사표시 없이 보증계약이 당연히 해지되는 것은 아니다(대판 1996. 10. 29, 95다17533; 대판 2007. 5. 10, 2007다4691 · 4707).

(나) 效 果 장래에 향하여 보증계약의 효력이 상실된다. 따라서 해지 이전에 발생한 보증채무에 대해서는 책임을 면할 수 없는 것이 원칙이다(대판 1995. 4. 25, 94다35237). 그러나 보증채무의 내용이 확정되기 전에 해지한 경우에는 보증채무는 소멸하게 된다(대판 1998. 6. 26, 98다11826). 한편 해지 후에도 주채무자가 채권자와 계속 거래하면서 일부씩 변제하여 온 경우에는 변제충당의 법리에 따라 해지 이전에 발생한 채무와 해지 이후에 발생한 채무 중 어느 것이 변제되었는지 여부가 결정된다.

(다) 解止의 效力發生時期 해지권 양분론에 의하면 특히 임의해지의 경우 해지통고를 한 때로부터 상당한 예고기간이 경과한 때에 그 효과가 발생한다고 한다. 그러나 해지권을 신의칙으로 일원화하는 견해에 의하면 구체적 사정에 의하여 개별적으로 결정할 것이라고 한다. 한편 판례는 기간을 정하지 않은 계속적 보증계약이라고 하여 상당한 기간이 경과하였다는 사정만으로 바로 해지권이 발생하지는 않는다고 한다(대판 2001. 11. 27, 99다8353).

(6) 繼續的 保證人 地位의 相續

1) 問題點 주채무자가 사망한 경우에는 보증인의 해지권이 문제될 뿐이다. 이에 대하여 신용보증의 보증인이 사망한 경우에 그 상속인이 계속적 보증인으로서의 지위를 승계하는지가 문제된다.

2) 判例의 態度

(가) 보증기간과 보증액 모두 정해지지 않은 경우 판례는 보증기간과 보증한도액의 정함이 없는 계속적 보증계약의 경우에는 보증인이 사망하면 보증인의 지위가 상속인에게 상속된다고 할 수 없고, 다만 기왕에 발생된 보증채무만이 상속된다고 한다(대판 2001. 6. 12, 2000다47187; 대판 2003. 12. 26, 2003다30784). 신용보증은 책임범위가 넓고 주채무자와 보증인간의 강한 신뢰관계를 바탕으로 하는 일신전속적 채무로서의 성격을 갖기 때문이다. 그러나 보증인이 사망하기 전에 채무가 이미 구체화 · 개별화하여 보통의 보증채무가 된 것은 상속성을 가진다.

(나) 보증한도액이 정해진 경우 판례는 이른바 계속적 보증계약의 보증인

이 보증채무를 이행함으로써 피보증인이 보증인에게 부담하게 될 불확정한 구상금채무를 보증하기로 하는 보증계약도 계속적 보증계약에 해당함은 상고이유의 주장과 같으나, 보증한도액이 정해진 계속적 보증계약의 경우에 보증인이 사망하였다 하더라도 보증계약이 당연히 종료되는 것은 아니고 특별한 사정이 없는 한 상속인들이 보증인의 지위를 승계한다고 한다(대판 1999. 6. 22, 99다19322 · 19339).

4. 身元保證

(1) 意 義

신원보증은 주로 고용계약에 수반하여 체결되는 계약으로서, 피용자가 장차 고용계약상의 채무불이행 또는 불법행위로 인하여 사용자에 대하여 손해배상채무를 부담하게 되는 경우에 그 배상의무의 이행을 담보하는 일종의 장래채무의 보증 내지는 근보증을 말하며, 이것이 본래의 신원보증이다.

(2) 身元引受와의 區別

신원보증에는 그 밖에도 (i) 피용자의 사용자에 대한 채무의 유무를 묻지 않고서 사용자가 그 피용자를 고용함으로써 발생하는 모든 손해를 담보하는 일종의 손해담보계약과 (ii) 일체의 재산상의 손해를 담보할 뿐만 아니라 (iii) 피용자의 신상에 관하여 피용자 본인이 고용상의 의무를 위반하지 않을 것 및 질병 기타 사유로 노무에 종사할 수 없게 됨으로써 사용자에게 일체의 불이익을 끼치지 않겠다는 것 등을 담보하는 것도 있다. 이들은 흔히 신원인수라고 일컬어지며, 본래의 신원보증과 구별되고 있다. 신원보증계약이 어느 유형에 해당하는지는 당사자의 의사를 해석하여 판단하지만 그것이 불분명한 경우에는 본래의 신원보증으로 이해하는 것이 통설(곽윤직 200면; 송덕수 222면 등)과 판례(대판 1977. 1. 11, 76다1166)의 태도이다. 신원보증은 그 내용이 광범위할 뿐만 아니라 그 기간도 제한이 없기 때문에 보증인의 책임이 지나치게 무거워지는 경우가 있다. 여기서 신원보증인의 책임을 완화하기 위하여 신원보증법(2002년 법 제6592호)이 새롭게 제정되었다.

(3) 身元保證法의 내용

1) 適用範圍 신원보증법은 인수 · 보증 기타 명칭 여하를 불문하고 피용자의 행위로 인하여 사용자가 받은 손해를 배상할 것을 약정하는 계약에 적용된다(동법 제1조 제1항). 여기서 피용자라 함은 상당한 기간 계속해서 사용자의 지휘 · 명령을 받으면서 그의 감독하에 노무를 제공하는 자를 말한다. 그러나 반드시 정형적인 고용

계약으로 사용자와 피용자의 관계가 성립할 필요는 없고(대판 1965. 11. 9. 65다1785), 실질적으로 사용종속관계만 있으면 충분한 것으로 본다(대판 1973. 3. 27. 73다119). 수탁인 등 고용관계가 없는 자의 고의 · 과실로 인한 손해에 대한 보증은 신원보증이라 할 수 없고, 단지 장래의 미확정채무에 대한 보증에 불과하다(대판 1974. 11. 26. 74다310). 또한 신원보증인은 「피용자의 행위」로 사용자가 입은 손해에 대해서만 책임을 지게 된다. 구법시대의 판례는 여기서 피용자의 행위에는 그가 종사하는 업무뿐만 아니라, 업무를 집행하는 기회 또는 업무집행의 권한을 이용 내지 악용하여 한 부정행위도 포함하는 것으로 본다(대판 1972. 9. 26. 72다1317)고 하였으나 신법에서는 명문으로 피용자가 「업무를 수행하는 과정」에서 발생한 손해로 엄격하게 한정하고 있다(동법 제2조; 이견으로 곽윤직 207면). 또한 업무수행과 관련해서는 피용자에게 「귀책사유가 있는」 부정행위에 한하여 신원보증의 대상이 될 수 있다(동법 제2조, 구법시대에는 명문으로 두지 않았음). 더 나아가 귀책사유는 피용자 본인의 고의와 중과실에 한정된다(동법 제6조 제1항 확인). 그러나 판례는 피용자의 보조자의 고의 · 중과실에 의한 부정행위도 포함된다고 한다(대판 1971. 3. 9. 71다11).

2) 存續期間 기간을 정하지 않은 신원보증계약은 원칙적으로 2년으로 한다(동법 제3조 제1항). 기간을 정한 때에는 2년을 넘지 못하며, 이보다 기간이 긴 때는 2년으로 단축한다(동법 제3조 제2항). 신원보증계약을 갱신할 수 있으나 그 기간은 갱신한 때부터 2년을 넘지 못한다(동법 제3조 제3항). 따라서 기간갱신의 예약이나 기간만료 후 당연갱신특약은 동법의 취지와 동법의 강행성에 비추어 무효라고 보아야 한다. 판례 역시 사용자가 근로자에게 퇴직금을 지급한 경우 특별한 사정이 없는 한 사용자와 신원보증인 사이의 신원보증계약은 사용자와 근로자 사이의 근로관계가 퇴직금의 지급 후에도 계속되는지 여부와 관계없이 당연히 해지되어 효력이 없다고 본다(대판 2000. 3. 4. 99다68676).

3) 使用者의 通知義務 사용자는 피용자가 업무상 부적임하거나 불성실한 행적이 있어 보증책임을 발생케 할 염려가 있음을 안 때와, 피용자의 임무 또는 임지를 변경함으로써 보증책임을 가중하거나 그 감독이 곤란하게 된 때에는 지체 없이 이를 신원보증인에게 통지하여야 한다(동법 제4조). 구법시대에는 사용자가 통지의무를 게을리한 경우의 효과에 관하여 신원보증법에는 아무런 규정을 두고 있지 않아서 문제가 되고 있었다. 판례는 이에 관하여 사용자가 이러한 통지의무를 다하지 아니한 경우에도 원칙적으로 신원보증인의 손해배상책임이 면제되지는 않으며(대판 1969. 5. 27, 68다2482; 대판 1985. 12. 24, 84다카1221), 그것은 다만 손해배상책임의 유무 또는 배상액을 정함에 있어서 참작할 수 있는 사유로 될 뿐이라고 해석하였다(대판 1971. 3. 31. 71다122). 그러나 신법에서는 사용자의 고의 또는

중과실로 인한 통지의무불이행 때문에 보증인이 제5조에 의한 해지권을 행사할 수 없는 경우에는 그로 인한 손해의 한도에서 의무를 면한다(동법 제4조 제2항)고 명문으로 규정하고 있다. 따라서 신원보증인이 통지를 받았더라면 신원보증계약을 해지하였을 것이라는 특수한 사정이 있음에도 불구하고 이를 통지하지 아니하여 신원보증인으로부터 계약해지의 기회를 박탈하였다고 볼 수 있는 경우에는 신원보증인의 책임이 부정된다(대판 1997. 2. 14, 96다43904).

[판 례]

구 신원보증법(2002. 1. 14. 법률 제6592호로 전문 개정되기 전의 것) 제5조에 의하면, 신원보증인은 같은 법 제4조의 통지를 받은 때에는 신원보증계약을 해지할 수 있도록 규정하고 있는바, 사용자가 위 통지의무를 이행하지 않은 경우에 신원보증인과 피보증인의 관계가 그러한 통지를 받았더라면 신원보증계약을 해지하였을 것이라는 특수한 사정이 인정된다면 신원보증인의 책임이 부정된다고 할 것이나, 신원보증계약의 특수성과 함께 같은 법 제4조 제2호, 제5조, 제6조의 취지에 비추어 보면, 위와 같은 특수한 사정은 신원보증을 하게 된 경위 등을 포함한 신원보증인과 피용자의 관계, 임무 또는 임지를 변경함에 따라 변화하게 된 업무의 내용과 피용자에 대한 책임의 가중 또는 감독의 어려움의 정도, 임무 또는 임지 변경에 대한 신원보증인의 예측가능성, 가중된 책임에 대한 신원보증인의 변제가능성 등을 종합적으로 고려하여 결정하여야 할 것이다(대판 2004. 2. 27, 2003다46277).

4) 共同保證의 경우 分別의 利益 신원보증인이 2인 이상인 경우에는 분별의 이익이 인정되어 특별한 의사표시가 없는 한 신원보증인은 균등한 비율로 의무를 부담한다(신원보증법 제6조 제2항). 판례도 같은 입장을 취하고 있다(대판 1966. 9. 6, 65다782).

5) 身元保證人의 契約解止權 신원보증인이 동법 제4조 제1항의 통지를 받거나, 스스로 통지의무의 발생사유가 되는 사실을 안 때나, 피용자의 고의 · 과실 있는 행위로 발생한 손해를 보증인이 배상한 때, 기타 계약의 기초되는 사정에 중대한 변경이 있는 때에는 계약을 해지할 수 있다(동법 제5조 제1 · 2 · 3호). 그러나 사정변경의 원칙의 적용으로 해지권이 인정되기도 한다. 예를 들어 (i) 신원보증계약을 체결한 후에 신원보증인의 자산상태가 현저히 악화된 경우, (ii) 보증인과 피보증인 사이의 가족관계 등에 예기치 못한 변화가 생긴 경우, (iii) 피용자의 감독이 곤란해진 경우에는 해지권이 인정될 수 있다.

[판 례]

사용자가 근로자에게 퇴직금을 지급한 경우 특별한 사정이 없는 한 사용자와 근로자의 신원보증인과 사이의 신원보증계약은 사용자와 근로자 사이의 근로관계가 퇴직금의 지급 후에도 계속되는지의 여부에 관계없이 당연히 해지되어 효력을 상실한다(대판 2000. 3. 14, 99다68676).

6) 保證責任의 限度 신원보증인은 보증계약 기간 중 피보증인의 고의 또는 중과실로 인한 행위에 의하여 발생한 손해를 배상할 책임이 있다(동법 제6조 제1항). 법원은 신원보증인의 손해배상책임과 그 금액을 정함에 있어서 피용자의 감독에 관한 사용자의 과실의 유무, 신원보증인이 신원보증을 하게 된 사유 및 이를 함에 있어 주의를 한 정도, 피용자의 임무 또는 신원의 변화 기타 모든 사정을 참작하여야 한다(동법 제6조 제3항). 그리고 특별한 의사표시가 없는 한 2인 이상의 신원보증인은 각각 균등한 비율로 손해배상의무를 부담한다(동법 제6조 제2항). 신원보증법 제6조 제3항의 참작사유가 존재하는 때에는, 이러한 사정은 신원보증인의 요구가 없더라도 법원이 직권으로 심사하여 참작하여야 하지만(대판 1967. 9. 26, 67다1625), 참작되어야 할 일체의 사정은 소송에 나타난 자료의 범위에 한하는 것이고, 법원이 직권으로 탐지해야 할 사항은 아니다(대판 1963. 5. 15, 63다138).

그리고 신원보증인의 책임은 피보증인이 배상해야 할 손해액을 기초로 그 책임원인이 되는 사유발생 전후의 일체의 사정을 참작하여 정해야 하므로, 이미 피보증인의 배상책임액 일부가 변제되어 신원보증인에 대하여 그 잔액의 지급이 청구된 경우에는 그 잔액을 기준으로 그 변제의 사정까지 참작하여 보증책임의 유무 및 한도를 정해야 한다(대판 2009. 11. 26, 2009다59671).

7) 身元保證債務의 非相續性 신원보증계약은 신원보증인의 사망으로 종료한다(동법 제7조). 즉 신원보증인의 채무는 상속인에게 승계되지 않으며, 신원보증인의 사망으로 계약은 그 효력을 잃는다. 여기서 신원보증인의 채무가 상속인에게 승계되지 않는다는 것은 신원보증인의 사망으로 그 신원보증인의 신원보증계약상의 지위가 상속인에게 상속될 수 없다는 것을 의미하므로 신원보증인이 사망하기 전에 이미 발생한 신원보증계약상의 보증채무는 상속인에게 상속될 수 있다(대판 1972. 2. 29, 71다2747).

8) 身元保證人의 遲滯責任 신원보증인의 채무는 피보증인의 불법행위로 인한 손해배상채무 그 자체가 아니고 신원보증계약에 기하여 발생한 채무로서 이행기의 정함이 없는 채무이므로 채권자로부터 이행청구를 받지 않으면 지체의 책임이

생기지 않는다(대판 2009. 11. 26, 2009다59671). 즉 신원보증인은 채권자로부터 이행청구를 받은 때(정확히는 그 다음날)부터 이행지체책임을 지게 된다.

9) 强行規定 신원보증법은 신원보증인을 위한 강행규정이므로 본법의 규정에 반하는 특약으로 신원보증인에게 불리한 것은 무효로 된다(동법 제8조).

[판 례]

[1] 신원보증보험계약에 적용되는 추가위험부담특별약관(I)에 의하여 피보증인이 피보험자를 위하여 그 사무를 처리함에 있어 중대한 과실이나 선량한 관리자로서의 책임을 다하지 못함으로써 피보험자가 입은 재산상의 직접손해(피보험자가 위의 사유로 법률상의 손해배상책임을 부담함으로써 입은 손해를 포함한다)도 보상대상으로 정한 경우, 피보험자가 법률상의 손해배상책임을 부담함으로써 입은 손해에 대하여 보험자가 보상하기로 약정한 부분은 피보험자가 피보증인의 행위로 인하여 직접 입은 손해를 보상하는 것이 아니라 피보험자의 피용인인 피보증인의 행위로 인하여 제3자가 손해를 입게 된 결과 피보험자가 그 제3자에 대하여 법률상 손해배상책임을 부담함으로써 입은 손해를 보상하는 것을 그 내용으로 하고 있으므로 손해보험 중에서도 일종의 영업책임보험(상법 제721조)의 성격을 가지고 있다.

[2] 증권회사가 고객과 포괄적 일임매매 약정을 하였음을 기화로 그 직원이 충실의무를 위반하여 고객의 이익을 등한시하고 무리하게 빈번한 회전매매를 함으로써 고객에게 손해를 입혔고, 그로 인하여 증권회사가 손해배상책임을 부담함으로써 신원보증보험계약의 추가위험부담특별약관(I)에서 정한 보험사고가 발생한 경우, 보험회사는 피보험자인 증권회사에게 '증권회사가 위 보험사고로 인하여 입은 손해'에 대하여 보험가입금액의 범위 내에서 보험금을 지급할 의무가 있다. 한편, 증권회사의 직원이 위와 같이 과당매매를 하지 않고 정상적인 일임거래를 하였을 경우에 발생하였을 것으로 예상되는 거래수수료는 증권회사가 주식의 위탁매매 사무를 처리하여 준 것에 대한 비용으로서 주식거래를 함에 따라 당연히 얻게 된 것이므로, 이를 보험회사가 피보험자에게 지급할 보험금에서 공제할 것이 아니다.

[3] 증권회사가 직원의 과당매매행위로 인하여 정상적인 일임매매에 의하지 않은 과당 수수료 수입을 얻은 경우에는 과당매매로 인하여 피해를 입은 고객에게 과당 수수료 상당의 손해배상책임을 부담하므로, 신원보증보험계약을 체결한 보험회사가 피보험자인 증권회사와 그 직원인 피보증인이 피보험자를 위하여 그 사무를 처리함에 있어 중대한 과실이나 선량한 관리자로서의 책임을 다하지 못하여 피보험자가 제3자에게 법률상의 손해배상책임을 부담함으로써 입은 손해에 대하여 보상하기로 약정하면서, 과당 수수료 상당의 손해배상책임을 보상대상에서 제외하거나 보험약관 등에서 면책사유로 삼지 않은 이상, 보험회사는 원칙적으로 그 과당 수수료 상당을 피보험자에게 지급할 보험금에서 공제할 수 없다.

[4] 영업책임보험의 성격을 가지는 신원보증보험계약에서 피보험자인 회사에게 피보증인인 직원에 대한 관리 · 감독상의 과실이 있다고 하더라도, 그와 같은 점을 고려하여 보험자의 보험금지급책임을 제한하는 것은 피보험자의 손해의 보상을 목적으로 하는 보험의 성격에 비추어 허용될 수 없으므로, 신원보증법 제6조 제3항 또는 신의칙에 따라 보험금을 감액할 수 없다(대판 2007. 10. 25, 2005다15949).

5. 損害擔保契約(보험계약)

(1) 意 義

손해담보계약은 당사자의 일방이 상대방에 대하여 일정한 사항에 관한 위험을 인수하고, 그로부터 생기는 손해를 담보하는 것을 목적으로 하는 계약을 말한다. 손해담보계약의 목적물은 언제나 채권자가 입은 손해이나, 보증채무의 목적물은 채무의 그것과 동일하다. 손해담보계약은 주채무의 존재를 전제로 하지 않고 담보의무자가 채권자에 대해 독립된 전보책임을 지는 것으로, 채무내용의 동일성이나 부종성 · 보충성이 없고, 담보의무자는 담보권리자에 대하여 구상권을 갖지 않는다.

(2) 性 質

손해담보계약은 원칙적으로 편무 · 무상 · 불요식 계약이며, 쌍무 · 유상의 경우에는 이를 특히 보험계약이라고 한다.

(3) 內 容

손해담보계약은 매매계약에 부수하여 목적물의 품질 · 무하자를 담보하는 것으로부터 쌍무 · 유상의 보험계약에 이르기까지 그 내용은 광범위하다. 그리고 손해담보계약에 의하여 담보되는 손해액은 처음부터 반드시 일정액으로 확정되어 있을 필요는 없다. 일정한 사항으로부터 발생할 수 있는 손해로서 확정될 수 있는 것이면 불확정한 손해를 담보할 수 있다. 손해담보계약은 채권자가 채무자의 의무위반 기타에 의하여 입을지도 모르는 손해를 담보하는 경우에는 보증과 비슷하다. 그러나 손해담보계약은 주채무의 존재를 전제로 하는 것이 아니어서 보증에 있어서와 같은 주채무에 대한 부종성과 보충성이 없는 점에서 보증채무와 본질적으로 다르다(대판 1974. 4. 9, 72다2008).

[판 례]

손해담보계약상 담보의무자의 책임은 손해배상책임이 아니라 이행의 책임이고, 따라서 담보계약상 담보권리자의 담보의무자에 대한 청구권의 성질은 손해배상청구권이 아니라 이행청구권이므로, 민법 제396조의 과실상계 규정이 준용될 수 없음은 물론 과실상계의 법리를 유추적용하여 그 담보책임을 감경할 수도 없는 것이 원칙이지만, 다만 담보권리자의 고의 또는 과실로 손해가 야기되는 등의 구체적인 사정에 비추어 담보권리자의 권리행사가 신의칙 또는 형평의 원칙에 반하는 경우에는 그 권리행사의 전부 또는 일부가 제한될 수는 있다(대판 2002. 5. 24, 2000다72572).

(4) 擔保義務者의 求償 · 代位

손해담보계약은 보증계약과 그 성질이 다를 뿐만 아니라 담보의무자의 이행은 타인의 채무에 대한 변제라고 볼 수도 없으므로 제481조가 적용될 수 없다. 그러므로 손해담보채무를 이행한 담보의무자는 위탁받은 경우에는 위임에 기하여 비용상환청구(제688조)를, 위탁받지 않은 경우에는 사무관리비용상환청구(제739조)를 할 수 있고 제399조의 배상자대위 규정을 유추적용하여 담보권자의 상대방에 대한 권리를 대위할 수 있다고 할 것이다.

제6장

債權讓渡와 債務引受

第1節 債權의 讓渡

I. 總　說

사례

B에게 1,000만원의 물품대금채권을 가지고 있는 A는 이를 1992. 8. 2. C에게 양도하면서 확정일자 있는 내용증명우편으로 통지하였고, 그 통지는 1992. 8. 4. B에게 도달하였다. 한편 A는 D에게 1992. 8. 3. A의 D에 대한 물품대금채권을 이중양도하고 확정일자 있는 내용증명우편으로 통지하였고, 그 통지는 1992. 8. 4. B에게 도달하였다. 이 경우 A·B·C·D 사이의 법률관계는? (대판[전합] 1994. 4. 26, 93다24223 사안변경)

[중요논점]

Ⅰ. 채권양도통지가 같은 날 도달된 경우 동시도달의 추정

Ⅱ. 채권양수인간의 우열결정기준

Ⅲ. 채권양수인간의 이행청구 및 정산의무

Ⅳ. 채무자의 변제공탁

1. 債權讓渡의 意義

채권양도란 채권을 그 동일성을 유지하면서 양도인(구채권자)으로부터 양수인(신채권자)에게 이전하는 계약을 말한다. 채권의 이전은 법률의 규정(배상자대위 제399조, 변제자의 법정대위 제481조, 상속 제1005조), 법원의 전부명령(민사집행법 제229조), 종된 채권의 수반적 이전(이자채권·보증채권) 또는 유언으로 발생하기도 한다. 그리고 상속이나 포괄유증 또는 회사의 합병(상법 제522조·제600조) 등에 의하여 다른 권리의무와 더불어 포괄적으로 이전하는 경우도 있다. 그러나 그 어느 것도 채권양도는 아니고, 오직 「계약」에 의한 특정채권의 이전을 대상으로 하는 것만을 채권양도라고 한다.

2. 民法의 規定

구민법은 채권양도의 절에서 지명채권·증권적 채권을 함께 규성하였으나(구민법 제469조~제473조), 현행민법은 채권양도의 절(제449조~제452조)에서 채권자가 특정되어 있는 지명채권만 규정하고 채권이 증권으로 擬律되어 있는 증권적 채권에 관한 특칙은 제7절 지시채권(제508조~제522조)·제8절 무기명채권(제523조~제526조)의 2개의 절에서 따로 규정하고 있다. 그런데 증권적 채권에 관해서는 상법·어음법·수표법 등의 특별법에서 비상한 발달을 보이고 있기 때문에 민법에서의 기능은 매우 미약하다.

3. 債權讓渡의 法的 性質

(1) 處分行爲性

채권양도는 양도인과 양수인 사이의 채권의 이전을 내용으로 하는 계약이며, 채무자는 계약의 당사자가 아니다. 이러한 계약에 의하여 채권은 양도인으로부터 양수인에게 직접 이전되고 이행의 문제를 남기지 않기 때문에 그것은 의무부담행위가 아니라 처분행위이다. 채권양도는 처분행위이므로, 그것은 양도인이 처분권한을 가지고 있음을 전제로 한다. 따라서 채권이 압류되거나(민사집행법 제223조), 채권자가 파산한 경우(채무자 회생 및 파산에 관한 법률 제294조·제305조)에는 그 채권을 양도할 수 없고, 또 조합원 1인이 다른 조합원의 동의 없이 조합채권을 양도한 때에는 무효이다(제272조·제704조).

(2) 要式性의 문제

지명채권의 양도는 채권자와 양수인 사이의 낙성·불요식 계약에 의하여 성립하며, 채무자는 이 계약의 당사자가 아니다. 다만 민법은 채무자에 대한 통지 또는 채무자의 승낙을 대항요건으로 하고 있다(제450조 제1항). 그러나 증권적 채권의 양도에 있어서는 당사자 사이의 양도계약 외에 증서의 배서·교부(지시채권의 경우, 제508조) 또는 단순한 증서의 교부(무기명채권의 경우, 제523조)가 있어야만 양도의 효력이 생긴다. 여기서 (i) 증서의 배서·교부 또는 증서의 교부를 양도합의의 방식(또는 효력발생요건)으로 해석하여 증권적 채권의 양도를 요식계약이라고 하는 견해(김형배 561면; 김상용 365면; 김증한/김학동 614면; 송덕수 225면), (ii) 증서의 배서·교부 또는 증서의 교부는 양도의 합의의 방식은 아니며 법률에 의하여 특별히 요구되는 양도의 합의 외의 또 하나의 양도의 요건이라는 견해(곽윤직 212면; 지원림 1207면)가 대립한다. 생각건대 증권적 채권의 양도는 요식행위는 아니며, 증서의 배서·교부 또는 증서의 교부는 채권양도의 합의 외에 채권양도에 필요한 사실행위라고 할 것이다.

(3) 獨自性 · 無因性의 문제

채권양도는 채권의 이전을 목적으로 하는 것으로서 일종의 준물권계약이다. 그런데 채권양도는 일반적으로 채권의 매매와 증여 등을 원인으로 하여 행하여지고 있다. 이러한 원인행위는 단지 채권이전의 채무를 발생케 하는 채권계약(양도의무 계약)으로서 이론상 준물권계약인 채권양도와 구별된다. 여기서 채권양도는 그 원인행위와 어떠한 관계가 있는지가 문제된다. 즉 물권행위에서처럼 준물권행위인 채권양도의 경우에도 원인행위가 무효 · 취소 등으로 효력을 잃게 되면 채권양도도 그와 더불어 효력을 상실하게 되느냐가 문제된다. 이는 물권행위의 취소의 독자성 · 무인성의 인정여부와 같은 문제이다. 이에 관하여 학설은 증권적 채권의 경우와 지명채권의 경우를 구별하여 설명하고 있다.

1) 證券的 債權의 讓渡의 경우 증권적 채권의 양도는 증서의 배서 · 교부 또는 단순한 교부가 있는 때에 양도의 합의가 있는 것으로 해석되며(독자성 인정), 양도계약 자체가 유효하면 그 원인행위가 무효 또는 취소되더라도 그 양도에는 영향을 미치지 않는다(무인성 인정). 즉 양도행위 자체가 유효인 한 양도의 효력이 발생한다. 따라서 양도인은 부당이득의 법리에 의하여 그 반환을 청구할 수 있을 뿐이다.

2) 指名債權의 讓渡의 경우 지명채권에서의 채권양도는 그 원인행위와 합체되어 하나의 행위로 행하여지는 것이 보통이므로(독자성 부정) 특별한 경우가 아니면 그 영향을 받는다는 것이 통설적 견해이다(유인성 인정). 채권양도는 그 객체가 공시성이 없는 채권일 뿐 아니라 그 효력도 역시 공시방법 없이 당사자 사이의 합의만으로 발생되는 점에 비추어 통설적 견해가 타당하다. 따라서 지명채권의 매매 · 증여 등과 같은 채권의 이전을 목적으로 하는 행위를 하면 후에 따로 채권양도만을 목적으로 하는 계약을 하지 않아도 원칙적으로 채권의 이전이 있게 된다. 다만 당사자가 특히 채권이전의 효과의 발생을 보류한 경우, 또는 목적인 채권이 아직 현존하지 않거나 특정되어 있지 않은 경우에는 후에 별도의 양도계약을 하거나 또는 채권이 존재하게 되거나 특정되는 때에(정지조건이 성취된 때) 비로소 이전의 효력이 발생한다.

그러나 채권양도행위의 유인성을 인정함으로써 원인행위의 실효에 의하여 채권양도행위의 효력이 상실되더라도 채무자가 양수인에게 이행을 거절할 수 있느냐는 이와는 별개의 문제로 다루어진다. 판례도 채권양도의 원인계약이 해지된 경우 양수인은 그 양도의무계약의 해지로 인하여 양도인에게 부담하는 원상회복의무

(이는 계약의 효력불발생에서의 원상회복의무 일반과 마찬가지로 부당이득반환의무의 성질을 가진다)의 한 내용으로 채무자에게 이를 통지할 의무를 부담한다고 보아(대판 2011. 3. 24, 2010다100711), 양도인은 양수인이 그러한 통지를 하지 않으면 그 해지에 의하여 자신이 채권자임을 채무자에게 대항할 수 없다고 한다.

[판 례] 채권양도계약과 양도의무계약

[1] 지명채권(이하 단지 '채권'이라고만 한다)의 양도라 함은 채권의 귀속주체가 법률행위에 의하여 변경되는 것, 즉 법률행위에 의한 이전을 의미한다. 여기서 '법률행위'란 유언 외에는 통상 채권이 양도인에게서 양수인으로 이전하는 것 자체를 내용으로 하는 그들 사이의 합의(이하 '채권양도계약'이라고 한다)를 가리키고, 이는 이른바 준물권행위 또는 처분행위로서의 성질을 가진다. 그와 달리 채권양도의 의무를 발생시키는 것을 내용으로 하는 계약(이하 '양도의무계약'이라고 한다)은 채권행위 또는 의무부담행위의 일종으로서, 이는 구체적으로는 채권의 매매(민법 제579조 참조)나 증여, 채권을 대물변제로 제공하기로 하는 약정, 담보를 위하여 채권을 양도하기로 하는 합의(즉 채권양도 담보계약), 채권의 추심을 위임하는 계약(지명채권이 아닌 증권적 채권에 관하여서이기는 하나, 어음법 제18조, 수표법 제23조는 어음상 또는 수표상 권리가 추심을 위하여 양도되는 방식으로서의 추심위임배서에 대하여 정한다), 신탁(다만 신탁법 제7조 참조) 등 다양한 형태를 가질 수 있다. 비록 채권양도계약과 양도의무계약은 실제의 거래에서는 한꺼번에 일체로 행하여지는 경우가 적지 않으나, 그 법적 파악에 있어서는 역시 구별되어야 하는 별개의 독립한 행위이다. 그리하여 채권양도계약에 대하여는 그 원인이 되는 개별적 채권계약의 효과에 관한 민법상의 임의규정은 다른 특별한 사정이 없는 한 적용되지 아니한다.

[2] 종전의 채권자가 채권의 추심 기타 행사를 위임하여 채권을 양도하였으나 양도의 '원인'이 되는 그 위임이 해지 등으로 효력이 소멸한 경우에 이로써 채권은 양도인에게 복귀하게 되고, 나아가 양수인은 그 양도의무계약의 해지로 인하여 양도인에 대하여 부담하는 원상회복의무(이는 계약의 효력불발생에서의 원상회복의무 일반과 마찬가지로 부당이득반환의무의 성질을 가진다)의 한 내용으로 채무자에게 이를 통지할 의무를 부담한다(대판 2011. 3. 24, 2010다100711).

(4) 同一性의 維持

채권양도에 의하여 채권은 동일성을 잃지 않고 양수인에게 이전한다. 따라서 그 채권에 부종하던 이자채권 · 위약금채권 · 보증채권 등의 종된 권리도 특약이 없는 한 양수인에게 당연히 이전한다. 또한 그 채권에 부착된 항변권도 그대로 존속한다. 따라서 채무자가 양도인에 대하여 반대채권을 가지고 있는 경우에는 양수인에 대해서도 상계로써 대항할 수 있다(제451조 · 제515조 · 제524조 단서). 그러나 예외적으로 채권에 부착되어 있는 담보권과 변제기에 도달한 이자채권은 당연히 이전하는 것은 아니다. 즉 질권이 설정된 피담보채권의 양도시에는 목적물의 점유의 이전이, 그리고 저당권이 설정된 피담보채권의 양도시에는 이전등기가 각각 필요하며, 변제기에 도달한 이자채권도 독립성을 가지므로 특별한 의사표시가 있어야만 한다. 따라서 채무인수의 경우에 법정담보권은 당연히 이전되나, 약정담보권은 인적 · 물적 담보를 불문하고 모두 원칙적으로 소멸되는 것과는 구별하여야 한다.

4. 債權讓渡의 모습

일반적으로 채권을 하나의 재화로서 (i) 매매 · 증여의 목적으로 양도하지만, (ii) 다른 채권을 담보할 목적으로 채권을 양도(양도담보 또는 매도담보)하는 경우와 (iii) 채권추심을 목적으로 단순히 추심기능만 이전하거나 또는 추심의 목적으로 채권을 신탁적으로 양도하는 경우도 있다. 그리고 (iv) 채권의 변제기 이전에 채권을 매도함으로써 자금을 조기에 회수할 목적으로 행하여지거나(채권매매), (v) 타인에 대한 채권의 회수방법으로 그 타인의 채권을 代物로서 변제받는 방법으로 채권의 양도가 행하여질 수 있다. 그러나 소송행위를 하게 하는 것을 주목적으로 하여 채권을 양도하지는 못한다(신탁법 제7조). 이러한 채권양도의 모습 중 현실적으로 주요성을 가지는 담보목적의 채권양도와 추심목적의 채권양도에 관하여만 살펴본다.

(1) 擔保目的의 債權讓渡

채권을 다른 채권의 담보를 목적으로 양도할 수 있는데, 이를 양도담보라고 한다. 채권의 양도담보는 당사자 사이에 담보목적을 위한 채권양도에 관한 합의가 있는 경우로서, 양도인의 제3채무자에 대한 채권을 양수인인 채권자에게 이전하는 합의와 채권양도라고 하는 처분행위에 의하게 된다. 민법이 예정하고 있는 채권질도 채권담보의 수단으로 기능하고 있으나, 질권설정시에 채권을 교부하여야 그 효력이 발생하며(제347조), 현재 및 장래의 채권에 대하여 포괄적으로 질권을 설정하는 데 따르는 번거러움 등으로 거래계에서는 채권의 양도담보가 많이 활용되고 있다. 채권의 양도담보는 법형식적으로는 채권양도에 의하나 당사자들이 달성하고자 하는 경제적 목적은 채권의 담보라고 하는 점에서 그 성질은 추심을 목적으로 하는 채권양도와 마찬가지로 신탁적 양도라고 할 것이다. 따라서 양수인은 대외적으로 채권자의 지위를 취득하여 채권을 행사하거나 처분할 수 있다.

[판 례]

(1) 기존채무에 관하여, 채무자가 제3자에 대하여 가지고 있는 채권을 기존채무의 채

권자에게 양도한 경우 그들 사이에 다른 특별한 의사표시가 없었다면 기존채무의 변제를 위하여 또는 그 담보조로 양도한 것이라고 추정하여야 한다. 이때 채권자가 채권양수를 승낙하고, 양수채권의 채무자가 채권자에게 양수금의 지급을 확약한다는 취지의 각서를 작성·공증하여 교부한 바 있다고 하여도 이것만 가지고 기존채무의 변제에 갈음한다는 의사표시가 있었다고는 할 수는 없다(대판 1991. 4. 9, 91다2526). 한편 채권양도가 다른 채무의 담보조로 이루어졌으며 또한 그 피담보채무가 변제되었더라도, 이는 채권양도인과 양수인간의 문제일 뿐이고, 양도채권의 채무자는 채권양도·양수인 사이의 채무소멸 여하에 관계없이 양도된 채무를 양수인에게 변제하여야 하는 것이므로, 설령 그 피담보채무가 변제로 소멸되었더라도 양도채권의 채무자로서는 이를 이유로 채권양수인의 양수금 청구를 거절할 수 없다(대판 1999. 11. 26, 99다23093).

(2) 대물변제가 채무소멸의 효력을 발생하려면 채무자가 본래의 이행에 갈음하여 행하는 다른 급부가 현실적인 것이어야 한다(대법원 1984. 6. 26. 선고 82다카1758 판결 등 참조). 그리고 채무자가 채권자에게 채무변제와 관련하여 다른 채권을 양도하는 것은 특단의 사정이 없는 한 채무변제를 위한 담보 또는 변제의 방법으로 양도되는 것으로 추정할 것이지 채무변제에 갈음한 것으로 볼 것은 아니어서 채권양도만 있으면 바로 원래의 채권이 소멸한다고 볼 수는 없고 채권자가 양도받은 채권을 변제받음으로써 그 범위 내에서 채무자가 면책되는 것이고(대법원 1995. 12. 22. 선고 95다16660 판결 등 참조), 채권양도가 채무변제에 갈음하여 이루어진 것이라 하더라도 채권양도의 대항요건까지 갖추어야 비로소 대물변제로서 채무소멸의 효력이 생긴다고 보아야 할 것이다(대판 2012. 10. 11, 2011다82995).

(3) 채무자가 채권자에게 채무변제에 '갈음하여' 다른 채권을 양도하기로 한 경우에는 특별한 사정이 없는 한 채권양도의 요건을 갖추어 대체급부가 이루어짐으로써 원래의 채무는 소멸하는 것이고 그 양수한 채권의 변제까지 이루어져야만 원래의 채무가 소멸한다고 할 것은 아니다. 이 경우 대체급부로서 채권을 양도한 양도인은 양도 당시 양도대상인 채권의 존재에 대해서는 담보책임을 지지만 당사자 사이에 별도의 약정이 있다는 등 특별한 사정이 없는 한 그 채무자의 변제자력까지 담보하는 것은 아니다(대판 2013. 5. 9, 2012다40998).

(2) 推尋目的의 債權讓渡

추심을 위한 채권양도는 양수인에게 단순히 추심권능을 부여하는 경우와 채권의 신탁적 양도의 경우로 나누어진다.

1) 단순한 채권추심의 권능부여 채권을 추심할 목적으로 양수인에게 단순히 추심의 권능만을 주는 채권양도일 때에는 진정한 의미에 있어서의 채권양도는 아니기 때문에 양도인은 그 채권에 관한 처분권을 가지고 있으며, 따라서 언제든지 양수인에 대하여 추심하는 권능의 수여를 철회할 수 있다. 또한 양수인이 추심하기

전에는 양도인이 직접 채권을 추심하거나 면제할 수도 있다. 한편 채무자는 양도의 통지를 받은 후에 양도인에 대하여 취득한 반대채권을 가지고 상계할 수 있으며, 반면에 양수인은 양도인의 승낙이 없으면 처분행위를 하더라도 무효이고 제3자에게 다시 채권추심권능을 부여하지 못한다.

2) 채권의 신탁적 양도 채권의 추심을 위한 신탁적 양도는 일종의 신탁행위로서 대외적으로는 채권이 양수인에게 귀속되어 양수인이 채권자로서 모든 권리를 유효하게 행사하게 되기 때문에 양도인은 채권을 행사 · 처분할 권한을 잃으며 정당한 사유가 없는 한 양도계약을 해제할 수 없다. 따라서 양수인이 그 채권을 다시 제3자에게 양도하거나, 채무자에 대하여 채무를 면제하더라도 유효한 것으로 된다. 다만 신탁적 양수인에 의한 이들 양도행위나 면제행위는 추심의 목적을 넘는 것으로서 그 양수인은 양도인에 대하여 손해배상책임을 지게 될 뿐이다. 추심권능을 주는 것이라고 인정할 만한 특별한 사정이 있는 경우를 제외하고는 원칙적으로 채권의 신탁적 양도를 발생케 하는 것으로 해석한다.

Ⅱ. 指名債權의 讓渡

1. 指名債權의 意義

지명채권이란 채권자가 특정된 채권을 말하며, 증권적 채권에 속하지 않은 보통의 채권이다. 지명채권은 증권적 채권과 달리 채권자가 특정되어 있고, 그 채권의 성립 · 존속 · 행사 · 양도 등을 위하여 증서의 작성 · 교부를 필요로 하지 않는다.

2. 讓渡性의 原則

지명채권은 원칙적으로 양도성을 가진다(제449조 제1항 본문). 조건부 · 기한부 채권도 양도할 수 있으며, 또는 당좌대월계약에 기한 장래의 채권이더라도 채권발생의 기초인 법률관계가 이미 존재하고, 그 내용이 명확하면 양도할 수 있다(대판 1970. 3. 10, 69다1370). 채권을 양도하기 위해서는 양도의 대상인 채권이 존재하여야 하고, 또한 특정할 수 있어야 한다. 따라서 종류채권이나 선택채권도 특정할 수 있기 때문에 그 양도가 가능하다. 그리고 채권의 일부양도도 가능하다는 것이 일반적인 견해이다. 즉 채권의 목적이 가분급부인 경우에는 일부양도에 의하여 다른 약정이 없는 한 분할채권으로 되며(제408조), 불가분급부인 경우에는 불가분채권의 공동귀속이 생기게 된다(제409조).

[판 례]

(1) 장래의 채권도 양도 당시 기본적 채권관계가 어느 정도 확정되어 있어 그 권리의 특정이 가능하고 장래에 발생한 것임이 상당 정도 기대되는 경우에는 이를 양도할 수 있다(대판 1996. 7. 30, 95다7932).

(2) 채권양도에 있어 사회통념상 양도목적채권을 다른 채권과 구별하여 그 동일성을 인식할 수 있을 정도이면 그 채권은 특정된 것으로 보아야 할 것이고 채권양도 당시 양도목적채권의 채권액이 확정되어 있지 아니하였다 하더라도 채무의 이행기까지 이를 확정할 수 있는 기준이 설정되어 있다면 그 채권의 양도는 유효한 것으로 보아야 한다(대판 1997. 7. 25, 95다21624).

(3) 채권양도는 구 채권자인 양도인과 신 채권자인 양수인 사이에 채권을 그 동일성을 유지하면서 전자로부터 후자에게로 이전시킬 것을 목적으로 하는 계약을 말한다 할 것이고, 채권양도에 의하여 채권은 그 동일성을 잃지 않고 양도인으로부터 양수인에게 이전된다 할 것이며, 가압류된 채권도 이를 양도하는 데 아무런 제한이 없다 할 것이다(대판 2002. 4. 26, 2001다59033).

3. 指名債權의 讓渡制限

(1) 債權의 性質에 의한 制限

채권의 성질이 양도를 허용하지 않는 때에는 그 채권은 양도하지 못한다(제449조 제1항 단서). 여기서 채권의 성질이 양도를 허용하지 않는다는 것은 채권자가 변경되면 그 동일성을 잃게 되거나 또는 채권의 목적을 이루지 못하게 되는 것을 말한다. 그러한 것으로는 다음과 같은 채권이 있다.

1) 債權者가 變更되면 給付의 內容이 달라지는 債權 특정인의 肖像을 그리게 하는 채권, 특정인을 가르치는 채권, 부작위채권 등이 그 예이다. 이러한 경우에도 양도성을 인정하게 되면 채무의 내용이 양적 · 질적으로 변경되어 채무자에게 현저한 불이익을 주기 때문이다.

2) 債權者가 變更되면 債權의 行使方法에 差異가 생기는 債權 사용대차에서 借主는 貸主의 승낙 없이 차용물을 제3자에게 사용 · 수익하게 하지 못하며(제610조 제2항), 임대차에서 임차인은 임대인의 동의 없이 권리를 양도할 수 없다(제629조 제1항). 고용에서 사용자는 노동자의 동의 없이 권리를 제3자에게 양도하지 못한다(제657조 제1항). 위임 · 도급 등에서의 노무수령권도 채무자의 동의 없이 양도할 수 없다. 그러나 이러한 채권이 채무자의 채무불이행으로 인한 손해배상채권으로 변한 때에는 그 손해

배상청구권을 양도할 수 있다.

3) 特定의 債權者와의 사이에서 決濟되어야 할 債權 상호계산에 計入된 채권(상법 제72조 이하), 당좌대월계약상의 채권 등이 이에 속한다.

4) 주된 債權에 從屬된 債權 채권에 주 · 종관계가 있는 경우에는 종된 채권은 주된 채권에 따라서 함께 이전하며, 종된 채권만을 주된 채권과 분리하여 단독으로 양도하지 못하는 것이 원칙이다. 예를 들어 기본적 이자채권은 원본채권과 분리하여 양도하지 못한다.

5) 그 밖에 讓渡性이 문제되는 것

(가) 賃金債權 근로기준법 제42조 제1항은 「임금은 통화로 근로자에게 그 전액을 직접 지급하여야 한다」고 규정하고 있다. 여기서 근로자의 임금채권의 양도성이 문제된다. 이에 관하여 통설은 근로기준법상의 규정은 양도금지규정은 아니므로 임금채권은 양도할 수 있다고 한다(곽윤직 212면; 송덕수 227면; 다른 견해 김상용 371면). 판례도 임금채권의 양도를 금지하는 법률의 규정이 없으므로 이를 양도할 수 있다고 할 것이나, 다만 임금직접지급의 원칙상 양수인이 스스로 사용자에게 임금의 지급을 청구할 수는 없고 사용자는 여전히 근로자에게 임금을 지급하여야 한다고 함으로써(대판[전합] 1988. 12. 13, 87다카2803), 같은 입장을 취하고 있다. 또한 사용자는 근로자의 임금채권을 수동채권으로 하여 근로자에 대한 전차금채권(근로기준법 제28조) 또는 손해배상채권과 상계할 수 없다(대판 1989. 11. 24, 88다카25038). 그러나 공무원의 보수청구권은 비록 법률의 규정은 없지만 공무원의 품위유지를 위하여 그 양도성이 부정된다(곽윤직 212면; 반대 김상용 371면).

(나) 傳貰金返還請求權 전세금반환청구권을 전세권과 분리하여 양도할 수 있느냐가 문제된다. 이에 관하여 학설은 전세금은 전세권의 요소이고, 전세권이 소멸한 때에는 전세권설정자가 전세권자로부터 목적물의 인도 및 전세권말소등기에 필요한 서류를 교부받는 것과 상환으로 전세권자에게 전세금을 반환하여야 하는 점(제317조) 등을 들어 그 양도를 부정하는 견해(현승종 310면; 김용한 437면; 김형배 574면)와 전세금반환청구권을 일종의 장래채권으로 보아 그 양도를 긍정하는 견해(김주수 323면; 이은영 612면)로 나뉜다. 판례는 처음에는 전세권과 분리한 전세금반환청구권만의 양도를 부정하였으나(대판 1966. 7. 5, 66다850), 그 후 태도를 바꾸어 전세권설정자가 전세권자로부터 전세권설정등기의 말소에 필요한 서류를 교부받을 때까지 전세금의 반환을 거절할 수 있다고 하더라도 이와 같은 내용의 전세금반환채권을 목적물의 반환 이전에 전세계약과 분리하여 양도함은 전세권설정자에게 아무런 불이익을 주지 않으며 조건부 또는 장래채권의 양도성을 부인

할 이유가 없다고 하였다(대판 1969. 12. 23, 69다1745; 동 판례는 민법 제303조가 개정되기 전의 판결임). 그러나 1984년의 민법개정으로 전세권이 용익물권인 동시에 담보물권이기도 한 현재의 입장에서는 담보물권의 부종성과 수반성에 의하여 전세금반환청구권은 전세권과 분리하여 양도할 수 없는 것으로 본다(곽윤직 218면). 즉 전세권은 전세금이 존재하지 않으면 존립할 수 없고, 또한 전세금에 대한 권리가 양도·상속 등으로 승계되는 경우에는 전세권도 그대로 승계된다. 판례에서도 전세권만을 전세금반환채권과 분리해서 양도할 수 없는 것으로 해석하고 있었다(대판 1997. 11. 25, 97다29790). 그런데 최근의 판례에서는 전세권이 존속하는 동안은 전세권을 존속시키기로 하면서 전세금반환채권만을 전세권과 분리하여 확정적으로 양도하는 것은 허용되지 않는 것이며, 다만 전세권 존속 중에는 장래에 그 전세권이 소멸하는 경우에 전세금반환채권이 발생하는 것을 조건으로 그 장래의 조건부 채권을 양도할 수 있을 뿐이라고 함으로써(대판 2002. 8. 23, 2001다6912), 그 범위는 제한되었지만 여전히 전세권과 분리하여 전세금반환채권의 양도를 인정한다는 점에서 종래의 태도가 민법 개정 후에도 유지되고 있다고 할 것이다.

한편 전세권이 존속기간의 만료로 소멸한 경우이거나 전세계약의 합의해지 또는 당사자 사이의 특약에 의하여 전세금반환채권의 처분에도 불구하고, 전세권의 처분이 따르지 않는 경우 등의 특별한 사정이 있는 때에는 채권양수인은 담보물권이 없는 무담보의 채권을 양수한 것이 된다(대판 1997. 11. 25, 97다29790).

(다) 登記請求權 매수인의 매도인에 대한 등기청구권을 양수인에게 양도한 경우 양수인은 매도인에게 직접 등기청구를 할 수 있느냐가 문제된다. 중간생략등기의 방지를 위해 매도인에 대한 채권양도의 통지만으로는 불가능하고 매도인의 승낙이 있어야만 양수인의 매도인에 대한 직접 등기청구가 인정된다. 판례도 부동산매도인이 부담하는 재산권이전의무에 대한 매수인의 소유권이전등기청구권은 그 이행 과정에 신뢰관계가 따를 뿐만 아니라 특별한 사정이 없는 이상 그 권리의 성질상 양도가 제한되고 그 양도에 채무자의 승낙이나 동의를 요하므로, 통상의 채권양도와 달리 양도인의 채무자에 대한 통지만으로는 채무자에 대한 대항력이 생기지 않으며 반드시 채무자의 동의나 승낙을 받아야 대항력이 생긴다고 한다(대판 2005. 3. 10, 2004다67653). 따라서 매도인이 그 양도에 대하여 동의하지 않는 한, 소유권이전등기청구권을 매수인으로부터 양도받은 양수인은 매도인에 대하여 채권양도를 원인으로 하여 소유권이전등기절차의 이행을 청구할 수 없다(대판 2001. 10. 9, 2000다51216).

(라) 賃借保證金返還債權 임차권양도금지특약이 있다고 하더라도 그러한

사정만으로 임대차계약에 따른 임차보증금반환채권의 양도까지 금지되는 것은 아니므로 양도인이 임차보증금채권을 양도하면서 그 사실을 임대인에게 통지한 이상 임대차계약의 종료 후에 임대인에 대하여 임차보증금의 반환을 요구하는 양수인의 청구는 임대인이 그 양도가 금지되었던 임차권의 양도에 동의하였는지 여부와 상관없이 인용된다(대판 2001. 6. 12, 2001다2624). 임대차보증금반환채권은 장래의 채권으로서 그 발생 여부 및 수액이 불확정하긴 하지만, 그 특정이 가능하고 가까운 장래에 발생할 것이 상당한 정도로 기대되기 때문에 임대차존속 중에 확정적으로 양도할 수 있다. 임대차보증금반환채권은 임차인의 거의 유일한 재산으로서 자유로운 처분을 허용할 필요성이 있고, 그 발생 여부 및 수액이 불확정이라는 사정은 채권양수인이 감수했다고 보아야 한다.

[판 례]

가압류된 채권도 이를 양도하는 데 아무런 제한이 없다 할 것이나, 다만 가압류된 채권을 양수받은 양수인은 그러한 가압류에 의하여 권리가 제한된 상태의 채권을 양수받는다고 보아야 할 것이고, 이는 채권을 양도받았으나 확정일자 있는 양도통지나 승낙에 의한 대항요건을 갖추지 아니하는 사이에 양도된 채권이 가압류된 경우에도 동일하다. 채권가압류의 처분금지의 효력은 본안소송에서 가압류채권자가 승소하여 채무명의를 얻는 등으로 피보전권리의 존재가 확정되는 것을 조건으로 하여 발생하는 것이므로 채권가압류결정의 채권자가 본안소송에서 승소하는 등으로 채무명의를 취득하는 경우에는 가압류에 의하여 권리가 제한된 상태의 채권을 양수받는 양수인에 대한 채권양도는 무효가 된다(대판 2002. 4. 26, 2001다59033).

(2) 意思表示에 의한 制限(양도금지특약)

채권은 당사자가 반대의 의사표시를 한 경우에는 양도하지 못한다(제449조 제2항 본문). 양도제한의 의사표시는 채권이 계약에 의하여 발생한 것이면 채권자와 채무자의 특약으로, 채권이 유언과 같은 단독행위로 발생한 경우에는 그 단독행위자의 일방적인 의사표시로 양도를 금지할 수 있다. 당사자 사이의 양도금지의 특약이 있으면 채권은 그 양도성을 상실한다는 통설(물권적 효력설)과 판례(대판 2009. 10. 29, 2009다47685)의 입장이다. 그런데 채권의 양도금지의 특약은 이를 가지고 선의의 제3자에게 대항할 수 없다(제449조 제2항 단서). 따라서 선의의 제3자는 유효하게 채권을 취득할 수 있다. 또한 악의의 양수인으로부터 선의로 전득한 자도 유효하게 채권을 취득할 수 있다.

양수인이 채권을 유효하게 취득하려면 그의 선의가 요구되는데, 그 밖에 양도금지의 특약이 있음을 알지 못한 데 있어서 과실이 없어야 하는가, 즉 선의인 데에 무과실이 요구되는가에 대하여는 학설이 대립한다. 이에 관하여 학설은 (i) 채권양도가 表見的인 것에 대한 신뢰를 보호하여 거래의 안전을 꾀하려는 제도라는 이유를 들어 무과실을 요한다는 견해(곽윤직 219면; 김용한 438면), (ii) 채권의 양도성은 법이 인정한 대원칙이며 이것을 특약에 의하여 제한하려는 것이므로 양수인의 보호에 무과실까지 요구하는 것은 타당하지 않고, 다만 중과실의 경우에 한하여 악의로 보는 견해(김주수 379면; 김형배 577면), (iii) 선의로서 충분하고 무과실은 요구되지 않는다는 견해(이은영 613면; 송덕수 227면)로 나뉘고 있다. 판례는 제3자가 양도금지를 알지 못한 데에 중대한 과실이 있는 경우에 한하여 악의로 보고 있다(대판 1996. 6. 28, 96다18281; 대판 1999. 2. 12, 98다49937). 생각건대 선의의 양수인을 보다 두텁게 보호하기 위해서는 양수인이 양도금지를 알지 못한 데에 무과실을 요구되지 않고, 다만 중대한 과실이 있는 경우에 한하여 악의로 추정하여야 할 것이다.

양도금지특약에 위반된 양도에 대하여 통설인 물권적 효력설(민법주해(10)/이상훈 567면 등)은 양도금지특약이 채권의 양도성을 박탈하기 때문에 채권자가 특약에 반하는 채권양도에 대하여 채무자에게 채무불이행책임을 지는 것은 물론, 양수인에 대하여는 채권양도의 효과도 발생하지 않는다고 한다. 따라서 이 설에 의하면 양도금지특약에 위반된 양도에 대하여 채무자가 사후에 승낙한 경우에, 채권의 양도는 무효로 되지만, 판례는 채무자가 사후에 양도를 승낙하면 무효로 된 양도행위를 추인한 것으로 되어 승낙시부터 채권양도의 효력이 발생한다고 한다(대판 2000. 4. 7, 99다52817; 대판 2009. 10. 29, 2009다47685). 그러나 채무자가 사전에 승낙한 경우에는 채권양도가 유효한 것으로 된다.

양도금지에 관한 의사표시의 부재 및 양수인의 악의(또는 중과실)에 관한 입증책임은 채무자가 부담한다(대판 2000. 2. 22, 2000다55904; 대판 2003. 1. 24, 2000다5336 · 5343). 이 경우 양도금지 특약이 기재된 채권증서가 양도인으로부터 양수인에게 수수되어 양수인이 간단한 검토만으로 쉽게 그 특약의 존재와 내용을 알아차릴 수 있었다는 등의 특별한 사정이 인정되지 않는 한 양도금지 특약이 기재된 채권증서의 존재만으로 곧바로 그 특약의 존재에 관한 양수인의 악의나 중과실을 추단할 수는 없다(대판 2000. 4. 25, 99다67482).

양도금지의 특약은 임의의 양도를 제한할 수 있을 뿐이고, 채권의 압류까지도 제한할 수 있는 것은 아니다(대판 2002. 8. 27, 2001다71699). 또한 구민법시대에는 의문이 제기된 일이 있었으나, 현행민법의 해석에 있어서는 轉付命令에 의하여 채권이 이전하는 때에는 압류채권자의 선의 · 악의를 불문하고 그 채권은 당연히 이전된다고 하는 것이 통설 · 판례(대판 1976. 10. 29, 76다1623; 대판 2002. 8. 27, 2001다71699)의 입장이다. 개인의 의사표시로 압류금지의 재산을 만들어내는 것은 채권자를 해하게 되어 부당하기 때문이다. 따라서 채권자가 악의이더라도 그 채권을 압류 및 전부명령에 의하여 취득할 수 있다.

그리고 양도금지특약부 채권에 대한 전부명령이 유효한 이상, 그 전부채권자로부터 다시 그 채권을 양수한 자가 그 특약의 존재를 알았거나 중대한 과실로 알지 못하였다고 하더라도 채무자는 위 특약을 근거로 삼아 채권양도의 무효를 주장할 수 없다(대판 2003. 12. 11, 2001다3771).

[판 례]

(1) 민법 제449조 제2항이 채권양도금지의 특약은 선의의 제3자에게 대항할 수 없다고만 규정하고 있어서 그 문언상 제3자의 과실유무를 문제 삼고 있지는 않지만, 제3자의 중대한 과실은 악의와 같이 취급되어야 하므로, 양도금지 특약의 존재를 알지 못하고 채권을 양수한 경우에 있어서 그 알지 못함에 중대한 과실이 있는 때에는 악의의 양수인과 같이 양도에 의한 채권을 취득할 수 없다고 해석하는 것이 타당하다(대판 1996. 6. 28, 96다18281).

(2) 은행거래에서 발생하는 채권인 예금채권에 관한 법률관계는 일반거래약관에 의하여 규율되어 은행은 일반거래약관인 예금거래기본약관에 각종의 예금채권에 대하여 그 양도를 제한하는 내용의 규정을 둠으로써 예금채권의 양도를 제한하고 있는 사실은 적어도 은행거래의 경험이 있는 자에 대하여는 널리 알려진 사항에 속한다 할 것이므로, 은행거래의 경험이 있는 자가 예금채권을 양수한 경우 특별한 사정이 없는 한 예금채권에 대하여 양도제한의 특약이 있음을 알았다고 할 것이고, 그렇지 않다 하더라도 알지 못한 데에 중대한 과실이 있다고 보아야 한다(대판 2003. 12. 12, 2003다44370).

(3) 당사자의 양도금지의 의사표시로써 채권은 양도성을 상실하며 양도금지의 특약에 위반해서 채권을 제3자에게 양도한 경우에 악의 또는 중과실의 채권양수인에 대하여는 채권 이전의 효과가 생기지 아니하나, 악의 또는 중과실로 채권양수를 받은 후 채무자가 그 양도에 대하여 승낙을 한 때에는 채무자의 사후승낙에 의하여 무효인 채권양도행위가 추인되어 유효하게 되며 이 경우 다른 약정이 없는 한 소급효가 인정되지 않고 양도의 효과는 승낙시부터 발생한다. 이른바 집합채권의 양도가 양도금지특약을 위반하여 무효인 경우 채무자는 일부 개별 채권을 특정하여 추인하는 것이 가능하다(대판 2009. 10. 29, 2009다47685).

(3) 法律의 規定에 의한 制限

채권자 자신에게만 변제하게 할 필요가 있는 채권에 대해서는 법률은 명문으로 양도를 금지하고 있다. 민법상의 부양청구권(제979조) · 기타 특별법에 의한 연금청구권(공무원연금법 제12조 · 군인연금법 제7조 · 국민연금법 제54조 · 사립학교연금법 제40조) · 산업재해보험급여를 받을 권리(산업재해보상보험법 제88조 제2항) · 의료보험급여를 받을 권리(의료보험법 제47조)·생활보호법에 의하여 피보호자가 보호받을 권리(국민기초생활보장법 제35조·제36조)·재해보상청구권(근로기준법 제89조)·국가배상청구권(국가배상법 제4조)·보험금청구권(군인보험법 제14조)·형사보상청구권(형사보상법 제22조) 등이 그 예이다. 약혼해제·이혼 또는 파양으로 인한 위자료청구권은 원칙적으로 양도할 수 없지만, 배상액이 결정된 후에는 양도할 수 있다(제806조·제843조·제908조). 법률에 의하여 양도가 금지된 채권은 당사자의 합의에 의해서도 양도할 수 없으며 압류할 수도 없다. 그러나 압류가 금지되는 채권이라고 하여 반드시 양도가 금지되는 채권은 아니다(대판 1990. 2. 13, 88다카8132. 압류가 금지되는 도급대금 중 노임상당액채권의 양도를 인정). 다만 압류금지채권의 특성상(채권자의 생존배려를 위한 것) 그 양도가 금지되는 경우가 있다.

[판 례]

(1) 일반적으로 채권에 대한 가압류가 있더라도 이는 가압류채무자가 제3채무자로부터 현실로 급부를 추심하는 것만을 금지하는 것이므로, 가압류채무자는 제3채무자를 상대로 그 이행을 구하는 소송을 제기할 수 있고 법원은 가압류가 되어 있음을 이유로 이를 배척할 수 없다. 따라서 가압류된 채권도 이를 양도하는 데 아무런 제한이 없으나, 다만 가압류된 채권을 양수받은 양수인은 그러한 가압류에 의하여 권리가 제한된 상태의 채권을 양수받는다고 보아야 할 것이다. 그러나 채권에 대한 압류 및 추심명령이 있으면 제3채무자에 대한 이행의 소는 추심채권자만이 제기할 수 있고 채무자는 피압류채권에 대한 이행소송을 제기할 당사자적격을 상실한다(대판 2000. 4. 11, 99다23888).

(2) 소송행위를 하게 하는 것을 주목적으로 채권양도 등이 이루어진 경우 그 채권양도가 신탁법상의 신탁에 해당하지 않는다고 하여도 신탁법 제7조가 유추적용되므로 무효라고 할 것이고, 소송행위를 하게 하는 것이 주목적인지의 여부는 채권양도계약이 체결된 경위와 방식, 양도계약이 이루어진 후 제소에 이르기까지의 시간적 간격, 양도인과 양수인간의 신분관계 등 제반상황에 비추어 판단하여야 할 것이다(대판 2002. 12. 6, 2000다4210).

(3) 양도 또는 대위되는 채권이 원래 압류가 금지되는 것이었던 경우에는, 처음부터 이를 수동채권으로 한 상계로 채권자에게 대항하지 못하던 것이어서 그 채권의 존재가 채무자의 자동채권에 대한 담보로서 기능할 여지가 없고 따라서 그 담보적 기능에 대한 채무자의 합리적 기대가 있다고도 할 수 없으므로, 그 채권이 양도되거나 대위의 요건이 구비된 이후에 있어서도 여전히 이를 수동채권으로 한 상계로써 채권양수인 또는 대위채권자에게 대항할 수 없다고 봄이 상당하다(대판 2009. 12. 10, 2007다30171).

4. 指名債權讓渡의 對抗要件

(1) 序 說

1) 民法의 規定 지명채권양도는 양도인과 양수인 사이의 합의(낙성계약)에 의하여 그 효력이 발생한다. 따라서 이에 참여하지 않은 채무자와 제3자를 보호할 필요가 생기게 된다. 민법 제450조는 지명채권의 양도는 양도인이 채무자에게 통지하거나 또는 채무자가 승낙하지 아니하면 채무자 기타 제3자에게 대항하지 못하며(제1항), 전항의 통지나 승낙은 확정일자 있는 증서에 의하지 아니하면 채무자 이외의 제3자에게 대항하지 못한다(제2항)고 규정함으로써 대항요건주의를 채택하고 있다.

2) 제450조의 解釋 제450조 제1항은 통지 또는 승낙을 채무자 기타 제3자에 대한 대항요건으로 하는 일반적 규정이고, 제2항은「채무자 이외의 제3자」에 대한 대항요건으로 통지 또는 승낙이 확정일자 있는 증서에 의하여 행해질 것을 요하는 부수적 규정으로 이해되고 있다. 이와 같이 제3자에 대한 대항요건에 특별한 형식을 요구하고 있을 뿐만 아니라「대항하지 못한다」의 의미도 채무자에 대한 관계와 제3자에 대한 관계에서 서로 다르다. 즉 제1항에서의 채무자에 대한 대항은 채권양도에 의하여 채권자가 변경되었음을 채무자에게 주장할 수 있다는 것을 의미하고 기타의 제3자에 대한 대항은 동일한 채권에 대하여 양수인과 제3자 사이에 우열을 결정하는 표준이 된다는 것을 의미한다. 채무자에 대한 대항요건과 기타 제3자에 대한 대항요건의 형식을 달리하는 이유는 채무자에 대한 대항요건은 채권자가 변경된 사실을 인식하지 못하고 있는 상태에서 양수인이 자기가 새로운 채권자라고 주장함으로써 이중변제 등의 불이익을 받게 되는 채무자를 보호하려는 데 있는 반면에 제3자에 대한 대항요건은 제3자와의 관계에서 우선적 지위를 확정함으로써 거래의 안전을 기하는 데 있기 때문이다. 또한 제2항에서 제3자에 대한 부수적 대항요건으로서 이 통지 · 승낙에 확정일자를 요구하는 것은 이를테면 채권자가 다시 다른 사람에게 이중양도를 하였을 때 채권자가 채무자와 통모하여 그 통지 · 승낙일자를 소급하는 것을 방지하고 양수인과 제3자 사이의 우열관계를 궁극적으로 확정하는 기능을 한다. 여기서 채무자에 대한 대항요건은 채무자의 이익만을 보호하는 것으로서 채무자가 이 이익을 포기하여 채권자와 특약으로 대항요건 없이 대항할 수 있음을 약정하는 것은 상관없는 것으로 해석되므로(대판 1987. 3. 24, 86다카908) 임의규정이나, 제3자에 대한 대항요건은 사회질서에 관계되므로 강행규정으로 본다.

(2) 債務者에 대한 對抗要件

1) 債務者에 대한 讓渡人의 通知

(가) 法的 性質 채무자에 대한 대항요건인 통지란 채권양도가 있었다는 사실을 알리는 행위로서 준법률행위 중 관념의 통지이다(대판 2000. 4. 11, 2000다2627). 통지는 채권양도의 효력을 발생시키기를 원하는 의사표시가 아니므로 원칙적으로 의사표시에 관한 규정은 적용되지 않으나, 도달에 의하여 효력이 생긴다는 것(제111조), 행위능력(제4조 이하), 대리인에 의하여 할 수 있다는 것(제114조 이하) 등의 규정은 이에 준용되는 것으로 해석한다(대판 1994. 12. 27, 94다19242). 따라서 무능력자가 동의권자의 동의 없이 한 양도의 통지와 착오나 사기 · 강박에 의한 양도의 통지는 취소할 수 있고, 비진의표시에 의한 양도의 통지는 원칙적으로 유효이나 허위표시에 의한 양도의 통지는 원칙적으로 무효로 된다. 그리고 채권양도의 통지는 그 양도인이 채권이 양도되었다는 사실을 채무자에게 알리는 것에 그치는 행위이므로, 그것만으로 제척기간의 준수에 필요한 권리의 재판외 행사에 해당한다고 할 수 없다(대판[전합] 2012. 3. 22, 2010다28840; 대판 2012. 4. 12, 2010다65399). 또한 양도통지에는 조건이나 기한을 붙일 수 없다.

(나) 通知權者 양도인이 채무자에게 통지하여야 한다. 즉 양도인만이 유효한 통지를 할 수 있으며, 양수인에 의한 통지는 그 효력이 발생하지 않는다. 또한 양수인이 양도인을 대위하여 통지하지 못한다(대판 1960. 12. 15, 4293민상455). 그러나 양수인은 양도인에 대하여 채무자에게 통지할 것을 訴求(대용판결을 구함)할 수 있으며, 채권양도의 통지 역시 관념의 통지로서 법률행위에 관한 규정이 유추적용되기 때문에 양도인의 사자 또는 대리인으로서 양도사실을 통지할 수 있다(대판 1997. 6. 27, 95다40977). 그리고 양수인이 양도인의 대리인으로서 통지할 수도 있다(대판 2004. 2. 13, 2003다43490). 채권자가 연대채무자의 전원에 대한 채권을 양도하는 경우에는 연대채무자의 전원에 대하여 통지하여야 한다. 그러나 보증채권의 양도를 보증인 또는 연대보증인에게 대항함에는 주채무자에 대한 대항요건을 구비하면 충분하고, 보증인에게 그 채권양도의 통지를 하거나 그 승낙을 얻을 필요가 없다(대판 1976. 4. 13, 75다1100). 양도가 이미 채무자에게 통지되었거나 또는 채무자가 승낙하고 있는 때에는, 양수인이 그 해제나 취소의 사실을 채무자에게 통지하지 않으면 양도인은 그것을 가지고 채무자에게 대항하지 못한다고 해석하여야 할 것이다(대판 1979. 9. 25, 77다1909; 대판 1993. 8. 27, 93다17379). 통지가 있은 후에 채권양도계약이 해제된 경우에는 양수인이 해제의 사실을 채무자에게 통지하여야 한다(대판 1961. 10. 26, 4293민상125).

[판 례]

채권양도통지 권한을 위임받은 양수인이 양도인을 대리하여 채권양도통지를 함에 있어서는 민법 제114조 제1항의 규정에 따라 양도인 본인과 대리인을 표시하여야 하는 것이므로, 양수인이 서면으로 채권양도통지를 함에 있어 대리관계의 현명을 하지 아니한 채 양수인 명의로 된 채권양도통지서를 채무자에게 발송하여 도달되었다 하더라도 이는 효력이 없다고 할 것이다.

대리에 있어 본인을 위한 것임을 표시하는 이른바 현명은 반드시 명시적으로만 할 필요는 없고 묵시적으로도 할 수 있는 것이고, 채권양도통지를 함에 있어 현명을 하지 아니한 경우라도 채권양도통지를 둘러싼 여러 사정에 비추어 양수인이 대리인으로서 통지한 것임을 상대방이 알았거나 알 수 있었을 때에는 민법 제115조 단서의 규정에 의하여 유효하다(대판 2004. 2. 13, 2003다43490).

(다) 通知의 時期 채권양도의 통지는 채권양도와 「동시」 또는 「사후」에 하여야 한다. 사후통지의 경우에는 통지시점부터 대항력이 발생하며, 소급효가 없다. 따라서 채권양도가 있기 전에 미리 하는 사전통지는 채무자로 하여금 양도의 시기를 확정할 수 없는 불안한 상태에 있게 하는 결과가 되기 때문에 원칙적으로 허용될 수 없다(대판 2000. 4. 11, 2000다2627). 그러나 사전통지가 있더라도 채무자에게 법적으로 아무런 불안정한 상황이 발생하지 않는 경우에는 예외적으로 그 사전통지의 효력이 인정될 수 있다(대판 2010. 2. 11, 2009다90740. 이 경우 통지의 대항력은 실제로 양도계약이 체결된 날에 발생한다고 한다). 일정한 조건하에 장래에 발생할 조건부 채권도 양도할 수 있으며, 그 양도의 통지는 유효하고, 조건이 성취된 때 다시 통지할 필요가 없다.

(라) 通知의 效力發生 양도통지는 채무자에게 도달함으로써 그 효력이 발생한다(대판 1983. 8. 23, 82다카439). 여기서 도달이라 함은 사회통념상 상대방이 통지의 내용을 알 수 있는 객관적 상태에 놓여졌다고 인정됨으로써 족하며, 송달장소 등에 관한 민사소송법의 규정이 유추적용될 것은 아니다(대판 2010. 4. 15, 2010다57).

(마) 通知의 撤回 양도의 통지는 철회할 수 없는 것이 원칙이다. 다만 양도의 통지는 하였으나 아직 양수인에게 양도하지 않은 경우와 양도를 하였으나 그 양도가 무효인 경우에는 양도인은 양수인의 동의를 얻어 철회할 수 있다(제452조 제2항). 그리고 유효한 철회가 있기 전에 채무자와 양수인 사이에 생긴 사유는 채무자가 이를 가지고 양도인에게 대항할 수 있다(제451조 제2항 참조). 양도통지에 의하여 양수인이 채무자에 대한 관계에서도 대항요건을 갖추게 되어 채권자의 지위를 누리게 되는데, 양도인이

양수인의 동의 없이 일방적으로 그 지위를 박탈하여서는 아니 되기 때문이다.

2) 債務者의 承諾 승낙이란 채권양도의 사실을 인식하고 있음을 표명하는 행위로서 일종의 관념의 통지이다(대판 2013. 6. 28, 2011다83110). 승낙에도 의사표시에 관한 규정이 준용되므로 대리인이나, 또는 사자에 의한 승낙도 유효하다. 승낙의 상대방에 관하여는 민법에 규정은 없으나 양도인 또는 양수인 어느 쪽에 승낙을 하여도 무방하다(대판 1986. 2. 25, 85다카1529). 승낙은 채무자의 이익을 위한 것이므로 통지와는 달리 사후뿐만 아니라 사전에도 할 수 있다. 사전의 승낙은 일반적으로 양도할 채권이나, 양수인이 특정되어 있는 경우에는 유효한 것으로 해석한다. 승낙은 일반적으로 채권양도 후에 하는 것이나, 채무자에 대한 대항요건은 오로지 채무자를 보호하는 데 그 목적이 있는 것이므로 채무자가 미리 포기하는 경우에 이를 무효로 할 이유가 없기 때문이다. 그런데 사전승낙에 있어서 양수인을 특정하지 않은 경우에도 채무자에 대한 대항요건을 갖춘 것으로 보는지가 문제된다. 이에 관하여 통설은 채무자가 양수인을 특정하지 않고 승낙하더라도 대항요건을 갖춘 것으로 새긴다. 판례도 채무자는 채권양도의 통지를 받거나 승낙할 이익을 미리 포기할 수 있다고 한다(대판 1987. 3. 24, 86다카908). 또한 판례는 양도금지의 특약이 있는 채권양도를 승낙함에 있어 조건을 붙여서 할 수도 있으며, 승낙의 성격이 관념의 통지라고 하여 조건을 붙일 수 없는 것은 아니라고 한다(대판 1989. 7. 11, 88다카20866).

[판 례]

민법 제451조 제1항 전문은 "채무자가 이의를 보류하지 아니하고 전조의 승낙을 한 때에는 양도인에게 대항할 수 있는 사유로써 양수인에게 대항하지 못한다."고 규정하고 있는데, 이는 채무자의 승낙이라는 사실에 공신력을 주어 양수인을 보호하고 거래의 안전을 꾀하기 위한 규정이다. 여기서 '승낙'이라 함은 채무자가 채권양도 사실에 관한 인식을 표명하는 것으로서 이른바 관념의 통지에 해당하고, 대리인에 의하여도 위와 같은 승낙을 할 수 있다(대판 2013. 6. 28, 2011다83110).

3) 債權讓渡의 解除 · 取消와 對抗要件 채권양도계약의 해제나 취소에 의하여 채권은 당연히 채권자에게 귀속하게 된다. 그런데 채권양도가 있은 후(양도가 이미 채무자에게 통지되었거나 채무자가 승낙한 때), 그 계약이 합의해제되거나 해제 또는 취소된 경우에도 대항요건을 구비하여야 하는지가 문제된다. 이에 관하여 학설은 (i) 합의해제에 관하여 또는 이들 전부에 관하여 양수인으로부터 채무자에게 통지하지 않으면 양도인은

채무자에게 대항할 수 없다고 하는 견해(통설: 곽윤직 223면; 김상용 378면; 김증한/김학동 302면; 김형배 586면; 지원림 1197면)와 (ii) 채권양도의 해제와 취소는 모두 이미 행하여진 채권양도를 무효로 만드는 것일 뿐, 새로운 양도가 아니기 때문에 대항요건을 갖추게 할 필요는 없다는 견해(송덕수 231면)로 나뉘고 있다. 판례도 (i)설과 마찬가지의 입장을 취하고 있다(대판 1993. 8. 27, 17379; 대판 2012. 11. 29, 2011다17953). 생각건대 이 경우에는 처음부터 무효인 때와는 달리 제450조가 적용되므로 채권양수인이 취소·해제·합의해제의 사실을 채무자에게 통지하여야만 양도인이 채무자에게 대항할 수 있다고 할 것이다.

[판 례]

(1) 양도가 이미 채무자에게 통지되었거나 채무자가 승낙한 때에는 양수인이 해제나 취소의 사실을 채무자에게 통지하지 않으면 양도인은 귀속된 채권을 가지고 채무자에게 대항하지 못한다(대판 1993. 8. 27, 93다17379).

(2) 채권양도인이 채무자에게 채권양도통지를 한 이상 그 통지는 채권양수인의 동의 없이 임의로 철회하지 못하므로 채권양도계약이 해제되었고 채권양도인이 채무자에게 양도철회통지를 하였다 할지라도 이를 채권양수인에게 대항할 수 없다(대판 1977. 5. 24, 76다2325).

(3) 민법 제452조는 '양도통지와 금반언'이라는 제목 아래 제1항에서 '양도인이 채무자에게 채권양도를 통지한 때에는 아직 양도하지 아니하였거나 그 양도가 무효인 경우에도 선의인 채무자는 양수인에게 대항할 수 있는 사유로 양도인에게 대항할 수 있다'고 하고, 제2항에서 '전항의 통지는 양수인의 동의가 없으면 철회하지 못한다'고 하여 채권양도가 불성립 또는 무효인 경우에 선의인 채무자를 보호하는 규정을 두고 있다. 이는 채권양도가 해제 또는 합의해제되어 소급적으로 무효가 되는 경우에도 유추적용할 수 있다고 할 것이므로, 지명채권의 양도통지를 한 후 양도계약이 해제 또는 합의해제된 경우에 채권양도인이 해제 등을 이유로 다시 원래의 채무자에 대하여 양도채권으로 대항하려면 채권양도인이 채권양수인의 동의를 받거나 채권양수인이 채무자에게 위와 같은 해제 등 사실을 통지하여야 한다. 이 경우 위와 같은 대항요건이 갖추어질 때까지 양도계약의 해제 등을 알지 못한 선의인 채무자는 해제 등의 통지가 있은 다음에도 채권양수인에 대한 반대채권에 의한 상계로써 채권양도인에게 대항할 수 있다고 봄이 타당하다(대판 2012. 11. 29, 2011다17953).

| 참 고 | 채권양도 통지가 있었는데 채권양도가 무효·취소·해제·합의 해제된 경우 채무자의 법적 지위

1. 채권양도가 처음부터 무효인 경우

(1) 채권양수인이 채무자에게 이행을 청구한 경우

채권양도가 처음부터 무효인 경우에는 제450조의 대항요건은 적용되지 않고 채권양도인이 채무자에 대한 관계에서 여전히 채권자이므로 채무자는 채권양수인의 청구를 거절할 수 있다. 그리고 이러한 경우 채권양도인이 채권양수인의 동의를 얻어 철회하기 전에는 채권양수인이 채무자에 대한 관계에서 채권자의 지위에 있다고 오해하여서는 안 된다.

(2) 채무자가 채권양수인에게 이미 이행한 경우

선의인 채무자는 채권양수인에게 대항할 수 있는 사유로 채권양도인에게 대항할 수 있다(제452조 제1항).

2. 채권양도가 사후적으로 취소·해제·합의 해제된 경우

(1) 채권양수인이 채무자에게 이행을 청구하는 경우

채권양수인이 취소 등의 통지를 하기 전에도 이러한 사정을 알고 있는 채무자가 채권양도의 소급적 무효를 이유로 채권양수인의 청구를 거절할 수 있는지에 대해 견해가 대립한다. 통설과 판례(대판 1993. 8. 27, 93다17379)는 처음부터 무효인 경우와는 달리 제450조가 적용된다고 본다. 이는 채권양도의 취소·해제·합의 해제를 채무자에 대한 관계에서는 새로운 채권의 양도로 보아 채권양수인이 새로 양도하는 지위에 놓이게 되고 취소 등의 통지권자는 채권양수인으로 본다. 이에 반해 채권양도가 사후적으로 취소·해제·합의 해제된 경우에는 처음부터 무효인 경우와 마찬가지로 제450조가 문제되지 않는다는 견해가 있다(송덕수 231면). 이는 채권양도의 취소·해제·합의 해제는 새로운 양도가 아니고, 채권양수인의 통지를 기대할 수 없다는 점을 근거로 든다.

(2) 채무자가 채권양수인에게 이미 이행한 경우

통설과 판례는 제450조의 대항요건이 적용된다고 본다. 채무자가 채권양수인에게 이행한 것은 선의·악의를 불문하고 유효하고, 이로써 채권양도인에게 대항할 수 있다. 결국 채권양도인은 채권양수인에게 부당이득반환청구를 하는 수밖에 없다. 이에 반하여 제450조가 적용되지 않는다는 견해가 있다(송덕수 231면). 이 견해는 채권양수인은 채무자에 대한 관계에서는 무권리자이지만 제452조 제1항의 유추적용에 의하여 채무자가 채권양도의 취소·해제·합의해제를 모르고 채권양수인에게 이행한 경우에만 채권양도인에게 대항할 수 있다고 본다.

4) 通知나 承諾이 없는 동안의 效力 채권양도가 있은 후 아직 통지나 승낙이 없는 동안은 양수인은 대항력이 없으므로 채무자에게 채권양도를 주장할 수 없

다. 채무자가 채권양도사실을 알고 있는 경우(악의)에도 마찬가지이다(통설도 같음). 따라서 채무자는 양수인에 대하여 변제를 거절할 수 있고, 양수인은 채무자에 대하여 시효중단 · 담보권실행 · 파산신청 등의 행위를 할 수 없다. 그러나 채권양도의 효력은 양도계약만으로 발생하며, 대항요건은 채무자의 보호가 목적이므로 채무자가 양도의 효력을 주장하는 것은 무방하다. 따라서 채무자가 양도를 인정하여 양수인에게 변제한다면 유효한 변제로 된다. 그리고 통지 또는 승낙이 있기 전에 채무자가 양도인에게 한 변제 기타의 면책행위는 유효하며, 양도인이 채무자에게 한 상계 · 면제 등도 유효하다. 그리고 대항요건을 갖추지 못한 양수인은 채무자에게 대항할 수 없을 뿐, 아무런 권한이 없는 것은 아니므로 양수인의 청구에도 일정한 효력이 발생할 수 있다고 할 것이다. 판례는 이러한 점을 인정하여 양수인의 청구에 의하여 시효가 중단되는 것으로 보고 있으며(대판 2005. 11. 10, 2005다41828), 양수인은 경매를 신청할 수 있으며, 그에 대하여 채무자가 이의를 제기하는 등으로 다투지 않는 경우에는 양수인은 경매절차에서 양수채권의 변제를 받을 수 있다고 한다(대판 2005. 6. 23, 2004다29279). 한편 채권양도 후 대항요건이 구비되기 전의 양도인은 채무자에 대한 관계에서는 여전히 채권자의 지위에 있으므로 채무자를 상대로 시효중단의 효력이 있는 재판상의 청구를 할 수 있다(대판 2009. 2. 12, 2008두20109).

5) 通知 또는 承諾의 效力

(가) 通知의 效力

(a) 同一性의 維持 채권양도에 의하여 채권은 동일성을 유지하면서 양수인에게 이전한다. 따라서 양도인이 양도통지만을 한 때(채무자의 승낙이 결여된 채)에는 채무자는 그 통지를 받을 때까지 양도인에 대하여 생긴 사유(양도인에게 주장할 수 있는 사유가 아님)로써 양수인에게 대항할 수 있다(제451조 제2항). 예를 들어 채권소멸의 항변, 동시이행의 항변, 채무불성립 · 무효 · 취소의 항변 등은 모두 양수인에 대하여 주장할 수 있다. 채권양도시 채권에 분할된 항변사유도 채권과 함께 양수인에게 이전하기 때문이다(다만 상계에 관해서는 아래 참고). 그러나 통지 이후에 생긴 사유로는 양수인에게 대항할 수 없다.

▎참 고▎ 상계에 관련된 채권양도의 효력

채무자가 양도인에 대하여 반대채권을 가지고 있는 경우에 양수인에게도 상계를 주장할 수 있는가가 문제되는데, 채무자의 이익과 양수인의 이익을 형평성 있게 고려하기 위해서는 채무자의 반대채권의 취득시점과 변제기의 도래 및 양도채권과의 변제기 도래의 선후 여하에 따라 달리 판단하여야 할 것이다.

민법 제451조 제2항에 따라 ① 양도의 통지를 받았을 당시에 채무자가 양도인에 대해 상계적상에 있는 반대채권을 가지고 있었던 경우 및 ② 반대채권의 이행기는 도래하고 있었으나 수동채권인 양도채권의 변제기가 도래하지 않은 경우에는 채무자가 상계할 수 있음은 의문의 여지가 없다. 반면에 ③ 채무자가 양도의 통지 후에 양도인에 대하여 채권을 취득한 경우에는 채무자는 양수인에 대해 상계를 가지고 대항할 수 없다는 것도 당연하다(대판 1984. 9. 11, 83다카2288). 그러나 ④ 양도의 통지가 있었을 당시에 채무자가 반대채권을 가지고 있었지만, 그 변제기가 도래하여 있지 않았기 때문에 상계를 하지 못한 경우에 채무자는 이 반대채권이 상계적상에 있게 되면, 이를 가지고 양수인에 대하여 상계할 수 있는지가 문제된다. 이 점에 관하여 학설상 견해가 대립하고 있는데, 다수설은 반대채권의 변제기의 도래와 양도채권인 수동채권의 변제기의 도래의 선후관계를 묻지 않고, 반대채권의 변제기가 도래하면 양수인에 대해 상계로써 대항할 수 있다고 한다(곽윤직 224면; 김상용 380면; 김증한/김학동 306면; 송덕수 232면 등). 그러나 양도채권의 변제기의 도래가 앞서는 경우까지도 채무자의 상계에 의한 대항을 인정한다면 채권을 양수받은 양수인의 이익을 해하게 되므로, 채무자의 반대채권의 변제기가 먼저 도래하는 경우에만 상계를 이유로 대항할 수 있다고 하여야 한다는 소수설(김형배 590면)이 있다.

생각건대, 양도인에 대한 반대채권이 양도의 대상인 채권의 변제기보다 먼저 또는 동시에 도래하는 때에만 상계가 가능하다는 견해는 지급금지명령을 받은 제3채무자의 상계에 관한 제498조를 유추적용하고자 하는 것이다. 그런데 지급금지명령을 신청한 채권자의 집행에 대한 기대를 보호하고자 하는 제498조가 채권양도의 경우에도 유추적용되어야 하는지는 의문이다. 압류 · 가압류는 채무자의 의사와 무관하게 이루어지는 것이므로 압류 · 가압류된 채권의 실현이 좌절되더라도 압류채권자나 가압류채권자가 압류채무자나 가압류채무자에 대하여 담보책임 등을 물을 수는 없다. 그러나 채권양도는 양도인과 양수인 사이의 계약에 의한 것일 뿐만 아니라 양도되는 채권의 실현이 좌절되는 때에는 양수인은 양도인에 대하여 채무불이행 혹은 담보책임 등을 통하여 그 이익을 실현할 수 있다는 점에 비추어 압류 · 가압류와 채권양도를 동일하게 평가할 수는 없다.

채권양도에서는 양도통지 전에 채무자가 보유한 항변이 전면적으로 관철될 수 있도록 할 필요가 있고, 채무자가 비록 변제기가 도래하지 아니한 반대채권을 보유하고 있는 때에도 장래 상계를 통하여 자신의 반대채권의 담보될 수 있음을 기대할 수 있는바, 그러한 채무자의 기대는 채권양도에도 불구하고 보장되어야만 한다. 따라서 채무자가 양도통지 전에 반대채권을 보유하고 있었다면 비록 양도통지 당시에 변제기가 도래하지 않았거나 반대채권의 변제기가 양도의 대상이 채권의 변제기보다 나중에 도래하는 때에도 이미 반대채권의 변제기가 도래한 이후에는 상계로 양수인에게 대항할 수 있다고 보아야 한다. 그리고 채무자의 상계로 인하여 양수인에게 발생한 손해는 양도인의 양수인에 대한 채무불이행책임 혹은 담보책임을 통하여 배상된다고 할 것이다.

(b) 通知 後의 禁反言 양도인의 통지는 채권양도가 유효한 경우에만 그 효력이 발생하여야 할 것이지만, 민법은 선의의 채무자를 보호하기 위한 특별규정을 두고 있다. 즉 양도인이 채무자에게 채권양도의 통지를 한 때에는 양도인이 아직 채권을 양도하지 않았거나 또는 양도는 하였지만 그 양도가 무효인 경우에 선의의 채무자는 양수인에게 대항할 수 있는 사유(예: 변제 · 상계)로 양도인에게 대항할 수 있다(제452조 제1항). 따라서 채무자가 통지를 받은 후 표현양수인에게 한 변제 · 공탁 · 상계 등의 면책행위는 양도인에게 유효한 것으로 주장할 수 있는데, 이는 통지에 공신력을 인정한 결과이다. 예를 들어 B가 A에 대한 금전채권을 C에게 가장양도한 후 A에게 그 사실을 통지하였는데 선의인 A가 그 후 C에게 변제한 경우에 B · C간의 채권양도는 허위표시로 무효이다. 이 경우에 A는 제108조 제2항의 제3자가 아니어서 그 조항에 의하여 보호받지 못하지만 제452조 제1항에 따라 A는 C에 대한 변제로써 B에게 대항할 수 있다. 그리고 채무자가 대항할 수 있는 사유는 통지가 있은 후 그 통지가 유효하게 철회되기 전에 생긴 것이어야 하므로(제452조 제2항), 통지가 철회된 후에 생긴 사유로는 대항할 수 없다.

(나) 承諾의 效力

(a) 異議를 保留한 承諾의 效力 민법은 이의를 보류한 승낙의 효력에 관하여는 규정하고 있지 않지만, 이것은 채무자가 채권양도를 승낙함에 있어서 양도인에 대하여 주장할 수 있는 항변을 보류하고, 따라서 그것을 가지고 양수인에 대하여 주장할 수 있음을 밝히면서 승낙을 하는 것으로서, 그 효력은 양도인이 통지를 한 경우와 같다는 것을 전제로 하고 있다.

(b) 異議를 保留하지 않은 承諾의 效力 이의를 보류하지 않은 승낙이란 채무자가 채권양도를 승낙함에 있어서 양도인에 대하여 주장할 수 있는 항변을 가지고 있음을 밝히지 않고 행한 단순한 승낙을 말한다.

ⓐ 抗辯喪失의 效力 채무자가 이의를 보류하지 않은 승낙을 한 때에는 채무자는 양도인에게 대항할 수 있는 사유로써 양수인에게 대항하지 못한다(제451조 제1항 본문). 여기서 「양수인에게 대항하지 못한다」는 것은 채무자가 항변사유의 존재를 모르고 있는 양수인에게 이를 주장할 수 없다는 뜻이다. 채무자 자신이 이를 밝히지 않고 단

순히 승낙을 함으로써 양수인은 그 채권에 아무런 항변이 없는 것으로 믿을 것이기 때문이다. 이러한 제451조 제1항 본문의 해석에 관하여 학설은 (i) 공신의 원칙에 기초하여 채권양도의 안전을 보호하기 위하여 항변상실의 효과를 정한 것이라는 견해(곽윤직 225면; 김증한/김학동 306면), (ii) 동 규정은 단지 채무자의 항변을 차단하는 효과만을 가져온다는 점에서 소극적으로 항변절단의 효과를 규정한 것이라고 보는 견해(김형배 655면; 김상용 381면), (iii) 일정한 승낙이 있는 경우에 양수인의 신뢰보호를 위한 특별규정이라는 견해(송덕수 233면)로 나뉘고 있다. 판례는 민법 제451조 제1항이 이의를 보류하지 않은 승낙에 대하여 항변사유를 제한한 취지는 이의를 보류하지 않은 승낙이 이루어진 경우 양수인은 양수한 채권에 아무런 항변권도 부착되지 아니한 것으로 신뢰하는 것이 보통이므로 채무자의 '승낙'이라는 사실에 공신력을 주어 양수인의 신뢰를 보호하고 채권양도나 질권설정과 같은 거래의 안전을 꾀하기 위한 규정이라고 한다(대판 2002. 3. 29, 2000다13887). 생각건대 등기 · 점유에 인정되는 공신력을 승낙에 인정한다는 것은 적절한 것이라고 할 수 없으므로 (iii)설이 타당하다고 할 것이다. 그리고 항변상실의 효력은 선의자보호를 위하여 인정되므로, 양수인의 선의 · 무과실을 요한다. 상실되는 항변의 범위는 채권의 성립 · 존속 · 행사를 저지할 수 있는 항변권은 물론, 변제 · 경개 · 면제 · 화해 등 채권소멸의 항변사유와 불법목적에 의하여 발생된 채권의 항변사유도 포함된다. 채무자가 단순승낙을 하였더라도 채권이 이중으로 양도된 경우의 그 우열은 본조에서 정하는 항변의 문제는 아니며, 제450조에 의하여 정하여진다.

[판 례]

(1) 채권양도에 있어서 채무자가 양도인에게 이의를 보류하지 아니하고 승낙을 하였다는 사정이 없거나 또는 이의를 보류하지 아니하고 승낙을 하였더라도 양수인이 악의 또는 중과실의 경우에 해당하는 한, 채무자의 승낙 당시까지 양도인에 대하여 생긴 사유로써 양수인에게 대항할 수 있다고 할 것인데, 승낙 당시 이미 상계를 할 수 있는 원인이 있었던 경우에는 아직 상계적상에 있지 아니하였다 하더라도 그 후에 상계적상이 생기면 채무자는 양수인에 대하여 상계로 대항할 수 있다(대판 1999. 8. 20, 99다18039).

(2) 민법 제451조 제1항이 이의를 보류하지 않은 승낙에 대하여 항변사유를 제한한 취지는 이의를 보류하지 않은 승낙이 이루어진 경우 양수인은 양수한 채권에 아무런 항변권도 부착되지 아니한 것으로 신뢰하는 것이 보통이므로 채무자의 '승낙'이라는 사실에 공신력을 주어 양수인의 신뢰를 보호하고 채권양도나 질권설정과 같은 거래의 안전을 꾀하기 위한 규정이라 할 것이므로, 채권의 양도나 질권의 설정에 대하여 이의를 보류하지 아니하고 승낙을 하였더라도 양수인 또는 질권자가 악의 또는 중과실의 경우에 해당

하는 한 채무자의 승낙 당시까지 양도인 또는 질권설정자에 대하여 생긴 사유로써도 양수인 또는 질권자에게 대항할 수 있다(대판 2002. 3. 29, 2000다13887).

(3) 부동산임대차에 있어서 임차인이 임대인에게 지급하는 임대차보증금은 임대차관계가 종료되어 목적물을 반환하는 때까지 그 임대차관계에서 발생하는 임차인의 모든 채무를 담보하는 것으로서, 임대인의 임대차보증금 반환의무는 임대차관계가 종료되는 경우에 그 임대차보증금 중에서 목적물을 반환받을 때까지 생긴 연체차임 등 임차인의 모든 채무를 공제한 나머지 금액에 관하여서만 비로소 이행기에 도달하는 것이므로, 그 임대차보증금 반환 채권을 양도함에 있어서 임대인이 아무런 이의를 보류하지 아니한 채 채권양도를 승낙하였어도 임차 목적물을 개축하는 등 하여 임차인이 부담할 원상복구비용 상당의 손해배상액은 반환할 임대차보증금에서 당연히 공제할 수 있다 할 것이나, 임대인과 임차인 사이에서 장래 임대목적물 반환시 위 원상복구비용의 보증금 명목으로 지급하기로 약정한 금액은, 임대차관계에서 당연히 발생하는 임차인의 채무가 아니라 임대인과 임차인 사이의 약정에 기하여 비로소 발생하는 채무에 불과하므로, 반환할 임대차보증금에서 당연히 공제할 수 있는 것은 아니라 할 것이어서, 임대차보증금 반환 채권을 양도하기 전에 임차인과 사이에 이와 같은 약정을 한 임대인이 이와 같은 약정에 기한 원상복구비용의 보증금 청구 채권이 존재한다는 이의를 보류하지 아니한 채 채권양도를 승낙하였다면 민법 제451조 제1항이 적용되어 그 원상복구비용의 보증금 청구 채권으로 채권양수인에게 대항할 수 없다(대판 2002. 12. 10, 2002다52657).

ⓑ **效力의 範圍** 이의를 보류하지 않은 승낙에 주어지는 항변상실의 효력은 채무자와 양수인 사이에서만 발생하고, 제3자의 권리에는 영향을 미치지 아니한다. 그러나 채무자가 양수인에게 대항하지 못하는 항변사유는 제3자도 이를 주장하지 못한다. 예를 들어 채무자의 다른 채권자는 양수인의 채권행사에 대하여 채권소멸의 항변을 하지 못한다. 그렇지만 저당권부 채권이나 보증부 채권이 변제 기타에 의하여 소멸하였음에도 불구하고 채무자가 이의를 보류하지 않고서 승낙하였기 때문에 채무자가 양수인에 대하여 채권 및 저당권의 소멸을 대항할 수 없는 경우에도 채권의 소멸에 의하여 저당권 또는 보증채무는 소멸하며, 따라서 물상보증인 · 보증인 · 후순위담보권자 · 저당부동산의 제3취득자의 권리에는 영향을 미치지 아니한다(다수설. 곽윤직 219면; 김기선 285면; 김증한/김학동 308면 등). 물권인 저당권이 피담보채권의 소멸로 인하여 일단 소멸되면 채무자의 이의를 보류하지 아니한 승낙에 의하여 대외적으로 부활될 수는 없고, 다만 채무자로서는 그 소멸을 가지고 채권의 양수인에게 대항하는 것이 허용되지 않는다는 것일 뿐이므로 다수설이 타당하다고 할 것이다. 그리고 이의를 보류하지 않

은 승낙이 있는 경우에도 전양도인이 채권을 다시 제3자에게 양도하여 확정일자 있는 증서에 의하여 통지된 때에는 이중양도에 있어서의 대항관계가 되어 채무자는 확정일자를 먼저 갖춘 뒤에 양도의 우선을 주장하여 무보류승낙된 양도의 양수인에게 대항할 수 있다.

ⓒ **債務者의 不利益調整** 단순승낙을 한 채무자가 입은 불이익은 양도인과의 사이에서 조정된다. 즉 채무자가 채무의 소멸을 위하여 양도인에게 급부한 것이 있으면 그것을 회수할 수 있고, 경개에 의하여 채무를 부담한 경우와 같이 양도인에게 부담한 채무가 있으면 그 채무의 불성립을 주장할 수 있다(제461조 제1항 단서).

(3) 債務者 이외의 第3者에 대한 對抗要件

채무자 이외의 제3자에 대한 대항요건의 문제는 이중양도 또는 이에 준하는 관계, 예를 들어 채권에 대한 질권설정 · 압류 · 전부 등의 경합이 발생한 경우에 어느 권리변동을 우선시킬 것인가(공시방법에 관한 문제), 그리고 그 결정기준은 무엇인가(공시의 시기를 확정하는 문제) 하는 것이다. 지명채권의 경우에는 권리의 존재를 외부에 알리는 表象을 가지고 있지 않기 때문에 제3자에 대한 대항요건도 채무자에 대한 대항요건과 같이 통지 · 승낙을 공시방법으로 하고 있다(제450조 제1항). 그러나 채무자에 대한 통지나 승낙만으로는 제3자의 지위가 불안하게 되므로 공시의 시기를 명확히 하는 방법으로 통지 또는 승낙을 확정일자 있는 증서로 할 것을 규정하고 있다(제450조 제2항).

1) 確定日字 있는 證書에 의한 通知 또는 承諾 양수인이 채권양도의 효력을 채무자 이외의 제3자에게 대항하기 위해서는 통지 또는 승낙은 「확정일자 있는 증서」로써 하여야 한다(제450조 제2항). 확정일자란 당사자가 후에 변경하지 못하는 확정된 일자로서 법률상 인정되는 일자(특정일자가 아님)를 말한다(대판 1988. 4. 12, 87다카2429; 대판 2000. 4. 11, 2000다2627). 사문서에 대해서는 공증인 또는 법원서기가 일정한 절차에 따라서(부칙 제3조 제2항 참조) 확정일자인을 찍은 경우의 일자(부칙 제3조 제1항), 공정증서에 기입한 일자, 공무소에서 사문서에 어느 사항을 증명하고 기입한 일자(예: 내용증명 우편의 일자) 등이 확정일자(부칙 제3조 제4항 참조)이다. 판례는 구 한국토지공사법(현행 한국토지 주택공사법)에 의하여 설립된 한국토지공사의 지사장이 그 명의로 작성한 채권양도 승낙서(대판 2011. 7. 14, 2009다49469), 임차인명의변경 계약서를 첨부하여 공증담당 변호사로부터 사서증서 인증을 받은 경우 그 인증서에 기입한 날짜(대판 2010. 5. 13, 2010다8310), 법원에 양수금채권을 피보전권리로 하여 채무자의 재산에 대한 가압류를 신청할 때 가압류신청서에 찍힌 접수일자(대판 2004. 7. 8, 2004다17481), 채무자를 상대로 한 양수금청구소송의 확정판결(대판 1999. 3. 26, 97다30622)은 확정일자 있는 증서에 해당한다고 한다. 그러나 배달증명우편은

내용증명과는 달리 우체국이 우편물의 내용을 확인하거나 거기에 확정일자를 기재하는 것이 아니므로 배달증명만으로는 그 우편물이 확정일자 있는 증서라고 할 수 없다고 한다(대판 2002. 4. 9, 2001다80815). 양도의 통지 또는 승낙을 확정일자 있는 증서에 의하게 하는 것은 채권양도의 일자를 명확하게 하고 양도인과 채무자가 통정하여 그 일자를 소급케 하여 제3자의 권리를 침해하는 것을 방지하기 위한 것이다. 따라서 통지행위 또는 승낙행위 자체를 확정일자 있는 증서로 하여야 한다는 것일 뿐(대판 2011. 7. 14, 2009다49469), 통지 또는 승낙이 있었다는 사실을 확정일자 있는 증서로 증명하라는 것이 아니다. 그런데 반드시 통지·승낙을 처음부터 확정일자 있는 증서로 하여야 할 필요는 없으며, 통지·승낙을 확정일자 없는 증서로 한 후에 그 증서에 확정일자를 받아도 그 뒤에는 대항력을 가지게 된다(대판 2006. 9. 4, 2005다45537). 또한 판례는 확정일자제도의 취지에 비추어 볼 때 원본이 아닌 사본에 확정일자를 갖추었다 하더라도 대항력이 있다고 한다(대판 2006. 9. 4, 2005다45537).

[판 례]

지명채권의 양수인과 양립할 수 없는 지위에 있는 제3자가 존재하는 경우에, 만일 제3자가 그러한 지위를 취득하기 전에 채권양수인이 민법 제450조 제2항 소정의 "확정일자 있는 증서에 의한 통지나 승낙"이라는 대항요건 모두를 먼저 구비하였다면 채권양수인은 그 채권양도를 위 제3자에게 대항할 수 있는바, 여기서 '확정일자 있는 증서에 의한 통지나 승낙'은 통지나 승낙행위 자체를 확정일자 있는 증서로 하여야 한다는 것을 의미한다.

민법이 이처럼 '확정일자 있는 증서에 의한' 통지나 승낙을 갖추도록 하고 있는 취지는 채권의 양도인, 양수인 및 채무자가 통모하여 통지일 또는 승낙일을 소급함으로써 제3자의 권리를 침해하는 것을 방지하기 위한 것이다(대판 2011. 7. 14, 2009다49469).

2) 第3者의 範圍 채무자 이외의 제3자의 범위에 관하여 통설(곽윤직 221면; 김용한 453면; 송덕수 235면; 지원림 1259면 등)과 판례(대판 2012. 4. 12, 2011다109357; 대판 1965. 12. 28, 65다1228)는 일정한 범위의 제3자만을 가리키는 것으로 이해하는 제한설을 취하고 있다. 그리하여 제3자는 「그 채권에 관하여 양수인의 지위와 양립될 수 없는 법률상의 지위를 취득한 자」 또는 「그 채권에 대하여 법률상의 이익을 가지는 자」만을 가리킨다고 한다. 채권은 대인적 권리이며, 특히 지명채권의 경우에는 공시방법이 없으므로 양도되는 채권과 아무런 이해관계가 없는 제3자에 관하여 거래안전을 문제 삼는 것은 무의미하다는 점에 비추어 볼 때

통설과 판례가 타당하다. 여기의 제3자에는 이중양수인 · 채권질권자 · 채권을 압류 또는 가압류한 양도인의 채권자 · 채권의 양도인이 파산한 경우의 파산채권자 등이 포함된다. 그러나 채권양도에 의하여 간접적으로 영향을 받는 수가 있는 채무자의 채권자 등은 제3자에 포함되지 않는다. 예를 들어 ① A의 B에 대한 채권을 C가 양수하고, 그것을 자동채권으로 하여 자기의 B에 대한 채무와 상계하는 경우에 이 수동채권을 압류한 B의 채권자 C, ② 제406조의 이른바 수익자 또는 전득자(朝高判 1922. 2. 14, 민집 9권31), ③ A가 B에 대한 채권을 C에게 양도하여 자기의 C에 대한 채무의 대물변제로 한 경우에, 그 대물변제로 인하여 소멸한 채권을 압류한 C의 채권자 D 등은 여기서 말하는 제3자가 아니다. 이러한 자들에 대해서는 통지 또는 승낙을 확정일자 있는 증서에 의하지 않더라도 채권양도의 효력을 주장할 수 있다.

[판 례]

채권양도의 대항요건의 흠결의 경우 채권을 주장할 수 없는 채무자 이외의 제3자는 양도된 채권 자체에 관하여 양수인의 지위와 양립할 수 없는 법률상 지위를 취득한 자에 한하므로, 선순위의 근저당권부채권을 양수한 채권자보다 후순위의 근저당권자는 채권양도의 대항요건을 갖추지 아니한 경우 대항할 수 없는 제3자에 포함되지 않는다(대법원 2005. 6. 23. 선고 2004다29279 판결 등 참조). 이러한 이치는 근저당권부채권의 양도통지 후 채권양도계약이 해제된 경우에 양수인의 채무자에 대한 해제사실의 통지 없이 양도인이 경매신청을 하는 경우에도 마찬가지라고 할 것이다(대판 2012. 4. 12, 2011다109357).

3) 債權讓渡의 類型과 對抗關係 채무자 이외의 제3자에게 대항한다는 것은 동일채권에 관하여 양립할 수 없는 법률상의 지위를 취득한 자 상호간에 있어서 그 우열을 결정한다는 뜻이다. 즉 채권의 양수인과 제2양수인 · 질권자 · 압류채권자 등과의 사이에서 그 우열을 결정한다는 것이다. 그런데 채권이 이중으로 양도된 경우 양수인 상호간의 우열은 확정일자 있는 양도통지가 채무자에게 도달한 일시 또는 확정일자 있는 승낙의 일시의 선후에 의하여 결정하여야 하고, 확정일자 있는 증서에 의하지 아니한 통지나 승낙이 있는 채권양도의 양수인은 확정일자 있는 증서에 의한 통지나 승낙이 있는 채권양도의 양수인에게 대항할 수 없다(대판 2013. 6. 28, 2011다83110). 채권의 이중양도에 있어서 유형별 우열의 기준은 다음과 같은 경우가 있을 수 있다.

(가) 이중양도가 있었으나 하나의 양도에 관한 단순통지만 있는 경우 이 경우는 두 채권양도가 모두 제3자에 대한 대항요건을 갖추지 못하였으므로, 제3자

에 대한 대항요건의 문제는 아니다. 통지된 양도는 채무자에 대한 대항요건을 갖추었으므로 채무자에 대한 관계에서 진정한 채권자는 통지된 양도의 양수인뿐이다. 따라서 채무자는 그 양수인에의 변제를 거절할 수 없다.

(나) 제1 · 제2의 양도가 모두 단순통지된 경우 두 채권양도가 모두 제3자에 대한 대항요건을 갖추지 못하였으므로 양수인 상호간에는 자기가 채권자임을 주장할 수 없다. 그러나 두 양도는 모두 채무자에 대한 대항요건을 갖추었으며, 통지의 시기가 다르다고 하더라도 채무자에 대한 관계에서는 두 양도는 우열이 없다. 채무자에 대한 대항요건은 양자의 우열기준을 정하는 문제가 아니기 때문이다. 이에 관하여 학설은 (i) 채무자는 두 양수인 중 1인을 선택하여 유효한 변제를 할 수 있다는 견해(김형배 597면), (ii) 먼저 통지나 승낙이 있었던 양수인이 우선한다는 견해(김상용 383면; 송덕수 236면; 지원림 1260면), (iii) 채권양도는 양도계약만으로 효력이 생긴다는 원칙에 따라서 먼저 채권을 양도 받은 자가 채권을 취득하고, 다만 제2의 양도가 먼저 통지되어 채무자가 이중양수인에게 선의로 변제 기타의 면책행위를 한 경우에는 채권양수인(제1의 양수인)에 대하여 면책행위의 유효를 주장할 수 있다는 견해(김증한/김학동 312면)로 나뉘고 있다. 판례는 민법 제450조 제1항의 원칙에 따라 통지가 채무자에게 도달한 일시 또는 채무자가 승낙한 일시의 선후에 따라 그 우열을 정해야 할 것으로 해석한다(대판[전합] 1994. 4. 26, 93다24223). 생각건대 이 경우에는 채무자에 대한 대항요건을 먼저 갖춘 양수인이 우선적으로 채권을 취득한다고 할 것이다.

그런데 확정일자 없는 증서에 의한 양도통지나 승낙이 있었더라도 후에 그 증서에 확정일자를 얻은 경우에는 그 일자 이후에는 제3자에 대한 대항력을 취득하며(대판 2010. 4. 29, 2009다88631), 확정일자 제도의 취지에 비추어 볼 때 원본이 아닌 사본에 확정일자를 갖추었다 하더라도 대항력 판단에 있어서는 아무런 차이가 없다(대판 2006. 9. 14, 2005다45537).

(다) 제1양도는 단순통지가 되고, 제2양도는 확정일자 있는 증서에 의하여 통지된 경우 이 경우 두 양도는 채무자에 대한 대항요건을 갖추었지만 확정일자 있는 증서로 통지된 제2의 양도만이 제3자에 대한 대항요건을 갖추었으므로 제2의 양수인만이 채무자 및 다른 양수인에게 대항할 수 있다. 그 결과 단순통지된 제1양도의 양수인은 채무자에 대하여도 대항할 수 없게 되며, 일단 취득한 채권은 취득하지 않았던 것이 된다. 즉 이 경우에는 제2의 양수인이 유일한 채권자이다. 따라서 채무자는 확정일자 있는 증서로써 통지된 제2의 양수인에 대해서만 변제하여야 한다. 이러한 법리는 확정일자 있는 증서의 통지가 그 일자 및 도달시기에 있어서 단순 통

지된 양도보다 늦은 경우에도 마찬가지이다(대판 1972. 1. 31, 71다2697). 그러나 제2의 양수인이 대항요건을 갖추기 전에 채무자가 제1의 양수인에게 변제한 경우에는 그렇지 않다. 판례도 단순한 대항요건을 갖춘 채권의 양수인이 변제를 받은 뒤 그 채권에 대하여 양도인의 채권자의 신청에 의한 압류 및 추심명령이 송달된 사안에서 민법 제450조 제2항 소정의 지명채권양도의 제3자에 대한 대항요건은 양도된 채권이 존속하는 동안에 그 채권에 관하여 양수인의 지위와 양립할 수 없는 법률상의 지위를 취득한 제3자가 있는 경우에 적용되는 것이므로, 양도된 채권이 이미 변제 등으로 소멸한 경우에는 그 후에 그 채권에 관한 채권압류 및 추심명령이 송달되더라도 그 채권압류 및 추심명령은 존재하지 아니한 채권에 대한 것으로서 무효이고, 이와 같은 대항요건의 문제는 발생할 여지가 없다고 한다(대판 2003. 10. 24, 2003다37426).

(라) 제1 · 제2양도 모두 확정일자가 있는 증서에 의하여 통지된 경우 이 경우 두 양도는 모두 제3자에 대한 대항요건을 갖추었으므로 양자의 우열은 대항요건의 구비시점에 따라 결정하여야 한다. 그런데 대항요건의 구비시점의 판단을 확정일자를 기준으로 할 것인가 아니면 확정일자 있는 증서가 채무자에게 도달한 시기를 기준으로 할 것인지가 문제된다. 이에 관하여 학설은 (i) 제450조 제2항이 통지 · 승낙에 확정일자 있는 증서라는 형식을 요구하는 것은 양도인 · 채무자 · 양수인 · 후양수인의 통모에 의한 일자의 소급을 방지하려는 취지인데 도달시를 기준으로 하면 도달시에 대한 양수인의 입증문제를 남김으로써 그 통모를 막을 수 없고 실제로 분쟁을 초래할 수 있기 때문에 확정일자의 선후에 의하여야 한다는 견해(김형배 597면), (ii) 확정일자 있는 양도통지가 채무자에게 도달한 일시 또는 확정일자 있는 승낙의 일시의 선후에 의하여야 한다는 견해(이은영 628면)로 나누어진다. 그리고 판례는 채권이 이중양도된 경우의 우열은 통지 · 승낙에 붙여진 확정일자의 선후에 의하여 결정할 것이 아니라, 채권양도에 대한 채무자의 인식시점, 즉 확정일자 있는 통지가 채무자에게 도달한 시기 또는 확정일자 있는 승낙의 시기의 선후에 의하여 결정해야 한다고 한다(대판 2002. 8. 27, 2002다31858). 생각건대 제450조 제1항이 원칙적인 규정인 점에서 판례의 견해가 타당한 것으로 본다.

(마) 확정일자 있는 증서에 의한 채권양도통지와 채권가압류결정 정본이 동시에 제3채무자에게 도달된 경우

(a) 判例의 태도 이 경우에 있어서 종전의 판례(대판 1987. 8. 18, 87다카553)는 양수인의 양수금청구에 대하여 채무자가 채권양도통지와 채권가압류결정 정본을 동시에 송달받

은 사실로써 채권양수인에게 대항할 수 있다고 함으로써 채권양수인에게 채무자가 변제를 거절할 수 있다고 하였다. 그러나 최근의 판례(대판[전합] 1994. 4. 26, 93다24223)는 이를 변경하여 채권양도통지와 채권가압류결정 정본이 동시에 도달한 경우에는 양자가 모두 채권양도의 대항요건을 갖추었으므로 그들 상호간에는 우열이 없으며 채무자는 어느 누구에게도 유효하게 변제할 수 있다고 한다.

(b) 양수인들과 채무자와의 관계 　채무자가 어느 양수인의 청구를 거절할 수 없고 이를 변제하여야 된다고 볼 때 양수인들과 채무자와의 관계를 어떻게 볼 것인지가 문제된다. 현재 이 문제를 다룬 판례는 없으며, 학설상 견해가 대립하고 있다. 양수인들과 채무자의 관계에 관하여 이를 연대채권 또는 부진정연대채권으로 파악하면 어느 양수인이든 채무자에게 채권액의 전액을 청구할 수 있지만, 분할채권으로 파악한다면 평등하게 분할된 비율에 의한 채권액만을 청구할 수 있게 된다. 분할채권관계로 보면 이중지급의 위험이 있으며, 연대채권관계로 보면 양수인 상호간에 주관적 공동관계가 없다는 점이 문제된다. 따라서 이들 관계를 부진정연대채권관계로 봄이 타당하다.

(c) 양수인 사이의 내부관계 　동시에 대항요건을 갖춘 채권의 양수인들은 평등하게 모두 그 지급을 청구할 수 있게 된 것인데, 이 경우에 채무자가 누구에게 변제를 하여야 할 것인지가 문제된다. 이에 관하여 판례는 변제를 받은 양수인은 공평의 원칙상 다른 양수인에 대하여 채권액에 按分하여 이를 내부적으로 다시 정산하여야 하지만, 채무자에게 이러한 부담을 부과하지 않기 위하여 변제공탁을 할 수 있다고 한다(대판[전합] 1994. 4. 26, 93다24223). 채무자와 각 양수인의 관계를 부진정연대채권관계로 보면 구상관계가 본질적인 것은 아니라고 하더라도 공평의 관점에서 상호간의 부당이득의 반환청구를 인정할 수 있을 것이다. 그러나 채권자가 평등하기는 하지만 안분 배분을 할 의무를 채무자에게 부과하여서는 아니되며, 안분 배분할 의무를 채무자에게 부담시키지 않고 변제공탁을 한다고 하여도 양자가 모두 공탁소에 지급을 청구한 경우에는 공탁소도 이들 중 누구에게 지급하여야 되는지를 결정할 수 없다. 따라서 먼저 청구한 자에게 채권 전액을 지급함이 타당하다고 할 것이다. 채권자는 모두 대항요건을 갖추었으므로, 먼저 청구한 자에 대하여 채무자는 거절할 항변권을 행사할 수 없기 때문이다.

[판 례]

(1) 채권이 이중으로 양도된 경우의 양수인 상호간의 우열은 통지 또는 승낙에 붙여진 확정일자의 선후에 의하여 결정할 것이 아니라, 채권양도에 대한 채무자의 인식, 즉 확정일자 있는 양도통지가 채무자에게 도달한 일시 또는 확정일자 있는 승낙의 일시의 선후에 의하여 결성하여야 할 것이고, 이러한 법리는 채권양수인과 동일 채권에 대하여 가압류명령을 집행한 자 사이의 우열을 결정하는 경우에 있어서도 마찬가지이므로, 확정일자 있는 채권양도 통지와 가압류결정 정본의 제3채무자(채권양도의 경우는 채무자)에 대한 도달의 선후에 의하여 그 우열을 결정하여야 한다. 채권양도 통지, 가압류 또는 압류명령 등이 제3채무자에 동시에 송달되어 그들 상호간에 우열이 없는 경우에도 그 채권양수인, 가압류 또는 압류채권자는 모두 제3채무자에 대하여 완전한 대항력을 갖추었다고 할 것이므로, 그 전액에 대하여 채권양수금, 압류전부금 또는 추심금의 이행청구를 하고 적법하게 이를 변제받을 수 있고, 제3채무자로서는 이들 중 누구에게라도 그 채무 전액을 변제하면 다른 채권자에 대한 관계에서도 유효하게 면책되는 것이며, 만약 양수채권액과 가압류 또는 압류된 채권액의 합계액이 제3채무자에 대한 채권액을 초과할 때에는 그들 상호간에는 법률상의 지위가 대등하므로 공평의 원칙상 각 채권액에 안분하여 이를 내부적으로 다시 정산할 의무가 있다. 채권양도의 통지와 가압류 또는 압류명령이 제3채무자에게 동시에 송달되었다고 인정되어 채무자가 채권양수인 및 추심명령이나 전부명령을 얻은 가압류 또는 압류채권자 중 한 사람이 제기한 급부소송에서 전액 패소한 이후에도 다른 채권자가 그 송달의 선후에 관하여 다시 문제를 제기하는 경우 기판력의 이론상 제3채무자는 이중지급의 위험이 있을 수 있으므로, 동시에 송달된 경우에도 제3채무자는 송달의 선후가 불명한 경우에 준하여 채권자를 알 수 없다는 이유로 변제공탁을 함으로써 법률관계의 불안으로부터 벗어날 수 있다. 채권양도 통지와 채권가압류결정 정본이 같은 날 도달되었는데 그 선후관계에 대하여 달리 입증이 없으면 동시에 도달된 것으로 추정한다(대판[전합] 1994. 4. 26, 93다24223).

(2) 동일한 채권에 관하여 가압류명령의 송달과 확정일자 있는 양도통지가 동시에 제3채무자에게 도달함으로써 채무자가 가압류의 대상인 채권을 양도하고 채권양수인이 채권양도의 대항요건을 갖추었다면 다른 채권자는 더 이상 그 가압류에 따른 집행절차에 참가할 수는 없다. 확정일자 있는 채권양도 통지와 채권가압류명령이 제3채무자에게 동시에 도달된 경우에도 제3채무자는 송달의 선후가 불명한 경우에 준하여 채권자를 알 수 없다는 이유로 변제공탁을 할 수 있다. 확정일자 있는 채권양도 통지와 채권가압류명령이 동시에 도달됨으로써 제3채무자가 변제공탁을 하고, 그 후에 다른 채권압류 또는 가압류가 이루어졌다 하더라도 채권양수인과 선행가압류채권자 사이에서만 채권액에 안분하여 배당하여야 한다(대판 2004. 9. 3, 2003다22561).

5. 指名債權讓渡의 효과

지명채권을 양도하는 경우 채권은 양도인으로부터 양수인에게 이전된다. 채권양도에 의하여 채권이 동일성을 유지하면서 이전되므로 채권에 종속된 인적 · 물적 담보권, 이자채권 · 위약금채권 등은 물론 채권에 수반된 항변권 등의 대항사유는 모두 양도인으로부터 양수인에게 이전된다. 한편 채무자의 채권자에 대한 동시이행의 항변권과 반대채권도 양수인에게 그대로 존속된다. 그리고 채권양도에 의하여 채권만 양수인에게 이전되므로 양도인은 여전히 자기의 채무를 부담한다. 예를 들어 매수인이 매도인에 대한 재산권이전청구권을 양수인에게 양도한 경우에는 매도인에 대한 매매대금지급채무는 여전히 매수인(즉 양도인)이 부담한다. 또한 취소권 · 해제권 · 해지권은 계약당사자의 지위에서 갖는 권리이기 때문에 양수인에게 이전되지 아니하고 여전히 양도인에게 존속된다.

사례해설

I. 동시도달의 추정

판례는 본 사례와 유사한 사안에서 두 개의 통지가 같은 날 도달된 경우 그 선후관계에 대하여 달리 입증이 없으면 동시에 도달된 것으로 추정하고 있다(대판[전합] 1994. 4. 26, 93다24223). 이러한 판례의 입장은 타당한 것으로 보이며, 따라서 사안의 두 통지도 동시에 도달된 것으로 추정된다.

II. 채권양수인 사이의 우열결정기준

1. 판례의 입장

사안에서는 두 개의 통지가 모두 확정일자 있는 내용증명우편으로 이루어져 C와 D 사이의 우열이 문제되고 있다. 판례는 종래 도달시설의 입장에서 채권양도에 대한 채무자의 인식, 즉 확정일자 있는 양도통지가 채무자에게 도달한 일시 또는 확정일자 있는 승낙의 일시의 선후에 의하여 결정하여야 한다고 보았으며 상기의 전원합의체 판결에서도 그러한 입장을 재확인하였다. 이에 의하면 C와 D는 모두 채권양수인으로 법률상 대등한 지위를 갖게 된다.

2. 검 토

판례의 입장에 찬동하는 견해도 있으나, 도달시를 기준으로 할 것이 아니라 확정일자를 기준으로 해야 한다는 반대견해도 있다. 생각건대, 양도인 · 채무자 · 후양수인간의 통모에 의한 일자소급을 방지하여 대항력의 우열에 관한 분쟁을 해소할 필요성을 강조하는 확정일자기준설이 보다 타당하다고 할 것이다. 확정일자기준설에 의하면 확정일자에 있어서 우선하는 C가 D보다 우월한 지위를 갖게 된다.

Ⅲ. 채권양수인 사이의 이행청구 및 정산의무

1. 판례의 입장

종래의 판례는 도달시설의 입장에서 누구도 상대방에 대하여 우선권을 주장할 수 없으므로 누구도 채무자에 대하여 채권을 행사할 수 없다고 하였다. 따라서 채권을 행사한 후의 정산의무 등도 거론될 여지가 없었다(대판 1987. 8. 18, 87다카553). 그러나 최근의 판례에서는 여전히 도달시설을 유지하면서도 각 양수인은 그들 상호간에 우열이 없는 경우에도 모두 채무자에 대하여 완전한 대항요건을 구비하였으므로 채권 전액에 대하여 이행청구를 하고 변제를 받을 수 있으며 채무자도 누구에게든 채무 전액을 변제하면 다른 채권양수인에 대해서도 유효하게 면책된다고 판시하여 종래의 판결을 폐기하였다(대판[전합] 1994. 4. 26, 93다24223). 한편, 채권양수인 상호간의 법률상 지위는 대등하므로 공평의 원칙상 각 채권액에 안분하여 이를 내부적으로 정산하여야 한다고 보았다. 이에 따르면 C와 D는 B에 대해 각자가 1,000만원의 이행청구를 할 수 있고 B는 누구에게든 1,000만원을 변제하면 완전히 면책되며 C와 D 중 B로부터 변제를 받은 자는 500만원 상당의 부당이득반환청구를 할 수 있게 된다. 채권양수인간의 순위가 대등한 경우(확정일자기준설에 의한다면 확정일자가 같은 경우)의 당사자간의 법률관계에 대해서는 채권자평등을 원칙으로 내세워 분할청구만을 할 수 있다는 소수설도 있으나 분할청구의 근거가 명백치 않으므로 새로운 판례의 입장인 전액청구설이 가장 타당한 것으로서 다수설의 입장이다.

2. 확정일자기준설에 따른 해결

확정일자기준설에 따른다면 C만이 B에게 1,000만원을 청구할 수 있게 되고 C는 D에 대하여 정산의무를 부담하므로 D는 C를 상대로 부당이득반환을 청구할 수 있다. 그리고 채권양도는 이행의 문제를 남기지 않는 처분행위이므로 이행책임(제390조)을 묻기도 어렵고, A가 D에게 이중으로 채권을 양도한 시점(1992. 8. 3)은 C에 대한 통지가 B에게 도달되기 전이어서 완전히 타인의 권리로 보기도 어렵기 때문에 제570조 이하의 매도인의 담보책임을 묻는 것은 곤란하다고 생각된다.

Ⅳ. 채무자의 변제공탁

판례는 한 사람이 제기한 급부소송에서 전액 패소한 이후에도 다른 채권자가 그 송달의 선후에 관하여 다시 문제를 제기하는 경우, 기판력의 이론상 채무자는 이중지급의 위험이 있으므로 채무자는 변제공탁을 함으로써 법률관계의 불안으로부터 벗어날 수 있는 것으로 보고 있다. 이러한 판례의 태도에 따른다면 B는 1,000만원을 변제공탁함으로써 이중지급의 위험으로부터 벗어날 수 있다.

Ⅲ. 證券的 債權의 讓渡

1. 序 說

(1) 意 義

증권적 채권이라 함은 채권의 성립·존속·양도·행사 등을 그 채권을 表彰하는 증권(채권증권)에 의하여야 하는 채권을 말한다. 채권 기타의 재산권이 증권에 표창되어 있다는 것은 그 증권의 점유가 권리행사의 요건으로 되어 있는 상태로서, 결국 증권적 채권은 채권이 증권에 「化 」되어 있는 것을 말한다. 증권적 채권은 채권자를 결정하는 방법에 따라 기명채권·지시채권·지명소지인출급채권·무기명채권의 네 가지 종류로 나누어진다. 민법은 이들 중 증권상에 특정되어 있는 채권자에게 변제하여야 하는 채권으로서 유통성이 적은 기명채권에 관해서는 규정하지 않는다.

(2) 讓渡性

증권적 채권은 채권의 양도성을 증대하기 위하여 고안된 것으로 양도성을 그 본질로 하기 때문에 그 유통성 및 유통과정에서의 안전성이 특히 고려되고 있다.

2. 指示債權의 讓渡

(1) 意 義

지시채권이란 특정인 또는 그가 지시(지정)한 자에게 변제하여야 하는 증권적 채권이다. 즉 증권상에 기재된 특정의 채권자 A 또는 A가 지정한 B, B가 지정한 C에게 지급하여야 하는 증권적 채권이다. 창고증권(상법 제157조)·화물상환증(상법 제130조)·선하증권(상법 제820조)·어음(어음법 제11조·제77조)·수표(수표법 제41조) 등의 전형적인 유가증권 등은 모두 이에 속한다. 그러나 이들에 관하여는 상법·어음법·수표법이 우선적으로 적용되며, 민법은 거의 적용되지 않는다.

(2) 指示債權의 讓渡

1) 讓渡의 方式 지시채권의 양도는 그 증서(증권)에 배서하여 양수인에게 교부하여야 한다(제508조). 증권의 배서·교부는 지시채권양도의 성립요건 내지 효력발생요건이다. 「배서」란 채권양도의 의사표시를 증권에 기재하는 것이고, 「교부」란 증권의 점유를 이전하는 것을 뜻한다.

[판 례]

수취인이 백지인 백지어음으로 발행된 기업어음(CP) 또는 백지식배서에 의하여 취득한 기업어음을 매입한 종합금융회사가 이를 고객에게 매도하면서 실물에 갈음하여 그 기업어음의 내용 및 보관의 취지를 기재한 보관통장을 교부하는 경우, 수취인이 백지인 백지어음 또는 백지식배서에 의하여 취득한 어음은 배서에 의하지 않고 어음의 교부만으로 양도할 수 있고, 또한 유가증권의 교부에도 동산의 경우에 인정되는 간이인도, 점유개정, 목적물반환청구권의 양도 등의 관념화된 방법이 인정된다는 점에 비추어, 고객은 점유개정의 방법으로 위 기업어음을 교부받은 것이 되어 어음상의 권리를 취득한다(대판 2006. 12. 7, 2004다35397).

2) 背 書

(가) 背書의 方式 배서는 보통 증권의 이면에 기재하나 보충지에 기재해도 무방하며, 배서의 뜻을 기재하지 않을 수는 있으나 반드시 배서인이 서명 또는 기명날인해야 한다(제510조 제1항).

(나) 背書의 種類 배서에는 피배서인을 지정해서 하는 정식배서(제510조 제1항), 피배서인(양수인)을 지정하지 않고 배서인의 서명 또는 기명날인만으로 할 수 있는 약식배서(제510조 제2항·제511조)가 있다. 약식배서된 증권의 소지인은 (i) 자기나 타인의 명칭을 피배서인으로 기재할 수도 있고, (ii) 약식으로 또는 타인을 피배서인으로 표시하여 다시 증서에 배서할 수도 있으며, (iii) 피배서인을 기재하지 않고 배서없이 증서를 제3자에게 교부하여 양도할 수도 있다(제511조). 배서에는 또한 증서의 소지인에게 배서·양도한다는 뜻을 기재하는 소지인출급식배서(제512조), 채무자(발행인·배서인·보증인 등)를 피배서인으로 하는 환배서(제509조 제1항)가 있다. 환배서가 있더라도 채권은 혼동으로 소멸하지 않으며(제507조), 증권적 채권의 유통성을 높이기 위하여 피배서인인 채무자는 다시 배서하여 양도할 수 있다(제509조 제2항).

(다) 背書의 效力 민법상 지시채권의 배서에서 권리이전적 효력과 자격수여적 효력이 인정된다. 그러나 어음법·수표법에서 인정되고 있는 담보적 효력은 인정되지 않는다(어음법 제15조·제17조, 수표법 제18조).

(a) 權利移轉的 效力 지시채권은 그 증서에 배서하여 양수인에게 교부하는 방식으로 양도할 수 있다(제508조). 즉 배서만으로는 지시채권이 이전되지는 않지만 증권의 배서·교부를 채권양도의 성립요건으로 하고 있으므로 배서는 기본적으로 권리이전적 효력이 있는 것이다.

(b) 資格授與的 效力 배서가 연속되어 있는 증서를 소지하고 있으면 그 소

지인은 권리자로서의 자격이 인정되는 것을 자격수여적 효력이라고 한다. 지시채권 증서의 점유자가 배서의 연속으로 그 권리를 증명하는 경우에는 그 점유자를 적법한 소지인으로 본다(제513조 제1항 전단). 이 규정의 해석에 관하여 학설은 (i) 소지인이 무권리자인 때에는 채무자는 이를 증명하여 변제를 거절할 수 있어야 한다는 이유로 추정규정으로 보는 견해(김용한 459면; 김형배 669면; 김상용 387면), (ii) 법문이 간주규정으로 하는 것을 이유로 간주규정으로 보는 견해(이은영 464면; 송덕수 239면)로 나뉜다. 생각건대 소지인이 무권리자인 경우도 있을 수 있으므로, 이를 추정규정으로 보아 소지인이 무권리자인 것이 증명되면 채무자가 변제를 거절할 수 있도록 함이 타당하다고 할 것이다.

배서의 연속이란 최초의 권리자가 제1배서인이 되고 제1배서의 피배서인이 제2배서인이 되는 것과 같이 배서가 단절됨이 없이 되어 현재의 소지인에 이르고 있는 것을 말한다. 최후의 배서가 약식인 경우에도 증서의 점유자를 적법한 채권자로 본다(제513조 제1항 후단). 또한 약식배서 다음에 다른 배서가 있으면 그 배서인은 약식배서로 증권을 취득한 것으로 본다(제513조 제2항). 그리고 말소된 배서는 배서의 연속에 관해서도 그 기재가 없는 것으로 본다(제513조 제3항).

배서의 연속이 단절된 경우에는 단절 전의 최후의 피배서인이 지시채권의 적법한 권리자로 추정된다. 그러나 단절 후에 배서가 연속되는 지시채권의 소지인이 단절된 부분에 관하여 실질적 권리승계를 증명하면 증권상의 권리를 행사할 수 있다(김용한 460면; 김주수 341면; 김형배 670면; 김상용 387면). 판례도 같은 입장을 취하고 있다(대판 1969. 12. 9, 69다995).

3) 讓受人의 保護 지시채권의 양수인을 보호하고 그 유통성을 확보하기 위하여 민법은 인적 항변의 제한과 선의취득의 제도를 두고 있다.

(가) 人的 抗辯의 制限 「채권양도의 일반원칙에 의하면 채무자는 그 자신이 양도인에 대하여 대항할 수 있는 모든 항변을 가지고 양수인에게 대항할 수 있다. 그러나 배서에 의해 채권을 취득하는 경우에도 이 원칙을 관철한다면 지시채권을 양수해도 그 권리는 매우 불안전하므로 지시채권의 유통성을 해친다. 여기서 민법은 배서에 의한 지시채권의 취득자를 보호하기 위하여 지시채권의 채무자는 소지인의 전자에 대한 인적 관계의 항변으로 소지인에게 대항하지 못한다(제515조 본문)」고 규정하고 있다. 따라서 인적 항변은 그 배서인에게만 대항할 수 있다. 채권성립에 관한 하자, 원인관계의 무효 · 취소 등에 기인하는 항변은 지시채권의 유통성을 보호하기 위한 인적 항변으로 본다. 그러나 소지인이 채무자를 해함을 알고 지시채권을 취득한 때에는 채무자는 소지인에게 인적 항변으로 대항할 수 있다(제515조 단서). 예를 들어 매매계

약을 원인으로 매수인 A가 매도인 B에게 매매대금의 지급을 위하여 지시채권증서를 발행·교부하였는데, 그 매매계약이 무효로 되었다고 하면, 이 경우 B가 A에게 지시채권증서상의 금원을 청구하는 때에는 A는 매매계약이 무효라는 항변으로써 그 지급을 거절할 수 있다. 그러나 B가 위 지시채권을 C에게 배서·교부한 때에는 A는 B에 대한 항변을 가지고 C에게 대항하지 못한다. 그러나 C가 A를 해함을 알고 그 지시채권을 취득한 때에는, A는 B에 대한 항변을 가지고 C에게 대항할 수 있다(제515조 단서).

그러나 채무자가 모든 소지인에 대하여 대항할 수 있는 항변인 물적 항변은 제한을 받지 않는다. 일반적으로 증서의 기재로부터 명백한 것(변제기의 도래·소멸시효 등)과 채무자의 이익에 중대한 관계가 있을 것(증서의 위조·변조 등)은 물적 항변이고, 그 밖의 것(원인관계에 기한 사실)은 인적 항변사유이다(곽윤직 230면; 김증한/김학동 317면).

(나) 善意取得 소지인이 증서를 무권리자로부터 취득한 경우에도 그 소지인이 양도인이 무권리자임을 알지 못하고(선의), 그 알지 못한 데에 중대한 과실이 없으면 그 증권상의 권리를 취득한다(제514조). 이는 동산의 선의취득(제249조)과 그 취지를 같이 하지만, 양수인에게 경과실이 있어도 선의취득이 인정되고 도품·유실물에 대한 특칙(제250조·제251조)이 인정되지 않는다는 점에서 거래상의 유통성과 안정성이 동산의 경우보다 강하게 보호되고 있다.

지시채권의 선의취득이 인정되기 위해서는 양수인이 지시채권의 양도방법에 의하여 배서·교부 또는 약식배서의 경우에는 증권을 교부받아야 한다. 따라서 상속·합병·전부명령에 의하여 지시채권을 취득한 경우에는 선의취득이 인정되지 않는다. 선의취득에 의한 지시채권의 취득은 원시취득이다. 따라서 선의취득자로부터 배서에 의하여 승계취득한 자는 선의취득의 전자가 무권리자라는 사실에 관하여 악의·중과실이 있더라도 적법하게 취득하게 된다.

4) 債務者의 保護 유가증권에 있어서는 채권자의 변동이 잦으므로 증권소지인의 진정한 권리자인가의 여부를 조사하는 것은 어렵고, 또한 그러한 조사는 유통성을 해치게 된다. 여기서 민법은 채무자는 배서의 연속여부를 조사할 의무가 있으며, 배서인의 서명 또는 날인의 진위나 소지인의 진위에 관해서는 조사할 권리는 있으나 의무는 없다고 규정함으로써 채무자를 보호하고 있다(제518조 본문). 여기서 조사할 권리가 있다는 것은 진위를 조사하는 데 필요한 상당한 기간 동안은 변제가 지연되어도 이행지체가 되지 않음을 의미하며, 의무가 없다고 함은 조사하지 않고 한 변제도 유효하다는 것을 의미한다. 따라서 그 진위를 조사하지 않았기 때문에 진정한 권

리자가 아닌 자에게 변제하더라도 그 변제는 유효한 것으로 된다. 다만 채무자가 변제하는 때에는 소지인이 권리자가 아님을 알았거나, 또는 중대한 과실로 알지 못한 때에는 그 변제는 무효이다(제518조 단서).

(3) 指示債權의 辨濟

1) 辨濟의 場所 증서에 변제의 장소를 정하지 아니한 때에는 채무자의 현영업소를 변제장소로 하고, 영업소가 없는 때에는 채무자의 현주소를 변제장소로 한다(제516조).

2) 證書의 提示와 履行遲滯 증서에 변제기한이 있는 경우에도 그 기한이 도래한 뒤에 소지인이 증서를 제시하여 이행을 청구한 때로부터 채무자는 지체의 책임을 진다(제517조).

3) 辨濟와 證書交付 채무자는 증서와 교환하여서만 변제할 의무가 있다(제519조). 지시채권을 자동채권으로 한 상계에 있어서는 상계의 의사표시와 함께 채무자에게 증서를 제시하여야 한다. 또한 채무자는 변제할 때에 소지인에 대하여 증권에 영수를 증명하는 기재를 할 것을 청구할 수 있으며(제520조 제1항), 일부변제의 경우에는 채권자에게 그 뜻을 증권에 기재할 것을 청구할 수 있다(제520조 제2항).

(4) 證書의 滅失 · 喪失

멸실한 증서나 소지인의 의사에 의하지 않고 그 점유를 이탈한 증서는 공시최고의 절차를 밟아서 무효로 할 수 있다(제521조). 공시최고의 신청이 있는 때에는 법원은 채무자로 하여금 채무의 목적물을 공탁하게 할 수 있고, 소지인이 상당한 담보를 제공하면 변제하게 할 수도 있다(제522조).

3. 無記名債權의 讓渡

(1) 意 義

무기명채권이란 특정의 채권자를 지정함이 없이 증권의 소지인에게 변제하여야 하는 증권적 채권이다. 무기명사채 · 무기명식 수표 · 상품권 · 철도승차권 · 극장의 입장권 · 시중 은행의 양도성예금증서(대판 2000. 3. 10, 98다29735) 등이 이에 속한다.

(2) 讓渡方式

무기명채권은 양수인에게 그 증서를 교부함으로써 효력이 생긴다(제523조). 무기명채권에는 배서를 요하지 않으므로, 배서를 제외한 지시채권의 양도에 관한 규정(제514조~제522조)은 무기명채권에 준용된다(제524조).

[판 례] 양도성예금증서의 선의취득

양도성예금증서를 취득함에 있어서 통상적인 거래기준으로 판단하여 볼 때 양도인이나 그 양도성예금증서 자체에 의하여 양도인의 실질적 무권리성을 의심하게 할 만한 사정이 있는데도 불구하고 이에 대하여 상당하다고 인정될 만한 조사를 하지 아니하고 만연히 양수한 경우에는 중대한 과실이 있다고 할 것이지만, 양도성예금증서는 단순한 교부만으로 양도가 가능하므로 양수인이 할인의 방법으로 이를 취득함에 있어서 그 양도성예금증서가 잘못된 것이라는 의심이 가거나 양도인의 실질적인 무권리성을 의심하게 될 만한 특별한 사정이 없는 이상 위 양도성예금증서의 발행인이나 전 소지인에게 반드시 확인한 다음 취득하여야 할 주의의무가 있다고는 할 수 없다(대판 2000. 5. 16. 99다71573).

4. 指名所持人出給債權의 讓渡

지명소지인출급채권은 무기명채권의 한 변형으로서 특정인 또는 증권의 정당한 소지인에게 변제하여야 하는 증권적 채권이다. 이러한 지명소지인출급채권을 선택무기명식채권이라고도 한다. 이 채권은 선하증권 · 화물상환증 · 창고증권 및 수표 등에서 인정되고 있다. 증권상에 기재된 특정인 또는 증권의 소지인이 권리를 행사할 수 있으므로 지명소지인출급채권은 무기명채권이 변형된 것이라고 할 수 있다. 따라서 지명소지인출급채권의 양도에 관하여는 무기명채권과 같이 다루어진다. 즉 증서의 교부만으로 양도의 효력이 생긴다. 배서를 제외하고는 지시채권에 관한 규정이 적용된다.

5. 免責證券(免責證書)

면책증권이란 채무자가 그 증서의 소지인에게 변제를 하면 그 소지인이 진정한 권리자가 아닌 경우에도, 채무자가 선의이면 그 책임을 면하는 증서를 말한다. 음식점의 신발표 · 철도여객의 수하물상환증 · 음식점의 휴대품예치증 등이 이에 속한다. 면책증서는 채무자의 조사의무를 면하게 하기 위하여 발행되는 것으로, 채권의 유통성을 증대하는 것을 목적으로 하는 것이 아니다. 즉 그것은 단순한 자격증권에 불과하며 증권적 채권은 아니다. 면책증권이 발행되어 있는 경우의 채권은 보통의 지명채권에 지나지 않는다. 그러나 면책증서는 그 성질상 채권의 증명이 증서에 의존하는 정도가 강하므로, 증서의 소지인에게 변제하면 채무자는 면책된다. 따라서 민법은 지시채권에 관한 규정 중에서 변제의 장소(제516조) · 증서의 제시와 이행지체(제517조) · 영수기입청구권(제520조)의 규정을 면책증서에 준용한다(제526조).

| 각종 채권의 양도 · 입질의 성립 · 대항요건 |

	성립요건	대항요건
지명채권	교부	채무자에게의 통지 · 채무자의 승낙
지시채권	배서 · 교부	교부
무기명채권	교부	교부
기명사채	합의와 교부	주권과 사채원부에 기채
무기명주식	합의와 교부	
기명주식(약식질)	교부	
기명주식(등록질)	등록	
저작권 · 출판권	등록	
저당권부 채권	부기등기	

第2節 債務의 引受

사 례

(1) A은행은 B에게 1,000만원의 대금채권을 가지고 있지만 A와 X와의 사이에 B의 A에 대한 채무를 인수하기로 하는 계약을 체결하였다. 그러나 그 후 B는 파산하여 행방불명이 되었다. 이 경우 A는 X에 대하여 그 이행을 청구할 수 있는가? 그리고 위 채권이 소멸시효의 기간을 경과하였다면 이 소멸시효의 효과는 X에게 미치는가?

(2) A는 B로부터 B 소유의 주택을 매수하였으나 그 주택에는 C의 대금채권을 위한 저당권이 설정되어 있었다. 그럼에도 불구하고 A는 B와 C에 대한 채권의 일부를 변제하기로 하는 약정을 맺었다. 그러나 B는 변제기가 경과하도록 C의 대금채권을 변제하지 않고 있다. 이 경우 C는 누구에 대하여 그 이행을 청구할 수 있는가?

I. 債務引受의 意義

채무인수란 채무의 동일성을 유지하면서 채무가 종전의 채무자로부터 제3자(인수인)에게 이전하는 것을 목적으로 하는 계약을 말한다. 채무인수에 의하여 채무자는 채무를 면하고 인수인이 새로운 채무자가 된다. 이러한 보통의 채무인수를 병존적 채무인수와 구별하여 면책적 채무인수라고도 한다. 채무의 이전은 법률의 규정에 의하여 직접 일어나는 경우도 있으나(제1005조의 상속 · 제1078조의 포괄유증 · 상법 제235조의 회사의 합병 등에 의한 포괄적 이전 등), 이러한 것은 채무인수가 아니며, 채무인수는 채무자는 변경되지만 종전의 채무가 동일성을 유지하면서 인수인에게 이전되는 점에서 채무자의 변경으로 인하여 종전의 채무가 소멸하는 경개(제501조)와 다르다. 계약에 의한 채무의 이전만이 채무인수에 해당한다.

Ⅱ. 債務引受의 法的 性質

1. 準物權契約性

채무인수계약은 낙성 · 불요식의 계약으로 그 법적 성질은 인수계약의 당사자가 누구인가에 따라 다르게 파악된다.

(1) 債權者 · 債務者 · 引受人 사이의 계약 또는 債權者 · 引受人 사이의 계약

채권자 · 채무자 · 인수인 사이의 계약 또는 채권자 · 인수인 사이의 계약에서는 계약에 의하여 채무는 직접 인수인에게 이전되며, 인수인은 채권자에 대하여 채무를 부담하게 되므로 인수계약은 채권행위 내지 의무부담행위의 성질을 가지는 한편, 채권자는 인수계약으로 그의 채권을 처분하는 것이 되므로 그것은 처분행위, 즉 준물권행위가 된다는 것이 통설이다. 이에 대하여 채권자와 인수인 또는 채권자와 채무자 및 인수인 사이의 채무인수계약은 채무의 귀속주체를 변경시키는 처분행위 내지 준물권행위라는 견해가 있다(김형배 617면).

(2) 債務者 · 引受人 사이의 계약

채무자 · 인수인 사이의 계약은 채권자의 승낙이 있을 때에 비로소 채무자의 채무가 인수인에게 이전한다(제459조 제1항). 따라서 이 경우의 인수계약은 채권행위의 성질을 가지나, 채권자의 승낙이 있으면 준물권행위로서의 성질을 가진다고 할 것이다.

2. 獨自性 · 無因性

채무인수는 단순히 채무의 이전 그 자체를 목적으로 하는 처분행위이므로 인수계약은 채무를 인수하여야 할 채무를 생기게 하는 기초적 법률행위(매매 등)와는 이론상 별개의 것으로 독자성을 가진다. 또한 양자는 그 당사자가 다른 별개의 법률행위이므로, 채무인수는 원인된 법률관계로부터 영향을 받지 않는 무인성을 가진다. 예를 들어 A 소유의 가옥을 B가 매수하면서 B가 그 대금지급에 갈음하여 A가 C에 대하여 부담하는 채무를 인수하기로 C와 채무인수계약을 체결한 경우에 그 후 위 매매계약이 무효 · 취소되더라도 그것은 A · B 사이에서만 문제되는 것이고 B · C 사이의 채무인수계약에는 아무런 영향을 미치지 못한다. B가 매매계약에 따라 A에게 부담하는 채무와 A가 다른 법률관계에 기하여 C에게 부담하는 채무는 아무런 관련이 없기 때문에, B가 A의 C에 대한 채무를 인수한 경우에도 달라지지 않는다.

다만 채권자 · 채무자 · 인수인이 동시에 하나의 3면계약을 체결하거나 채권자의 승낙이 기초적 법률행위와 일체적 관계를 이루면서 그 구성부분이 된 경우에는 기초적 법률행위가 무효로 되면 준법률행위 역시 무효로 된다고 할 것이다(제137조 참조).

▌참 고▐ 채무인수의 원인이 된 법률관계와 채무인수의 관계(유인성 여부)

예를 들어 A가 B로부터 부동산을 매수하면서 그 부동산에 설정된 근저당권의 피담보채무(채권자 C)를 면책적으로 인수하고 그 채무액만큼 매매대금을 공제받았는데, 매매계약이 무효 · 취소 또는 해제되면 채무인수의 효력이 어떻게 되는가가 문제된다. 이에 대하여 (i) 유인설은 채무인수는 원칙적으로 원인행위에 대하여 유인이지만 그것이 채무자와 인수인 사이의 계약으로 행하여졌고, 또 그에 대한 채권자의 승낙이 있은 후에는 이를 채권자에게 주장할 수 없다고 하고(김주수 408면), (ii) 무인설은 채무인수는 원인행위에 대하여 전적으로 무인적이어서 원인관계상 하자는 채무인수의 효력에 영향을 미치지 않는다고 한다(김형배 620면). 그리고 (iii) 절충설은 채무인수가 채권자와 인수인 사이의 계약으로 행하여진 경우에는 채무자와 인수인 사이의 원인관계는 단순히 인수인의 동기를 구성할 뿐이지만 채무인수가 채무자와 인수인 사이의 계약으로 행해진 경우에는 이들 사이의 채무인수계약은 원인행위가 행하여진 목적을 달성하기 위한 수단으로서 의미가 있고, 그러한 의미에서 기능적 일체를 이루게 되며, 따라서 원인행위가 그 효력을 상실하였다면 채무인수로 이미 목적 내지 기초를 상실하게 되어, 결국 원인관계의 하자로 인하여 채무인수는 영향을 받는다고 한다. 그리고 이는 채권자가 승낙이 있는 경우에 채무자와 인수인 사이의 사정으로 채권자의 이익에 영향을 미치는 것은 타당하지 않다고 할지라도 채권자의 이익은 유효한 채무자와 인수인 사이의 의사행위를 전제로 하여서만 보장될 수 있는 것이며, 따라서 이 경우는 유인적이라고 한다(양창수, "채무인수", 고시연구, 1997년 11월호).

3. 同一性

채무인수에 의하여 채무는 그 동일성을 유지하면서 인수인에게 이전된다. 이 점에서 채무자의 변경으로 인한 경개와 다르다. 따라서 전채무자가 채권자에 대하여 가졌던 모든 항변권은 인수인에게 이전된다(제458조). 그러나 보증인이나 물상보증인은 보호되어야 하기 때문에 전채무자의 채무자에 대한 보증인이나 제3자가 제공한 담보는 원칙적으로 소멸한다(제459조).

Ⅲ. 債務引受의 要件

1. 債務에 관한 要件

(1) 債務의 存在

채무인수는 유효한 채무의 존재를 전제로 한다. 채무가 유효하게 존재한다면 불완전 채무(예: 자연채무·책임 없는 채무)나 장래의 채무도 인수될 수 있다.

(2) 債務의 移轉可能性

1) 原 則 채무의 인수를 위해서는 인수되는 채무가 이전할 수 있는 것이어야 한다. 채권은 객관적인 급부를 목적으로 하는 재산권으로서의 성질을 가지고 있으므로 그 내용이 절대적으로 부대체성을 가지는 경우를 제외하고는 채무도 성질상 당연히 이전할 수 있는 것이다. 조건부 또는 장래의 채무이더라도 기초인 법률관계가 존재하고 그 내용이 명확하면 이전성을 가진다.

2) 移轉의 制限

(가) 債務의 性質에 의한 制限 채무의 성질이 인수를 허용하지 않는 것일 때에는 그 채무를 인수하지 못한다(제453조 제1항 단서). 예를 들어 채무자변경으로 급부의 내용이 달라지는 부대체적 작위채무(음악가의 연주채무)는 인수할 수 없다. 그리고 당사자 사이의 신뢰관계나 채무자 개인의 능력이 급부의 실현에 중요한 비중을 차지하는 채무로서 노무자의 노무제공의무(제657조 제2항)·수임인의 의무(제682조)·임치인의 보관의무(제701조) 등은 채무자가 변경되면 채무의 이행에 현저한 차이가 생기므로 제3자가 인수할 수 없다. 또한 특정채무자와 결제되어야 할 상호계산에 계입된 채무(상법 제72조) 등은 성질상 이전성이 제한된다.

(나) 當事者의 意思表示에 의한 制限 민법은 이에 관한 명문의 규정을 두고 있지 않으나, 채권자와 채무자 사이에 인수금지의 특약을 하는 것은 유효하며, 당사자는 그 제한에 따라야 한다. 다만 이 특약은 선의의 제3자에게 대항하지 못하는 것으로 해석된다(제449조 제2항 유추적용).

2. 引受契約의 當事者

민법은 채무인수의 유형으로 「채권자와 인수인 사이의 계약」(제453조)과 「채무자와 인수인 사이의 계약」(제454조~제457조)의 두 가지만 규정하고 있다. 그러나 채무가 이전성이 있는 한, 채권자 · 채무자 · 인수인 사이의 3면계약에 의해서도 채무가 인수될 수 있음은 계약자유의 원칙상 당연한 것이다.

(1) 債權者 · 引受人 사이의 契約

채무인수는 채권자와 인수인 사이의 계약으로 할 수 있다(제453조 제1항 본문). 인수인이 채권자와 합의하에 채무를 인수하는 경우에는 채무자의 동의 또는 수익의 의사표시는 필요하지 않다. 채무자는 인수행위로 인하여 채무를 면하게 되는 이익을 얻게 되며, 보통 이에 상응하는 손해나 권리의 상실이 없기 때문이다. 그러나 제3자의 변제(제469조 제2항) · 채무자의 변경에 의한 경개(제501조)에 있어서와 같이 이해관계 없는 제3자는 채무자의 의사에 반하여 채무를 인수하지 못한다(제453조 제2항). 따라서 이해관계 있는 제3자, 즉 불가분채무자 · 연대채무자 · 보증인 · 물상보증인 · 담보물권의 제3취득자 등은 채무자의 의사에 반해서도 채무를 인수할 수 있다. 채무자의 의사에 반한다는 사실을 누가 증명해야 하는가에 관하여는 (i) 반대의사를 주장하는 자가 입증책임을 부담한다는 견해(곽윤직 236면; 이은영 648면)와 (ii) 채무자가 부담한다는 견해(김상용 399면; 김증한/김학동 323면; 김형배 624면)가 대립한다. 판례는 채무자의 의사에 반하는지의 여부는 인수 당시를 표준으로 하여 결정하여야 하며, 채무자의 의사에 반한다고 주장하는 자가 이를 입증하여야 한다고 한다(대판 1966. 2. 22, 65다2512). 생각건대 제453조 제2항의 제한규정은 채무자의 의사를 존중하려는 데 그 취지가 있다는 점에서는 (ii)설이 타당하다고 할 것이다. 그러나 (ii)설에 의하면 인수인의 채권자들이 본조의 효과를 주장할 수 없게 된다. 따라서 채무자의 의사에 반한다는 사실은 이를 주장하는 자가 입증하여야만 한다. 다만 중첩적인 채무인수(병존적 채무인수)는 채무의 면책적 인수와는 달리 채무자의 의사에 반하여도 할 수 있다(대판 1965. 3. 9, 64다1702).

(2) 債務者 · 引受人 사이의 契約

1) 債權者의 承諾 채무인수는 채무자와 인수인 사이의 계약으로도 할 수 있다. 그러나 이 경우에는 채권자의 승낙이 있어야 효력이 생긴다(제454조 제1항). 즉 채권자의 승낙을 정지조건으로 하여 채무인수계약의 효력이 생긴다(소급효). 채무자의 변경에 의한 책임재산의 감소에 따른 채권자의 경제적 불이익을 막기 위한 것이다. 채권자

의 승낙 또는 거절의 의사는 채무자 또는 인수인을 상대방으로 하여 표시하면 된다(제454조 제2항). 승낙은 명시적 · 묵시적으로 할 수 있으며, 채권자가 채무인수인에게 지급을 청구하는 것은 묵시적인 승낙에 해당한다(대판 1989. 11. 14, 88다카29962). 한편, 채권자가 승낙을 거절하면 그 이후에는 채권자가 다시 승낙하여도 채무인수로서의 효력이 생기지 않는다(대판 1998. 11. 24, 98다33765).

[판 례]

민법 제454조는 제3자가 채무자와 계약으로 채무를 인수하여 채무자의 채무를 면하게 하는 면책적 채무인수의 경우에 채권자 승낙이 있어야 채권자에 대하여 효력이 생긴다고 규정하고 있으므로, 채권자의 승낙이 없는 경우에는 채무자와 인수인 사이에서 면책적 채무인수 약정을 하더라도 이행인수 등으로서 효력밖에 갖지 못하며 채무자는 채무를 면하지 못한다. 그리고 계약당사자로서 지위 승계를 목적으로 하는 계약인수는 계약으로부터 발생하는 채권 · 채무 이전 외에 계약관계로부터 생기는 해제권 등 포괄적 권리의무의 양도를 포함하는 것으로서, 계약인수가 적법하게 이루어지면 양도인은 계약관계에서 탈퇴하게 되고, 계약인수 후에는 양도인의 면책을 유보하였다는 등 특별한 사정이 없는 한 잔류당사자와 양도인 사이에는 계약관계가 존재하지 않게 되며 그에 따른 채권채무관계도 소멸하지만, 이러한 계약인수는 양도인과 양수인 및 잔류당사자의 합의에 의한 삼면계약으로 이루어지는 것이 통상적이며 관계당사자 3인 중 2인의 합의가 선행된 경우에는 나머지 당사자가 이를 동의 내지 승낙하여야 그 효력이 생긴다(대판 2012. 5. 24, 2009다88303).

2) 承諾與否의 催告 채권자가 즉시 승낙 또는 거절의 의사표시를 하지 않을 때에는 제3자(인수인)나 채무자는 상당한 기간을 정하여 승낙여부의 확답을 채권자에게 최고할 수 있다(제455조 제1항). 그리고 채권자가 그 기간 내에 확답을 발송하지 아니한 때에는 승낙을 거절한 것으로 본다(제455조 제2항). 여기서 발신주의(제111조의 도달주의의 예외)를 취한 이유는 인수계약의 유효성 여부를 신속하게 확정함으로써 그 당사자를 보호하려는 데 있다고 할 것이다.

3) 債務引受의 撤回 또는 變更 제3자와 채무자 사이의 계약에 의한 채무인수에 있어서 채무자나 인수인은 채권자의 승낙이 있을 때까지는 채무인수계약을 철회 또는 변경할 수 있다(제456조). 청약의 구속력(제527조)에 대한 예외로서 철회나 변경을 인정하더라도 채권자에게 어떤 영향을 주는 것은 아니기 때문이다. 그러나 채무인수에 채권자의 승낙이 있는 후에는 철회나 변경에 다시 채권자의 승낙이 있어야 그것이 유효하게 된다고 할 것이다(동지 대판 1962. 5. 17, 62다161).

(3) 債權者 · 債務者 · 引受人 사이의 3面契約

민법은 이에 관하여 명문의 규정을 두고 있지 않으나, 계약자유의 원칙상 이러한 계약은 유효하게 체결할 수 있다.

Ⅳ. 債務引受의 效果

1. 一般的 效果

채무인수의 일반적 효과는 채무가 그 동일성을 유지하면서 본래의 채무자로부터 인수인에게 이전한다는 점에 있다. 따라서 본래의 채무자는 채무를 면하고 인수인이 그 채무를 부담한다. 인수인은 채권자에 대하여 채무의 내용에 좇은 이행을 할 의무를 부담하며 불이행시에는 채무불이행책임을 진다.

2. 債權者 · 引受人 사이의 效果

(1) 債務의 移轉

1) 債務者의 變更 채무는 채무인수에 의하여 그 동일성을 유지하면서 전채무자로부터 인수인에게 이전된다. 채무뿐만 아니라 그 채무에 종속되는 채무(변제기 미도래의 이자채무 · 위약금 채무 등)도 같이 이전된다. 인수되는 채무가 연대채무 · 불가분채무인 경우에도 그 성질이 그대로 유지된다. 채권관계에서 변경되는 것은 원칙적으로 채무자뿐이다. 그러나 전채무자와 인수인이 연대채무관계에 놓이는 것은 아니다. 채무인수가 있는 경우에는 그 채무에 대한 소멸시효는 인수 당시에 승인이 있는 것으로 됨으로써 중단된다(대판 1969. 10. 14, 69다1497). 따라서 채무인수일부터 새롭게 소멸시효가 진행한다.

[판 례]

면책적 채무인수라 함은 채무의 동일성을 유지하면서 종래의 채무자로부터 제3자인 인수인에게 이전하는 것을 목적으로 하는 계약으로서, 채무인수로 인하여 인수인은 종래의 채무자의 지위를 교체하여 새로이 당사자로서 채무관계에 들어서서 종래의 채무자와 동일한 채무를 부담하고, 동시에 종래의 채무자는 채무관계에서 탈퇴하여 면책되는 것일 뿐이므로, 인수채무가 원래 5년의 상사시효의 적용을 받던 채무라면 그 후 면책적 채무인수에 따라 그 채무자의 지위가 인수인으로 교체되었다고 하더라도 그 소멸시효의 기간은 여전히 상사시효의 적용을 받는다 할 것이고, 이는 채무인수행위가 상행위나 보조적 상행위에 해당하지 아니한다고 하여 달리 볼 것이 아니다(대판 1999. 7. 9, 99다12376).

2) 債務移轉의 時期 채무이전의 효과는 당사자 사이의 특별한 의사표시가 없는 한 원칙적으로 인수계약의 성립과 동시에 발생한다. 다만 채무자 · 인수인 사이의 계약으로 채무를 인수하는 경우에는 채권자의 승낙이 있을 때에 채무가 이전하고, 채권자의 이 승낙은 다른 의사표시가 없으면 인수계약이 성립한 때로 소급하여 효력이 생긴다(제457조 본문). 따라서 채권자의 승낙이 있으면 계약체결시에 소급하여 채무이전이 이루어진다. 그러나 이 승낙의 소급효는 제3자의 권리를 해하지 못한다(제457조 단서).

(2) 抗辯權의 移轉

인수인은 전채무자가 가지고 있던, 채무의 성립 · 존속, 이행을 저지 · 배척하는 모든 항변(채무의 불성립 · 실효의 항변, 동시이행의 항변 등)으로 채권자에게 대항할 수 있다(제458조). 그러나 채무 자체의 발생원인이 되는 계약의 취소권 · 해제권은 당해 계약당사자만의 권리이므로 채무의 특정승계인에 불과한 인수인에게 이전되지 않는다. 그리고 인수인은 전 채무자가 가지는 반대채권으로 상계할 수 없다. 반대채권은 채무자의 권리에 속하는 것이기 때문이다. 다만 인수인이 채권자에게 반대채권을 가지는 경우에는 자신의 인수채무와 상계할 수 있다.

한편 채무인수계약은 구채무자의 채무의 동일성을 유지하면서 신채무자가 이를 부담하는 것이므로 특별한 의사표시가 없으면 채무인수자의 구채무자에 대한 항변사유로서는 채권자에게 대항할 수는 없다(대판 1966. 11. 29, 66다1861).

(3) 從된 債權의 移轉

이자채무 · 위약금채무 등 원래의 채무에 종된 채무도 원칙적으로 이전한다. 그러나 이미 발생하고 있는 이자는 독립성을 지니기 때문에 당연히 이전하지는 않는다.

(4) 擔保權의 移轉

1) 法定擔保의 경우 유치권 · 법정질권 · 법정저당권 등은 특정의 채권을 보전하기 위하여 법률이 정책적으로 인정한 것이기 때문에 채무인수에 의하여 아무런 영향을 받지 않고 그대로 존속한다.

2) 約定擔保의 경우

(가) 第3者가 제공한 擔保 종전 채무자의 채무에 대한 보증이나 제3자가 제공한 담보는 채무인수로 인하여 소멸한다(제459조 본문). 채무자의 변경으로 인하여 채무자의 資力에 변동을 일으켜 보증인이나 물상보증인에게 불이익을 줄 염려가 있기 때문이다. 따라서 보증인 · 물상보증인이 그 위험에도 불구하고 채무인수에 동의한 경

우에는 그 보증이나 담보는 소멸하지 않는다(제459조 단서). 물상보증인이 인수인이 되는 경우에는 그 물상보증인은 언제나 인수계약의 당사자로서 그 인수계약에 동의한 것으로 해석된다. 채무인수에 대한 동의는 인수인을 위하여 새로운 담보를 설정하도록 하는 의사표시를 의미하는 것이 아니라 기존의 담보를 인수인을 위하여 계속 유지시키는 데 대한 의사표시를 의미하므로 물상보증인이 채무인수에 동의함으로써 소멸하지 아니하는 담보는 당연히 기존의 담보와 동일한 내용을 갖는 것이다(대판 2000. 12. 26, 2000다56204).

(나) 債務者가 제공한 擔保 채무자가 설정한 담보에 관하여는 민법에 명문의 규정은 없으나, 인수계약이 채권자 · 인수인 사이에 체결된 경우에는 담보관계는 소멸하고, 채무자 · 인수인 사이에 또는 3면계약에 의하여 체결된 경우에는 제459조의 단서를 유추적용하여 원칙적으로 존속하는 것으로 해석한다. 후자의 경우에는 담보를 제공한 채무자가 인수계약의 당사자로서 채무인수에 동의한 것으로 볼 수 있기 때문이다.

[판 례]

회사정리절차에서 제3자가 주채무를 면책적으로 인수하는 내용의 정리계획이 인가 · 확정되었다고 하더라도, 그 채무인수 자체에 의하여 채권에 대한 실질적인 만족을 얻은 것으로는 볼 수 없는 것이므로, 회사정리법 제240조 제2항에 따라 보증인의 책임 범위에는 아무런 영향이 없다고 할 것이고, 한편 면책적 채무인수에 있어 보증책임의 소멸을 규정하고 있는 민법 제459조는 이 경우 그 적용이 배제된다(대판 2005. 10. 28, 2005다28273).

(5) 消滅時效의 中斷

인수채무의 소멸시효기간은 채무인수와 동시에 이루어진 소멸시효 중단사유, 즉 채무승인에 따라 채무인수일로부터 새로이 진행된다(대판 1969. 10. 14, 69다1497; 대판 1999. 7. 9, 99다12376).

3. 債務者 · 引受人 사이의 效果

인수인은 채무자에 대하여 채무를 면책시킬 의무를 부담한다. 채무자와 인수인 사이의 인수계약에 있어서는 채권자의 승낙이 있으면 채무를 인수한 때에 소급하여 그 효력이 발생한다(제457조 본문). 그리고 인수인이 채권자에 대하여 변제 기타의 출연을 한 경우에는 채무자에 대한 인수인의 구상권의 유무와 그 범위는 인수인과 채무자 사이의 대내적 법률관계에 의하여 결정된다.

V. 債務引受와 類似한 制度

1. 併存的 債務引受

(1) 意 義

제3자가 채무관계에 가입하여 채무자가 되며, 종래의 채무자는 채무를 면하지 않고 인수인이 동일한 내용의 채무를 병존하여 부담하는 계약으로 중첩적 · 첨가적 · 부가적 · 확보적 채무인수라고도 한다. 병존적 채무인수는 일종의 제3자를 위한 계약으로서 채무의 이전이 없다는 점에서 면책적 채무인수와는 근본적으로 다르며, 채무자가 추가됨으로써 보증채무나 연대채무와 같이 채권의 담보적 기능을 가진다. 채무의 인수에 있어서 면책적 인수인지, 또는 병존적 인수인지가 분명하지 아니한 때에는 이를 병존적으로 인수한 것으로 본다(대판 1988. 5. 24, 87다카3104). 면책적 채무인수의 경우에는 주채무자가 채무를 면하게 되는 만큼 그것의 인정은 신중하여야 하기 때문이다(통설: 대판 2002. 9. 24, 2002다36228).

(2) 法的 性質

병존적 채무인수에 있어서는 채무가 이전하지 않으므로 그 법적 성질을 단순한 채권행위(의무부담행위)로 본다. 특히 채무자와 인수인 사이의 계약에 의한 경우는 일종의 제3자를 위한 계약에 해당한다(대판 1995. 5. 9, 94다47469).

(3) 併存的 債務引受의 要件

1) 債務에 관한 要件 병존적 채무인수의 대상이 될 수 있는 채무는 인수인에 의해서도 이행될 수 있는 성질의 것이어야 한다. 따라서 전속적 · 부대체적 급부를 목적으로 하는 채무는 그 인수의 대상이 될 수 없다. 다만 인수인이 부담하는 채무의 범위가 원채무의 그것을 초과하는 때에는 그 초과부분에 관하여는 병존적 채무인수를 인정할 수 없다.

2) 引受契約의 當事者 병존적 채무인수는 채권자 · 채무자 · 인수인 사이의 3면계약으로 할 수 있음은 물론이다. 그리고 채권자와 인수인 사이의 계약으로도 할 수 있으나, 채무자의 의사에 반해서도 이를 할 수 있는지가 문제된다. 이에 관하여 제3자의 변제를 제한하는 제469조 제2항의 취지를 이유로 반대하는 견해가 있지만, 병존적 채무인수는 채무자의 채무의 담보를 그 목적으로 하기 때문에 보증채무의 경우(제444조 제2항)와 마찬가지로 채무자의 의사에 반하여서도 채무인수를 할 수 있다는 것이 통설(곽윤직 239면; 김형배 631면; 김상용 403면; 김증한/김학동 327면; 송덕수 247면)과 판례(대판 1988. 11. 22, 87다카1836)의 입장이다. 생각

건대 병존적 채무인수는 채권자를 보호하는 측면이 강하다는 점에서 제3자의 변제와는 달리 보아야 할 것이므로 채무자의 의사에 반하여도 이를 할 수 있다고 보아야 한다. 그리고 채무는 반드시 이전성을 가질 필요는 없으나 제3자의 이행이 허용되는 성질의 것이어야 한다. 또한 채무자와 인수인 사이에서 채권자를 제3자로 하는 제3자를 위한 계약으로도 이를 할 수 있다(대판 1995. 5. 9, 94다47469). 제3자를 위한 계약에서는 당사자 사이에 채권자에게 채권을 취득시키는 합의가 있어야 하며, 또한 청구권 등의 권리행사에 의한 채권자의 수익의 의사표시를 필요로 한다(제539조 제2항). 따라서 채권자는 수익의 의사표시를 함으로써 인수인에 대해 직접적인 채권을 갖는다. 채권자의 수익의 의사표시가 없는 한 이행인수가 있을 뿐이다.

(4) 倂存的 債務引受의 效果

1) 引受人의 債務負擔 종래의 채무자는 그 채무를 면하지 않고 인수인이 채무자와 병존적으로 동일한 내용의 채무를 부담하게 된다. 그런데 두 채무 가운데 어느 하나가 변제되면 두 채무 모두 소멸하게 된다. 여기서 채무자의 채무와 인수인의 채무 사이의 관계에 관하여 학설이 나누어진다. 즉 (i) 부진정연대채무관계에 있는 것으로 보는 견해(김상용 426면; 김증한/김학동 328면), (ii) 연대채무관계에 있는 것으로 보는 견해(김형배 633면; 이은영 643면), (iii) 채무자와 인수인 사이의 주관적 공동관계가 있는 경우에는 연대채무로 될 것이지만, 그러한 관계가 없는 경우에는 부진정연대채무로 보는 견해(송덕수 247면)가 그것이다. 한편 이에 관하여 종래의 판례는 「중첩적 채무인수인이 채권자에 대한 손해배상채권을 자동채권으로 하여 채권자의 자신에 대한 그 채권에 대하여 대등액에서 상계의 의사표시를 하였다면, 연대채무자 1인이 한 상계의 절대적 효력을 규정하고 있는 민법 제418조 제1항의 규정에 의하여, 다른 연대채무자인 원채무자의 채권자에 대한 채무도 상계에 의하여 소멸되었다고 보아야 한다」(대판 1997. 4. 22, 96다56443)고 함으로써 (ii)설의 입장을 취한 것처럼 보였었다. 그러나 최근 판례에서는 「중첩적 채무인수에서 인수인이 채무자의 부탁 없이 채권자와의 계약으로 채무를 인수하는 것은 매우 드문 일이므로 채무자와 인수인은 원칙적으로 주관적 공동관계가 있는 연대채무관계에 있고, 인수인이 채무자의 부탁을 받지 아니하여 주관적 공동관계가 없는 경우에는 부진정연대관계에 있는 것으로 보아야 한다」(대판 2009. 8. 20, 2009다32409)고 함으로써 그 태도를 분명히 하였다. 생각건대 채무자와 인수인 사이에는 주관적으로 공동의 목적을 가지고 연결되어 있는 것이 보통이지만, 병존적 채무인수가 채권자 · 인수인 사이의 계약으로 행하여지는 경우가 많으며, 또한 채무자의 부탁 없이도 할 수 있는데, 이

러한 경우에 연대채무의 규정을 적용하여 채무자 특히 인수인에 관하여 생긴 사유에 절대적 효력을 인정하는 것은 불합리하다. 따라서 원채무자와 인수인 사이에 주관적 공동관계가 있는 경우에 한하여 연대채무로 되고, 이러한 관계가 없을 때에는 부진정연대채무로 된다고 해석함이 타당하다고 할 것이다.

[판 례]

(1) 채무자와 인수인의 계약으로 체결되는 병존적 채무인수는 채권자로 하여금 인수인에 대하여 새로운 권리를 취득하게 하는 것으로 제3자를 위한 계약의 하나로 볼 수 있고, 이와 비교하여 이행인수는 채무자와 인수인 사이의 계약으로 인수인이 변제 등에 의하여 채무를 소멸케 하여 채무자의 책임을 면하게 할 것을 약정하는 것으로 인수인이 채무자에 대한 관계에서 채무자를 면책케 하는 채무를 부담하게 될 뿐 채권자로 하여금 직접 인수인에 대한 채권을 취득케 하는 것이 아니다. 따라서 결국 제3자를 위한 계약과 이행인수의 판별기준은 계약당사자에게 제3자 또는 채권자가 계약당사자 일방 또는 인수인에 대하여 직접 채권을 취득케 할 의사가 있는지 여부에 달려 있다. 그러므로 부동산을 매매하면서 매도인과 매수인 사이에 중도금 및 잔금은 매도인의 채권자에게 직접 지급하기로 약정한 경우, 그 약정은 매도인의 채권자로 하여금 매수인에 대하여 그 중도금 및 잔금에 대한 직접청구권을 행사할 권리를 취득케 하는 제3자를 위한 계약에 해당하고 동시에 매수인이 매도인의 그 제3자에 대한 채무를 인수하는 병존적 채무인수에도 해당한다(대판 1997. 10. 24, 97다28698).

(2) 구체적으로는 계약 체결의 동기, 경위 및 목적, 계약에 있어서의 당사자의 지위, 당사자 사이 및 당사자와 제3자 사이의 이해관계, 거래관행 등을 종합적으로 고려하여 그 의사를 해석하여야 하는 것인데, 인수의 대상으로 된 채무의 책임을 구성하는 권리관계도 함께 양도된 경우이거나 채무인수인이 그 채무부담에 상응하는 대가를 얻을 때에는 특별한 사정이 없는 한 원칙적으로 이행인수가 아닌 병존적 채무인수로 보아야 한다(대판 2008. 3. 13, 2007다54627).

2) 擔保權의 존속 병존적 채무인수의 경우 채무자의 본래채무가 그대로 존속하므로 그 채무를 위한 담보의 효력에는 아무런 영향이 없다. 따라서 면책적 채무인수에서와 같은 담보소멸의 문제는 발생하지 않는다.

3) 引受人의 抗辯權 인수인의 채무는 채무자의 채무와 동일성이 있고, 병존적 채무인수는 담보적 기능을 가지므로, 인수인은 채무자의 항변으로 채권자에게 대항할 수 있다고 해석하는 것이 타당하다.

2. 履行引受

(1) 意 義

인수인이 채무자에 대하여 그 채무를 이행할 것을 약정하는 채무자와 인수인 사이의 계약을 이행인수라고 한다. 예를 들어 매도인과 매수인의 합의에 의하여 부동산매매에 있어서 당해 매매부동산을 담보로 한 매도인의 대출금채무를 매수인이 인수한 경우가 이에 해당한다.

(2) 要 件

이행인수의 목적이 되는 채무는 성질상 제3자의 이행이 허용되거나 당사자가 제3자의 이행에 관하여 반대하는 의사표시가 없어야 한다. 이행인수계약의 당사자는 채무자와 인수인이다. 이행인수계약은 채무자와 인수인 사이에만 효력이 있는 것이므로 채권자의 승낙은 필요하지 않다.

(3) 效 果

1) 인수인은 채무자에 대한 관계에서 채무자를 대신하여 이행하는 데에 그치고, 채권자에게는 직접 채무를 부담하지 않는다. 즉 채권자에 대해서는 채무자만이 채무를 부담한다. 따라서 채권자는 인수인에 대하여 이행을 청구할 권리를 갖지 못한다.

2) 채권자는 직접 인수인에게 채무를 이행할 것을 청구할 수 없으나, 채무자는 인수인이 그 채무를 이행하지 아니하는 경우 인수인에 대하여 채권자에게 이행할 것을 청구할 수 있고, 그에 관한 승소판결을 받은 때에는 금전채권에 관한 규정을 준용하여 강제집행을 할 수도 있으며, 이러한 채무자의 인수인에 대한 청구권은 그 성질상 재산권의 일종으로서 일신전속적 권리라고 할 수는 없으므로, 채권자는 채권자대위권에 의하여 채무자의 인수인에 대한 청구권을 대위행사할 수 있다(대판 2009. 6. 11, 2008다75072).

3) 인수인이 채권자에게 이행하지 않은 때에는 채무자에게 채무불이행책임을 질 수 있다. 즉 인수인인 매수인이 피담보채무의 변제를 게을리 함으로써 매매목적물 관하여 저당권의 실행으로 임의경매절차가 개시되고 매도인이 경매절차의 진행을 막기 위하여 피담보채무를 변제하였다면, 매도인은 채무인수인에 대항 손해배상채권을 취득할 뿐만 아니라 이 사유를 들어 매매계약을 해제할 수 있다(대판 1993. 2. 12, 92다23193; 대판 2004. 7. 9, 200다3083).

4) 인수인은 채권자에 대한 관계에서는 채무자가 아니며, 인수인의 변제는 제3자의 지위에서 하는 변제 즉 제3자의 변제로 된다고 할 것이다(대판 2002. 5. 10, 2000다18578). 즉 인수인은 채무자의 이행보조자로 다루어질 뿐이다.

[판 례]

(1) 근저당권이 설정된 부동산에 관하여 그 매수인이 소유자 겸 채무자와의 계약으로 그 피담보채무를 인수하는 경우 그 채무인수에 관하여 채권자의 묵시의 승낙이 있는 것으로 보아야 할 경험칙이 있다고 할 수 없고, 또 그러한 거래의 관행이 있다고 인정할 증거도 없다면 채권자의 승낙이 없는 이상 채무자를 면책시키는 채무인수로 볼 수 없고 이행인수로 보아야 한다(대판 1990. 1. 25, 88다카29467).

(2) 부동산의 매수인이 매매목적물에 관한 임대차보증금 반환채무 등을 인수하는 한편, 그 채무액을 매매대금에서 공제하기로 약정한 경우, 그 인수는 특별한 사정이 없는 한 매도인을 면책시키는 면책적 채무인수가 아니라 이행인수이며, 면책적 채무인수로 되기 위해서는 채권자의 승낙이 있어야 한다(대판 2001. 4. 27, 2000다69026).

(4) 면책적 채무인수 · 병존적 채무인수와의 관련성

1) 면책적 채무인수와의 관련성 면책적 채무인수에서는 결과적으로 채무자가 교체되는 것이다. 채무자와 인수인 사이에서 채무자를 교체하기로 하는 면책적 채무인수계약을 체결한 경우, 채권자에 대한 대외적 관계에서 면책적 채무인수의 효과가 발생하기 위해서는 채권자의 승낙이 있어야 한다. 그런데 채권자가 승낙을 거절한 경우에는 채무자와 인수인 사이의 약정은 아무런 의미가 없는 것인지, 아니면 적어도 이행인수로서의 효력은 인정하여야 할 것인지가 문제된다. 즉 채무자와 인수인 사이에 체결된 면책적 채무인수의 내부적 관계가 이행인수인가의 여부가 문제된다. 이에 관하여 통설은 이행인수로서의 효력을 가진다고 한다(김상용 403면; 이은영 650면; 민법주해(10)/민형기 636면 등), 그리고 판례도 부동산의 매도인과 매수인 사이의 매매잔대금의 결재수단으로 매수인이 은행융자 채무를 인수한 경우 은행의 동의가 없더라도 채권자인 은행에 대하여 채무인수로써 대항할 수 없을 뿐 당사자 사이에는 유효하며(대판 1957. 6. 29, 4290민상18), 저당권이 설정된 부동산에 관하여 매수인이 소유자 겸 채무자와의 계약으로 피담보채무를 인수한 경우 채권자의 승낙이 없으면 이행인수로 보아야 한다고 한다(대판 1990. 1. 25, 88다카29467). 생각건대 채무자 교체를 의욕하는 당사자의 의사에 채권자의 승낙이 없으면 인수인이 새로운 채무자로 가입하고자 하는 가정적 의사를 인정할 수 있을지 의문이며, 채권자가 승낙하지 않으면 병존적 채무인수로 된다고 하면 채권자로서는 자신에게 유리한 효력발생을 위하여 언제나 승낙하지 않을 것이라는 점에 비추어 이를 이행인수로 해석하는 것이 타당하다고 할 것이다.

2) 병존적 채무인수와의 관련성 이행인수는 채무자와 인수인 사이의 내

부적 관계이다. 인수인이 채무를 대신 변제하기로 약정하였다면 적어도 당사자 사이에서는 최소한 이행인수로서의 성질을 가지고 있는 것으로 해석하여야 한다. 이행인수는 채무자와 인수인 사이에서 인수인이 채무자의 채무에 관하여 대신 변제함으로써 채무자를 면책시키고자 하는 것이므로 채무자와 인수인 사이에 체결되는 병존적 채무인수계약도 채무자와 인수인 사이에서는 당연히 이행인수의 성질을 가지게 된다. 다만 대외관계에서는 인수인의 채권자에 대한 채무부담의사로 인하여 채무자와 같이 채무를 부담하는 것이다. 채무자와 인수인이 병존적 채무인수계약을 체결하였다고 평가되는 경우에는 그 내부관계로 이행인수가 결합된다. 따라서 채권자가 수익을 거절하였다고 하더라도 채무자와 인수인 사이의 이행인수의 효력은 영향이 없으므로 인수인은 채무자에 대하여 채무자를 면책시켜야 할 의무를 부담하게 된다.

[판 례]

사업이나 부동산을 매수하는 사람이 근저당채무 등 그 부동산에 결부된 부담을 인수하고 그 채무액만큼 매매대금을 공제하기로 약정하는 경우, 그러한 약정이 이행인수에 불과한지 아니면 병존적 채무인수 즉 제3자를 위한 계약인지를 구별함에 있어서 그 판별 기준은, 계약 당사자에게 제3자 또는 채권자가 계약 당사자 일방 또는 채무인수인에 대하여 직접 채권을 취득하게 할 의사가 있는지 여부에 달려 있다 할 것이고, 구체적으로는 계약 체결의 동기, 경위 및 목적, 계약에 있어서의 당사자의 지위, 당사자 사이 및 당사자와 제3자 사이의 이해관계, 거래 관행 등을 종합적으로 고려하여 그 의사를 해석하여야 하는 것인데, 인수의 대상으로 된 채무의 책임을 구성하는 권리관계도 함께 양도된 경우이거나 채무인수인이 그 채무부담에 상응하는 대가를 얻을 때에는 특별한 사정이 없는 한 원칙적으로 이행인수가 아닌 병존적 채무인수로 보아야 할 것이다(대판 2013. 2. 15, 2012다96526).

3) 요 약 이행인수는 병존적 채무인수나 면책적 채무인수에서 채무자와 인수인 사이의 내부관계로 볼 수 있다. 채무자의 채무를 인수인이 대신 변제하여 채무자를 면책시키겠다는 채무자와 인수인 사이의 의사와 더불어 채권자가 채무자와 인수인 사이의 내부관계를 채권자에 대한 대외적 관계에서까지 받아들이겠다고 승낙한 경우에는 단순한 이행인수가 아니라 면책적 채무인수로서의 성격을 가진다. 한편 채무자가 채무를 인수인이 대신 변제하여 채무자를 면책시키겠다는 채무자와 인수인 사이의 의사와 더불어 인수인이 채권자에 대한 관계에서도 채무를 부담하겠다는 의사가 결합된 경우에는 병존적 채무인수로서의 성격을 가진다고 할 것이다.

| 참 고 | 부동산의 매수인이 매매목적물에 관한 채무를 인수하는 한편, 그 채무액을 매매대금에서 공제하기로 약정한 경우의 법률관계

1. 이행인수의 약정

부동산의 매수인이 매매목적물에 관한 근저당권의 피담보채무, 가압류채무, 임대차보증금 반환채무를 인수하는 한편 그 채무액을 매매대금에서 공제하기로 약정한 경우, 다른 특별한 사정이 없는 한 매도인을 면책시키는 채무인수가 아니라 이행인수로 보아야 한다(대판 2004. 7. 9, 2004다13083).

2. 매수인의 의무

특별한 사정이 없는 한 매수인은 매매대금에서 그 채무액을 공제한 나머지를 지급함으로써 잔금지급의무를 다한 것으로 보아야 하고, 매도인과 매수인간의 약정의 의미는 매수인이 제3자의 지위에서 매도인에 대하여만 그의 채무를 변제할 의무를 부담한다는 것이다(대판 2002. 5. 10, 2000다18578).

3. 매수인이 인수채무를 불이행한 경우

(1) 매도인이 계약을 해제할 수 있는지 여부

부동산의 매수인이 매매목적물에 관한 채무를 인수하는 한편 그 채무액을 매매대금에서 공제하기로 약정한 경우, 그 인수는 특별한 사정이 없는 한 매도인을 면책시키는 채무인수가 아니라 이행인수로 보아야 하고, 매수인은 매매계약시 인수한 채무를 현실적으로 변제할 의무를 부담하는 것은 아니며, 특별한 사정이 없는 한 매수인의 매매대금에서 그 채무액을 공제한 나머지를 지급함으로써 잔금지급의 의무를 다하였다 할 것이므로, 설사 매수인이 위 채무를 현실적으로 변제하지 아니하였다 하더라도 그와 같은 사정만으로는 매도인은 매매계약을 해제할 수 없는 것이지만(대판 2007. 9. 21, 2006다69479 · 69486), 매수인이 그 이행을 지체함으로써 매매대금의 일부를 지급하지 않은 것과 동일하다고 평가할 수 있는 특별한 사유가 있을 때에 한하여 계약해제권이 발생할 수 있다(대판 1995. 8. 11, 94다58599). 여기서 특별한 사유가 있다고 하기 위해서는, 매수인이 인수채무를 이행하지 않음에 따라 매매목적물인 부동산이나 공동담보로 제공된 다른 부동산에 설정된 담보권의 실행으로 임의경매절차가 개시되었다거나 개시될 염려가 있고 또한 매도인측이 이를 막기 위하여 부득이 피담보채무를 변제할 필요성이 있는 경우이어야 한다(대판 2004. 7. 9, 2004다13083). 다만 이 경우 해제권이 발생하기 위해서는 제544조의 요건이 충족되어야 하므로 매도인은 자기의 반대급부의 이행 또는 이행제공을 하여야 한다.

(2) 매도인이 대신 변제한 경우

매도인이 매수인의 인수채무불이행으로 말미암아 또는 임의로 매수인의 인수채무를 대신 변제하였다면, 그로 인한 손해배상채무 또는 구상채무는 인수채무의 변형으로서 매매대금지급채무에 갈음한 것의 변형이므로 매수인의 손해배상채무 또는 구상채무와 매도인의 소유권이전등기의무는 대가적 의미가 있어 이행상 견련관계에 있다고 인정되고, 따라서 양자는 동시이행의 관계에 있다고 해석함이 타당하다(대판 2004. 7. 9. 2004다13083).

3. 契約引受와 契約加入

(1) 契約引受(계약상의 지위의 양도)

1) 意 義 계약인수란 계약당사자의 지위의 승계를 목적으로 하는 계약을 말한다. 예를 들어 매매계약에 있어서 매도인 내지 매수인의 지위를 포괄적으로 이전하는 계약이 이에 해당한다. 민법은 계약인수에 관한 일반규정을 두고 있지 않으나, 판례는 계약자유의 원칙과 사적 자치의 원칙상 그 유효성을 인정하고 있다(대판 1996. 9. 24. 96다25548). 다만 주택임대차보호법은 「임대주택의 양수인은 임대인의 지위를 승계한 것으로 본다」(제3조 제2항)라고 하여 계약인수에 관해 특별히 규정하고 있다. 계약인수는 계약관계에서 파생하는 채권 · 채무, 그 밖의 부수적 권리관계를 포괄적으로 이전하는 점에서 채무만을 인수하는 채무인수와 다르다.

2) 要 件

(가) 계약인수에 있어서도 면책적 채무인수에서와 같이 양도인의 원계약상대방의 승낙이 있어야 한다. 양도인의 원계약상대방의 승낙을 필요로 하는 이유는 계약인수에는 채무의 이전이라는 요소가 포함되므로 원계약 상대방의 의사를 존중해야 하기 때문이다(제454조 제1항 참조).

(나) 계약인수는 원계약당사자와 인수인 사이의 3면계약으로 이루어지는 것이 보통이나 원계약당사자의 일방과 인수인이 인수계약을 하고 원계약의 상대방이 이에 동의 내지 승낙하는 방법으로도 할 수 있다(대판 1992. 3. 13, 91다32534; 대판 1996. 2. 27, 95다21662).

(다) 임대차에서 임대인이 목적물과 더불어 임대인의 지위의 양도를 양도하는 경우에는 임대인과 신소유자와의 계약만으로도 그 지위의 양도를 할 수 있다고 할 것이다(대판 1998. 9. 2, 98마100).

[판 례]

임대차계약에 있어 임대인의 지위의 양도는 임대인의 의무의 이전을 수반하는 것이지만 임대인의 의무는 임대인이 누군가에 의하여 이행방법이 특별히 달라지는 것은 아니고, 목적물의 소유자의 지위에서 거의 완전히 이행할 수 있으며, 임차인의 입장에서도 신소유자에게 그 의무의 승계를 인정하는 것이 오히려 임차인에게 훨씬 유리할 수도 있으므로, 임대인과 신소유자와의 계약만으로써 그 지위의 양도를 할 수 있다 할 것이나, 이 경우에 임차인이 원하지 아니하면 임대차의 승계를 임차인에게 강요할 수 없는 것이어서 스스로 임대차를 종료시킬 수 있어야 한다는 공평의 원칙 및 신의성실의 원칙에 따라 임차인이 곧 이의를 제기함으로써 승계되는 임대차관계의 구속을 면할 수 있고, 임대인과의 임대차관계도 해지할 수 있다고 보아야 한다(대판 1998. 9. 2, 98마100).

3) 效 果

(가) 계약인수가 적법하게 이루어지면 인수인이 계약당사자로서의 지위를 승계함으로써 종래 계약에서 이미 발생한 채권 · 채무도 모두 이전받게 된다(대판 2011. 6. 23, 207다63087 · 63096). 그리고 양도인은 계약관계에서 벗어나게 되고 계약인수 후에는 특별한 사정이 없는 한 원계약의 상대방과 양도인 사이에는 계약관계가 존재하지 않게 되며, 그에 따른 채권 · 채무관계도 소멸한다(대판 2007. 9. 6, 2007다31990).

(나) 계약인수에서는 일반적으로 그 계약에서 이미 발생한 채권 · 채무 모두가 이전될 뿐만 아니라, 장래 발생할 채권 · 채무 또한 인수인을 주체로 하여 원시적으로 발생한다(곽윤직 234면; 김용한 486면; 김형배 703면; 송덕수 248면). 판례는 계약상 이미 발생한 채권 · 채무 이외에 장래 발생할 채무도 이전하는지 단계적으로 그때그때 발생한 채권 · 채무를 이전함에 그치는지는 인수계약의 구체적인 약관에 따라 해석하여야 한다고 한다(대판 1982. 10. 26, 82다카508).

(다) 계약인수에서는 그 계약에 따르는 취소권이나 해제권도 이전된다. 판례는 계약인수의 경우에는 그로부터 발생하는 채권 · 채무의 이전 외에 그 계약관계로부터 생기는 해제권 등 포괄적인 권리 · 의무의 양도를 포함한다고 한다(대판 1992. 3. 13, 91다32534).

(라) 계약상의 채권이 인수인에게 이전된 경우 그 채권에 존재하던 담보는 존속하나, 인수인에게 이전된 채무에 존재하던 제3자가 제공한 담보는 채무인수의 법리에 따라 제3자의 동의가 없는 한 원칙적으로 소멸한다고 할 것이다.

[판 례]

계약인수에 의하여 당사자의 계약상의 모든 권리 · 의무가 포괄적으로 이전되었다고 할 것이고, 계약인수에 의하여 실질적으로 계약관계에 포함되어 있는 채권과 채무가 이전되는 것이어서, 이러한 채권 · 채무 이전의 효과에 관하여는 당사자 사이에 약정이 있거나 계약인수의 성질에 반하지 않는 한 채권양도 및 채무인수에 관한 규정을 준용함이 타당할 것이므로, 임차인이 임대인에 가지고 있던 임대보증금반환채권이 계약인수에 의하여 인수인에게 이전되었고, 보증채무의 부종성의 법리에 따라 임대보증금에 관한 연대보증채권 또한 인수인에게 이전되었다고 판단한 것은 정당하다(대판 2005. 4. 14, 2004다63293).

(2) 契約加入

1) 意 義 제3자가 계약관계에 가입하여 새로이 당사자가 되지만 종래의 당사자가 계약관계에서 벗어나지 않고, 가입자와 함께 당사자의 지위에 있게 되는 것을 계약가입이라고 한다. 이를 병존적 계약인수라고도 한다. 계약가입을 인정하는 민법상 명문의 규정이 없지만, 판례는 계약자유 내지 사적 자치의 원칙상 당연히 인정된다고 한다(대판 1982. 10. 26, 82다카508; 대판 1996. 9. 24, 96다25548).

2) 效 果 계약가입에 의하여 가입자는 종래의 당사자와 추가적 · 병존적으로 새로운 계약당사자가 된다. 기존의 당사자는 계약관계에서 벗어나지 않고 가입자와 더불어 여전히 계약당사자로 머물러 있게 된다. 따라서 채무에 관하여는 가입자는 원래의 당사자와 연대채무를 부담하고 채권에 관하여는 가입계약의 내용에 따라 원래의 당사자와 분할채권 · 연대채권관계에 있거나, 채권의 준공유 · 준합유 · 준총유로 공유하게 되어 다수당사자의 채권관계를 이룬다.

4. 更改와 債務引受

채무인수에 있어서는 채무가 동일성을 유지하면서 그대로 인수인에게 이전한다. 그러나 경개에 있어서는 신채무를 성립시킴으로써 구채무를 소멸시키는 것이므로(제500조) 신채무와 구채무 사이에는 동일성이 없다. 즉 채무가 변경되는 경개에서는 동일한 채무가 이전되는 것이 아니라, 구채무와 전혀 별개의 신채무가 생긴다는 점에서 채무인수와 다르다.

사례해설

(1) 채무인수가 면책적 채무인수인지, 병존적 채무인수인지 분명하지 않은 경우에는 병존적 채무인수로 해석하는 것이 판례의 태도이다. 위 사례의 경우 어느 쪽으로 보아야 할지 불분명하기 때문에 A와 X 사이의 채무인수계약은 병존적 채무인수계약으로 보아야 한다. 따라서 병존적 채무인수로 볼 경우 원래의 채무자 B는 여전히 채무를 부담하고 인수인 X는 B와 더불어 동일한 내용의 채무를 부담한다. 따라서 채권자 A는 B와 인수인 X에 대하여 동시 또는 순차로 채무 전부의 이행을 청구할 수 있다. 이때 원채무자 B와 인수인 X가 부담하는 채무의 성격에 관해서는 견해가 대립하나 특별한 사정이 없는 한 연대채무로 보는 것이 다수설이다. 연대채무설에 따르면 원채무자 B에 대한 채권의 시효소멸의 결과 그 부담부분에 대하여는 채무인수인 X에게도 그 효력이 미치게 될 수밖에 없다. 연대

채무에 있어서 절대적 효력으로 인한 당연한 결과이다. 만일 병존적 채무인수가 아니라 면책적 채무인수로 본다면 인수채무의 소멸시효기간은 채무인수와 동시에 이루어진 소멸시효의 중단사유, 즉 채무승인에 따라 채무인수일로부터 새로이 진행된다(대판 1999. 7. 9, 99다12376).

(2) A가 B에게 B의 채무 중 일부를 변제하겠다고 하여 채무인수를 하였으므로 이러한 채무인수계약의 성질을 먼저 파악하여야만 C가 이행청구를 할 상대방을 확정할 수 있다. A와 B 사이의 채무인수계약이 면책적 채무인수 또는 이행인수라면 C는 B에게 이행청구를 할 수 없으나 병존적 채무인수인 경우에는 B에게도 청구할 수 있기 때문이다. 먼저 면책적 채무인수가 되기 위해서는 A · B 사이의 약정 이외에 채권자 C의 동의나 승낙이 있어야 한다. 그러나 사례의 경우 C의 동의나 승낙이 있다고 볼 수 없기 때문에 C는 채무자 A에 대해서도 이행을 청구할 수 있다. 그렇다면 A · B 사이의 채무인수계약은 이행인수인가, 병존적 채무인수가 하는 것이 문제된다. 이에 관하여 판례는 근저당권이 설정된 부동산에 관하여 그 매수인이 소유자 겸 채무자와의 계약으로 그 피담보채무를 인수하는 경우에는 채권자의 승낙이 없는 이상 면책적 채무인수가 아닌 이행인수로 보고 있다(대판 1990. 1. 25, 88다카29467). 따라서 판례의 견해에 의하면 이행인수인은 채무자에 대해서만 채무자의 채무를 이행할 의무를 부담하기 때문에 A에 대해서는 이행청구를 할 수 없다.

제7장

債權의 消滅

第1節 總 說

I. 債權消滅의 意義

채권의 소멸이란 채권이 객관적으로 존재하지 않게 되는 것을 말한다. 따라서 채권의 소멸에 의하여 급부청구권을 포함한 모든 채권의 권능이 법률상 당연히 소멸하게 되어 채권자는 그 채권을 행사할 수 없다. 그리고 채권의 소멸을 위하여 채무자의 주장을 필요로 하는 것도 아니다.

Ⅱ. 債權의 消滅과 區別해야 할 槪念

1. 訴權의 消滅

로마법에서는 소권이 소멸하면 그 배후에 존재하는 채권도 소멸하였으나 근대법에서는 실체법과 절차법이 구별되어 소권이 소멸해도 실체법상의 채권은 당연히 소멸하는 것은 아니다(예: 자연채무). 따라서 채권소멸과 소권소멸은 명확히 구별된다.

2. 債權의 主觀的 喪失

채권이 이전되면, 이전의 채권자에게는 주관적으로 채권이 소멸하나, 객관적으로는 소멸하지 않고, 다만 그 귀속주체에 변경이 생길 뿐이다.

3. 債權의 效力의 沮止

채권행사에 대하여 그 작용을 저지하는 권리를 「항변권」이라고 한다. 채무자가 이 항변권을 가지는 경우에는 채권자의 청구에 대하여 채무자는 항변으로 급부를 거절할 수 있다. 채무자의 항변권의 행사로 채권이 소멸하는 것은 아니다.

4. 債權關係의 消滅

채권관계는 채권을 중심으로 하므로 채권이 소멸하면 채권관계도 소멸하는 것이 원칙이다. 그러나 채권관계는 채권·채무를 비롯하여 그 밖의 권리·의무를 포괄하는 것이므로 기본적 채권이 소멸한다고 하여 반드시 채권관계 전체가 소멸하는 것은 아니다. 예를 들어 채권이 채무자의 책임 없는 사유에 의하여 이행불능이 되어 소멸하면 위험부담의 문제가 생기고, 계약상의 채권이 계약의 취소·해제·해지 등으로 소멸하면 원상회복 등과 같은 청산해야 할 법률관계가 남게 되는 것이다.

Ⅲ. 債權의 消滅原因

1. 債權의 一般的 消滅原因

민법은 변제(제460조~제486조)·대물변제(제466조)·공탁(제487조~제491조)·상계(제492조~제499조)·경개(제500조~제505조)·면제(제506조)·혼동(제507조)의 7가지 일반적 소멸원인을 채권법 총칙 제6절에서 규정하고 있다. 그리고 채권도 권리이기 때문에 권리의 일반적 소멸원인, 즉 목적의 소멸·소멸시효의 완성·권리의 존속기간의 도래 등으로 소멸한다. 또한 법률행위에 의하여 발생한 채권은 그 법률행위의 취소·해제조건의 성취·종기의 도래·계약의 해제나 해지 등으로 소멸하며, 채권의 소멸을 목적으로 하는 계약에 의하여도 채권은 소멸한다.

2. 債權의 消滅原因의 分類

(1) 目的의 消滅과 그 밖의 事由

채권에는 일정한 목적이 있으므로 그 목적이 소멸하면 채권도 소멸한다. 또한 그 밖의 사유에 의해서도 채권은 소멸한다.

1) 目的의 消滅 목적의 소멸은 목적의 도달과 목적의 도달불능으로 나누어진다. (i) 목적의 도달에 의하여 소멸하는 것으로는 변제가 그 전형적인 것이고 대물변제·공탁·상계가 이에 준한다. (ii) 목적의 도달이 불가능한 경우에도 채권은 소멸한다. 이 경우에 채권이 소멸하는 것은 채무자에게 귀책사유 없이 이행불능이 된 때이다(제537조 참조). 채무자의 귀책사유에 의하여 목적도달이 불능으로 된 경우에는 채권

은 그 내용이 손해배상으로 변하여 존속하므로 채권은 소멸하지 않기 때문이다.

2) 目的消滅 이외의 事由 목적소멸 이외의 채무소멸원인으로는 경개 · 면제 · 혼동이 있다. 경개는 구채권을 소멸시키고 신채권을 성립시키려는 채권자의 의사표시에 의하여, 면제는 채권을 포기하는 채권자의 의사표시에 의하여, 혼동은 채권자와 채무자가 동일인에게 귀속되어 채권을 존속시킬 필요가 없다는 점에서 각각 채권의 소멸원인이 된다.

(2) 債權消滅의 原因이 되는 事實의 法律的 性質

1) 法律行爲 면제 · 상계 · 대물변제 · 경개 · 공탁은 법률행위로서의 성질을 갖는다. 면제는 채권자의 단독행위이고, 상계는 채무자의 단독행위이다. 대물변제 · 경개는 당사자 사이의 계약이다. 공탁에 관해서는 채무자의 단독행위라는 견해와 제3자를 위한 계약이라는 견해(다수설)가 대립한다.

2) 準法律行爲와 事件 준법률행위로서 변제가 있고, 사건으로서 혼동과 채무자에게 책임 없는 사유에 의한 이행불능이 있다.

第2節 辨 濟

I. 辨濟의 意義 및 性質

1. 辨濟의 意義

변제란 채무내용인 급부가 실현됨으로써 채권이 만족을 얻어 소멸하는 것을 말한다. 예를 들어 동산의 매도인이 목적물을 인도하거나 또는 임차인이 차임으로 금전을 지급하는 것이 이에 해당한다. 변제는 채무의 이행과 그 실질에 있어서 같은 것이다. 이행은 채권을 소멸케 하는 행위의 면에서 본 것이고, 변제는 채권의 소멸이라는 관점에서 본 것이다. 특히 금전채무에 있어서의 변제는 지급이라고 한다. 변제는 채무변제행위, 즉 변제를 위한 급부행위와 구별된다. 급부행위는 변제를 위한 수단에 불과하기 때문이다. 변제행위는 사실행위(노무의 제공 · 금전의 지급)일 수도 있고 계약(위임에서 제3자와 계약을 체결할 수임인의 행위의 채무) 또는 단독행위(재단법인의 설립)일 수도 있다.

2. 辨濟의 法的 性質

변제의 법적 성질에 관하여 구법시대에는 논의가 적지 않았는데, 논의의 초점은 주로 변제에 있어서 변제자의 변제의사, 또는 변제수령자의 변제수령의사를 필요로 하느냐에 있었다. 그러나 현재의 학설은 변제는 법률행위가 아니라는 데 견해가 일치하고 있으며, 다만 그 이론 구성에 있어서 견해가 대립하고 있다.

(1) 學 說

1) 準法律行爲說 변제는 반드시 급부행위에 의해서 실현되어야 하므로 법률상의 행위로서 혼동과 같은 사건이 아니고, 급부행위가 법률행위인 경우에는 법률행위에 관한 규정이 준용되어야 하기 때문에 이를 준법률행위라고 한다(곽윤직 245면; 김용한 493면; 김주수 427면; 김증한/김학동 338면). 이 견해는 변제에는 변제의사와 행위능력을 요하지 않는다고 한다. 즉 변제로 인하여 채권이 소멸하는 것은 채무의 소멸을 의욕하는 효과의사에 의한 것이 아니라 채권이 변제로 목적이 달성되었기 때문이라고 한다.

2) 事實行爲說 변제를 급부행위와 구별하여 법률에 의하여 채권소멸의 효과가 발생되는 법률요건으로 이해한다면 변제를 사실행위라고 보아야 한다는 견해이다(김형배 646면). 이 견해는 급부행위에는 의사표시 및 행위능력을 요하는 법률행위와 이를 요하지 않는 사실행위도 있는데, 급부행위가 법률행위인 경우에는 법률행위에 관한 규정이 적용되지만, 이것은 변제의 법적 성질을 결정하는 요소는 아니라고 한다.

3) 目的的 給付實現說 변제는 변제를 목적으로 하는 목적적 급부의 실현으로 이해하는 견해이다(김상용 415면; 송덕수 251면). 이 견해는 변제로 채권이 소멸하는 것은 변제의사의 효과가 아니고, 채권이 변제로 목적을 달성하였기 때문이므로 효과의사로서 변제의사는 필요하지 않고 채무의 이행으로서 급부를 하는 의사로서의 변제의사는 필요하다고 한다.

(2) 檢討 및 私見

변제의 법적 성질에 관한 우리나라의 학설은 변제는 법률행위가 아니라는 것에는 견해가 일치되고 있다. 그리하여 변제를 준법률행위 · 사실행위로 이해하거나, 또는 이들 두 행위 중 그 어느 것도 아니고 오로지 변제를 목적으로 하는 급부의 실현 그 자체라고도 한다. 그리고 변제는 의사의 통지 · 관념의 통지와 같이 적극적인 준법률행위도, 단순한 사건도 아니며, 급부행위는 변제자의 법률상 또는 사실상의 의사인 정신적 작용에 기하여 행하여진다는 점에서 준법률행위라고 한다. 또한 변제의 법적 성질에 관한 그 어느 학설이든 변제로 채권이 소멸하는 것은 채무의 소멸이라는 법률효과의 발생을 원하는 변제의사의 효과가 아니고, 채권이 변제에 의하여 목적을 달성하였기 때문이라고 한다. 즉 효과의사로서의 변제의사는 필요하지 않다고 한다. 다만 2)설과 3)설은 급부행위를 함에는 채무의 변제를 위하여, 즉 변제의 목적으로 행하여질 것이 필요하므로 변제자에게는 채무를 변제한다는 의사 내지 인식이 필요하다고 한다. 그러나 이 경우의 변제의사는 채무의 이행으로서 급부를 하는 의사, 즉 자연적 의사 또는 사실적 의사라고 한다(김형배 647면; 김상용 415면; 송덕수 251면). 생각건대 변제는 급부행위가 법률행위이든 사실행위이든 그들 행위에 의하여 급부가 실현되는 것이다. 즉 변제는 급부행위에 의한 급부실현 그 자체이므로 그것은 법률행위도 사실행위도 아니라고 할 것이다. 변제는 법률행위가 아니기 때문에 채권소멸의 효과를 발생하기 위한 효과의사로서의 변제의사는 필요하지 않다. 여기서의 변제의사는 법률상의 효과의사가 아니고 변제를 목적으로 하는 사실상의 자연적 의사이다. 따라서 변제는 결국 변제를 목적으로 하는 목적적 급부실현이라고 할 것이다. 그리고 변제가 유효하기 위하여는 변제의사가 있어야 하며, 또한 변제를 위한 급부행위가 유효하여야 한다. 급부행위가 법률행위인 때에는 그 유효요건을 갖추어야 한다. 무능력 · 착오 · 사기 · 강박에 의한 급부행위는 취소될 수 있다. 그러나 급부행위가 취소되면 변제가 되지 않은 것으로 될 뿐, 변제 자체가 취소되는 것은 아니다. 변제는 급부행위 그 자체가 아니라, 급부행위의 결과인 급부의 실현이기 때문이다. 또한 급부행위가 법률행위인 때에는 행위자에게 행위능력이 있어야 하고, 대리인에 의한 행위도 가능하다. 이때 대리인은 변제 자체를 대리하는 것이 아니고 법률행위인 변제행위를 대리한다. 반면에 급부행위가 사실행위인 때에는 행위자의 행위능력은 필요하지 않으며, 무능력 · 착오 · 사기 · 강박을 이유로 변제를 취소할 수 없다.

Ⅱ. 辨濟者

1. 債務者

채무자는 변제할 의무를 부담하는 동시에 변제할 권한도 가진다. 따라서 본래의 변제자는 채무자이다. 그러나 언제나 채무자가 직접 이행행위(급부행위)를 하여야만 하는 것은 아니다. 이행행위가 사실행위인 때에는 이행보조자를 사용할 수 있다(대판 2001. 6. 15, 99다13515). 이때 이행보조자의 변제는 채무자에 의한 변제이다. 채무자가 이행무능력자인 경우에도 그가 스스로 변제할 수 있다. 그러나 행위무능력자의 변제의 내용인 급부행위가 법률행위인 경우에는 법정대리인이 그 급부행위를 대리할 수 있다.

2. 辨濟權限이 주어진 자

변제를 위한 급부행위가 법률행위인 경우에는 채무자의 대리인에 의하여도 변제할 수 있다. 이 경우에 대리인은 변제를 대리하는 것이 아니라, 급부행위를 대리하는 것이다. 또한 부재자재산관리인과 같은 관리인도 채무를 변제할 수 있다. 이와 같이 변제권한이 주어진 자가 변제하는 과정에서 채권자에게 손해를 가한 경우에는 채무자가 손해배상책임을 지게 된다.

3. 第3者

(1) 原 則

채무의 변제는 원칙적으로 제3자도 할 수 있다(제469조 제1항 본문). 제3자의 변제는 「자기의 이름으로」, 그러나 「타인(즉 채무자)의 채무를 이행하려는 의사를 가지고」 변제하여야 한다. 그리고 그 의사는 타인의 채무변제임을 나타내는 변제지정을 통하여 표시되어야 하나, 채권자가 변제를 수령하면서 제3자가 타인의 채무를 변제하는 것이라는 사실을 인식한 때에는 타인의 채무변제라는 지정이 있는 것으로 본다(통설. 대판 2010. 2. 11, 2009다71558). 그러나 제3자가 채무자의 채무를 자기의 채무로 오인하고 자기의 채무의 변제로서 이행한 경우에는 제3자에 의한 변제로 되지 않으므로 원칙적으로 그 변제로 인하여 채무가 소멸하지 않는다. 따라서 변제자는 채권자에 대하여 제741조에 의하여 부당이득의 반환을 청구할 수 있다(다만 제745조는 예외적으로 변제자의 채권자에 대한 부당이득청구를 제한하는 경우를 규정하고 있다). 제3자의 변제가 있으면 채권은 소멸한다. 그리하여 변제한 제3자는 채무자에 대하여 구상권을 취득하게 된다. 민법은 제3자의 구상권을 확보하기 위하여 변제자대위를 인정하고 있다(제480조 내지 제486조). 따라서 변제한 제3자는 일정한 경우에는 채권자의 권리를 대위할 수 있으며, 그때에는 채권은 변제자와 채무자 사이에 존속하게 된다. 한편 제3자에 의한 변제가 변제로서 인정되므로, 제3자의 변제의 제공이 있음에도 불구하고 채권자가 수령하지 않으면 채권자지체가 된다.

제3자는 변제 외에 대물변제나 공탁도 할 수 있다. 대물변제나 공탁은 변제와 마찬가지로 채권을 만족시키는 것이기 때문이다. 그런데 제3자의 변제와 관련하여 제3자가 채권자에 대하여 가지는 채권으로서 채무자의 채무와 상계할 수 있는가에 대하여는 견해가 대립한다. 즉 (i) 상계의 담보적 기능상 채무자가 채권자에 대하여 가지는 채권의 담보가 제3자에 의하여 소멸당하는 것은 부당하고, 채권자와 제3자 사이에는 서로 대립되는 채권이 없기 때문에 상계적상이 없으며, 제3자가 행하는 상계를 대물변제로 볼 수 있기 위해서는 채권자의 승낙이 있어야 하므로(제466조), 일방적 의사표시에 의한 상계는 대물변제로 볼 수 없다는 것을 이유로 이를 부정하는 견해(곽윤직 247면; 김상용 417면; 김증한/김학동 347면)와 (ii) 제3자에 의한 상계는 실질적으로 대물변제로서의 의미를 가지므로, 채권자가 파산상태에 있을 때를 제외하고는 제3자의 상계를 부정할 이유가 없다는 것을 이유로 긍정하는 견해(장경학 503면; 김주수 449면; 김용한 516면; 김형배 665면)가 그것이다. 생각건대 상계는 채권을 만족시키는 대물변제나 공탁과는 달리 담보적 기능을 하는 점 등에 비추어 볼 때 제3자의 상계는 허용될 수 없다고 할 것이다.

〈단축된 급부와의 구별〉

제3자의 변제와 구별되어야 하는 것으로 이른바 단축된 급부가 있다. 예를 들어 A가 B에게 계약상의 채무를 부담하고 있고 동일한 내용의 채무를 B가 C에게 부담하고 있는 경우에 A가 채권자 B의 지시에 좇아 직접 C에게 변제를 하였다면 A의 변제는 B에게 한 것이고 동시에 B도 C에게 변제를 한 효과가 발생하는 것이므로, A의 변제를 제3자의 변제라고 할 수 없다. 따라서 만약 A와 B 사이의 법률행위가 무효로 되거나 계약해제가 되어 A의 B에 대한 채무가 소급하여 소멸된 경우에는 A는 B에게 부당이득반환을 청구하여야 하며 C에게 반환을 청구할 수 없다(대판 2003. 12. 26, 2001다46730; 대판 2008. 9. 11, 2006다46278).

(2) 例 外

민법은 다음의 세 가지 경우에는 예외적으로 제3자의 변제를 금지하고 있다.

1) 債務의 性質에 의한 制限 채무가 이른바 일신전속적 급부를 목적으로 하는 때에는 제3자의 변제가 허용되지 않는다(제469조 제1항). 일신전속적 급부에는 학자의 강연·배우의 연기와 같은 절대적인 일신전속적 급부와 노무자의 급부(제627조 제2항)·수치인의 급부(제701조·제682조)·수임인의 급부(제682조)와 같은 상대적인 일신전속적 급부가 있다. 절대적인 일신전속적 급부는 허용되지 않으나, 상대적인 일신전속적 급부는 채권자가 동의하면 제3자의 변제는 가능하다.

2) 當事者의 意思表示에 의한 制限 당사자의 의사표시로 제3자의 변제를 허용하지 않을 때에는 제3자가 변제할 수 없다(제469조 제1항 단서). 이에 대하여 문헌들은 계약으로 발생하는 채권은 계약에 의하여, 그리고 단독행위로 발생하는 채권은 단

독행위에 의하여 제3자의 변제를 금지할 수 있다고 한다(곽윤직 247면; 김형배 666면). 그러나 이러한 제한규정은 특히 채권자를 위한 것으로서 당사자의 의사표시는 설사 채권이 단독행위에 의하여 발생한 경우에도 계약이라고 새겨야 한다는 견해(송덕수 253면)와 당사자의 의사표시에 의한 제3자의 변제의 금지는 입법론상 부당하다는 견해(김형배 666면; 김증한/김학동 348면)도 주장되고 있다. 생각건대 당사자의 의사표시에 의한 제3자의 변제금지는 사적 자치의 원칙에 위배되지 않으며, 또한 채권자의 이익도 보호하는 것이므로 부당하다고 할 수 없다.

3) 利害關係 없는 第3者의 辨濟의 制限 이해관계 없는 제3자는 채무자의 의사에 반하여 변제하지 못한다(제469조 제2항). 즉 변제가 이루어졌더라도 무효이다. 여기의 이해관계는 법률상의 이해관계를 말하고(대판 1991. 7. 12, 90다17774 · 17781; 대결 2009. 5. 28, 2008마109), 채무자의 반대의사는 적극적으로 표시될 필요는 없으나, 변제할 당시의 객관적인 제반사정에 비추어 명확하게 인식될 수 있어야 한다(대판 1988. 10. 24, 87다1644). 이 규정의 취지는 채무자의 입장을 고려한 데 있다고 하지만, 민법이 채무면제를 채권자의 단독행위로 하고(제506조), 보증은 채무자의 의사에 반해서도 할 수 있게 한 것(제444조 제2항)과 일관되지 않아 역시 입법론상 재고의 여지가 있다. 제3자의 변제는 원칙적으로 그 자체가 채무자를 위한 것이므로 반증이 없는 한 채무자의 의사에 반하지 않는다고 추정되며(대판 1961. 11. 9, 4293민상729), 따라서 채무자의 의사에 반한다는 사실은 변제의 무효를 주장하는 자가 입증하여야 한다.

한편 연대채무자 · 보증인 · 물상보증인 · 담보부동산의 제3취득자 등 이해관계 있는 제3자는 채무자의 의사에 반해서도 변제할 수 있다. 반면에 공동저당의 목적인 물상보증인 소유의 부동산에 후순위로 소유권이전청구권 가등기가 설정되어 있는데 그 부동산에 대하여 먼저 경매가 실행되어 공동저당권자가 매각대금 전액을 배당받고 채무의 일부가 남은 경우, 가등기권리자는 채무자의 의사에 반하여 그 채무 잔액을 대위변제하거나 변제공탁할 수 있는 '이해관계 있는 제3자' 또는 '변제할 정당한 이익이 있는 자'에 해당되지 않는다(대결 2009. 5. 28, 2008마109).

[판 례]

(1) 건물을 신축한 자가 건물을 매도함과 동시에 소유권이전등기 전까지 그 건물을 매수인에게 임대하기로 하였는데 그 건물의 건축공사수급인이 공사금의 일부를 지급받지 못하였다는 이유로 건물의 매수인 겸 임차인의 입주를 저지하자 건물의 매수인 겸 임차

인이 매도인에게 지급할 매매대금의 일부를 건축공사수급인에게 공사금채무의 변제조로 지급한 경우, 건물의 매수인 겸 임차인은 그 권리실현에 장애가 되는 위 수급인의 건물에 대한 유치권 등의 권리를 소멸시키기 위하여 매도인의 공사금채무를 대신 변제할 법률상 이해관계 있는 제3자이자 변제할 정당한 이익이 있는 자라고 볼 것이므로 위 변제는 공사금채무의 범위 내에서는 매도인의 의사에 반하여도 효력이 있다(대판 1993. 10. 12, 93다9903 · 9910).

(2) 채무담보 목적의 가등기가 경료되어 있는 부동산을 시효취득하여 소유권이전등기청구권을 취득한 자가 그 등기를 경료하지 못하던 중에 채권자가 청산절차를 거치지 아니하고 위 가등기에 기하여 본등기를 경료하였다면 그는 부동산 소유자에 대한 소유권이전등기청구권을 보전하기 위하여 위 소유자를 대위하여 그의 채권자에게 위 채무를 변제할 법률상의 권한이 있어 이해관계 있는 제3자에 해당한다(대판 1991. 7. 12, 90다17774).

Ⅲ. 辨濟受領者

사 례

A는 B에 대하여 1,000만원의 채무를 부담하고 있는 자로서 B가 변제수령권한이 있음을 증명하기 위하여 B에게 영수증을 작성하여 주었다. B는 자신의 자력이 있음을 과시하기 위해 이를 친구인 C에게 그 영수증을 보여주었는데, C는 이를 유심히 살핀 후 A가 B에게 교부한 영수증과 유사한 영수증을 위조하여 A에게 제시하고 1,000만원을 수령하였다. 그런데 A는 영수증이 위조되었다는 사실을 알지 못하였으나 좀더 주의를 기울였더라면 위조된 것임을 알 수 있었다. 이 경우의 A · B · C 사이의 법률관계는?

[중요논점]

Ⅰ. A의 B에 대한 채무

1. C가 B의 수령보조자인지 여부
2. A의 금전지급이 영수증소지자에 대한 변제인지 여부
3. A의 금전지급이 채권의 준점유자에 대한 변제인지 여부
4. B의 A에 대한 이행청구

Ⅱ. A의 C에 대한 부당이득반환청구

Ⅲ. B의 C에 대한 손해배상청구

1. 債權者

(1) 原 則

변제를 유효하게 수령할 수 있는 자가 변제수령자이다. 채권자가 변제수령권한을 가지는 것이 원칙이다.

(2) 例 外

채권자이더라도 예외적으로 수령권한이 없는 경우가 있고, 채권자 이외의 자이더라도 수령권한이 있는 경우가 있다.

1) 債權이 押留(또는 가압류)된 경우 채권의 압류명령이 있으면 제3채무자는 자기의 채권자에 대한 지급이 금지되고 채무자는 채권의 처분과 변제수령을 할 수 없다(민사집행법 제227조 제1항). 예를 들어 압류채권자 C가 그 채무자 A의 제3채무자인 B에 대한 채권을 압류한 때에 B는 A에 대하여 급부하는 것이 금지된다. 그럼에도 불구하고 B가 A에게 변제하면 어떻게 되는가? 이 경우에 압류채권자 C는 전부명령 또는 추심명령을 얻어서 B에 대하여 변제를 청구할 수 있다(민사집행법 제231조 · 제232조). B가 A에게 변제하고 다시 C의 청구를 받아 이중변제를 한 경우에는 부당이득의 법리상 A에게 구상권을 행사할 수 있다.

[판 례]

(1) 채권에 대한 압류 · 가압류명령은 그 명령이 제3채무자에게 송달됨으로써 효력이 생기는 것이므로(민사집행법 제227조 제3항, 제291조), 제3채무자의 지급으로 인하여 피압류채권이 소멸한 이상 설령 다른 채권자가 그 변제 전에 동일한 피압류채권에 대하여 압류 · 가압류명령을 신청하고 나아가 압류 · 가압류명령을 얻었다고 하더라도 제3채무자가 추심권자에게 지급한 후에 그 압류 · 가압류명령이 제3채무자에게 송달된 경우에는 추심권자가 추심한 금원에 그 압류 · 가압류의 효력이 미친다고 볼 수 없다(대판 2008. 11. 27, 2008다59391).

(2) 채권에 대한 압류 및 추심명령이 있으면 제3채무자에 대한 이행의 소는 추심채권자만이 제기할 수 있고 채무자는 피압류채권에 대한 이행소송을 제기할 당사자적격을 상실한다. 그러나 채권자는 현금화절차가 끝나기 전까지 압류명령의 신청을 취하할 수 있고, 이 경우 채권자의 추심권도 당연히 소멸하게 되며, 추심금청구소송을 제기하여 확정판결을 받은 경우라도 그 집행에 의한 변제를 받기 전에 압류명령의 신청을 취하하여 추심권이 소멸하면 추심권능과 소송수행권이 모두 채무자에게 복귀하며, 이는 국가가 국세징수법에 의한 체납처분으로 채무자의 제3채무자에 대한 채권을 압류하였다가 압류를 해제한 경우에도 마찬가지이다(대판 2009. 11. 12, 2009다48879).

2) 債權이 質權의 目的이 된 경우 채권자가 그의 채권을 질물로 제공하여 대항요건을 갖춘 때에는 채무자가 그의 채권자(질권설정자)에게 변제하여도 그 변제를 이유로 질권자에게 대항하지 못한다. 질권설정 이후 그 변제수령의 권한은 질권자에게 속하기 때문이다(제352조~제354조). 따라서 제3채무자가 그의 채권자에게 변제하여도 질권자의 청구가 있으면, 그는 질권자에게 다시 변제하여야 한다. 이 경우에 그의 채권자에 대한 변제는 부당이득으로 반환을 청구할 수 있다.

3) 債權者가 破産宣告를 받은 경우 파산선고가 있으면 일반적 압류의 효력이 생긴다(채무자 회생 및 파산에 관한 법률 제384조·제332조·제334조 참조). 따라서 채권자가 파산선고를 받으면 파산선고시에 파산자에게 귀속하였던 재산에 대한 관리·처분권은 파산관재인에게 전속하고(동법 제384조), 파산자는 변제를 수령할 권한을 잃는다. 그러나 파산선고 후 그 사실을 알지 못하고 파산자에게 한 변제는 유효한 것으로 인정된다(동법 제332조 제1항). 반면에 채무자가 파산선고의 사실을 알고서(악의), 파산자에게 변제한 때에는 파산재단이 이익을 받는 한도 내에서만 이로써 파산채권자에게 대항할 수 있다(동법 제332조 제2항). 그리고 채무자가 파산선고 후 그 공고 전에 파산자인 그의 채권자에게 변제하면 선의로 추정되고 파산선고 후에 변제하면 변제자가 선고의 사실을 알고 있는 것(악의)으로 추정된다(동법 제334조).

4) 기 타 회생절차가 개시된 후의 회생채권의 경우에는 특별한 규정이 없는 한 회생계획에 의하여야 한다(채무자 회생 및 파산에 관한 법률 제131조·제193조 이하). 또한 개인회생절차에서 개인회생채권자 목록에 기재된 개인회생채권의 경우에는 인가된 변제계획에 의하여야 한다(동법 제582조·제610조 이하).

2. 債權者 이외의 辨濟受領權者

(1) 受領權限이 있는 者

채권자가 아닌 자가 변제수령권한을 가지는 경우가 있다. 예를 들어 수령권한을 가진 대리인·부재자의 재산관리인·채권추심을 위임받은 수임인·무능력자의 법정대리인·대항요건을 갖춘 채권질권자(제353조)·압류 및 추심명령을 받은 압류채권자(민사집행법 제229조 제2항, 제3항)·채권자대위권자(제404조)·파산관재인(채무자 회생 및 파산에 관한 법률 제384조) 등도 변제의 수령권한이 있다.

(2) 表見受領權者

민법은 실제로 변제수령권한이 없지만 외관상 수령권한이 있는 것처럼 보이는 표현수령권자에 대하여 변제의 안전을 보호하기 위하여 다음과 같은 경우에 그 변제를 유효한 것으로 하고 있다.

1) 債權의 準占有者 채권의 준점유자에 대한 변제는 변제자가 선의이며, 과실 없는 때에 한하여 효력이 있다(제470조).

(가) 意 義 채권의 준점유자란 채권을 사실상 행사하는 자이다(제210조 참조). 여기서 「채권을 사실상 행사한다」는 것은 거래관념상 채권을 행사할 정당한 권한을 가지는 것으로서 믿게 할 만한 외관을 갖춘 것을 말한다. 따라서 채무자가 채권의 준점유자에 대한 변제를 가리기 위해서는, 먼저 그 변제를 받은 자가 변제를 수령할 권한이 없는 자임이 전제가 되어야 하고, 만약 변제수령의 권한이 인정되면 채권의 준점유자에 대한 변제의 법리를 적용할 필요 없이 그에 대한 변제는 유효하다고 보아야 한다(대판 2012. 6. 14, 2010다29034). 예를 들어 표현상속인(대판 1995. 3. 17, 93다32996)·예금증서 기타 채권증서와 印章의 소지자·명령·추심명령을 얻은 자 등이 준점유자에 속한다. 위조한 영수증소지자는 거래관념에 비추어 채권을 가진 자로 인정될 외관을 갖춘 경우에는 준점유자로 보는 것이 통설과 판례(대판 1963. 10. 10, 63다384)의 입장이다. 그러나 위조된 수표의 소지자(대판 1971. 3. 9, 70다2895)·부동산사업의 동업자(대판 1982. 11. 9, 80다3135)·금융실명제 이후 예금명의자도 아니고 예금통장도 소지하지 않은 예금행위자(대판 2002. 6. 14, 2000다38992)는 채권의 준점유자가 아니다.

채권양도가 무효 또는 취소된 경우의 채권의 사실상의 양수인이 채권자의 준점유자인가에 관하여 학설은 (i) 긍정설(곽윤직 249면; 김주수 455면; 김형배 674면; 김상용 422면), (ii) 부정설(김증한/김학동 352면), (iii) 제한적 긍정설(이은영 692면)로 나뉘고 있다. (ii)설은 민법 제452조가 있으므로 이 경우에는 제470조를 적용할 것이 아니라고 한다. 그리고 (iii)설은 (ii)설과 이유가 같으나, 다만 제452조가 적용되지 않는 경우, 즉 채무자의 양도승낙의 경우에는 제470조가 적용된다고 한다. 생각건대 제452조가 적용되는 경우에 채무자는 선의인 한 보호되므로 제470조의 적용은 그 의미가 거의 없다. 그러나 제452조는 양도인이 양도통지를 한 때에만 적용될 것일 뿐만 아니라 이 경우에도 반드시 본조를 적용할 근거가 없다 할 것이다. 따라서 채무자는 채권의 준점유자로서 또는 제452조에 의하여 선택적으로 보호될 수 있다고 할 것이므로 결국 긍정설이 타당하다.

판례는 채권가압류나 압류가 경합된 경우에 있어서는 그 압류채권자의 한 사람이 전부명령을 얻더라도 그 전부명령은 무효가 되지만, 제3채무자가 그 전부채권자에게 전부금을 변제하였다면 제3채무자가 선의 무과실인 때에는 민법 제470조에 의하여 그 변제는 유효하다고 한다(대판 1995. 4. 7, 94다59868).

그리고 채권양도 후에(대항요건을 갖춤) 채무인수가 된 경우 채무인수인이 채권양도 사실을 알지 못한 채 전 채권자에게 변제한 데 대하여 판례는 채권의 준점유자에 대한 변제로서의 요건을 갖춘 때에 한하여 그 변제의 효력이 인정된다고 한다(대판 1989. 11. 14, 88다카29962).

[판 례]

(1) 혼인 외의 자의 생부가 사망한 경우, 혼인 외의 출생자는 그가 인지청구의 소를 제기하였다고 하더라도 그 인지판결이 확정되기 전에는 상속인으로서의 권리를 행사할 수 없고, 그러한 인지판결이 확정되기 전의 정당한 상속인이 채무자에 대하여 소를 제기하고, 나아가 승소판결까지 받았다면, 채무자로서는 그 상속인이 장래 혼인 외의 자에 대한 인지판결이 확정됨으로 인하여 소급하여 상속인으로서의 지위를 상실하게 될 수 있음을 들어 그 권리행사를 거부할 수는 없다고 할 것인바, 따라서 그러한 표현상속인에 대한 채무자의 변제는, 특별한 사정이 없는 한, 채무자가 표현상속인이 정당한 권리자라고 믿은 데에 과실이 있다 할 수 없으므로, 채권의 준점유자에 대한 변제로서 적법한 것이라 할 것이다(대판 1995. 1. 24, 93다32200).

(2) 대리인이 본인의 주민등록증과 인감을 가지고 가서 본인의 이름으로 예금하는 것이 허용된다고 하더라도, 이 경우 금융기관으로서는 자기가 주민등록증을 통하여 실명확인을 한 예금명의자를 위(금융실명거래 및 비밀보장에 관한 긴급재정명령) 재정명령 제3조에서 규정한 거래자로 보아 그와 예금계약을 체결할 의도를 가지고 있었다고 보아야 하므로, 예금명의자가 아니고 예금통장도 소지하지 않은 예금행위자에 불과한 자는 금융실명제가 시행된 후에는 극히 예외적인 특별한 사정이 인정되지 않는 한 예금채권을 준점유하는 자에 해당될 수가 없다(대판 1996. 4. 23, 95다55986).

채권의 준점유자에 스스로 채권자라고 칭하여 채권을 행사하는 자 이외에 채권자의 대리인으로서 본인(채권자)을 위하여 채권을 행사하는 자도 포함되는지가 문제된다. 이에 관하여 학설은 (i) 채권자임을 사칭하는 경우와 구별하지 않는 견해(통설. 곽윤직 244면; 장경학 510면; 김주수 455면; 이은영 693면; 송덕수 256면), (ii) 이행행위가 사실행위인 때에만 이를 인정하고 법률행위인 때에는 표현대리의 문제로 보는 견해(김증한/김학동 351면), (iii) 사칭대리인의 대리외관에 채권자의 귀책사유가 있는 경우에 한하여 인정하는 견해(김상용 423면; 김형배 676면)로 나뉘고 있다. (i) 설은 준점유에 관하여 직접점유 · 간접점유의 관계의 성립을 부정할 이유가 없다는 점, 본인이라고 사칭하든 대리인이라고 사칭하든 어느 경우나 변제자를 보호하여야 할 필요성은 같다는 점, 그리고 채권의 준점유자제도를 인정하는 목적은 선의의 변제자를 보호하려는 데 있다는 점을 그 근거로 들고 있다. (ii)설은 수령자가 채권자로서의 외관을 가진 경우와 대리인으로서 외관을 가진 경우를 완전히 동일시할 수 없으며, 대리인으로서의 외관을 가지는 경우에는 그 자에게 진정한 대리권이 있는지의 여부를 확인할 보다 강화된 주의의무가 인정되어야 할 것이기 때문이라고 한다. 한편 판례는 민법 제470조에 정하여진 채권의 준점유자라 함은, 변제자의 입장에서 볼 때 일반의 거래관념상 채권을 행사할 정당한 권한을 가진 것으로 믿을 만한 외관을 가지는 사람을 말하므로 준점유자가 스스로 채권자라고 하여 채권을 행사하는 경우뿐만 아니라 채권자의 대리인이라고 하면서 채권을 행사하는 때에도 채권의 준점유자에 해당한다고 한다(대판 2004. 4. 23, 2004다5389). 생각건대 채권의 준점유자에 대한 선의변제의 보호는 표현수령권자에 대한 선의변제를 보호하려는 데에 목적이 있으므로 본인이라고 사칭하든 대리인이라고 사칭하든 변제자를 보호해야 할 필요는 같다고 할 것이다. 따라서 사칭대리인의 대리외관에 채권자의 귀책사유가 있는가의 여부를 묻지 않고 채권자의 대리인으로서 채권을 행사하는 자도 채권의 준점유자로 보는 것이 타당하다고 할 것이다.

나아가 대리인이라고 칭한 경우에, 그것이 별도로 표현대리의 요건을 갖춘 때에는 표현대리의 규정(제126~127조)에 의하여 채무자가 보호받을 수도 있다(대판 1990. 6. 22, 89다카1121).

(나) 辨濟의 有效要件

(a) 변제자의 선의 · 무과실 채권의 준점유자에 대한 변제가 유효하기 위해서는 변제자가 선의 · 무과실이어야 한다(제470조). 즉 변제자가 준점유자에게 변제수령의 권한이 없음을 소극적으로 알지 못하는 것만으로는 부족하고, 적극적으로 준점유자에게 수령권한이 있다고 믿었어야 하고(선의), 또한 그렇게 믿는 데 과실이 없어야 한다(무과실). 선의 · 무과실에 대한 입증책임에 관하여는 제470조의 규정 취지상 변제자의 악의 또는 과실에 대한 입증책임은 채권자가 부담한다는 견해가 있다(김형배 684면). 그러나 선의 · 무과실의 입증책임은 변제의 유효를 주장하는 자(통상은 채무자)가 부담하는 것이 타당하다고 할 것이다. 판례는 선의 · 무과실에 대한 입증책임은 변제를 한 채무자에게 있다고 한다(대판 2002. 8. 27, 2002다31858).

[판 례]

(1) 채무자(을)가 제3채무자(병)에 대하여 가지고 있던 채권에 관하여 제3자(정) 앞으로 대항력 있는 채권양도가 이루어진 후 을이 정의 승낙 없이 임의로 병에게 채권양도철

회의 통지를 한 상태에서 을에 대한 채권자(갑)가 위 채권에 대하여 채권압류 및 전부명령을 받고 이어 갑이 제기한 전부금소송에서 병이 패소판결을 받고 갑에게 그 금원을 지급한 경우, 법률전문가가 아닌 병으로서는 을의 채권양도철회통지로 인하여 채권양도가 없었던 것과 같이 되었다고 믿을 수밖에 없었고, 더욱이 갑이 제기한 전부금청구의 소에서 전부명령의 효력을 적극 다투었다가 패소판결을 선고받았다면, 병이 갑이 유효하게 임대보증금반환채권을 전부받은 채권자인 것으로 오인한 데 대하여 과실이 있다고 볼 수 없고, 따라서 병의 갑에 대한 변제는 유효하다(대판 1997. 3. 11, 96다44747).

(2) 은행이 예금청구자에게 예금 수령의 권한이 있는지 없는지를 판별하는 방편의 하나로 예금청구서에 압날한 인영과 은행에 신고하여 예금통장에 찍힌 인감을 대조 확인할 때에는 인감 대조에 숙련된 은행원으로 하여금 그 직무수행상 필요로 하는 충분한 주의를 다하여 인감을 대조하도록 하여야 할 것이고, 그러한 주의의무를 다하지 못하여 예금 수령의 권한이 없는 자에게 예금을 지급하였다면 은행으로서는 그 예금 지급으로서 채권의 준점유자에 대한 변제로서의 면책을 주장할 수 없다(대판 2001. 6. 12, 2000다70989). 이와는 반대로 예금주의 대리인이라고 주장하는 자가 예금주의 통장과 인감을 소지하고 예금반환청구를 한 경우, 은행이 예금청구서에 나타난 인영과 비밀번호를 신고된 것과 대조 확인하는 외에 주민등록증을 통하여 예금주와 청구인의 호주가 동일인이라는 점까지 확인하여 예금을 지급하였다면 이는 채권의 준점유자에 대한 변제로서 유효하다(대판 2004. 4. 23, 2004다5389).

(3) 절취한 예금통장에서 제1예금인출이 행해진 후 단시간 내에 거래지점을 바꿔가면서 행해진 제2예금인출이나 제3예금인출과 관련하여 은행 직원이 단순히 인감 대조 및 비밀번호 확인 등의 통상적인 조사 외에 당해 청구자의 신원을 확인하거나 전산 입력된 예금주의 연락처에 연결하여 예금주 본인의 의사를 확인하는 등의 방법으로 그 청구자가 정당한 예금인출권한을 가지는지 여부를 조사하여야 할 업무상 주의의무를 부담하는 것으로 보기 위해서는 그 예금의 지급을 구하는 청구자에게 정당한 변제수령권한이 없을 수 있다는 의심을 가질 만한 특별한 사정이 인정되어야 한다. 그리고 그러한 특별한 사정이 있다고 볼 것인지 여부는, 인감 대조와 비밀번호의 확인 등 통상적인 조사만으로 예금을 지급하는 금융거래의 관행이 금융기관이 대량의 사무를 원활하게 처리하기 위한 필요에서 만들어진 것이기도 하지만, 다른 한편으로는 예금인출의 편리성이라는 예금자의 이익도 고려된 것인 점, 비밀번호가 가지는 성질에 비추어 비밀번호까지 일치하는 경우에는 금융기관이 그 예금인출권한에 대하여 의심을 가지기는 어려운 것으로 보이는 점, 금융기관에게 추가적인 확인의무를 부과하는 것보다는 예금자에게 비밀번호 등의 관리를 철저히 하도록 요구하는 것이 사회 전체적인 거래비용을 줄일 수 있는 것으로 보이는 점 등을 참작하여 신중하게 판단하여야 한다(대판 2007. 10. 25, 2006다44791).

(4) 효력규정인 강행법규에 위반되는 계약을 체결한 자가 그 약정의 효력이 부인된다는 사실을 알지 못한 탓에 그 약정에 따라 변제수령권을 갖는 것처럼 외관을 갖게 된 자

에게 변제를 한 경우에는, 특별한 사정이 없는 한 그 변제자가 채권의 준점유자에게 변제수령권이 있는 것으로 오해한 것은 법률적인 검토를 제대로 하지 않은 과실에 기인한 것이라고 할 것이다(대판 2004. 6. 11, 2003다1601).

(b) **債權者의 歸責事由 要否** 예금증서와 인장이 위조된 경우처럼 채권자에게 아무런 귀책사유가 없는 경우에도 변제자가 선의 · 무과실로 변제하면 그 변제가 유효한지가 문제된다. 이에 관하여 통설은 채권의 준점유자에 대한 변제의 요건에 있어서 채권자의 귀책사유의 요부는 문제되지 않는다고 한다. 즉 제470조는 채권자의 귀책사유를 요건으로 하지 않는 명문의 특칙이고, 채권자 자신도 선의 · 무과실의 변제로 인한 채권의 상실을 예상하고 있기 때문이라고 한다. 판례는 「채권의 준점유자에 대한 변제가 보호될 수 있는가의 여부는 오로지 채권자임을 사칭하는 자가 한 행위가 변제자의 입장에서 볼 때 사회일반의 거래관념상 진실한 채권을 가진 자라고 믿을 만한 외관을 구비하였는가의 여부로써 결정하여야 할 것이다」(대판 1963. 10. 10, 63다384)라고 하여 채권자의 귀책사유를 요구하지 않는다. 생각건대 채권의 준점유자에 대한 변제는 선의의 변제자를 보호하기 위한 제도이므로 채권자의 귀책사유를 요하지 않는다고 함이 타당하다.

(다) 債權의 準占有者에 대한 辨濟의 效果

(a) **債權의 消滅** 채권의 준점유자에 대한 변제가 유효하게 행하여진 경우에는 채권은 소멸하고 채무자는 채무를 면한다. 따라서 채무자는 채권의 준점유자에게 부당이득반환청구를 할 수 없고, 진정한 채권자도 채무자에게 채무이행이나 손해배상을 청구할 수 없다. 판례도 채무자가 피전부채권에 관하여 무권리자라는 사실을 알지 못하거나 과실 없이 그러한 사실을 알지 못하고 변제한 때에는, 그 변제는 채권의 준점유자에 대한 변제로서 유효하다고 한다(대판 1997. 3. 11, 96다44747). 따라서 (i) 선의의 변제인 경우에는 변제자가 아닌 「진정한 채권자만」이 표현수령권자에게 부당이득의 반환을 청구할 수 있으며, 준점유자의 고의 · 과실로 채권자가 손해를 입은 때에는 불법행위에 기한 손해배상을 청구할 수 있다(통설). (ii) 준점유자에 대한 변제가 무효인 경우에는 채무자는 다시 진정한 채권자에 변제하여야 한다. 수령자에 대한 관계에 있어서는 변제의 무효가 변제자의 악의에 기인하는 때에는 그 변제는 악의의 「비채변제」가 되어 변제자는 수령자에 대하여 부당이득을 이유로 급부의 반환을 청구할 수 없으나(제742조 참조), 변제의 무효가 변제자의 과실에 기인하는 때에는 반환을 청구할 수

있다.

(b) 準占有者에 대한 善意辨濟의 效果 채권의 준점유자에 대한 변제가 변제로서 유효한 경우에 그 준점유자에 대하여 제470조에 의한 보호를 포기하고 수령한 급부의 반환을 청구할 수 있는지가 문제된다. 이에 관하여 학설은 (i) 선의의 변제의 효과는 채무자와 채권자 사이뿐만 아니라 준점유자 사이에서도 발생하여 채무자는 준점유자에게 변제한 것의 반환을 청구하지 못한다고 해석하는 견해(절대적 효력설: 다수설, 곽윤직 250면 · 김증한/김학동 353면 · 송덕수 257면), (ii) 원칙적으로는 (i)설과 같지만 진정한 채권자에게 이중으로 변제한 때에는 예외적으로 준점유자에 대한 반환청구권을 인정할 것이라는 견해(김용한 252면; 김주수 458면; 장경학 512면), (iii) 제470조는 선의의 변제자를 보호하기 위한 규정일 뿐 권한 없는 수령자를 보호하자는 취지는 아니므로 변제의 효과는 선의의 변제자와 준점유자 사이에는 상대적 효력밖에 없다는 견해(상대적 효력설: 김형배 682면; 이은영 695면; 김상용 425면)로 나뉘고 있다. (iii)설에 따르면, 변제자는 제470조를 원용하여 채권자에게 변제를 거절할 수도 있고, 준점유자에게 부당이득을 청구하면서 진정한 채권자에게 다시 변제할 수도 있다. 즉 이 견해는 제470조를 변제자의 항변권을 정한 규정으로 해석한다. 생각건대 상대적 효력설에 의하면 채권자로서는 선의의 변제자가 어떻게 하느냐에 따라 자신의 권리를 실행하는 방법이 달라진다. 따라서 법률관계의 안정을 위해서는 채권은 확정적으로 소멸하는 것으로 보는 절대적 효력설이 타당하다고 할 것이다. 따라서 준점유자에 대한 변제가 유효한 경우에는 변제자는 준점유자에 대하여 반환청구를 할 수 없으며, 진정한 채권자만이 부당이득의 반환청구권을 행사할 수 있다.

2) 領收證所持者

(가) 領收證의 意義 영수증이란 변제의 수령을 증명하는 문서를 말한다. 영수증소지자는 변제를 수령할 정당한 권한이 있다고 보는 것이 일반적이다. 따라서 영수증소지자가 변제를 받을 권한이 없는 경우에도 선의 · 무과실에 의한 변제가 있었다면 변제의 효력이 있다(제471조).

(나) 辨濟의 有效要件 영수증소지자에 대한 변제가 유효하기 위해서는 첫째, 영수증은 진정한 것이어야 한다. 위조나 변조된 영수증에 대하여는 제471조가 적용되지 않는다. 진정한 영수증이란 영수증을 작성할 정당한 권한이 있는 자가 작성한 것을 말한다. 따라서 대리인은 물론 표현대리인에 의하여 작성된 영수증도 진정한 것으로 인정한다. 위조된 영수증이라도 다른 사정과 종합하여 채권의 준점유자로 인정되는 경우에는 제470조에 의하여 그 변제가 된다. 그리고 진정한 영수증이

면 소지인이 이를 입수한 경위는 묻지 않는다. 따라서 진정한 영수증을 절취·습득한 경우라도 변제자가 선의·무과실인 한 그 변제는 유효하다. 둘째, 변제자는 선의·무과실이어야 한다(제471조 단서). 변제의 무효를 주장하는 자가 변제자의 악의 또는 과실을 입증하여야 한다. 그러나 영수증의 진위 여부에 대해서는 변제자가 입증책임을 부담하여야 한다. 채권자의 영향 밖에 있는 사실에 대해서까지 채권자가 위험을 부담하는 것은 부당하기 때문이다.

(다) 領收證所持者에 대한 辨濟의 效果 영수증소지자에 대한 변제가 유효한 경우에는 채권은 소멸한다. 변제수령자에 대한 반환청구 등은 채권의 준점유자에 대한 변제의 경우와 같다. 영수증 소지자에 대한 변제가 무효인 때에는 채무자는 채권자에 다시 변제하여야만 한다.

3) 證券的 債權證書의 所持人 증권적 채권, 즉 지시채권·무기명채권·지명소지인출급채권과 같은 증서의 소지인에게 한 변제는 변제인에게 악의·중과실이 없는 한 언제나 보호된다(제514조·제518조·제524조·제525조). 이는 유통성과 거래안전에 대한 두터운 보호가 필요한 증권적 채권의 특성에 의한 것이다.

(3) 權限 없는 者에 대한 辨濟

변제수령의 권한이 없는 자에 대한 변제는 표현수령권자에 대한 변제의 경우(제470조·제471조)를 제외하고는 무효이다. 그러나 그로 인하여 채권자가 사실상 이익을 얻은 때에는 그 한도에서 유효하고 채권은 소멸한다(제472조). 예를 들어 B로부터 임료를 취득할 권리를 가지고 있는 A가 동시에 C에게 임료를 지급할 의무를 부담하고 있는 경우에 C가 B로부터 직접 임료를 받아 A가 임료지급의무를 면한 경우에 A가 C로부터 그 임료를 수취하지 않지만 면제에 의하여 이익을 받을 수 있기 때문에 그 한도에서 B의 변제는 유효하다. 변제자의 선의·악의를 묻지 않으며, 또한 채권자의 수익은 직접적인 것이어야 하는 것은 아니고 변제와 인과관계 있는 이익이면 된다.

사례해설

I. A의 B에 대한 채무

1. C가 B의 수령보조자인지 여부

C는 B로부터 변제수령권한을 수여받은 바가 없는 자로서 B의 사자도 아니고 대리인도 아니다. 만약 C가 B의 대리임을 사칭했다면 표현대리의 성부가 문제되나, B가 C에게 대

리권을 수여했음을 甲에게 표시한 바도 없고, C에게 기본대리권도 존재하지 않았으므로 제125조 · 제126조 · 제129조 모두 적용될 여지가 없다. 따라서 C는 정당한 수령권자가 아니다. 다만 C에 대한 금전지급이 영수증소지자에 대한 변제 또는 채권의 준점유자에 대한 변제가 되어 A의 채무가 소멸하는 것이 아닌가가 문제된다.

2. A의 금전지급이 영수증소지자에 대한 변제인지 여부

영수증의 소지자에 대한 변제는 그 소지자가 변제를 받을 권한이 없는 경우에도 효력이 있다(제471조 본문). 그러나 여기서의 영수증은 위조된 것이 아닌 진정한 영수증일 것을 요한다는 데 학설이 일치하고 있으므로 C에 대한 금전지급에는 제471조 본문이 적용될 여지가 없다.

3. A의 금전지급이 채권의 준점유자에 대한 변제인지 여부

위조된 영수증을 소지한 자에 대한 변제는 채권의 준점유자에 대한 변제로써 보호받을 여지가 있다(제470조). 다만 이때에도 변제자의 선의 · 무과실을 요하므로 A가 주의를 기울였더라면 영수증이 위조된 것임을 알 수 있었다는 점에 비추어 A의 금전지급은 채권의 준점유자에 대한 변제로 인정될 수 없다.

4. B의 A에 대한 이행청구

이상에서 살핀 바와 같이 B의 C에 대한 금전지급은 정당한 수령권한이 있는 자에 대한 변제도 아니고 表見受領權者에 대한 변제도 아니므로 B의 A에 대한 채무는 여전히 존속한다. 따라서 B는 A에 대하여 1,000만원의 지급을 청구할 수 있다.

II. A의 C에 대한 부당이득반환청구

C는 아무런 법률상의 원인 없이 A의 손실로 이득을 얻은 악의의 수익자에 해당되므로 A는 1,000만원에 이자를 붙여 C에게 부당이득반환청구권을 행사할 수 있다. A가 C에게 변제수령의 권한이 없음을 알지 못하였고, 그러한 경우 악의의 비채변제(제742조)에 해당되지 않기 때문이다.

III. B의 C에 대한 손해배상청구

사안에서 C가 B의 채권을 침해한다는 인식(고의), 침해행위의 위법성 등을 인정하는 것은 어려움이 없다. 그러나 B는 여전히 A에 대한 채권을 보유하므로 B에게 손해가 발생하였다고 보기는 어려울 것이다. 다만 C에 대한 금전지급으로 A의 일반재산이 감소되어 B의 채권실현이 곤란하게 되면 B는 C에게 손해배상을 청구할 수 있다(제750조). 한편, A는 무자력임에도 불구하고 C에 대한 부당이득반환청구권을 행사하지 않으면 B는 A를 대위하여 C에게 부당이득반환청구권을 행사하여 A의 책임재산을 회복할 수 있다(제404조).

Ⅳ. 辨濟의 目的物

민법은 주는 급부를 목적으로 하는 채무, 즉 주는 채무의 경우에 변제하여야 할 물건과 관련하여 몇 개의 특별규정을 두고 있다.

1. 特定物의 現狀引渡

목적물이 특정되어 있는 경우에는 목적물의 상태가 변질·훼손되었다 하더라도 채무자는 이행기의 현상대로 인도하면 되고(제462조), 다만 그 변질이나 훼손이 채무자의 귀책사유에 의한 것이면 손해배상책임을 지면 된다고 할 것이다. 이에 대하여 보관상의 과실이 없다고 하여도 그 특정물이 법적 동일성을 유지할 수 없을 정도로 변질·훼손되었다면 변제로서의 효력을 인정할 수 없으며, 다만 법적 동일성이 유지되는 범위에서 변제로 인정될 수 있다는 견해가 있다(김용한 508면; 김주수 429면; 김형배 687면). 그러나 이 견해는 법적 동일성이 무엇인지 명확하게 밝히고 있지 않아 그 주장 취지를 가늠할 수는 없지만, 법적 동일성의 유지 여부에 따라 제462조의 적용여부를 결부시키는 것은 타당하지 않다고 본다. 채권성립 당시의 특정물이 급부 당시에 여전히 존속하고 있는지는 법적 동일성의 유지여부가 아니라 사회통념에 따라 판단하여야 할 것이기 때문이다. 사회통념에 비추어 특정물의 동일성이 유지되지 않고 있다면, 특정물은 멸실된 것으로 보아 특정물의 인도의무는 불능이 되었다고 보아야 할 것이다.

제462조는 특정물의 존속을 전제로 하여 현상인도 원칙을 선언하고 있는 것이므로 사회통념상 특정물이 존속되고 있지 않다면 제462조는 적용될 여지가 없고, 제462조는 이 점을 전제로 한 것으로 이해하여야 할 것이다('제2장 채권의 목적' 참조).

2. 他人의 物件의 引渡

채무의 변제로 타인의 물건을 인도한 채무자는 다시 자기에게 속하는 물건을 인도하지 않으면, 그 물건의 반환을 청구하지 못한다(제463조). 즉 타인의 물건을 인도하는 것이 유효한 변제로 되지 않으며, 단지 그 반환청구만 제한될 뿐이다. 그런데 반환청구를 할 수 없는 자는 채무자이고, 채무자가 아닌 소유자에게는 그러하지 아니하다(대판 1993. 6. 8, 93다14998·15007). 채무자에게 무조건 목적물의 반환청구를 인정한다면 채권자의 이익이 침해될 수 있기 때문이다. 다만 채권자가 수령한 것을 선의로 소비하거나, 타인에게 양도한 경우에는 변제는 유효한 것이 된다(제465조 제1항). 이때 채권자는 채무자에 대해서만 변제의 유효를 주장할 수 있을 뿐이다. 따라서 소유자가 소유권에 기한 반환청구를 하거나, 또는 부당이득을 이유로 반환청구를 하면 채권자는 반환하여야 한다. 이 경우에 반환을 한 채권자는 채무자(변제자)에 대하여 구상권을 행사할 수 있다(제465조 제2항).

제463조 · 제465조는 채권자를 보호하기 위한 규정이지만, 그 적용범위는 넓지 않다. 즉 특정물채권에 있어서는 유효한 변제를 다시 하는 방법이 없으므로 동조들은 적용되지 않는다. 그리고 채권자에게 선의취득 · 첨부에 의한 소유권취득 · 취득시효 등의 요건이 갖추어진 때에는 채권자는 소유권을 취득하게 되고, 채권의 목적을 달성하게 되어 채권은 소멸하게 되므로 제465조는 적용되지 않는다.

3. 讓渡無能力者의 物件引渡

무능력자와 같이 양도할 능력이 없는 소유자가 채무의 변제로 물건을 인도한 경우에는, 그 변제가 취소된 때에도 법정대리인의 동의를 얻어 다시 유효한 변제를 하지 않으면 그 물건의 반환을 청구하지 못한다(제464조). 그러나 이때에도 채권자가 수령한 것을 선의로 소비 또는 양도한 경우에는 변제는 유효한 것이 된다(제465조 제1항 · 제2항). 제464조는 그 채무를 발생케 한 원인행위의 취소 없이 변제행위만을 취소한 경우에 적용된다. 채무발생의 원인행위인 법률행위(예: 매매) 자체가 무능력을 이유로 취소된 경우에는 채무 자체가 존재하지 않으므로 제464조에 의한 다른 물건(불특정물)의 인도채무도 성립할 여지가 없기 때문이다. 이때에는 비채변제(제742조)가 된다. 제464조는 특정물채권에는 적용이 되지 않는다. 다만 변제로 제공된 물건이 동산인 경우에는 채권자는 그 물건을 선의취득한다. 변제를 위한 급부행위도 민법 제249조의 거래행위에 속하기 때문이다.

V. 辨濟의 場所

1. 意 義

변제의 장소란 채무를 이행하여야 할 장소를 말한다. 변제장소는 변제지 또는 이행지와는 그 개념을 달리하고 있다. 즉 변제장소는 변제가 이루어지는 구체적인 지점인 데 반하여, 변제지 내지 이행지는 변제장소를 관할하는 최소단위의 행정구역이다. 변제의 제공은 변제의 장소에서 하는 것이 아니면 채무의 내용에 좇은 제공이 될 수 없기 때문에 매우 중요한 것이다.

2. 辨濟場所의 決定

(1) 原 則

변제장소는 당사자의 의사표시 또는 채무의 성질에 의하여 정하여진다(제467조 제1항). 우리 민법은 특별규정이 있는 경우(제467조 · 제586조 · 제700조 · 상법 제56조 등)를 제외하고, 「지참채무」를 원칙으로 한다(제467조 제2항 본문). 지참채무가 원칙이므로 변제장소를 정하지 않은 때에는 채권자의 현주소에서 하여야 한다(제467조 제2항 본문). 현주소란 채권성립시나 이행기의 주소가 아닌 채무를 현실적으로 이행할 때의 채권자의 현주소를 말한다. 그리고 변제 전에 채권이 양도된 경우에는 신채권자의 주소가 변제장소이다.

(2) 例 外

민법은 특정물인도채무와 불특정물인도채무에 관하여 각각의 보충적인 변제장소를 달리하고 있다.

1) 특정물의 인도를 목적으로 하는 채무는 채권이 성립하였을 당시에 그 물건이 있던 장소에서 변제하여야 한다(제467조 제1항). 이 채무가 이행불능으로 손해배상채무로 변한 때에는 특정물의 인도 외의 급부와 같이 채권자의 현주소에서 변제하여야 한다(지참채무가 원칙: 제467조 제2항 본문). 채권자의 주소이전 · 채권의 양도 등으로 변제의 장소가 변경되었기 때문에 변제의 비용이 증가한 때에는 그 증가액은 채권자가 부담한다(제473조 단서).

2) 특정물채무 이외의 채무일지라도 그것이 영업에 관한 것일 때에는 채권자의 현영업소에서 변제하여야 한다(제467조 제2항 단서).

3) 지시채권 · 무기명채권 · 지명소지인출급채권 · 면책증권의 증서에 변제장소를 정하지 않은 때에는 채무자의 현영업소를 변제장소로 하며, 영업소가 없는 때에는 현주소를 변제장소로 한다(제516조 · 제524조~제526조).

3. 辨濟場所에 대한 效力

변제장소가 아닌 곳에서 하는 변제의 제공은 채무내용에 따른 제공이 될 수 없기 때문에 채권자는 수령을 거절할 수 있다. 그러나 변제제공이 채권자에게 불이익이 되지 않음에도 불구하고 수령을 거절하면 신의칙에 위배될 수 있다. 다만 채권자는 변제장소에서 변제할 것을 청구할 수 있을 뿐이다. 그리고 변제의 장소는 채권관계에 기한 소송에 있어서 裁判籍을 정하는 표준이 된다(민소법 제3조 · 제5조 · 제9조).

VI. 辨濟의 時期

1. 意 義

변제의 시기란 채무자가 채무를 이행하여야 할 시기, 즉 이행기를 말한다. 채무자는 변제기 전에도 이행할 수 있으므로(제468조), 변제기는 채무자가 늦어도 그때까지 이행하여야 할 시기를 의미한다. 변제기는 당사자의 의사표시, 급부의 성질 또는 법률의 규정(제603조·제613조·제635조·제660조·제698조)에 의하여 결정된다. 그런데 이들 표준에 의하여 정할 수 없는 채권의 이행기가 문제된다. 이에 관하여 학설은 (i) 채권이 발생함과 동시에 이행기에 있다고 하는 견해(채권발생시설: 곽윤직 253면; 김증한/김학동 94면; 송덕수 261면), (ii) 이행의 청구를 받은 때에 이행기에 있다는 견해(이행청구시설: 김주수 434면; 김형배 692면), (iii) 원칙적으로는 이행의 청구가 있을 때에 이행기에 있게 되나, 이행의 청구를 요하지 않는 채무는 채권의 발생과 동시에 이행기에 있게 된다는 견해(절충설: 김상용 433면)로 나뉘고 있다. 생각건대 (ii)설과 (iii)설은 이행기와 지체책임이 발생하는 시기를 구분하지 못하는 문제점이 있다. 이행기와 지체책임이 발생하는 시기는 원칙적으로 일치하지만, 경우에 따라서는 지체시기를 이행기 후의 일정시기까지 늦추어 줄 수도 있다. 제387조 제2항은 지체책임의 시기를 이행기 다음날로 규정하고 있다. 또한 이 견해들에 의하면 이행의 청구를 받은 때에 이행기에 있게 되는데, 그 청구를 할 수 있는 때가 바로 이행기 즉 변제기이며, 그 견해에서 말하는 이행기는 지체책임의 발생시기이다. (ii)설에 의하면 기한 없는 채무의 경우에는 이행의 청구가 없는 한 이행기가 도래하지 않아 소멸시효가 진행하지 못하는 문제가 발생한다. 따라서 채권이 발생함과 동시에 이행기에 있다는 (i)설이 타당하다고 할 것이다(즉 채권자는 언제나 이행을 청구할 수 있다).

2. 辨濟期 前의 辨濟

변제는 이행기에 하는 것이 원칙이지만 이행기가 아니더라도 이행청구나 이행할 수 있는 경우가 있다. 예를 들어, 기한의 이익을 포기 또는 상실한 때(제153조·제388조), 이행이 유예된 때, 또는 쌍무계약에서 동시이행의 항변권을 가지는 경우(제536조) 등이다. 또한 당사자 사이에 반대특약이 없으면, 채무자는 기한의 이익을 포기하고 변제기 전에 변제할 수 있다(제468조 본문·제388조 참조). 그러나 변제기 전의 변제로 채권자가 손해를 입은 때에는 이를 배상하여야 한다(제468조 단서). 변제기에 있지 않은 채무를 변제하더라도 그 반환을 청구하지 못한다. 그러나 채무자가 착오로 인하여 변제한 때에는 채권자는 이로 인하여 얻은 이익을 반환하여야 한다(제743조).

3. 辨濟期의 效果

채권자는 이행기에 채무의 이행을 청구할 수 있고 채무자는 채무를 이행하여야 하는 것이 원칙이다. 따라서 채무자가 이행기 또는 변제기에 이행하지 않으면 이행지체가 되고(제387조), 채무자가 변제기에 이행하였음에도 불구하고 채권자가 수령하지 않으면 채권자지체(제400조)로 된다. 특히 정기행위에 있어서 채무자가 이행기에 채무를 이행하지 아니하면, 그것이 절대적 정기행위인 때에는 이행불능이 되고, 상대적 정기행위인 때에는 채권자는 이행의 최고 없이 바로 해제할 수 있다(제545조). 그리고 이행기가 도래한 때부터 소멸시효가 진행한다(제166조).

Ⅶ. 辨濟費用의 負擔

(1) 변제비용이란 변제를 하는 데 필요한 비용, 예를 들어 포장비 · 운송비 · 관세 · 등기비용 · 채권양도시의 통지비용 등을 말한다. 변제비용은 당사자 사이의 특약이 없는 한 원칙적으로 채무자가 부담한다(제473조 본문). 다만 당사자 사이에 특약은 없으나 비용부담에 관하여 관습이 있으면 그 관습에 따라 변제비용을 부담하고, 그러한 관습도 없을 때에는 채무자가 부담한다(김용한 514면). 일반적으로 부동산매매에 있어서 소유권이전등기비용은 매수인, 즉 채권자가 부담하는 것이 관습으로 되어 있다. 판례는 담보권자가 담보권을 확보하기 위하여 지출한 비용은 특약이 없는 한 담보권자가 부담한다고 하고(대판 1987. 6. 9, 86다카2435), 채무자가 피담보채무를 이행하지 않아 담보권을 실행하였을 때의 실행비용 중 그 실행에 필요한 상당한 비용은 채무불이행으로 인하여 발생한 비용이므로, 당사자 사이에 특약이 없으면 채무자가 부담한다고 한다(대판 1967. 12. 14, 76다867).

(2) 변제비용은 채무자가 부담함이 원칙이나, 채권자지체로 인하여 목적물의 보관 또는 변제의 비용이 증가한 경우, 또는 변제장소가 변경되어 변제비용이 증가한 때에는 그 증가액은 채권자가 부담한다(제403조 · 제473조 단서). 이와 같이 채권자가 증가한 변제비용을 부담하여야 하는 경우에, 채무자는 변제를 한 후 그 증가액을 구상하든가 변제액에서 이를 공제할 뿐이고, 채권자가 그 증가액을 지급하지 않음을 이유로 변제를 거절하거나 동시이행을 주장하지는 못한다.

Ⅷ. 辨濟의 證據

변제의 유무에 관하여 분쟁이 발생한 경우에는 변제자가 변제의 사실을 입증하여야 한다. 민법은 변제자가 이러한 입증을 용이하게 할 수 있도록 영수증청구권과 채권증서반환청구권을 인정하고 있다.

1. 領收證請求權

변제자는 자신의 변제사실을 적극적으로 증명할 수 있도록 변제수령자에 대하여 영수증의 교부를 청구할 수 있다(제474조). 영수증은 거래관념상 변제를 증명할 수 있는 것이면 되고, 일정한 형식을 요하지 않는다. 영수증의 작성 · 교부의 비용에 관하여는 민법에 규정은 없으나, 영수증의 교부가 채권자의 의무로 되어 있는 점에 비추어 채권자가 부담하는 것으로 보아야 한다. 대물변제뿐만 아니라 일부변제도 변제에 포함되므로 변제자는 일부변제 또는 대물변제를 하면서도 영수증을 청구할 수 있다.

영수증 교부의 시기에 관해서도 규정하고 있지 않으나, 변제를 한 채무자를 보호하기 위하여 변제와 영수증의 교부는 동시이행의 관계에 있는 것으로 해석되고 있다.

2. 債權證書返還請求權

채권의 성립을 증명하는 서면이 채권증서이다. 증권적 채권의 경우에는 증권의 작성 · 교부가 필요하나, 지명채권의 경우에는 증서의 작성이 반드시 필요한 것은 아니다.

채권증서가 있는 경우에 변제자가 채무 전부를 변제한 때에는 채권증서의 반환을 청구할 수 있다(제475조 전단). 변제 이외의 사유(예: 대물변제 · 상계 · 경개 · 면제 등)로 채권 전부가 소멸한 때에도 같다(제475조 후단). 이는 변제자가 채권자로부터 다시 이행을 청구당하지 않도록 하기 위함이다. 그러나 ① 일부변제자는 채권증서의 반환청구권이 없으며, 다만 일부변제의 뜻을 그 채권증서에 기재할 것을 청구할 수 있을 뿐이다(제484조 제2항 참조). 그리고 ② 채권자가 채권증서를 분실한 때에는 증서반환채무의 불이행책임을 진다고는 할 필요가 없고, 변제자는 분실의 뜻을 기재한 문서를 교부하면 된다. 다만 분실의 뜻은 영수증에 기재하는 것으로 충분하며, 채권자가 영수증을 분실하여 채무(즉 증서 반환채무)의 불이행책임을 지는 것은 아니다. ③ 제3자가 채권증서를 점유하는 경우에 변제자는 제475조에 의하여 직접 그 제3자에게 반환을 청구할 수 있다. ④ 채권증서의 반환과 변제는 동시이행의 관계에 서는 것이 아니라 변제가 선행되어야 한다(통설. 대판 2005. 8. 19, 2003다22042). 그러나 증권적 채권의 증서의 반환은 변제와 동시이행의 관계에 있다(제519조·제524조). 채권증서의 반환비용은 반환채무자인 채권자가 부담한다(제473조).

[판 례]

채무자가 채무 전부를 변제한 때에는 채권자에게 채권증서의 반환을 청구할 수 있으며, 제3자가 변제를 하는 경우에는 제3자도 채권증서의 반환을 구할 수 있으나(민법 제475조 참조), 이러한 채권증서 반환청구권은 채권 전부를 변제한 경우에 인정되는 것이고, 영수증 교부의무와는 달리 변제와 동시이행관계에 있지 않고, 한편 파산법 제241조 제2항에서 "파산관재인이 배당을 한 때에는 채권표 및 채권의 증서에 배당한 금액을 기입하고 이에 기명날인하여야 한다."고 규정하고 있지만, 위 규정만으로 채권증서 자체를 배당금 지급(일부변제)과 동시이행으로 파산관재인에게 교부하여야 할 의무가 인정되는 것은 아니다(대판 2005. 8. 19, 2003다22042).

Ⅸ. 辨濟의 充當

1. 序 說

채무자나 제3자가 변제로서 제공한 급부가 그 채무의 전부를 소멸케 하는 데에 부족하면, 그 변제를 어느 채무에 먼저 충당할 것인가를 결정할 필요가 있다. 이를 변제의 충당이라고 한다. 예를 들어 甲이 乙에게 50만원의 A채권과 100만원의 B채권을 가지고 있는데 먼저 50만원을 초과하고 100만원에 미치지 못하는 60만원만 변제하였다면 A·B 채권 중 어느 채권에 충당할 것인가를 정하는 문제이다. 즉 변제의 충당이 적용되는 것은 甲이 변제한 금액이 50만원을 초과하고 100만원에 부족되는 경우이다. 따라서 甲이 乙에게 40만원을 변제의 제공을 한 경우에는 이것은 일부변제로서 채무자의 내용에 좇은 변제가 아니기 때문에, 채권자의 승낙 없이 변제의 충당을 할 수 없다. 이러한 변제의 충당의 문제는 ① 동일한 채무자와 채권자 사이에 같은 종류의 채무가 다수 존재하는 경우, ② 채무는 하나이지만 그에 부가적인 채무가 붙어 있는 경우(이자·비용 등), ③ 채무는 하나이지만 여러 개의 구성부분으로 되어 있는 경우(수개월 분의 차임 등), ④ 채무가 적법한 부분과 위법한 부분 또는 다툼 있는 부분과 다툼 없는 부분으로 구성되는 경우 등에서 발생한다.

2. 辨濟充當의 方法

변제의 충당은 당사자 사이의 합의에 의하여 정할 수 있으며(합의충당), 합의가 없으면 당사자의 지정에 의하고(지정충당; 제476조), 당사자의 지정도 없는 경우에는 법률의 규정에 의한 충당(법정충당; 제477조)으로 이루어진다(합의충당 > 비용 · 이자 · 원본 > 지정충당 > 법정충당; 즉 비용 · 이자 · 원본의 순서는 지정충당으로 깨뜨릴 수 없고 합의로만 깨뜨릴 수 있다).

변제충당의 방법에 관한 주장 · 입증책임은 안분비례에 의한 법정충당보다 자신에게 유리한 충당을 주장하는 자가 부담한다. 이 경우 위 사실을 주장하는 자가 변제충당의 지정 또는 변제충당의 합의가 있었다거나 당해 채무가 법정변제충당에 있어 우선순위에 있어서 당해 채무에 전액 변제되었다는 점에 관하여 입증을 다하지 못하였다면 당연히 각 채무액에 안분비례하여 법정충당이 행하여지게 된다(대판 1994. 2. 22, 93다4933).

[판 례]

법정변제충당에 의하여 부여되는 법률효과 이상으로 자신에게 유리한 변제충당의 지정, 당사자 사이의 변제충당의 합의가 있다거나 또는 당해 채무가 법정변제충당에 있어 우선순위에 있어서 당해 채무에 전액 변제충당되었다고 주장하는 자는 그 사실을 주장 · 입증할 책임을 부담한다(대판 2009. 2. 12, 2007다77712).

아래에서 각각의 충당방법을 살펴보기로 한다.

(1) 合意充當(契約充當)

변제의 충당은 변제자와 변제수령자 사이의 합의에 의하여 정할 수 있다. 민법에는 이에 관한 규정이 없으나, 당사자의 합의에 의한 충당은 사적 자치의 원칙상 유효한 것으로 본다. 따라서 변제의 충당에 관한 제476조(지정변제충당) · 제477조(법정변제충당) · 제479조(비용 · 이자 · 원본에 대한 변제충당의 순서)는 강행규정이 아니라 임의규정이며(대판 1987. 3. 24, 84다카1324), 합의에 의한 충당은 이들 규정에 우선하여 적용된다. 특히 제479조의 비용 · 이자 · 원본의 순서에 의한 충당의 규정은 달리 정할 수 있다(대판 1981. 5. 26, 80다3009). 판례는 다수의 채무 중 보증인에 의하여 담보되고 있는 채무와 그렇지 않은 채무가 있는 경우에, 채권자와 채무자가 충당의 합의를 함에 있어서 보증인이 있는 채무를 반드시 먼저 변제하여야 한다고 볼 근거가 없고, 계약자유의 원칙에 의하여 채권자와 채무자는 제공된 급부를 어느 채무에 어떤 방법으로 충당할 것인가를 결정할 수 있다고 한다(대판 2010. 10. 28, 2010다55187. 다만 그러한 충당이 보증인에게 현저히 부당하고 신의칙에 반하는 때에는 합의충당의 효력이 부정된다고 한다). 한편 판례는 변제충당에 관한 별도의 약정이 있는 경우에는 채무자가 변제를 하면서 위 약정과 달리 특정 채무의 변제에 우선적으로 충당한다고 지정하더라도, 그에 대하여 채권자가 명시적 또는 묵시적으로 동의하지 않는 한 그 지정은 효력이 없으며(대판 1999. 11. 26, 98다27517), 담보권실행에 따른 배당절차에 있어서는 계약에 의한 합의충당은 허용될 수 없고 제477조의 규정에 의한 법정충당의 방법에 따라 충당하여야 한다고 한다(대판 1996. 5. 10, 95다55504; 대판 2001. 9. 28, 2001다33352).

[판 례]

채권자와 채무자 사이에 미리 변제충당에 관한 약정이 있으며, 그 약정 내용이, 변제가 채권자에 대한 모든 채무를 소멸시키기에 부족한 경우 채권자가 적당하다고 인정하는 순서와 방법에 의하여 충당하기로 한 것이라면, 채권자가 위 약정에 터잡아 스스로 적당하다고 인정하는 순서와 방법에 좇아 변제충당을 한 이상 채무자에 대한 의사표시와 관계없이 그 충당의 효력이 있다(대판 2004. 3. 25, 2001다53349).

(2) 指定充當

지정충당이란 변제의 충당이 지정권자의 지정에 의하여 이루어지는 경우를 말한다.

1) 指定權者 지정충당에 있어서 1차적인 충당의 지정권자는 변제자이다. 즉 변제자는 변제를 할 때에 변제수령자에 대한 의사표시로써 변제에 충당할 채무 또는 급부를 지정할 수 있다(제476조 제1항·제3항, 제478조). 민법은 지정충당에 있어서 이해관계가 가장 많은 변제자에게 우선적으로 지정권을 주어 변제자의 이익을 보호하고 있다. 그러나 변제자가 변제의 제공시에 변제의 충당을 하지 않을 때에는 2차적으로 변제수령자가 그 당시 변제자에 대한 의사표시로서 어느 채무 또는 어느 급부를 지정하여 변제의 충당을 할 수 있다(제476조 제2항 본문·제3항·제478조).

2) 指定의 方法 지정권자의 지정은 상대방에 대한 의사표시로 한다(제476조 제3항). 변제충당의 지정은 일방적 의사표시이기 때문에 원칙적으로 조건 내지 유보부 지정은 허용되지 않는다. 그 의사표시는 묵시적으로도 할 수 있다.

3) 指定의 時期 변제자의 지정은 변제의 제공시에 하여야 한다. 그리고 변제수령자가 지정하는 경우에는 수령 후 지체 없이 충당의 지정을 하여야 한다. 제476조 제2항은 「변제받는 … 당시」라고 규정하고 있으나, 이는 「수령 후 지체 없이」의 의미로 이해되기 때문이다.

4) 指定에 대한 異議 변제자의 지정에 대하여 변제수령자는 이의를 제기

할 수 없지만, 변제수령자의 지정에 대해서는 변제자가 즉시 충당의 이의를 제기할 수 있다(제476조 제2항 단서). 이의가 제기된 때에는 변제수령자의 충당은 그 효력을 잃는다. 이의의 효과에 관하여는 다시 변제자가 지정권을 행사할 수 있다는 견해(민법주해(11)/이인재 174면)가 있지만, 이 지정권이 변제자에게 이전하지 않고, 법정충당의 방법에 의한다는 것이 통설이다(곽윤직 256면; 김형배 693면; 김상용 439면; 이은영 704면; 송덕수 564면). 변제기까지 두 번씩이나 기회를 준다는 것은 형평에 어긋나므로 법정충당을 하는 것이 타당하다고 할 것이다. 그러나 변제자가 이의와 함께 충당방법을 제안하고 그에 대하여 변제수령자가 동의한 때에는 합의충당이 가능하다.

5) 指定充當의 制限 채무자의 1개 또는 수개의 채무에 대한 급부가 원본 · 이자 · 비용채무를 소멸시키기에 충분하지 않다면 비용 · 이자 · 원본의 순서로 변제에 충당하여야 한다(제479조 제1항). 당사자 사이의 합의(계약에 의한 충당)가 없는 한 그 순서대로 충당하여야 하며, 어느 당사자 일방의 의사에 의해서는 그 순서를 변경할 수 없다(대판 2005. 8. 19, 2003다22042). 즉 그 순서에 위반하는 지정충당은 무효로 된다. 그러나 당사자 쌍방이 제479조와 다른 특약을 하거나, 또는 당사자의 일방적인 지정에 대하여 상대방이 지체 없이 이의를 제기하지 아니함으로써 묵시적인 합의가 되었다고 보여지는 경우(대판 1981. 5. 26, 80다3009; 대판 1990. 11. 9, 90다카7262; 대판 1998. 4. 24. 선고 97다48562; 대판 2002. 5. 10, 2002다12871)에는 그 순서와는 달리 충당의 순서를 정할 수 있다.

비용 상호간 · 이자 상호간 · 원본 상호간에 있어서는 법정충당의 순서(제477조)에 의하여 충당된다(제479조 제2항). 비용과 이자는 성질상 원본보다도 먼저 지급되어야 하고 비용 상호간 · 이자 상호간 · 원본 상호간에 있어서는 채무자에게 가장 유리한 것에 충당하는 것이 채무자의 의사나 이익에 합치되기 때문이다.

그런데 이러한 제479조가 지정충당에 대한 제한인지가 문제된다. 이에 관하여 학설은 (i) 긍정설(통설. 곽윤직 342면; 김주수 464면; 김형배 696면; 김증한/김학동 363면; 김상용 439면; 송덕수 264면)과 (ii) 부정설(이은영 706면; 민법주해(11)/이인재 184면)로 나뉘고 있다. (i)설은 민법이 비용 · 이자 · 원본에 대하여는 지정충당에 관한 제476조를 준용하는 규정을 두고 있지 않음을 그 근거로 들고 있다. 그리고 (ii)설은 제479조가 임의규정이므로 그와 다른 당사자의 합의가 있으면 적용이 배제되며, 지정충당도 제479조에 우선한다고 한다. 한편 판례는 (i)설과 같은 입장을 취하고 있다(대판 2002. 5. 10, 2002다12871 · 12888; 대판 2009. 6. 11, 2009다12399). 생각건대, 제479조가 임의규정이라고 하여 제479조와 다른 일방적 지정의 효력을 인정하여야 하는 것은 아니다. 제479조는 변제자(채무자)가 원칙적인 충당지정권자임을 전제로 변제수령자(채권자)의 이익을 보호하기 위하여 일방적 지정으로 파생적 채무보다 먼저 원본채무를 소멸시켜 채권자의 이익을 침해하는 것을 방지하기 위한 규정으로 이해하여야 한다. 또한 제479조 제2항이 법정변제충당에 관한 제477조는 준용하면서도 지정변제충당에 관한 제476조를 준용하지 않는 점에 비추어 보아도 제479조는 지정변제충당에 관한 제한규정으로 이해하는 것이 타당하다.

[판 례]

비용 · 원본 · 이자에 대한 변제충당의 순서는 민법 제479조에 법정되어 있으므로 당사자 사이에 그와 다른 특별한 합의가 있었다거나, 일방의 지정에 대하여 상대방이 지체 없이 이의를 제기하지 않음으로써 묵시적인 합의가 되었다고 보여지는 경우 등 특단의 사정이 없는 한 위의 법정순서에 의하여 변제충당이 이루어져야 하는 것이며, 채무자는 물론 채권자라고 할지라도 그와 다르게 일방적인 충당의 순서를 지정할 수 없는 것이다(대판 2009. 6. 11, 2009다12399).

채무의 원본 외에 비용이나 이자가 있는 경우에는 제479조에 의하여 비용 · 이자 · 원본의 순으로 충당된다. 비용이나 이자는 변제기의 도래 여부나 변제이익의 많고 적음과 관계없이 원본에 우선하여 충당된다(대판 1967. 10. 6, 67다1587). 다만 비용과 이자 사이에서는 비용에 우선 충당된다. 여기서 우선 충당되는 비용에는 채무자가 부담하여야 하는 변제비용(제473조 본문)이나 계약비용(제566조) 등을 포함하며, 그 밖에도 채권을 실행하는 데 소요된 소송비용 또는 집행비용으로서 소송비용액의 확정결정 또는 집행비용액의 확정결정을 받은 것이 포함된다(대판 2006. 10. 12, 2004재다818). 또한 가압류비용도 채무불이행으로 인하여 발생한 비용이므로 원금이나 이자에 우선하여 충당된다.

그리고 제479조의 이자는 법령의 제한범위 내의 이자만을 가리킨다. 따라서 이자제한법 제2조 제1항 및 「이자제한법 제2조 제1항의 최고이자율에 관한 규정」, 「대부업 등의 등록 및 금융이용자 보호에 관한 법률」 제8조 제1항 및 동법 시행령 제5조 제2항의 제한을 초과하는 이자는 제한된다. 그리고 여기의 이자에는 약정이자뿐만 아니라 지연이자도 포함된다. 판례도 같은 입장을 취하고 있다(대판 2005. 7. 8, 2005다8125; 대판 2005. 8. 19, 2003다22042).

변제충당에 관한 민법 제479조는 변제뿐만 아니라 공탁 · 상계 등 그 밖의 채무소멸원인에도 마찬가지로 적용된다(대판 2006. 10. 12, 2004재다818).

[판 례]

연대채무자 또는 연대보증인 중 1인이 채무의 일부를 변제한 경우에 당사자 사이에 특별한 합의가 없는 한 그 변제된 금액은 민법 제479조의 법정충당 순서에 따라 비용, 이자, 원본의 순서로 충당되어야 하므로 지연손해금 채무가 원본채무보다 먼저 충당된다. 한편 여러 명의 연대채무자 또는 연대보증인에 대하여 따로따로 소송이 제기되는 등으로 그 판결에 의하여 확정된 채무원본이나 지연손해금의 금액과 이율 등이 서로 달라지게 되어 원금이나 지연손해금에 채무자들이 공동으로 부담하는 부분과 공동으로 부담하지 않는 부분이 생긴 경우에 어느 채무자가 채무 일부를 변제한 때에는 그 변제자가 부담하는 채무 중 공동으로 부담하지 않는 부분의 채무 변제에 우선 충당되고 그 다음 공동 부담 부분의 채무 변제에 충당된다. 그리고 채권의 목적을 달성시키는 변제와 같은 사유는 연대채무자 또는 연대보증채무자 전원에 대하여 절대적 효력을 가지므로 어느 채무자의 변제 등으로 다른 채무자와 공동으로 부담하는 부분의 채무가 소멸되면 그 채무소멸의 효과는 다른 채무자 전원에 대하여 미친다(대판 2013. 3. 14, 2012다85281).

(3) 法定充當

당사자의 지정충당이 없거나, 지정하였으나 상대방의 이의로 실효한 때에는 법정충당에 의하며, 그 순서는 다음과 같다.

1) 履行期到來의 債務 채무 중에 이행기가 도래한 것과 도래하지 않은 것이 있으면, 이행기가 도래한 채무의 변제에 충당한다(제477조 제1호 · 제478조).

2) 債務者의 辨濟利益 채무들이 모두 이행기가 도래하였거나, 모두 도래하지 않은 경우에는 변제이익이 많은 것부터 먼저 충당한다(제477조 제2호 · 제478조). 변제이익은 변제자를 기준으로 판단하여야 한다(대판 1999. 8. 24, 99다22281 · 22298). 예를 들어, 무이자부 채무보다 이자부 채무, 저이율의 채무보다 고이율의 채무, 무담보채무보다 담보부 채무(자신의 물건에 의한 담보부 채무), 연대채무보다 단순채무, 동시이행의 항변권이 부착된 채무와 그렇지 않은 채무, 보증채무보다 자기의 주채무, 민사채무보다 어음채무를 먼저 변제하는 편이 원칙적으로 채무자에게 이익이 많다. 판례는 변제자가 주채무자인 경우에 보증인이 있는 채무와 보증인이 없는 채무 사이에 있어서 전자가 후자에 비하여 변제이익이 더 많다고 볼 근거는 전혀 없어 양자는 변제이익의 점에 있어서 차이가 없으며(대판 1985. 3. 12, 84다카2093), 변제자가 부담하는 보증채무는 변제자 자신의 채무에 비하여 변제자에게 변제의 이익이 적다고 한다(대판 2002. 7. 12, 99다68652).

[판 례]

변제자가 주채무자인 경우, 보증인이 있는 채무와 보증인이 없는 채무 사이에 변제이익의 점에서 차이가 없다고 보아야 할 것이므로, 보증기간 중의 채무와 보증기간의 종료 후 채무 사이에는 변제이익의 점에서 차이가 없고, 따라서 주채무자가 변제한 금원은 이행기가 먼저 도래한 채무부터 법정 변제충당하여야 한다(대판 1999. 8. 24, 99다26481).

3) 先履行期債務의 優先 채무자에게 변제이익이 같으면, 이행기가 먼저 도래한 채무, 또는 먼저 도래할 채무의 변제에 충당한다(제477조 제3호 · 제478조). 기한이 정해져 있지 않은 채무는 이행기가 도래한 것으로 보고, 그러한 채무 상호간에는 먼저 성립한 것이 이행기가 앞서는 것으로 본다(대판 1985. 3. 12, 84다카2093). 그리고 변제의 유예가 있으면 그 유예기까지 변제기가 도래하지 않은 것으로 다루어진다(대판 1999. 8. 24, 99다22281 · 22298).

4) 債務額의 比例 이상의 표준에 의해서도 선후가 정해지지 않으면 각 채무는 그 채무액에 비례하여 충당한다(제477조 제4호 · 제478조).

[판 례]

(1) 채무자가 동일한 채권자에 대하여 같은 종류를 목적으로 한 수개의 채무를 부담한 경우에 변제를 제공하면서 당사자가 변제에 충당할 채무를 지정하지 아니한 때에는 민법 제477조의 규정에 따라 법정변제충당되고, 특히 민법 제477조 제4호에 의하면 법정변제충당의 순위가 동일한 경우에는 각 채무액에 안분비례하여 각 채무의 변제에 충당된다. 따라서 위 안분비례에 의한 법정변제충당과는 달리, 그 법정변제충당에 의하여 부여되는 법률효과 이상으로 자신에게 유리한 변제충당의 지정 또는 변제충당의 합의가 있다거나 당해 채무가 법정변제충당에서 우선순위에 있으므로 당해 채무에 전액 변제충당되었다고 주장하는 자는 그 사실을 주장 · 증명할 책임을 부담하고, 이 경우 위 사실을 주장하는 자가 그 증명을 다하지 못하였다면 당연히 각 채무액에 안분비례하여 법정충당이 행하여지는 것이다(대판 2013. 2. 15, 2012다81913).

(2) 원금채무에 관하여는 소멸시효가 완성되지 아니하였으나 이자채무에 관하여는 소멸시효가 완성된 상태에서 채무자가 채무를 일부 변제한 때에는 액수에 관하여 다툼이 없는 한 원금채무에 관하여 묵시적으로 승인하는 한편 이자채무에 관하여 시효완성의 사실을 알고 그 이익을 포기한 것으로 추정되며, 채무자의 변제가 채무 전체를 소멸시키지 못하고 당사자가 변제에 충당할 채무를 지정하지 아니한 때에는 민법 제479조, 제477조에 따른 법정변제충당의 순서에 따라 충당되어야 한다(대판 2013. 5. 23, 2013다12464).

3. 相計充當

당사자의 채권은 상계에 의하여 그 대등액에서 소멸하여 다수액인 채권은 차액이 남게 된다. 다만 피상계자가 여러 개의 상계적상에 있는 수동채권을 가지고 있고, 자동채권으로 그 전부를 소멸시키기에 부족한 경우에는 변제충당의 규정을 준용하여 상계채권이 결정된다(제499조). 이를 상계충당이라고 한다.

X. 辨濟의 提供

사 례

X토지의 매도인 A는 잔대금지급과 상환으로 매수인 B가 지정하는 자에게 X토지의 등기서류를 제공하기로 약정하였다. 아울러 매수인 B가 정해진 기일 내에 잔대금을 지급하지 못하면 A와 B 사이의 토지매매계약은 자동으로 해제되는 것으로 약정하였는데, B는 토지를 이전받을 자를 지정하지도 않고 잔금을 기일 내에 지급하지 못한 채 수회에 걸쳐 잔금지급기일의 유예를 요청하였다. 이 경우 A는 토지매매계약이 자동해제된 것으로 주장할 수 있는가?

[중요논점]

Ⅰ. 계약의 자동해제요건
Ⅱ. 변제제공의 요부
Ⅲ. 이행제공의 내용

1. 意 義

변제의 제공이란 채권자의 협력을 필요로 하는 채무에 있어서 채무자가 급부의 실현에 필요한 모든 준비를 하고 채권자의 협력을 요구하는 것을 말하며, 이를 이행의 제공 또는 단순히 제공이라고도 한다. 채무의 이행 내지 변제에는 부작위채무·의사표시를 필요로 하는 채무 등과 같이 채무자의 급부행위만으로 완료되는 것도 있지만(이 경우에는 변제의 제공이 필요 없다), 채권자의 수령 등 일정한 협력이 없으면 변제가 완료되지 않는 것이 많다. 후자의 경우에 채무자가 성실하게 변제를 하려고 하여도 채권자가 협력을 하지 않는다면 변제를 할 수 없고, 따라서 채무를 소멸시킬 수 없다. 여기에서 민법은 변제제공의 방법(제460조)과 그 효과(제461조)에 관한 규정을 두어 성실하게 변제하려고 하는 채무자를 보호하고 있다.

채무자는 채무내용에 좇은 변제의 제공을 하여야 한다(제460조). 채무내용에 좇은 변제를 하기 위해서는 (i) 완전한 급부가 제공되어야 하고, (ii) 변제의 제공이 올바른 시기와 장소에서 행하여져야 한다. 또한 (iii) 변제의 제공이 신의성실의 원칙과 합치되어야 하며, (iv) 변제의 제공이 올바른 채권자에게 행하여져야 한다. 변제의 제공이 채무의 내용에 좇은 것이 아닌 때에는 채무자도 채무불이행책임을 면하지 못하고, 채권자는 협력을 하지 않더라도 채권자지체의 책임을 지지 않는다.

2. 辨濟提供의 方法

변제는 채무의 내용에 좇아 현실적으로 제공하는 것이 원칙이다(제460조). 그러나 일정한 경우에는 변제준비를 완료하여 이를 채권자에게 통지하고 그 수령을 최고하는 구두제공도 인정된다(제460조). 그러나 이러한 두 가지 방법은 형식적으로 구분한 것에 불과하고 제공의 정도나 채권자의 협력의 정도는 거래의 관행과 신의칙에 따라 결정하여야 한다.

[판 례]

쌍무계약에 있어서 일방 당사자의 자기 채무에 관한 이행의 제공을 엄격하게 요구하면 오히려 불성실한 상대 당사자에게 구실을 주는 것이 될 수도 있으므로 일방 당사자가 하여야 할 제공의 정도는 그 시기와 구체적인 상황에 따라 신의성실의 원칙에 어긋나지 않게 합리적으로 정하여야 하고, 따라서 매수인이 잔대금의 지급준비가 되어 있지 아니하여 소유권이전등기서류를 수령할 준비를 안 한 경우에는 매도인으로서도 그에 상응한 이행의 준비를 하면 족하다(대판 2012. 11. 29, 2012다65867).

(1) 現實의 提供

변제는 원칙적으로 채무내용에 좇은 현실의 제공으로 하여야 한다(제460조). 현실의 제공이란 채권자의 수령 등 협력만 있으면 바로 변제의 효과가 발생할 수 있을 정도로 채무자가 채무의 내용에 좇아 변제를 제공하는 것을 말한다. 판례에서 문제가 되는 주요한 사례는 다음과 같다.

1) 金錢債務

(가) 전액제공의 원칙 금전채무는 채무자가 부담하는 채무 전액을 이행기에 제공하는 것이 원칙이다. 따라서 채무액의 일부만을 제공하는 경우 유효한 변제제공이 되는지가 문제된다. 이에 관하여 다수설은 일부제공은 채무의 내용에 좇은 제

공이 되지 않는다고 한다(곽윤직 259면; 김형배 653면; 김증한/김학동 341면; 송덕수 269면). 반면에 소수설은 가분급부의 경우에 분할하여 일부씩 이행하는 것이 거래관행에 비추어 부당하지 않고 채권자에게 불이익을 주지 않는 경우에는 그 제공된 부분에 대하여 변제제공의 효과가 생긴다고 한다(이은영 673면). 판례는 채권자의 승낙이 없는 한, 일부제공은 채무의 내용에 좇은 제공이 되지 못한다고 함으로써(대판 1984. 9. 11, 84다카781), 다수설과 유사한 입장을 취하고 있다. 생각건대 금전채무의 일부제공을 인정한다면 채권자가 일시에 전부를 수령할 수 있는 기회가 적어지게 될 것이므로 결국은 채권자에게 불이익하게 된다. 따라서 원본 이외에 이자 · 비용도 지급하여야 할 경우에는 원본뿐만 아니라 이자 · 비용 등을 합한 금액 전부를 제공하여야 하고 이행지체에 있는 채무자는 지연배상도 함께 제공하여야 한다. 그러나 근소한 부족은 신의칙상 정당한 제공으로 볼 수도 있다.

(나) 通貨 이외의 支給手段 금전채무는 통화로 변제하여야 한다(제376조). 그런데 때로는 채무자가 우편환 · 수표 등의 수단으로 제공하기도 한다. 통화 이외의 지급수단, 즉 우편환을 송부하고 채권자가 이를 수령하면 현실의 변제의 제공이 된다. 또한 신용 있는 은행이 발행 · 배서한 수표나 지급보증부 수표는 거래상 금전과 같은 것으로 보기 때문에 현실의 제공으로 유효하다(대판 1960. 5. 19, 4292민상784). 그러나 보통의 수표는 부도로 되는 수가 있기 때문에 당사자 사이의 특별한 의사표시 또는 거래상의 관습이 없는 한 일반적으로 유효한 변제의 제공이 될 수 없다. 판례는 채무자가 채권자에게 수표를 교부한 경우에는 그것으로써 기존채무에 갈음하기로 하는 대물변제의 특약이 없는 한 기존채무의 담보 또는 변제의 방법으로 교부된 것으로 보아 변제의 제공으로 인정하지 않는다(대판 1974. 7. 9, 74다668; 대판 1976. 6. 22, 75다1600). 또한 기존채무의 변제를 위하여 약속어음을 발행 · 교부한 경우에도 기존채무의 담보 또는 지급방법으로 발행한 것으로 추정은 되지만 변제의 제공으로 인정되지 않는다(대판 1991. 2. 22, 90다16498). 그리고 예금증서나 예금통장은 금전의 지급수단이 아니므로 특약이 없는 한 유효한 제공이 아니다. 금전채무에 있어서 변제의 현실의 제공은 채무자가 금전을 이행장소에 가지고 가서 언제든지 지급할 수 있는 준비만 하면 되고 면전에 제시할 필요는 없으며, 다만 수령을 최고하는 것으로 족하다. 채무자가 채권자의 주소에 갔으나 채권자가 부재중이어서 변제를 할 수 없는 경우에도 현실의 제공이 있는 것으로 인정한다.

[판 례]

채무자가 채권자에게 수표를 교부한 경우에 있어서 이것으로 기존채무의 변제에 갈음하기로 특약을 하였다면 이로써 기존채무는 채무변제로 소멸한다 할 것이나, 이러한 특약이 없는 경우에 있어서는 다만 수표를 채권자에게 교부한 것만으로서는 채무의 변제에 갈음한 것으로 볼 수 없고, 그것은 오직 기존채무의 변제확보의 방법 또는 변제의 방법으로 보아야 한다(대판 1997. 3. 25, 96다51271).

2) 金錢 이외의 物件을 目的으로 하는 債務

(가) 特定物引渡債務의 경우 특정물은 이행기의 현상대로 제공하면 된다. 따라서 급부한 목적물이 견본품과 다르더라도 그 급부의 이행은 채무의 내용에 따른 제공이 된다. 다만 매수인은 하자담보책임을 추궁할 수 있을 뿐이다. 즉 매수인은 계약해제 또는 손해배상을 청구할 수 있을 뿐 수령을 거절할 수 없다(통설. 곽윤직 254면; 김용한 502면; 김기선 322면; 김주수 438면; 송덕수 269면 등). 그러나 이에 대하여 채무자의 귀책사유로 특정물이 견본품과 달라지게 된 경우에는 매수인은 수령을 거절할 수 있어야 한다는 견해도 있다(김형배 656면; 김상용 444면). 이 견해는 급부된 특정물이 견본품과 다른 경우에는 그 차이가 법적 동일성을 유지할 수 있을 정도로 근소한 것이어야 하고, 또한 매도인에게 귀책사유가 없는 경우에만 변제의 제공으로 인정할 수 있다고 한다. 그러나 이러한 견해는 종류매매에서는 가능할지 모르나 특정물매매에서는 불가능하다고 할 것이다.

(나) 種類債務의 경우 종류채무에 있어서는 변제목적물의 종류 · 품질 · 수량이 계약내용에 적합하여야 한다. 따라서 이와 다른 물건, 즉 내용에 적합하지 않은 물건이 제공되었다면 유효한 제공이라고 할 수 없기 때문에 매수인은 수령을 거절할 수 있다. 수량이 부족한 경우에도 유효한 변제제공이라고 할 수 없으나, 근소한 부족은 신의칙상 유효한 것으로 본다(김형배 656면).

(다) 貨物相換證의 送付 상품을 송부하여야 할 경우에 있어서는 화물상환증을 송부하는 것이 현실의 제공이 된다는 것이 통설이다(곽윤직 255면; 김용한 501면; 김형배 656면; 김주수 438면; 김상용 445면 등).

(라) 受領의 期日과 場所가 特定되어 있는 경우 일정기일 또는 기간 내에 채권자가 일정한 장소에 와서 목적물을 수령하여야 하는 경우에는 채무자는 그 기일 또는 기간 중에 일정한 장소에서 물건을 보관하여 언제라도 채권자에게 인도할 수 있도록 해두는 것이 현실의 제공이 된다.

3) 債務者의 履行行爲와 同時에 債權者가 協力해야 할 債務

(가) 登記移轉債務 등기는 등기권리자와 등기의무자가 공동신청으로 하는 것이 원칙이다(부등법 제22조). 따라서 등기의무자인 채무자가 등기에 필요한 서류를 준비하

여 등기소에 출석함으로써, 그리고 등기와 상환으로 대금을 지급하여야 할 채무자는 대금과 등기에 필요한 서류를 준비하여 등기소에 출석함으로써 각각 현실의 제공이 된다. 그리고 쌍방대리에 의하여 등기신청을 하기로 약정한 경우에는 대리인에게 등기서류를 교부함으로써 현실의 제공이 된다. 판례는 부동산매매계약의 경우에 매도인이 매수인을 이행지체에 빠뜨리기 위하여 하여야 할 이행제공의 정도는 소유권이전등기에 필요한 서류 등을 준비하되 그 서류 등을 현실적으로 제공할 필요까지는 없고, 매수인에게 잔금지급과 아울러 이를 수령하여 갈 것을 최고함으로 족하다고 한다(대판 1992. 9. 22, 91다25703). 따라서 부동산매도인이 소유권이전등기서류를 모두 갖추어 매수인 앞에 제시하면 소유권이전등기의무의 이행제공이 되고, 매수인에게 교부하면 이행이 된다고 한다(대판 1998. 5. 26, 98다8172). 그리고 근저당권설정등기 있는 부동산을 매도하는 경우 매도인은 소유권이전등기에 필요한 서류 외에 근저당권 말소에 필요한 서류도 준비하여야 하며 근저당채무가 변제되었다는 것만으로는 부족하다고 한다(대판 1994. 10. 11, 94다24565). 한편 판례는 필요한 인감증명서를 제출하였으나 그 인감증명서상의 주소와 등기부상의 주소가 다른 때에는, 등기신청에 필요한 다른 서류를 모두 교부하였다 하더라도, 그 이행의 제공은 적법한 것이라고 할 수 없다고 한다(대판 1980. 1. 29, 79다1910).

[판 례]

부동산 매매계약의 경우에 매도인이 매수인을 이행지체에 빠뜨리기 위하여 소유권이전등기에 필요한 서류 등을 실제로 제공할 필요까지는 없으나, 최소한 위 서류 등을 준비하여 두고 그 뜻을 매수인에게 통지하여 잔금지급과 아울러 이를 수령하여 갈 것을 최고함은 필요하다(대판 1996. 7. 30, 96다17738).

(나) 同時履行의 關係에 있는 債務 쌍무계약상의 동시이행을 하여야 하는 채무에 있어서는 채무자는 상대방이 제공할 때까지 자기의 제공을 거절할 수 있다(제536조). 따라서 당사자의 일방이 상대방을 수령지체 · 이행지체에 빠뜨리기 위해서는 먼저 자기의 현실의 제공이 있어야 한다. 그러기 위하여 상대방은 언제든지 현실로 이행할 수 있는 준비를 완료하고 그 뜻을 통지하여 수령을 최고하여야 하며, 단순히 이행의 준비태세를 갖추고 있는 것만으로는 부족하다(대판 1994. 10. 11, 94다24565). 부동산매매계약에 있어서 매도인의 소유권이전등기의무도 이와 마찬가지이어서, 그 의무의 이행제공이 있었다고 하려면 언제든지 현실의 제공을 할 수 있을 정도로 등기에 필요한 서류를 모두 준비하고 그 뜻을 통지하여 수령을 최고하여야 한다(대판 2001. 5. 8, 2001다6013 · 6060 · 6077). 현

실의 제공이 계속되어야만 매수인이 동시이행의 항변권을 행사할 수 없다. 한 번의 이행의 제공으로 상대방의 동시이행의 항변권이 소멸되지 않는다(다수설. 대판 1995. 3. 14. 94다26646).

[판 례]

동시이행의 관계에 있는 쌍무계약에 있어서 상대방의 채무불이행을 이유로 계약을 해제하려고 하는 자는 동시이행의 관계에 있는 자기채무의 이행을 제공하여야 하고, 그 채무를 이행함에 있어 상대방의 행위를 필요로 할 때에는 언제든지 현실로 이행을 할 수 있는 준비를 완료하고 그 뜻을 상대방에게 통지하여 그 수령을 최고하여야만 상대방으로 하여금 이행지체에 빠지게 할 수 있는 것이며, 단순히 이행의 준비태세를 갖추고 있는 것만으로는 안 된다(대판 1992. 7. 24. 91다38723).

(2) 口頭의 提供

구두의 제공은 채무자가 변제준비의 완료를 통지하고 그 수령을 최고하는 것을 말한다(제460조 단서). 이 경우에 변제준비의 정도는 채권자가 그 뜻을 바꾸어 수령하겠다고 하면 이에 응하여 급부를 완료할 수 있는 것이어야 한다.

1) 債權者가 미리 受領을 拒絶한 경우 채무의 성질상 현실의 제공을 해야 하는 경우에도 채권자가 미리 수령을 거절한다면 공평의 관념상 채무자의 구두의 제공만으로 변제의 제공이 있는 것으로 본다. 예를 들어 채권자가 이유 없이 수령기일을 연기, 또는 계약을 해제할 것을 요구하거나, 자신이 부담하는 반대급부의 이행을 거절하는 등 명시적 · 묵시적으로 그 수령을 거절하는 경우에 채무자는 변제준비를 완료하고 그 수령을 최고하는 구두의 제공으로 족하다. 채무자의 구두의 제공으로 채권자는 수령지체에 빠지게 된다.

2) 채무의 이행에 債權者의 協力이 필요한 경우 채권자가 공급하는 재료에 가공하여야 할 채무 · 채권자의 추심행위가 선행되어야만 이행할 수 있는 채무 등 채권자의 행위를 협력을 요하는 채무에 협력하지 않으면 채무자는 구두의 제공으로 족하다. 구두의 제공이 있음에도 채권자가 협력하지 않으면 그것만으로 변제제공의 효력이 생기지만 구두의 제공에 응하여 채권자가 협력하면 채무자는 다시 현실의 제공을 하여야 한다.

(3) 口頭의 提供조차 필요하지 않는 경우

1) 回歸的 分割債務에서 채권자의 수령지체 예를 들어 지료 · 차임 · 월부금 등 분할적 또는 회귀적 급부채무에서 채무자가 1회의 급부를 제공하였으나 수

령자가 거절한 경우에 채무자는 이후의 급부에 대하여는 구두의 제공을 하지 않더라도 채무불이행책임을 지지 않는다. 이러한 지분적 채무는 어느 정도 독립성을 가지고 있으나, 여전히 기본채무와 관련되어 있으므로 채권자가 일부수령지체에 있는 경우에는 채무자는 차회 이후의 지분채무의 제공을 하지 않더라도 채무불이행책임을 면한다고 해석하는 것이 공평의 관념에 합치되기 때문이다.

2) 債權者의 受領拒絶의 意思가 명확한 경우 채권자가 변제를 수령하지 않을 의사가 명확하고, 그것이 번복될 가능성이 보이지 않는 경우에는 신의칙상 구두의 제공을 하지 않더라도 변제기가 도래하면 변제제공의 효과가 발생하여 채무불이행책임을 면한다고 보아야 할 것이다(대판 1976. 11. 9, 76다2218; 대판 1995. 4. 28, 94다16083). 그런데 이 경우에도 채권자지체에 빠뜨려 채권자에게 위험을 이전시키기 위하여는 변제의 제공을 하여야 하는지가 문제된다. 이에 관하여 판례는 민법 제400조 소정의 채권자지체가 성립하기 위해서는 민법 제460조 소정의 채무자의 변제제공이 있어야 하므로 채권자가 미리 수령을 거절한 경우에도 변제의 제공이 필요하다고 한다(대판 2004. 3. 12, 2001다79013).

[판 례]

(1) 부동산 매수인이 잔대금 지급의무를 이행하고 소유권이전등기를 넘겨받을 의사가 없음을 미리 표시한 것으로 볼 수 있는 객관적인 명백한 사정이 있는 경우에는 당사자 일방이 자기의 채무의 이행을 제공하지 않더라도 상대방의 이행지체를 이유로 계약을 해제할 수 있는 것으로, 매수인이 이를 번복할 가능성이 있다고 볼 만한 다른 특별한 사정이 없는 한, 이러한 경우까지 매도인에게 매수인을 이행지체에 빠뜨리기 위하여 구두제공의 방법으로라도 자기의 반대채무를 이행제공할 것을 요구할 것은 아니라고 볼 것이다(대판 1995. 4. 28, 94다16083).

(2) 채권자가 변제를 받지 아니할 의사가 확고한 경우(이른바, 채권자의 영구적 불수령)에는 구두의 제공을 한다는 것조차 무의미하므로 그러한 경우에는 구두의 제공조차 필요 없다고 할 것이지만, 그러한 구두의 제공조차 필요 없는 경우라고 하더라도, 이는 그로써 채무자가 채무불이행책임을 면한다는 것에 불과하고, 민법 제538조 제1항 제2문 소정의 '채권자의 수령지체 중에 당사자 쌍방의 책임 없는 사유로 이행할 수 없게 된 때'에 해당하기 위해서는 현실 제공이나 구두 제공이 필요하다(다만 그 제공의 정도는 그 시기와 구체적인 상황에 따라 신의성실의 원칙에 어긋나지 않게 합리적으로 정하여야 한다)(대판 2004. 3. 12, 2001다79013).

3. 辨濟提供의 效果

(1) 債務不履行責任의 免除

채무자는 변제의 제공을 한 때부터 채무불이행책임을 면한다(제461조). 따라서 채무불이행으로 인한 손해배상 · 지체이자 · 위약금의 청구를 당하지 않으며, 계약의 해제나 담보권의 실행을 당하지 않는다. 그러나 채무가 소멸되는 것은 아니기 때문에 여전히 본래의 채무를 이행할 의무를 부담하게 된다.

(2) 約定利子의 發生停止

채무자의 변제의 제공이 있게 되면 약정이자는 더 이상 발생하지 않는다. 그런데 채무자가 기한의 이익을 포기하여 변제기 전에 변제의 제공을 한 경우에 제공 후에도 약정이자를 지급하여야 하는지가 문제된다. 이에 관하여 학설은 (i) 변제기 전의 변제의 제공은 기한의 이익의 포기로서 채무의 내용에 좇은 것이 될 수 있는데, 이 경우에도 채무자로 하여금 약정이자를 지급하게 한다면 결과적으로 변제의 제공 후에도 지연이자를 지급하도록 하는 것이 되어 부당하므로 변제의 제공이 있은 때로부터 약정이자는 발생하지 않는다는 견해(곽윤직 263면; 김형배 662면). (ii) 변제기까지 약정이자의 지급을 기대하고 있던 채권자의 기대를 침해하여서는 아니 된다는 이유로, 변제기 이전의 변제는 변제기까지의 이자를 포함하여 변제되었을 때에 인정된다는 견해(김상용 448면), (iii) 기한의 이익이 채무자에게만 있어서 채권자에게 손해가 없는 경우에는 변제기까지의 이자를 지급할 필요가 없어서 제공시부터는 이자의 발생이 정지되나, 기한의 이익이 채권자에게도 있는 경우에는 변제기까지의 이자를 지급하여야 한다는 견해(송덕수 272면)로 나뉘고 있다.

생각건대 이것은 변제제공의 효과가 아니라 채권자지체의 효과에 관한 문제이다. 채무자는 당사자의 다른 의사표시가 없으면 기한의 이익을 포기할 수 있으나, 상대방의 손해는 배상하여야 한다(제468조). 따라서 (iii)설이 타당하다고 할 것이다.

(3) 同時履行의 抗辯權의 喪失

쌍무계약에 있어서 당사자 일방의 변제제공으로 상대방은 동시이행의 항변권을 상실한다(제536조). 그 결과 상대방은 자신이 이행의 제공을 하지 않으면 지체책임을 지게 된다. 이와 같이 상대방의 동시이행항변권을 상실시키려면 변제의 제공이 계속되어야 한다(통설. 대판 1993. 8. 24, 92다56490). 변제의 제공이 일시적이라면 상대방이 수령지체에 빠진 것은 별론으로 하고 상대방의 동시이행의 항변권은 소멸하지 않고, 따라서 상대방은 이행지체책임도 지지 않기 때문이다.

[판 례]

쌍무계약의 당사자 일방이 먼저 한 번 현실의 제공을 하고 상대방을 수령지체에 빠지게 하였다고 하더라도 그 이행의 제공이 계속되지 않는 경우에는 과거에 이행의 제공이 있었다는 사실만으로 상대방이 가지는 동시이행의 항변권이 소멸하는 것은 아니므로, 일시적으로 당사자 일방의 의무의 이행제공이 있었으나 곧 이행의 제공이 중지되어 더 이상 그 제공이 계속되지 아니하는 기간 동안에는 상대방의 의무가 이행지체 상태에 빠졌다고 할 수는 없다. 따라서 그 이행의 제공이 중지된 이후에 상대방의 의무가 이행지체 되었음을 전제로 하는 손해배상청구도 할 수 없다(대판 1995. 3. 14, 94다26646).

(4) 債權者遲滯의 성립

채무자가 변제의 제공을 하였음에도 불구하고 채권자가 이를 수령하지 않으면 채권자지체가 성립한다(제400조). 채권자지체의 법적 성질을 법정책임으로 보는 견해에 의하면 채무자의 변제의 제공과 더불어 채권자의 수령거절 또는 수령불능만 있으면 채권자의 지체책임은 성립한다. 그러나 채무불이행으로 보는 견해에 의하면 그 밖에 귀책사유와 위법성이 추가로 필요하다. 채권자지체를 법정책임으로 보는 견해는 변제제공의 효과는 채권자지체의 효과에 지나지 않아(제400조), 변제제공의 효과로서 채무자는 자기의 목적물의 제공·관리 및 보존에 지출한 증가비용을 채권자에게 청구할 수 있고, 또한 채무자의 주의의무가 경감된다고 한다. 그러나 채권자지체를 채무불이행책임으로 보는 견해에 의하면 이들 효과는 역시 채권자지체에서 생기는 것일 뿐, 변제제공의 효과와는 전혀 관련이 없는 별개의 것으로 된다.

(5) 種類債權의 特定

종류채권의 특정은 채무자의 일정한 행위, 즉 채무자가 「이행에 필요한 행위를 완료한 때」에 이루어지는바(제375조 제2항 참조), 「채무내용에 좇은 변제의 제공」을 한 때 종류채권은 특정된다.

사례해설

I. 계약의 자동해제요건

부동산매매계약에 있어서 매수인이 잔대금지급기일까지 그 대금을 지급하지 못하면 그 계약이 자동적으로 해제된다는 취지의 약정이 있더라도 특별한 사정이 없는 한 매수인의 잔대금지급의무와 매도인의 소유권이전의무는 동시이행관계에 있으므로 매도인이 잔대금 지급기일에 소유권이전등기에 필요한 서류를 준비하여 매수인에게 알리는 등 이행의 제공을 하여 매수인으로 하여금 이행지체에 빠지게 하였을 때에 비로소 자동적으로 매매계약이 해제된다고 보아야 하고 그 약정기한을 도과하더라도 이행지체에 빠진 것이 아니라면 대금미지급으로 매매계약이 자동해제된다고 볼 수 없다(대판 1993. 12. 28, 93다777).

따라서 사안에서도 B를 이행지체에 빠지게 하기 위한 A의 이행의 제공이 필요한지가 문제되고 그것이 필요하다면 그 내용은 무엇인지가 검토되어야 한다.

II. 변제의 제공의 요부

변제는 채무의 내용에 좇은 현실의 제공으로 함이 원칙이나 채권자가 미리 변제받기를 거절하거나 채무의 이행에 채권자의 행위를 요하는 경우에는 변제준비의 완료를 통지하고 그 수령을 최고하는 구두의 제공이 예외적으로 허용된다. 그러나 채권자의 수령거절의 의사가 명확한 경우에는 구두의 제공조차 필요 없다는 것이 다수설과 판례(대판 1976. 11. 9, 76다2218)의 입장이다. 사안에서 B가 수차에 걸쳐 지급연기를 요청한 것이 자신의 채무를 이행치 않고 A의 변제의 제공도 수령하지 않겠다는 뜻을 명백히 한 것인지가 문제되나 판례는 그것만으로는 채무불이행의 의사를 명백히 하였다고 볼 수는 없다고 판시한다(대판 1990. 11. 13, 90다카23882). 따라서 A는 현실의 제공을 하거나 적어도 구두의 제공을 하여야 B를 이행지체에 빠뜨릴 수 있다.

III. 변제의 제공의 내용

A가 잔금지급시까지 등기서류 일체를 B가 지정하는 자에게 제공하기로 약정하였다면, B가 잔금지급기일까지 이를 지정하지 아니한 경우라도 A로서는 B 명의로 소유권이전등기를 경료할 수 있도록 서류를 제공하거나 이에 이르지 못하더라도 이행장소에 인감을 소지하는 등 매수인이나 그가 지정하는 자에게 즉시 이전등기를 경료할 수 있을 정도로 이행의 제공을 하여야 한다(대판 1993. 12. 28, 93다777). 따라서 이러한 이행의 제공 없이 매매계약이 자동해제되었다고 주장할 수는 없다.

XI. 辨濟에 의한 代位(辨濟者代位 · 代位辨濟)

사례

A는 B에 대하여 7,000만원의 채권을 가지고 있으며 B는 이를 담보하기 위하여 자신의 가옥에 저당권을 설정하여 주었다. 한편, C는 B의 A에 대한 채무의 보증인으로서 A에 대하여 채무의 일부인 3,000만원을 변제하였다.

이 경우 C는 변제에 의하여 대위행사하는 권리를 A와 공동으로 행사하여야만 하는가? 만약, B의 잔여채무불이행으로 B의 가옥이 강제집행되어 4,000만원에 경락되었다면 이에 대한 A와 C의 권리행사 범위는 어떻게 결정되는가?

[중요논점]

I. 일부대위변제에 있어서 권리행사의 방법

1. 학설의 대립 2. 판례의 태도

II. 학설의 검토 및 사안에의 적용

1. 意 義

변제에 의한 대위란 제3자 또는 공동채무자(연대채무자 · 보증인 · 불가분채무자 등)의 1인이 채무자를 위하여 변제를 하면 그 변제자는 채무자 또는 다른 공동채무자에 대하여 구상권을 취득하는데, 그 구상권의 범위 내에서 종래 채권자가 채무자에 대하여 가지고 있던 채권 및 그 담보에 관한 권리가 변제자에게 이전하는 것을 말한다(제482조 제2항). 변제에 의한 대위는 변제자대위 또는 대위변제라고도 한다. 이러한 변제에 의한 대위는 대위변제자의 구상권의 실현을 확보하는 것을 목적으로 하는 제도이다. 우리 민법은 프랑스민법(제1249조 내지 제1252조)을 본받아 변제에 의한 대위를 제3자의 변제에 관하여 인정하고 있다.

2. 法的 性質

변제에 의한 대위의 법적 성질에 관하여 통설(곽윤직 263면; 김형배 702면; 김증한/김학동 365면; 김상용 451면; 송덕수 273면)은 제482조 제2항에 의한 법률상의 채권이전으로 해석한다(채권 이전설). 즉 채권자의 채권은 변제에 의하여 채권자 · 채무자 사이에서는 소멸하지만 변제자를 위해서는 그대로 존속하며, 그 변제자가 구채권자에 갈음하여 채권자가 되는 것으로 본다. 그 결과 변제자는 채무자에 대한 고유의 구상권과 대위에 의한 채권자의 채권을 행사할 수 있으므로 청구권의 경합이 생긴다. 판례도 통설과 마찬가지의 태도를 취하고 있다(대판 1996. 12. 26, 96다35774). 따라서 변제자가 어느 하나의 권리를 행사함으로써 그 목적을 달성한 경우에는 다른 권리는 소멸한다. 이에 대하여 변제자가 채권자의 권리를 이전받는 것이 아니라 채권자의 권리는 채권자에게 둔 채로 변제자의 명의로 그 권리를 행사할 권한을 가지는 데 불과하다는 견해도 있다(이은영 712면, 대위행사설). 생각건대 변제자대위의 경우에는 채권자는 이미 만족을 얻었으므로 채권 등이 아직도 그대로 남아 있을 수 없다. 따라서 변제자가 채권자의 권리를 대위 또는 행사할 수 있다는 것은 채권자의 권리가 변제자에게 이전된다는 의미로 해석하여야 한다.

3. 要 件

(1) 辨濟 기타로 債權者에게 滿足을 줄 것

변제자가 자기의 出財로 채무자(또는 공동채무자)를 위하여 채권자에게 만족을 주는 면책행위를 하였을 것이 필요하다. 변제는 물론이며(제480조·제481조), 공탁·기타 자기의 출재로 채무자의 채무를 면하게 한 경우에도 대위변제는 성립한다(제486조). 따라서 대물변제·공동채무자의 상계(제418조), 연대채무자 또는 연대보증인이 채권을 양수하거나 상속하여 혼동이 생긴 경우, 물상보증인 또는 저당부동산의 제3취득자가 저당권의 실행으로 소유권을 잃은 경우에도 변제한 것과 마찬가지로 대위가 허용된다. 그리고 채권자가 채권 전부가 아닌 그 일부에 관하여 만족을 받아도 그 일부의 범위에서는 대위할 수 있다(제483조).

(2) 辨濟者가 債務者에 대하여 求償權을 가질 것

변제자대위는 본래 변제자의 구상권의 실현을 확보하기 위한 제도이므로 변제자가 채무자에 대하여 구상권을 가져야 한다(제482조 제1항). 단, 구상권과 변제자대위로 인하여 취득하는 권리는 전혀 별개의 권리라는 것을 주의하여야 한다. 불가분채무자(제411조)·연대채무자(제425조)·보증인(제441조)·물상보증인(제341조·제355조·제370조)은 개별 규정에 의하여 구상권이 인정된다. 그 밖에 채무자의 부탁에 의하여 변제한 자는 위임사무처리비용의 상환청구(제688조)로서, 그리고 부탁 없이 채무자를 위하여 변제한 자는 사무관리의 비용상환청구(제739조)로서 구상권을 취득한다. 그러나 증여로서 변제한 경우에는 구상권이 생기지 않는다.

(3) 債權者의 承諾이 있거나 또는 辨濟할 正當한 利益이 있을 것

변제자대위가 인정되려면 채권자의 승낙이 있거나(임의대위), 변제할 정당한 이익이 있어야 한다(법정대위). 그리고 임의대위와 법정대위의 경우에 각각 일정한 요건을 갖추어야 한다.

1) 任意代位

(가) 成立要件 변제할 정당한 이익이 없는 자가 채무자를 위하여 변제를 한 경우에는 변제와 동시에 채권자의 승낙을 얻어 채권자를 대위할 수 있다(제480조 제1항). 이는 이해관계 없는 제3자가 채무자의 의사에 반하여 변제할 수 없게 한 것(제980조 제1항)과 균형을 맞추어 채권자의 의사에 반하여 대위할 수 없게 한 것이다. 여기서 채권자의 승낙은 채권자의 권리가 법률상 이전되는 데 대하여 허락하는 것으로 일종의 의사표시로서, 채권양도의 사실을 인정하는 관념의 통지에 지나지 않는 채권양도의 승낙과는 다른 것이다. 이러한 채권자의 승낙은 제3자의 변제와 동시에 행하여져야 한다(제480조 제1항). 그렇지 않으면 제3자의 변제에 의하여 채권 및 담보권이 소멸하게 될 위험이 있기 때문이다(김상용 454면). 물상보증인 및 담보물의 제3취득자에게 불측의 피해를 주지 않기 위해서이다. 채권자는 정당한 이유 없이 승낙을 거부할 수 없고, 변제를 수령한 채권자는 승낙한 것으로 추정된다.

(나) 債務者 및 第3者에 대한 對抗要件 임의대위의 경우에는 채무자는 대위여부나 채권자의 승낙여부를 알기가 어렵고, 대위하는 변제자와 제3자 즉 대위자와 양립할 수 없는 법률상의 지위를 취득한 자(대판 1996. 2. 23, 94다21160) 사이의 우열관계도 문제된다. 따라서 민법은 채무자를 보호하기 위하여 채권의 이전이라는 점에서 변제자대위와 유사한 지명채권양도에 관한 규정(제450조 내지 제452조)을 임의대위에 준용하고 있다. 따라서 채권자가 임의대위의 사실을 채무자에게 통지하지 않거나 채무자의 승낙이 없으면 변제자는 채무자에게 대항할 수 없으며(대판 1962. 1. 25, 4294민상183), 채무자 이외의 제3자에게 대항하기 위해서는 통지나 승낙이 확정일자 있는 증서로서 행하여져야 한다(제450조; 대판 1996. 2. 23, 90다21160).

[판 례]

임의대위에서는 대위변제자가 제3자에게 대항하기 위하여 확정일자 있는 증서에 의한 대위의 통지나 승낙이 필요하지만, 제3자라 함은 변제대위의 목적인 그 채권 자체에 관하여 대위변제자와 양립할 수 없는 법률상 지위에 있는 자만을 의미한다. 따라서 임금채권에 대하여 아무런 관련이 없는 사용자에 대한 근저당권부 채권자는 임금채권의 대위변제자가 대항요건을 갖추어야 할 제3자에 해당된다고 할 수 없으므로, 변제로 인한 임의대위자의 사용자에 대한 대위통지가 적법하게 된 이상 근저당채권자가 신청한 경매절차에서 경매개시결정으로 인한 압류의 효력이 발생한 날보다 그 대위통지일자가 늦다고 하더라도 대위에 영향이 없다(대판 1996. 2. 23, 94다21160).

2) 法定代位 변제할 정당한 이익이 있는 자는 법률상 당연히 채권자를 대위한다(제481조). 여기서 "당연히"는 「법률의 규정에 의하여」로 이해되고, 따라서 대위에 채권자의 승낙을 요하지 않는다는 것을 의미한다. 예를 들어 보증인이 자신의 출재로 채무자 대신에 채무를 변제하면 채권자가 채무자에 대하여 가지고 있던 채권 및 담보권이 보증인에게 법률상 당연히 이전된다. 이를 법정대위라고 한다.

"변제할 정당한 이익이 있는 자"란 변제를 함으로써 당연히 대위의 보호를 받아야 할 법률상의 이익을 가지는 자로서(대결 2012. 7. 16, 2009마461), 「변제하지 않으면 집행을 받게 될 지위에 있는 자」와 「변제하지 않으면 채무자에 대한 자기의 권리를 상실하게 되는 자」를 가리키며, 사실상의 이해관계를 가지고 있는 자는 포함되지 않는다(대판 1980. 4. 10, 89다카24834). 불가분채무자 · 연대채무자 · 보증인 · 물상보증인 · 담보물의 제3취득자(대판 1996. 10. 11, 91다25369)가 전자에 해당하고 · 후순위담보권자 · 채무자에 대한 일반채권자가 후자에 해당한다. 채무자에 대한 일반채권자도 우선하는 담보채권자의 권리의 실행으로 변제를 받지 못하는 경우가 있을 수 있기 때문이다(예: 담보물이 싼값에 처분되어 일반채권자가 변제를 받지 못하는 경우).

[판 례]

(1) 민법 제481조에 의하여 법정대위를 할 수 있는 '변제할 정당한 이익이 있는 자'라고 함은 변제함으로써 당연히 대위의 보호를 받아야 할 법률상의 이익을 가지는 자를 의미한다(대법원 1963. 7. 11. 선고 63다251 판결, 대법원 1990. 4. 10. 선고 89다카24834 판결 등 참조). 그런데 이행인수인이 채무자와의 이행인수약정에 따라 채권자에게 채무를 이행하기로 약정하였음에도 불구하고 이를 이행하지 아니하는 경우에는 채무자에 대하여 채무불이행의 책임을 지게 되어 특별한 법적 불이익을 입게 될 지위에 있다고 할 것이므로, 이행인수인은 그 변제를 할 정당한 이익이 있다고 할 것이다(대결 2012. 7. 16, 2009마461).

(2) 채권담보 목적의 가등기가 되어 있는 부동산을 시효취득하여 소유권이전등기청구권을 취득한 자가 있으나 그 등기 전에 채권자가 청산절차를 거치지 아니하고 가등기에 기하여 본등기를 경료한 경우에 시효취득자는 소유자에 대한 등기청구권을 보전하기 위하여 그 채권자에게 변제할 법률상의 권한이 있어 이해관계 있는 제3자에 해당한다(대판 1991. 7. 12, 90다17774).

4. 效 果

(1) 代位者·債務者 사이의 效果

1) 代位者의 權利行使의 範圍 채권자를 대위하는 자는 자기의 권리에 의하여 구상할 수 있는 범위에서 채권 및 담보에 관하여 채권자가 가지고 있었던 모든 권리를 채무자에 대하여 행사할 수 있다(제482조 제1항). 여기서「권리를 행사할 수 있다」는 것은 법률상 당연히 권리가 대위변제자에게 이전됨을 의미한다. 그리고「채권에 관한 권리」는 이행청구권·손해배상청구권·채권자대위권·채권자취소권 등을 말하며,「담보에 관한 권리」에는 질권, 저당권이나 보증인에 대한 권리 등과 같이 전형적인 물적·인적 담보뿐만 아니라, 채권자와 채무자 사이에 채무의 이행을 확보하기 위한 특약이 있는 경우에 그 특약에 기하여 채권자가 가지게 되는 권리도 포함된다(대판 1997. 11. 14, 95다11009). 판례는 근로기준법(제30조의2 제2항)상의 우선변제권이 있는 임금채권(대판 1996. 2. 23, 94다21160), 과세관청의 납세의무자에 대한 조세채권(대판 2009. 2. 26, 2005다32418), 압류나 양도가 금지된 권리(대판 2009. 12. 10, 2007다30171)도 변제자대위의 객체로 인정하고 있다. 그러나 구상권의 확보를 목적으로 하지 않고, 오로지 계약당사자의 지위에서만 행사할 수 있는 계약의 취소권이나 해제권·해지권은 대위의 객체가 될 수 없으며(제483조 제2항), 대여금 채권의 잔액을 대위변제한 자가 채권자로부터 근저당권의 일부를 양도받아 채권자를 대위하게 된 경우, 채권자의 채무자에 대한 담보권 외에 일부 대위변제자에 대한 우선변제특약에 따른 권리까지 당연히 대위하거나 이전받는다고 볼 수는 없다(대판 2001. 1. 19, 2000다37319). 또한 구상권과 변제자 대위권은 그 원본·변제기·이자·지연손해금의 유무 등에 있어서 그 내용이 다른 별개의 권리이므로, 대위변제자와 채무자 사이에 구상금에 관한 지연손해금 약정이 있더라도 이 약정은 구상금을 청구하는 경우에 적용될 뿐, 변제자대위권을 행사하는 경우에는 적용될 수 없다(대판 2009. 2. 26, 2005다32418).

대위변제자는 채권자가 판결 등의 집행권원을 가지고 있는 때에는 승계집행문을 받아 강제집행을 할 수도 있다(대판 2007. 4. 27, 2005다64033). 그리고 대위변제자는 채권자의 권리를 대위하지 않고 구상권을 행사할 수도 있는데(제540조), 이 경우 채무자는 채권자에 대하여 가졌던 모든 항변으로 대위변제자에게 대항할 수 있다. 또한 대위 전에 경매절차가 진행 중인 경우에는 대위변제자는 신청인(원채권자)의 지위를 승계하여 경매절차를 계속할 수 있다.

[판 례]

(1) 민법 제481조, 제482조 제1항에 의하면, 변제할 정당한 이익이 있는 자는 변제로 당연히 채권자를 대위하는 결과, 자기의 권리에 의하여 구상할 수 있는 범위에서 채권자의 채권 및 그 담보에 관한 권리를 행사할 수 있으므로, 채권자가 판결 등의 집행권원을 가지고 있는 때에는 변제자가 승계집행문을 받아 강제집행을 할 수도 있다고 할 것이다(대판 2007. 4. 27, 2005다64033).

(2) 채무자 소유의 부동산에 대한 후순위 저당권자에게는 자신의 담보권을 보전하기 위하여 채무자의 선순위 저당권자에 대한 채무를 변제할 정당한 이익이 인정되고, 한편 민법 제482조 제1항은 변제할 정당한 이익이 있는 자가 채무자를 위하여 채권을 대위변제한 경우에는 대위변제자는 자기의 권리에 기하여 구상할 수 있는 범위에서 채권자의 채권 및 담보에 관한 권리를 행사할 수 있다고 규정하고 있으므로 갑을 주채무자로 하고, 을을 연대보증인으로 한 채무를 담보하기 위하여 갑과 을의 공동소유인 부동산 전부에 관하여 선순위의 저당권이 설정된 후 갑 소유의 지분에 대하여서만 후순위 저당권을 취득한 자가 자신의 담보권을 보전하기 위하여 선순위 저당권자에게 당해 피담보채무를 변제한 경우에는 종전의 채권자인 선순위 저당권자의 채권 및 그 담보는 모두 대위변제를 한 후순위 저당권자에게 이전되고, 따라서 선순위 저당권자는 대위변제자인 후순위 저당권자에게 갑과 을의 공동소유인 부동산 전체에 대하여 대위변제로 인한 저당권이전의 부기등기를 마쳐 주어야 할 의무가 있다(대판 2002. 12. 6, 2001다2846).

2) 一部代位 채권의 일부에 대하여 대위변제가 있는 때에는 대위자는 그 변제한 가액에 비례하여 채권자와 함께 그 권리를 행사한다(제483조 제1항). 여기서 민법은 대위자·채권자 사이의 우열에 관해서는 명시하지 않고, 다만 「채권자와 함께 그 권리를 행사한다」고만 규정하고 있어서 그 해석이 문제되고 있다. 이에 관하여 학설은 (i) 대위자·채권자가 동등한 지위에서 채권을 공동행사할 수 있으나 일부변제자가 채무자의 보증인·물상보증인·저당부동산의 제3취득자인 경우에는 채권자의 권리가 우선한다는 견해(이은영 718면), (ii) 대위한 권리가 가분적인 경우에도 일부변제자는 이를 단독으로 행사할 수 없으며, 채권자가 권리를 행사하는 경우에 그 채권자와 함께 권리를 행사할 수 있을 뿐이고, 또한 채권자가 우선변제를 받는 것으로 보는 견해(곽윤직 265면; 김상용 456면; 김증한/김학동 368면), (iii) 대위자는 채권자와 공동으로 담보권을 행사하고 변제한 가액에 비례하여 경매대금의 분배를 받을 수 있다는 견해(김형배 710면)로 나뉘고 있다. 판례는 채권자가 대위자에 우선하여 변제받는다고 한다(대판 2004. 6. 25, 2001다2426). 생각건대 일부대위의 경우에는 채권자가 완전한 만족을 얻지 못하기 때문에 대위에 의하여 채권자

가 일부대위변제자보다 불리한 지위에 놓여서는 아니 될 것이다. 따라서 (ii)설과 같이 해석하는 것이 타당하다. 이와 같이 해석하면 보증인은 채권자가 권리를 행사할 때에만 채권과 함께 그의 권리를 행사할 수 있으며, 예를 들어 10억원의 저당권부 채권에 대하여 보증인이 4억원을 변제하였는데, 채권자가 저당권을 실행하여 경매대금으로 9억원을 받은 경우에는 채권자에게 우선변제권을 부여하여 경매대금에서 채권자가 채권의 잔액인 6억원을 먼저 변제받고 보증인은 그 나머지 3억원만 변제받게 되는 것이다.

채권자는 일부 대위변제자에 대하여 우선변제권을 가지나, 다만 일부 대위변제자와 채권자 사이에 변제의 순위에 관하여 별도의 약정을 한 경우에는 그 약정에 따라 변제의 순위가 정하여진다(대판 2010. 4. 8, 2009다80460). 그리고 별도의 약관에서 정한 변제충당의 규정 등이 적용될 수도 있다(대판 2009. 2. 26, 2007다5448).

근저당 거래관계가 계속되는 관계로 근저당권의 피담보채권이 확정되지 아니하는 동안에는 그 채권의 일부가 대위변제되었다 하더라도 그 근저당권이 대위변제자에게 이전될 수 없으나(대판 2000. 12. 26, 2000다54451), 그 근저당권에 의하여 담보되는 피담보채권이 확정되게 되면, 그 피담보채권액을 담보하고 남는 부분은 저당권의 일부 이전의 부기등기의 경료 여부와 관계없이 대위변제자에게 법률상 당연히 이전된다(대판 2002. 7. 26, 2001다53929).

한편 수인이 시기를 달리하여 채권의 일부씩을 대위변제한 경우에는, 그들은 각 일부대위변제자로서 그 변제한 가액에 비례하여 근저당권을 준공유하고 있다고 보아야 하고, 그 근저당권을 실행하여 배당함에 있어서는 다른 특별한 사정이 없는 한 각 변제채권액에 비례하여 안분 배당하여야 한다(대판 2006. 2. 10, 2004다2762).

[판 례]

(1) 변제할 정당한 이익이 있는 자가 채무자를 위하여 채권의 일부를 대위변제할 경우에 대위변제자는 변제한 가액의 범위 내에서 종래 채권자가 가지고 있던 채권 및 담보에 관한 권리를 취득하게 되고, 따라서 채권자가 부동산에 대하여 저당권을 가지고 있는 경우에는 채권자는 대위변제자에게 일부 대위변제에 따른 저당권의 일부이행의 부기등기를 경료해 주어야 할 의무가 있으나, 이 경우에도 채권자는 일부 대위변제자에 대하여 우선변제권을 가지고 있다(대판 1988. 9. 27, 88다카1797; 대판 1996. 12. 6, 96다35774).

(2) 변제할 정당한 이익이 있는 자가 채무자를 위하여 근저당권의 피담보채무의 일부를 대위변제한 경우에 대위변제자는 피담보채무의 일부대위변제를 원인으로 한 근저당권

일부이전의 부기등기의 경료 여부와 관계없이 변제한 가액의 범위 내에서 종래 채권자가 가지고 있던 채권 및 담보에 관한 권리를 법률상 당연히 취득하게 되는 것이나 이때에도 채권자는 대위변제자에 대하여 우선변제권을 가진다고 할 것인바, 이 경우에 채권자의 우선변제권은 피담보채권액을 한도로 특별한 사정이 없는 한 자기가 보유하고 있는 잔존 채권액 전액에 미친다고 할 것이고, 이러한 법리는 채권자와 후순위권리자 사이에서도 마찬가지라 할 것이므로 근저당권의 실행으로 인한 배당절차에서도 채권자는 특별한 사정이 없는 한 자기가 보유하고 있는 잔존 채권액 및 피담보채권액의 한도에서 후순위권리자에 우선해서 배당받을 수 있다(대판 2004. 6. 25, 2001다2426).

(3) 변제할 정당한 이익이 있는 자가 채무자를 위하여 근저당권의 피담보채무의 일부를 대위변제한 경우에는 대위변제자는 근저당권의 일부이전의 부기등기의 경료 여부에 관계없이 변제한 가액의 범위 내에서 종래 채권자가 가지고 있던 채권 및 담보에 관한 권리를 법률상 당연히 취득하게 되는 것이고(대판 2004. 6. 25, 2001다2426), 대위할 범위에 관하여 종래 채권자가 이미 배당요구를 하였거나 배당요구 없이도 당연히 배당받을 수 있었던 경우에는 대위변제자는 따로 배당요구를 하지 않아도 배당을 받을 수 있다(대판 2006. 2. 10, 2004다2762).

(4) 채권의 일부에 따라서 대위변제가 있는 때에는 민법 제383조 제2항에 의하여 그 변제한 가액에 비례하여 채권자의 권리를 행사할 수 있으므로, 수인이 시기를 달리하여 채권의 일부씩을 대위변제하고 근저당권 일부이전의 부기등기를 각 경료한 경우 그들은 각 일부대위자로서 그 변제한 가액에 비례하여 그 저당권을 준공유하고 있다고 보아야 하고, 그 근저당권을 실행하여 배당함에 있어서는 다른 특별한 사정이 없는 한 각 변제채권액에 비례하여 안분배당하여야 할 것이다(대판 2001. 1. 19, 2000다37319).

(5) 채권자와 어느 일부 대위변제자 사이에 변제의 순위나 배당금의 충당에 관하여 따로 약정을 한 경우에는 그 약정에 따라 배당의 방법이 정해지는바(대법원 2005. 7. 28. 선고 2005다19958 판결, 대법원 2009. 2. 26. 선고 2007다15448 판결, 대법원 2010. 4. 8. 선고 2009다80460 판결 등 참조), 이 경우에 채권자와 다른 일부 대위변제자들 사이에 동일한 내용의 약정이 있는 등의 특별한 사정이 없는 한 그 약정의 효력은 약정의 당사자에게만 미치므로, 약정의 당사자가 아닌 다른 일부 대위변제자가 대위변제액에 비례하여 안분 배당을 받을 권리를 침해할 수는 없다. 따라서 경매법원으로서는 ① 채권자와 일부 대위변제자들 전부 사이에 변제의 순위나 배당금의 충당에 관하여 동일한 내용의 약정이 있으면 그들에게 그 약정의 내용에 따라 배당하고, ② 채권자와 어느 일부 대위변제자 사이에만 그와 같은 약정이 있는 경우에는 먼저 원칙적인 배당방법에 따라 채권자의 근저당권 채권최고액의 범위 내에서 채권자에게 그의 잔존 채권액을 우선 배당하고, 나머지 한도액을 일부 대위변제자들에게 각 대위변제액에 비례하여 안분 배당하는 방법으로 배당할 금액을 정한 다음, 약정의 당사자인 채권자와 일부 대위변제자 사이에서 그 약정 내용을 반영하여 배당액을 조정하는 방법으로 배당을 하여야 한다(대판 2011. 6. 10, 2011다9013).

3) 代位辨濟와 解止 · 解除權 일부대위의 경우에 채무불이행을 원인으로 하는 계약을 해지 또는 해제권은 채권자만이 행사할 수 있다(제483조 제2항 전단). 변제에 의한 대위는 계약당사자의 지위를 이전하는 것은 아니므로, 계약의 취소권 · 해제권 · 해지권은 대위의 목적이 되지 않는다. 민법은 이 법리를 일부대위에 관하여서만 규정하고 있으나(제483조 제2항) 전부대위의 경우에도 마찬가지로 해석하여야 한다. 계약의 해지 · 해제는 계약당사자만이 할 수 있기 때문이다. 일부대위가 있었음에도 불구하고 채권자가 잔액채무의 불이행을 이유로 해지 · 해제하는 경우에는 채권자는 그 변제한 가액과 이자를 변제자에게 상환하여야 한다(제483조 제2항).

(2) 代位辨濟者 · 債權者 사이의 效果

1) 債權者의 債權證書 · 擔保物의 交付義務 채권의 전부를 대위변제받은 채권자는 그 채권에 대한 증서와 점유하는 담보물을 대위자에게 교부하여야 한다(제484조 제1항). 그리고 채권의 일부에 대한 대위변제가 있는 경우에는 채권증서에 그 대위를 기재하고 자기가 점유하고 있는 담보물의 보존에 관하여 대위변제자의 감독을 받아야 한다(제484조 제2항).

2) 債權者의 擔保保存義務

(가) 법정대위자가 있는 경우에 채권자의 고의 · 과실로 인하여 담보가 상실되거나 감소된 때에는 대위할 자는 그 상실 또는 감소로 말미암아 상환을 받을 수 없게 된 한도에서 그 책임을 면한다(제485조). 즉 채권자는 법정대위자를 위하여 담보를 보존할 의무가 있다. 여기서 담보라 함은 주된 채무를 담보하기 위한 인적 담보 또는 물적 담보를 말하며, 담보의 상실 또는 감소의 전형적인 예로는 채권자가 인적 담보인 보증인의 채무를 면제해주거나 물적 담보인 담보물권을 포기하거나 순위를 불리하게 변경하거나 담보물을 훼손하거나 반환하는 행위 등을 들 수 있다(대판 2000. 12. 12, 99다13669). 제485조의 규정은 임의규정이므로 당사자 사이의 합의(특약)에 의하여 본조의 규정을 배제할 수 있다(대판 1987. 3. 24, 84다카1324). 예를 들어 A가 B에게 1,500만원의 채권과 1,000만원 상당의 저당권을 가지고, C가 B를 보증하고 있는 경우에 채권자 A가 저당권을 포기하면 보증인 C는 1,000만원의 한도에서 채무를 면하게 된다.

[판 례]

경매절차에서 채권자의 착오로 실제 채권액보다 적은 금액을 채권계약서에 기재하여 경매법원에 제출함으로써 배당받을 수 있었던 채권액을 배당받지 못한 경우, 채권자가 채권계산서를 제대로 작성하였다면 배당을 받을 수 있었는데 이를 잘못 작성하는 바람에 배당을 받지 못한 금액 중 연대보증인이 연대보증한 채무에 충당되었어야 할 금액에 대하여는 채권자의 담보 상실, 감소에 관한 민법 제485조를 유추하여 연대보증인으로 하여금 면책하게 함이 상당하다 할 것이므로, 이와 같은 경우 연대보증인이 채권자에게 부담할 채무액은, 채권자가 채권계산서를 제대로 작성하였더라면 배당을 받을 수 있었던 금액을 법정충당의 방법으로 채권자의 각 채권에 충당한 다음 연대보증인이 연대보증한 채권 중 회수되지 못한 잔액이 있다면 그 금액이 된다고 할 것이다(대판 2000. 12. 8, 2000다51339).

(나) 민법 제485조에서 규정하고 있는 채권자의 고의 · 과실은 대위자의 존재여부에 관한 것이 아니라 법정대위의 대상이 되는 담보의 상실 또는 감소에 관한 고의 · 과실을 의미한다. 그런데 채권자가 저당권의 실행을 지체하고 있는 동안에 목적부동산의 가격이 하락된 경우에도 채권자의 고의 · 과실이 인정되어 법정대위자의 책임이 경감되는지가 문제된다. 이에 관하여 통설은 채권자는 변제기가 도래하여 저당권을 실행할 수 있었음에도 불구하고 실행을 하지 않은 것이 당시의 거래사정에 비추어 신의칙상 부당한 것이었다고 판단되면 담보물의 가치감소에 대하여 과실이 인정된다고 한다(곽윤직 268면; 김용한 562면; 김형배 793면).

(다) 담보의 상실 · 감소는 특별담보에 한하고 일반담보는 이에 해당하지 않는다. 따라서 채무자의 일반재산을 압류한 채권자가 압류를 해제하여도 보증인은 면책되지 않는다. 그러나 이미 성립하고 있는 담보뿐만 아니라 조건부로 성립한 담보도 포함하는 것으로 해석한다. 즉 이미 취득한 담보권을 포기한 경우에는 법정대위자는 면책된다(대판 1962. 3. 8, 4294민상637; 대판 1974. 7. 23, 74다257).

(라) 법정대위자의 면책의 범위를 결정하는 시기를 어느 시점으로 할 것인지가 문제된다. 이에 관하여 학설은 (i) 상실 또는 감소된 담보가 객관적으로 실행될 수 있었던 때를 기준으로 한다는 견해(통설. 곽윤직 269면; 김형배 716면; 김상용 461면; 김증한/김학동 372면)와 (ii) 담보의 상실 또는 감소가 확정된 때를 기준으로 한다는 견해(김현태 309면)가 대립한다. 한편 판례는 담보가 상실 또는 감소된 시점이라고 한다(대판 2001. 12. 24, 2001다42677). 생각건대 채권자는 담보권을 그 때 행사함으로써 그 금액에 상당하는 변제를 받았을 것임에도 불구하고 실행하지 않음으로써 그 금액을 상실한 것이므로 (i)설이 타당하다고 할 것이다. 따라서 담보상실 이후의 목적물의 가격하락 등은 고려되지 않는다(대판 2008. 12. 11, 2007다66590).

(마) 대위자가 면책되는 범위는 담보의 상실 또는 감소로 인하여 상환을 받을 수 없는 것에 한정된다. 따라서 담보가 상실된 경우에는 담보가 실행될 수 있는 때의 목

적물의 교환가치의 상당액이며(대판 2001. 10. 9, 2000다36283), 채권액을 훨씬 초과하는 부동산을 양도담보로 취득하였다가 그것을 상실하고 채권액에 미달하는 양도담보만을 갖게 된 경우에는 총채권액에서 잔존 양도담보 부동산가액을 뺀 나머지 액만큼이다(대판 1997. 10. 28, 97다28858).

[판 례]

채권자가 자신의 채권이나 담보권을 행사할지 여부는 채권자가 자유롭게 선택할 수 있는 영역에 속하는 것이므로 채권자가 제3자에 대하여 자신의 채권이나 담보권을 성실하게 행사하여야 할 의무를 부담하는 특단의 사정이 없는 한 채권자가 자신의 채권이나 담보권을 행사하지 않거나 포기하였다고 하여 이를 불법행위에 해당한다고 할 수 없는 것이고, 대위변제의 정당한 이익을 갖는 자가 채권자의 담보상실 또는 감소행위를 들어 민법 제485조의 소정의 면책을 주장할 수 있음은 별론으로 하더라도 대위변제의 정당한 이익을 갖는 자가 있다는 사정만으로 채권자가 자신의 채권이나 담보권을 성실히 행사하여야 할 의무를 부담한다고 할 수 없다(대판 2005. 11. 25, 2004다668341 · 66841).

(바) 민법 제485조는 임의규정이므로 법정대위권자는 채권자와의 특약으로 이 규정에 의한 면책이익을 포기하거나 면책의 사유와 범위를 제한 내지 축소할 수 있다. 그러나 면책특약이 신의칙에 반하는 경우에는 무효로 된다.

[판 례]

민법 제485조의 면책규정은 법정대위권자로 하여금 구상의 실을 거둘 수 있도록 하기 위하여 채권자에게 담보의 보존을 간접적으로 강제하는 취지의 규정으로서 그 규정 목적이 오로지 법정대위권자의 이익 보호에 있으므로 그 성질상 임의규정으로 보아야 할 것이고 따라서 법정대위권자로서는 채권자와의 특약으로서 위 규정에 의한 면책이익을 포기하거나 면책의 사유와 범위를 제한 내지 축소할 수 있다(대판 1987. 4. 14, 86다카520).

3) 債權者의 不當利得返還義務 일부의 대위변제가 있은 후에 채권자가 채무불이행을 이유로 계약을 해제(또는 해지)한 경우에, 이미 변제된 부분에 대해서도 채권은 처음부터 성립되지 않았던 것이 되므로, 채권자가 받은 변제는 비채변제가 된다(제742조 참조). 그런데 민법은 이 경우에 악의의 부당이득에 준하여 대위자에게 그 변제한 가액과 이자를 상환하도록 규정하고 있다(제483조 제2항 후단). 즉 채권자는 일부대위변제자에게 이미 변제받은 가액과 이자를 상환하여야 한다. 그러나 전부의 대위변제가 있

는 경우에는 채권 및 해제권은 소멸하므로 이득반환의 문제는 생기지 않는다.

4) 共同抵當에서 後順位抵當權者의 代位와 辨濟者代位

(가) 물상보증인 소유의 부동산에 대한 후순위저당권자의 대위 공동저당의 목적인 채무자 소유의 부동산과 물상보증인 소유의 부동산에 각각 채권자를 달리하는 후순위 저당권이 설정되어 있는 경우, 물상보증인 소유의 부동산에 대하여 먼저 경매가 이루어져 그 경매대금의 교부에 의하여 1번 저당권자가 변제를 받은 때에는 물상보증인은 채무자에 대하여 구상권을 취득함과 동시에 민법 제481조 · 제482조의 규정에 의한 변제자대위에 의하여 채무자 소유의 부동산에 대한 1번 저당권을 취득하고, 이러한 경우 물상보증인 소유의 부동산에 대한 후순위 저당권자는 물상보증인에게 이전한 1번 저당권으로부터 우선하여 변제를 받을 수 있다. 따라서 자기 소유의 부동산이 먼저 경매되어 1번 저당권자에게 대위변제를 한 물상보증인은 1번 저당권을 대위취득하고, 그 물상보증인 소유의 부동산의 후순위 저당권자는 1번 저당권에 대하여 물상대위를 할 수 있으므로, 물상보증인이 대위취득한 선순위 저당권설정등기에 대하여는 말소등기가 경료될 것이 아니라 물상보증인 앞으로 대위에 의한 저당권이전의 부기등기가 경료되어야 하고, 아직 경매되지 아니한 공동저당물의 소유자로서는 1번 저당권자에 대한 피담보채무가 소멸하였다는 사정만으로 말소등기를 청구할 수 없다(대판 2012. 7. 26, 2010다78708).

(나) 후순위저당권자의 대위에 대한 법정대위자의 면책규정의 유추적용 민법 제485조는 변제자대위(법정대위)의 경우에 적용되는 것으로서, 공동저당에서의 후순위저당권자의 대위의 경우에도 당연히 적용되지는 않는다고 할 것이다.

판례는 민법 제368조 제2항 후문이 유추적용됨에 따라 후순위저당권자가 사용자 소유 다른 부동산에 대한 경매절차에서 임금채권 우선변제권을 대위할 수 있는 기대를 가지게 된다고 하더라도, 이에서 더 나아가 채권자의 고의 · 과실로 담보가 상실 · 감소된 경우 그 한도에서 면책을 인정함으로써 변제자의 법정대위에 관한 기대권을 보호하고 있는 민법 제485조까지 이 경우에 유추적용할 수는 없으며, 민법 제485조는 변제할 정당한 이익이 있는 자의 출연에 의한 변제에 따른 구상권 및 대위에 대한 기대권을 두텁게 보호하기 위하여 특별히 마련된 조항이므로 구상권의 발생이 예상되지 않는 경우에 함부로 유추적용하는 것은 적절하지 않고, 이와 달리 유추적용을 인정하게 되면 후순위저당권자가 존재하는 경우 근로자로서는 사용자의 재산에 대하여 별개로 경매절차가 진행될 경우 해당 재산의 책임분담액에 맞추어 개별

경매절차마다 일일이 임금채권 우선변제권을 행사하지 않으면 그 한도에서 우선변제권이 배제되는 불이익을 입게 되는바, 이는 근로자에게 지나친 비용과 노력을 요구하는 것이어서 근로자의 생활안정을 위하여 임금채권을 강하게 보장하고자 하는 근로기준법의 입법 취지에 현저히 반하는 결과를 초래하기 때문이라고 하면서 근로자가 후순위저당권자가 존재하는 사용자의 재산에 대하여 임금채권 우선변제권을 행사하는 경우에 바로 민법 제485조를 유추적용하여 근로자의 고의·과실로 후순위저당권자의 대위에 관한 기대를 침해한 한도에서 임금채권 우선변제권이 배제되거나 제한된다고 볼 수는 없다고 한다(대판 2006. 12. 7, 2005다77558).

(3) 法定代位者 相互間의 效果

동일한 채권에 관하여 법정대위자가 다수인 경우에는 각자의 구상권에 관하여 혼란을 피하고 상호간의 공평을 기하기 위하여 민법은 대위의 순서와 비율에 관하여 자세한 규정을 두고 있다(제482조 제2항). 한편 민법은 연대채무자 상호간(제424조 이하), 공동보증인 상호간(제448조)의 구상관계에 관하여는 별도의 규정을 두고 있다. 따라서 이들은 위의 특별규정에 의한 구상권의 범위 내에서 제482조 제1항의 변제자대위가 인정된다.

1) 保證人과 傳貰物이나 抵當物의 第3取得者와의 관계

(가) 保證人이 辨濟한 경우 보증인은 전세물이나 저당물의 권리를 취득한 제3자에 대하여 전액에 관하여 채권자에 대위한다. 그러나 보증인이 변제한 때에 채권자를 대위하기 위해서는 미리 전세권이나 저당권의 등기에 대위의 부기등기를 하여야 한다(제483조 제2항 제1호). 이것은 보증인의 변제로 전세권이나 저당권이 소멸한 줄 믿고 그 목적 부동산의 권리를 취득한 제3취득자를 불측의 손해로부터 보호하기 위한 것이다. 여기서 「미리」의 표준이 되는 시점에 관하여 학설은 (i) 보증인이 변제한 후 변제에 의하여 담보권이 소멸한 것으로 믿고서 제3취득자가 취득하기 전으로 보는 견해(통설. 곽윤직 266면; 김용한 549면; 김주수 406면; 김형배 790면; 김상용 458면; 송덕수 278면), (ii) 보증인의 변제 전후를 불문하고 제3취득자의 취득 전으로 보는 견해(김현태 305면)로 나뉘고 있다. (i)설에 의하면 대위의 부기등기는 언제나 본등기를 하게 된다. 그러나 (ii)설에 의하면 변제 전이면 대위의 부기의 가등기를 하고 변제 후이면 대위의 부기등기를 하여야 된다. 생각건대 제483조 제2항에서 미리 대위의 부기등기를 하도록 규정하고 있는 것은 제3취득자로 하여금 보증인의 대위가능성을 알게 하고자 하는 데 있으므로 보증인이 변제한 후에라도 보증인의 변제에 의하여 담보권이 소멸한 것으로 믿고서 제3취득자가 취득하기 전에 대위의 부기등기를 하면 될 것이다. 제3취득자는 채권자의 담보권실행을 감수

하고 전세물이나 저당물을 취득한 것이기 때문에 변제자대위로 보증인에 의하여 담보권이 실행되더라도 불측의 손해를 입었다고 할 수 없다. 따라서 (i)설이 타당하다. 즉 보증인의 변제 후 제3취득자의 취득 전에 대위의 부기등기를 한 경우에만 보증인의 제3취득자에 대한 변제자대위가 인정된다.

(나) 第3取得者가 辨濟한 경우 보증인은 제3취득자에 대하여 채권자에 대위하나, 반대로 제3취득자는 변제할 수 있으나 보증인에 대하여 채권자를 대위하지 못한다(제482조 제2항 제2호). 보증인은 채무자의 부동산에 설정된 채권자의 저당권이나 전세권을 신뢰하였을 것이나, 제3취득자는 담보의 부담을 각오하고 부동산을 취득한 것이므로 특별히 보호할 필요가 없기 때문이다.

2) 保證人과 物上保證人의 관계 보증인이나 물상보증인이 채권자를 만족시킨 경우에는 주채무자에게 전액을 구상할 수 있다. 그러나 수인의 보증인이나 물상보증인이 있는 경우에 주채무자에 대한 구상권만 인정한다면 채권자를 먼저 만족시킨 자가 주채무자의 무자력에 따른 불이익을 입게 된다. 그리하여 민법은 주채무자의 자력 유무와 관계없이 다른 보증인이나 물상보증인에 대하여 부분구상을 인정하고 있다. 즉 수인의 보증인과 물상보증인은 그 인원수에 비례하여 채권자를 대위한다(제482조 제2항 제5호 본문). 따라서 보증인과 물상보증인의 지위를 겸하고 있는 경우에도 1인으로써 인원수를 계산하여야 한다. 그리고 물상보증인이 수인인 경우에는 먼저 보증인의 부담부분을 제외하고 잔액에 관하여 물상보증인들이 각자의 재산가액에 비례하여 채권자를 대위한다(제482조 제2항 제5호 단서 전문). 예를 들어 100만원의 채무에 관하여 A · B가 보증인이 되고 C는 60만원의 부동산을, D는 40만원의 부동산을 저당물로 제공하였는데, A가 100만원을 변제한 경우에는 보증인 B에게는 인원수에 비례하여 25만원의 한도에서 채권자의 보증채권(제482조 제2항 본문)을, 보증인 A · B의 부담부분 50만원을 제외한 잔액 50만원 중 C에 대해서는 30만원, D에 대해서는 20만원에 관해서 채권자의 공동저당권(제482조 제2항 단서 전문)을 대위하게 된다.

민법은 「이 경우에 물상보증인이 제공한 재산이 부동산일 때에는 제482조 제1항 제1호의 규정을 준용한다」고 규정한다(제482조 제2항 제5호 단서 후문). 그런데 이 규정의 해석에 관하여 견해가 대립한다. (i) 다수설은 물상보증인이 제공한 재산이 부동산인 경우에는 보증인은 대위의 부기등기를 하여야만 변제 후에 물상보증인으로부터 담보부동산을 취득한 제3취득자에 대하여 채권자를 대위할 수 있다고 한다(곽윤직 267면; 김용한 550면; 김형배 712면; 이은영 721면). (ii) 소수설은 물상보증인이 수인인 경우 그 중 일부의 물상보증인이 다른 물상보증인에 대하여 대위할 경우에 미리 대위의 부기등기를 하지 않으면 그 저당물을 취득한 제3취득자에 대하여 대위를 할 수 없다고 한다(김상용 459면; 송덕수 279면). (ii)설은 이 조항을 단서에 한정되는 것으로 해석하고, (i)설은 본문에 관한 것으로 해석한다. 그리고 판례는 (ii)설과 같은 입장을 취하고 있다(대판 1990. 11. 9, 80다카10305). 생각건대 보증인의 경우에는 이미 제482조 제2항 제1호에서 대위의 부기등기를 하여야 된다고 규정하고 있으므로 (i)설과 중복된다. 따라서 대위의 부기등기의 주체를 물상보증인으로 보는 (ii)설과 판례와 같이 해석하는 것이 타당하다고 할 것이다.

[판 례]

(1) 타인의 채무를 변제하고 채권자를 대위하는 대위자 상호간의 관계를 규정한 민법 제482조 제2항 제5호 단서에서 대위의 부기등기에 관한 제1호의 규정을 준용하도록 한 취지는 자기의 재산을 타인의 채무의 담보로 제공한 물상보증인이 수인인 때 그 중 일부의 물상보증인이 채무의 변제로 다른 물상보증인에 대하여 채권자를 대위하게 될 경우에 미리 대위의 부기등기를 하여 두지 아니하면 채무를 변제한 뒤에 그 저당물을 취득한 제3채무자에 대하여 채권자를 대위할 수 없도록 하려는 것이라고 해석되므로 자신들 소유의 부동산을 채무자의 채무의 담보로 제공한 물상보증인들이 채무를 변제한 뒤 다른 물상보증인 소유 부동산에 설정된 근저당권설정등기에 관하여 대위의 부기등기를 하여 두지 아니하고 있는 동안에 제3취득자가 위 부동산을 취득하였다면 대위변제한 물상보증인들은 제3취득자에 대하여 채권자를 대위할 수 없다(대판 1990. 11. 9, 90다카10305).

(2) [1] 민법 제482조 제2항 제1호와 제2호에서 보증인에게 대위권을 인정하면서도 제3취득자는 보증인에 대하여 채권자를 대위할 수 없다고 규정한 까닭은, 제3취득자는 등기부상 담보권의 부담이 있음을 알고 권리를 취득한 자로서 그 담보권의 실행으로 인하여 예기치 못한 손해를 입을 염려가 없고, 또한 저당부동산에 대하여 소유권, 지상권 또는 전세권을 취득한 제3자는 저당권자에게 그 부동산으로 담보된 채권을 변제하고 저당권의 소멸을 청구할 수 있으며(민법 제364조), 저당물의 제3취득자가 그 부동산의 보존, 개량을 위하여 필요비 또는 유익비를 지출한 때에는 저당물의 경매대가에서 우선상환을 받을 수 있도록(민법 제367조) 하는 등 그 이익을 보호하는 규정도 마련되어 있으므로, 변제자대위와 관련해서는 제3취득자보다는 보증인을 보호할 필요가 있기 때문이다. 그러나 저당부동산에 대하여 후순위 근저당권을 취득한 제3자는 민법 제364조에서 정한 저당권소멸청구권을 행사할 수 있는 제3취득자에 해당하지 아니하고, 달리 선순위 근저당권의 실행으로부터 그의 이익을 보호하는 규정이 없으므로 변제자대위와 관련해서 후순위 근저당권자보다 보증인을 더 보호할 이유가 없으며, 나아가 선순위 근저당권의 피담보채무에 대하여 직접 보증책임을 지는 보증인과 달리 선순위 근저당권의 피담보채무에 대한 직접

변제책임을 지지 않는 후순위 근저당권자는 보증인에 대하여 채권자를 대위할 수 있다고 봄이 타당하므로, 민법 제482조 제2항 제2호의 제3취득자에 후순위 근저당권자는 포함되지 아니한다(대판 2013. 2. 15, 2012다48855).

[2] 민법 제482조 제2항 제2호의 제3취득자에 후순위 근저당권자가 포함되지 않음에도 같은 항 제1호의 제3자에는 후순위 근저당권자가 포함된다고 하면, 후순위 근저당권자는 보증인에 대하여 항상 채권자를 대위할 수 있지만 보증인은 후순위 근저당권자에 대하여 채권자를 대위하기 위해서는 미리 대위의 부기등기를 하여야만 하므로 보증인보다 후순위 근저당권자를 더 보호하는 결과가 되는데, 이러한 결과는 법정대위자인 보증인과 후순위 근저당권자간의 이해관계를 공평하고 합리적으로 조절하기 위한 민법 제482조 제2항 제1호와 제2호의 입법 취지에 부합하지 않을뿐더러 후순위 근저당권자는 통상 자신의 이익을 위하여 선순위 근저당권의 담보가치를 초과하는 담보가치만을 파악하여 담보권을 취득한 자에 불과하므로 변제자대위와 관련해서 후순위 근저당권자를 보증인보다 더 보호할 이유도 없다. 이러한 사정들과 민법 제482조 제2항 제1호와 제2호가 상호작용하에 법정대위자 중 보증인과 제3취득자의 이해관계를 조절하는 규정인 점 등을 종합하여 보면, 보증인은 미리 저당권의 등기에 그 대위를 부기하지 않고서도 저당물에 후순위 근저당권을 취득한 제3자에 대하여 채권자를 대위할 수 있다고 할 것이므로 민법 제482조 제2항 제1호의 제3자에 후순위 근저당권자는 포함되지 않는다(대판 2013. 2. 15, 2012다48855).

3) 第3取得者 相互間의 관계 제3취득자가 수인 있는 경우에는 그 중 1인은 각 부동산의 가격에 비례하여 다른 제3취득자에 대하여 채권자를 대위한다(제482조 제2항 제3호). 예를 들어 B(채무자)의 A(채권자)에 대한 800만원의 채무를 담보하기 위하여 甲가옥(시가 600만원)과 乙가옥(시가 400만원)에 저당권을 설정하고 있는 경우, 제3자 X가 甲가옥을 취득하고 Y가 乙가옥을 취득해서 X가 제3자의 변제에 의하여 대위권을 취득하면 乙가옥 위의 저당권을 행사할 수 있게 되지만, X가 乙가옥상의 저당권을 행사할 수 있는 금액은 채권액의 10분의 4(800 × 4/6+4), 즉 320만원이다. 반대로 Y가 제3자의 변제로 대위권을 취득한 경우에는 Y가 甲가옥상의 저당권을 행사할 수 있는 금액은 10분의 6(800만원 × 6/6+4), 즉 480만원이 된다.

4) 物上保證人 相互間의 관계 물상보증인이 수인 있는 경우에는 제3취득자 상호간에 있어서와 같이 각 담보재산의 가액에 비례하여 다른 물상보증인에 대하여 채권자를 대위한다(제482조 제2항 제4호). 이 경우에도 변제한 물상보증인이 다른 물상보증인으로부터 담보부동산을 취득한 제3취득자에 대하여 대위하기 위하여는 변제 후

제3취득자의 취득 전에 대위의 부기등기를 하여야 한다(대판 1990. 11. 9, 90다10305).

5) 連帶債務者 相互間의 관계 변제를 한 1인의 연대채무자는 다른 연대채무자에 대하여 각자 부담부분에 대하여 구상할 수 있으므로(제425조), 그 범위에 있어서는 대위할 수 있다.

6) 保證人 相互間의 관계 보증인 상호간에 분별의 이익이 있는 경우에는 어느 보증인이 자기부담부분을 넘어 변제하면 다른 보증인에 대해서는 사무관리가 되어 부탁을 받지 않은 보증인이 변제한 경우와 유사하므로 제448조 제1항은 부탁을 받지 않은 보증인의 구상권에 관한 제444조의 규정을 준용하고 있어 그 범위에서 대위할 수 있다. 그리고 분별의 이익을 갖지 않은 경우에는 제448조 제2항에 의하여 연대채무자의 구상권에 관한 제425조 내지 제427조의 규정이 준용되므로 그 범위에서 대위할 수 있다. 연대채무자나 불가분채무자와 보증인과의 사이에 관하여는 제447조의 규정에 의하여 구상범위가 정하여진다.

[판 례]

연대보증인 중 1인이 변제 기타 자기의 출재로 공동면책이 된 때에는 민법 제448조 제2항, 제425조에 의하여 다른 연대보증인의 부담부분에 대하여 구상권을 행사할 수 있는 것과는 별개로 민법 제481조에 의하여 당연히 채권자를 대위하여 주채무자에 대하여 구상권의 범위 내에서 채권자로 되고, 위 연대보증인에 대하여 자기의 부담부분에 대하여 상환을 하는 다른 연대보증인은 그의 상환액을 다시 주채무자에 대하여 구상할 수 있고 이 구상권의 범위 내에서는 그 자는 공동면책시킨 위 연대보증인이 당초 채권자를 대위하여 가지는 권리를 다시 대위취득할 수 있다(대판 2012. 6. 14, 2010다11651).

사례해설

I. 일부대위변제에 있어서 권리행사의 방법

1. 학 설

채권의 일부에 대하여 대위변제가 있는 때에는 대위자는 그 변제한 가액에 비례하여 채권자와 함께 그 권리를 행사한다(제483조 제1항). 독일이나 프랑스민법은 일부대위로 채권자에게 불이익을 끼칠 수 없고 채권자가 일부대위자보다 우선한다는 것을 명문으로 규정하고 있으나 우리 민법 제481조 제1항은 그러한 취지를 명정하지 아니하여 해석론상 견해가 대립된다. 이에 관하여 단독행사설(소수설)은 채권자의 우선권을 부정하고 대위자는 채권자와 평등한 지위에서 공동행사할 수 있지만 채권자의 권리가 可分인 때에는 따로 행사하여도 무방하다고 한다. 반면에 공동행사설(다수설)은 일부대위자는 대위한 권리가 비록 가분이라고 하더라도 단독으로 행사하지는 못하고 채권자가 권리를 행사하는 경우에는 그 채권자와 함께 그 권리를 행사할 수 있을 뿐이며 변제에 관하여서도 채권자가 우선하는 것으로 해석한다. 다만 공동행사설의 입장에 서면서도 변제에 의한 만족에 있어서는 가액에 비례하여 배분하여야 한다는 견해도 있다. 그리고 절충설은 권리행사의 면에서는 각자가 단독으로 행사하는 것을 원칙으로 하되 일방의 권리행사가 타방을 해치게 될 경우에 한하여 분할행사를 금지하고 권리만족의 면에서는 부득이하게 일부대위자가 채권자보다 열위에 놓인다고 주장한다.

2. 판 례

판례는 변제할 정당한 이익이 있는 자가 채무자를 위하여 채권의 일부를 대위변제한 경우에 채권자가 부동산에 대하여 저당권을 가지고 있을 때에는 채권자는 대위변제자에게 일부의 대위변제에 따른 저당권의 일부이전의 부기등기를 경료하여 주어야 할 의무가 있지만, 채권자는 일부의 대위변제자보다 우선변제권을 가지는 것으로 본다(대판 1988. 9. 27, 88다카1797). 따라서 기본적으로 공동행사설의 입장에 가깝다.

II. 학설의 검토 및 사안에의 적용

생각건대, 변제에 의한 대위는 채무자 이외의 변제자의 채무자에 대한 구상권을 뒷받침하기 위한 부수적 제도로 보아야 하며 보증인 등의 변제에 의하여 오히려 채권자를 불이익하게 하는 것은 인적·물적 담보제도 및 대위제도의 취지에 비추어 바람직하지 않으므로 다수설인 공동행사설이 타당하다고 보아야 한다. 따라서 C는 A와 공동으로 A가 B에 대하여 갖는 채권과 저당권을 행사할 수 있을 뿐이며, A가 잔존채무 4,000만원을 변제받기 위하여 B의 가옥을 경매한 결과 4,000만원에 경락되었다면 그 4,000만원은 A가 단독으로 차지하게 된다(공동행사설 중 별개의견과 단독행사설에 의하면 4,000만원을 A와 C는 4:3의 비율로 나누어 갖게 된다).

第3節 代物辨濟

사례

A는 B에 대하여 1,000만원의 대여금을 보유한 자로서 그러한 채권과 관련하여 B가 C에 대하여 가지고 있는 1,000만원의 물품대금채권을 양수받았고 민법 제450조에 의한 대항요건도 구비하였다. 특히 A는 이러한 채권양수를 승낙하였으며 C는 A에게 양수금의 지급을 확약한다는 취지의 각서를 작성하고 공증하여 A에게 교부하였다. 이 경우 B의 A에 대한 기존채무는 소멸한 것으로 볼 수 있는가? (대판 1991. 4. 9, 91다2526 사안).

[중요논점]
Ⅰ. B의 채권양도가 대물변제에 해당되는지의 여부
Ⅱ. 채권양수인의 승낙에 대한 평가

Ⅰ. 意　義

대물변제란 채무자가 부담하고 있는 본래의 급부에 갈음하여 다른 급부를 현실적으로 이행함으로써 채권을 소멸시키는 변제자와 채권자 사이의 계약을 말하며, 변제와 같은 효력을 가진다(제466조). 예를 들어 貸主로부터 10만원을 빌려 쓴 借主가 변제기에 갚을 능력이 없자 대주의 승낙을 얻어 10만원 상당의 전자제품으로 대신 인도하는 경우가 이에 속한다. 대물변제는 채무의 이행방법의 하나이지만, 다만 그 내용이 대물이라는 점에서 변제와 다르다. 대물변제는 본래의 급부와 상이한 급부를 함으로써 채권을 소멸시키는 점에서 경개와 비슷하나, 본래의 급부와 다른 급부를 현실적으로 하여야 하는 점에서 단순히 다른 급부를 하여야 할 새로운 채무를 부담하는 데 그치는 경개와 다르다.

Ⅱ. 法的 性質

1. 學　說

(1) 契約說　대물변제는 당사자 사이의 합의, 즉 채권자의 승낙에 의하여 본래의 급부에 갈음하여 대물급부를 하는 것이므로 그 성질을 계약으로 파악하는 견해이다(다수설. 곽윤직 269면; 김증한/김학동 374면; 송덕수 282면 등). 즉 대물급부는 소멸하는 본래의 급부의 대가라는 의미를 가지는 점에서 유상계약이며, 대물변제는 채권자와 변제자 사이의 합의에 의하여 그 효력이 발생하지만 계약 외에도 본래의 채무에 갈음하여 대물급부가 현실적으로 행해지는 경우에만 변제로서의 효력이 발생한다는 점에서 요물계약이라고 한다. 이와 같이 다수설이 대물변제를 유상계약으로 파악하는 것은 인도한 대물에 흠이 있는 경우에 채무자에게 매도인의 담보책임을 부담시키기 위한 것이라고 한다. 그러나 이러한 견해는 명문의 규정이 없는 민법의 해석으로 모든 대물변제자에게 담보책임을 부담시키는 것은 옳지 않으며, 대물변제와 대물변제계약은 별개의 개념으로서, 대물변제에 반드시 대물변제계약이 필요한 것은 아니라고 비판되고 있다.

(2) 辨濟說 대물변제는 채무자의 대물의 변제제공과 채권자의 그에 대한 승낙과 수령에 의하여 완료되는 변제라는 견해이다(김형배 718면; 김상용 467면). 이 견해는 그 근거로 ① 대물변제는 대물급부의 실현에 의하여 기존채무를 소멸시키는 것으로서, 당사자 사이의 합의는 거기에 부수되는 것에 불과하므로 그 본질은 변제이지 계약은 아니라는 점, ② 대물변제란 현실적 대물급부에 대하여 당사자의 합의가 이루어질 때 「변제의 효과가 발생」하는 데 지나지 않고, 이에 의해 이행의 문제가 남지 않기 때문에 요물계약이라고 할 수 없다는 점, ③ 대물변제에 의하여 새로운 계약관계가 설정되는 것은 아니며, 단지 당사자의 합의에 의하여 대물급부로써 본래의 채무가 이행된 것으로 한다는 측면에서 계약의 외형을 가지고 있는 것에 불과하므로 대물변제 자체는 유상계약이라고 할 수 없다는 점을 들고 있다. 다만 이 견해는 채무의 발생 원인이 매매 · 임대차 · 이자부 소비대차와 같은 유상계약의 경우에는 대물변제에 대하여 매도인의 담보책임에 관한 규정을 유추적용할 수 있다고 한다.

(3) 변칙적 변제설 대물변제는 채무의 이행방법의 하나로서, 이행의 내용이 본래의 급부가 아니라 대물이라는 점이 변제와 다르며, 대물변제는 반드시 채권자의 승낙을 필요로 하는 변칙적인 변제방법이라고 하는 견해이다(이은영 728면). 즉 대물변제는 채무자의 대물의 변제제공과 채권자의 그것에 대한 승낙과 수령에 의하여 완료되는 변칙적인 변제라고 한다.

2. 判 例

종래의 판례는 대물변제의 성립은 채무자의 본래의 급여에 갈음하여 다른 급여를 현실적으로 함을 요한다고 함으로써(대판 1962. 2. 8, 4294민상499), 대물변제를 현실적으로 다른 급부를 하는 데 초점을 두었을 뿐, 그것이 계약인지의 여부에 관하여는 판단하지 않고 있었다. 그러나 최근의 판례에서는 대물변제란 본래의 채무에 갈음하여 다른 급부를 현실적으로 하는 때에 성립하는 요물계약으로 그 급부가 소유권이전일 때에는 그 이전등기가 마쳐져야 본래의 채무가 소멸하고, 그 이전등기가 경료하지 아니하는 한 대물변제의 예약에 불과하여 본래의 채무가 소멸하지 아니한다(대판 1987. 10. 26, 86다카1755; 대판 1995. 9. 15, 95다13371)고 함으로써 계약설을 취하고 있다.

3. 私 見

대물변제는 본래의 급부에 갈음하여 다른 급부를 함으로써 채권을 소멸케 하는 것이다. 따라서 채무자는 다른 급부(대물)로 변제할 의사를 채권자에 대하여 표시하여야 하고, 채권자가 이를 수령할 의사표시, 즉 승낙을 하여야만 한다. 즉 채권자와 채무자 사이의 대물변제에 관한 의사표시가 합치되어야만 한다. 물론 대물변제도 변제의 일종으로 채권이 소멸한다는 면에서는 준법률행위 또는 사실행위로 볼 수도 있을 것이다. 그러나 대물변제의 경우에는 본계약과는 별도로 다른 급부로 변제하는 데 대한 당사자 사이의 합의가 있어야만 하므로, 그 법적 성질은 변제를 위한 계약이라고 할 것이다. 그런데 대물변제는 본래의 급부와 다른 급부를 하겠다는 약속만으로는 이루어지지 않고, 그 다른 급부가 현실적으로 이루어져야만 한다. 따라서 대물변제는 요물계약이라고 할 것이다. 즉 채권을 발생시키는 채권계약의 한 종류가 아니라 채권을 소멸시키는 일종의 이행계약 내지 준물권계약이되, 급부가 있어야 성립한다는 의미에서 요물계약인 것이다(동지. 송덕수 282면). 그리고 대물변제에서의 채무자의 다른 급부는 소멸하는 본래급부의 대가라고 할 수 있으므로, 그것은 일종의 유상계약이다. 따라서 본래의 채무가 매매와 같은 유상계약에 기하여 성립한 경우에는 매도인의 담보책임에 관한 규정이 대물변제에 유추적용되어 대물변제의 목적물에 하자가 있을 때에는 그 대물변제자는 담보책임을 진다고 할 것이다.

Ⅲ. 代物辨濟의 要件

1. 當事者 사이에 合意 내지 契約이 있을 것

채권자는 본래의 급부와 다른 급부를 수령할 의무가 없기 때문에 채무자는 채권자의 승낙이 없이는 대물변제를 할 수 없다. 따라서 당사자 사이에 합의 또는 계약이 있어야 한다. 민법 제466조가 「채무자가 채권자의 승낙을 얻어」라고 규정하고 있는 것은 이를 의미한다. 이러한 합의 내지 계약은 묵시적인 것이라도 상관없으나, 이행에 갈음한다는 것이 밝혀져야 한다. 대물변제는 계약이므로 당사자는 행위능력이 있어야 한다. 그리고 제469조는 대물변제에도 유추적용되므로 변제를 할 수 있는 제3자는 대물변제도 할 수 있다고 해석된다.

2. 債權이 存在할 것

대물변제는 본래의 급부를 소멸시키는 것이기 때문에 대물변제에 의하여 소멸될 기존의 채권이 존재하여야 한다. 그런데 만일에 본래의 급부를 목적으로 하는 채권이 존재하지 않거나 무효 또는 취소된 경우에는 어떠한 효과가 발생하는가? 이 경우에 관하여 (i) 물권행위의 무인성을 인정하는 견해(김기선 337면; 김용한 559면)는 대물변제의 목적물의 소유권 이전은 유효하고, 변제자는 단지 부당이득의 반환청구를 할 수 있을 뿐이라고 한다. 그러나 (ii) 물권행위의 유인성을 인정하는 견해(곽윤직 267면; 현승종 393면)는 목적물의 소유권이전은 무효로 되고, 변제자는 소유권에 기한 물권적 청구권을 행사하여 목적물의 반환을 청구할 수 있다고 한다. 한편 판례는 후자의 입장을 취하고 있다(대판 1993. 4. 23, 92다19163). 사견은 유인성을 인정하고 있으므로 (ii)설이 타당하다고 할 것이다.

3. 본래의 給付와 다른 給付를 할 것

대물변제가 성립하려면 본래의 급부와 다른 급부가 행하여져야 한다. 그리고 대물변제가 채무소멸의 효력을 발생하려면 채무자가 본래의 이행에 갈음하여 행하는 다른 급부가 현실적인 것이어야 한다(대판 1984. 6. 26, 82다카1758). 다른 급부의 내용이나 종류는 이를 묻지 않으며, 본래의 급부와 다른 급부가 동종 · 동가치이어야 하는 것도 아니다. 두 급부의 가치 사이에 남음과 모자람이 있더라도 대물변제는 성립한다(대판 1992. 2. 28, 91다25574). 즉 대물급부의 가치가 채무액보다 적더라도, 일부의 대물변제라는 취지가 표시되어 있지 않는 한, 채권 전부가 소멸한다. 그러나 대물급부가 본래의 급부에 비하여 훨씬 큰 경우에는, 그것이 채무자의 궁박 · 경솔 · 무경험을 이용한 것이라면 폭리행위로서 제104조에 의하여 무효가 될 수 있다(대판 1964. 10. 27, 64다881). 대물변제는 요물계약이므로 본래의 급부와 다른 급부를 단순히 약속하는 것으로는 부족하며, 그 다른 급부를 현실적으로 하여야 한다(대판 1995. 9. 15, 95다13371). 따라서 부동산을 이전하는 경우에는 등기까지 완료하여야 대물변제가 성립한다(대판 1995. 9. 15, 95다13371). 물론 그 등기는 유효하여야 하며, 등기가 되어 경료되었다고 하더라도 그것이 원인무효의 증거로서 말소되었다면 대물변제의 효과는 생기지 않는다(대판 1997. 6. 7, 77다369). 그러나 부동산소유권이전이 급부인 이상 등기 외에 목적부동산의 점유의 이전까지 요하지 않는다. 또한 등기가 행하여지지 않는 한, 설사 부동산의 인도가 있더라도 대물변제는 성립하지 않는다(대판 1965. 7. 20, 65다1029 · 1030). 한편 동산소유권을 대물급부로서 이전하는 경우에는 인도하여야만 대물변제가 성립한다.

그리고 채무자가 채권자에게 채무변제와 관련하여 다른 채권을 양도하는 것은 특단의 사정이 없는 한 채무변제를 위한 담보 또는 변제의 방법으로 양도되는 것으로 추정할 것이지, 채무변제에 갈음한 것으로 볼 것은 아니어서 채권양도만 있으면 바로 원래의 채권이 소멸한다고 볼 수는 없으며 채권자가 양도받은 채권을 변제받음으로써 그 범위 내에서 채무자가 면책된다(대판 1995. 12. 22, 95다16660). 따라서 채권양도가 채무변제에 갈음하여 이루어진 것이라 하더라도 채권양도의 대항요건까지 갖추어야 비로소 대물변제로서 채무소멸의 효력이 생긴다(대판 2012. 10. 11, 2011다82995).

[판 례]

대물변제가 채무소멸의 효력을 발생하려면 채무자가 본래의 이행에 갈음하여 행하는 다른 급여가 현실적인 것이어야 하며 그 경우 다른 급여가 부동산소유권의 이전인 때에는 그 부동산에 관한 물권변동의 효력이 발생하는 등기를 경료하여야 하는바(대법원 1984. 6. 26. 선고 82다카1758 판결 참조), 부동산실권리자명의등기에관한법률에 의하면 이른바 3자간 등기명의신탁의 경우 같은 법에서 정한 유예기간 경과에 의하여 기존 명의신탁약정과 그에 의한 등기가 무효로 되고(대법원 2002. 3. 15. 선고 2001다61654 판결 참조), 이 경우 수탁자가 제3자에게 신탁부동산에 대한 처분행위를 한 경우 3자간 등기명의신탁에 의한 소유권이전등기의 무효로써 제3자에게 대항할 수 없다고 하더라도(부동산실권리자명의등기에 관한법률 제4조 제3항), 당초의 약정에 따른 신탁자에 대한 소유권이전등기의무가 이행된 것으로는 볼 수 없다(대판 2003. 5. 16, 2001다27470).

4. 본래의 債務履行에 「갈음하여」 다른 給付가 행하여질 것

대물변제는 본래의 급부에 갈음하여 다른 급부를 한 때에 이루어진다. 즉 본래의 채무를 소멸케 하기 위하여 「변제에 갈음하여」 대물급부를 하여야 한다. 그렇지 않고 본래의 채무의 변제를 확보할 목적에서 본래의 채무의 이행의 수단으로서, 즉 「변제를 위하여」 다른 급부를 하는 경우에는 대물변제로 되지 못하여 채권은 소멸하지 않는다(즉 채권자가 다른 급부를 통하여 만족을 얻었을 때에 비로소 채무가 소멸한다).

본래의 채무이행과 관련하여 채무자가 다른 급부를 한 경우에, 그것이 변제에 갈음한 급부(대물변제)인지, 변제를 위한 급부인지는 당사자의 의사해석에 따라 결정하여야 한다. 채무자가 채권자에게 채무변제와 관련하여 다른 채권을 양도하는 것은 특단의 사정이 없는 한 채무변제를 위한 담보 또는 변제의 방법으로 양도되는 것으로 추정할 것이지 채무변제에 갈음한 것으로 볼 것은 아니어서, 채권양도만 있으면 바로 원래의 채권이 소멸한다고 볼 수는 없다(대판 1995. 9. 15, 95다13371).

그런데 여기서 특히 문제가 되고 있는 것은 금전급부에 갈음하여 어음이나 수표를 채권자에게 교부한 경우에, 그것이 대물변제이냐 또는 변제를 위하여 하는 급부이냐이다. 이에 관하여는 구체적인 경우에 있어서의 당사자의 의사를 해석하여 결정하여야 할 것이지만, 당사자 사이에 대물변제로 한다는 특별한 의사표시가 없거나, 또는 그 주장 · 입증이 없는 한 본래의 채무의 변제를 확보할 목적에서, 즉 변제를 위하여 수수된 것으로 추정하여야 한다는 것이 통설(곽윤직 269면; 김용한 564면; 김주수 413면; 이은영 727면; 김상용 472면 등)과 판례(대판 1964. 6. 23, 63다1162; 대판 1976. 6. 22, 75다1600; 대판 2003. 5. 30, 2003다13512)의 입장이다. 이는 채권자가 교부받은 어음이나 수표를 타인에게 양도한 경우에도 마찬가지이다(대판 2002. 12. 24, 2001다3917). 그러나 은행이 발행 · 배서한 자기앞 수표를 교부하였다면, 그것은 거래상 현금과 동일시되고 있으므로, 이행을(변제를) 위하여 교부한 것이 아니라 금전지급에(변제에) 갈음하여 교부된 것으로 추정된다(통설. 대판 1961. 12. 21, 4294민상324). 어음이나 수표를 「변제에 갈음하여」 교부한 경우에는 유효한 대물변제가 인정되므로 기존의 채무와 이에 따른 담보는 소멸하고, 교부된 어음 · 수표가 나중에 부도가 되더라도 기존의 채무는 부활하지 않는다.

[판 례]

(1) 기존 채무의 이행에 관하여 채무자가 채권자에게 어음을 교부할 때의 당사자의 의사는 기존 원인채무의 '지급에 갈음하여', 즉 기존 원인채무를 소멸시키고 새로운 어음채무만을 존속시키려고 하는 경우와, 기존 원인채무를 존속시키면서 그에 대한 지급방법으로서 이른바 '지급을 위하여' 교부하는 경우 및 단지 기존 채무의 지급 담보의 목적으로 이루어지는 이른바 '담보를 위하여' 교부하는 경우로 나누어 볼 수 있는데, 당사자 사이에 특별한 의사표시가 없으면 어음의 교부가 있다고 하더라도 이는 기존 원인채무는 여전히 존속하고 단지 그 '지급을 위하여' 또는 그 '담보를 위하여' 교부된 것으로 추정할 것이며, 따라서 특별한 사정이 없는 한 기존의 원인채무는 소멸하지 아니하고 어음상의 채무와 병존한다고 보아야 할 것이고, 이 경우 어음상의 주채무자가 원인관계상의 채무자와 동일하지 아니한 때에는 제3자인 어음상의 주채무자에 의한 지급이 예정되고 있으므로 이는 '지급을 위하여' 교부된 것으로 추정하여야 한다(대판 1996. 11. 8, 95다25060).

(2) [1] 채무자가 채권자에게 채무변제와 관련하여 다른 채권을 양도하는 것은 특단의 사정이 없는 한 채무변제를 위한 담보 또는 변제의 방법으로 양도되는 것으로 추정할 것이지 채무변제에 갈음한 것으로 볼 것은 아니어서, 그 경우 채권양도만 있으면 바로 원래의 채권이 소멸한다고 볼 수는 없고 채권자가 양도받은 채권을 변제받은 때에 비로소 그 범위 내에서 채무자가 면책된다.

[2] 채무자가 채권자에게 채무변제에 '갈음하여' 다른 채권을 양도하기로 한 경우에는 특별한 사정이 없는 한 채권양도의 요건을 갖추어 대체급부가 이루어짐으로써 원래의 채무는 소멸하는 것이고 그 양수한 채권의 변제까지 이루어져야만 원래의 채무가 소멸한다고 할 것은 아니다. 이 경우 대체급부로서 채권을 양도한 양도인은 양도 당시 양도대상인 채권의 존재에 대해서는 담보책임을 지지만 당사자 사이에 별도의 약정이 있다는 등

특별한 사정이 없는 한 그 채무자의 변제자력까지 담보하는 것은 아니다(대판 2013. 5. 9, 2012다40998).

한편 채무와 관련하여 채무자 소유의 부동산의 소유권을 채권자에게 이전하기로 약정한 경우에, 그것이 종전 채무의 변제에 갈음하여 대물변제조로 이전하기로 한 것인지, 아니면 종전 채무의 담보를 위하여 추후 청산절차를 유보하고 이전하기로 한 것인지는 그 약정 당시의 당사자 의사해석에 관한 문제인바, 이 점에 관하여 명확한 증명이 없는 경우에는, 약정 당시의 채무액과 그 당시의 부동산의 가액, 당해 채무를 지게 된 경위와 그 후의 과정, 약정 당시의 상황, 그 이후의 당해 부동산의 지배 및 처분관계 등 여러 사정을 종합하여 그것이 담보목적인지 여부를 가려야 한다(대판 1993. 6. 8, 92다19880; 대판 2013. 1. 16, 2012다11648).

기존채무에 관하여 채무자가 제3채무자에 대하여 가지고 있는 채권을 기존채무의 채권자에게 양도한 경우 그들 사이에 특별한 의사표시가 없는 이상 기존채무의 변제를 위하여 또는 그 담보조로 양도한 것이라고 추정하여야 한다(대판 1994. 2. 8, 93다50291). 또한 채무자가 채무자의 변제에 갈음하여 제3자로부터 교부받은 제3자 발행 수표를 채권자에게 전위한 경우에도 마찬가지이다(대판 1963. 10. 10, 63다408. 즉 그로써 채무자의 제3자에 대한 채권을 채권자에게 양도하여 채무가 소멸되었다 할 수 없다). 어음상의 주채무자가 원인관계상의 채무자와 동일하지 아니한 때에는 제3자인 어음상의 주채무자에 의한 지급이 예정되어 있으므로 이는「지급을 위하여」교부된 것으로 추정되지만,「지급에 갈음하여」교부된 것으로 볼 만한 특별한 사정이 있는 경우에는 그러한 추정은 깨진다(대판 2010. 12. 23, 2010다44019).

채권의 일부를 위하여 대물변제를 할 수 있는 경우도 있다. 이러한 대물변제를 한 경우에는 그 일부의 채권만이 소멸하게 된다. 그런데 채권의 일부를 위한 대물변제라는 사실에 대한 입증책임은 이를 주장하는 자(즉 채권자)가 부담한다(대판 1987. 3. 10, 80다카2055).

[판 례]

(1) 채무자가 채권자 앞으로 차용물 아닌 다른 재산권을 이전한 경우에 있어 그 권리의 이전이 채무의 이행을 담보하기 위한 것이 아니고 그 채무에 갈음하여 상대방에게 완전히 그 권리를 이전하는 대물변제인 경우에는 가사 그 시가가 그 채무의 원리금을 초과한다고 하더라도 민법 제607조 · 제608조는 적용되지 아니한다(대판 1992. 2. 28, 91다25574).

(2) 어음은 기존채무의 지급에 갈음하여 수수된 것은 아니라고 보아 기존채권과 어음채권이 병존하는 것으로 추정하고(대판 1970. 6. 30, 70다517), 어음 · 수표상의 유일한 주채무자와 원인관계상의 채무자가 동일한 경우에도 일반적으로 수표가 수수되는 경우에는 수표의 지

급증권성 때문에 지급을 위하여 교부된 것으로, 약속어음이 수수된 경우에는 담보를 위하여 교부된 것으로 보아야 할 경우가 많을 것이다(대판 2003. 5. 30, 2003다13512).

| 참 고 | 기존채무에 관하여 어음·수표가 교부된 경우의 법률관계

1. 「변제를 위하여」 어음·수표가 교부된 경우

(1) 채권자의 권리행사

채무자가 변제를 위하여 어음 또는 수표를 교부한 경우에는 기존의 채무와 어음 또는 수표채무가 병존하게 된다. 채권자는 이 경우에 우선적으로 어음 또는 수표에 의하여 변제받도록 하고 만일 어음 또는 수표가 지급거절(즉 부도)이 되거나 효력을 잃은 때에 기존채무의 이행을 청구할 수 있다고 하여야 하는가? 아니면 어음 또는 수표의 부도와 관계없이 본래의 급부를 청구할 수 있다고 할 것인지에 대하여 견해가 대립된다. 다수설은 채권자에게는 새 채권으로부터 먼저 만족을 얻어야 할 의무는 없다고 보아, 채권자는 어음 또는 수표상의 권리를 행사하지 않고 본래의 급부를 청구할 수 있다고 보고 있다(곽윤직 275면; 김형배 730면; 김상용 472면 등). 이에 대하여 소수설은 지급을 위하여 어음 또는 수표가 교부된 경우에, 이는 기존채무의 결제를 보다 쉽게 하기 위한 방편이므로 담보를 위한 경우와는 달리 어음 또는 수표상 권리를 먼저 행사하여야 한다고 보고 있다(지원림 938면). 한편 판례는 「채권자는 선택적으로 약속어음청구를 하거나 그 원인되는 잔대금의 채무불이행을 이유로 매매계약의 해제를 할 수 있다」고 하거나(대판 1972. 3. 28, 72다119), 「채권자는 어음채권과 원인채권 중 어음채권을 먼저 행사하여 만족을 얻을 것을 당사자가 예정하였다고 할 것이므로 채권자로서는 어음채권을 우선 행사하고, 그에 의하여서는 만족을 얻을 수 없을 때 비로소 채무자에 대하여 기존의 원인채권을 행사할 수 있다고 하여야 하며, 나아가 이러한 목적으로 어음을 배서양도받은 채권자는 특별한 사정이 없는 한 채무자에 대하여 원인채권을 행사하기 위하여는 어음을 채무자에게 반환하여야 한다」(대판 1996. 11. 8, 95다25060)고 함으로써 명확한 태도를 취하지 않고 있다.

(2) 이행기에 관련된 문제

이행기와 관련하여 어음이 변제를 위하여 교부된 경우에 판례는 채권자가 기존 채무의 지급을 위하여 그 채무의 이행기가 도래하기 전에 미리 그 채무의 변제기보다 후의 일자가 만기로 된 어음의 교부를 받은 때에는 묵시적으로 기존 채무의 지급을 유예하는 의사가 있었다고 볼 경우가 있을 수 있고, 이때 기존 채무의 변제기는 어음에 기재된 만기일로 변경된다고 볼 것이나(대판 1999. 8. 24, 99다24508; 대판 2000. 9. 5, 2000다26333), 특별한 사정이 없는 한 채무자가 기존 채무의 이행기에 채무를 변제하지 아니하여 채무불이행 상태에 빠진 다음에 기존 채무의 지급을 위하여 어음이 발행된 경우까지 그와 동일하게 볼 수는 없다고 한다(대판 2000. 7. 28, 2000다16367).

(3) **원인채무의 변제와 어음 · 수표의 반환과의 관계**

기존채권을 행사하는 경우에는 동시이행의 방법으로 어음이나 수표를 반환하여야 한다. 판례는 기존의 원인채권과 어음, 수표 채권이 병존하는 경우 채권자가 기존의 원인채권을 행사함에 있어서는 어음이나 수표를 채무자에게 반환하여야 하므로, 채권자가 기존채무의 이행에 관하여 채무자로부터 어음을 교부받은 후 이를 다시 채무자에게 반환하였다면 특단의 사정이 없는 한 채무자로부터 기존의 원인채권을 변제받은 사실을 추정할 수 있다고 한다(대판 1996. 12. 20, 96다41588). 그런데 어음반환의 경우에는 제536조 소정의 동시이행관계와는 달리 당연효가 인정되지 않으며, 따라서 채무자는 원인채무의 이행기를 도과하면 원칙적으로 이행지체의 책임을 지고, 채권자로부터 어음, 수표의 반환을 받지 아니하였다 하더라도 이 어음, 수표를 반환하지 않음을 이유로 위와 같은 항변권을 행사하여 그 지급을 거절하고 있는 것이 아닌 한 이행지체의 책임을 면할 수 없게 된다(대판 1993. 11. 9, 93다11203).

(4) **소멸시효와의 관계**

어음이나 수표상의 채권이 변제 등의 채권을 만족시키는 사유에 의하여 소멸하면 원인채권도 그 목적이 달성되어 소멸한다(대판 2000. 2. 11, 99다56437). 그러나 어음이나 수표상의 채권이 소멸시효의 완성으로 소멸하였다고 하여 원인채권이 당연히 소멸하는 것은 아니다(대판 1976. 11. 23, 76다1391). 그런데 원인채권의 소멸시효는 어음금 청구소송에 있어서 채무자의 인적항변 사유에 해당하는 관계로 채권자가 어음채권의 소멸시효를 중단하여 두어도 채무자의 인적항변에 따라 그 권리를 실현할 수 없게 되는 불합리한 결과가 발생하게 되므로, 채권자가 어음채권에 기하여 청구를 하는 반대의 경우에는 원인채권의 소멸시효를 중단시키는 효력이 있다(대판 1999. 6. 11, 99다16378).

2. 담보를 위하여 어음 · 수표가 교부된 경우

(1) 기존채무의 지급확보를 위하여 어음이나 수표가 교부된 경우에도 원인채권과 어음 · 수표채권이 병존한다. 이러한 경우에 어음 · 수표채권은 원인채권의 담보로서의 의미를 가진다.

(2) 원인채권이 소멸하면 원인채권의 당사자 사이에서는 담보를 위한 어음 · 수표채권도 역시 소멸한다. 그러나 어음이나 수표가 유통되어 제3자가 그것을 소지하고 있는 경우에는 원인채무의 소멸은 어음 · 수표금청구소송에 있어서 채무자의 인적 항변사유에 불과할 뿐이다(대판 1999. 6. 11, 99다16378). 그런데 수표가 기존 원인채무의 지급확보를 위하여 또는 그 담보를 위하여 발행 또는 교부된 경우에는 채권자가 그 수표를 유상 또는 무상으로 타인에게 양도하였다고 하더라도 그에 의하여 바로 기존 원인채무가 소멸하는 것이 아니고, 수표를 양도한 채권자가 수표상의 상환의무를 종국적으로 면하게 될 때 비로소 기존 원인채무가 소멸한다고 보아야 한다(대판 2002. 12. 24, 2001다3917).

원인채권의 지급을 확보하기 위한 방법으로 어음이 수수된 경우에 원인채권과 어음채권은 별개로서 채권자는 그 선택에 따라 권리를 행사할 수 있다(대판 1999. 6. 11, 99다16378). 채권자가 원인채권을 행사한 때에는 이를 어음채권의 행사라 할 수 없어 어음채권의 소멸시효를 중단시킬 수 없으나, 채권자가 어음채권을 행사한 때에는 이를 원인채권의 행사라 할 수 있기 때문에 원인채권의 소멸시효를 중단시킬 수 있다.

판례는 민사집행법 제231조 본문은 "전부명령이 확정된 경우에는 전부명령이 제3채무자에게 송달된 때에 채무자가 채무를 변제한 것으로 본다"고 규정하고 있는바, 이는 집행채권자가 전부명령에 의하여 피전부채권에 대하여 독점적인 권리를 취득하는 것에 상응하여 전부명령으로 집행채권이 변제되는 것과 동일한 효과가 발생한다는 취지를 정하고 있는 것으로 해석된다. 그러므로 채권자가 약속어음금 채권을 집행채권으로 하여 약속어음 채무자가 제3채무자에 대하여 가지는 채권의 압류 및 전부명령을 받아 확정되었다면 위 전부명령이 제3채무자에게 송달된 때에 소급하여 피전부채권이 채권자에게 이전하고, 이는 집행채무자가 채무의 이행에 갈음하여 현실적인 출연을 한 것과 법률상 동일하게 취급되어 집행채권인 약속어음금 채권은 변제된 것으로 보아 소멸한다고 하면서, 집행채권인 약속어음금 채권이 전부명령의 확정에 의하여 소멸한 경우, 그 시점에 약속어음금 채권에 의하여 담보되는 원인채권인 대여금채권도 같은 액수만큼 변제로 인하여 확정적으로 소멸한다고 한다(대판 2009. 2. 12, 2006다88234).

(3) 제3자가 기존채무에 관하여 어음 · 수표를 발행한 경우

금전소비대차계약으로 인한 채무에 관하여 제3자가 채무자를 위하여 어음이나 수표를 발행하는 것은 특별한 사정이 없는 한 동일한 채무를 중첩적으로 인수한 것으로 본다(대판 1998. 3. 13, 97다52493).

Ⅳ. 代物辨濟의 效果

대물변제는 변제와 같은 효력이 있다(제466조). 따라서 본래의 채권과 그 채권을 담보하는 담보권이 모두 소멸한다. 이 한도에서 변제에 관한 규정은 대물변제에도 일반적으로 적용되는 것으로 해석한다. 대물변제는 채무의 일부에 관하여도 행하여질 수 있다. 예를 들어 채무자가 채권자와 대물변제하기로 약정한 급여 중 일부만을 행한 경우에는 채권자가 이를 수령하면 채무의 일부에 관하여 유효한 대물변제를 한 것으로 보아야 한다(대판 1993. 5. 11, 92누11602). 그러나 대물변제의 예약이 체결되어 있는 한 그것은 원칙적으로 채권 전부의 대물변제에 관한 것이라고 새겨야 하므로 채권의 일부에 대한 대물변제를 주장하는 자가(채권자) 그 사실을 주장 · 입증하여야 한다(대판 1987. 3. 10, 86다카2035). 대물변제로서 급부된 목적물에 하자가 있는 경우에 담보책임이 성립하는지의 여부에 관하여 대물변제는 본래의 급부에 갈음하여 새로운 급부를 실현함으로써 기존채무를 소멸시키는 유상계약이므로 매도인의 담보책임에 관한 규정(제567조)이 준용된다는 것이 다수설의 견해이다. 이와는 달리 대물변제는 본래의 채권관계의 테두리 내에서 행해지는 변제에 관한 합의에 지나지 않으므로 본래의 급부에 관한 원인행위가 유상계약인 경우에 한하여 매매에 관한 담보책임의 규정이 적용된다는 견해(김형배 732면)가 있다. 생각건대 대물변제는 유상계약이므로 급부된 목적물에 하자가 있는 경우에는 매도인의 담보책임에 관한 규정이 준용된다고 할 것이다. 따라서 채권자는 계약해제 또는 손해배상을 청구할 수 있으며, 대물변제의 목적물이 종류물인 경우에는 흠이 없는 물건을 청구할 수 있다.

V. 代物辨濟의 豫約(代物給付의 約定)

1. 意 義

대물변제의 예약이란 채무자가 본래의 급부에 갈음하여 다른 급부를 할 것을 미리 약속하는 것, 즉 대물급부에 의한 채무결제를 이행기 전에 미리 약정하여 두는 것을 말한다. 예를 들어 A가 B로부터 일정한 금액을 차용하고 변제기에 원금과 이자를 변제하지 못하면 A 소유 부동산의 소유권을 B에게 이전할 것을 미리 약속하는 계약이 이에 속한다. 대물변제와 예약이라는 두 제도의 결합으로 이루어지는 대물변제의 예약은 실제 거래계에서는 일종의 물적 담보제도로서 채권담보를 위하여 많이 행하여지고 있다.

2. 代物辨濟豫約의 種類

(1) 眞正한 代物辨濟의 豫約

진정한 대물변제의 예약이란 계약의 내용이 이행기에 변제를 하지 않을 때에는 당사자의 일방 또는 쌍방이 특정된 목적물로서 대물변제를 할 수 있는 권능을 유보하는 경우를 말한다. 이 경우에는 예약의 완성이 이행기가 도과하고(이행기를 도과한 것만으로 예약이 완성되는 것은 아니다), 채권자의 예약완결권의 행사가 있어야 본계약인 대물변제계약이 성립하고 또한 등기 또는 인도가 있어야 하는 형태이다.

(2) 停止條件附 代物辨濟契約

정지조건부 대물변제계약은 변제기에 채무가 이행되지 않는 경우(즉 불이행을 정지조건으로 하여)에는 목적물의 소유권이 당연히 채권자에게 이전되는 것으로 하는 약정이다. 구민법하의 학설과 판례는 정지조건부 대물변제계약을 인정하였다. 그러나 현행민법에서는 부동산물권변동에 성립요건주의를 취함으로써 당사자의 특약만으로 소유권변동의 효력이 당사자 또는 제3자 사이에서 발생할 수 없으므로 부동산에 대하여는 정지조건부 대물변제계약은 인정될 수 없다. 그리고 대물변제의 목적이 동산인 경우에는 이행기에 이행이 없다는 사실만에 의하여 채무자가 점유하고 있는 동산소유권이 채권자에게 이전될 수 없다. 동산의 인도가 있어야 그 소유권이 채권자에게 이전되고, 대물변제가 성립하기 때문이다. 따라서 부동산 · 동산 어느 경우든 정지조건부 대물변제계약은 성립될 수 없다. 다만 무효행위의 전환(제138조)에 따라 진정한 의미의 대물변제예약으로 전환되어 해석될 수 있다.

3. 法的 性質

대물변제예약에 있어서 목적물의 소유권이전효과를 가져오는 대물변제의 성립과 관련하여 대물변제의 예약의 성질에 관하여 견해가 대립한다.

(1) 學 說

1) 一方豫約說 일방예약설은 차주의 이행지체라는 조건이 성취되면 대주는 소유권이전을 받기 위한 확정적 의사를 표시하고 이에 의하여 소유권이전합의가 완결되기 때문에 대주의 의사는 일방예약에서 예약완결권의 행사에 해당된다는 견해이다(이은영 732면). 이는 종래의 다수설로서 대물변제계약은 유상계약이므로 제567조에 의하여 제564조의 규정이 준용되는 것으로 본다.

2) 片務豫約說 편무예약설은 대물변제에 있어서는 본래의 급부에 갈음하여 다른 급부를 함으로써 기존채무를 소멸시키는 당사자의 합의 이외에 현실적인 다른 급부의 실행이 있어야 하므로 대물변제의 예약은 성질상 일방예약이 될 수 없고, 따라서 편무예약이라는 견해이다(김용한 571면; 곽윤직 274면; 김형배 736면).

3) 契約說 계약설은 (i) 대물변제를 계약이 아니라 변제로 이해하여 대물변제의 예약은 본래의 급부에 갈음하여 다른 급부를 할 것을 약정한 계약이며, 본계약에 대한 예약이 아니라 대물변제의 계약이라는 견해(김상용 474면)와 (ii) 대물변제예약 자체를 본계약으로 파악하여 채무부담행위로서 대물변제약정이 체결되면, 원래의 급부에 관한 채권 · 채무와 함께 또는 그에 갈음하여 대물급부에 관한 채권 · 채무가 성립하게 되므로 채무변경계약이라는 견해(지원림 979면)로 나누어진다.

(2) 判 例

판례는 대물변제예약 완결권은 일종의 형성권으로 당사자 사이에 그 행사기간을 약정한 때에는 그 기간 내에, 그러한 약정이 없는 때에는 그 권리가 발생한 때로부터 10년 내에 이를 행사하여야 하고, 이 기간을 도과한 때에는 예약완결권은 제척기간이 경과로 인하여 소멸한다. 또한 대물변제예약 완결의 의사표시는 특별한 방식을 요하는 것이 아니고 예약의무자에 대한 의사표시로 할 수 있다(대판 1997. 6. 27, 97다12488)고 함으로써 일방예약설을 취하고 있다.

(3) 私 見

대물변제는 변제의 일종이 아니라 변제를 위한 계약으로서 본계약과는 별도로 다른 급부로 변제하는 데 대한 당사자 사이의 합의와 더불어 그 다른 급부가 현실적으로 행하여져야만 하므로 대물변제의 예약은 성질상 일방예약이 될 수 없다. 따라서 대물변제의 예약은 편무예약이라고 할 것이다.

4. 代物辨濟豫約의 有效性

대물변제예약이 유효하려면 기본적 법률관계는 물론 대물변제예약 자체도 유효하여야 한다. 따라서 예약의 기초가 되는 소비대차계약이 폭리행위 · 사회질서위반 기타의 사유로 무효 또는 실효된 때에는 대물변제의 예약도 효력을 잃으며, 대물변제의 예약이 당사자의 급부 사이에 불균형이 심하게 되어 현저히 공평을 잃은 법률행위가 된 경우에는 제104조에 의하여 무효가 된다. 그리고 대물의 가액이 원금과 이자의 합산액을 넘는 때에는 대물변제의 예약은 그 초과부분에 한하여 무효가 되며(제607조 · 제608조), 대물변제예약이 질권과 결합된 경우에는 유질계약이 금지되므로 무효로 되고, 저당권과 결합된 경우에는 유저당의 특약으로 보아 대물변제예약은 유효하게 된다.

5. 代物辨濟豫約과 제607조 · 제608조

대물변제예약의 실행으로 채권자가 피담보채권인 원리금을 초과하여 이익을 얻는다면 이를 채무자에게 반환하여야 한다. 이 경우에 대물변제의 예약은 일반적으로 소비대차계약을 기초로 한다는 점에서 대물반환의 예약에 해당하는 대물변제의 예약에는 제607조 및 제608조가 적용된다. 따라서 제607조를 위반한 대물변제의 예약은 제608조에 의하여 그 효력이 없다. 여기서 「효력이 없다」의 의미에 관하여 학설은 (i) 제607조에 위반한 대물변제의 예약은 전부무효가 아니라 제607조를 초과하는 부분만 무효로 된다고 보아 제608조의 「효력이 없다」는 의미를 「정산 내지 청산」하여야 한다고 전환하여 해석하는 견해(일부 무효설. 곽윤직, 물권법, 2008, 346면; 김용한, 물권법, 1996, 564면; 김상용, 물권법, 2009, 677면), (ii) 제607조 · 제608조는 강행규정으로 위반시 법문 그대로 대물변제예약이 전부 무효가 되나, 무효행위의 전환이론에 의하여 약한 의미의 양도담보로 전환되어 그 효력으로서 청산의무가 발생한다는 견해(고상룡, 물권법, 2001, 674면; 이영준, 물권법, 2009, 894면; 이은영, 물권법, 2006, 811면)로 나뉘고 있다. 그리고 판례는 대물변제예약이 제607조 · 제608조에 위반하여 무효인 경우에 그 무효인 대물변제예약을 바탕으로 하여 차주인 채무자의 채무불이행시에 채권자인 대주에게 목적부동산의 소유권이전등기를 하고 있는 때에는 그 등기는 차주의 원리금채무를 담보하는 범위에서 그대로 효력이 있으며, 이때의 담보는 이른바 약한 의미의 양도담보라고 한다(대판 1981. 7. 31, 81다254). 생각건대 민법이 제607조 · 제608조의 특별규정을 두고 있는 것은 경제적 약자인 채무자를 보호하기 위한 것이므로 위 규정에 위반한 경우를 전부무효로 볼 것이 아니라 약한 의미의 양도담보로 보아 채권자로 하여금 정산의무를 부담하게 하는 것이 거래관행과 당사자의 의사에 부합한다고 할 것이다.

[판 례]

(1) 재산권을 이전하기로 한 당사자간의 약정이 담보목적이 아니라 대물변제의 의사로 한 것이라 하더라도 위 약정을 함에 있어 약정 후 3년 이내에 채무자가 그간의 원리금을 지급하면 채권자는 목적물을 채무자에게 되돌려 주기로 하는 약정도 함께 하였다면, 이는 결국 대물변제의 예약이라고 봄이 상당하며 그 약정 당시의 가액이 원리금을 초과하므로 대물변제의 예약 자체는 무효이고, 다만 양도담보로서의 효력만 인정하여야 한다(대판 1991. 12. 24, 91다11223).

(2) 채무를 담보하기 위하여 체결된 집합채권의 양도예약이 당연히 대물변제의 예약으로서의 성질을 갖는 것이라고 할 수는 없고, 당사자의 계약내용이 장차 선택권과 예약완결권의 행사로 채권양도의 효력이 발생하는 경우에 그 채권이 다른 채무의 변제를 위한 담보로 양도되는 것을 예정하고 있는지 또는 다른 채무의 변제에 갈음하여 양도되는 것을 예정하고 있는지에 따라 집합채권의 양도담보의 예약 또는 대물변제의 예약으로서의 성질을 가질 수 있고, 그 계약내용이 명백하지 아니한 경우에는 일반적인 채권양도에서와 마찬가지로 특별한 사정이 없는 한 채무변제를 위한 담보로 양도되는 것을 예정하고 있는 집합채권의 양도담보의 예약으로 추정된다(대판 2003. 9. 5, 2002다40456).

6. 假登記擔保와의 관계

민법은 대물변제예약에 의한 폭리행위를 규율할 수 있는 실체법적 규정(제607조 · 제608조)만 두고 있을 뿐, 청산절차에 관해서는 규정하고 있지 않다. 이러한 불비점을 보완하기 위하여 1983년에 「가등기담보 등에 관한 법률」을 제정하여 대물변제예약에 기한 가등기에 대하여 청산절차를 규정하고 있다. 대물변제예약과 함께 가등기를 한 경우에는 가등기담보권이 설정되어 가등기담보 등에 관한 법률로서 규율하게 된다. 따라서 가등기를 수반하지 않는 대물변제예약은 민법 제607조 · 제608조로 해결하고, 가등기를 수반한 대물변제예약은 가등기담보법으로 해결하고 있다.

한편 판례는 소비대차 또는 준소비대차에 의하여 발생하지 아니한 채무를 담보하기 위하여 가등기를 하였거나(대판 1991. 9. 24, 90다13765; 대판 1996. 11. 15, 96다31116), 가등기의 목적물의 가액이 차용액 및 그에 붙인 이자의 합산액을 초과하지 아니할 때에는(대판 1991. 2. 26, 90다카24526; 대판 1993. 10. 26, 93다27611) 가등기담보법의 적용이 배제되고 민법 제607조 · 제608조만 적용된다고 한다.

사례해설

I. B의 채권양도가 대물변제에 해당되는지의 여부

기존채무의 소멸 여부와 관련하여서는 경개에 해당되는지도 검토할 수 있으나 경개는 구채무가 소멸하는 대신에 새로운 채무를 성립시키는 당사자 사이의 계약을 말하는데, 채권양도는 처분행위로서 이행의 문제를 남기지 않는다는 점에서 채무부담행위에 해당되는 경개와는 구별하여야 한다. 다음으로 사안에서의 채권양도가 대물변제에 해당되는지가 문제된다. 기존채무에 갈음하여 채권양도가 이루어졌다면 대물변제에 해당되어 기존채무는 소멸하게 된다. 그러나 판례는 기존채무와 관련하여 채무자가 제3채무자에게 갖고 있는 채권이 양도된 경우에 채권자(A)와 채무자(B) 사이에 다른 특별한 의사표시가 없는 한 기존채무의 변제를 위하여 또는 그 담보조로 양도한 것으로 추정된다고 한다(대판 1991. 4. 9, 91다2526). 따라서 기존채무에 갈음하여 대물변제가 이루어졌다는 사정을 B가 입증하지 못하는 한 B의 A에 대한 기존채무는 여전히 존속한다.

II. 채권양수인의 승낙에 대한 평가

사안에서 C가 A에게 1,000만원의 물품대금지급을 확약하고 A가 이를 승낙한 것이 앞에서 살핀 바와 같은 추정을 깨뜨리는지가 문제된다. 이에 관하여 판례는 그러한 취지의 각서를 작성하고 공증하여 교부한 것만으로는 기존채무의 변제에 갈음하여 한다는 의사표시가 있었다고 볼 수는 없다고 한다. 따라서 B가 대물변제에 해당됨을 입증하려면 다른 특별한 사정이 존재함을 입증하여야 하며 그러한 입증이 없으면 B의 A에 대한 기존채무는 여전히 존속한다.

第4節 供 託

사례

A는 B에 대하여 1,000만원의 대여금채권을 보유한 자로서 B가 C에 대하여 가지고 있는 500만원의 채권을 가압류하였다. 그런데 C는 자신의 B에 대한 채무의 변제기가 도래하자 B를 수령자로 지정하여 500만원을 변제공탁하였다. 이러한 변제공탁은 유효한가? (대판 1994. 12. 13, 93다961 사안변경)

[중요논점]

Ⅰ. 제3채무자(C)의 이행지체책임

Ⅱ. 변제공탁의 요건

Ⅲ. 채권가압류의 효력

Ⅰ. 意 義

공탁이란 변제자가 금전 · 유가증권 기타의 물건을 공탁소에 맡기고 제3자로 하여금 그것을 찾아갈 수 있도록 하는 제도를 말한다. 공탁에는 채권담보를 위하여 하는 담보공탁(제353조 제3항), 단순히 보관을 위하여 하는 보관공탁(상법 제70조), 강제집행 · 경매 · 파산절차상의 배당금의 관리 · 지급을 위하여 하는 집행공탁(민사집행법 제22조 · 채무자 회생 및 파산에 관한 법률 제528조) 등도 있지만 여기서의 공탁은 변제자가 채권자를 위하여 변제의 목적물을 공탁소에 맡김으로써 채무를 면하는 변제공탁을 말한다(제487조). 이러한 변제공탁은 변제자의 변제제공에도 불구하고 채권자가 수령을 거부하거나 수령할 수 없을 경우에 채무자는 채무불이행책임을 면하고(제461조), 채권자가 수령지체에 빠지게 되므로(제400조), 채무자는 아무런 불이익을 받지 않는다. 그러나 변제의 제공으로 채무 자체가 소멸하는 것은 아니기 때문에 채무자는 채무로부터 완전히 해방될 수 없다. 여기서 채무자로 하여금 채권의 구속에서 풀려날 수 있도록 하기 위하여 마련된 제도가 바로 변제공탁이다.

[판 례]

(1) 민법 제487조 후단의 '변제자가 과실 없이 채권자를 알 수 없는 경우'라 함은 객관적으로 채권자 또는 변제수령권자가 존재하고 있으나 채무자가 선량한 관리자의 주의를 다하여도 채권자가 누구인지 알 수 없는 경우를 말하므로, 채권이 양도되었다는 등의 사유로 제3채무자가 종전의 채권자와 새로운 채권자 중 누구에게 변제하여야 하는지 과실 없이 알 수 없는 경우 제3채무자로서는 민법 제487조 후단의 채권자 불확지를 원인으로 한 변제공탁사유가 생긴다고 할 것이고, 또한 종전의 채권자를 가압류채무자 또는 집행채무자로 한 다수의 채권가압류 또는 압류결정이 순차 내려짐으로써 그 채권이 종전 채권자에게 변제되어야 한다면 압류경합으로 인하여 구 민사소송법 제581조 제1항 소정의 집행공탁의 사유가 생기는 경우에, 채무자는 민법 제487조 후단 및 구 민사소송법 제581조 제1항을 근거로 채권자 불확지를 원인으로 하는 변제공탁과 압류경합 등을 이유로 하는 집행공탁을 하는 이른바 혼합공탁을 할 수 있고, 이러한 공탁은 변제공탁에 관련된 새로운 채권자에 대하여는 변제공탁으로서의 효력이 있고 집행공탁에 관련된 압류채권자 등에 대하여는 집행공탁으로서의 효력이 있다고 할 것이나, 채권양도 등과 종전 채권자에 대한 압류가 경합되었다고 하여 항상 채권이 누구에게 변제되어야 하는지 과실 없이 알 수 없는 경우에 해당하는 것은 아니고, 설령 그렇게 볼 사정이 있다고 하더라도 공탁은 공탁자가 자기의 책임과 판단하에 하는 것으로서, 채권양도 등과 압류가 경합된 경우에 공탁자는 나름대로 누구에게 변제를 하여야 할 것인지를 판단하여 그에 따라 변제공탁이나 집행공탁 또는 혼합공탁을 선택하여 할 수 있는 것이다.

그리고 집행공탁의 경우에는 배당절차에서 배당이 완결되어야 피공탁자가 비로소 확정되고, 공탁 당시에는 피공탁자의 개념이 관념적으로만 존재할 뿐이므로, 공탁 당시에 피공탁자를 지정하지 아니하였더라도 공탁이 무효라고 볼 수 없으나, 변제공탁은 집행법원의 집행절차를 거치지 아니하고 피공탁자의 동일성에 관한 공탁공무원의 형식적 심사에 의하여 공탁금이 출급되므로 피공탁자가 반드시 지정되어야 하며, 또한 변제공탁이나 집행공탁은 공탁근거조문이나 공탁사유, 나아가 공탁사유신고의 유무에 있어서도 차이가 있으므로, 제3채무자가 채권양도 등과 압류경합 등을 이유로 공탁한 경우에 제3채무자가 변제공탁을 한 것인지, 집행공탁을 한 것인지, 아니면 혼합공탁을 한 것인지는 피공탁자의 지정 여부, 공탁의 근거조문, 공탁사유, 공탁사유신고 등을 종합적 · 합리적으로 고려하여 판단하는 수밖에 없다(대판 2005. 5. 26, 2003다12311).

(2) 집행공탁과 민법의 규정에 의한 변제공탁이 혼합되어 공탁된 이른바 혼합공탁의 경우에 어떤 사유로 배당이 실시되었고 그 배당표상의 지급 또는 변제받을 채권자와 금액에 관하여 다툼이 있으면, 이를 배당이의의 소라는 단일의 절차에 의하여 한꺼번에 확정하여 분쟁을 해결함이 상당하다고 할 것이고, 따라서 이 경우에도 공탁금에서 지급 또는 변제받을 권리가 있음에도 불구하고 지급 또는 변제를 받지 못하였음을 주장하는 자

는 배당표에 배당을 받는 것으로 기재된 다른 채권자들을 상대로 배당이의의 소를 제기할 수 있다(대판 2006. 1. 26, 2003다29456).

(3) [1] 민사집행법 제248조 제1항은 "제3채무자는 압류에 관련된 금전채권의 전액을 공탁할 수 있다"고 규정하여 채권자의 공탁청구, 추심청구, 경합 여부 등을 따질 필요 없이 당해 압류에 관련된 채권 전액을 공탁할 수 있도록 규정하고 있는바, 이에 따라 금전채권의 일부만이 압류되었음에도 그 채권 전액을 공탁한 경우에는 그 공탁금 중 압류의 효력이 미치는 금전채권액은 그 성질상 당연히 집행공탁으로 보아야 하나, 압류금액을 초과하는 부분은 압류의 효력이 미치지 않으므로 집행공탁이 아니라 변제공탁으로 보아야 한다.

[2] 민사집행법 제247조 제1항 제1호가 압류채권자 이외의 채권자가 배당요구의 방법으로 채권에 대한 강제집행절차에 참가하여 압류채권자와 평등하게 자신의 채권의 변제를 받는 것을 허용하면서도, 다른 한편으로 그 배당요구의 종기를 제3채무자의 공탁사유 신고시까지로 제한하고 있는 이유는 제3채무자가 채무액을 공탁하고 그 사유 신고를 마치면 배당할 금액이 판명되어 배당절차를 개시할 수 있는 만큼 늦어도 그때까지는 배당요구가 마쳐져야 배당절차의 혼란과 지연을 막을 수 있다고 본 때문이다. 따라서 민사집행법 제247조 제1항에 의한 배당가입차단효는 배당을 전제로 한 집행공탁에 대하여만 발생하므로, 집행공탁과 변제공탁이 혼합된 소위 혼합공탁의 경우 변제공탁에 해당하는 부분에 대하여는 제3채무자의 공탁사유신고에 의한 배당가입차단효가 발생할 여지가 없다(대판 2008. 5. 15, 2006다74693).

Ⅱ. 法的 性質

1. 學 說

(1) 私法關係說 공탁을 공탁자와 공탁소가 채권자로 하여금 계약상의 권리를 취득하게 하기 위하여 체결하는 사법상의 제3자를 위한 임치계약으로 보는 견해이다(김기선 341면; 김현태 336면).

(2) 公法關係說 공탁은 공탁공무원의 수탁처분이라는 일방적 행정처분과 공탁물보관자의 공탁물수령으로 성립하는 공법상의 임치이며, 다만 공법적 성질에 어긋나지 않는 범위에서, 임치계약에 관한 민법규정이 준용된다고 해석하는 견해이다(김형배 473면; 김주수 495면).

(3) 兩面關係說(併存說) 공탁에는 공법적인 면과 사법적인 면이 모두 존재하는데, 전자는 공탁법이 규율하고 후자는 민법의 제3자를 위한 임치계약으로 보

는 견해이다(다수설: 곽윤직 277면; 김상용 480면; 김증한/김학동 382면; 이은영 736면; 송덕수 290면).

2. 判 例

판례는 변제공탁은 공탁공무원의 수탁처분과 공탁물보관자의 수령으로 그 효력이 발생하여 채무소멸의 효과를 가져오는 것이고 채권자에 대한 공탁통지나 채권자의 수익의 의사표시가 있는 때에 공탁의 효력이 생기는 것이 아니라고 함으로써(대결 1972. 5. 15, 72마401) 공법관계설의 입장을 취하고 있다.

[판 례]

일단 공탁공무원의 공탁금출급인가처분이 있고 그에 따라 공탁금이 출급되었다면 설사 이를 출급 받은 자가 진정한 출급청구권자가 아니라 하더라도 이로써 공탁법상의 공탁절차는 종료되었다 할 것이고, 따라서 원래의 진정한 공탁금출급청구권자라 하더라도 공탁사무를 관장하는 국가를 상대로 하여 민사소송으로 그 공탁금의 지급을 구할 수는 없는 법리라 할 것이므로, 원고로서는 민사소송에 의하여 위 공탁금의 지급을 구할 수는 없다고 보아야 할 것이다, 다만 이 경우 진정한 공탁금출급청구권자가 공무원의 과실이 있는 경우 피고에 대하여 손해배상책임을 물을 수 있음은 별개의 문제이다(대판 1993. 7. 13, 91다39429).

3. 私 見

공탁은 공적인 공탁법의 규정에 따라 국가기관인 공탁소를 중심으로 하여 이루어지므로 공법관계이며, 한편 공탁의 실현에 의하여 민법상의 채무가 소멸되는 효과가 발생하므로 임치에 관한 민법규정(제539조)이 준용된다고 할 것이다. 따라서 양면관계설이 타당하다.

Ⅲ. 要 件

1. 供託原因의 存在

변제자가 공탁을 유효하게 함으로써 채무를 면하기 위해서는 다음의 두 가지 공탁원인 중 어느 하나가 존재하여야 한다(제487조). 두 공탁원인 중 어느 하나가 존재하여야 하며, 공탁원인이 존재하지 않는 경우에는 공탁을 하였더라도 채무자는 채무를 면하지 못한다(대판 1962. 4. 12, 4294민상1138). 그런데 변제공탁을 함에 있어서도 민법 제487조 전단과 후단 중 어느 사유를 공탁원인사실로 할 것인지를 선택하여 할 수 있으며, 변제공탁이 민법 제487조 전단의 「수령불능을 원인으로 한 변제공탁」인지, 같은 조 후단의 「상대적 불확지 변제공탁」인지 아니면 두 가지 성격을 모두 가지고 있는지 여부는 공탁서의 「법령조항」란의 기재와 「공탁원인사실」란의 기재 등에 비추어 객관적으로 판단해야 한다(대판 2008. 10. 23, 2007다35596). 공탁원인의 존재는 공탁자가 입증하여야 한다(대결 1964. 6. 9, 63마53).

(1) 債權者가 辨濟받지 않거나 받을 수 없는 때(제487조 전문)

민법 제487조 전문은 「채권자가 변제를 받지 아니하거나 받을 수 없을 때」에는 공탁을 인정하고 있다. 그런데 민법 제487조 전문의 문언은 채권자지체에 관한 제400조와 동일하다. 그리하여 공탁원인인 수령거절이 채권자지체가 성립하는 경우를 의미하는지가 문제되고 있다. 이에 관하여 학설은 일치하여 공탁의 요건과 채권자지체의 요건은 같은 것이 아니므로 반드시 채권자지체의 요건을 갖출 필요는 없다고 한다(곽윤직 278면; 김형배 744면; 김상용 481면; 김증한/김학동 383면). 따라서 채권자의 수령거절이 있거나 거절할 것이 명백한 경우에는 구두의 제공과 같은 적법한 변제의 제공 없이도 바로 공탁을 할 수 있다. 판례도 같은 입장을 취하고 있다(대판 1981. 9. 22, 81다236; 대판 1994. 8. 26, 93다42276). 물론 채권자가 수령을 거절하는 경우에 공탁을 하지 않고 변제의 제공을 하여 채권자지체에 빠지게 할 수도 있다. 위와 같은 맥락에서 채권자가 변제를 받을 수 없는 경우(수령불능의 경우)에도 역시 채권자지체의 요건을 갖출 필요가 없이 채무자는 변제를 공탁할 수 있다고 해석된다. 판례도 같은 입장을 취하고 있다(대결 1975. 7. 19, 75마163). 수령불능은 지참채무에서 채권자 등의 수령권한을 가지는 자가 변제의 장소(채권자의 주소)에 없는 경우 또는 추심채무에서 변제기가 도래한 후에도 채권자가 추심을 하지 않는 경우와 같이 사실상의 불능은 물론 법률상의 불능(예: 무능력자인 채권자에게 법정대리인이 없는 경우)을 포함한다. 여기서의 변제는 채무자로 하여금 종국적으로 채무를 면하게 하는 효과를 가져다주는 변제를 의미하며, 채권이 가압류된 경우와 같이 이중변제의 위험부담이 남는 경우에도 채권자가 변제를 받을 수 없는 때에 해당하는 것으로 보아야 한다(대판 1994. 12. 13, 93다951).

채권자의 수령거절 또는 수령불능이 채권자의 책임 있는 사유로 생겼는가는 묻지 않는다. 이는 채권자지체에 관하여 어떠한 견해를 취하더라도 마찬가지이다. 공탁은 변제의 제공의 효과로 인정되는 것이지 채권자지체의 효과는 아니기 때문이다.

[판 례]

가압류에 불구하고 제3채무자가 채무자에게 변제를 한 때에는 나중에 채권자에게 2

중으로 변제하여야 할 위험을 부담하게 되므로 제3채무자로서는 민법 제487조의 규정에 의하여 공탁을 함으로써 2중변제의 위험에서 벗어나고 이행지체의 책임도 면할 수 있다고 보아야 할 것이다. 왜냐하면 민법상의 변제공탁은 채무를 변제할 의사와 능력이 있는 채무자로 하여금 채권자의 사정으로 채무관계에서 벗어나지 못하는 경우를 대비할 수 있도록 마련된 제도로서 그 제487조 소정의 변제공탁의 요건인 '채권자가 변제를 받을 수 없는 때'의 변제라 함은 채무자로 하여금 종국적으로 채무를 면하게 하는 효과를 가져다 주는 변제를 의미하는 것이므로 채권이 가압류된 경우와 같이 형식적으로는 채권자가 변제를 받을 수 있다고 하더라도 채무자에게 여전히 2중변제의 위험부담이 남는 경우에는 마찬가지로 '채권자가 변제를 받을 수 없는 때'에 해당한다고 보아야 할 것이기 때문이다. 그리고 제3채무자가 이와 같이 채권의 가압류를 이유로 변제공탁을 한 때에는 그 가압류의 효력은 채무자의 공탁금출급청구권에 대하여 존속한다고 할 것이므로 그로 인하여 가압류 채권자에게 어떤 불이익이 있다고 할 수 없다(대판 1994. 12. 13, 93다951).

(2) 辨濟者의 過失 없이 債權者를 알 수 없는 경우(제487조 후문)

「변제자가 과실 없이 채권자를 알 수 없는 경우」라 함은 객관적으로 채권자 또는 변제수령권자가 존재하지만 채무자가 선량한 관리자의 주의를 다하여도 채권자를 알 수 없는 경우를 말한다(대판 1994. 12. 13, 93다951; 대판 2005. 5. 26, 2003다12311). 예를 들어 양도금지의 특약이 붙은 채권이 양도된 경우에 채무자로서는 양수인의 선의 등을 알 수 없는 경우(대판 2000. 12. 22, 2000다55904), 특정 채권에 대하여 채권양도의 통지가 있었으나 그 후 통지의 철회 등으로 채권이 적법하게 통지되었는지의 여부에 관하여 의문이 있는 경우(대판 2008. 1. 17, 2003다56015), 채권이 양도되었다는 등의 사유로 제3채무자가 종전의 채권자와 새로운 채권자 중 누구에게 변제하여야 하는지 과실 없이 알 수 없는 경우(대판 2005. 5. 26, 2003다12311), 상속이 개시되었으나 공동상속인들이나 그 상속인들의 상속지분을 구체적으로 알기 어려운 경우(대판 1991. 5. 28, 91다3055), 예금계약 성립시의 사정까지 모두 고려하여 선량한 관리자의 주의의무를 다하여도 어느 쪽이 진정한 예금주인지에 관하여 사실상(혹은 법률상)의 의문이 제기될 여지가 충분히 있는 경우(대판 2004. 11. 11, 2004다37737), 확정일자 있는 증서에 의한 통지 등이 채무자에게 동시에 도달된 경우(대판[전합] 1994. 4. 26, 93다24223), 법원의 명령으로 채권의 처분금지가 처분이 행하여진 경우(대판 2008. 5. 15, 2006다74693) 등이 이에 해당한다.

그런데 공탁원인으로서 不確知는 원칙적으로 채권자 또는 변제수령권자가 존재하고 있으나 그가 누구인지 알 수 없는 경우, 즉 상대적 불확지를 의미한다. 그러나 특별법에서 예외적으로 채권자의 존재 자체가 불확실한 경우, 즉 절대적 불확지를 공탁원인으로 인정하기도 한다.

[판 례]

우리 공탁제도상 채권자가 특정되거나 적어도 채권자가 상대적으로나마 특정되는 상대적 불확지의 공탁만이 허용될 수 있는 것이고 채권자가 누구인지 전혀 알 수 없는 절대적 불확지의 공탁은 허용되지 아니하는 것이 원칙이다. 그러나 토지수용법 제61조 제2항 제2호는 토지수용의 주체인 기업자가 과실 없이 보상금을 받을 자를 알 수 없을 때에는 절대적 불확지의 공탁이 허용됨을 규정하여, 기업자는 그 공탁에 의하여 보상금 지급의무를 면하고 그 토지에 대한 소유권을 취득하도록 하고 있는바, 이와 같이 절대적 불확지의 공탁을 예외적으로 허용하는 것은 공익을 위하여 신속한 수용이 불가피함에도 기업자가 당시로서는 과실 없이 채권자를 알 수 없다는 부득이한 사정으로 인한 임시적 조치로서 편의상 방편일 뿐이므로, 기업자는 위 공탁으로 수용보상금 지급의무는 면하게 되지만, 이로써 위에 본 공탁제도상 요구되는 채권자 지정의무를 다하였다거나 그 의무가 면제된 것은 아니다(대판[전합] 1997. 10. 16, 96다11747).

2. 供託의 當事者

공탁의 당사자는 공탁자와 공탁소이다. 채권자는 계약의 당사자가 아니라 그 효과를 받는 당사자일 뿐이다.

(1) 供託者

공탁을 하는 자는 변제자이다. 따라서 채무자뿐만 아니라 제3자도 공탁할 수 있다.

(2) 供託所

공탁은 채무이행지의 공탁소에 하여야 한다(제488조 제1항). 공탁소는 지방법원 · 지방법원 지원 · 시법원 · 군법원에 두며, 공탁사무는 지방법원장 · 지방법원지원장이 그 소속 공무원 중에서 지정하는 자가 공탁사무를 처리한다(공탁법 제2조). 공탁물을 실제로 보관하는 자도 공탁물보관자인데, 공탁물보관자는 대법원장이 지정하는 은행 또는 창고업자이다(공탁법 제3조). 공탁소에 관하여 법률에 특별한 규정이 없으면 법원은 변제자의 청구에 의하여 공탁소를 지정하고, 공탁물보관자를 선임하여야 한다(제488조 제2항). 공탁물보관자는 공탁소의 이행보조자에 불과하다.

(3) 被供託者

공탁은 피공탁자를 특정하여 하여야 한다(대판[전합] 1997. 10. 16, 96다11747). 피공탁자는 채권자가 되는 것이 원칙이나, 채권자의 대리인이나 청산인도 될 수 있다. 피공탁자는 공탁자의 지정과 채권에 기하여 공탁물을 수령할 권리를 가지며, 이 경우에 피공탁자의 수익의 의사표시(제539조 제2항)는 필요하지 않다.

[판 례]

(1) 공탁제도는 공탁공무원의 형식적 심사권, 공탁사무의 기계적 · 형식적인 처리를 전제로 하여 운영되는 것이어서 피공탁자가 특정되어야 함이 원칙이고, 또한 피공탁자가 특정되었다고 하려면 피공탁자의 동일성에 대하여 공탁공무원의 개입할 여지가 없고 그 공탁통지서의 송달에 지장이 없는 정도에 이르러야 한다(대판[전합] 1997. 10. 16, 96다11747).

(2) 매수인이 매도인을 대리하여 매매대금을 수령할 권한을 가진 자에게 잔대금의 수령을 최고하고 그 자를 공탁물수령자로 지정하여 한 변제공탁은 매도인에 대한 잔대금 지급의 효력이 있다(대판 2012. 3. 15, 2011다77849).

3. 供託의 目的物

채무자가 공탁하고자 하는 목적물은 원칙적으로 변제의 목적물이다(제487조). 따라서 동산이든 부동산이든 공탁의 목적물이 될 수 있다(통설: 곽윤직 279면; 김주수 498면; 김형배 746면; 이은영 738면). 부동산이 공탁의 목적물인 경우에는 공탁을 인정하지 않는 견해가 있으나(김증한/김학동 385면), 부동산의 공탁을 부정해야 할 법적 근거가 없으므로 이를 인정해야 할 것이다. 공탁은 변제의 목적물 자체를 제공함을 원칙으로 하지만, 공탁물이 멸실 · 훼손 · 부패하기 쉽거나 보전에 과다한 비용을 요하는 경우에는 변제자는 법원의 허가를 얻어 그 물건을 경매하거나 시가로 방매하여 그 대금을 공탁할 수 있다(제490조). 이것을 自助賣却이라고 한다.

4. 供託의 內容

공탁에 의하여 채무가 소멸되기 위해서는 채무의 내용에 좇은 유효한 변제가 있어야 한다. 특별한 경우(제490조 참조)를 제외하고는 본래의 채무의 목적물 전부를 공탁하여야 하는 것이 원칙이다. 이와 관련하여 특히 문제가 되는 것은 채무액의 일부의 공탁과 수령에 조건을 붙인 공탁이다.

(1) 一部供託

채무액의 일부를 공탁하는 것은 채무를 변제함에 있어서 일부의 제공이 유효한 제공이라고 시인될 수 있는 특별한 사정이 있는 경우를 제외하고는 채권자가 이를 수락하지 않는 한 그에 상응하는 효력을 발생할 수 없다(대판 1992. 7. 28, 91다13380). 다만 채무의 총액에 비하여 근소한 부족이 있는 경우에는 신의칙상 그 공탁은 유효한 것이라고 하여야 한다(대판 2002. 5. 10, 2002다12871 · 12888). 그러나 이때에 유효하게 되는 것은 채무 전액이 아니라 그 공탁금액에 한하여서이다. 채권자가 공탁금을 채권의 일부에 충당한다는 이의 유보의 의사표시를 하고 이를 수령한 때에는 그 공탁금은 채권의 일부의 변제에 충당된다(대판 1996. 7. 26, 96다14616). 이의의 유보는 공탁공무원이나 채무자에게 할 수 있으므로, 공탁된 토지수용보상금의 수령에 관한 이의유보의 의사표시를 하는 경우, 그 의사표시의 상대방은 반드시 공탁공무원에 국한할 필요가 없고 보상금 지급 의무자인 기업자에 대하여 이의유보의 의사표시를 할 수 있으며(대판[전합] 1982. 11. 9, 82누197), 묵시적으로도 할 수 있다(대판 1997. 11. 11, 97다37784). 그러나 공탁원인에 이의를 유보한 경우에는 유보한 취지에 부합하는 원인이 존재하지 않는 한 그 공탁의 하자가 치유되어 손해배상채무의 일부 변제로서 유효하다고 할 수 없다(대판 1996. 7. 26, 96다14616).

그리고 채무자가 채무액의 일부만을 공탁하였으나 그 후 부족분을 추가로 공탁하였다면 그때부터는 전 채무액에 대하여 유효한 공탁이 이루어진 것으로 볼 수 있다(대판 1991. 12. 27, 91다35670). 한편 채무자가 채무 전액의 변제임을 밝히고, 채권자가 채권의 일부로서 수령한다는 이의를 유보하지 아니하고 공탁금을 수령한 때에는 채권의 전액에 대하여 변제공탁의 효과가 발생한다(대판 1983. 6. 28, 83다카88 · 89).

[판 례]

변제공탁이 유효하려면 채무 전부에 대한 변제의 제공 및 채무 전액에 대한 공탁이 있음을 요하고 채무 전액이 아닌 일부에 대한 공탁은 그 부분에 관하여서도 효력이 생기지 않으나, 채권자가 공탁금을 채권의 일부에 충당한다는 유보의 의사표시를 하고 이를 수령한 때에는 그 공탁금은 채권의 일부의 변제에 충당되고(대법원 1996. 7. 26. 선고 96다14616 판결 등 참조), 채무자가 1개 또는 수개의 채무의 비용 및 이자를 지급할 경우에 변제자가 그 전부를 소멸하게 하지 못한 급여를 한 때에는 비용, 이자, 원본의 순서로 변제에 충당하여야 한다(민법 제479조 제1항)(대판 2012. 3. 15, 2011다83776).

(2) 條件附 供託

채무자가 채권자에 대하여 동시이행의 항변권을 가지는 경우에는 예외적으로 채권자의 반대급부를 공탁물수령의 조건으로 할 수 있다(제491조). 그러나 이러한 경우를 제외하고는 본래의 채권에 부착되지 않은 조건을 붙여서 한 공탁은 원칙적으로 그 공탁 자체가 무효로 된다(대판 1969. 5. 27, 69다298 · 299). 그러나 무효인 조건부 공탁이 있은 후 공탁자가 조건표시의 정정청구를 하고 공탁공무원이 이를 인가한 경우에는 인가결정시부터는 조건 없는 공탁으로서 유효하다(대판 1986. 8. 19, 85누35670). 그리고 공탁서의 기재 내용으로 보아 채권자가 공탁물을 수령함에 있어 반대급부로서 이행할 조건을 기재한 것이 아니라, 단지 채권자가 공탁물을 수령한 후 변제자에게 이행하여야 할 의무의 내용을 미리 환기시키면서 그 협조를 구하는 내용에 불과한 경우에는 조건부 변제공탁이 아니며(대판 2002. 12. 6, 2001다2846), 조건이 이미 성취되어 공탁물 수령에 아무런 지장이 없는 경우에도 그 공탁은 효력이 발생한다(대판 1969. 2. 18, 66다1244). 그러나 채권담보의 목적으로 근저당권설정등기나 가등기가 된 경우에는 채무의 변제의무가 그 등기의 말소의무보다 선이행되어야 하므로, 채무자가 그 등기의 말소에 필요한 서류의 교부를 조건으로 하여 공탁을 하면 그것은 무효인 공탁이 된다(대판 1991. 4. 12, 90다9872). 또한 채권자의 본래의 청구권에 선이행 또는 동시이행의 항변권이 붙어 있지 않은 경우에 채무자가 채권자의 어떤 행위의 이행을 조건으로 공탁하였다면 그 공탁은 채권자의 승낙이 없는 한 무효이다(대판 1970. 9. 22, 70다1061).

Ⅳ. 供託의 節次

(1) 공탁을 하려는 자는 공탁규칙이 정하는 일정한 사항을 기재한 공탁서 2통을 공탁관원에게 제출하여야 한다(공탁규칙 제20조). 이때에 공탁자는 피공탁자에게 송부할 공탁통지서를 피공탁자 수만큼 첨부하여야 한다(동 규칙 제23조).

(2) 공탁관원이 공탁을 수리할 것으로 인정하면, 공탁금납입서 또는 공탁유가증권기탁서와 함께 공탁을 수리한다는 취지 등을 기재한 공탁서 정본을 공탁자에게 교부하고, 공탁물을 납입기일까지 지정된 공탁물보관자에게 납입하게 한다(동 규칙 제26조 제1항). 공탁자는 공탁물을 공탁물보관자에게 납입하여야 하며, 공탁물보관자가 공탁물을 납입 받은 때에는 공탁서에 그 사실을 기재하여 공탁자에 교부하고 공탁물 납입통지서를 공탁공무원에게 송부하여야 한다(동 규칙 제27조). 변제공탁의 효력(채무소멸의 효과)은 공탁공무원의 수탁처분(수리 과정)과 공탁물보관자의 공탁물 수령으로 그 효력이 발생하는 것이나(대결 1972. 5. 15, 72마401), 공탁자가 납입기일까지 공탁물을 납입하지 않을 때는 그 수리결정은 효력을 상실한다(동 규칙 제26조 제3항).

(3) 공탁자는 공탁물을 공탁보관자에게 납입하고 공탁물보관자는 이 사실을 공

탁공무원에게 통지한다. 이 통지를 받은 공탁관원은 피공탁자에게 공탁통지서를 발송하여야 한다(동 규칙 제29조). 민법 제488조 제3항은 공탁자가 공탁사실을 채권자에게 통지하여야 한다고 규정하고 있으나, 실제로는 공탁관원이 이를 대행하고 있다. 그러나 공탁통지는 공탁의 유효요건이 아니어서 통지가 없어도 채무는 소멸한다(대판 1976. 3. 9, 75다1200).

(4) 공탁공무원은 형식적인 심사권만 있다. 따라서 피공탁자와 정당한 수령권자라고 주장하는 자 사이의 동일성 등에 관하여 종국적인 판단을 할 수 없다(대판 2007. 2. 9, 2006다68650 · 68667).

V. 供託의 效果

1. 債務의 消滅

공탁에 의하여 변제가 있었던 것과 같이 채무자는 채무를 면한다(제487조). 따라서 변제공탁이 적법한 경우에는 그 후 공탁물출급청구권에 대하여 가압류 집행이 되더라도 변제의 효력에 영향을 미치지 않으며(대판 2011. 12. 13, 2011다10585), 채권자가 공탁물출급청구를 하였는지 여부와 관계없이 변제의 효력이 발생하여 채무는 소멸한다. 변제의 효과가 발생하는 시기는 공탁관원의 수탁처분과 공탁물보관자의 공탁물수령이 있는 때이며, 채권자에 대한 공탁통지나 채권자의 수익의 의사표시가 있는 때에 공탁의 효력이 생기는 것은 아니다(대결 1972. 5. 15, 72마401). 그런데 공탁이 행하여진 후에도 변제자는 공탁물을 회수할 수 있기 때문에(제489조), 이 회수권이 존속하는 동안은 공탁의 효력은 확정되지 않는다. 여기서 채무소멸의 효력발생이 문제된다. 이에 관하여 학설은 (i) 공탁으로 채무는 소멸하지만, 공탁물을 회수한 때에는 채무는 소급하여 소멸하지 않은 것으로 해석하는 해제조건설(곽윤직 281면; 김기선 345면; 김증한/김학동 387면; 송덕수 580면; 지원림 1002면)과 (ii) 회수권의 소멸을 정지조건으로 하여 공탁을 한 때에 소급하여 채무가 소멸하는 것으로 해석하는 정지조건설(김용한 591면; 김주수 501면; 김형배 756면; 김상용 486면)이 대립하고 있다. 판례는 해제조건설을 취하고 있다(대판 1981. 2. 10, 80다77). 생각건대 민법 제487조에서 변제자의 공탁에 의하여 채무를 면하는 것으로 규정하고 있으며, 제489조 제1항에서는 채무자가 공탁물을 회수하는 때에는 공탁하지 않은 것으로 본다고 규정하고 있는 점에서 해제조건설이 타당하다고 할 것이다.

2. 債權者의 供託物出給請求權

(1) 供託物出給請求權의 性質

채권자는 공탁소에 대하여 공탁물출급청구권을 가진다(그 절차에 대하여는 공탁규칙 제32조 이하 참조). 민법은 채권자의 공탁물출급청구권에 관하여 규정하고 있지 않으나, 공탁이 채무의 소멸원인으로 규정되고 있는 이상 채권자는 공탁소에 대하여 가지는 것으로 해석된다. 따라서 공탁을 제3자를 위한 임치계약이라고 한다. 이 권리는 본래의 급부청구에 갈음하는 것이므로 그 권리의 성질과 범위는 본래의 채권과 동일한 것이어야 한다. 그 결과 본래의 급부에 선이행 또는 동시이행의 항변권이 부착된 경우에 채권자는 먼저 자기의 급부를 하여야 공탁물을 수령할 수 있다(제491조).

[판 례]

변제공탁의 공탁물출급청구권자는 피공탁자 또는 그 승계인이고 피공탁자는 공탁서의 기재에 의하여 형식적으로 결정되므로, 실체법상의 채권자라고 하더라도 피공탁자로 지정되어 있지 않으면 공탁물출급청구권을 행사할 수 없다. 따라서 피공탁자 아닌 제3자가 피공탁자를 상대로 하여 공탁물출급청구권 확인판결을 받았더라도 그 확인판결을 받은 제3자가 직접 공탁물출급청구를 할 수는 없고, 수인을 공탁금에 대하여 균등한 지분을 갖는 피공탁자로 하여 공탁한 경우 피공탁자 각자는 공탁서의 기재에 따른 지분에 해당하는 공탁금을 출급청구할 수 있을 뿐이며, 비록 피공탁자들 내부의 실질적인 지분비율이 공탁서상의 지분비율과 다르다고 하더라도 이는 피공탁자 내부간에 별도로 해결해야 할 문제이다(대판 2006. 8. 25, 2005다67476).

(2) 債權者의 異議留保

공탁의 요건(제487조)을 결여한 공탁은 무효이나 요건의 흠결에도 불구하고 채권자가 이의 없이 청구권을 행사하여 목적물을 수령하였다면 그 공탁은 유효한 것으로 되고 채무는 소멸한다(대판 1989. 11. 28, 88다카34148). 또한 변제자가 채무의 전부라는 취지로 공탁을 했는데 그것이 실제로는 채무의 일부에 불과한 경우, 채권자가 이의 없이 공탁물을 수령하면 공탁의 취지에 따라 수령한 것이 되어 채무 전부가 변제된다(대판 1983. 6. 28, 83다카88·89). 그러나 채권자가 채무 전액의 공탁에 대하여 일부만 변제에 충당할 것을 유보하면서 공탁물을 수령한 경우에는 일부변제로서 효력을 인정하여야 한다. 채권자의 이의유보는 공탁관원뿐만 아니라 공탁자에 대하여 하면 된다. 공탁관원에 대한 이의의 유보는 반드시 명시적으로 해야 하나, 공탁자에 대한 이의 유보는 묵시적으로도 가능하다(대판 1989. 7. 25, 88다카11053).

[판 례]

(1) 공탁금수령자로서 공탁통지서를 받은 자가 그 공탁금을 이의 없이 수령하였다면 그 공탁의 취지에 의하여 수령한 것이 되어 그에 대한 법률효과만이 발생하는 것이고, 그 후 다시 이에 저촉되는 의사표시를 하였다 하더라도 이에 의하여 아무런 법률효과도 발생하는 것은 아니다(대판 1984. 11. 13, 84다카465).

(2) 동일한 금액 범위 내의 사해행위취소 및 가액배상을 구하는 소송을 제기한 수인의 취소채권자들 중 누구에게 가액배상금을 지급하여야 하는지 알 수 없다는 이유로 채권자들의 청구금액 중 판결 또는 화해권고결정 등에 의하여 가장 다액으로 확정된 금액 상당을 공탁금액으로 하고 그 취소채권자 전부를 피공탁자로 하여 상대적 불확지공탁을 한 경우, 피공탁자 각자는 공탁서의 기재에 따라 각자의 소송에서 확정된 판결 또는 화해권고결정 등에서 인정된 가액배상금의 비율에 따라 공탁금을 출급청구할 수 있을 뿐이다(대판 2007. 5. 31, 2007다3391).

(3) 상대적 불확지 변제공탁의 경우 피공탁자 중의 1인이 공탁물을 출급청구하기 위해서는 다른 피공탁자들의 승낙서나 그들을 상대로 받은 공탁물출급청구권확인 승소확정판결이 있으면 되므로(대법원 1999. 11. 30.자 99마4239 결정 등 참조), 위와 같은 경우에 피공탁자가 아닌 제3자를 상대로 공탁물출급청구권의 확인을 구하는 것은 확인의 이익이 있다고 볼 수 없다(대판 2008. 10. 23, 2007다35596).

(3) 處 分

공탁물출급청구권은 일신전속권이 아니기 때문에 상속의 대상이 되고, 양도 · 입질 등의 임의처분은 물론 압류 · 가압류, 전부 · 추심명령 등 집행의 대상이 될 수 있음과 동시에 채권자대위의 목적도 될 수 있다.

3. 供託物所有權의 移轉

공탁물의 소유권이 채권자에게 이전되는 시기는 공탁물의 종류에 따라 다르다.

(1) 消費物인 경우

공탁물이 금전 기타 소비물인 경우에는 소비임치가 성립하므로(제702조), 공탁물의 소유권은 일단 공탁물보관자(은행 또는 창고업자)에 귀속하고, 채권자가 그것과 동종 · 동질 · 동량을 수령한 때에 채권자가 그 소유권을 취득한다.

(2) 特定物인 경우

공탁물이 특정물인 때의 이전시기에 관하여는 학설이 대립한다. 통설은 공탁소가 소유권을 취득하지 않고 공탁자로부터 직접 채권자에게 공탁물의 소유권이 이전되며, 그 소유권이전시기는 그 특정물이 동산인 경우에는 인도, 부동산인 경우에는 등기한 때라고 한다(곽윤직 282면; 김주수 503면; 김형배 752면; 김상용 487면; 김증한/김학동 389면). 즉 변제자의 공탁신청 속에 소유권이전의 청약이 있는 것으로 보고 채권자가 공탁소에 대하여 그의 인도청구권을 행사할 때에 그 승낙이 있는 것으로 되어 물권적 합의가 성립하고, 그 밖에 인도·등기를 한 때에 소유권이 이전된다고 한다. 이와는 달리 특정물이 부동산이면 등기를 한 때에 소유권이 공탁자로부터 채권자에게 이전되지만, 동산인 경우에는 공탁신청과 채권자의 인도청구에 각각 반환청구권의 양도청약과 그에 대한 승낙도 포함되어 있으므로 채권자가 인도청구를 한 때 목적물반환청구권의 양도에 의한 인도(제190조)가 있는 것으로 보는 견해가 있다(송덕수 297면). 생각건대 물권변동이론에 따라 동산의 경우에는 채권자가 공탁소로부터 목적물을 인도받은 때, 그리고 부동산인 경우에는 채권자가 부동산소유권의 이전등기를 경료한 때 소유권이 채권자에게 이전된다 할 것이다.

4. 擔保의 消滅

변제공탁의 효과로서 채무가 소멸하기 때문에 그 채무에 붙어 있는 물적·인적 담보가 당연히 소멸한다.

5. 利子의 停止

채무자가 변제공탁 이후의 이자를 지급할 필요가 없음은 해제조건설에 따르는 한 당연하다. 다만 채권자는 공탁금에 대해서는 대법원규칙이 정하는 바에 의하여 이자를 지급받을 수 있다.

Ⅵ. 供託物의 回收

1. 民法上의 回收

(1) 回收權

1) 法的 性質 　공탁물은 본래 채무자(공탁자)의 보호를 목적으로 하는 제도이므로 채권자나 제3자에게 불이익을 주지 않는 한 공탁자에게 공탁물의 회수가 인정

된다(제489조). 이 공탁물 회수의 법적 성질에 관하여 학설은 (i) 채권자에 대한 관계에서는 제3자 약관의 취소이고, 공탁소에 대한 관계에서는 임치계약의 해지(제698조 참조)라는 견해(곽윤직 282면), (ii) 임치계약의 해지라는 견해(송덕수 298면), (iii) 공탁의 철회라는 견해(김상용 488면; 이은영 744면; 지원림 956면)로 나뉘고 있다. (iii)설은 공탁물회수권을 행사하면 공탁관계로 공탁 전의 관계의 회복을 위한 청산관계로 발전하고, 그 청산관계의 내용으로 공탁자는 공탁물반환청구권을 갖는다고 한다. 생각건대 공탁물회수권은 일종의 형성권인 철회권으로서의 성질을 갖는 것으로 공탁자에게 그러한 형성권이 유보되어 있다고 할 것이다.

이러한 형성권의 행사에 의하여 취득되는 공탁자의 공탁물반환청구권은 재산적 가치가 있으므로 양도할 수 있고, 압류 또는 전부의 객체가 될 수 있다(대판 1981. 2. 10, 80다77).

2) 回收權의 拋棄와 제한 공탁자는 공탁소에 대한 의사표시로 공탁물회수청구권을 포기할 수 있다. 그리고 변제공탁자는 공탁신청과 동시에 또는 공탁을 한 후에 「피공탁자의 동의가 없으면 특정 형사사건의 종결시까지 회수청구권을 행사하지 않겠다는 취지」를 기재한 서면을 제출할 수 있다. 이는 불법행위로 인한 손해배상채무자가 변제공탁제도를 악용하는 것을 방지하기 위한 것이다.

3) 回收權行使의 效果 변제자가 공탁물을 회수한 때에는 공탁하지 아니한 것으로 본다(제489조 제1항 후단). 그리고 공탁금의 일부를 회수한 경우에도 공탁의 효력은 소멸한다(대판 1967. 11. 28, 67다2118). 따라서 공탁관계의 모든 효과가 소급적으로 소멸하여, 채무는 처음부터 소멸하지 않은 것으로 된다.

(2) 回收權의 消滅

1) 消滅의 原因 민법은 공탁물을 회수함으로써 채권자나 제3자에게 불이익을 주는 다음과 같은 경우에는 그 회수를 인정하지 않는다. 즉 (i) 채권자가 변제자에 대하여 공탁을 승인하거나 공탁소에 대하여 공탁물을 받기를 통고한 때(제489조 제1항 전단) (ii) 공탁이 유효하다는 판결이 확정된 때(제489조 제1항 후단), (iii) 공탁으로 질권·저당권이 소멸한 때(제489조 제2항)에는 회수권을 인정하지 않는다. 공탁으로 채무는 소멸하므로 그 채무에 수반하는 질권·저당권도 당연히 소멸한다. 그런데 공탁물의 회수를 인정하게 되면 채무는 처음부터 소멸하지 않았던 것으로 되고 이들 담보권도 소멸하지 않았던 것으로 된다. 이렇게 된다면 예를 들어 공탁으로 채무가 소멸한 것으로 알고 그 부동산에 저당권을 설정한 자는 그 회수로 후순위저당권자가 됨으로써 불측의 손해를 입게 된다. 그리하여 민법은 공탁으로 질권·저당권이 소멸한 때에는

제3자를 보호하기 위하여 공탁자의 회수권을 부정한 것이다. 제489조 제2항은 질권과 저당권에 관해서만 규정하고 있는바, 가등기담보권이나 양도담보권에도 적용될 수 있는지가 문제된다. 이에 관하여 판례는 본 규정이 공탁으로 인하여 가등기담보권이나 양도담보권이 소멸하는 경우에도 역시 변제자가 공탁물을 회수할 수 없다는 취지를 포함하고 있지 않으며 또 이들 경우까지 포함하는 규정이라고 해석할 만한 근거도 없으므로, 이들 경우에는 제489조 제1항에 의하여 공탁물을 회수할 수 있는 것으로 해석하고 있다(대판 1982. 7. 27, 81다495). 그러나 적어도 현재에는 가등기담보권 등은 저당권과 마찬가지로 다루어야 하므로(가담법 제13조 참조) 가등기담보권 등이 소멸한 때에는 회수할 수 없다고 하여야 한다(송덕수 299면). (ⅳ) 공탁자가 회수권을 포기한 때에도 공탁물의 회수권이 소멸한다. 이는 민법에 규정이 없어도 당연한 것이다. (ⅴ) 공탁물이 금전인 경우(제7조에 따른 유가증권상환금, 배당금과 제11조에 따른 물품매각대금을 공탁한 경우를 포함) 그 원금 또는 이자의 수령, 회수에 대한 권리는 그 권리를 행사할 수 있는 때부터 10년간 행사하지 아니할 때에는 시효로 인하여 소멸하므로(공탁법 제9조 제3항), 공탁물의 회수권도 소멸하게 된다.

2) 回收權消滅의 效果 회수권 소멸의 효과는 공탁이 있은 시점에 소급하여 효력을 가진다. 그러한 한도에서 변제자는 목적물을 공탁한 때부터 채무를 면한다.

[판 례]

구 토지수용법(2002. 2. 4 법률 제6656호 공익사업을 위한 토지 등의 취득 및 보상에 관한 법률 부칙 제2조로 폐지) 제61조 제2항에 의하여 기업자가 하는 손실보상금의 공탁은 같은 법 제65조에 의해 간접적으로 강제되는 것이고, 이와 같이 그 공탁이 자발적이 아닌 경우에는 민법 제489조의 적용은 배제되어 피공탁자가 공탁자에게 공탁금을 수령하지 아니한다는 의사를 표시하거나 피공탁자의 공탁금출급청구권의 소멸시효가 완성되었다 할지라도 기업자는 그 공탁금을 회수할 수 없는 것이어서, 그러한 공탁자는 진정한 보상금수령권자에 대하여 그가 정당한 공탁금출급청구권자임을 확인하여 줄 의무를 부담한다고 하여도 공탁금출급청구권의 시효소멸로 인하여 직접적인 이익을 받지 아니할 뿐만 아니라 채무자인 국가에 대하여 아무런 채권도 가지지 아니하므로 독자적인 지위에서나 국가를 대위하여 공탁금출급청구권에 대한 소멸시효를 원용할 수 없다(대판 2007. 3. 30, 2005다11312).

2. 供託法上의 回收

공탁법은 민법 제489조에 의한 회수 외에 ① 착오로 공탁한 때(동법 제9조 제2항 제2호), ② 공탁원인이 소멸한 때(동법 제9조 제2항 제3호)에는 공탁자가 공탁물을 회수할 수 있는 것으로 규정하고 있다.

(1) 착오로 공탁한 경우

착오로 공탁한 경우의 착오라 함은 공탁요건의 결여로 공탁법상 부적법하여 당해 공탁이 무효인 때를 말한다. 예를 들어 채권액이 300만원인데 착오로 인하여 500만원을 공탁한 경우(실질적 요건), 또는 변제공탁의 관할 공탁소가 아닌 곳에 공탁한 경우(형식적 요건)에는 공탁요건을 갖추지 못하여 공탁은 무효로 된다.

이 경우에 관하여 착오로 인한 법률행위의 취소(제109조)를 이유로 하여 공탁물을 회수할 수 있는 것으로 보는 견해가 있으나(곽윤직 277면; 김증한/김학동 391면), 민법상의 법률행위에 관한 무효 · 취소의 규정은 일반적으로 절차상의 행위에는 직접 적용되지 않으며, 공탁의 유효 · 무효는 공탁자의 주관적 착오, 기타 원인의 여하에 불구하고 공탁요건의 객관적 흠결의 유무에 의하여 판단하여야 할 것이다(동지 민법주해(11)/이동명 325면).

(2) 공탁원인이 소멸한 경우

공탁의 근거 법령에서 정한 공탁원인이 존재하는 경우에만 공탁할 수 있으므로, 공탁 후에 그 원인이 소멸하면 더 이상 공탁을 지속시킬 이유가 없게 된다. 예를 들어 담보공탁에서 담보의 목적인 채권이 발생하지 않거나 소멸한 경우에는 공탁원인이 소멸한다.

이 경우에는 부당이득을 이유로 공탁물의 회수를 인정하는 것이다. 따라서 민법상의 공탁물의 회수와는 그 성질이 다르다.

(3) 공탁자가 착오로 공탁한 때 또는 공탁의 원인이 소멸한 때에는 공탁자가 공탁물을 회수할 수 있을 뿐 피공탁자의 공탁물출급청구권은 존재하지 않으므로, 이러한 경우 공탁자가 공탁물을 회수하기 전에 위 공탁물출급청구권에 대한 전부명령을 받아 공탁물을 수령한 자는 법률상 원인 없이 공탁물을 수령한 것이 되어 공탁자에 대하여 부당이득반환의무를 부담한다(대판 2008. 9. 25. 2008다34668).

사례해설

I. 제3채무자(C)의 이행지체책임

A가 B의 C에 대한 채권을 가압류하더라도 C가 B에게 지급하는 것을 금지하는 데 그칠 뿐 채무 그 자체를 면하게 하는 것이 아니고, 또한 가압류가 있다 하여도 C의 B에 대한 채무의 이행기가 도래한 때에는 C는 지체책임을 면하는 것도 아니다. 따라서 C의 보호수단

이 강구되어야 한다.

II. 변제공탁의 요건

사안에서 C는 채무자로서 소정의 절차를 거쳐 본래의 채무의 내용대로 공탁을 하였다. 다만 공탁의 원인과 관련하여 사안이 제487조 소정의「채권자가 변제를 받을 수 없는 때」에 해당되는지가 문제된다. 판례는 여기서의 변제라 함은 채무자로 하여금 종국적으로 채무를 면하게 하는 효과를 가져다주는 변제를 의미하는 것이므로 채권이 가압류된 경우와 같이 형식적으로는 채권자가 변제를 받을 수 있다고 하더라도 채무자에게 여전히 이중변제의 위험이 남는 경우에는「채권자가 변제를 받을 수 없는 때」에 해당된다고 판시하여 공탁원인을 인정하고 있다.

III. 채권가압류의 효력

사안처럼 채권의 가압류를 제3채무자가 변제공탁을 한 때에는 가압류의 효력은 B의 공탁금출금청구권에 대하여 존속하므로 가압류채권자인 甲에게 어떤 불이익이 있다고도 할 수 없다.

第5節 相 計

사 례

A는 B에 대하여 변제기가 1998년 11월 1일인 1,000만원의 대여금채권을 가지고 있다. 한편 B는 A에 대하여 변제기가 1998년 10월 1일인 500만원의 물품대금채권을 가지고 있다. 그런데 A에 대하여 1,500만원의 대여금채권을 가지고 있는 C가 1998년 9월 1일에 A의 B에 대한 채권을 압류하여 B에게 지급금지명령이 내려졌다.

이 경우 B는 자신이 A에 대하여 가지고 있는 물품대금채권에 의하여 A에게 상계의 의사표시를 하고 이를 가지고 C에게 대항할 수 있는가?

[중요논점]

I. 압류채권자에 대한 대항요건

1. 학설의 대립 2. 판례의 태도

II. 학설의 검토 및 사례에의 적용

I. 序 說

1. 意 義

상계란 채권자와 채무자가 서로 동종의 채권 · 채무를 가지는 경우에 그 채권과 채무를 대등액에서 소멸케 하는 일방적 의사표시이다. 예를 들어 A는 B에 대하여 200만원의 금전채권을 가지고 B도 A에 대하여 100만원의 금전채권을 가지는 경우에 A 또는 B의 일방적 의사표시에 의하여 100만원의 대등액에 관하여 쌍방의 채권 · 채무를 소멸시킬 수 있다.

2. 性 質

상계는 상계자가 자기의 일방적인 의사표시로 상대방의 수동채권을 공취하는 단독행위로 일종의 형성권이다. 그리고 상계는 하나의 독립된 특수한 채권소멸원인이라는 데 견해가 일치한다.

3. 相計의 機能

(1) 簡易決濟的 機能

상계는 채권자의 강제집행에 의하지 않고 당사자 일방의 의사표시에 의하여 채권을 실현하는 사적 집행수단이다. 이러한 상계에 의한 채무의 이행은 번거로운 현실적인 변제를 생략하여 각각 결제함으로써 소요되는 노력 · 시간 · 비용을 절약할 수 있다. 상계제도가 없다면 위의 예에서 A는 B에 대한 채권 200만원을 청구에 의하여 지급받은 후 다시 B에 대한 채무로서 100만원을 지급하여야 하는바, 이는 번거로울 뿐 실익이 없다고 할 것이다.

(2) 公平維持的 機能

상계는 채권결제에서 당사자들을 공평하게 다루는 기능을 한다. 채무자가 파산한 경우에 일방의 채권자는 자기의 채무를 이행하고, 반면에 상대 채무자에 대한 자기의 채권은 변제받지 못하는 불공평이 생기는데, 채권자는 파산자에 대한 자기채무와 상계하여 상대방 채무자로부터의 만족을 얻을 수 있기 때문이다.

(3) 擔保的 機能

상대방의 재산상태가 악화되어 상대방에 채무이행이 없을 경우에 자기의 채무이행과 상계하여 자기채권의 만족을 얻을 수 있기 때문에 수동채권에 대하여 강력한 담보권을 부여하는 기능을 한다. 예를 들어 A은행은 B에 대해 200만원 예금채무를 부담하고, 예금자 B는 100만원을 융자하고 있는 경우에 A은행은 그의 100만원의 채권에 관하여는 후에 B가 파산하더라도 200만원에서 100만원을 상계함으로써 손실을 면할 수 있다.

4. 相計契約

민법이 규정하고 있는 상계는 단독행위이지만(제493조), 계약자유의 원칙상 당사자 일방의 의사표시에 의하여 두 채권이 소멸하는 상계와는 달리 당사자 사이의 계약에 의하여 상계의 목적을 달성할 수 있다. 이러한 상계계약은 낙성 · 불요식의 유상계약으로 상인 사이의 일정기간 동안의 거래에서 생기는 채권채무의 총액의 청산을 목적으로 하는 상호계산이 상계계약의 전형적인 것이다(상법 제72조). 상계계약도 소급효를 가지며 양 채권의 소멸은 서로 인과관계에 선다. 그리고 민법상 상계의 요건이나 상계의 금지는 원칙적으로 상계계약에는 적용되지 않는다. 따라서 고의의 불법행위에 의한 채권이나 압류가 금지되는 채권에 관하여도 상계계약을 할 수 있다. 또한 당사자 일방이 제3자에 대하여 가지는 채권으로써 상대방의 채권과 상계하는 것도 당사자 쌍방과 제3자 사이의 3면계약으로 가능하다(예를 들어 어음교환제도). 그 밖에도 상계계약에는 조건이나 기한을 붙일 수 있으므로(제493조 제1항 후단 참조) 장래 일정한 조건이 충족되면 상계의 효과가 발생하는 것을 내용으로 하는 계약, 즉 상계의 예약도 유효하다.

[판 례]

근로기준법 제42조 제1항 본문에서 "임금은 통화로 직접 근로자에게 그 전액을 지급하여야 한다."라고 규정하여 이른바 임금 전액지급의 원칙을 선언한 취지는 사용자가 일방적으로 임금을 공제하는 것을 금지하여 근로자에게 임금 전액을 확실하게 지급 받게 함으로써 근로자의 경제생활을 위협하는 일이 없도록 그 보호를 도모하려는 데 있으므로, 사용자가 근로자에 대하여 가지는 채권을 가지고 일방적으로 근로자의 임금채권을 상계하는 것은 금지된다고 할 것이지만, 사용자가 근로자의 동의를 얻어 근로자의 임금채권에 대하여 상계하는 경우에 그 동의가 근로자의 자유로운 의사에 터잡아 이루어진 것이라고 인정할 만한 합리적인 이유가 객관적으로 존재하는 때에는 근로기준법 제42조 제1항 본문에 위반하지 아니한다고 보아야 할 것이고, 다만 임금 전액지급의 원칙의 취지에 비추어 볼 때 그 동의가 근로자의 자유로운 의사에 기한 것이라는 판단은 엄격하고 신중하게 이루어져야 한다(대판 2001. 10. 23, 2001다25184).

Ⅱ. 相計의 要件

1. 相計適狀

상계를 할 수 있기 위해서는 제492조 제1항의 상계의 요건을 갖추고 또한 상계가 금지되는 경우가 아니어야 한다. 이 요건을 갖춘 상태를 상계적상이라고 한다.

(1) 雙方이 債權을 가지고 있을 것

상계를 하기 위해서는 당사자 쌍방이 채권을 가지고 있어야 한다(제429조 제1항 본문). 이때 상계를 하려는 자의 채권을 자동채권이라 하고 상대방의 채권을 수동채권이라고 한다.

자동채권은 상계자 자신이 피상계자에 대하여 가지는 채권이어야 한다. 그러나 예외적으로 연대채무(제418조 제2항) · 보증채무(제434조)의 경우에는 타인이 가지는 채권으로 상계할 수 있고, 연대채무(제418조 제1항) · 보증채무(제445조 제1항) · 채권양도(제451조 제2항)의 경우에는 타인에 대한 채권으로써 상계할 수 있다.

수동채권은 피상계자가 상계자에 대하여 가지는 채권이어야 한다. 따라서 피상계자가 제3자에 대하여 가지는 채권과 상계하지 못한다. 판례도 같은 입장을 취하고 있다(대판 2011. 4. 28, 2010다101394). 또한 제3자는 채무자를 위하여 변제할 수는 있지만, 자기가 채권자에 대하여 가지는 채권으로 채무자를 위하여 상계할 수는 없다(김상용 494면; 송덕수 301면; 동지 곽윤직 286면). 그러나 제3자인 저당부동산의 제3취득자가 저당권자에 대하여 채권을 가지고 있는 경우에 그 채권으로써 채무자를 위하여 저당권자가 채무자에 대하여 가지는 권리(즉 채무자의 수동채권)와의 상계는 허용된다(김용한 604면). 이때 제3자인 제3취득자는 채무는 부담하고 있지 않지만 책임은 지고 있기 때문이다. 즉 제3자도 채무자의 채무에 대하여 책임을 부담하는 경우(저당부동산의 제3취득자)에는 제3자에 의한 상계가 인정된다고 할 것이다(김주수 438면; 김상용 493면; 김형배 363면). 예를 들어 A가 B에 대하여 500만원의 채권을 갖고 있고, B가 C에 대하여 300만원의 채권을 갖고 있는 경우 B · C 사이에서 제3자인 A는 채무자 C를 위하여 300만원을 변제할 수 있으나 상계할 수는 없다. 그러나 A가 B에 대한 채권을 C에게 양도하면 C는 상계할 수 있다.

[판 례]

수동채권으로 될 수 있는 채권은 상대방이 상계자에 대하여 가지는 채권이어야 하고,

그 상대방이 제3자에 대하여 가지는 채권과는 상계할 수 없다고 보아야 한다. 그렇지 않고 만약 상대방이 제3자에 대하여 가지는 채권을 수동채권으로 하여 상계할 수 있다고 한다면, 이는 상계의 당사자가 아닌 상대방과 제3자 사이의 채권채무관계에서 상대방이 제3자로부터 채무의 본지에 따른 현실급부를 받을 이익을 침해하게 될 뿐 아니라, 그 상대방의 채권자들 사이에서 상계자만 독점적인 만족을 얻게 되는 불합리한 결과를 초래하게 되므로, 상계의 담보적 기능과 관련하여 법적으로 보호받을 수 있는 당사자의 합리적 기대가 이러한 경우에까지 미친다고 볼 수는 없다(대판 2011. 4. 28, 2010다101394).

(2) 두 債權이 同種의 目的을 가질 것

상계를 하기 위해서는 당사자 쌍방의 채권이 같은 종류의 목적(내용)을 가져야 한다(제492조 제1항 본문). 따라서 우선 종류채권이어야 하며, 자동채권과 수동채권이 같은 종류의 것이어야 한다. 따라서 쌀의 인도청구권과 금전채권은 같은 종류가 아니어서 상계할 수 없다(대판 1960. 2. 18, 4291민상424). 그런데 실제로는 금전채권에서 상계가 가장 많이 행하여지고 있다. 두 채권이 동종의 목적을 가지면 족하고, 채권액이나 이행지가 같을 필요가 없다(제494조 본문). 그리고 채권의 발생원인도 문제되지 않는다. 즉 상계의 대상이 되는 채권이 당사자 사이에 직접 발생한 것이든 제3자로부터 양수 등을 원인으로 취득한 것이든 문제되지 않는다. 따라서 탈퇴한 조합원의 출자지분의 반환청구권과 조합의 횡령금의 반환청구권은 서로 상계할 수 있다(대판 1983. 10. 11, 83다카542). 또한 채권발생의 법적 근거도 급부의 동종성을 결정하는 데 영향을 미치지 않는다. 그리하여 형벌의 일종인 벌금채권도 벌금형이 확정되어 변제기가 도래한 때에는 상계의 자동채권으로 될 수 있다(대판 2004. 4. 27, 2003다37891).

(3) 두 債權이 辨濟期에 있을 것

민법은 쌍방의 채권이 모두 변제기에 있을 것을 요구하고 있다(제492조 제1항 본문). 그런데 이는 자동채권 · 수동채권에 있어서 다소 다르다. 자동채권은 반드시 변제기에 있어야 한다(제429조 제1항 본문). 변제기가 도래하지 않은 채권을 자동채권으로 하여 상계할 수 있는 것으로 한다면 상대방은 이유 없이 기한의 이익을 상실하는 것이 되기 때문이다. 그러나 수동채권은 반드시 변제기에 있을 필요는 없다. 상계자가 기한의 이익을 포기할 수 있는 때에는 이를 포기하고 상계할 수 있기 때문이다(대판 1979. 6. 12, 79다662).

(4) 債權의 性質이 相計가 許容되는 것일 것

채권자 · 채무자 상호간에 현실의 이행을 하지 않으면 채권의 목적을 달성할 수 없는 채무, 예를 들어 부작위채무나 하는 채무는 그 성질상 상계할 수 없다. 자동채권에 항변권이 붙어 있는 것도 마찬가지로 상계가 허용되지 않는다(대판 2004. 5. 28, 2001다81245). 이 경우에 상계를 허용하면 상대방은 항변권을 행사할 수 있는 기회를 상실하게 되기 때문이다. 반면에 수동채권에 항변권이 붙어 있는 경우에는 상계자(채무자)가 그 항변권을 포기하고 상계하는 것은 무방하다. 그리고 압류명령 또는 전부명령을 받은 제3채무자는 그 명령이 송달되기 이전에 채무자에 대하여 상계적상에 있었던 반대채권을 가지고 있었다면, 그 명령이 송달된 이후에 상계할 수 있고, 상계로써 전부채권자에게 대항할 수 있다(대판[전합] 1973. 11. 14, 73다518; 대판 1980. 7. 8, 80다118; 대판 1980. 9. 9, 80다939).

[판 례]

(1) 항변권이 붙어 있는 채권을 자동채권으로 하여 다른 채무(수동채권)와의 상계를 허용한다면 상계자 일방의 의사표시에 의하여 상대방의 항변권 행사의 기회를 상실시키는 결과가 되므로 그러한 상계는 허용될 수 없고, 특히 수탁보증인이 주채무자에 대하여 가지는 민법 제442조의 사전구상권에는 민법 제443조의 담보제공청구권이 항변권으로 부착되어 있는 만큼 이를 자동채권으로 하는 상계는 허용될 수 없으며, 다만 민법 제443조는 임의규정으로서 주채무자가 사전에 담보제공청구권의 항변권을 포기한 경우에는 보증인은 사전구상권을 자동채권으로 하여 주채무자에 대한 채무와 상계할 수 있다(대판 2004. 5. 28, 2001다81245).

(2) 상계제도는 서로 대립하는 채권·채무를 간이한 방법에 의하여 결제함으로써 양자의 채권·채무 관계를 원활하고 공평하게 처리함을 목적으로 하고 있으므로, 상계의 대상이 될 수 있는 자동채권과 수동채권이 동시이행관계에 있다고 하더라도 서로 현실적으로 이행하여야 할 필요가 없는 경우라면 상계로 인한 불이익이 발생할 우려가 없고 오히려 상계를 허용하는 것이 동시이행관계에 있는 채권·채무 관계를 간명하게 해소할 수 있으므로 특별한 사정이 없는 한 상계가 허용된다(대판 2006. 7. 28, 2004다54633).

(5) 相計가 禁止되어 있지 않을 것

상계가 금지되어 있는 경우에는 상계를 할 수 없다. 이에 관하여는 「상계의 금지」에서 자세히 설명하기로 한다.

2. 相計適狀의 現存

(1) 原 則

상계적상은 원칙적으로 상계의 의사표시가 행하여지는 당시에 현존하여야 한다. 따라서 상계적상에 있었지만 상계를 하지 않는 동안에 일방의 채권이 변제 등으로 소멸한 때에는 상계할 수 없다(대판 1979. 8. 28, 79다1077).

(2) 例 外

민법은 시효완성 전에 상계할 수 있었던 자동채권이 시효로 소멸한 경우에는 예외를 인정하여 그 채권자는 상계할 수 있도록 하고 있다(제495조). 당사자 쌍방의 채권이 상계적상에 있는 때에는 당사자는 채권관계를 결제한 것으로 생각하는 것이 보통이므로, 당사자 사이의 이러한 신뢰를 보호하려는 것이다. 그러므로 채권자의 연대보증인에 대한 보증채권과 연대보증인의 채권자에 대한 채권이 상계적상에 있었으나, 후에 주채무자에 대한 채권이 시효로 소멸한 경우에도 채권자의 연대보증인에 대한 상계는 유효한 것으로 된다(곽윤직 287면; 김상용 496면; 반대 김용한 607면). 그러나 이미 시효가 완성되어 소멸한 채권을 양수받아 이를 자동채권으로 하여 상계하는 것은 인정되지 않는다. 그리고 제척기간이 경과한 채권을 자동채권으로 상계할 수 있는지가 문제되나, 민법 제495조를 유추적용하여 긍정하는 것이 타당하다고 할 것이다(이설 없음).

[판 례]

(1) 소송에서의 상계항변은 일반적으로 소송상의 공격방어방법으로 피고의 금전지급의무가 인정되는 경우 자동채권으로 상계를 한다는 예비적 항변의 성격을 갖는다. 따라서 상계항변이 먼저 이루어지고 그 후 대여금채권의 소멸을 주장하는 소멸시효항변이 있었던 경우에, 상계항변 당시 채무자인 피고에게 수동채권인 대여금채권의 시효이익을 포기하려는 효과의사가 있었다고 단정할 수 없다. 그리고 항소심 재판이 속심적 구조인 점을 고려하면 제1심에서 공격방어방법으로 상계항변이 먼저 이루어지고 그 후 항소심에서 소멸시효항변이 이루어진 경우를 달리 볼 것은 아니다(대판 2013. 2. 28, 2011다21556).

(2) 소송상 방어방법으로서의 상계항변은 그 수동채권의 존재가 확정되는 것을 전제로 하여 행하여지는 일종의 예비적 항변으로서 당사자가 소송상 상계항변으로 달성하려는 목적, 상호양해에 의한 자주적 분쟁해결수단인 조정의 성격 등에 비추어 볼 때 당해 소송절차 진행 중 당사자 사이에 조정이 성립됨으로써 수동채권의 존재에 관한 법원의 실질적인 판단이 이루어지지 아니한 경우에는 그 소송절차에서 행하여진 소송상 상계항변의 사법상 효과도 발생하지 않는다고 봄이 상당하다(대판 2013. 3. 28, 2011다3329).

(3) 임대차보증금이 임대인에게 교부되어 있더라도 임대인은 임대차관계가 계속되고 있는 동안에는 그 임대차보증금에서 연체차임을 충당할 것인지 여부를 자유로이 선택할 수 있으므로(대법원 2005. 5. 12. 선고 2005다459 · 466 판결 등 참조), 임대차계약 종료 전에는 연체차임이 공제 등의 별도의 의사표시 없이 임대차보증금에서 당연히 공제되는 것은 아니다. 그리고 임대인이 차임채권을 양도하는 등의 사정으로 인하여 차임채권을 가지고 있지 아니한 경우에는 특별

한 사정이 없는 한 임대차계약의 종료 전에 임대차보증금에서 공제한다는 의사표시를 할 수 있는 권한이 있다고 할 수도 없다(대판 2013. 2. 28, 2011다49608).

Ⅲ. 相計의 禁止

1. 當事者의 意思表示에 의한 禁止

당사자가 상계를 금지한다는 의사표시를 한 경우에는 그에 의하여야 한다(제492조 제2항). 그러나 상계금지의 의사표시를 가지고 선의의 제3자에게 대항할 수 없다(제492조 제2항 단서). 예를 들어 A가 B에 대하여 가지고 있는 채권을 양수한 C가 A · B 사이에 상계금지 약정이 있는 것을 몰랐다면 C는 B에 대한 자기채무와 A로부터 양수받은 채권을 상계할 수 있다. A의 B에 대한 채권을 선의로 양수한 D도 그 채권으로 B의 자기에 대한 채권과 상계할 수 있다. 법률은 수동채권에 일정한 사정이 있는 경우에는 상계자의 상대방이 현실의 변제를 받게 하기 위하여 상계를 금지하고 있다.

2. 法律에 의한 禁止

현실의 변제를 받게 할 특별한 사정이 있는 수동채권은 상계에 의하여 이를 소멸케 하는 것이 법률의 규정에 의하여 금지되고 있다.

(1) 故意의 不法行爲로 인한 損害賠償債權

채무가 고의의 불법행위로 인하여 발생한 것인 때에는 가해자인 채무자는 상계로 채권자에게 대항할 수 없다(제496조). 예를 들어 A가 B에게 300만원의 채권을 가지고 있는데, 그 후 A가 B의 물건을 파손하여 300만원의 손해배상채무를 지게 된 경우에는 A는 자신의 금전채권을 자동채권으로 하여 B의 손해배상채권(수동채권)과 상계할 수 없다. 이는 불법행위의 피해자로 하여금 현실의 변제를 받게 하는 동시에, 불법행위의 유발을 방지하려는 취지에서 둔 규정이다(대판 2006. 10. 26, 2004다63019). 다만 여기서 금지되는 것은 수동채권으로 하는 경우이므로, 고의에 의한 불법행위로 발생한 채권이라도 피해자가 이를 자동채권으로 상계하는 것은 가능하다(대판 1983. 10. 11, 83다카542). 그런데 자동채권 · 수동채권 모두가 고의의 불법행위로 인한 손해배상채권인 경우에도 상계할 수 있는지가 문제된다. 이에 관하여 학설은 (i) 상계를 부정하는 견해(곽윤직 289면; 김석우 422면)와 (ii) 불법행위로 인한 손해배상채권의 발생원인이 서로 다른 경우에는 허용되지 않지만, 동일한 원인에 의하여 발생한 경우에는 상계가 허용된다는 견해(김용한 609면; 김주수 442면; 김형배 851면; 김상용 498면)

로 나뉘고 있다. 판례는 서로간의 싸움에 의하여 자동채권과 수동채권이 동일한 사안으로 고의의 불법행위에 의한 것이라면 상계는 허용되지 않는다고 한다(대판 1994. 2. 25, 93다38444). 생각건대 고의의 불법행위에 의한 손해배상채권의 발생원인이 동일한 경우에는 상계를 인정하는 (ii)설이 타당하다고 할 것이다.

상계가 금지되는 것은 고의의 불법행위에 의한 손해배상채권이다. 따라서 과실에 의한 불법행위로 생기는 손해배상채권은 수동채권으로 될 수 있다(대판 1991. 5. 14, 91다513). 불법행위자에게 중과실이 있는 경우에도 마찬가지이다(대판 1994. 8. 12, 93다52808).

[판 례]

(1) 은행이 정리회사의 관리인으로서 법원의 허가를 받지 아니하고 한 자기거래행위로 회사에 손해를 가한 데 대하여 불법행위에 대한 고의가 없어서 과실에 의한 불법행위에 해당한다고 하여 위 불법행위로 인한 손해배상청구권을 수동채권으로 하는 은행의 상계항변을 인용한 사례(대판 1991. 2. 8, 90다카23387).

(2) 민법 제496조가 고의의 불법행위로 인한 손해배상채권에 대한 상계를 금지하는 입법취지는 고의의 불법행위에 인한 손해배상채권에 대하여 상계를 허용한다면 고의로 불법행위를 한 자가 상계권행사로 현실적으로 손해배상을 지급할 필요가 없게 됨으로써 보복적 불법행위를 유발하게 될 우려가 있고, 고의의 불법행위로 인한 피해자가 가해자의 상계권행사로 인하여 현실의 변제를 받을 수 없는 결과가 됨은 사회적 정의관념에 맞지 아니하므로 고의에 의한 불법행위의 발생을 방지함과 아울러 고의의 불법행위로 인한 피해자에게 현실의 변제를 받게 하려는 데 있는바, 이 같은 입법취지나 적용결과에 비추어 볼 때 고의의 불법행위에 인한 손해배상채권에 대한 상계금지를 중과실의 불법행위에 인한 손해배상채권에까지 유추 또는 확장적용하여야 할 필요성이 있다고 할 수 없다(대판 1994. 8. 12, 93다52808).

(3) 부당이득의 원인이 고의의 불법행위에 기인함으로써 불법행위로 인한 손해배상채권과 부당이득반환채권이 모두 성립하여 양 채권이 경합하는 경우 피해자가 부당이득반환채권만을 행사하고 불법행위로 인한 손해배상채권을 청구하지 아니하더라도 그 청구의 실질적 이유, 즉 부당이득의 원인이 고의의 불법행위였다는 점은 불법행위로 인한 손해배상채권을 청구하는 경우와 다를 바 없다. 따라서 고의의 불법행위에 의한 손해배상채권은 실질적으로 만족을 받아야 한다는 상계금지의 취지를 정한 민법 제496조는 이러한 경우에도 유추적용함이 상당하다(대판 2002. 1. 25, 2001다52506).

(4) 피해자의 과실과 가해자의 과실이 경합하여 사고가 발생하였고 그 피해자의 과실이 상대방에 대한 주의의무 위반으로 불법행위의 책임요건을 충족하는 것이라면, 위 사고로 제3자가 입은 손해에 대하여 피해자 및 가해자는 각자 이를 배상할 책임이 있고,

가해자가 손해를 배상하였을 때는 각자의 과실비율에 따른 피해자의 부담부분에 대하여 피해자에게 구상권을 행사할 수 있으므로, 가해자는 이러한 구상권을 가지고 피해자의 가해자에 대한 손해배상청구권과 상계할 수 있다(대판 1991. 5. 14, 91다513).

(5) 부당이득의 원인이 고의의 불법행위에 기인함으로써 불법행위로 인한 손해배상채권과 부당이득반환채권이 모두 성립하여 양 채권이 경합하는 경우 피해자가 부당이득반환채권만을 청구하고 불법행위로 인한 손해배상채권을 청구하지 아니한 때에도, 그 청구의 실질적 이유, 즉 부당이득의 원인이 고의의 불법행위였다는 점은 불법행위로 인한 손해배상채권을 청구하는 경우와 다를 바 없다 할 것이어서, 고의의 불법행위에 의한 손해배상채권은 현실적으로 만족을 받아야 한다는 상계금지의 취지는 이러한 경우에도 타당하므로, 민법 제496조를 유추적용함이 상당하다(대판 2002. 1. 25, 2001다52506).

(6) 민법 제756조 제1항에서 사용자가 피용자의 선임 및 그 사무감독에 상당한 주의를 한 때 또는 상당한 주의를 하여도 손해가 있는 경우에는 책임을 면할 수 있도록 규정함으로써 사용자책임에서의 사용자의 과실은 직접의 가해행위가 아닌 피용자의 선임 · 감독에 관련된 것으로 해석되는바, 이러한 점에 비추어 볼 때 피용자의 고의의 불법행위로 인하여 사용자책임이 성립되는 경우에도, 불법행위의 피해자에게 현실의 변제에 의하여 손해를 전보하게 하려는 취지에서 규정된 민법 제496조의 적용을 배제하여야 할 이유는 없다고 할 것이므로, 사용자책임이 성립하는 경우 사용자는 자신의 고의의 불법행위가 아니라는 이유로 민법 제496조의 적용을 면할 수는 없다고 할 것이다(대판 2006. 10. 26, 2004다63019).

(7) 고의의 불법행위로 인한 손해배상채권의 채무자는 그 채권을 수동채권으로 한 상계로 채권자에게 대항하지 못하고(민법 제496조), 그 결과 채권이 양도된 경우에 양수인에게도 상계로 대항할 수 없게 되나(민법 제451조 제2항 참조), 채권양도가 사해행위에 해당하는 경우 불법행위로 인한 손해배상채권의 채무자가 채권양도인에 대한 별도의 채권자 지위에서 채권양수인에게 채권자취소권을 행사하여 채권양도의 취소를 구함과 아울러 취소에 따른 원상회복 방법으로 직접 자신 앞으로 가액배상의 지급을 구하는 것 자체는 민법 제496조에 반하지 않으므로 허용된다(대판 2011. 6. 10, 2011다8980).

(2) 押留禁止의 債權

수동채권이 압류될 수 없는 것인 때에는 그 채무자는 상계로 채권자에게 대항하지 못한다(제497조). 즉 압류금지채권을 수동채권으로 하는 상계는 금지된다. 이는 채권자와 그의 가족의 최소한의 생존을 보장해 주려는 압류금지의 취지를 관철하여 상대방이 현실의 변제를 받을 수 있도록 한 것이다. 압류금지채권은 법령에 규정된 부양료 및 遺族扶助料, 구호사업이나 제3자의 도움으로 계속 받는 수입, 병사의 급료, 연금 · 봉급 · 상여금 · 퇴직금 · 퇴직연금 기타 이와 비슷한 성질을 가진 급여채권의 2

분의 1에 해당하는 금액(민사집행법 제246조 제1항)을 말한다. 따라서 급여채권의 경우에는 그 2분의 1까지 상계하는 것이 가능하다. 압류금지채권을 수동채권으로 하는 상계만 금지되므로 이를 자동채권으로 하는 상계는 허용된다. 그 밖에도 개별적 채권의 압류를 금지하고 있는 규정이 있는 특별법도 있다. 사용자는 근로자의 임금채권(수동채권)에 대하여 前借金債權을 가지고 상계할 수 없고(근로기준법 제28조). 또한 임금은 통화로 직접 근로자에게 전액을 지급하여야 한다고 규정한다(근로기준법 제42조). 여기서 임금은 전액에 관하여 상계가 금지되는지가 문제된다. 이에 관하여 학설은 (i) 원칙적으로 임금 전액에 관하여 상계가 금지되나 근로자의 생활의 안정을 위협하지 않는 경우에는 상계가 허용된다는 견해(곽윤직 289면), (ii) 임금채권을 수동채권으로 하여서는 불법행위로 인한 손해배상채권과도 상계할 수 없다는 견해(김형배 768면; 송덕수 304면), (iii) 임금 전액을 수동채권으로 하여 상계하지는 못하나, 근로자의 불법행위채권자는 상계할 수 있다고 하는 견해(김상용 498면)로 나뉘고 있다. 그리고 판례는 근로자의 퇴직금채권(이는 임금의 성질을 가짐)을 수동채권을 하여 사용자의 불법행위채권(대판 1976. 9. 28, 75다1768) 또는 대출금채권(대판 1990. 5. 8, 88다26413)과 상계할 수 없다고 한다(대판 1977. 5. 24, 77다309). 그러나 판례는 예외적으로 근로자의 임금채권을 수동채권으로 하는 상계를 허용하고 있다. 즉 판례는 근로자의 동의를 얻어 상계하는 것은 그 동의가 자유로운 의사에 터잡아 이루어진 것이라고 인정될 때에는 허용하고 있다(대판 2001. 10. 23, 2001다25184). 또한 판례는 일반적으로 임금은 근로자에게 전액을 지급하여야 하므로 사용자가 근로자에 가지는 채권으로서 근로자의 임금채권과 상계하지 못하는 것이 원칙이나, 계산의 착오 등으로 임금이 초과지급되었을 때 그 행사의 시기가 초과지급된 시기와 임금의 정산, 조정의 실질을 잃지 않을 만큼 합리적으로 밀접되어 있고, 금액과 방법이 미리 예고되는 등 근로자의 경제생활의 안정을 해할 염려가 없는 경우나, 근로자가 퇴직한 후에 그 재직 중 지급되지 아니한 임금이나 퇴직금을 청구하는 경우에는 초과지급된 임금의 반환청구권을 자동채권으로 하여 상계하는 것은 무방하다. 따라서 근로자가 일정기간 동안의 미지급 법정수당을 청구하는 경우에 사용자가 같은 기간 동안 법정수당의 초과지급부분이 있음을 이유로 상계나 그 충당을 주장하는 것도 허용된다고 한다(대판[전합] 1995. 12. 21, 94다26921). 생각건대 근로기준법 제42조가 임금의 직접 지급을 규정하면서 일부공제도 극도로 제한하고 있는 만큼, 그것은 현실의 지급을 의욕한 것으로 보아야 하므로 임금채권은 그 전액에 관하여 상계가 금지된다고 할 것이다. 다만 임금채권을 상계할 수 없다고 하여 사용자의 임금채권에 관한 압류 및 전부명령이 금지되는 것은 아니다(대판 1994. 3. 16, 93마1822 · 1833).

[판 례]

구 근로기준법(2005. 1. 27. 법률 제7379호로 개정되기 전의 것) 제42조 제1항 본문에 의하면 임금은 통화로 직접 근로자에게 그 전액을 지급하여야 하므로 사용자가 근로자에 대하여 가지는 채권으로써 근로자의 임금채권과 상계를 하지 못하는 것이 원칙이고, 이는 경제적·사회적 종속관계에 있는 근로자를 보호하기 위한 것인바, 근로자가 받을 퇴직금도 임금의 성질을 가지므로 역시 마찬가지이다. 다만 계산의 착오 등으로 임금을 초과 지급한 경우에, 근로자가 퇴직 후 그 재직 중 받지 못한 임금이나 퇴직금을 청구하거나, 근로자가 비록 재직 중에 임금을 청구하더라도 위 초과 지급한 시기와 상계권 행사의 시기가 임금의 정산, 조정의 실질을 잃지 않을 만큼 근접하여 있고 나아가 사용자가 상계의 금액과 방법을 미리 예고하는 등으로 근로자의 경제생활의 안정을 해할 염려가 없는 때에는, 사용자는 위 초과 지급한 임금의 반환청구권을 자동채권으로 하여 근로자의 임금채권이나 퇴직금채권과 상계할 수 있다. 그리고 이러한 법리는 사용자가 근로자에게 이미 퇴직금 명목의 금원을 지급하였으나 그것이 퇴직금 지급으로서의 효력이 없어 사용자가 같은 금원 상당의 부당이득반환채권을 갖게 된 경우에 이를 자동채권으로 하여 근로자의 퇴직금채권과 상계하는 때에도 적용된다. 한편 민사집행법 제246조 제1항 제5호는 근로자인 채무자의 생활보장이라는 공익적, 사회 정책적 이유에서 '퇴직금 그 밖에 이와 비슷한 성질을 가진 급여채권의 2분의 1에 해당하는 금액'을 압류금지채권으로 규정하고 있고, 민법 제497조는 압류금지채권의 채무자는 상계로 채권자에게 대항하지 못한다고 규정하고 있으므로, 사용자가 근로자에게 퇴직금 명목으로 지급한 금원 상당의 부당이득반환채권을 자동채권으로 하여 근로자의 퇴직금채권을 상계하는 것은 퇴직금채권의 2분의 1을 초과하는 부분에 해당하는 금액에 관하여만 허용된다고 봄이 상당하다(대판[전합] 2010. 5. 20, 2007다90760).

(3) 支給禁止된 債權

지급을 금지하는 명령을 받은 제3채무자는 그 후에 취득한 채권에 의한 상계로 그 명령을 신청한 채권자에게 대항하지 못한다(제498조). 여기서 지급금지명령을 받은 채권은 압류 또는 가압류된 채권을 말한다. 예를 들어 A가 B에 대하여 1,000만원의 채권을 가지고 있고, A에 대하여 1,500만원의 채권을 가지고 있는 C가 자기채권을 확보하기 위하여 A의 B에 대한 채권을 압류한 경우에는, 이러한 압류가 있은 후에 B가 A에 대하여 1,000만원의 채권을 취득하여 A에 대하여 상계를 하였다 하더라도, 그것으로서 압류채권자 C에게 대항하지 못한다. 이러한 채권의 채무자는 그 채권을 수동채권으로 하여 지급금지 후에 취득한 채권(자동채권)과 상계할 수 없다. 이는 압류나 가압류에 의하여 지급금지명령을 확보한 채권자를 보호하기 위한 것이다. 그러나 지급금지 전에 채권자에 대하여 가지고 있는 채권으로는 상계할 수 있다. 채무자가 압류 전부터 가졌던 상계에 대한 기대는 담보권과 유사한 권리로써 보호받아야 하기 때문이다. 다만 이 경우에 압류 이전에 제3채무자가 취득한 채권이라면 그 변제기가 압류 이후에 도래하더라도 언제나 상계할 수 있는지가 문제된다. 이 점에 관하여 종래의 판례는 압류 및 전부명령이 있기 전에 자동채권과 수동채권 모두의 변제기가 도래하고 있어야 제3채무자의 상계를 허용한다는 상계적상설을 취하였다(대판[전합] 1973. 11. 13, 73다518). 그러나 최근의 판례는 가압류의 효력발생 당시에 양 채권이 상계적상에 있거나, 반대채권이 압류(또는 가압류) 당시 변제기에 이르지 않은 경우에는 상계자의 자동채권은 압류 당시에 그 변제기가 도래해 있을 필요는 없고, 다만 피압류채권인 수동채권의 변제기와 동시에, 또는 그 전에 도래하고 있으면 충분하다는 입장을 취하고 있다(대판 1989. 9. 12, 88다카25120; 대판 2003. 6. 27, 2003다7623).

다수설도 역시 압류채권자와 제3채무자의 이익을 균형 있게 보호하기 위하여 자동채권의 변제기가 수동채권의 그것보다 먼저 도래하거나 적어도 동시에 도래하는 경우에 한하여 제3채무자는 상계로 압류채권자에게 대항할 수 있는 것으로 해석하고 있다(김상용 501면; 김형배 772면; 이은영 756면). 생각건대 상계자의 자동채권은 압류명령 전에 반드시 그 변제기가 도래할 필요는 없으며, 자동채권의 변제기가 수동채권의 변제기보다 먼저 도래하거나, 적어도 동시에 도래하면 제3채무자는 자기의 채권(자동채권)으로 압류채권자의 채권(수동채권)과 상계할 수 있다고 할 것이다. 한편 판례는 제3채무자의 압류채무자에 대한 자동채권이 수동채권인 피압류채권과 동시이행의 관계에 있는 경우에는 압류명령이 제3채무자에게 송달되어 압류의 효력이 생긴 후에 자동채권이 발생되었다고 하더라도 제3채무자는 동시이행의 항변권을 주장할 수 있고, 따라서 그 채권에 의한 상계로써 압류채권자에게 대항할 수 있다고 한다(대판 2005. 11. 10, 2004다37676; 대판 2010. 3. 25, 2007다35152).

[판 례]

(1) 강제집행절차에 의하여 채권압류 및 추심명령을 받은 채권자는 피압류채권에 대하여 2중의 압류가 있거나 배당요구가 있는 경우에는 추심의 방법으로 피압류채권을 자동채권으로 하여 채권자가 제3채무자에 대하여 부담하고 있던 다른 채무를 상계할 수 없다(대판 1994. 6. 24, 94다2886).

(2) 금전채권에 대한 압류 및 전부명령이 있는 때에는 압류된 채권은 동일성을 유지한 채로 압류채무자로부터 압류채권자에게 이전되고, 제3채무자는 채권이 압류되기 전에 압류채무자에게 대항할 수 있는 사유로써 압류채권자에게 대항할 수 있는 것이므로, 제3채무자의 압류채무자에 대한 자동채권이 수동채권인 피압류채권과 동시이행의 관계

에 있는 경우에는, 압류명령이 제3채무자에게 송달되어 압류의 효력이 생긴 후에 자동채권이 발생하였다고 하더라도 제3채무자는 동시이행의 항변권을 주장할 수 있다. 이 경우에 자동채권이 발생한 기초가 되는 원인은 수동채권이 압류되기 전에 이미 성립하여 존재하고 있었던 것이므로, 그 자동채권은 민법 제498조의 '지급을 금지하는 명령을 받은 제3채무자기 그 후에 취득한 채권'에 해당하지 않는다고 봄이 상당하고, 제3채무자는 그 자동채권에 의한 상계로 압류채권자에게 대항할 수 있다(대판 2010. 3. 25, 2007다35152).

(3) 제498조 규정의 취지, 상계제도의 목적 및 기능, 채무자의 채권이 압류된 경우 관련 당사자들의 이익상황 등에 비추어 보면, 채권압류명령 또는 채권가압류명령(이하 채권압류명령의 경우만을 두고 논의하기로 한다)을 받은 제3채무자가 압류채무자에 대한 반대채권을 가지고 있는 경우에 상계로써 압류채권자에게 대항하기 위하여는, 압류의 효력 발생 당시에 대립하는 양 채권이 상계적상에 있거나, 그 당시 반대채권(자동채권)의 변제기가 도래하지 아니한 경우에는 그것이 피압류채권(수동채권)의 변제기와 동시에 또는 그보다 먼저 도래하여야 할 것이다(대판[전합] 2012. 2. 16, 2011다45521).

(4) 質權이 設定된 債權

질권이 설정된 채권은 질권의 효력으로서 지급금지의 효력이 생기므로 지급금지명령을 받은 채권과 마찬가지로 상계가 금지된다. 즉 입질채권의 채무자는 질권설정 후에 채권자에 대하여 취득한 채권을 자동채권으로 하여 채권자와 상계를 하더라도 채권질권자에게 대항할 수 없다. 질권설정이 앞서고 있기 때문이다.

(5) 特別法上의 相計禁止債權

특별법에서 상계를 금지하고 있는 채권에는 상법상 주식납입채권(동법 제334조·제596조), 근로기준법상 임금(동법 제28조), 공무원연금법상의 각종 급여에 대한 채권(동법 제32조), 근로자의 재해보상청구권(동법 제89조), 자동차손해배상보장법에 의한 피해자의 손해배상청구권 또는 가불금청구권(동법 제32조), 신탁재산에 속한 채권과 신탁재산에 속하지 않은 채무(신탁법 제25조), 채무자 회생 및 파산에 관한 법률상의 파산채권자가 파산선고 후에 파산재단에 대하여 부담한 채무나 지급정지 또는 파산신청이 있음을 알고 채무자에게 부담한 채무(동법 제422조 제4호 본문) 등이 있다. 판례는 사용자가 초과지급된 임금의 반환청구권을 자동채권으로 하여 근로자의 임금채권과 상계하는 것은 무방하다고 한다(대판 1995. 12. 21, 94다26721).

Ⅳ. 相計의 方法

1. 상계의 의사표시

상계는 단독행위로서 상대방에 대한 일방적 의사표시로 한다(제493조 제1항 전단). 당사자 쌍방의 채무가 상계적상에 있다고 하더라도 특약이 없는 한 그 자체만으로 상계의 효과가 생기지 않으며 상계의 의사표시가 있어야 채무가 소멸한다(대판 2000. 9. 8, 99다6524). 상계의 의사표시는 상계적상이 계속되고 있는 동안이면 어느 때라도 할 수 있으며, 재판상 및 재판 외에서도 할 수 있으므로 상대방의 재판상 청구에 대하여 상계의 항변을 하여 그 가액의 범위 내에서 상대방의 청구를 저지할 수도 있다(대판 2000. 10. 6, 2000다39049). 상계의 의사표시 여부는 원칙적으로 채권자의 자유에 맡겨져 있는 것이므로, 비록 상계의 의사표시가 묵시적으로도 가능하다 하더라도, 다른 의사와 구분되는 별도의 상계 의사를 확인하지 않은 채 상계의 의사표시를 인정할 수는 없다(대판 2009. 10. 29, 2008다51359). 한편 채권자가 자신의 채무자에 대하여 상계권을 행사하고 아니하고는 채권자의 권리일 뿐 특별한 사정이 없는 한 제3자의 이익을 위하여 상계를 하여야 할 작위의무를 부담한다고 할 수는 없으므로, 피고가 상계권을 행사하지 아니한 것이 원고에 대하여 불법행위를 구성한다고 할 수 없다(대판 2002. 2. 26, 2001다74353).

증권적 채권의 경우에는 채무자는 증서와 교환하여서만 변제할 의무를 진다(제519조). 따라서 상계자가 상대방의 증권적 채무를 소멸시키려면 상계의 의사표시와 함께 증서를 교부하여야 한다.

2. 조건 · 기한부 상계의 금지

상계의 의사표시에는 조건이나 기한을 붙이지 못한다(제493조 제1항 후단). 조건을 붙이면 상계자의 일방적 의사에 의하여 상대방의 지위를 불안정하게 할 수 있기 때문이다. 그리고 기한을 붙이는 것은 상계가 소급효를 가지므로 무의미하기 때문이다.

[판 례]

(1) 어음채권을 자동채권으로 하여 상계의 의사표시를 하는 경우에 있어 재판 외의 상계의 경우에는 어음채무자의 승낙이 없는 이상 어음의 교부가 필요불가결하고 어음의 교부가 없으면 상계의 효력이 생기지 아니한다 할 것이지만, 재판상의 상계의 경우에는 어음을 서증으로써 법정에 제출하여 상대방에게 제시되게 함으로써 충분하다(대판 1991. 4. 9, 91다2892).

(2) 상계는 단독행위로서 상계를 하는 여부는 채권자의 의사에 따르는 것이고 상계적

상에 있는 자동채권이 있다 하여 반드시 상계를 하여야 할 것은 아니므로 채권자가 주채무자에 대하여 상계적상에 있는 자동채권을 상계처리하지 아니하였다 하여 이를 이유로 보증채무자가 신용보증한 채무의 이행을 거부할 수 없으며 나아가 보증채무자의 책임이 면책되는 것도 아니다(대판 1987. 5. 12, 86다카1340).

V. 相計의 效果

1. 對等額의 債權 消滅

상계로 인하여 상계의 당사자 쌍방의 채권은 그 대등액에서 소멸한다(제493조 제2항). 즉 양 채권의 액수가 동일하지 않을 때에는 소액의 채권은 전부 소멸하고 다액의 채권은 그 차액만 남게 된다. 전액이 소멸한 때에는 채무자는 채권자에 대하여 채권증서 반환청구권을 갖는다(제475조의 유추적용).

2. 相計의 充當

피상계자가 수개의 상계적상에 있는 수동채권을 가지고 있고 자동채권으로 그 전부를 소멸시키기에 부족한 때에는 변제충당규정에 관한 제476조 내지 제479조의 규정을 준용하여 상계채권이 결정된다(제499조). 이것을 상계충당이라고 한다. 자기채무의 일부와 상대방채무의 일부만을 상계하는 일부상계도 가능하다.

[판 례]

금전채권의 일부만을 청구하는 경우 이를 반대채권으로 상계함에 있어서는 금전채권 전액에서 상계를 하고 그 잔액이 청구액을 초과하지 아니할 경우에는 그 잔액을 인용할 것이고 그 잔액이 청구액을 초과할 경우에는 청구의 전액을 인용하는 것으로 풀이할 것이며 이것이 일부청구를 하는 당사자의 통상적인 의사이다(대판 1984. 3. 27, 83다323).

3. 相計의 遡及效

(1) 相計適狀일 때에 소급

상계의 의사표시에 의하여 「각 채무가 상계할 수 있었던 때에」 대등액에 관하여 소멸한 것으로 간주된다(제493조 제2항). 즉 상계의 의사표시는 두 채무가 서로 "상계를 하는 데에 적합하였던 때"(상계적상에 있을 때)에 소급하여 효력이 발생한다. 쌍방의 채권이 상계적상에 있는 때에는 당사자는 마치 그 채권관계가 결제되어 있는 것과 같이 다루는 것이 보통이므로 상계자가 상계적상이 생긴 후에 상계하더라도 채무는 상계적상이 생긴 시점에 소급하여 소멸한다. 따라서 상계적상이 생긴 후에는 이자가 발생하지 않으며, 또한 이행지체도 인정되지 않는다(대판 1968. 9. 30, 68다759 · 760). 그러나 상계는 상계의 의사표시를 할 당시에 상계적상이 현존하여야 하므로 상계적상에 있었더라도 그 후에 변제 · 경개 · 해제 등으로 상계적상에 있지 아니하면 상계의 의사표시는 그 요건이 결여되어 효력이 생기지 않는다. 또한 상계에 소급효가 인정되더라도 상계표시 전에 이미 실현된 사실을 번복할 수는 없다. 이러한 상계의 소급효에 관한 제493조는 임의규정이다.

(2) 具體的 檢討

1) 자동채권과 수동채권의 변제기가 모두 도래한 후에 상계의 의사표시를 한 경우 이 경우에 상계적상일은 양 채권의 변제기가 모두 도래한 때이다. 자동채권의 변제기가 도래한 때가 아니다.

2) 자동채권의 변제기가 도래한 후 수동채권의 변제기가 도래하기 전에 상계의 의사표시를 한 경우 이 경우에 상계적상일은 자동채권의 변제기가 도래한 때 또는 상계의 의사표시를 한 때이다. 이들 가운데서 어느 때에 해당하는지는 상계의 의사표시를 하는 자의 의사해석 문제이다. 수동채권에 관해서는 그 변제기까지의 이자를 반드시 계상하여야 한다.

3) 채권이 양도된 경우 채권양도 후 양수인이 양수한 채권을 자동채권으로 하여 상계하거나 채무자가 양수인에 대한 채권을 자동채권으로 하여 상계하는 경우에는 상계의 요건 중 채권의 대립성 때문에 최소한 채권양도의 대항요건이 갖추어진 이후에야 비로소 상계가 가능하다. 따라서 자동채권과 수동채권의 변제기가 모두 도래한 후 채권양도의 대항요건이 갖춰진 경우 상계적상일은 채권양도의 대항요건이 갖추어진 날이 된다. 그러나 채무자가 양도인에 대한 채권을 자동채권으로 하여 상계하는 경우에는 채권양도로 인하여 채무자의 법적 지위가 달라져서는 아니 되기 때문에 자동채권과 수동채권의 변제기가 모두 도래한 뒤 채권양도의 대항요건이 갖춰졌다면 양 채권의 변제기가 모두 도래한 날이 상계적상일이 된다.

[판 례]

채권의 일부 양도가 이루어지면 특별한 사정이 없는 한 각 분할된 부분에 대하여 독립한 분할채권이 성립하므로 그 채권에 대하여 양도인에 대한 반대채권으로 상계하고자 하는 채무자로서는 양도인을 비롯한 각 분할채권자 중 어느 누구도 상계의 상대방으로 지정하여 상계할 수 있고, 그러한 채무자의 상계 의사표시를 수령한 분할채권자는 제3자에 대한 대항요건을 갖춘 양수인이라 하더라도 양도인 또는 양수인에 귀속된 부분에 대하여 먼저 상계되어야 한다거나 각 분할채권액의 채권 총액에 대한 비율에 따라 상계되어야 한다는 이의를 할 수 없다고 할 것이다(대판 2002. 2. 8, 2000다50596).

4. 履行地가 다른 債權의 相計와 損害賠償

상계는 쌍방의 채무의 이행지가 다른 경우에도 할 수 있으나 상계를 하는 당사자는 그로 말미암아 상대방에 생긴 손해를 배상하여야 한다(제494조). 여기서의 손해는 상대방이 원래의 이행지에서 변제받을 수 없음으로 인한 불이익이다. 예를 들어 이행지를 달리하여 생긴 가격차이 · 환시세의 차이에 의한 손해, 운송비 · 煥料金 등이나 이행지에서 변제받지 못함으로써 부담하는 제3채무자에 대한 지연이자 · 위약금 등의 손해가 이에 해당한다.

5. 相計權의 濫用

일반적으로 당사자 사이에 상계적상이 있는 채권이 병존하고 있는 경우에는 이를 상계할 수 있는 것이 원칙이고, 이러한 상계의 대상이 되는 채권은 상대방과 사이에서 직접 발생한 채권에 한하는 것이 아니라, 제3자로부터 양수 등을 원인으로 하여 취득한 채권도 포함한다 할 것인바, 이러한 상계권자의 지위가 법률상 보호를 받는 것은, 원래 상계제도가 서로 대립하는 채권, 채무를 간이한 방법에 의하여 결제함으로써 양자의 채권채무관계를 원활하고 공평하게 처리함을 목적으로 하고 있고, 상계권을 행사하려고 하는 자에 대하여는 수동채권의 존재가 사실상 자동채권에 대한 담보로서의 기능을 하는 것이어서 그 담보적 기능에 대한 당사자의 합리적 기대가 법적으로 보호받을 만한 가치가 있음에 근거하는 것이다. 따라서 당사자가 상계의 대상이 되는 채권이나 채무를 취득하게 된 목적과 경위, 상계권을 행사함에 이른 구체적 · 개별적 사정에 비추어, 그것이 위와 같은 상계 제도의 목적이나 기능을 일탈하고, 법적으로 보호받을 만한 가치가 없는 경우에는, 그 상계권의 행사는 신의칙에 반하거나 상계에 관한 권리를 남용하는 것으로서 허용되지 않는다고 함이 상당하고, 상계권 행사를 제한하는 위와 같은 근거에 비추어 볼 때 일반적인 권리남용의 경우에 요구되는 주관적 요건을 필요로 하는 것은 아니라고 할 것이다(대판 2003. 4. 11, 2002다59481).

사례해설

I. 압류채권자에 대한 대항요건

1. 학 설

제498조에 의하면 채권이 압류된 경우에 지급금지명령을 받은 제3채무자는 그 후에 취득한 채권에 의한 상계를 가지고 압류채권자에게 대항할 수 없다. 이를 반대해석하면 압류 이전에 제3채무자가 취득하고 있었던 채권으로는 상계를 가지고 대항할 수 있게 되는데, 다만 자동채권 및 수동채권이 어떠한 상태에 있어야 하는가에 대해서는 견해가 대립되고 있다. 이에 관하여 ① 상계적상설은 압류할 때에 이미 자동채권과 수동채권이 모두 변제기가 도래하여 상계적상에 있었어야 한다고 하고, ② 기대이익설은 압류시에 적어도 자동채권의 변제기는 도래하고 있었어야 한다고 하며, ③ 변제기선도래설은 압류시에 설사 양 채권이 모두 변제기에 도달하지 않았더라도 자동채권의 변제기가 수동채권의 변제기보다 먼저 혹은 동시에 도래할 수 있으면 된다고 한다. ④ 무제한설은 압류 이전에 자동채권이 취득된 경우이면 상계적상 여부나 양 채권의 변제기 도래의 선후에 불구하고 상계로써 압류채권자에게 대항할 수 있다고 한다.

2. 판 례

판례는 처음에는 비록 피압류채권과 반대채권의 양 채권이 변제기에 도달하여 상계적상에 있었더라도 압류 이전에 제3채무자가 아직 상계의 의사표시를 한 바 없으며, 압류 후의 의사표시에 의한 상계로 압류채권자에게 대항할 수 없다고 하여 아주 엄격한 입장을 견지하였다(대판 1972. 12. 26, 72다2117). 그러나 판례는 이후 상계적상설로 태도를 변경하였고(대판[전합] 1973. 11. 13, 73다518), 근래에는 변제기선도래설로 입장을 확립하였다(대판 1982. 6. 22, 82다카200; 대판 1989. 9. 12, 88다카25120).

II. 학설의 검토 및 사안에의 적용

생각건대, 변제기선도래설이 압류채권자와 제3채무자의 이익을 균형 있게 보호하는 입장이라고 보이며 이것이 현재의 다수설과 판례의 입장이다. 자동채권의 변제기가 수동채권의 변제기보다 먼저 도달하거나(이 경우에는 상계권자가 기한의 이익을 포기하고 상계권을 행사할 수 있다) 또는 동시에 도달하는 경우에는 자동채권의 채권자는 장차 상계권의 행사로써 자신의 채무도 면할 수 있는 기대를 갖게 되므로 이러한 기대는 충분히 보호되어야 한다. 상계적상설이나 기대이익설은 이러한 기대의 보호에 미흡하고 무제한설은 압류채권자에게 너무 가혹하므로 변제기선도래설이 타당하다. 사안에서 B가 A에 대하여 가지고 있는 채권의 변제기(1998. 10. 1.)가 A가 B에 대하여 가지고 있는 채권의 변제기(1998. 11. 1.)보다 먼저 도래할 것이 예상되므로 비록 C가 A의 B에 대한 채권을 압류하더라도 1998년 11월 2일부터는 B는 지체책임을 면할 수 없다. 따라서 B는 A에 대하여 상계권을 행사하고 나머지 잔여채무 500만원을 A를 수령인으로 하여 변제공탁하는 등 적극적인 조치를 취하지 않으면 아니 된다(대판 1994. 12. 13, 93다951 참조).

第6節 更　改

I. 序　說

1. 意 義

경개란 채무의 요소, 즉 채무의 중요부분을 변경함으로써 신채무를 성립시키는 동시에 구채무를 소멸케 하는 일종의 채권계약을 말한다(제500조). 예를 들어 구채무는 100만원의 급부를 하는 것이었지만, 이를 소멸시키고 그 대신에 컴퓨터 1대를 급부할 채무로 바꾸는 계약을 말한다. 신채무와 구채무는 인과관계가 있기 때문에 구채무가 소멸하지 않으면 신채무도 성립하지 않으며, 신채무가 성립하지 않으면 구채무는 소멸하지 않는다.

2. 法的 性質

경개는 요물계약인 대물변제와 달리 낙성계약이다. 경개가 유상계약인가에 관하여 학설은 (i) 유상계약이라는 견해(곽윤직 291면; 김상용 506면; 김증한/김학동 400면), (ii) 언제나 유상계약인 것은 아니라는 견해(김형배 779면; 이은영 763면), (iii) 언제나 유상계약이 아니라는 견해(송덕수 308면)로 나뉘고 있다. (ii)설은 경개계약의 내용이 채무내용의 변경일 때에는 유상계약이라 할 수 있으나, 채권자 · 채무자 변경일 때에는 유상계약이 아니라고 한다. 생각건대 유상계약은 양 당사자가 대가적인 의미의 재산출연을 하는 것이라는 점에 비추어 볼 때 하나의 채권의 소멸 및 신설을 가져오는 경개는 언제나 유상계약이 아니라고 할 것이다. 또한 경개는 신채무 · 구채무의 성립과 소멸이 인과관계를 갖는「하나의」有因契約이라고 한다(곽윤직 291면; 김증한/김학동 400면). 이에 대하여 유인행위 · 무인행위는 그 행위의 전제가 되는 별개의 출연의 원인(법률행위 또는 법률의 규정)이 있는 경우에 그 출연원인의 부존재 · 무효 등에 영향을 받는지 여부에 의하여 구분되므로 경개를 유인계약이라고 함은 옳지 않으며, 구채무를 성립시키는 계약에 영향을 받는다는 점에서 유인계약이라는 견해(송덕수 308면)가 있다. 생각건대 계약이 유인계약인지 무인계약인지를 논의하는 것은 그 계약의 전제가 되는 원인관계에 의하여 계약의 효력이 영향을 받는지 여부를 판단하는 데에 그 실익이 있는 것이므로 어느 한 계약의 내용으로 발생하는 효과(가령, 각 당사자가 부담하는 채무)가 서로 대가관계를 맺고 있다고 하여 그 계약을 유인계약이라고 할 수는 없다. 예컨대, 매매계약에 따라 매도인과 매수인이 서로 채무를 부담하고, 어느 일방의 채무가 상대방 채무와 대가관계를 가진다고 하여 매매계약을 유인계약으로 설명하지는 않는다.

경개계약은 기존채무를 발생시키는 원인관계(가령, 기존채무를 발생시키는 계약이나 법률의 규정)에 영향을 받은 유인계약으로 이해하는 것이 타당하다고 본다. 다만, 당사자가 기존채무를 발생시키는 원인관계로부터 영향을 받지 않도록 약정하였다면 경개계약은 무인계약으로 보아야 할 것이다.

그리고 경개는 신채권을 성립시키고 구채권을 소멸시키는 처분행위이다(대판 2003. 2. 11, 2002다62333). 또한 경개는 구채권을 소멸시키는 점에서 채권의 소멸원인 중의 하나이다.

3. 準消費貸借와의 區別

판례는 「준소비대차는 당사자 쌍방이 소비대차에 의하지 아니하고 금전 기타의 대체물을 지급할 의무가 있는 경우에 당사자가 그 목적물을 소비대차의 목적으로 할 것을 약정한 때에 성립하는 것으로서, 기존채무를 소멸케 하고 신채무를 성립시키는 계약인 점에 있어서는 경개와 동일하지만, 경개에 있어서는 기존채무와 신채무 사이에 동일성이 없는 반면, 준소비대차에 있어서는 원칙적으로 동일성이 인정된다는 점에 차이가 있고 기존 채권 · 채무의 당사자가 그 목적물을 소비대차의 목적으로 할 것을 약정한 경우 그 약정을 경개로 볼 것인가 또는 준소비대차로 볼 것인가는 일차적으로 당사자의 의사에 의하여 결정되고, 만약 당사자의 의사가 명백하지 않을 때에는 특별한 사정이 없는 한 동일성을 상실함으로써 채권자가 담보를 잃고 채무자가 항변권을 잃게 되는 것과 같이 스스로 불이익을 초래하는 의사를 표시하였다고는 볼 수 없으므로 일반적으로 준소비대차로 보아야 하지만, 신채무의 성질이 소비대차가 아니거나 기존채무와 동일성이 없는 경우에는 준소비대차로 볼 수 없다」고 한다(대판 2003. 9. 26, 2002다31803; 대판 2006. 12. 22, 2004다37669).

그리하여 현실적인 자금의 수수 없이 형식적으로만 신규 대출을 하여 기존 채무를 변제하는 이른바 대환은 특별한 사정이 없는 한 형식적으로는 별도의 대출에 해당하나, 실질적으로는 기존 채무의 변제기 연장에 불과하므로, 그 법률적 성질은 기존 채무가 여전히 동일성을 유지한 채 존속하는 준소비대차로 보아야 하고, 이러한 경우 채권자와 보증인 사이에 사전에 신규 대출 형식에 의한 대환을 하는 경우 보증책임을 면하기로 약정하는 등의 특별한 사정이 없는 한 기존 채무에 대한 보증책임이 존속된다(대판 1998. 2. 27, 97다16077; 대판 2002. 6. 14, 2002다1543; 대판 2002. 10. 11, 2001다7445).

4. 社會的 作用

로마법에서는 채무는 「법의 사슬」(iuris vinculum)이라고 하여 채권자 · 채무자 중 어느 한쪽이 바뀌면 채무는 동일성을 상실하는 것으로 보았다. 그리히어 채권양도나 채무인수는 인정되지 않았고, 이와 동일한 목적을 달성하기 위하여 주채무를 소멸시키고 신채무를 성립시키는 경개제도에 의할 수밖에 없었다. 그러나 채권양도와 채무인수를 인정하는 근대법에서는 경개제도를 유지할 필요성이 거의 없게 되었다. 이에 독일민법은 경개를 제외하고 채권양도와 채무인수에 관한 규정만을 두었던 것이다. 우리 민법은 이러한 독일민법과 경개를 인정하는 프랑스민법을 본받아 두 제도 모두를 규정하고 있다. 그러나 그 사회적 작용이 미약하여 실제로 경개제도가 적용되는 사례는 매우 드물다고 할 것이다.

Ⅱ. 更改의 要件

1. 消滅할 債權(구채무)의 存在

경개로 소멸할 채권이 존재하지 않으면, 경개는 무효이며 신채권도 성립하지 않는다. 또한 구채무를 발생시킨 계약에 취소원인이 있는 경우에 당사자가 이의를 보류하지 않고 경개를 한 때에는 법정추인에 의하여 그 경개는 유효하게 되나(제145조 제3호), 이의를 보류하여 경개를 한 때에는 그 후에 계약이 취소될 수 있고, 그것이 취소되면, 경개도 처음부터 무효이다. 그러나 채권자변경으로 인한 경개에는 지명채권양도에 관한 규정(제451조 제1항)이 준용되므로(제503조), 채권이 소멸하였는데도 이의를 보류하지 않고 경개를 한 때에는 채권소멸의 항변권이 상실되어 신채권은 유효하게 성립한다.

2. 新債務의 成立

신채무가 성립하지 않으면 경개는 무효이고, 원칙적으로 구채권도 소멸하지 않는다. 이 점에 관하여 민법 제504조는 「경개로 인한 신채무가 원인의 불법(반사회질서의 법률행위) 또는 당사자가 알지 못한 사유로 인하여 성립하지 아니하거나 취소된 때에는 구채무는 소멸하지 않는다」고 규정하고 있다.

[판 례]

경개계약은 구채무를 소멸시키고 신채무를 성립시키는 처분행위로서 구채무의 소멸은 신채무의 성립에 의존하므로, 경개로 인한 신채무가 원인의 불법 또는 당사자가 알지 못한 사유로 인하여 성립하지 아니하거나 취소된 때에는 구채무는 소멸하지 않는 것이며(민법 제504조), 특히 경개계약에 조건이 붙어 있는 이른바 조건부 경개의 경우에는 구채무의 소멸과 신채무의 성립 자체가 그 조건의 성취 여부에 걸려 있게 된다(대판 2007. 11. 15, 2005다31316).

3. 債務의 重要部分의 變更

채무의 중요한 부분의 변경이 있어야 한다(제500조). 여기서 「채무의 중요한 부분」이란 채무의 동일성을 구성하는 부분을 의미하는 것으로 채권의 발생원인(예: 매매대금채무를 소비대차의 목적으로 하는 경우) · 채권자 · 채무자 · 채권의 목적이 이에 해당한다. 그러나 이들에 대한 변경이 있다고 하여 그것이 바로 경개가 되는 것이 아니다. 채권의 동일성을 유지하면서 내용의 변경은 내용변경계약을 통하여, 채무자의 변경은 채무인수를 통하여, 채권자의 변경은 채권양도를 통하여 이루어지고 있기 때문이다. 따라서 경개의 성립에 있어서는 당사자 사이에 구채무의 중요부분을 변경하여 구채무를 소멸시키고 이와 동일성이 없는 신채무를 성립시키려고 하는 당사자의 의사, 즉 경개의 의사가 있어야만 한다. 판례는 두 번에 걸친 소비대차를 합쳐서 하나의 채무로 해서 약속어음을 발행하고, 이를 담보하기 위하여 저당권설정계약까지 한 경우는 경개에 해당한다고 한다(대판 1976. 12. 28, 76다2563). 그러나 변제기 이후 채권자가 채무의 일부를 변제받고 변제기를 연장하였다 하여 새로운 채무를 발생시켰다고 할 수 없으므로, 잔존채무액에 대하여 연장된 변제기에 맞추어 보증기한을 연장하였더라도 이를 보증계약의 경개로 볼 수 없으며(대판 1993. 1. 26, 92다39358), 기존의 물품대금 채무를 정산하면서 그 채무액을 감액하여 주고 이를 분할 변제할 수 있도록 그 변제방법과 변제기일을 새로이 약정한 것만으로는 경개계약이 체결되었다 할 수 없다고 한다(대판 2004. 4. 27, 2003다69119).

Ⅲ. 更改契約의 當事者

경개는 당사자가 채무의 중요한 부분을 변경하는 계약으로서(제500조), 채무의 중요부분에 따라 경개계약의 당사자가 다르게 된다.

1. 債權者變更에 의한 更改

채권자변경에 의한 경개는 구채권자 · 신채권자 · 채무자의 3면계약에 의한다. 채무자도 경개계약의 당사자가 된다는 점에서 채권양도와 다르다. 이 경우의 경개는 확정일자 있는 증서로 하지 않으면 제3자에게 대항하지 못한다(제502조). 채권자변경에 의한 경개는 채권양도와 유사하며, 당사자들이 통모하여 부당한 결과를 발생시킬 수도 있으므로 제3자에 관한 대항요건에 대해서는 채권양도와 같이 규제할 필요가 있기 때문이다. 그리고 채무자가 이의를 유보하지 않고 경개계약을 한 때에는 구채무의 부존재 또는 무효 등 구채권자에게 대항할 수 있는 사유가 있더라도 그로써 신채권자에게 대항할 수 없다(제503조). 그러나 채무자가 채무를 소멸하게 하기 위하여 구채무자에 급여한 것이 있으면 이를 회수할 수 있고, 구채무자에 대하여 부담한 채무가 있으면 그 성립되지 않음을 주장할 수 있다(제503조 · 제451조 제1항).

[판 례]

기존의 채권이 제3자에게 이전된 경우 이를 채권의 양도로 볼 것인가 또는 경개로 볼 것인가는 일차적으로 당사자의 의사에 의하여 결정되고, 만약 당사자의 의사가 명백하지 아니할 때에는 특별한 사정이 없는 한 동일성을 상실함으로써 채권자가 담보를 잃고 채무자가 항변권을 잃게 되는 것과 같이 스스로 불이익을 초래하는 의사를 표시하였다고는 볼 수 없으므로 일반적으로 채권의 양도로 볼 것이다(대판 1996. 7. 9, 96다16612).

2. 債務者變更에 의한 更改

채무자변경에 의한 경개는 채권자와 신채무자 사이의 계약에 의한다. 따라서 구채무자는 당사자가 아니다. 그러나 제3자의 변제처럼 구채무자의 의사에 반하여 경개하지 못한다(제501조).

3. 目的 또는 發生原因의 變更에 의한 更改

채무내용을 다른 급부로 변경하는 경개에 있어서는 원래의 채권자와 채무자가 계약당사자로 된다.

Ⅳ. 更改의 效果

1. 舊債務의 消滅

경개에 의하여 구채무는 소멸한다(제500조). 구채무에 존재하였던 담보권 · 보증채무 · 위약금 기타 종된 권리는 모두 소멸한다. 그러나 경개의 당사자는 특약으로 구채무의 담보를 신채무의 담보로 할 수 있다(제505조 본문). 다만 제3자가 제공한 담보는 그의 승낙을 얻어야 한다(제505조 단서).

2. 新債務의 成立

경개에 의하여 신채무가 성립한다. 신채무는 구채무에 관하여 존재하는 항변권을 수반하지 않는다. 그러나 채권자의 변경으로 인한 경개의 경우에는 채무자는 이의를 보류함으로써 구채권자에 관한 항변권 사유를 가지고 신채권자에게 대항할 수 있다(제451조 제1항 · 제503조).

3. 消滅時效

구채무와 신채무 사이에는 동일성이 없고 신채무는 경개로 인하여 비로소 성립하는 것이기 때문에 소멸시효기간은 경개계약의 성질에 따라 결정된다. 따라서 민사채무라 하여도 경개계약이 상사성을 띠고 있으면 신채무의 소멸시효기간은 5년이 된다.

4. 更改契約의 解除

경개계약에 의하여 성립한 채무에 관하여 불이행이 있는 경우에 경개계약을 해제할 수 있는지가 문제된다. 이에 관하여 학설은 (i) 경개계약은 신채무의 성립으로 그 효과는 완결되고, 경개계약의 이행의 문제는 발생할 여지가 없으며, 따라서 신채무의 불이행을 경개계약의 불이행으로 볼 수 없기 때문에 경개계약의 해제는 허용되지 않는다는 견해(곽윤직 293면; 김형배 785면; 김상용 510면; 김증한/김학동 404면), (ii) 경개는 구채권의 처분행위와 신채무의 의무부담행위의 양 측면을 가지며, 후자는 해제할 수 있다는 견해(이은영 769면), (iii) 경개는 신채무의 성립과 구채무의 소멸이 결합되어 있으며, 그 전체로서 처분행위이기 때문에 이를 두 행위로 분리하여 그 하나만을 해제할 수 없다는 견해(송덕수 312면)로 나뉘고 있다. 한편 판례는 (i)설과 같은 입장을 취하고 있다. 생각건대 경개계약은 처분행위이므로 신채무의 성립으로 그 효과는 완결되고 경개계약의 이행의 문제는 발생할 여지가 없다. 따라서 (i)설이 타당하다고 할 것이다.

그러나 합의해제나 경개계약 당시에 해제권을 유보한 경우에는 경개계약을 해제하여 구채무를 부활시킬 수 있다.

[판 례]

(1) 경개계약은 신채권을 성립시키고 구채권을 소멸시키는 처분행위로서 신채권이 성립되면, 그 효과는 완결되고 경개계약 자체의 이행의 문제는 발생할 여지가 없으므로 경개에 의하여 성립된 신채무의 불이행을 이유로 경개계약을 해제할 수 없다 할 것이나(대판 1980. 11. 11, 80다2050), 계약자유의 원칙상 경개계약의 성립 후에 그 계약을 합의해제하여 구채권을 부활시키는 것은 적어도 당사자 사이에서는 가능하다 할 것이다(대판 2003. 2. 11, 2002다62333).

(2) 민법 제505조(신채무에의 담보이전)는 "경개의 당사자는 구채무의 담보를 그 목적의 한도에서 신채무의 담보로 할 수 있다. 그러나 제3자가 제공한 담보는 그 승낙을 얻어야 한다." 고 규정하고 있는바, 이 규정은 경개에 의하여 구채무가 소멸하기 때문에 이에 따르는 인적·물적 담보 또한, 부종성의 원리에 따라 당연히 함께 소멸하고, 당사자가 신채무에 관하여 저당권 등을 설정하기로 합의하여도 구채무에 관하여 존재하던 저당권 등은 어차피 소멸하여 그 순위의 보전이 불가능하나, 이러한 결과가 많은 경우 당사자의 의도에 반하는 것인 점을 고려하여 당사자의 편의를 위하여 부종성에 대한 예외를 인정한 것으로서, 경개계약의 경우 구채무에 관한 저당권 등이 신채무에 이전되기 위하여는 당사자 사이에 그러한 뜻의 특약이 이루어져야 하지만, 반드시 명시적인 것을 필요로 하지는 않고, 묵시적인 합의로도 가능하다고 보아야 할 것이다(대판 2002. 10. 11, 2001다7445).

第7節 免　除

I. 意　義

면제란 채무자에 대한 채권자의 일방적 의사표시에 의하여 채무를 소멸시키는 것을 말한다(제506조). 외국의 입법례(프랑스민법 제1285조·제1287조, 독일민법 제397조, 스위스 채무법 제115조)가 면제를 계약으로 규정하고 있는 것과는 달리 우리 민법은 이를 단독행위로 규정하고 있다. 그러나 계약자유의 원칙상 면제계약이 인정된다.

면제란 결국 채권의 포기이자 채권의 처분행위이다. 따라서 화해계약 또는 증여

계약에서 채권자가 채무를 면제할 의무를 부담하는 행위와 그 이행으로서 하는 면제행위와는 구별된다.

Ⅱ. 免除의 要件

1. 債權者의 處分權限

채권의 처분권한을 가지는 자만이 면제할 수 있다. 따라서 채권추심을 위임받은 자가 한 면제는 무효이며, 채권이 압류 또는 질권의 목적이 된 경우에도 처분권한이 제한되므로, 면제로서 압류채권자 또는 질권자에게 대항하지 못한다. 그러나 추심목적으로 채권을 신탁양도받은 자는 유효하게 면제할 수 있다.

2. 免除의 意思表示

면제는 채무자에 대한 채권자의 일방적 의사표시로 한다. 면제의 의사표시는 명시적이든 묵시적이든 상관없으며, 채무자에게 불이익을 줄 염려가 없으므로 조건을 붙이는 것도 무방하다. 다만 면제의 의사표시는 철회하지 못한다.

[판 례]

(1) 변제공탁이 유효하려면 채무 전부에 대한 변제의 제공 및 채무 전액에 대한 공탁이 있어야 하고, 채무 전액이 아닌 일부에 대한 공탁은 그 부족액이 아주 근소하다는 등의 특별한 사정이 있는 경우를 제외하고는 채권자가 이를 수락하지 않는 한 그 공탁 부분에 관하여서도 채무소멸의 효과가 발생하지 않는바, 근저당권의 피담보채무에 관하여 전액이 아닌 일부에 대하여 공탁한 이상 그 피담보채무가 계속적인 금전거래에서 발생하는 다수의 채무의 집합체라고 하더라도 공탁금액에 상응하는 범위에서 채무소멸의 효과가 발생하는 것은 아니다(대판 1998. 10. 13, 98다17046).

(2) 채권의 포기는 반드시 명시적인 의사표시만에 의하여야 하는 것은 아니고, 채권자의 어떠한 행위 내지 의사표시의 해석에 의하여 그것이 채권의 포기라고 볼 수 있는 경우에도 이를 인정하여야 할 것이기는 하나, 이와 같이 인정하기 위하여는 당해 권리관계의 내용에 따라 이에 대한 채권자의 행위 내지 의사표시의 해석을 엄격히 하여 그 적용 여부를 결정하여야 하는 것이다(대판[전합] 2007. 2. 15, 2004다50426).

Ⅲ. 免除의 效果

1. 債權의 消滅

면제에 의하여 채권은 소멸한다(제506조 본문). 채권이 전부 소멸한 때에는 그에 수반하는 담보물권 · 보증채무 등의 종된 권리도 소멸한다. 일부면제도 유효하며 그 범위에서 채무가 소멸한다. 기한부 · 조건부 채권도 면제할 수 있으며, 다만 기한도래 · 조건성취시에 효력이 생긴다고 본다. 장래채권에서는 면제의 전제가 되는 채권이 없으므로 면제할 수 없다는 견해가 있으나, 이 경우에도 면제는 유효하고 장래채권이 발생한 때에 효력이 생긴다고 봄이 타당하다.

2. 免除의 制限

채권자는 원칙적으로 자유로이 면제를 할 수 있으나, 그 채권에 관하여 정당한 이익을 가지는 제3자에게 대항하지 못한다(제506조 단서). 예를 들어 임차인이 임차지상의 건물 위에 저당권을 설정한 후에 그 임차권을 포기하는 것은 정당한 이익을 가진 제3자(저당권자)를 해하게 될 염려가 있으므로 그 포기로써 제3자에게 대항하지 못한다(제506조 단서).

第8節 混　　同

Ⅰ. 意　　義

혼동이란 채권과 채무가 동일인에게 귀속하는 것을 말하며, 이는 사실로서 사건에 해당한다. 채무자가 자기에 대한 채권자의 채권을 양수받거나, 채권자가 채무자를 상속하는 경우, 채권자인 회사와 채무자인 회사가 합병한 경우가 혼동의 대표적인 예이다. 이러한 혼동은 채권의 소멸원인 중의 하나이다.

Ⅱ. 要　　件

혼동으로 채권이 소멸하기 위해서는 먼저 채권과 채무가 다른 사람에게 존재하여야 한다. 그리고 그 채권과 채무가 동일인에게 귀속되어야 한다. 이러한 채권과 채무가 동일인에게 귀속되는 데 있어서 예외사유에 해당하지 않아야 한다. 예외적인 사유로서 첫째, 그 채권이 제3자의 권리의 목적인 때에는 소멸하지 않는다(제507조 단서). 따라서 A의 B에 대한 채권에 C의 질권이 설정되어 있는 경우에는 B가 A를 상속하여도 A의 채권은 소멸하지 않는다. 둘째, 지시채권 · 무기명채권 · 사채 등과 같이 증권적 채권은 채권의 대인적 성격이 옅을 뿐만 아니라 그 자체가 독립한 유가물로서 거래되므로 혼동으로 소멸하지 않는다(제509조, 어음법 제11조 제3항, 수표법 제14조 제3항). 셋째, 상속인이 한정승인을 한 때에는 피상속인에 대한 그의 재산상 권리의무는 소멸하지 않는다(제1031조). 이 경우에 피상속인에 대한 채무 전액을 자신에게 변제하여야 하고, 상속인의 피상속인에 대한 채권은 상속재산의 범위 내에서 다른 상속채권자와 안분 비례하여 배당받을 수 있을 뿐이다. 그 밖에도 명문의 규정은 없지만, 채권의 존재가 채권자 겸 채무자의 제3자에 대한 권리행사의 전제가 되는 경우에도 채권은 혼동으로 소멸하지 않고 존속한다고 하여야 한다(대판 2003. 1. 10, 2000다4165). 이 경우에는 채권 · 채무의 존속을 인정하는 것이 무의미한 것이 아니기 때문이다. 또한 조합원으로서의 지위와 자연인 개인으로서의 지위는 별개이기 때문에 조합원 중 1인이 조합에 대한 제3자의 채권을 양도받은 경우에도 혼동은 일어나지 않는다.

Ⅲ. 效 果

혼동이 있게 되면 채권은 원칙적으로 소멸된다(제507조 본문). 자기에 대하여 채권을 가지고 있는 것이 의미가 없기 때문이다. 따라서 채권이 소멸됨에 따라 담보도 같이 소멸된다.

[판 례]

(1) 민법 제507조가 혼동을 채권의 소멸사유로 인정하고 있는 것은 채권과 채무가 동일한 주체에 귀속한 때에 채권과 채무의 존속을 인정하여서는 안 될 적극적인 이유가 있어서가 아니고 그러한 경우에 채권과 채무의 존속을 인정하는 것이 별다른 의미를 가지지 않기 때문에 채권 · 채무의 소멸을 인정함으로써 그 후의 권리의무 관계를 간소화하려는 데 그 목적이 있는 것이라고 여겨지므로, 채권과 채무가 동일한 주체에 귀속하게 되더라도 그 채권의 존속을 인정하여야 할 특별한 이유가 있는 때에는 그 채권은 혼동에 의하여 소멸되지 아니하고 그대로 존속한다고 봄이 상당함에 비추어, 채권과 채무가 동일

인에게 귀속되는 경우라도 그 채권의 존재가 채권자 겸 채무자로 된 사람의 제3자에 대한 권리행사의 전제가 되는 관계로 채권의 존속을 인정하여야 할 정당한 이익이 있을 때에는 그 채권은 혼동에 의하여 소멸하는 것이 아니라고 봄이 상당하다(대판 1995. 5. 12, 93다48373).

(2) 자동차 운행 중 사고로 인하여 구 자동차손해배상보장법(1999. 2. 5. 법률 제5793호로 개정되기 전의 것) 제3조에 의한 손해배상채권과 채무가 상속으로 동일인에게 귀속하더라도 교통사고의 피해자에게 책임보험 혜택을 부여하여 이를 보호하여야 할 사회적 필요성은 동일하고 책임보험의 보험자가 혼동이라는 우연한 사정에 의하여 자신의 책임을 면할 합리적인 이유가 없다는 점 등을 고려할 때 가해자가 피해자의 상속인이 되는 등 특별한 경우를 제외하고는 피해자의 보험자에 대한 직접청구권의 전제가 되는 위 법 제3조에 의한 피해자의 운행자에 대한 손해배상청구권은 상속에 의한 혼동에 의하여 소멸되지 않는다(대판 2003. 1. 10, 2000다41653).

(3) 채권은 채권과 채무가 동일한 주체에 귀속한 때에 한하여 혼동으로 소멸하는 것이 원칙이므로, 어느 특정의 물건에 관한 채권을 가지는 자가 그 물건의 소유자가 되었다는 사정만으로는 채권과 채무가 동일한 주체에 귀속한 경우에 해당한다고 할 수 없어 그 물건에 관한 채권이 혼동으로 소멸하는 것은 아닌바, 토지를 을에게 명의신탁하고 장차의 소유권이전의 청구권 보전을 위하여 자신의 명의로 가등기를 경료한 갑이, 을에 대하여 가지는 가등기에 기한 본등기청구권은 채권으로서, 갑이 을을 상속하거나 을의 가등기에 기한 본등기 절차 이행의 의무를 인수하지 아니하는 이상, 갑이 가등기에 기한 본등기 절차에 의하지 아니하고 을로부터 별도의 소유권이전등기를 경료받았다고 하여 혼동의 법리에 의하여 갑의 가등기에 기한 본등기청구권이 소멸하는 것은 아니다(대판 1995. 12. 26, 95다29888).

(4) 상속포기는 자기를 위하여 개시된 상속의 효력을 상속개시시로 소급하여 확정적으로 소멸시키는 제도로서(민법 제1019조 제1항 · 제1042조 등), 피해자의 사망으로 상속이 개시되어 가해자가 피해자의 자신에 대한 손해배상청구권을 상속함으로써 위의 법리에 따라 그 손해배상청구권과 이를 전제로 하는 직접청구권이 소멸하였다고 할지라도 가해자가 적법하게 상속을 포기하면 그 소급효로 인하여 위 손해배상청구권과 직접청구권은 소급하여 소멸하지 않았던 것으로 되어 다른 상속인에게 귀속되고, 그 결과 위에서 본 '가해자가 피해자의 상속인이 되는 등 특별한 경우'에 해당하지 않게 되므로 이 손해배상청구권과 이를 전제로 하는 직접청구권은 소멸하지 않는다고 할 것이다(대판 2005. 1. 14, 2003다38573 · 38580).

判例索引

事項索引

[ㄴ]

[ㄷ]

[ㅁ]

[ㅅ]

[ㅇ]

[ㅈ]

[ㅌ]

[ㅍ]

저자 | **이덕환**

■ **약력**

한양대학교 법정대학 법학과 졸업(법학사)
한양대학교 대학원 법학과 졸업(법학석사)
독일 würzburg 대학교 객원연구원
한양대학교 대학원 법학과 졸업(법학박사)
UC Berkeley lawschool 연구교수
한양대학교 법대고시반 지도교수
한양대학교 법과대학장
한양대학교 행정자치대학원장
한양대학교 법학전문대학원 교수
대한의료법학회 회장
한국사학진흥재단 비상근이사
현, 한양대학교 법학전문대학원 명예교수
의료분쟁조정위원

■ **주요 저서**

『의사의 설명의무와 법적책임론』, 행법사, 1992
『요해객관식(1)』, 행법사, 1995
『요해객관식(2)』, 행법사, 1995
『생활법률』, 법원사, 1996
『객관식 민법(상)』, 문영사, 1997
『객관식 민법(하)』, 문영사, 1997
『의료행위와 법』, 전정판, 현문사, 2010
『채권각론』, 율곡미디어, 2010
『물권법』, 율곡미디어, 2011
『민법총칙』, 율곡미디어, 2012
『의사법연구』, 율곡미디어, 2013

■ **연락처**

E-MAIL: dhwanlee@hanyang.ac.kr

全訂版 債權總論

초　판 1쇄 발행 2010년 6월 14일
전정판 1쇄 발행 2014년 1월 20일

지은이 이덕환
펴낸이 박기남
펴낸곳 율곡미디어(주)

주소 121-872 서울 마포구 염리동 36-249
전화 02) 718-9872~3
팩스 02) 718-9874
홈페이지 http://www.yulgokbooks.co.kr
e-mail yulgokbook@naver.com
등록 제313-2008-000046호
ISBN 978-89-967806-2-5　93360

정가 30,000원